Stefanie Bank

WILDWASSER MIT KINDERN

100+ familientaugliche Wildwassertouren
in Deutschland, Mittel- und Südeuropa

IMPRESSUM:

Postfach 10 03 15
D-47003 Duisburg
Tel.: +49 (203) 99759-0
Fax: +49 (203) 99759-61
info@dkvgmbh.de
www.dkvgmbh.de

1. Auflage 2024

Fotos: Steffi Bank, Paul Salmen
Gestaltung: www.publicdesign.de
Druck: Silber Druck, Langenhagen
Kartendarstellung: Malte Belau
Kartendaten: © Printmaps.net; © OpenStreetMap-Mitwirkende
www.openstreetmap.org, Lizenz ODbL 1.0

Aktuelle Infos:
Der Deutsche-Kanu-Verband aber auch die Kanuzeitschriften bieten aktuelle Informationen über ihre jeweilige Homepage. Anregungen zu diesem Buch werden in der nächsten Auflage berücksichtigt.

Sonstige Adressen und diverse Infos:
Deutscher Kanu-Verband e.V.
Bertaallee 8, 47055 Duisburg
Tel. 0203/99759-0, Fax -60
Internet: www.kanu.de

Kontaktadresse für Änderungswünsche an den Autor:
stefaniebank@gmx.de

ISBN: 978-3-96806-024-8

Stefanie Bank

WILDWASSER MIT KINDERN

100+ familientaugliche Wildwassertouren
in Deutschland, Mittel- und Südeuropa

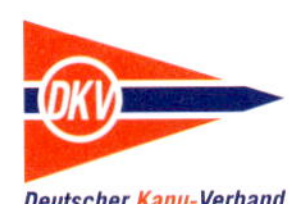

DKV Wirtschafts- und Verlags GmbH
Postfach 100315 - 47003 Duisburg

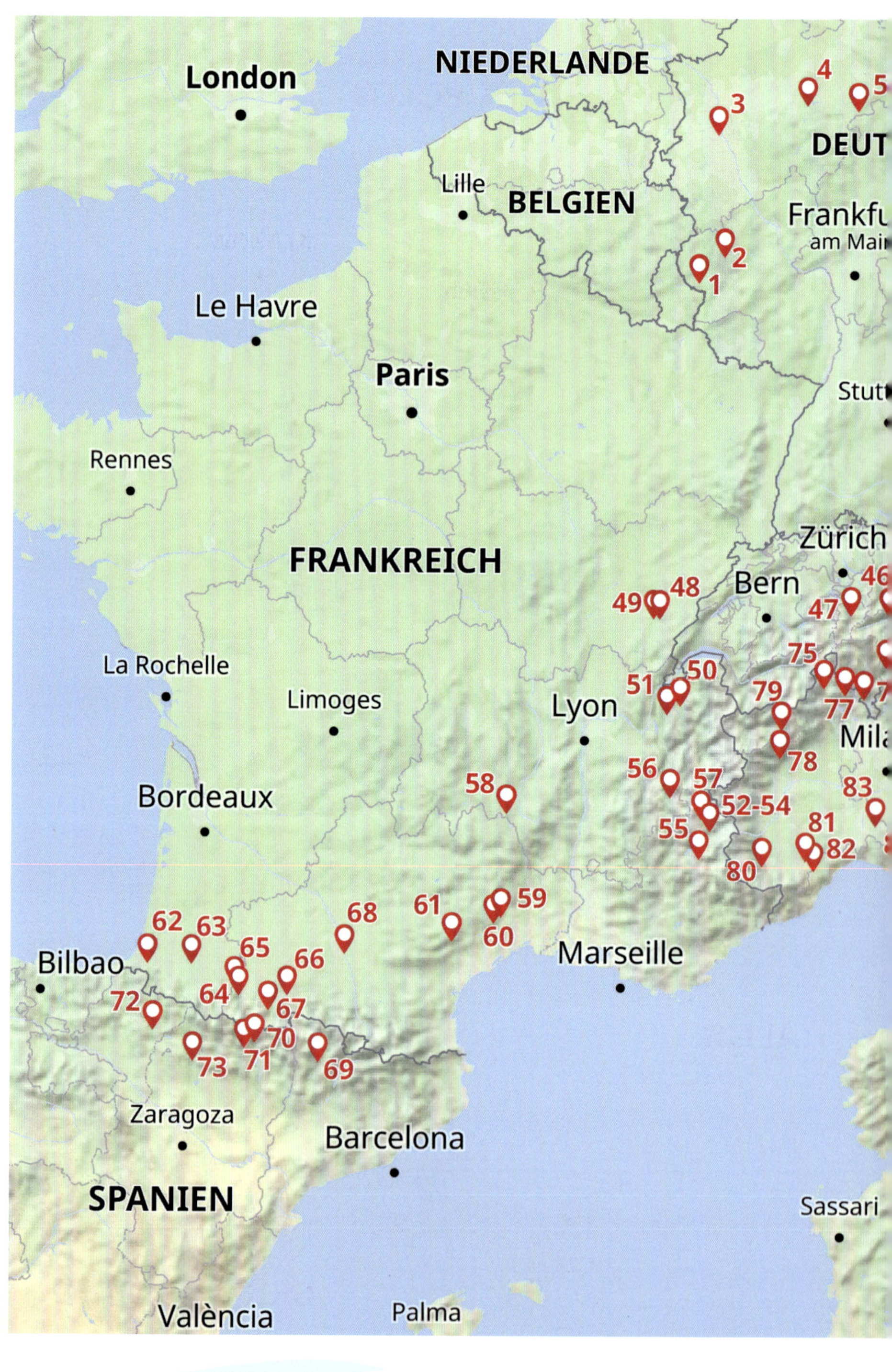

NIEDERLANDE
London
BELGIEN
Lille
Frankfurt am Main
DEUT
Le Havre
Paris
Stutt
Rennes
FRANKREICH
Zürich
Bern
La Rochelle
Limoges
Lyon
Mila
Bordeaux
Marseille
Bilbao
Zaragoza
Barcelona
SPANIEN
València
Palma
Sassari
1
2
3
4
5
46
47
48
49
50
51
52-54
55
56
57
58
59
60
61
62
63
64
65
66
67
68
69
70
71
72
73
75
77
78
79
80
81
82
83

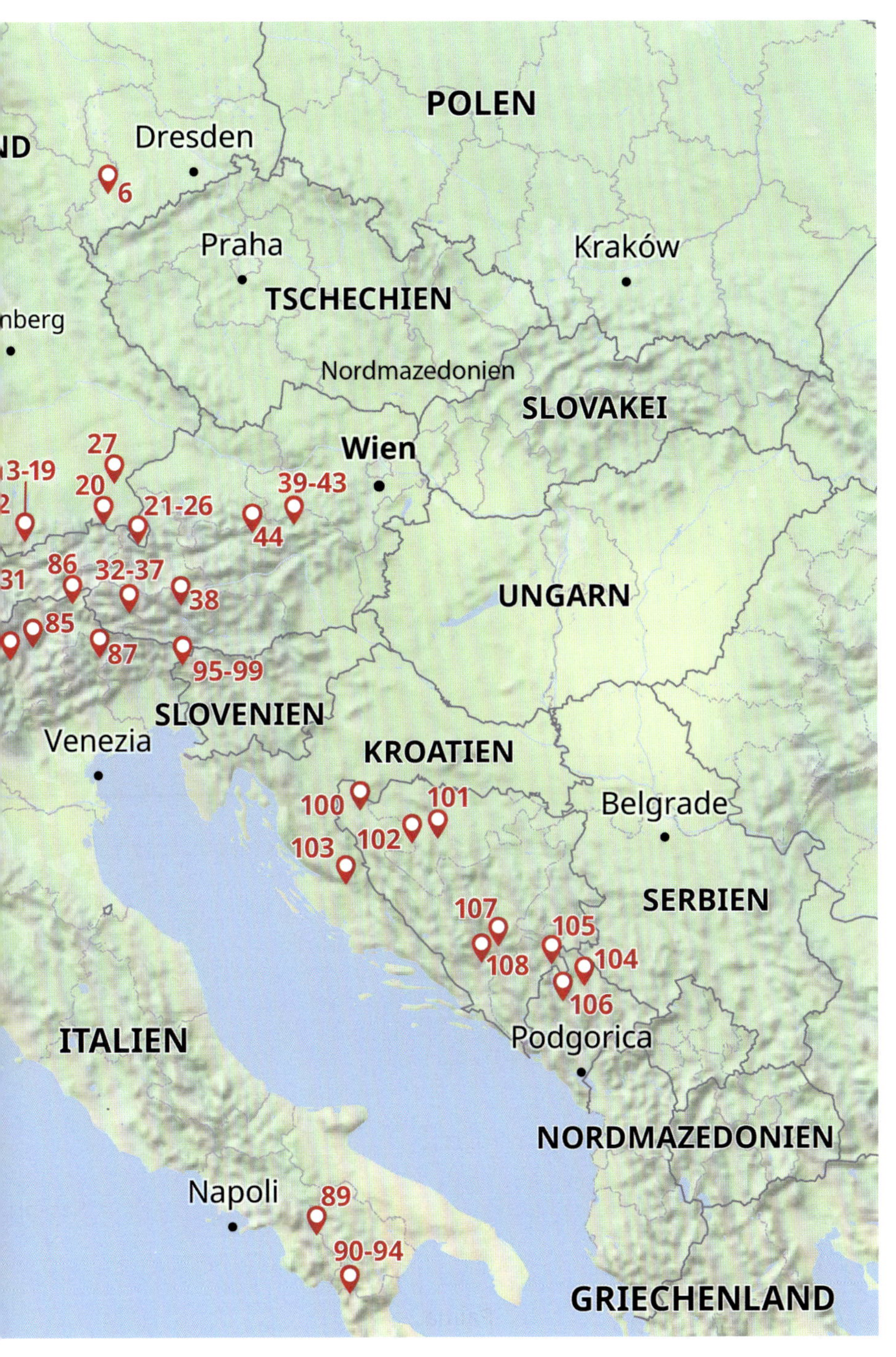

POLEN
Dresden
6
Praha
Kraków
TSCHECHIEN
Nordmazedonien
SLOVAKEI
Wien
27
13-19
20
39-43
21-26
44
86
32-37
38
31
85
87
95-99
UNGARN
SLOVENIEN
Venezia
KROATIEN
100
101
Belgrade
103
102
SERBIEN
107
105
104
108
106
Podgorica
ITALIEN
NORDMAZEDONIEN
Napoli
89
90-94
GRIECHENLAND

INHALT

KAJAKTOUREN

VORWORT

Ahoi liebe Paddeleltern und natürlich auch Paddelkinder! Dass ihr dieses Buch in der Hand haltet, verdankt ihr einer Idee, die auf dem Weg zum Kindergarten geboren wurde: Wir waren gerade aus einem Paddelurlaub aus den Pyrenäen zurück, bei dem wir zu viert als Familie diverse leichte Wildbäche gepaddelt waren und dabei eins feststellen mussten: WW I-II kann sehr unterschiedlich aussehen! Zumindest, wenn es nach einigen Beschreibungen geht. Bis ich mit meinen Kindern auf dem Fluss unterwegs war, ist mir dieser Umstand nicht aufgefallen, aber in unserem Pyrenäenurlaub wurde er mehr als deutlich. Wir paddelten „Wildflüsse", die eigentlich eher Wanderflüsse mit kleineren Schwällchen waren, aber auch den unteren Rio Esera, der „maximal WW II" sein sollte, bei dem wir aber die Tour abbrachen, weil er auf den ersten Kilometern ein paar wuchtige WW III-Stellen hatte. Gleichzeitig befuhren wir die schönsten leichten Wildflüsse, die in Deutschland kaum bekannt waren.

Mir fiel auf, dass diese leichten Wildflüsse in vielen Flussführern oft vernachlässigt werden. Entweder werden Wanderflüsse beschrieben oder die wilden Kracher. Aber was ist mit den Flüssen für Wildwasseranfänger? Ein Buch, dass die besten „Kinderflüsse" beschreibt, wäre toll, meinte mein älterer Sohn, während wir diesen Umstand auf dem Weg zum Kindergarten diskutierten. Und so war die Idee geboren: ein Kinderflussführer, der die leichten Wildflüsse Europas genauer beschreibt. Erst als lose Idee, begann ich, zu jedem Fluss, den unsere Kinder mit uns befuhren, eine kurze Beschreibung zu erstellen. Die Frage: „Ist das ein guter „Kinderfluss"?" war von da an in jedem Urlaub allgegenwärtig. Erst wenn meine Söhne oder mein Neffe diese Frage bejahten, wurde der Fluss in die Riege der „Kinderflüsse" aufgenommen. Das heißt also, dass jeder Fluss in diesem Buch von Kindern für Kinder als tauglich befunden wurde. Wir waren in den vergangenen acht Jahren viel in Europa unterwegs und haben so ein breites Spektrum an verschiedenen Regionen erkundet, aber auch unsere Ressourcen sind begrenzt und so gibt es immer noch einige Gebiete, in denen wir mit unseren Kindern (noch) nicht waren. Dieses Buch erhebt also keinerlei Anspruch auf Vollständigkeit. Dafür gibt es einfach zu viele schöne leichte Wildflüsse in Europa.

Bei der „Recherche", sprich das Paddeln der Wildflüsse, hatten wir als Familie unglaublich viel Spaß. Wir haben so viel gesehen, gemeinsam erlebt und auch manche Hürde überwunden, dass diese Touren uns als Familie noch enger zusammengeschweißt haben. Ich hoffe, dass ihr und eure Kinder ebenso wundervolle Erlebnisse mit den hier vorgestellten Flüssen verbinden und für eure Kinder fantastische Erinnerungen schaffen werdet!

Stefanie Bank

GRUNDLAGEN

VORAUSSETZUNGEN - WIE FÜHRT MAN KINDER ANS WW-PADDELN RAN?

Ganz klar, Wildwasserpaddeln ist ein fantastischer Familiensport. Damit aber alles gelingt und wirklich jedes Familienmitglied Spaß an der Sache hat, gibt es ein paar Voraussetzungen, die man bedenken sollte.

1. FREUDE AN DER SACHE

Hört sich simpel an, ist aber die grundlegendste Sache, die man vermitteln sollte. Im Konkreten heißt das, die Kinder nur mitnehmen, wenn man das als Eltern auch wirklich möchte. Nur weil Freunde es mit ihren Kindern gemacht haben, muss man es nicht genauso machen. Wenn man dann auf dem Fluss tausend Tode um den Nachwuchs stirbt oder ungeduldig rummeckert, ist keinem geholfen. Es kann auch vorkommen, dass ein Partner als Nichtpaddler gegen eine frühe Paddelkarriere ist. Dann sollte man sich genau mit dessen Bedenken auseinandersetzen und einen gemeinsamen Kompromiss finden. Andersherum kann es natürlich auch sein, dass das Kind keine Lust aufs Paddeln hat. In diesem Fall ist Geduld angesagt. Vielleicht möchte es ja an einem anderen Tag, bei Super-Sonnenschein oder wenn Gleichaltrige mit dabei sind.

2. DAS EIGENE PADDELKÖNNEN

Keine Angst, man muss kein Super-mega-Paddelcrack sein, um den Kindern das Wildwasserpaddeln näher zu bringen. Man sollte aber trotzdem bei dem, was man fährt, sicher im Boot sitzen. Nichts erschreckt ein Paddelkind so sehr wie schwimmende Eltern! Wenn man mit Kindern paddeln geht, sollte man, besonders in den ersten Jahren, die ausgewählten Flüsse alle locker paddeln können, um im Notfall schnell und sicher helfen zu können. Sind die Kinder älter (im Jugendalter) kann man dann immer noch, nach Rücksprache, gemeinsam seine Grenzen testen.

3. DIE RICHTIGE PADDELBEKLEIDUNG

Nichts vermiest einem das Paddeln so sehr, wie wenn man dauerfriert. Daher ist die richtige Paddelbekleidung besonders wichtig, vor allem bei Kindern, die sowieso immer schneller frieren als Erwachsene. Hier heißt es dann ein bisschen investieren, wenn man es dem Kind nicht direkt verleiden möchte. Ein passender Neoprenanzug ist ebenso obligatorisch, wie eine (Halb-) Trockenjacke. Unten drunter können es dann schon mal zwei Fleecepullis sein. Alles, was warm ist, hilft. Außerdem: Schwitzt das Kind am Einstieg, ist es auf dem Bach eher bereit, auch mal die Actionline durch die fetten Wellen zu nehmen. Auch bei Helm und Schwimmweste steht es nicht zur Diskussion, auf altersgerechte Produkte zurückzugreifen.

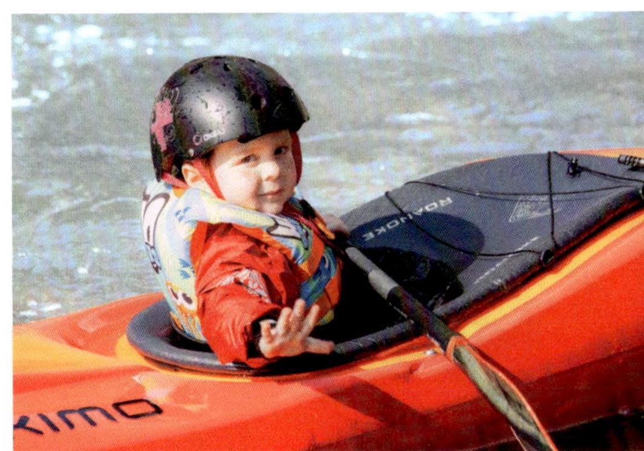

4. DAS RICHTIGE MATERIAL

Ein altes, abgenagtes Paddel plus Spielboot und fertig ist die Kinderausrüstung? Bitte nicht! Man selbst würde sich niemals in einer überdimensionierten Tonne aufs Wildwasser wagen. Dasselbe sollte man also nicht von seinem Kind erwarten.

Beim Paddel ist es wichtig, dass der Schaftdurchmesser nicht zu dick ist, die Kinderhände müssen es gut umgreifen können. Die Paddellänge ist abhängig von der Körpergröße. Ist man bei der richtigen Paddelwahl unsicher, sollte man sich unbedingt im Fachgeschäft beraten lassen.
Die richtige Bootswahl ist schon etwas komplexer. Mittlerweile gibt es für Kinder vom reinen Spielboot, über sportliche Riverrunner bis hin zu dicken Creekern alles. Man sollte die Wahl von zwei wichtigen Faktoren abhängig machen: 1. Das Kind sollte sich im Boot wohlfühlen. 2. Das Boot sollte zu dem passen, was ihr paddelt. Wenn man selbst fast immer nur im Spielboot an einer Stelle unterwegs ist, bietet sich so ein Boot auch für den Nachwuchs an. Paddelt man hingegen lieber längere Strecken, würde das Kind im Spielboot todunglücklich werden, weil es ständig hinterherhechelt. 3. Das Boot muss zur Größe und Gewicht des Kindes passen. Eigentlich offensichtlich, aber oft tendiert man bei Kindern dazu, sie in ein größeres Boot zu stecken. Dieses vermittelt auf den ersten Blick viel Sicherheit, besonders was zum Beispiel Kehrwasser fahren angeht. Mit einem zu großen Boot Oberwasser zu kriegen, ist gerade bei wenig Wasserdruck ein Ding der Unmöglichkeit. Langfristig ist diese Lösung für Kinder aber sehr frustrierend. Das Boot reagiert kaum auf Gewichtsverlagerung und das richtige Ankanten lernen kaum machbar. Kurz gesagt: Mit einem zu großen Boot wird auf lange Sicht ein Fortschritt im Wildwasser verhindert.

5. KEINE FALSCHE MOTIVATION

Beim Wildwasserpaddeln sollten immer der Spaß, das gemeinsame Erlebnis und die persönliche Herausforderung im Vordergrund stehen. Falscher Ehrgeiz hat hier keinen Platz! Der Paddelnachwuchs muss nicht der nächste Dane Jackson werden. Die eigene Entwicklung im Sport ist wichtiger als der ständige Vergleich zu anderen. Kritik in die Richtung sollte man tunlichst unterlassen, ebenso wie deutlich spürbare Ungeduld („Warum wird das Kind denn nicht besser!"). Ein passendes Lob (dazu später mehr) ist Balsam für jede Kinderseele, stärkt das Selbstbewusstsein und spornt zu neuen (persönlichen) Höchstleistungen an. Und keine Angst, manche Kinder brauchen halt etwas länger für den nächsten Schritt im Wildwasser.

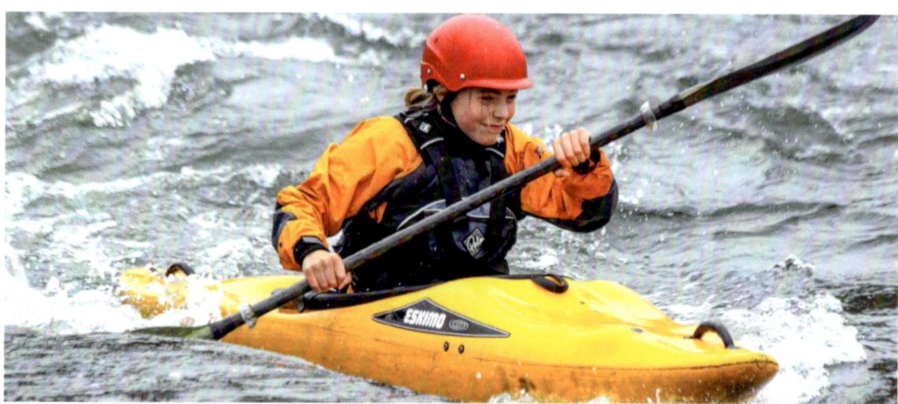

6. EINS SEIN MIT DEM ELEMENT WASSER

Eine gute Wassergewöhnung ist für Paddelkinder das A und O. Idealerweise ist man mit seinen Kindern vorher viel im Schwimmbad unterwegs. Am besten schon vom Säuglingsalter an. Je besser die Kinder mit dem Element Wasser umgehen können, desto sicherer fühlen sie sich im Boot und desto mehr Spaß werden sie auf dem Wasser haben. Außerdem ist ein sicher schwimmendes Kind in Bezug auf die Sicherheit ein wichtiger Faktor (Genaueres dazu könnt ihr im Kapitel „Sicherheit“ nachlesen).

DAS RICHTIGE FITTING

Eine Sache, um die man als Paddeleltern wohl kaum herumkommen wird, ist das Ausfitten des Bootes. Auch wenn viele Erwachsenenboote so geliefert werden, dass beim ersten Reinsetzen alles passt, ist das bei den Kinderbooten, trotz meist sehr guter Ausstattung, zu 99% nicht der Fall. Dafür gehört bei den meisten kleinen Booten ein Berg von Schaumstoff zum Lieferumfang (und wenn das nicht ausreicht, kann man immer noch eine billige Isomatte zerschneiden). Damit heißt es dann, besonders den Sitz so auszufüllen, dass der Nachwuchs nicht mehr von der einen Seite zur anderen schlenkert, sondern eine feste Position erhält. Dafür sollte man die Kinder nicht nur zur Sitzprobe mit einbeziehen, sondern sie ruhig auch fleißig mitschnippeln, kleben und fummeln lassen. Es ist ja schließlich ihr Boot und so sind sie am Ende dann auch stolz wie Oskar auf das Ergebnis. Dabei kann man dann übrigens gleich erklären, warum eine feste Sitzposition so wichtig beim Wildwasserpaddeln ist.

KLEINER HINWEIS NOCH:
Die Fittings sollten so eingebaut werden, dass man sie schnell wieder verändern kann. So ein Paddelkind kann innerhalb eines Jahres ganz schön wachsen.

AB AUFS WASSER!

Wie führt man den Nachwuchs am besten an den Wildwassersport heran? Ein Patentrezept gibt es dafür nicht. Oberste Priorität ist, dass alle mit viel Spaß dabei sind. Was nicht heißen soll, dass immer alles Friede-Freude-Eierkuchen ist. Klar gibt es auch mal Rückschläge oder Tage, an denen der sonst hochmotivierte Minipaddler keine Lust zum Paddeln hat. Jeder kennt solche Begebenheiten aus seiner eigenen Paddelkarriere. Wichtig ist nur, dass die positive Grundeinstellung zum Wildwasserpaddeln nicht verloren geht. Wann man seine Kinder zum ersten Mal mit aufs Wasser nimmt, ist von einem selbst abhängig. Man kann sie von ganz klein auf, im Säuglingsalter auf dem Schoss oder in einer Babytrage mitnehmen, man kann warten, bis sie das Seepferdchen gemacht haben oder man lässt sie so lange beim Paddeln zuschauen, bis sie unbedingt mit aufs Wasser wollen.

Egal welchen Einstieg man wählt, man muss es langsam angehen lassen. Als Grundsatz

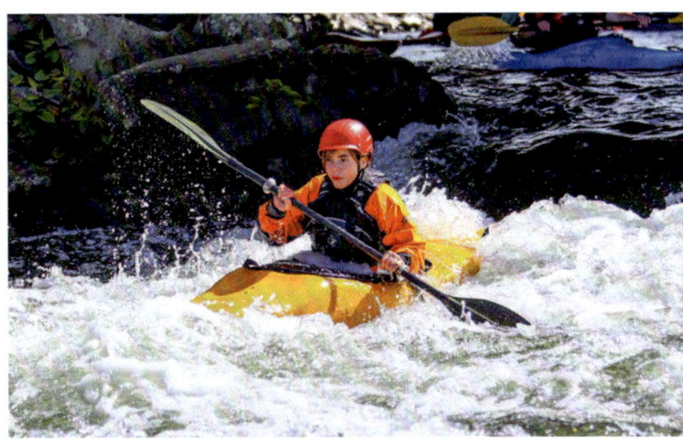

kann man nehmen: Je jünger das Kind, desto behutsamer und langsamer der Start. Kurze Strecken, ganz leichtes Wildwasser. Testen, was man dem Nachwuchs zutrauen kann. Fordern, aber nicht überfordern. Optimal ist es, wenn Kinder die ersten Erfahrungen im Wildwasser im Zweier machen können. Dort können sie einfach drauf lospaddeln. Sie entwickeln eine gewisse Kondition, können gleichzeitig aber auch lange pausieren, wenn sie schlapp machen. Ganz nebenbei nehmen sie auch eine Menge Technik mit auf: Kehrwasserfahren, Routen erkennen usw. Je mehr man das, was man selbst im Boot tut, mit den Kindern kommuniziert, desto schneller und leichter können sie dies später im Einer umsetzen. Das Verständnis, warum man sich wie auf dem Fluss in bestimmten Situationen verhält, ist dann nämlich schon da.

WICHTIGES AUF DEM WASSER

Jedes Kind ist unterschiedlich, auch was die Vorlieben auf dem Wasser angeht. Doch es gibt ein paar grundsätzliche Sachen, die man immer beachten sollte, wenn man Kinder mit aufs Wasser nimmt. Das Wichtigste zuerst: satte und nicht frierende Kinder gleich zufriedene Kinder. Wer also seine Kinder dick genug einpackt und für genügend Snacks sorgt, hat schonmal großes Konfliktpotenzial aus dem Weg geräumt. Dazu gehört auch, dass man genügend Pausen einlegt, nicht nur um zu essen, sondern auch, damit die Kinder ihre Kraftreserven wieder aufladen können.

Auf dem Wasser kommt auch immer wieder zum Tragen, dass Kinder manchmal noch einen anderen Blick auf die Welt haben als wir Erwachsenen. Was für uns banal erscheint, kann für ein Kind neu und aufregend sein. Diesen Umstand kann man sich beim Wildwasserpaddeln super zunutze machen. So kann jede Tour zu einem echten Abenteuer werden, bei dem neue Gefilde erkundet und neue Tiere erforscht werden. Da man sich beim Paddeln immer mitten in der Natur befindet, gibt es immer was zu entdecken. Beflügelt man diese Neugier der Kinder, indem man die Namen der zahlreichen Was-

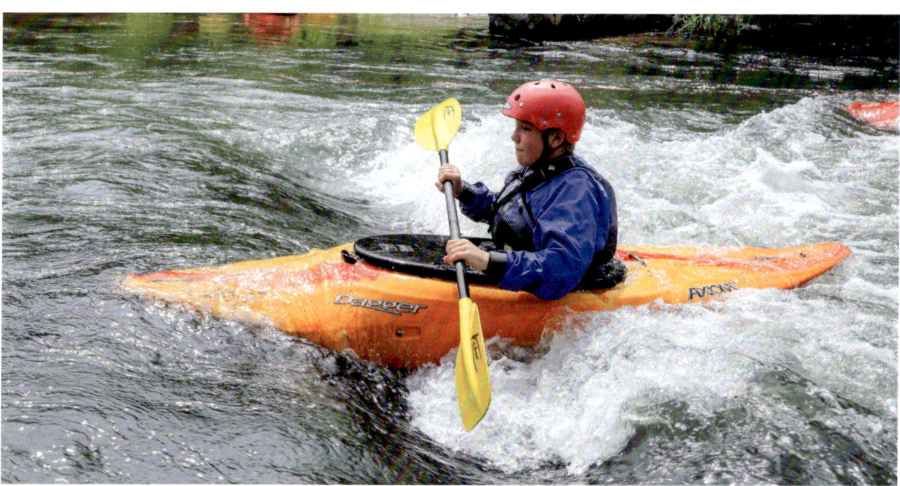

Wenn man Kinder viel ausprobieren lässt, sind sie oft mit mehr Motivation dabei.

servögel benennen kann oder mal ein Zwischenstopp einlegt, weil eine Höhle erkundet werden will, stachelt man die Motivation des Nachwuchses nochmal extra an (dazu später mehr). Statt also nur den reinen Sport zu sehen, sollte man mit Kindern eher aus jeder Tour einen Familienausflug machen, bei dem es um so viel mehr als die reine Bewegung geht.

Auch auf wilden Flüssen kann es vorkommen, dass es längere Flachwasserstücke gibt. Damit der Nachwuchs nicht anfängt, sich zu langweilen, muss Ablenkung her. Als Erwachsener neigt man gerne mal dazu auf den ruhigen Stücken Gas zu geben, um diese möglichst schnell hinter sich zu bringen. Mit Kindern funktioniert das nur so mäßig. Besonders bei kleineren Kindern empfiehlt es sich, diese mit einer Unterhaltung abzulenken. Wenn es gut läuft, werden sie so abgelenkt sein, dass sie automatisch paddeln und das langweilige Zwischenstück wie im Flug vergeht. Gerade bei kleineren Kindern funktionieren auch Spiele zur Ablenkung gut. Ich sehe was, was du nicht siehst' ist beispielsweise ein Klassiker, der lahme Abschnitte wie im Flug vergehen lässt. Möchte das Kind etwas mehr Action und weniger Gerede, greift man am besten auf Fangspiele zurück.

Auf dem Wasser sollte man (ich kann das gar nicht oft genug erwähnen) seinen Kindern immer wieder Sachen erklären. Je mehr Kinder erklärt bekommen, desto besser können sie sie nachher durchführen.

DINGE ÜBER DIE MAN UNBEDINGT ÖFTER/REGELMÄSSIG REDEN SOLLTE:

- **Routenwahl**
- **Sicherheit**
- **Ankanten**
- **Kehrwasser fahren und warum es wichtig ist, dass man das sicher kann**
- **Was dem Nachwuchs beim Paddeln Spaß macht (gerade das kann sich drastisch innerhalb eines Jahres ändern)**

Diese letzte Frage kann man als Eltern auch gut nutzen, um anzupassen, was man mit dem Nachwuchs paddelt. Surft das Kind ger-

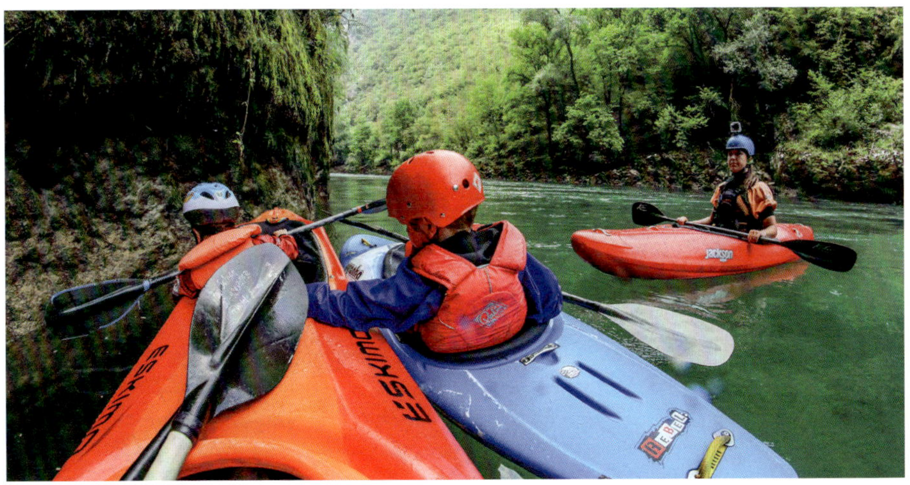

Sieht man die Familie als „Paddelteam" werden die Kinder von Anfang an richtig integriert.

ne oder liebt es, viel Kehrwasser zu fahren, macht es keinen Sinn, eine lange Strecke zu paddeln. Stattdessen ist es sinnvoller, einen Fluss mit möglichst vielen Trainingsmöglichkeiten auf engem Raum zu finden.

FANGSPIELE

EINS, ZWEI, DREI

Ein Spiel für Gruppen oder motivierte Kinder, die Kraft aufbauen wollen. Jede Zahl steht für eine Geschwindigkeit beim Paddeln (1=langsam usw.), der Erwachsene ruft zwischendurch die unterschiedlichen Zahlen und die Gruppe muss so schnell wie möglich das Tempo wechseln.

SCHLANGENFANGEN

Ein Spiel für Gruppen. Die Gruppe bildet eine lange Schlange und paddelt mit gleichmäßigem Tempo voran, der jeweils letzte der Schlange muss außen überholen und sich an die Spitze setzen.

RÜCKWÄRTS FANGEN

Für einzelne Kinder. Der Erwachsene paddelt rückwärts und das Kind muss versuchen, ihn zu fangen.

PADDELSPORT IST TEAMSPORT

Auch wenn jeder in seinem eigenen Boot sitzt: Paddeln ist Teamsport. Das gilt ganz besonders fürs Wildwasserpaddeln. Naturgemäß sind Kinder keine Teammitglieder, die alle Aufgaben, die in so einer Gruppe anfallen, erledigen können. Um die Kinder zu integrieren, hilft der Leitsatz ***„Jeder hilft, so gut er kann!“***. Bei kleinen Kindern heißt das, dass sie zum Beispiel ihre Sachen selbst oder mit Hilfe in den Paddelsack räumen oder die Paddel zum Fluss tragen. Je größer die Kinder werden, desto mehr müssen sie mit anpacken. Natürlich kann das, besonders zu Beginn, etwas dauern, bis der Nachwuchs mit seinen Aufgaben fertig ist, dafür hat diese Methode gleich zwei Vorteile.

Erst einmal hat man als Eltern weniger zu tun, wenn die Kinder mit anpacken. Zugleich wird die Eigenständigkeit des Nachwuchses gefördert, was auch Auswirkungen auf den Alltag hat. Zusätzlich zu diesem Grundsatz sollten die Kinder lernen, Rücksicht auf andere Gruppenmitglieder zu nehmen. Das funktioniert besonders gut in Gruppen mit mehreren Kindern und Jugendlichen. Wichtige Grundregel in Kindergruppen: Keiner wird ausgelacht, wenn er schwimmt oder sich etwas nicht traut, man wartet auf langsamere Paddler und man kümmert sich um andere, wenn sie Probleme haben (z.B. trösten/ablenken nach einem Schwimmer). Aus Erfahrung ist es deutlich besser, wenn der Jugendliche, zu dem das Kind aufschaut, einem nach einem Schwimmer tröstend auf die Schulter klopft und einen Müsliriegel anbietet, als wenn man das als Elternteil macht.

Trotz ihrer Sonderrolle sollten Kinder immer als gleichwertiges Mitglied der Paddelgruppe wahrgenommen und auch so behandelt werden. Wie jeder Erwachsene, lieben es Kinder ernst genommen zu werden. Probiert es aus und bezieht euer Kind doch mal in die Fahrtenplanung mit ein. Hier lernt es nicht nur Karten lesen oder neue Flüsse kennen, vielmehr kann die Motivation des Kindes gesteigert werden, wenn es aussuchen darf, auf welchen Fluss es geht. Außerdem wird man als Elternteil eine Menge über die Paddelvorlieben des Nachwuchses erfahren, was man super in die zukünftigen Fahrtenplanungen mit einbeziehen kann.

PEER EDUCATION BEIM PADDELN

Peer Education ist knapp gesagt **„Lernen mit Gleichaltrigen, von Gleichaltrigen“.** Ein Konzept, welches oft von Sozialarbeitern in Bezug auf Gesundheits- und Sexualerziehung angewendet wird und auch teilweise in der Schule zum Tragen kommt. Genauso gut kann man es aber beim Wildwasser fahren anwenden, denn viele Vorteile liegen klar auf der Hand. Durch die Benutzung ähnlicher Ausdrücke kommunizieren Gleichaltrige viel besser miteinander und können so einfacher vermitteln, was wichtig ist. Zudem regt es Kinder mehr zum Nachahmen an, wenn ein Gleichaltriger zum Beispiel ein schwieriges Kehrwasser anfährt, als wenn ein Erwachsener dies tut. Die Gleichaltrigen (oder nur wenig Älteren) erfüllen dabei eine direkte Vorbildfunktion. Denn seien wir mal ehrlich, als Eltern hat man spätestens, wenn das Kind auf die weiterführende Schule kommt als Vorbild ausgedient.

Peer Education funktioniert sehr gut im Kanu-Verein. In einer Jugendgruppe gibt es immer welche, die bestimmte Techniken schon sicher beherrschen. Als eine Art Wertschätzung kann man sie zu Co-Trainern ernennen, die dann auf ihre ganz eigene Art ihr Wissen weitergeben können. Hier kommt auch ein weiterer Pluspunkt von Peer Education zum Tragen. Denn das eigene Wissen der Co-Trainer festigt sich durch das weitergeben und die Kinder bzw. Jugendliche übernehmen bereits eine gewisse Verantwortung, was das Selbstvertrauen stärkt.

MÄDCHEN UND WILDWASSER

Wildwasserpaddeln ist ein von Männern dominierter Sport. Doch warum eigentlich? Vielleicht, weil vielen Mädchen spätestens im Jugendalter eingeredet wird, Sport sei nicht weiblich und daher nicht erstrebenswert (höchstens, wenn es dazu dient, die Figur zu formen, s. Fitness-Szene). Oder, dass

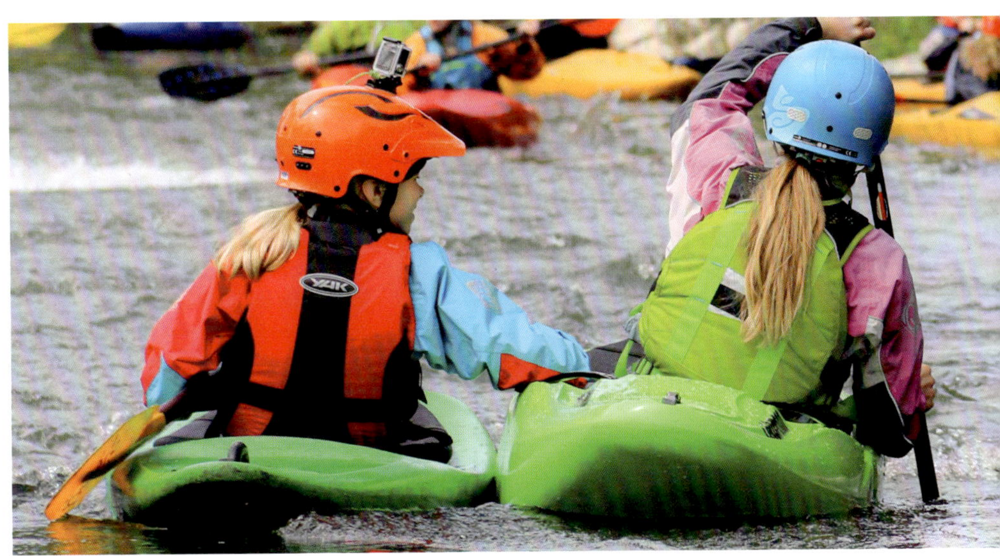

Von Gleichaltrigen lernt es sich oft leichter.

sie „Frauen"-Sport wie tanzen oder reiten ausüben sollen, weil das doch viel besser zu ihnen passen würde. Kurz gesagt, es liegt hauptsächlich an der Sozialisation. Rein körperlich und psychisch gesehen, kann man kleinen Mädchen genauso gut das Paddeln beibringen, wie kleinen Jungs. Gerade im Kindesalter sind die biologischen Unterschiede, wie Größe oder Kraft, noch nicht vorhanden, so dass Mädchen, wie Jungs die Grundlagen des Kanusports erlernen können.

Warum dieses Kapitel, wenn die Unterschiede bei paddelnden Kindern nur marginal sind? Weil es in vielen Köpfen noch zu sehr verankert ist, dass Mädchen im Kanusport eine Sonderbehandlung brauchen. Was im Endeffekt gleichbedeutend ist mit: sie nicht ernst nehmen, ihnen Können absprechen, sie runterziehen. Denn genau das passiert, wenn man Mädchen beispielsweise „schwere" Aufgaben, wie das Boote tragen abnimmt. Damit keine Missverständnisse aufkommen: Wer zu schwach ist, sein Boot alleine zu tragen, dem soll geholfen werden, keine Frage. Zu häufig kommt es aber vor, dass Mädchen das Boot abgenommen wird, während gleichaltrige Jungs ihr Boot selbst tragen sollen. Und so kommt es, dass Jungs irgendwann ihr Boot viel besser tragen können, weil sie einfach viel mehr Übung darin haben. Krafttechnisch gibt es nämlich zwischen jüngeren Mädchen und Jungs keinen Unterschied. Erst wenn die Kinder in die Pubertät kommen und das Testosteron „kickt", werden Jungs (auch ohne viel Training) kräftiger.

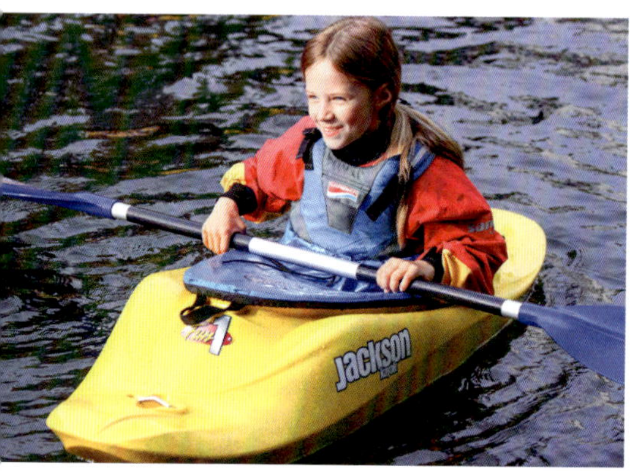

Aber Kraft ist beim Wildwasser fahren ja nicht alles. Viel wichtiger ist zum Beispiel Technik, die lässt sich auch geschlechterunabhängig erlernen. Und natürlich mentale Stärke. Die ist zum großen Teil abhängig vom Charakter. Jungs haben hier höchstens einen Vorsprung, weil ihnen von klein auf eingeredet wird, wie wichtig es ist, mutig zu sein und sie beständig animiert werden, an ihre (körperlichen) Grenzen zu gehen. Während es für Mädchen okay ist, Angst zu zeigen und sie eher dazu angehalten werden, ruhige Sachen zu spielen. Oft führt dies zu einer anerzogenen Ängstlichkeit bei Mädchen und sie trauen sich automatisch weniger.

Was brauchen Mädchen also, um so richtig beim Paddeln durchzustarten? Das gleiche, was Jungs brauchen – mit nur einem Zusatz: Mädchen brauchen paddelnde weibliche Vorbilder. Gerade weil es bisher viel weniger Frauen im Wildwasser gibt, ist es für Mädchen wichtig zu sehen: Es gibt Frauen, die den Sport, den ich gerne ausübe, richtig gut können! Im Idealfall ist das die Mutter. Genauso gut sind aber andere Frauen oder ältere Mädchen im Verein, mit denen man regelmäßig auf dem Wasser ist. Fast alle paddelnden Frauen werden bereit sein, ein kleines Paddelmädchen unter ihre Fittiche zu nehmen, um ihr zu zeigen, was Frau so alles auf dem Wasser leisten kann. Zusätzlich sollte man mit wildwasserbegeisterten Mädchen regelmäßig Paddelvideos schauen, in denen Frauen die Hauptrolle spielen. Nouria Newman, Ottilie Robinson-Shaw und Mariann Sæther (um nur ein paar zu nennen) sind super Vorbilder, die zeigen, dass Frauen im Wildwasser (bzw. Freestyle) zu wahren Höchstleistungen fähig sind.

TECHNIK

GEDULD & EINFÜHLUNGSVERMÖGEN – WIE LERNEN KINDER?

Wenn man Kindern das Wildwasserpaddeln beibringen möchte, muss man als Lehrender bedenken, dass Kinder anders lernen als Erwachsene. Während Erwachsene eher verkopfter an die Sache herangehen, die Vorgänge verstehen wollen und auch gerne mal Lernprozesse hinterfragen, lernen Kinder eher intuitiv und spielerisch. Sie eignen sich vieles durch Nachahmung an und lernen insbesondere schwierige Bewegungsabläufe Schritt für Schritt (Erwachsene können auch schon mal Lernschritte überspringen, da sie einen viel umfangreicheren Erfahrungsschatz haben). Zudem ist die motorische Koordinationsfähigkeit bei Kindern noch nicht so ausgebildet, wie bei Erwachsenen (die schnellsten Fortschritte macht man im Sport übrigens im Alter von 15-29 Jahren). Für uns Eltern als Trainer bzw. Lehrende heißt das oftmals, sich in Geduld üben, besonders, da eine längere Stagnation auf einer Stufe der Lernkurve bei Kindern nicht unüblich ist.

Wichtig ist: In jungen Jahren kann man super die Grundlagen des Wildwassersports anbahnen, der Rest kommt vielleicht erst später, wenn die Kinder älter sind (Kinder verbringen manchmal mehrere Jahre auf WW I-II bis sie schwerer paddeln, dafür fällt ihnen der Übergang von WW III auf IV leichter als Erwachsenen, die schon nach einem Jahr auf WW I-II schwerer paddeln).

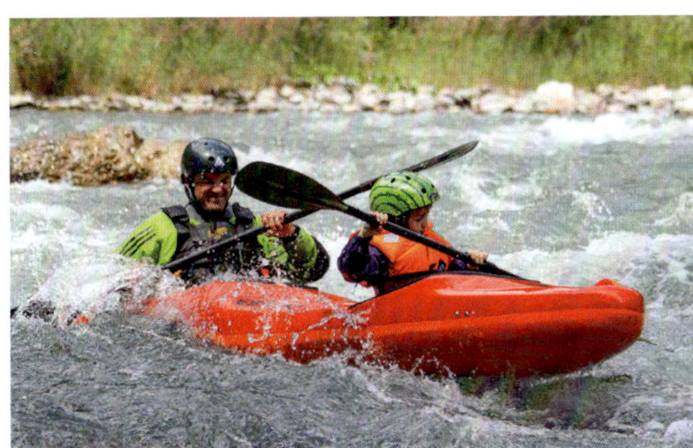

DIE RICHTIGE LEHRMETHODE FINDEN

Lehrmethode	Analytisch-synthetische Methode	Ganzheitsmethode	Induktive Methode	Deduktive Methode
Was?	Einzelne Teile einer Übung werden trainiert und später zusammengefügt	Eine Übung wird als kompletter Bewegungsablauf erlernt	Eigenständiges Erlernen einer Übung mit Hilfestellung, wenn benötigt	Der Lehrende gibt die genauen Bewegungsabläufe einer Übung vor
Beispiele	Komplexere Übungen, wie die Rolle (erst der Hüftknick, dann der Paddelschlag) oder der Ziehschlag (Handgelenke einknicken - Paddel in eine steile Position neben den Körper bringen - Paddel von Höhe des Körpers Richtung Knie ziehen)	Einfache Übungen, bei denen nicht so viele Bewegungen auf einmal zusammenkommen, wie der Bogenschlag oder das Ankanten	Das Geradeaus paddeln auf ruhigem Gewässer; Freestyletricks oder die Rückwärtsrolle	Alle Übungen, bei denen es wichtig ist, direkt die richtige Form zu lernen oder wenn ein Fehler größere Konsequenzen hat, z.B. Kehrwasser fahren
Besonderheiten zum Kindesalter	Bei kleineren Kindern muss man oft auch noch einfachere Bewegungsabläufe herunterbrechen, damit sie nachvollzogen werden können	Funktioniert bei den richtigen Übungen in jedem Alter gut	Kleine Kinder: nur einfache Übungen; Kinder mit viel Paddelerfahrung können so auch eigenständig Sachen erlernen, die sie interessieren	Funktioniert bei fast allen Übungen in jedem Alter gut
Vorteile	Man erlernt alles Schritt für Schritt; komplexere Übungen werden erleichtert	Ohne viel Drumherum wird die Übung direkt erlernt	Freie Entfaltung, steigert die Motivation	Schnelles Lernergebnis durch genaue Vorgabe des Bewegungsmusters
Nachteile	Zwischen den einzelnen Schritten können sich Zusatzbewegungen einbauen, die nichts mit der eigentlichen Übung zu tun haben	Funktioniert nicht bei komplexeren Übungen	Falsche Bewegungsmuster können erlernt werden; kann Kinder ohne Paddelerfahrung schnell Überfordern	Kann etwas starr wirken, mit wenig Platz für Eigenständigkeit

http://www.sportunterricht.de/lksport/lernmeth.html

Neben Geduld ist das Einfühlungsvermögen ein wichtiger Aspekt beim Vermitteln. Jedes Kind lernt anders und selbst bei Geschwisterkindern können die Lernvorlieben weit auseinanderliegen. So gibt es zum Beispiel manche Kinder, die am liebsten nur über Spiele das Paddeln erlernen wollen, während andere lieber den Fokus auf „trockene" Technikeinheiten setzen. Es gibt also nicht den einen richtigen Weg, vielmehr muss man auf die persönlichen Bedürfnisse der Kinder eingehen und seine Lehrmethoden mit den Jahren immer wieder so anpassen, dass sie zu den Kindern passen.

WW VOR DER EIGENEN HAUSTÜR UND TRAINING

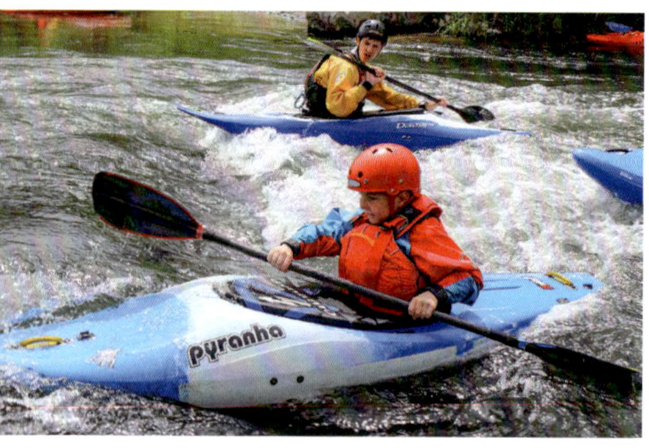

Stellen wir uns der traurigen Tatsache: in Deutschland gibt es nicht überall „richtiges" Wildwasser und die meisten Paddler werden wohl nur in den Urlauben wirklich wild paddeln. Da Deutschland aber auch ein Land der Mittelgebirge ist, gibt es genügend „Wildwanderflüsse", die man super zum Trainieren vor so einem Urlaub nutzen kann. Gezieltes trainieren von grundlegenden Paddeltechniken sorgt dabei für eine steilere Lernkurve im Paddelurlaub, so dass die Kinder dort viel mehr Flüsse mitpaddeln können. In diesem Flussführer sind einige dieser Trainingsflüsse angegeben, auf Grund der vielfältigen Flüsse in Deutschland, werden nicht alle aufgeführt sein. Vielmehr soll es als Anregung dienen, die heimischen Flüsse auch als kleine Wildbäche wahrzunehmen. Denn auch wenn es für uns Erwachsene nicht so aussieht, gerade für kleine Kinder reichen kurze Abschnitte mit ein paar Schwällchen für die ersten „wilden" Paddelerfahrungen (gerade ganz kleine Kinder hüpfen selbst über die kleinsten Wellchen).

Für ein gezieltes Training oder auch für erste Paddelversuche macht es auch durchaus Sinn, eine einzelne Trainingsstelle rauszusuchen. Diese muss mehrere Voraussetzungen erfüllen:

1. **Sie soll zum Ausprobieren einladen**
2. **Fehler haben nur geringe Konsequenzen/geringes Verletzungspotenzial bei einem Schwimmer**
3. **Mäßige bis zügige Strömung**
4. **Es sollten 2-3 gut definierte Kehrwässer vorhanden sein**
5. **Die Kehrwässer sollten groß genug für mehrere Boote sein**

So eine Trainingsstelle zu finden, ist kein Hexenwerk, man muss sich nur mal auf den Flüssen in seiner Umgebung umschauen. Oft reichen hierfür Buhnen oder zurückgebaute Wehre (renaturierte Abschnitte) aus. Größere Slalomstrecken, wie zum Beispiel Holibu an der Lenne machen für Anfänger wenig Sinn, die Walzen sind hier für Kinder noch viel zu groß und die Kehrwässer zu klein. So eine Trainingsstelle sollte man erst nutzen, wenn der Nachwuchs die Grundlagen beherrscht und fortgeschrittene Techniken wie das Boofen erlernen möchte. Für den Anfang aber reicht eine einfache Trainingsstelle, damit erst einmal der Umgang mit der

Strömung erlernt wird. Startet man mit dem Nachwuchs zu wild, kann dies auch eine abschreckende Wirkung haben.

Eine weitere tolle und sehr spaßige Möglichkeit, um den Umgang mit der Strömung zu lernen und das Bootsgefühl zu verbessern ist das Surfen. Hierbei reichen am Anfang auch ganz kleine Wellen, die man als Erwachsener vielleicht gerne mal übersieht. Solche Miniwellen können gut vom Nachwuchs kontrolliert werden und dieses ganz besondere „Surfgefühl" entsteht trotz der geringen Größe. Wenn man genau schaut, findet man solche Wellen en masse auf den Flüssen in der Umgebung.

Also, einfach mal vor der Haustür schauen und loslegen!

SICHERHEIT

Das Thema Sicherheit ist ein großes und umfangreiches Gebiet im Kanusport. Die Grundzüge, aber auch einige weiterführende Dinge sollte man unbedingt mit dem Nachwuchs besprechen und auch trainieren. Dabei hilft es, die Kinder schon so früh wie möglich auf Sicherheitsthemen einzustellen, denn umso besser verinnerlichen sie alles. Wobei es nicht darum geht, dass sie alle Sicherheitstechniken perfekt anwenden, sondern eher darum, dass sie wissen, wie bestimmte Dinge funktionieren bzw. ablaufen.

VON KLEIN AUF

Schon relativ früh, bereits im Kleinkindalter, wenn sie noch im Zweier durch die Gegend kutschiert werden, kann man sich mit ihnen über die richtige Kleiderwahl unterhalten. Warum sind Helm und Schwimmweste für die Sicherheit zuständig? Wofür braucht man einen Neoprenanzug? Einem selbst erscheint es vielleicht trivial, sich über so etwas zu unterhalten, aber für Kinder sind solche Sachen nicht unbedingt selbstverständlich. Besonders, wenn man sich bei heißen dreißig Grad Außentemperatur fürs Paddeln auf dem Gebirgsbach warm einpacken muss. Um das Thema Wärmeschutz anschaulicher zu machen, kann man das Kind ruhig mal die Hand längere Zeit ins kalte Gletscherwasser halten lassen.

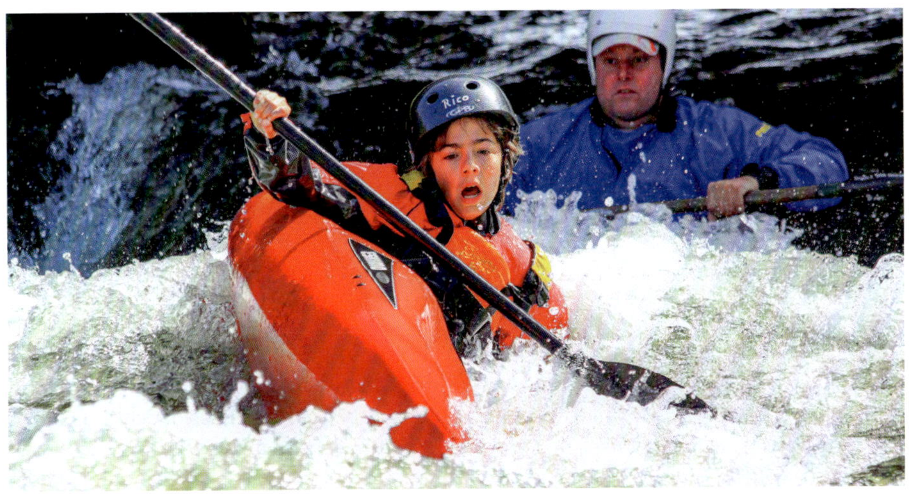

Wenn die Kinder dann älter werden, sollte als nächstes Sicherheitstraining das Unterwasseraussteigen geübt werden. Am besten probiert man das im Hallenbad oder im See an einem warmen Sommertag. Spätestens, wenn die Kinder im Einer unterwegs sind, sollte dieser große Schritt in Angriff genommen werden. Für manche Kinder kann dies eine große Überwindung darstellen. Dann sollte man sich viel Zeit dafür nehmen und den Nachwuchs nicht zu sehr drängen, ihm aber gleichzeitig auch bewusst machen, wie wichtig es ist, das Aussteigen Unterwasser zu trainieren, damit man im Ernstfall vorbereitet ist. Es gibt dabei viele verschiedene Möglichkeiten das Aussteigen Schritt für Schritt zu üben. Man kann gut ohne Spritzdecke anfangen. Oder man lässt die Kinder erstmal aus dem Boot rausspringen. Oder der Minipaddler steigt schon während des Umkippens aus. In jedem Fall sollte man auf sein Kind eingehen, bedenken wie viel es sich traut und was es schon kann. Eine gute Kommunikation ist dabei unerlässlich. Das Kind muss ja wissen, was geübt werden soll oder vielleicht hat das Kind ja eine tolle Idee wie es sich trauen könnte, wenn es Angst hat. Bei sehr vorsichtigen Kindern hilft oftmals ein spielerischer Zugang.

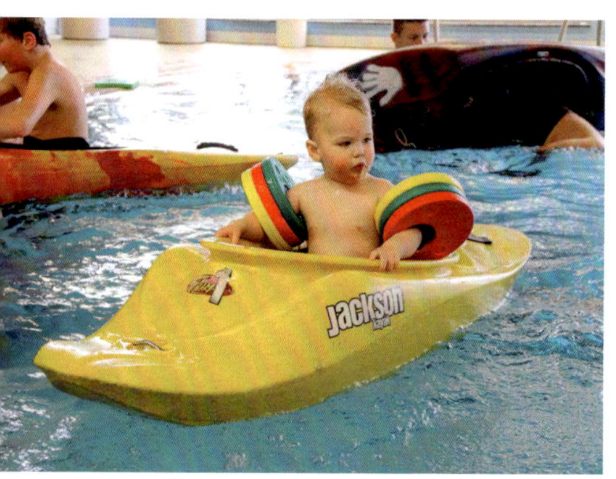

SPIELE FÜR „WASSERSCHEUE" KINDER

DER RITT AUF DEM WILDEN BULLEN

Das Kinderboot wird mit der Luke nach unten ins Wasser gelegt. Das Kind muss nun versuchen, sich so lange wie möglich auf dem umgedrehten Boot zu halten. Dieses Spiel verbessert nicht nur das Bootsgefühl, sondern sorgt auch für einen spielerischen Umgang mit dem Boot. Das Kind ist automatisch viel im Wasser und auch mal Unterwasser. Ängste werden so langsam abgebaut.

IN DIE LUKE TAUCHEN

Das Boot wird wieder umgedreht aufs Wasser gelegt, möglichst so, dass es kaum mit Wasser vollläuft. Das Kind kann nun von unten ins Boot tauchen und hat dort eine Luftkammer, in der man es lange unterm Boot aushält. Beim ersten Mal ein tolles Erlebnis für die Kleinen. Als Weiterfwührung kann man nun mit dem Boot als Tarnung durchs Wasser laufen und andere Leute „erschrecken". Bei diesem Spiel merkt das Kind, dass es nicht schlimm ist, sich unter dem Boot zu befinden. Bei sehr ängstlichen Kindern, die sich nicht trauen zu tauchen, kann man das Boot auch über das im Wasser befindliche Kind legen und sich so ganz langsam an alles herantasten.

GRUNDLEGENDES

Wenn das Kind sich nun sicher im Aussteigen fühlt, kann man einen Schritt weiter gehen und sich auf bewegtes Wasser trauen. Ideal als Trainingsort wäre ein kleiner Schwall mit

Walze ohne spitze Steine. Dort kann man dann, ganz spielerisch und gerne auch erstmal gemeinsam, das Schwimmen im bewegten Wasser üben. Man kann zeigen, wie man am besten im Wildwasser schwimmt (mit den Füßen voran und dem Hintern hoch) und was die Strömung so mit einem macht. Das Schwimmen im Wildwasser stellt eine sehr wichtige Übung dar, da es einen Riesenunterschied macht, ob man nur im Hallenbad planscht oder im kalten, strömenden Gewässer. Kennt man als Kind das Gefühl dieses „anderen" Schwimmens, ist man im Ernstfall deutlich besser vorbereitet. Dabei kann man dann auch direkt die wichtigsten Bergetechniken ganz ungezwungen mit einfließen lassen. Das Kind stellt dabei den zu Rettenden dar. Nach einer kurzen Erklärphase kann der kleine Paddler dann mit dem Wurfsack aus der Strömung gezogen werden oder man „rettet" den kleinen Schwimmer mit dem Boot. In jedem Fall steht hier wieder das Kennenlernen einer neuen Situation im Vordergrund. Wenn man solchen Begebenheiten spielerisch begegnet, ist der Angstfaktor im späteren Ernstfall deutlich geringer.

Irgendwann kann man den Spieß dann umdrehen und sich selber vom Nachwuchs „retten" lassen. Oder man übt gemeinsam mit Gleichaltrigen das Bergen von Schwimmern. Mit Freunden macht das nicht nur mehr Spaß, sondern klappt schon alleine von der Gewichtsverteilung her auch besser. Dabei kann man dann das Bergen des Materials mit einfließen lassen: Welche Möglichkeiten gibt es, Boot und Paddel an Land zu bringen, wie arbeitet man am besten im Team zusammen? Bei den ganzen Bergeaktionen ist es wichtig, dass hierbei erst nur das Kennenlernen im Vordergrund steht. Keiner darf erwarten, dass ein Kind den perfekten Wurfsackretter mimt oder jedes Boot an Land zieht. Wenn solche Sachen aber beständig geübt werden, fallen sie den Kindern später als Jugendliche oder junge Erwachsene viel leichter (und sie sind im Umgang mit der Ausrüstung viel vertrauter).

Wichtig ist auch, dass man den Kindern klar macht, dass sie nur helfen sollen, wenn sie sich dabei selbst nicht gefährden. Soll heißen: Wenn stärkere Paddler mit auf dem

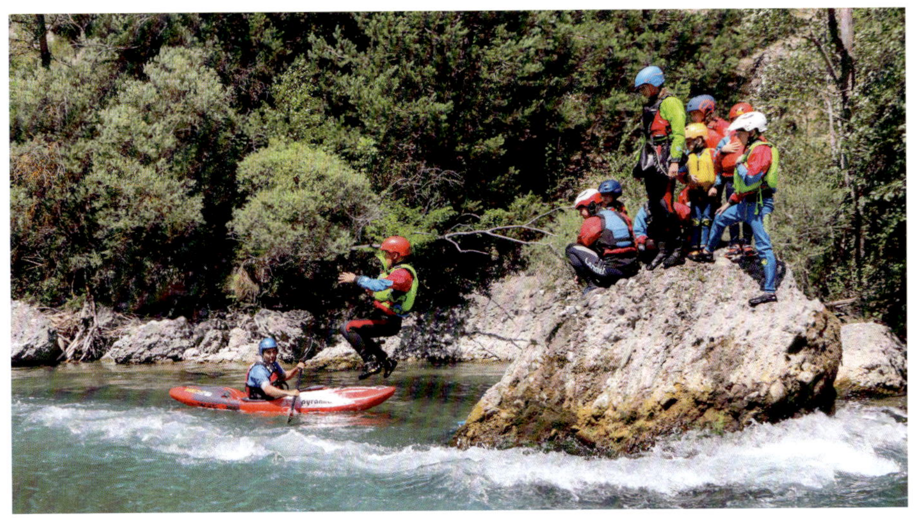

SPIELE ZUM RETTEN UND BERGEN

WURFSACKGOLF

Dieses Spiel findet an Land statt und ähnelt dem Minigolf. Als „Löcher" dienen diverse Bootsluken, die „Bälle" sind die Wurfsäcke. Mit verschiedenen Booten kann man nun einen Parcours aufbauen, bei dem es gilt, die Bootsluken mit so wenigen Wurfsackwürfen wie möglich zu treffen. Gewonnen hat der Spieler mit den wenigsten Würfen. Toll bei diesem Spiel ist der Variationsreichtum, kein Parcours ähnelt dem anderen und man kann selber bestimmen, ob man mehr kurze oder mehr lange Würfe einbaut. Ideal also, um eine präzise Wurftechnik zu erlernen.

BODY-SURF

Ein Wasserspiel, für das man eine optimale Walze benötigt. Sie darf nicht zu groß sein, muss aber trotzdem ein bisschen halten. Das Unterwasser darf nicht zu flach sein und man braucht mindestens ein vernünftiges Kehrwasser daneben. Erfüllt eine Walze diesen Ansprüchen, steht dem „Surfspaß" nichts mehr im Wege. Vom Kehrwasser aus kann man nun probieren, in die Walze zu springen und dort schwimmenderweise zu surfen. Am schönsten ist das Spiel mit Freunden, so kann man sich gegenseitig anfeuern und Tipps geben. Neben dem ganz neuartigen Gefühl, im Wasser zu surfen, bzw. sich von der Walze halten zu lassen, wird gleichzeitig auch trainiert, wie man sich als Schwimmer in einer Walze verhalten muss, um bestimmte Dinge zu erreichen (z.B. Wie bleib' ich lange drin und wie lande ich wieder schnell im Kehrwasser).

BOOTE ENTERN

Das Spiel funktioniert am besten in großen, altersdurchmischten Gruppen. Man benötigt als „Spielfeld" einen Schwall mit vielen Kehrwässern, den man gut durchschwimmen kann. Die älteren Spieler warten unten in den Kehrwässern in den Booten, während sich die jüngeren, bzw. kleineren Spieler oberhalb des Schwalls schwimmend ins Wasser begeben. Wenn die Schwimmer flussab treiben, müssen die Paddler die Kehrwässer verlassen. Die Schwimmer müssen nun versuchen, ein Boot zu entern, indem sie sich hinter den Paddler setzen. Dabei darf sich der Paddler nicht gegen den Schwimmer wehren.

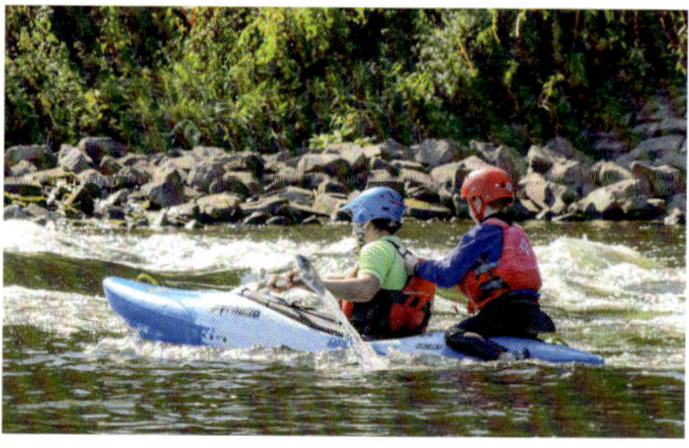

Fluss unterwegs sind, sollte das Kind am besten nicht in den Bergeprozess eingreifen, weil es in diesem Fall nicht seine Aufgabe darstellt. Wird ein Schwimmer im ruhigen Gewässer geborgen und es folgen erstmal keine Schwierigkeiten, kann man sein Kind natürlich ermutigen, beim Retten zu helfen (z.B. Rettung des Paddels).

„EXPERTENWISSEN"

Im Laufe der Zeit, spätestens wenn der Nachwuchs auf immer schwererem Wildwasser unterwegs ist, sollte man komplexere Bergetechniken vorstellen (dies kann natürlich auch schon eher geschehen, denn nur allein die Erkenntnis, dass solche Techniken bestehen, hilft ungemein weiter). Dazu gehören dann so Sachen wie ein verklemmtes Boot bergen (z.B. mit Flaschenzug) oder der angeseilte Retter.

Zudem bietet es sich dann auch an, dass das Kind einen Erste-Hilfe-Kurs mitmacht. Mittlerweile gibt es viele Angebote, die sich dabei speziell an Kinder richten. Oder vielleicht organisiert man einen auf Paddler zugeschnittenen Kurs im eigenen Kanuverein.

SCOUTING UND ROUTENWAHL

Wenn wir Erwachsene auf schwerem Wildwasser unterwegs sind und es für uns unübersichtlich wird, steigen wir früher oder später irgendwann mal aus, um Stellen zu besichtigen. Bei dem Einen wird das schon bei WW IV der Fall sein, bei dem Anderen vielleicht erst bei WW V. Das hängt oft vom jeweiligen Grad der WW-Erfahrung oder der eigenen Risikobereitschaft ab. Klingt logisch, oder? Warum also sollte man mit den Kindern nicht auch mal aussteigen und eine Stelle scouten? Höchstwahrscheinlich dürften sie manche für sie schwere Stellen auch als unübersichtlich empfinden. So kann man sie, anstatt sie zu blinden Hinterherpaddlern zu machen, wunderbar mit einbeziehen. Das Ganze hat gleich mehrere Vorteile. Die Kinder sammeln zunächst einmal jede Menge Erfahrungen (wie sieht etwas vom Land aus, wie auf dem Wasser), die ihnen später im schweren Wildwasser weiterhelfen werden. Außerdem lernen sie, ihre eigenen Fähigkeiten einzuschätzen – etwas, was mit der Zeit immer besser klappen wird. Und letzten Endes stärkt man durch das Einbeziehen und ernst nehmen der Kinder ihr Selbstbewusstsein.

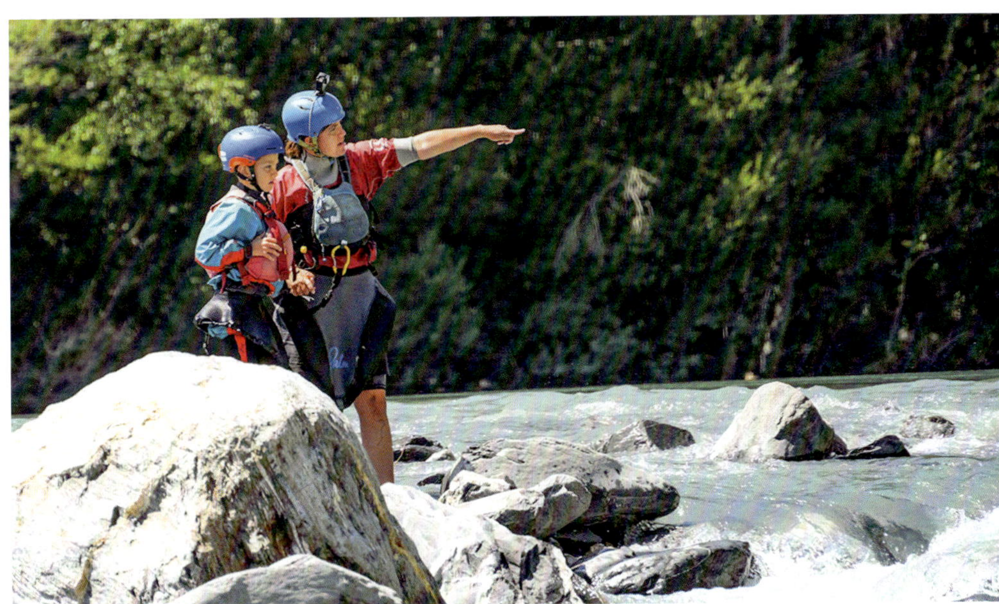

Gemeinsames Scouten stärkt das Selbstbewusstsein und die Paddelfähigkeiten.

Wie also geht man mit Kindern beim Scouten im Idealfall vor? Zu Beginn wird es dem Nachwuchs vielleicht schwerfallen, eine Route vom Rand aus zu erkennen. Da hilft es, konkret nachzufragen wie z.B. „Möchtest du hier lieber links von der Walze fahren?" oder „Welche Durchfahrt ist wohl die Beste?". Ansonsten reicht es meist aus, ganz einfach zu fragen: „Wo würdest du fahren?" Man wird erstaunt sein, wie gut der Nachwuchs teilweise schon das Wasser lesen kann. Möchte man den Nachwuchs noch etwas zum Nachdenken anregen oder absichern (s. Angst und Risikomanagement), kann man noch Fragen zur Technik stellen, wie z.B. „Welchen Schlag musst du an der Walze machen?" oder „Worauf musst du an dieser Stelle besonders achten?". Dabei sollte man auch immer einen Plan B mit den Kindern zurechtlegen, falls die anvisierte Route – aus welchen Gründen auch immer – nicht getroffen wird. Nach der Befahrung sollte man sich zudem die Zeit nehmen, beim Nachwuchs nachzufragen, ob er zufrieden mit der Befahrung ist. Dies trägt deutlich zum Lernerfolg bei, ebenso wie konkret angebrachtes Lob („Schön, wie du die Route genau getroffen hast.", „Der Schlag an der Walze war super.").

GUTE STELLEN, UM DAS SCOUTEN ZU LERNEN SIND:

- **Der Bunkerschwall der Soca**
- **Die Rabiouxwalze der Durance**
- **Der Iselabfall**
- **(Fast) alle Stellen in der Teufelsklamm des Héraults**
- **Scheibum auf der Ammer**

EINE BESONDERE TECHNIK: DAS PÄCKCHEN FAHREN

An manchen Stellen wird in diesem Flussführer von „Päckchen fahren" die Rede sein. Bei dieser Technik dockt der Nachwuchs längsseitig am Begleitpaddler an und hält sich an ihm fest, während der Erwachsene beide zusammen den Fluss hinabmanövriert. Diese Technik sollte man immer nur punktuell einsetzen. Zum Beispiel, wenn eine einzelne Stelle auf dem Abschnitt noch zu schwer für den Minipaddler ist (funktioniert gut bei Verschneidungen oder hohen Wellen). Durch das Päckchen fahren, werden oft viele Ängste der Kinder genommen und sie bekommen schon mal ein Gefühl dafür, wie sich wildere Stellen im Einer anfühlen.

Wie alle Techniken im Kanusport muss auch das Päckchen fahren erlernt werden. Der Nachwuchs muss einen festen Punkt haben, an dem es sich am Begleitpaddler festhalten

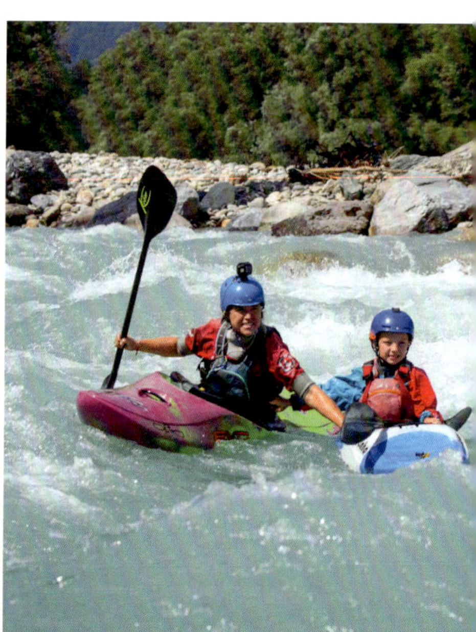

kann. Das kann der Süllrand des Boots sein oder die Schwimmweste. Das Kinderpaddel muss halb-quer über dem Kinderboot liegen und am besten vom Kind festgehalten werden, so dass es nicht mitten im Schwall ins Wasser fliegt oder dem erwachsenen Paddler im Weg ist. Als Begleitpaddler muss man lernen, beide Boote gut lenken und vorwärts bringen zu können, vor allem, da man oft nur auf einer Seite paddeln kann. Am besten übt man das Päckchen fahren zuerst spielerisch auf leichtem Gewässer.

DREAM-TEAM: WW MIT DEM ZWEIER ENTDECKEN

Dieses Buch bezieht sich hauptsächlich auf Kinder, die WW im Einer entdecken. Natürlich sind (fast) alle vorgestellten Flüsse auch mit Kindern im WW-Zweier zu befahren (Ausnahmen sollte man vielleicht nur bei den Wasserfällen und den Stufenbächen machen). Weil das Zweierpaddeln wohl eine der besten Einstiegsmethoden ist, um Kindern den Sport näher zu bringen, wird sich dieses Kapitel mit den Vorzügen des Zweierfahrens befassen und natürlich darauf eingehen, auf was man alles achten muss, damit man mit dem Nachwuchs zum Paddel-Dream-Team wird.

Nimmt man sein Kind im Zweier mit, eröffnen sich beim Wildwasserpaddeln auf einmal ganz neue Möglichkeiten. Man kann gemeinsam schwierigere Flüsse in Angriff nehmen und ist nicht nur auf WW I-II limitiert. Auch die Streckenlänge kann beliebig variiert werden, denn wenn der Nachwuchs schlapp macht, kann er sich einfach bis zum Ausstieg schippern lassen. Außerdem kann man kleinere Kinder, die das Paddeln alleine koordinativ nicht hinbekommen, langsam an den WW-Sport gewöhnen.

Nimmt man sein Kind von Anfang an im Zweier mit und erklärt nebenher vieles, wird

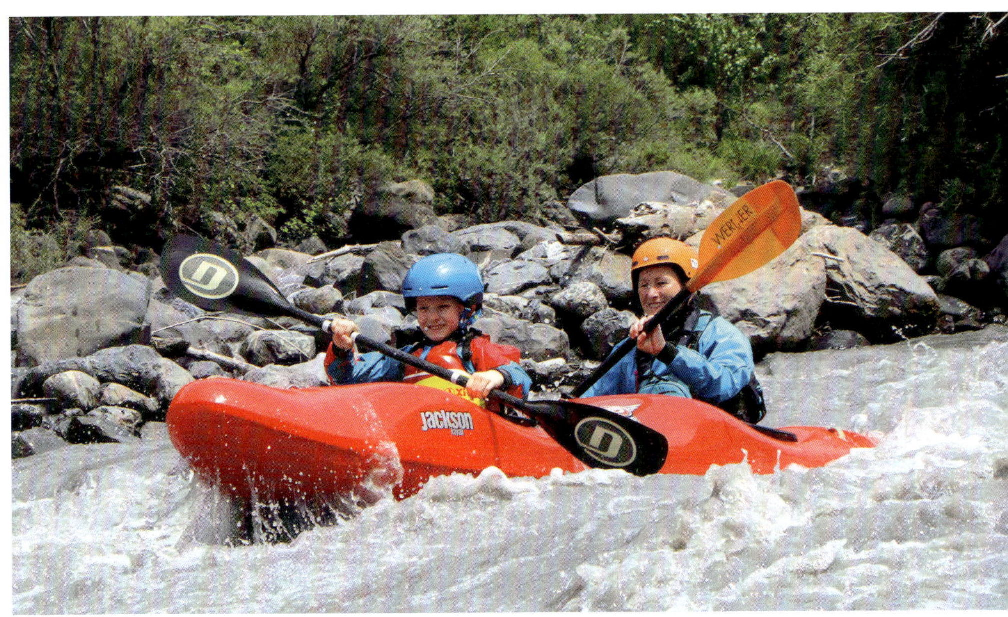

man später so manches Mal erstaunt sein, was der Nachwuchs so alles in punkto Wildwasserpaddeln aufgesaugt hat. Gerade was das Wasserlesen angeht, können so bereits alle Grundlagen für später gesetzt werden. Hinzukommt, dass technische Grundlagen erlernt werden, ohne dass ein Fehler auf Seiten der Kinder allzu großen negativen Konsequenzen hat (z.B., wenn das Kind mal falsch kantet, fliegt nicht gleich der ganze Zweier rein).

Damit das Zweierfahren wirklich gelingt, sollte man auf einige wenige Dinge achten:

Kommunikation ist alles: Erstens entstehen die größten Lernfortschritte durch beständiges Erklären, was man warum gerade tut. Und zweitens kann man so vermeiden, dass sich das Kind unnötig erschreckt. Es gibt eine dicke Walze oder hohe Wellen, durch die man unbedingt durchmuss? Wenn man das vorher mit dem Nachwuchs abspricht, ist schon vieles an Konfliktpotenzial aus der Welt geschafft

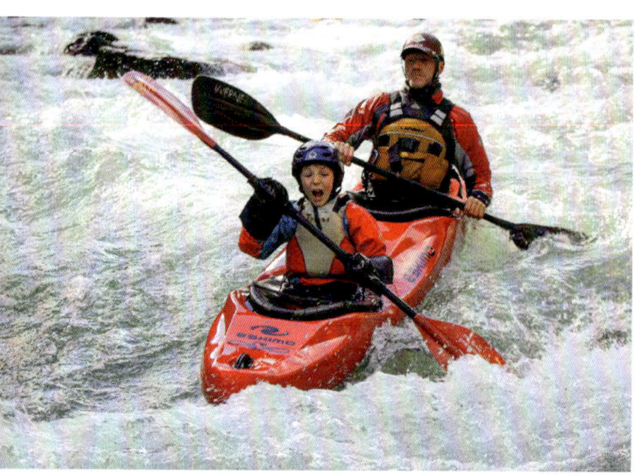

Teamwork makes the dream work: Klar, die Flüsse, die man im Zweier paddelt, schafft man locker ohne die Hilfe des Kindes, aber eine Motivation zur Eigenständigkeit beim Paddeln wird durch bloßes Rumkutschieren nicht geschaffen. Was viel besser klappt, ist, wenn man das Kind ständig mit einbezieht. Da vorne geht's richtig runter? Dann müssen wohl beide Paddler ordentlich reinhauen, um die Stelle zu meistern. Die nächste Stelle besser links oder rechts fahren? Kinder lieben es, wenn sie mitbestimmen dürfen (natürlich nur an Stellen, die mehrere Routen haben). Gerade diese Routenwahl ist ein wichtiger Punkt, den man bei jeder Zweiertour besprechen muss. Hier reicht die einfache Frage (bevor es auf's Wasser geht): Actionroute oder Kneiferroute? Manche Kinder lieben es, im Zweier durch alles durchzupreschen, während andere lieber nur wohldosierte Action haben wollen. Oft ist die Antwort auf die Frage auch tagesformabhängig, gerade das Wetter oder die Wasserfarbe können den Nachwuchs sehr beeinflussen, was den Grad der Action auf dem Fluss angeht.

Das Kind nicht überfordern: Auch wenn das Kind „nur" vorne drinsitzt, anstrengend ist so eine Zweiertour trotzdem. Also immer regelmäßig (Spiel-)pausen einlegen, gerade bei jüngeren Kindern. Außerdem sollte man sich gemeinsam mit dem Nachwuchs beim Wildwasserpaddeln steigern und nicht direkt mit einem WW III Bach loslegen. Auch hier gilt wieder die Faustregel: Je jünger das Kind, desto sanfter der Einstieg.

Zu guter Letzt noch ein kleiner Hinweis an alle Zweierpaddler: Es kann gut sein, dass das Kind früher oder später im Boot einschläft. Das sollte man nicht als Kritik an der ausgewählten Tour nehmen, sondern als Kompliment, wie sicher sich das Kind vorne im Boot fühlt. Außerdem lernt man so erst das „richtige" Kneiferroutenpaddeln. Man möchte den Nachwuchs ja nicht durch einen Schwall kalten Wassers wecken.

MENTALES

ANGST UND RISIKOMANAGEMENT

Das mit der Angst ist so eine Sache. Wir reden nicht wirklich gerne darüber, doch gerade beim Wildwasserpaddeln muss man sich immer wieder seiner Angst stellen. Dazu eines vorweg: Angst zu empfinden ist gut und wichtig. Hätten wir keine Angst, so würden wir zum Beispiel ohne zu zögern oder zu schauen eine viel befahrene Straße überqueren. Gleichzeitig ist es aber genauso wichtig, seine Angst zu überwinden. Würde man das nicht tun, könnte man unter Umständen keinen Fuß mehr vor die Tür setzten.

OPPONENT PROCESS THEORY

Warum paddeln wir eigentlich Wildwasser und setzen uns beständig unserer Angst aus? Bei der Beantwortung der Frage kann die Opponent-Process-Theory helfen.

Die Opponent-Process-Theorie von Solomon & Corbit (1978) besagt ganz allgemein, dass viele emotionale Reaktionen aus einer ersten Reaktion und einer späteren gegensätzlichen Reaktion bestehen. Die wiederholte Präsentation desselben Stimulus stärkt den zweiten, sodass die erste Reaktion schwächer und die Nachreaktion stärker und länger wird. (Stangl, 2022).

Aufs Paddeln bezogen bedeutet das, dass nach der anfänglichen Angst ein Gefühl von Euphorie entsteht. Je öfter man nun Wildwasser paddelt, desto stärker und länger anhaltend wird das Euphoriegefühl.

Will man sich seinen Ängsten stellen, hilft es vielleicht, wenn man erstmal lernt, Angst an sich zu verstehen. Angst ist eine Emotion, die kontrolliert werden kann. Wie Kleinkinder lernen Wut zu kontrollieren und sich später als Erwachsene vor Wut nicht mehr auf den Boden zu werfen oder um sich zu schlagen, so kann man auch lernen, seine Angst zu kontrollieren. Als ersten Schritt muss man dazu die Angst zulassen und diese klar benennen können. Wovor hat man konkret Angst? Ist es die Walze am Ende eines Schwalls oder sind es die bedrohlichen Felswände? Es hört sich banal an, aber gerade Kinder müssen erst lernen, ihre Ängste zu verbalisieren. Weiß man, wovor man Angst hat, gibt es ein paar Kniffe, die einem helfen, die Angst zu kontrollieren.

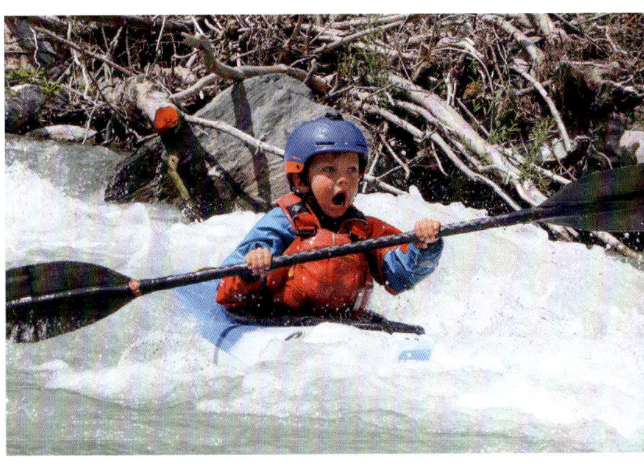

Eine bewusste Atmung oder eine aufrechte Haltung kann oft schon helfen, die Angst einzudämmen. Manchmal hilft es auch, sich neu zu fokussieren. Wobei dies Sachen sind, die vor allem von echten „Angstprofis“ angewendet werden (z.B. Extremkajakern). Kinder müssen das alles erst Schritt für Schritt lernen und wir als Eltern sind in der Verantwortung, unserem Nachwuchs dabei zu helfen. Dabei ist nicht nur wichtig, dass man die Angst des Kindes bemerkt und mit ihm ergründet, wovor es diese Angst empfindet. Ganz grundlegend ist erst mal, dass man die Ängste der Kinder wirklich ernst nimmt. Immer dran denken: Es ist ein Gefühl und Gefühle werden von jedem individuell empfunden! Also bloß nicht zum Kind sagen „Du musst keine Angst haben!“, denn dann wird das Kind verunsichert und hört nicht mehr auf das eigene Bauchgefühl. Um seinem Kind ideal zu helfen, beim Paddeln mit der Angst umzugehen, sollte man beobachten, wie es in alltäglichen Situationen Angst überwindet. Diese Strategien kann der Nachwuchs nämlich auch prima (mit ein wenig Hilfe) beim Paddeln anwenden.

Ein weiteres probates Mittel ist die Visualisierung. Dies kann man immer dann gut anwenden, wenn das Kind Angst vor einer konkreten Stelle hat. Man selbst macht das vielleicht schon, wenn man sich Stellen anschaut, die im persönlichen Grenzbereich liegen. Auch wenn uns das bei Wildwasser II vielleicht unsinnig erscheint, kann es dem Kind helfen, die eigene Angst zu überwinden und das Selbstbewusstsein zu steigern. Wichtig ist dabei nur, dass Kinder zu Beginn ein wenig Anleitung brauchen, um die Ideallinie im Kopf durchgehen zu können. Gezielte Fragen, wie z.B. „Willst du links oder rechts vom Stein fahren oder auf welcher Seite musst du den Schlag setzen?“, helfen als Einstieg. Hier kann man zugleich einen Plan B vorschlagen, falls die Linie auf dem Wasser dann doch nicht gelingt. Dies kann weitere Sicherheit bringen und vermitteln, dass es nicht unbedingt schlimm ist, wenn mal etwas schief geht.

Was beim Umgang mit der Angst hilft, ist, sich oft mit seinen Kindern auszutauschen. Man selbst kennt die eigenen Kinder zudem ziemlich gut, was natürlich auch weiterhilft. Ist der Nachwuchs generell eher ängstlich, sollte man sich nur langsam im Wildwasser vorantasten. Lieber, man fährt den x-ten Bach im I-IIer-Bereich, als dass das Kind das Paddeln ganz aufgibt, weil man zu früh zu schwer mit dem Kind paddeln wollte. Das bringt Übung und kann das Kind auf „Angstsituationen“ vorbereiten. Ansonsten: Ängste nehmen ab, wenn man sich ihnen stellt. Eine

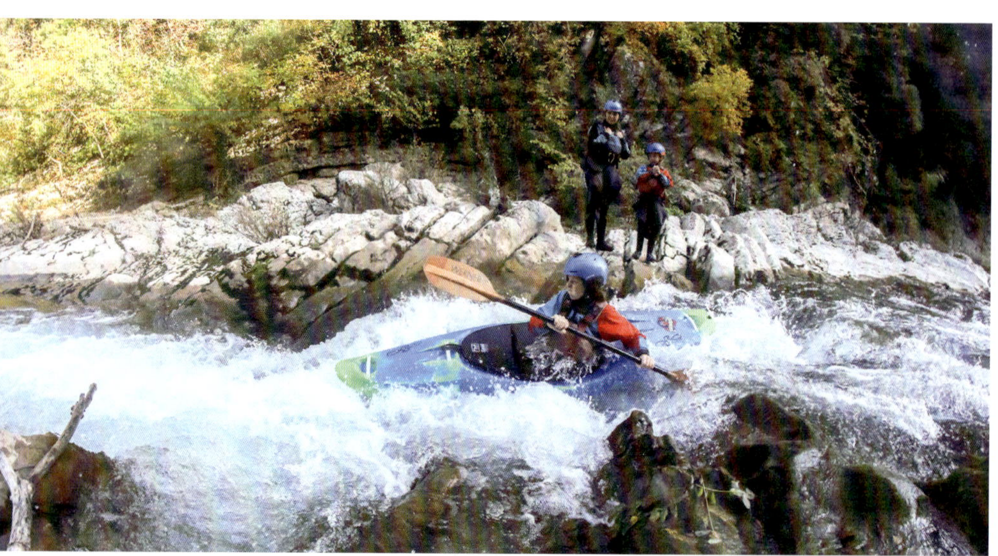

schöne Aussicht, die vielleicht auch besonders ängstlichen Kindern hilft, über sich hinauszuwachsen. Vermeidungsstrategien sind übrigens eher schädlich, denn sie beflügeln die Angst nur noch mehr (will man einmal nicht durch eine Walze fahren, wächst die Angst vor „bedrohlichen" Walzen nur noch mehr). Generell gilt auch, dass, wenn man Kinder beständig vor angstauslösenden Situationen schützt, dies dem Selbstvertrauen des Kindes schadet. Gleichzeitig darf man das Kind nicht überfordern und es drängen, etwas zu paddeln, wofür es noch nicht bereit ist. Denn wenn dabei etwas schief geht, wird die Angst vor ähnlichen Stellen nur verstärkt. Es ist also ein schmaler Grat zwischen Über- und Unterfordern, Ängsten abbauen und Ängsten verstärken, auf dem man als Eltern wandert. Wenn sich das Kind seiner Angst gestellt hat, sollte unbedingt der Mut gelobt werden. Das stärkt das Kind und hilft ihm, in der nächsten Angstsituation leichter seine Angst zu überwinden.

Eine wichtige Randnotiz: Wenn man als Eltern mit Kindern im Wildwasser unterwegs ist, wird früher oder später mal eine Situation kommen, in der man tausend Tode vor Angst um sein Kind stirbt. Dann gilt es, auf keinen Fall zu zeigen, dass man zum Beispiel Angst hat, weil das Kind durch eine dicke Walze fahren möchte. Diese Angst überträgt sich sofort auf das Kind und kann es so in seiner sportlichen Weiterentwicklung hemmen.

Apropos sportliche Weiterentwicklung: Das Wissen um Angst kann auch helfen, um Lernerfolge im Sport zu erzielen. Bereits vor über hundert Jahren haben sich die Psychologen Yerkes und Dodson damit beschäftigt, was mit der Leistungsfähigkeit passiert, wenn man unter- oder überfordert ist. Veranschaulichen lassen sich ihre Ergebnisse am besten in einem Graphen:

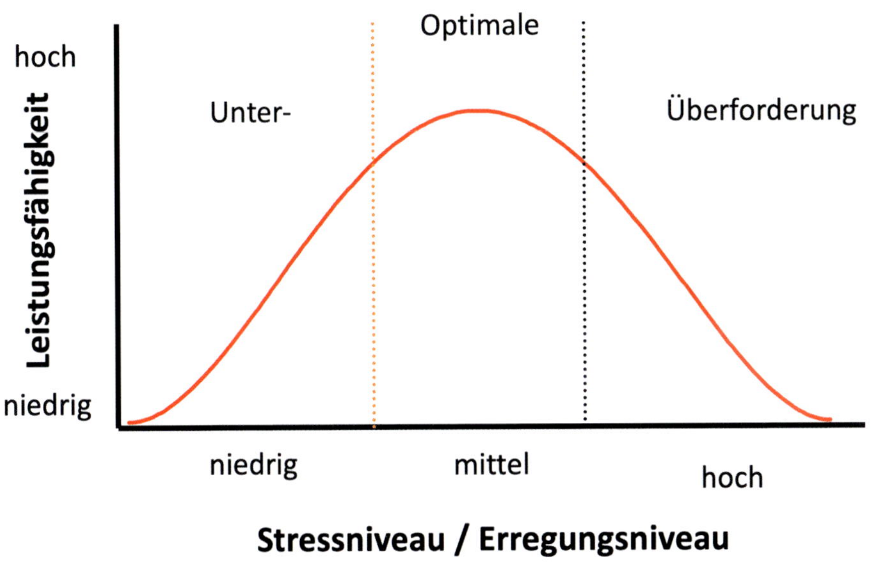

Demnach steigert sich die Leistungsfähigkeit mit Erhöhung des Erregungsniveaus (in unserem Fall Angst), aber nur bis zu einem bestimmten Punkt. Ist dieser Punkt einmal überschritten, tritt eine Überforderung ein und unsere Leistungsfähigkeit nimmt ab. Als Eltern gilt es also, diesen Mittelteil der Grafik zu treffen, um sozusagen das Beste aus unseren Kindern herauszuholen.

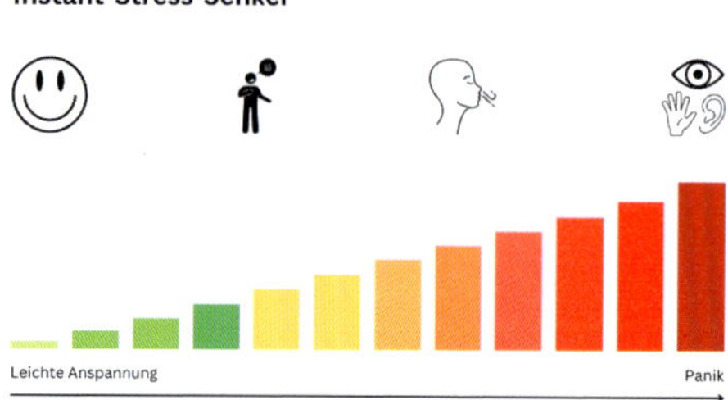

INSTANT STRESS-SENKER

Folgende Übungen können Kinder bei Angst helfen:

LACHEN

Klingt banal, aber alleine das Ausstrahlen von guter Laune auf dem Fluss dämpft Unsicherheiten und Ängste ab.

HILFREICHES SELBSTGESPRÄCH

Je nach Typ kann sich selbst gut zureden helfen, schwierige Stellen zu meistern und Ängste zu überwinden. Ein laut ausgesprochenes (oder auch nur gedachtes) „Ich schaff das!" kann Wunder wirken.

ATME 1:4

Einmal einatmen und viermal so lange ausatmen. Je nach Vorliebe sollen die Kinder dabei ruhig ihre Augen schließen. In stressigen Situationen wird unsere Atmung oft flach und hektisch. Diese Übung sorgt dafür, dass sich die Atmung verlangsamt und der Körper mehr Sauerstoff aufnimmt, man beruhigt sich dabei automatisch.

DIE 5-4-3-2-1-ÜBUNG

Sage dir laut oder in Gedanken, was du mit deinen Sinnen im Moment gerade wahrnimmst!

5-mal: Ich sehe ...! ➔ 5-mal: Ich höre ...! ➔ 5-mal: Ich spüre ...! ➔

4-mal: Ich sehe ...! ➔ 4-mal: Ich höre ...! ➔ 4-mal: Ich spüre ...! ➔

3-mal: Ich sehe ...! ➔ 3-mal: Ich höre ...! ➔ 3-mal: Ich spüre ...! ➔

2-mal: Ich sehe ...! ➔ 2-mal: Ich höre ...! ➔ 2-mal: Ich spüre ...! ➔

Zuletzt, einige Zeit lang mehrmals

1-mal: Ich sehe ...! ➔ 1-mal: Ich höre ...! ➔ 1-mal: Ich spüre ...!

Diese Übung wird auch oft in der Traumatherapie eingesetzt und hilft bei aufkommenden Panikattacken.

EXKURS: SCHWIMMER

Eng verbunden mit dem Thema Angst ist das Schwimmen im WW. Wie bei Erwachsenen auch kann ein Schwimmer für einige Kinder sehr verschreckend wirken, während andere Kinder sich am Schwimmen überhaupt nicht stören. Wie man am besten mit Schwimmern von Kindern beim WW-paddeln umgeht, werde ich im Folgenden erklären.

Das wichtigste vorweg: Schwimmen gehört zum Lernprozess dazu, denn jeder, der eine Sportart erlernt, macht mal Fehler. Auch wenn wir unsere Kinder am liebsten vor allem schlechten schützen wollen, sind Vermeidungsstrategien oft eher kontraproduktiv. Das trifft besonders auf das Schwimmen im WW zu. Wollen wir auf Teufel komm raus vermeiden, dass der Nachwuchs schwimmt, beschwören wir vor allem eine Riesenangst vorm Schwimmen hinauf. Um Kinder vor dem Schwimmen zu schützen, müssten wir mit ihnen beständig unter ihrem eigenen Können paddeln, was sie weder sportlich voranbringt noch der Motivation zuträglich ist. Im schlimmsten Fall ‚schieben' wir das Schwimmen aber so lange auf, dass das Kind zum ersten Mal in WW III schwimmt (statt auf sehr leichtem WW). Als Folge dessen kann es schnell zu einer Überforderung in der Situation kommen.

Bitte nicht falsch verstehen: Das Kind soll nicht bei jeder zweiten Tour schwimmen (dann sind die ausgewählten Flüsse übrigens deutlich zu schwer), vielmehr soll das Schwimmen als eine Notwendigkeit im Lernprozess wahrgenommen werden. Das heißt Schwimmer passieren mal, wir müssen nur lernen, mit ihnen umzugehen. Besonders ängstliche Kinder sollte man ausführlich auf das Kentern vorbereiten (s. Kapitel Sicherheit) und man kann auch nicht früh genug mit dem Rollenlernen anfangen. Das gibt zusätzliche Sicherheit und Selbstvertrauen (der Fehler kann selbst behoben, bzw. kontrolliert werden).

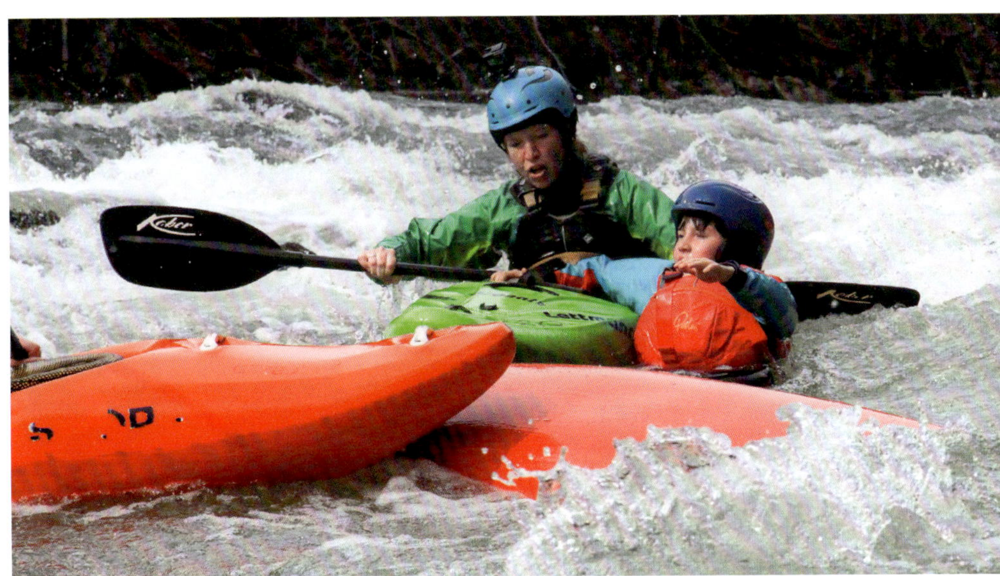

Kommt es nach einem Schwimmer beim Kind zu Frust und es fließen gar ein paar Tränen, ist es wichtig, wie wir als Eltern darauf reagieren. Als allererstes: Man sollte selbst kein Drama aus einem Schwimmer machen, egal wie schlimm der Schwimmer war. Besser ist, man konzentriert sich auf Sachen, die gut gelaufen sind. Sätze wie: „Toll, wie schnell du deine Spritzdecke geöffnet hast." oder „Super, wie kontrolliert du ausgestiegen bist." haben schon so manches Kind nach dem Schwimmen abgelenkt und den Fokus verschoben von „Ich habe einen Fehler gemacht und mich erschrocken." zu „Ich habe einen Fehler gemacht und habe trotzdem richtig reagiert". Auch wenn Kinder das nicht bewusst so wahrnehmen werden, unbewusst wird dadurch das Schwimmen weniger schlimm. Wichtig dabei ist: nur so etwas sagen, wenn es auch wirklich zutrifft. Kommt ein Kind nicht alleine aus dem Boot raus oder schiebt es beim Schwimmen eine Riesenpanik, sind diese Sätze einfach nur Lügen, die von ihm direkt enttarnt werden. In so einer Situation reicht es aus, das Kind zu trösten. Eine simple Ablenkung, wie „Schwimmer-Gummibären" zur Stärkung wirken übrigens bei fast allen Kindern Wunder (hierfür am besten immer eine kleine Packung der Lieblingssüßigkeiten dabeihaben).

Hat ein Kind besonders viel Angst oder empfindet es selbst „harmlose" Schwimmer als schlimm, sollte man die Gefühle des Kindes auf jeden Fall ernst nehmen. Am besten bespricht man mit dem Kind, was es so schlimm findet. Vielleicht gibt es ja einen gemeinsamen Weg, wie man diese Ängste abbauen kann oder findet heraus, welche Unterstützung sich das Kind vom Erwachsenen in einer Schwimmersituation erhofft.

Kommen wir nochmal darauf zurück, dass das Schwimmen zum Lernprozess dazugehört. Denn man kann so eine Schwimmerfahrung auch nutzen, um etwas über den Fluss oder das eigene Paddelkönnen zu lernen. Mit ein wenig Abstand, z.B. nach der Paddeltour, kann man mit dem Kind besprechen, warum es überhaupt gekentert ist. Oft sind es nämlich typische Fehler bei Standardmanövern wie Kehrwasserfahren oder Wal-

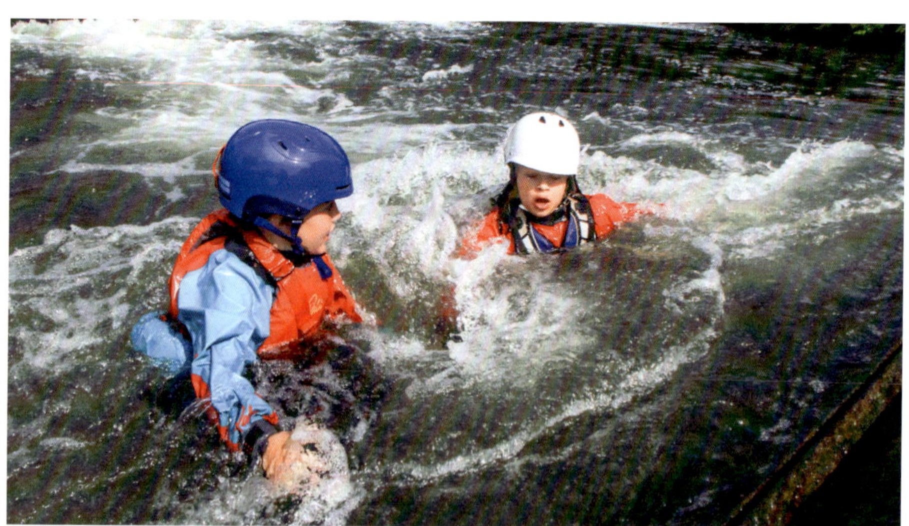

zendurchfahren, die zu Schwimmern führen. So ein Lernen durch Fehler kann oft zu größeren Fortschritten führen, als wenn man dem Nachwuchs zehntausendmal sagt, dass er mehr ankanten muss. Viele Kinder fordern diese Einordnung übrigens schon direkt nach dem Schwimmer ein („Warum bin ich denn da reingefallen?"), dann sollte man das direkt vor Ort besprechen. Mutige Kinder können das gleiche Manöver sogar direkt nochmal mit dem neuen Input probieren und so daran wachsen.

FEEDBACK, DAS KINDER VORANBRINGT

Wenn man als Lernender eine direkte Rückmeldung bekommt, verbessert das den Lernprozess ungemein. Man weiß besser über seine Stärken Bescheid und erfährt an welchen Punkten man noch arbeiten muss. Damit eine Rückmeldung diese Wirkung entfaltet, ist es wichtig, richtiges und passendes Feedback zu geben. Ein wichtiger Grundsatz dabei ist: Es gibt immer etwas Positives zu sagen und damit beginnt man seine Rückmeldung dann auch! Egal wie dusselig sich der Nachwuchs angestellt hat, irgendetwas wird schon richtig gelaufen sein. Dabei kann man auch hervorheben, wie schön es ist, dass sich das Kind etwas getraut hat, gerade bei neuen Sachen. Ein zweiter wichtiger Faktor beim Feedback-Geben ist, dass ein Lob immer konkret auf das Kind und die Situation bezogen ist. Statt einem „Toll" ist ein „Super, dass du so schön gekantet hast!" viel wirkungsvoller, weil das Kind direkt weiß, was richtig gemacht wurde.

Falsches Lob kann ziemlich kontraproduktiv sein, was zu unterschiedlichen Konsequenzen führt. Lobt man das Kind zum Beispiel zu viel, kann schnell eine ‚Abhängigkeit des Gelobt-Werdens' entstehen. Dies hat zur Folge, dass Kinder nur noch motiviert sind, paddeltechnische Höchstleistungen zu erbringen, wenn sie von anderen für ihre Taten ständig gelobt werden (wenn das Kind schon gut Kehrwasser fahren kann, muss man das nicht mehr ständig lobend hervorhebend). Auch übertriebenes Lob ist nicht wirklich zielführend. Wenn immer alles „fantastisch" ist und man Dinge lobt, die das Kind so gar nicht gemacht hat, wird das vom Nachwuchs ziemlich schnell als nicht authentisch entlarvt. So bleibt das Lob nicht ein hilfreiches Tool für den Lernprozess, sondern wird vielmehr eine Art Grundrauschen, das irgendwann von den Kindern ausgeblendet wird.

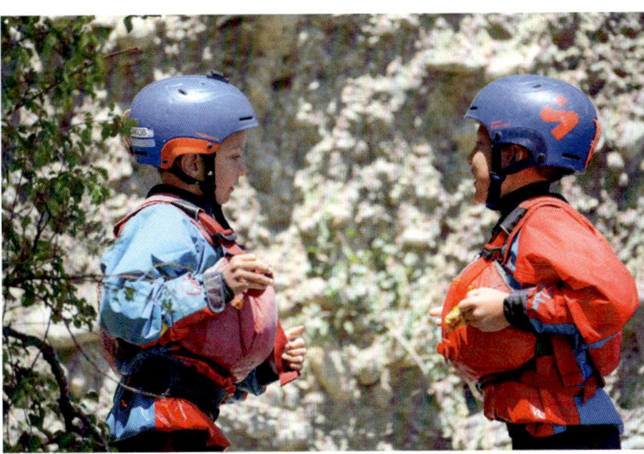

Falsch gerichtetes Lob kann dazu führen, dass Kinder im schlimmsten Fall keine neuen Herausforderungen annehmen wollen, bei denen sie scheitern können. Sagt man dem Kind beispielsweise immer: „Du bist so sportlich!", möchte das Kind weiterhin als sportlich angesehen werden und probiert daher nur neue Dinge aus, bei denen es weiß, dass es das schafft, um weiter als „das sportliche Kind" gesehen zu werden.

Zu guter Letzt sollte man dem Paddelkind immer einen positiven Ausblick geben. Besonders, wenn bestimmte Dinge nicht auf Anhieb funktionieren wollen. Wildwasserpaddeln ist nun mal ein komplexer Sport, den man nicht von heute auf morgen erlernt (besonders nicht als Kind). Das sollten die Kinder in den Rückmeldungen auch erfahren. Aussagen wie „Wenn wir das noch ein paar Mal trainieren, klappt es mit Sicherheit. Ich habe das damals auch nicht an einem Nachmittag gelernt." helfen ungemein.

Außerdem sollte man sich beim Feedback-Geben immer am Alter des Kindes orientieren. Besonders kleinere Kinder brauchen eine zeitnahe Rückmeldung, während man ältere Kinder auch am Ende eines langen Paddeltages loben kann.

Das hört sich jetzt erst einmal viel an, aber im Endeffekt geht es darum, immer wieder auf das Kind und die jeweilige Situation einzugehen, sich Gedanken zu machen, welche Rückmeldung weiterhilft und welche vielleicht gerade überflüssig ist. Mit ein wenig Übung hat man das aber schnell raus.

EXKURS: ZWEI ARTEN VON SPASS

Wenn du dieses Buch hier liest, hast du höchstwahrscheinlich Spaß am Wildwasserpaddeln. Um diesen Spaß optimal weiterzugeben, hilft es, sich ein wenig mit dem Thema „Spaß" auseinanderzusetzen.

Meistens wird zwischen zwei Arten von Spaß unterschieden:

Typ-1-Spaß: Spaß im Moment (= direkter Spaß)

Typ-2-Spaß: kein direkter Spaß, aber später (= verzögerter Spaß)

Direkter Spaß ist so etwas wie tanzen oder einen bekannten Fluss paddeln, dessen Schwierigkeit knapp unter der eigenen Könnensgrenze liegt. Beim Typ-1-Spaß weiß man, was man bekommt. Vor allem mit kleinen Kindern und Neulingen sollte man zu-

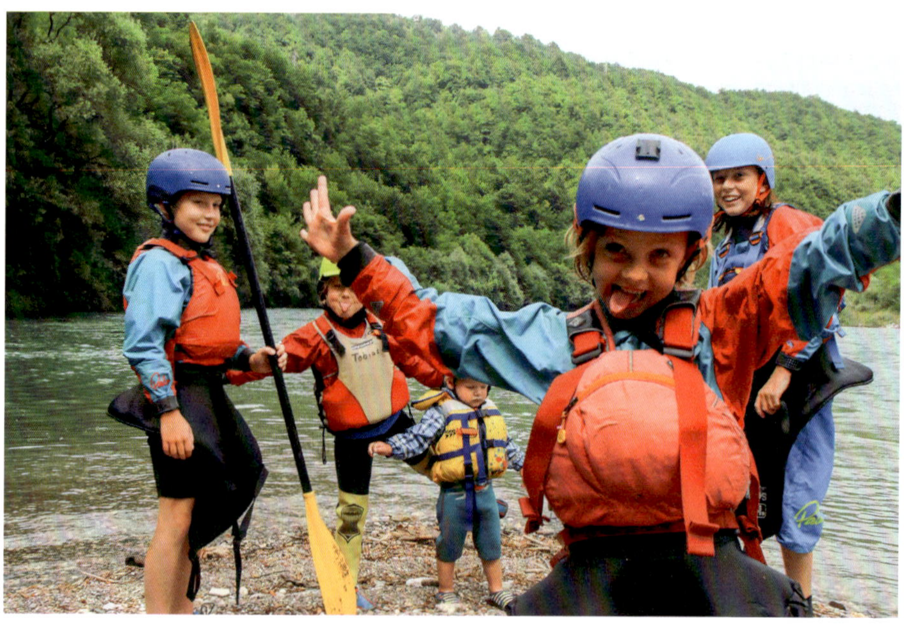

nächst Flüsse raussuchen, bei denen man Typ-1-Spaß erfährt, um den Nachwuchs bei der Stange zu halten.

Beim verzögerten Spaß sieht die Sache ein wenig anders aus. Damit wir Freude empfinden, muss man eine Herausforderung bestehen oder Probleme lösen. Konkret fürs Wildwasserpaddeln heißt das, dass man z.B. seine Angst mal überwinden muss, trotz kalten Wetters aufs Wasser geht oder sich auch mal für eine erfolgreiche Befahrung quält. Belohnt wird man dafür mit einer Extraportion Dopamin, welches in solchen Fällen stark ausgeschüttet wird. Flüsse, die Typ-2-Spaß bieten, sollte man eher mit älteren Kindern oder Kinder, die die besondere Herausforderung lieben, in Angriff nehmen.

KONZENTRATION

Konzentration ist ein wichtiger Aspekt beim Wildwasserpaddeln. Ist man nicht konzentriert, gelingt die richtige Routenwahl nicht oder man geht unnötigerweise schwimmen, weil man vor sich hinträumt. Generell gilt: Je schwieriger der Bach für das Kind ist (also durchaus auch schon auf WW II), desto größer muss die Konzentration sein.

Als Eltern sollten wir uns bewusst machen, dass Kinder über eine geringere Aufmerksamkeitsspanne als Erwachsene verfügen. Als Faustregel dafür kann man sagen, das Alter des Kindes mal zwei ergibt die Zeit in Minuten, die es sich voll und ganz durchgehend auf etwas konzentrieren kann. Bestimmte Faktoren können diese Zeit beeinflussen. Hat das Kind Spaß an einer Sache, wird es sich durchaus länger konzentrieren können. Doch genauso gibt es auch Störfaktoren, die die Aufmerksamkeitsspanne verringern können. Die zwei größten Störfaktoren sind dabei fehlende Fitness und fehlende Motivation. Man sollte also sicherstellen, dass die Schwierigkeiten eines Flusses zur Fitness des Kindes passen, und dass das Kind auch wirklich motiviert ist, Wildwasser zu paddeln.

Früher oder später wird man aber in eine Situation kommen, in der Konzentration des Kindes abfällt. Hier gibt es ein paar Mittel, um die Konzentration wieder herzustellen, bzw. zu halten. Diese helfen besonders vor einer schweren Stelle und sollten im Kehrwasser durchgeführt werden:

- Atemrhythmus kontrollieren (z.B. mehrfach ruhig tief ein und ausatmen)
- Auf äußere Reize achten (Was hört man alles, wie fühlen sich die Steine an oder ähnliches)
- Vorstellungsübungen (z.B. sich vor stellen, wie man einmal die perfekte Route gefahren ist)

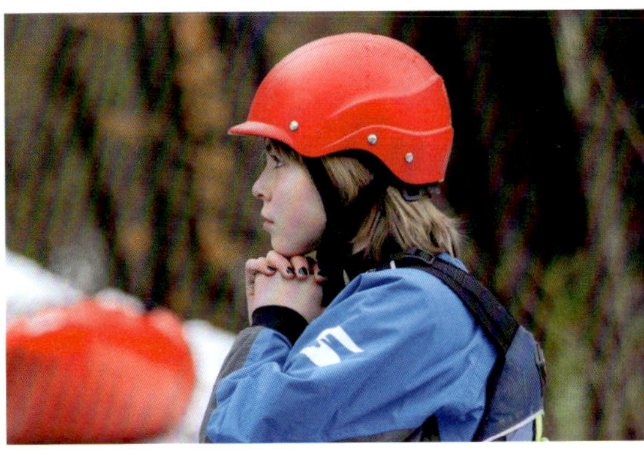

Hierbei sollte man natürlich ausprobieren, welches Mittel für das eigene Kind am besten funktioniert. Besonders bei Kindern, die auch im Alltag Schwierigkeiten haben, sich zu konzentrieren, hilft es, ein Ritual zur Konzentrationssteigerung zu etablieren. Dieses Ritual sollte aus einer so genannten „Aufpassübung“ und einer „Zentrierungsübung“

bestehen. Eine Aufpassübung sollte mit Bewegung zu tun haben, z.B. rhythmisches Klopfen auf das Boot („We will rock you“ funktioniert zum Beispiel super). Die nachfolgende Zentrierungsübung ist im Gegensatz dazu etwas ruhiges, z.B. Augen schließen und die Arme gerade hochstrecken oder dreimal tief durch die Nase ein und den Mund wieder ausatmen.

Und wenn alles nicht mehr hilft: kurze Pause am Land einlegen! Dabei etwas essen oder spielen. Danach wird der Nachwuchs wieder konzentriert ans Werk gehen können.

MOTIVATION

Motivation ist beim Wildwasserpaddeln ein immer wiederkehrendes Thema. Denn, wer besonders motiviert ist, lernt auch viel schneller. Daher stellt sich für uns Eltern die **Frage:** Wie kann ich den Nachwuchs am besten zum Wildwasserpaddeln motivieren?

Um dieser Frage auf den Grund zu gehen, muss man zunächst einmal wissen, dass es zwei Arten von Motivation gibt: intrinsische wund extrinsische. Bei der intrinsischen Motivation kommt der Antrieb, etwas zu tun, aus einem selbst. Man macht etwas, weil man Spaß daran hat. Bei der extrinsischen Motivation kommt dieser Antrieb von außen. Das kann materielle Belohnung (Geschenke für gute Leistungen) oder Anerkennung von Bezugspersonen sein. Intrinsische Motivation funktioniert über einen längeren Zeitraum besser und meist werden auch mehr „Höchstleistungen“ erbracht, da man sich durch die Ausübung der Tätigkeit, hier das Wildwasserpaddeln, beständig selbst belohnt.

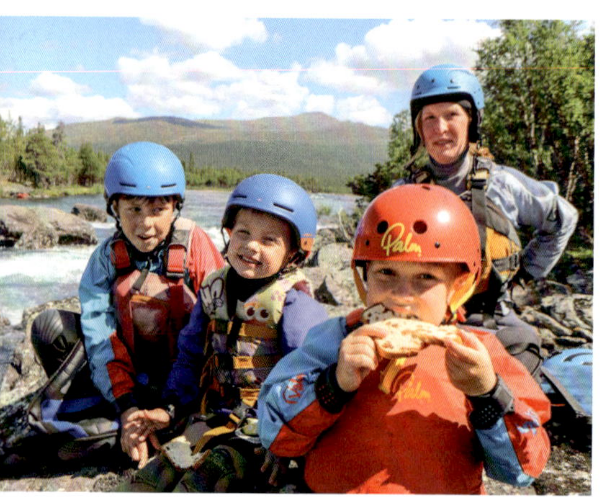

Positive Erlebnisse rund ums Paddeln steigern die Motivation für den SportMotivation.

Bei der extrinsischen Motivation sieht das etwas anders aus: Kinder paddeln mit, weil sie ihren Eltern gefallen wollen. Sie ziehen ihre Belohnung also nicht aus dem Spaß am Sport, sondern aus der Zuneigung der Eltern. Eine extrinsische Motivation mag kurzfristig funktionieren, ist aber keine dauerhafte Lösung. Und seien wir doch mal ehrlich, die Kinder sollen doch eher den Sport lieben und das nicht alles nur mitmachen, weil sie ihren Eltern gefallen wollen.

Also ist die eigentliche Frage zur Motivation vielmehr: Wie schaffe ich als Elternteil die Grundlage für eine intrinsische Motivation beim Paddeln?

Fangen wir ganz einfach an: Kenne dein Kind: Was macht es gerne? Ist es ein Adrenalinjunkie oder lieber vorsichtig beobachtend? Mag es knifflige Aufgaben oder lieber einfache direkte Lösungen? Wie steht es unbekannten Dingen gegenüber? Wenn das alles geklärt ist, kann man passende Flüsse raussuchen, die viele Erfolgserlebnisse passend zu den Vorlieben bieten. Viele positive Erlebnisse, besonders zu Beginn der Paddelkarriere, können das Feuer für eine lebenslange Leidenschaft entfachen.

POSITIVE PADDELERLEBNISSE KÖNNEN SEIN:

- Ein schöner Paddeltag mit Freunden
- Leicht zu befahrene, aber hohe Wellen (z.B. auf dem Inn außerhalb der Imster Schlucht)
- Zeit nehmen zum Spielen und Surfen
- Besondere Landschaften erleben
- Ungewöhnliche Tierbegegnungen (Fischotter oder Eisvögel)

Übrigens: auch motivierte Kinder haben nicht immer Lust mitzupaddeln. Da hilft oft ein Ruhetag, an dem man etwas unternimmt, was das Kind gerne machen möchte. Manchmal kann man Kinder aber auch überreden. Dabei sollte man immer die intrinsische Motivation im Blick haben:

- „Der Fluss wird dir gefallen, der hat ganz viele hohe Wellen. Sowas paddelst du doch gerne."
- „Wolltest du nicht noch Kehrwasserfahren trainieren, das geht hier super."

Tunlichst unterlassen sollte man als Eltern Sätze, die alle auf eine extrinsische Motivation abzielen:

- „Ach komm, paddel mit. Mir zuliebe."
- „Wenn du heute nicht mitpaddelst, bin ich aber traurig."
- „Ein Eis gibt es nur für Kinder, die auch mit paddeln." (Nichts gegen ein Eis nach dem Paddeln, auch das kann positive Erinnerungen schaffen und auch ein tolles Ritual nach dem Paddeln sein. Allerdings sollte man dieses Eis nicht an Bedingungen knüpfen.)

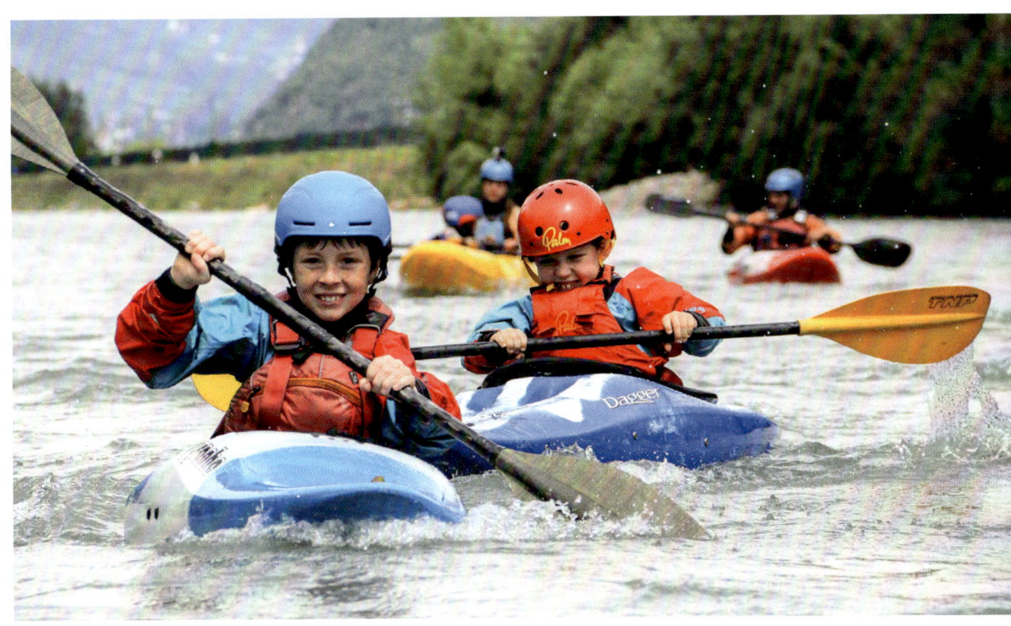

WW-Paddeln ist super – das hilft, die Motivation beim Nachwuchs zu steigern:

Auch wenn man als Eltern nicht immer direkt beeinflussen kann, ob der Nachwuchs das Paddeln genau so sehr liebt, wie man selbst, so gibt es doch ein paar Dinge, die man tun kann, die die Motivation des Kindes unterbewusst steigern wird. Verbindet der Nachwuchs paddeln mit etwas Positivem, wird er automatisch begeisterter sein. Wie kann man aber so eine positive Grundeinstellung zum Paddeln aufbauen?

➡ Gemeinsam Paddelvideos schauen/ auf Filmfestivals gehen

➡ Bötchen schnitzen und fahren lassen (von der Kiesbank aus Paddler spielen)

➡ Kajakwettkämpfe (Slalom, Freestyle etc.) anschauen (im Fernsehen oder live)

ZUM GEBRAUCH DIESES FLUSSFÜHRERS

Dieser Flussführer möchte den Spagat schaffen und gleich zwei Zielgruppen ansprechen. Kinder sollen Inspiration aus ihm ziehen und sich ermutigt fühlen, sich mehr beim Wildwasserfahren zu trauen. Getreu dem Motto „Es gibt noch andere Kinder, die wilde Sachen paddeln". Gleichzeitig sollen Eltern bei der Organisation, bzw. Logistik rund ums Paddeln unterstützt werden. Außerdem soll er Anregung bieten, wie man Kindern das Wildwasserpaddeln näherbringen kann.

Im Folgenden werden 108 Flussabschnitte aus 19 Regionen beschrieben, die allesamt von Kindern gepaddelt und als „Kinderwildfluss" für gut befunden wurden. Diese Flüsse sind – bis auf wenige Ausnahmen – gut aus Deutschland zu erreichen, sei es für eine Tagestour, ein langes Wochenende oder einen mehrwöchigen Paddelurlaub.

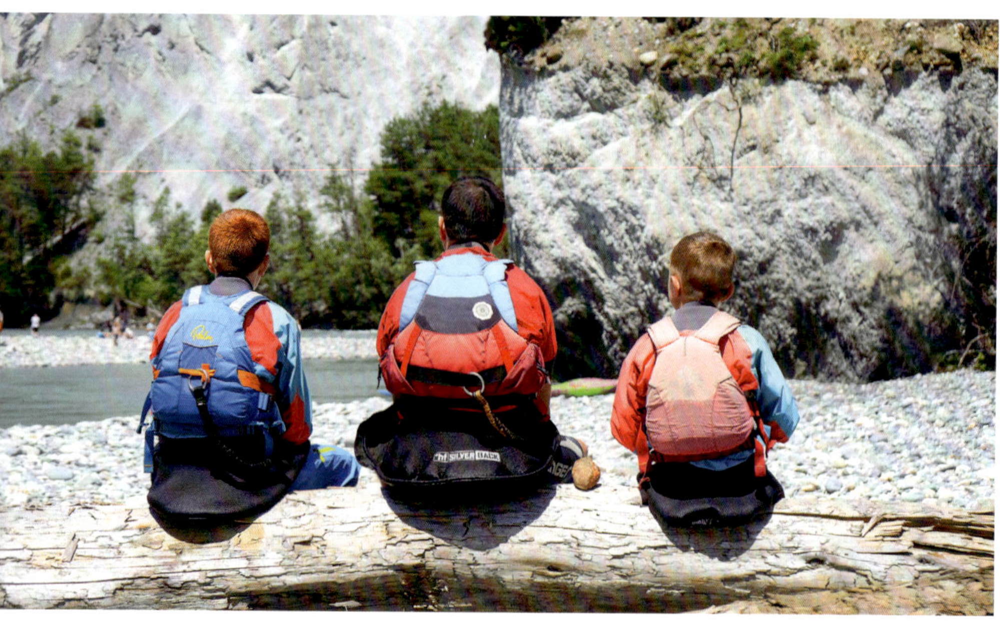

Natürlich kann dieser Flussführer nur eine Auswahl bieten. Er beschreibt nur Flussabschnitte und Aktivitäten neben dem Paddeln, die ich mit meinen Kindern ausprobiert und für nachahmenswert befunden habe. Es gibt noch so viel mehr zu entdecken – bleibt also immer stets neugierig!

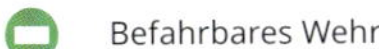
Befahrbares Wehr

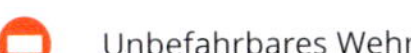
Unbefahrbares Wehr

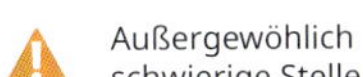
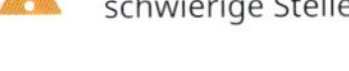
Außergewöhnlich schwierige Stelle

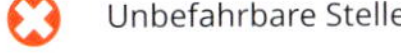
Unbefahrbare Stelle

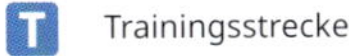
Trainingsstrecke

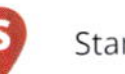
Start/Einstieg

Ziel/Ausstieg

Anderer Punkt aus Beschreibung

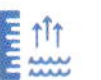
Pegel

Päckchen

KARTEN

Die Karten sollen eine Übersicht des Flussabschnitts bieten und zeigen die in erster Linie seine geografische Lage.
Während sich Ein- und Ausstiegstellen leicht über die angegebenen GPS-Daten finden lassen, ist für die Befahrung empfehlenswert, sich durch die **App Canua** und/oder zusätzliches Kartenmaterial oder Flussführer über Wehre und künstliche Stufen, Bootsgassen, besonders schwierige oder unfahrbare Stelle und Wasserfälle zu informieren. Dies gilt auch für Befahrungsregeln und zu erwartende Wasserstände.

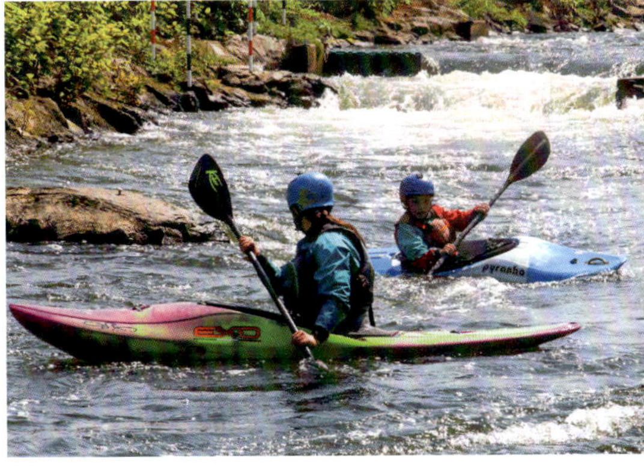

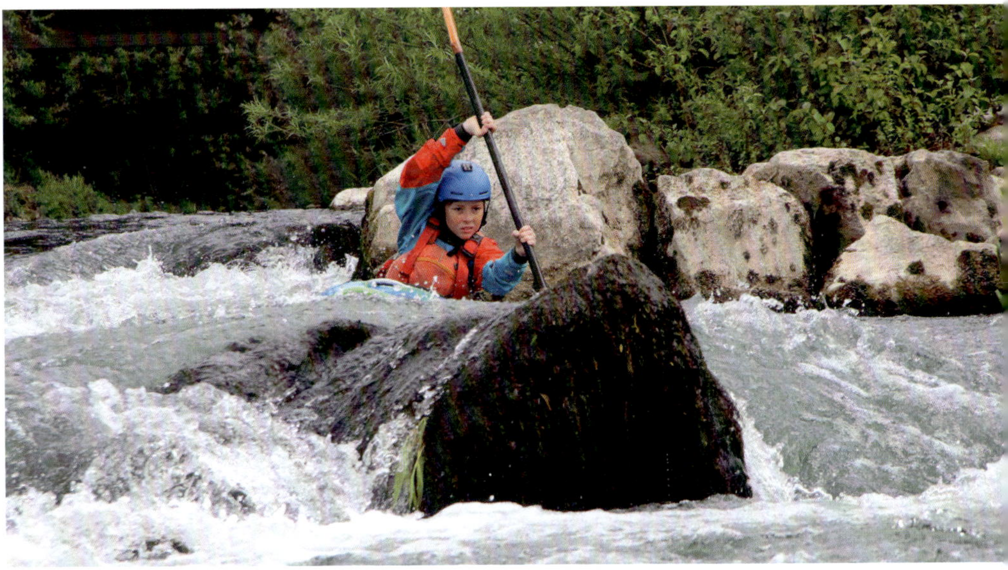

Kinder kommen auf technischen Flüssen meist besser klar.

DIE SCHWIERIGKEITEN MIT DEN SCHWIERIGKEITEN

Hier folgt jetzt der übliche Disclaimer, dass es generell schwierig ist, Wildwasserstufen genau einzuschätzen. Insbesondere unterschiedliche Wasserstände sorgen dafür, dass die Schwierigkeiten eines Wildflusses sich um ein bis zwei Grade unterscheiden kann. Manche Flüsse in diesem Flussführer sollte man daher mit den Kindern nur bei Niedrigwasser fahren (das steht aber bei den fraglichen Flüssen in der Beschreibung immer dabei).

Sowieso ist das Einschätzen der Schwierigkeiten für Kinder nochmal extra schwer, da es ein paar Besonderheiten gibt, auf die man als Erwachsener nicht unbedingt achtet. Zunächst einmal das Offensichtliche: Kinder haben deutlich weniger Kraft beim Paddeln. Sie sind kleiner und lassen sich dadurch schneller von höheren Wellen oder Walzen beeindrucken. Auch ihr Gewicht spielt eine wichtige Rolle. Während man als Erwachsener durch viele kleinere Walzen einfach durchtreibt, ohne sie groß zu registrieren, können kleine Kinder selbst in Miniwalzen einen unfreiwilligen Rückwärtssurf einlegen.

In der Praxis heißt das, dass wuchtiges Wildwasser für sie viel schwieriger zu paddeln ist als technische Flüsse mit wenig Wasserdruck. Bei einer guten Technik können sie so viel eher einen „technischen Iller“ mitfahren als einen wuchtigen. Dieser Tatsache sollte man sich bei der Planung immer bewusst sein, vor allem weil bei erwachsenen Anfängern oft eher das Gegenteil der Fall ist.

Was man bei den Beschreibungen unbedingt beachten soll: Hat ein Bach die volle Technikpunktzahl, heißt das, dass es da auch schon ordentlich runter geht. Meist liegen die wildwassertechnischen Schwierigkeiten dann bei WW III/III+ mit vereinzelten Stellen darüber.

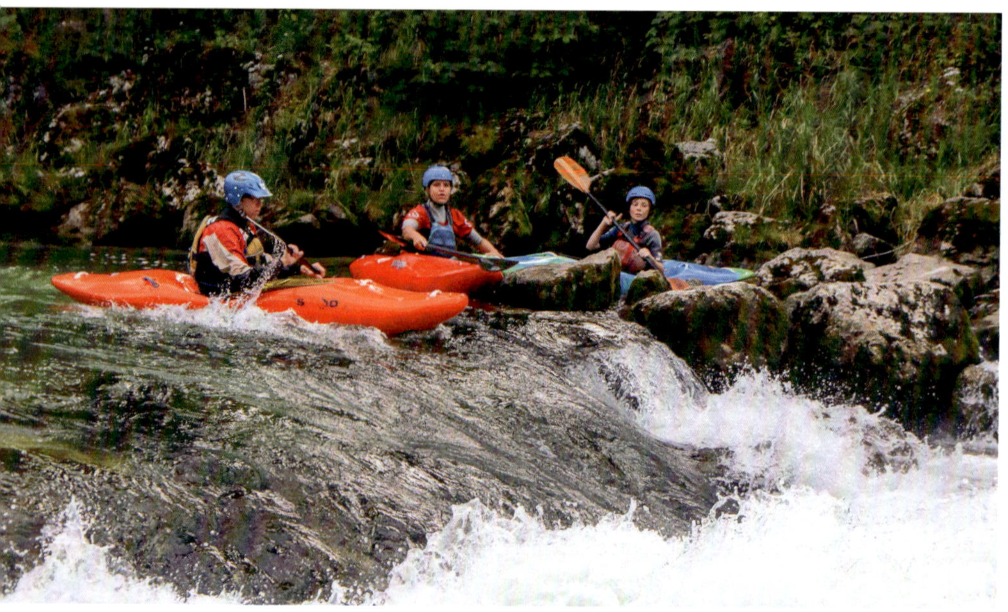

Als erwachsene Begleitung sollte man diese Abschnitte nur vorpaddeln, wenn man sehr sicher auf WW IV unterwegs ist!

Um die Bewertung der Schwierigkeiten etwas zu erleichtern, sind in der Tabelle unten die einzelnen Technikanforderungen für die Touren aufgelistet. Außerdem ist bei jeder Tour vermerkt, wie viel Ausdauer, bzw. Kraft die Tour dem Nachwuchs abverlangt. Dabei reicht die Skala von „keinerlei Ausdauer vonnöten“ bis zu „mehrere Stunden am Stück paddeln“. Dies ist eine Hilfe zur Orientierung und erhebt keinen Anspruch auf Vollkommenheit.

Bei manchen Touren steht noch der Zusatz „Spezial“ oder „Expedition” dabei. Spezial kann entweder bedeuten, dass diese Tour kein WW bietet, aber landschaftlich so herausragend ist, dass sie sich trotzdem lohnt oder dass es sich um eine einzelne Stelle zum Park‘n Huck handelt. Ist ein Abschnitt als Expedition ausgewiesen, bedeutet das, dass entweder der Ein- oder Ausstieg nur schwer zu erreichen ist und dass man die Tour zwischendurch nicht abbrechen kann (z.B. aus einer Klamm). Expedition-Flüsse sollte man daher nur mit Kindern angehen, die viel Erfahrung und Durchhaltevermögen haben.

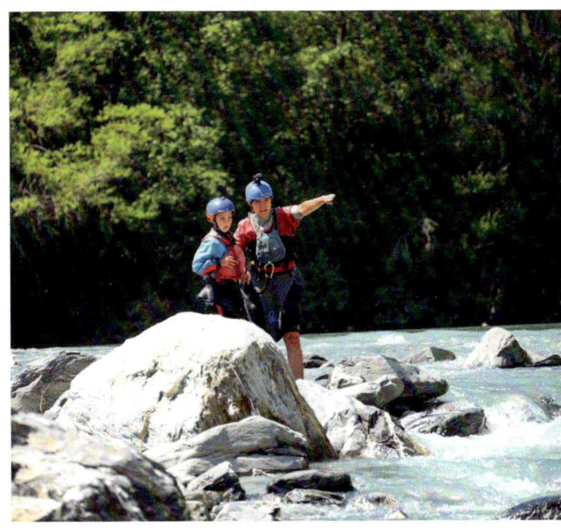

Ist man bei einer Stelle unsicher, sollte man sie mit dem Nachwuchs immer vorab besichtigen.

Technik	Anforderungen
◎	Keine besonderen Vorkenntnisse; Geradeauspaddeln
◎◎	Gezieltes Geradeauspaddeln in Strömung; erstes Kehrwasser anfahren
◎◎◎	Schnelles Wenden; Hinterherpaddeln von vorgegebenen Routen; sicheres Ansteuern von großen Kehrwässern; erstes Ausnutzen von Strömungen/ Wellen
◎◎◎◎	Ziehschlag; vorausschauendes Paddeln; selbstständiges Erkennen von Routen; sicheres Ansteuern von kleineren Kehrwässern; Stützen; Ausnutzen von Strömungen/Wellen; erste Verwendung von Boofschlägen
◎◎◎◎◎	Sicheres Setzen von Boofschlägen; Besichtigen von Stellen; Umtragungen mit „Klettereinlagen“; Erfahrung mit vielen verschiedenartigen Flüssen

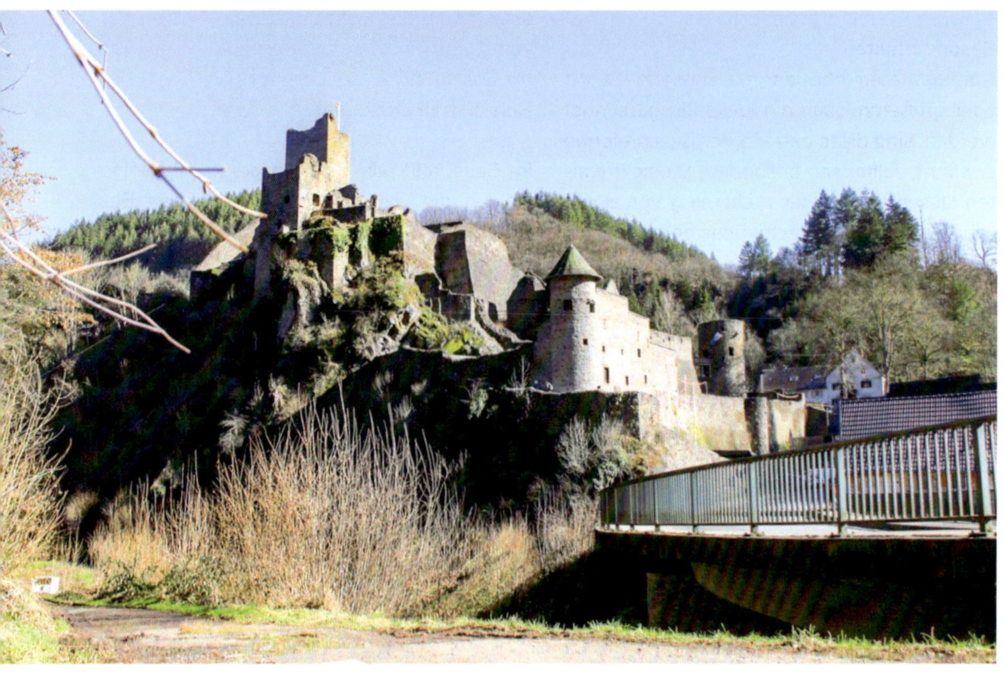

Deutschland ist ein Land der Mittelgebirge und dieses Kapitel beschäftigt sich mit einigen klassischen Flüssen dieser weit gefassten Region. Charakteristisch sind diese Mittelgebirgsbäche alle recht ähnlich. Es gibt nur wenig Wasserwucht, oft schmale Flussläufe und in der Regel sind die wildwassertechnischen Schwierigkeiten – mit einigen Ausnahmen – nicht besonders hoch. Das alles in Kombination macht diese Region perfekt, um die Grundlagen des Wildwasserpaddelns zu erlernen.

Theoretisch gibt es eine Unzahl dieser Art Flüsse über die ganze Bundesrepublik verteilt, alle zu erwähnen würde sicher den Rahmen dieses Buches sprengen. Daher beschränkt sich unsere Auswahl auf einige wenige, die uns besonders gut gefallen haben. Sie stehen sozusagen stellvertretend für alle Mittelgebirgsflüsse und sollen auch als Anregung gesehen werden, mal in seiner Nachbarschaft zu schauen, welche ‚halbwilden' Trainingsflüsse für Kinder man so vor der Haustür hat.

Für einen langen Urlaub eignet sich die Region nicht unbedingt, stattdessen bietet es sich an, Wochenendausflüge (z.B. an den Feiertagen) zu den einzelnen Flüssen zu machen.

Beste Zeit mit Kindern:

Einige kleinere Flüsse der Region brauchen Regen oder Schneeschmelze, um einen fahrbaren Wasserstand zu erreichen. Manche Flüsse sind ganzjährig fahrbar, während andere stauseereguliert sind. Durch diese Unterschiede kann man je nach Jahreszeit immer wieder andere Flüsse erleben. Mit Kindern paddelt man hier am besten von Frühjahr bis Spätherbst.

Besonderheiten:
Auf fast allen Flüssen muss mit kleineren oder größeren Baumhindernissen gerechnet werden, sind diese extra in der Beschreibung erwähnt, sollte man besondere Vorsicht walten lassen und immer rechtzeitig vor einem Hindernis mit dem Nachwuchs anhalten.

Standlager:
Als Standlager bieten sich die Bootshäuser an den einzelnen Flüssen an. Hier kann man als Familie günstig übernachten und sich bei den Locals noch so einige Geheimtipps abholen.

Ausflugsziele & Sehenswürdigkeiten:
In den Mittelgebirgen gibt es unzählige Wanderwege, so dass man einen super Ausgleich zum Paddeln hat. Für Kinder interessante Wanderungen sind zum Beispiel die Teufelsschlucht an der Prüm oder eine Wanderung zum Möhneseeturm mit tollem Ausblick über die umliegenden Wälder und Hügel (von der Ruhr aus zu erreichen).

Im Sauerland gibt es außerdem noch einige Höhlen, die sich als Ausflugsziel lohnen. Besonders empfehlenswert sind die Bilsteinhöhle, die Kluterthöhle und die Dechen-Höhle.

Hat man mehr Lust auf etwas Kultur, kann man sich Burgen in der Eifel oder in Sachsen anschauen oder etwa das Sauerlandmuseum in Arnsberg an der Ruhr besuchen.

Gastrotipp:
R-Café Arnsberg, Dicke Hecke 30, 59755 Arnsberg-Neheim

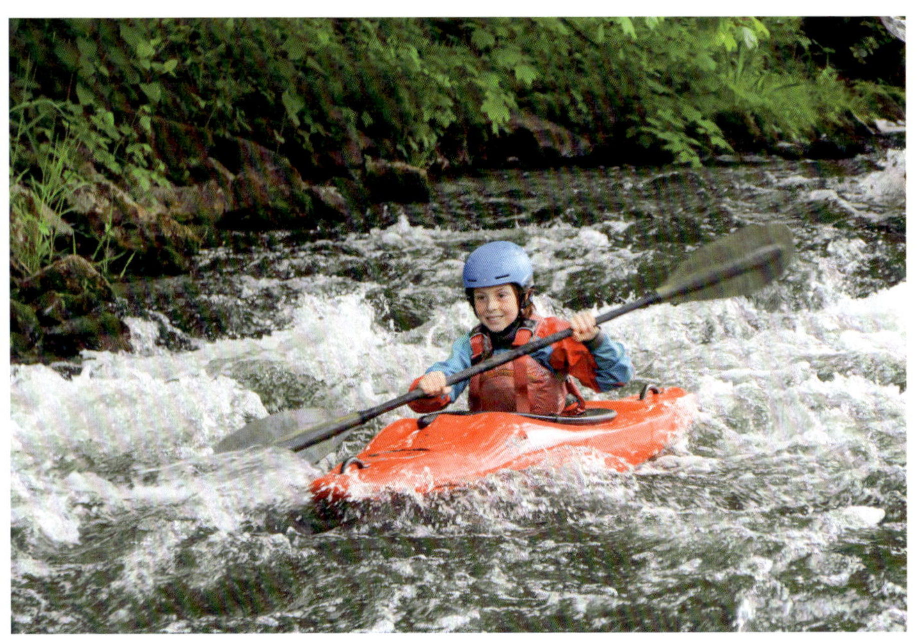

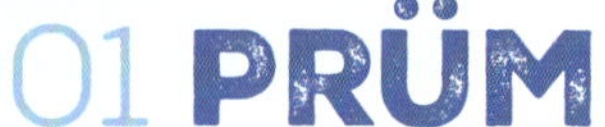

Einstieg: Anfang Irreler Wasserfälle (49.858943, 6.443199)
Ausstieg: Parkplatz Irreler Wasserfälle (49.854700, 6.446817)

FAHRSTRECKE: 0,8 KM | TECHNIK | KONDITION | LANDSCHAFT

Die Irreler Wasserfälle sind DAS Wildwasser in der Eifel und ein beliebtes Ausflugsziel für alle Paddler in der näheren Umgebung. Erfahrene Paddelkinder können diese kurze Waldschlucht bei Niedrigwasser gut mitpaddeln. Entlang der gesamten Strecke verläuft ein Wanderweg, von dem aus man alles vorher besichtigen kann. Dies sollte man mit dem Nachwuchs auch dringend tun, da hier Baumhindernisse schon mal die ein oder andere Route verlegen. Zur Not kann man aber alle Stellen gut umtragen.

Die Schwierigkeiten auf diesem Abschnitt der Prüm liegen bei WW III/III+. Los geht es mit einer langen Geraden und mehreren Stufen. Es ist alles gut einsehbar und vielleicht möchte der Nachwuchs hier mal die Route vorgeben. Nach einem kurzen ruhigen Stück beginnen die Hauptschwierigkeiten. Es wird steiler und etwas unübersichtlicher. Hier kann man mit dem Nachwuchs prima über Routenwahl und das Ausnutzen von Kehrwassern sprechen. Generell kann das Paddelkind an den Irreler Wasserfällen sehr gut an seiner Technik feilen, da sich aufgrund der Kürze der Tour mehrere Befahrungen an einem Tag anbieten (man läuft einfach über den Wanderweg wieder hoch).

Ein kleiner Hinweis für alle, die die Prüm noch von früher kennen, bei dem Hochwasser im Juli 2021 hat sich so einiges verändert. Die Ufer sind teilweise weggebrochen, die Brücke vor dem steileren Abschnitt wurde weggespült und die Stellen haben sich drastisch verändert.

Die obere Beschreibung bezieht sich aber schon auf den neuen Zustand, so dass man keine böse Überraschung erlebt.

Befahrungsregelung: Pegel >60 cm in Prümzurlay; Befahrung verboten vom 15.03.-31.05. und 01.11.-31.12.; nur zwischen 9 und 19 Uhr

60-75 cm in Prümzurlay

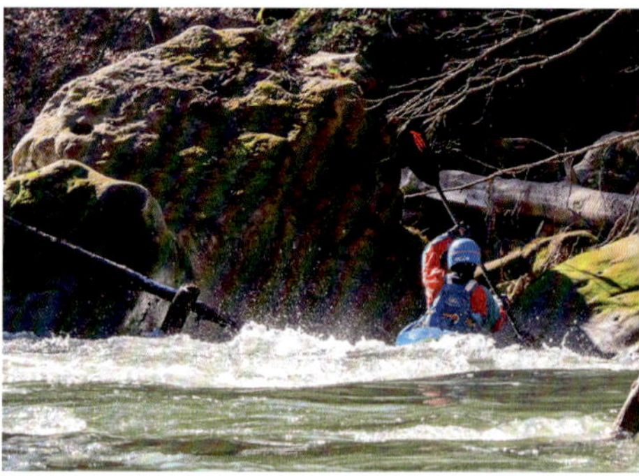

Man sollte immer ein Auge auf mögliche Baumhindernisse haben.

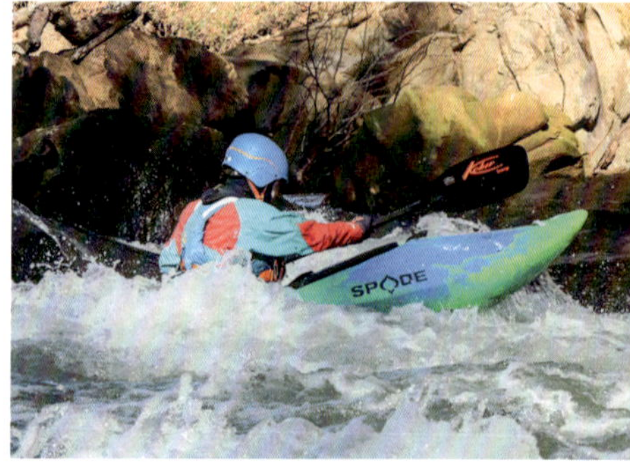

Hier kann man prima an seiner Technik feilen.

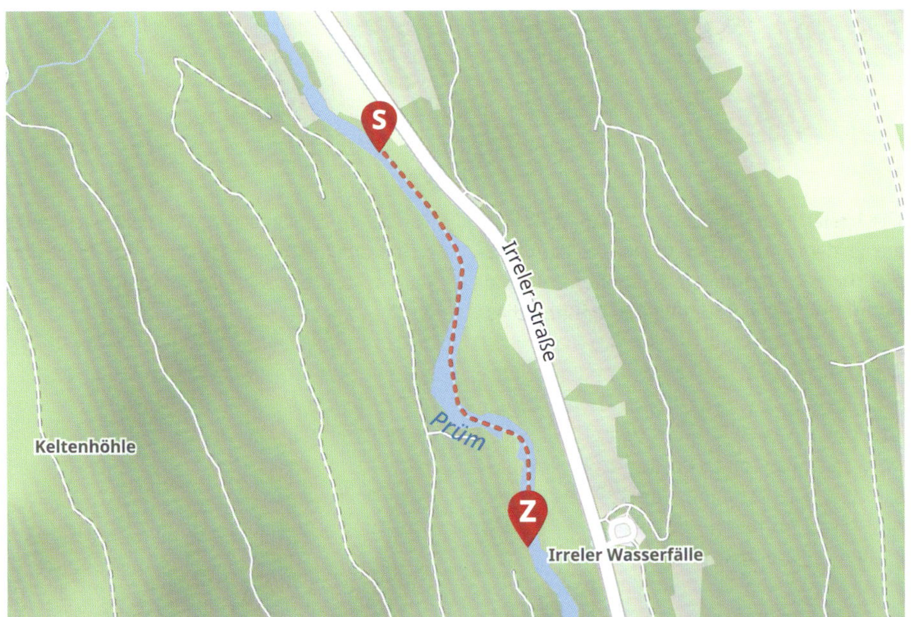

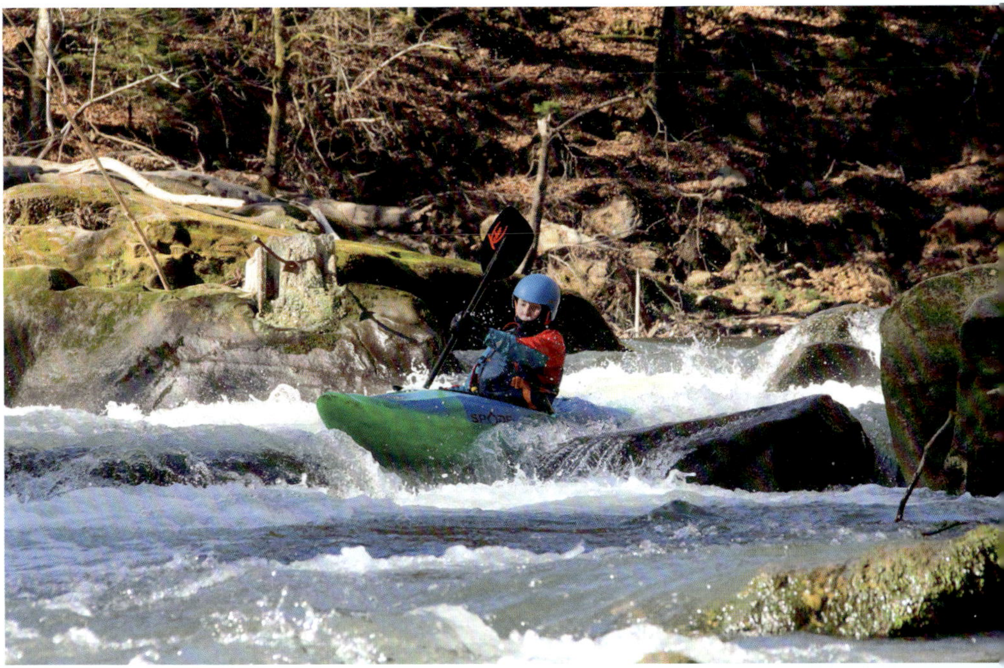

Charakteristisch sind die verblockten Durchfahrten.

02 LIESER

Einstieg: Brücke Niedermanderscheid (50.090893, 6.816027)
Ausstieg: Brücke Schladt-Großlittgen (50.030182, 6.828588)

FAHRSTRECKE: 14,5 KM | TECHNIK | KONDITION | LANDSCHAFT

Die Lieser ist ein Fluss wie aus einem Märchen. Man beginnt die Tour direkt am Fuße der Burg Manderscheid. Von dort aus schlängelt sich die Lieser dann durch eine einsame Waldschlucht, entlang von steilen Felswänden und moosbedeckten Bäumen.

Auf der gesamten Strecke gibt es keinen Straßenzugang, der Paddelnachwuchs muss also schon über eine gewisse Kondition verfügen. Besonders wild ist die Lieser nicht. Immer wieder gibt es ein paar kleine Stufen und Felsrippen, die schöne Stellen entstehen lassen. Dabei gehen die Schwierigkeiten nie über WW I-II hinaus. Trotzdem sollten die Kinder schon sicher Kehrwasser fahren können, denn die Lieser ist ein Kleinfluss und Baumhindernisse können immer mal wieder, auch plötzlich hinter Kurven auftauchen.

Fahrbar ist die Lieser meist nur im Winter, zur Schneeschmelze und nach starken Regenfällen. Vielleicht nicht immer die idealen Paddelbedingungen für Kinder, aber vielleicht hat man ja Glück und erwischt einen passenden Pegel bei wärmeren Temperaturen. Wir wollten die Lieser hier unbedingt mit aufführen, weil sie die schönste Waldschlucht Westdeutschlands ist!

65 cm in Plein

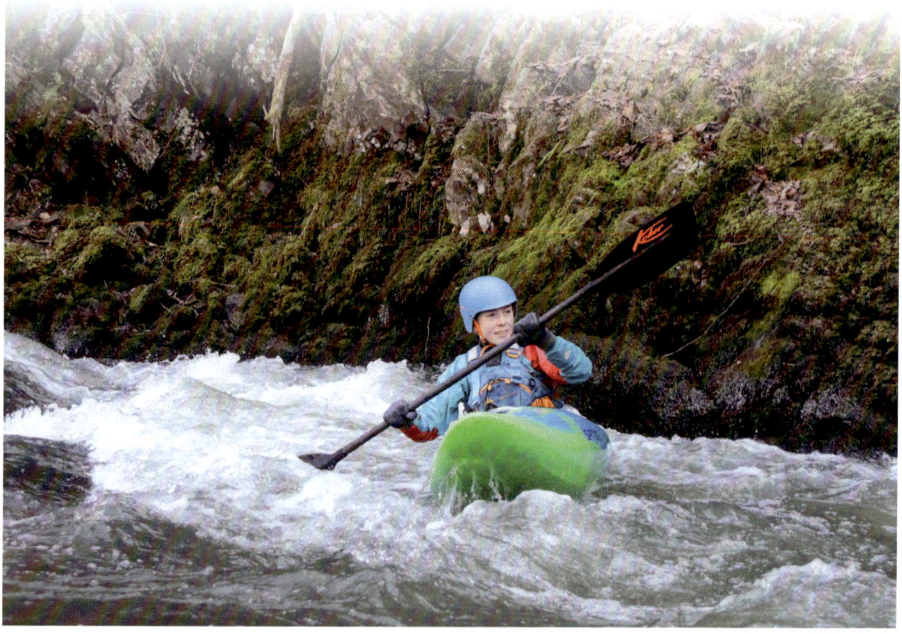

Felsrippen bilden an einigen Stellen Wildwasser.

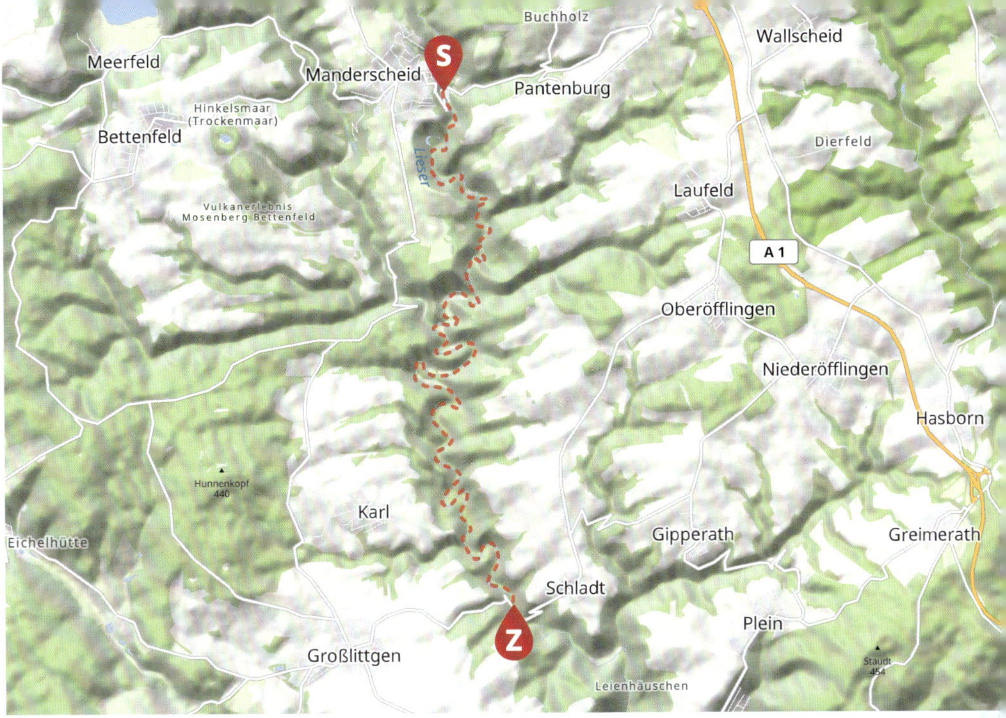

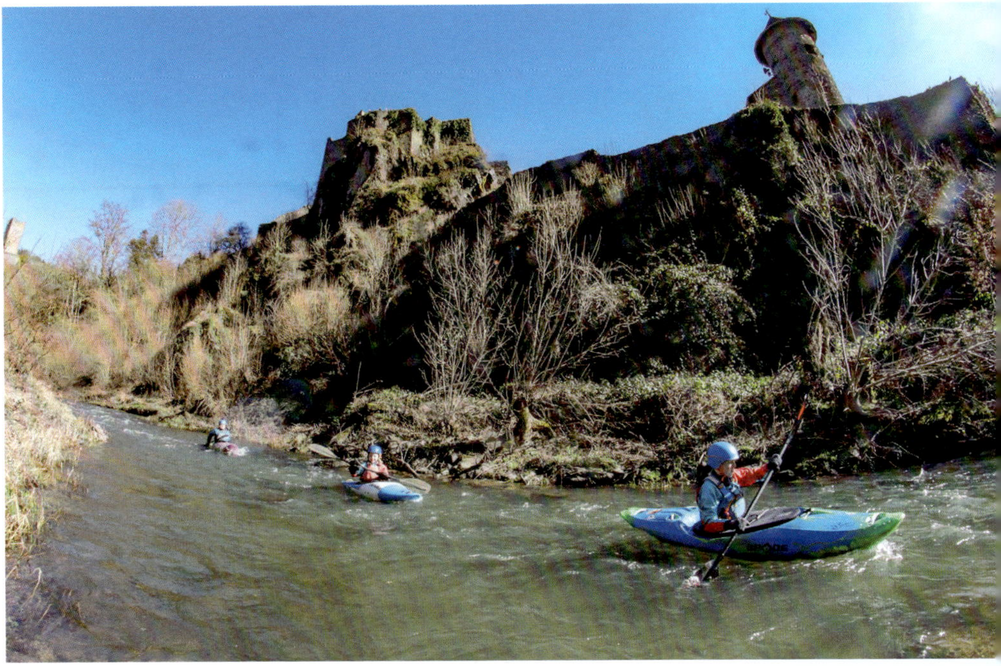

Märchenhafter Einstieg an der Burg Manderscheid.

03 ERFT

Einstieg: Römerbrücke Gut Gnadenthal (51.1723, 6.7161)
Ausstieg: Sporthafen Neuss (51.1838, 6.7292)

FAHRSTRECKE: 3,5 KM

TECHNIK

KONDITION

LANDSCHAFT

Los geht die Tour mit einer kleinen Slalomstrecke. Wenn man Glück mit dem Pegel hat, bildet sich unter der Brücke eine schöne Surfwelle. Ansonsten kann man dort ein wenig Kehrwasser fahren üben. Komplette Neulinge freuen sich hier über einen tollen Wellenzug. Danach ist kurzes Flachwasserpaddeln angesagt bis man den neu renaturierten Teil der Erft erreicht.

Hier kurbelt man ganz schön durch die grüne Landschaft und um den ein oder anderen Baum, der im Fluss liegt. Viele verschiedene Wasservögel werden besonders kleinere Kinder begeistern. Wilder wird es dann kurz vor der Mündung. Ein Fischpass mit mehreren kleinen Stüfchen sorgt gerade bei Anfängern für genügend Action und ist trotz Warnschild davor leicht zu befahren. Danach folgen noch ein paar leichtere Schwällchen. Alles ist schön offen und man kann ganz schön flott werden. Perfekt für Kinder, die das erste Mal im wilden Wasser unterwegs sind.

Für den Nachwuchs ein tolles Erlebnis ist auch, dass man bis zum Ausstieg ein kurzes Stück auf dem breiten Rhein fahren muss (ca. 200 m). Hierbei sollte man in Ufernähe bleiben, um den Schiffen nicht zu nahe zu kommen.

Anmerkung: Die Parksituation direkt am Einstieg ist etwas schwierig. Am besten parkt man am Wanderparkplatz am ehemaligen Wiesenwehr (51.1732, 6.7207) und paddelt von dort aus flussauf zur Slalomstrecke.

Man kann auch oberhalb auf der Erft paddeln, dort gibt es aber kein WW, sondern viele lange Flachwasserstücke vor den Wehren.

60 cm in Neubrück; 75 cm ideal für die Trainingsstrecke

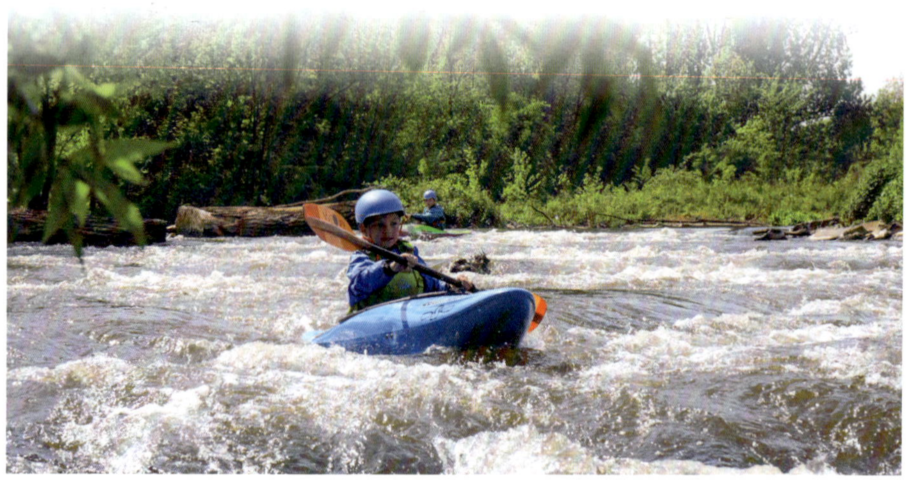

Am Fischpass geht es über viele kleine Stüfchen abwärts.

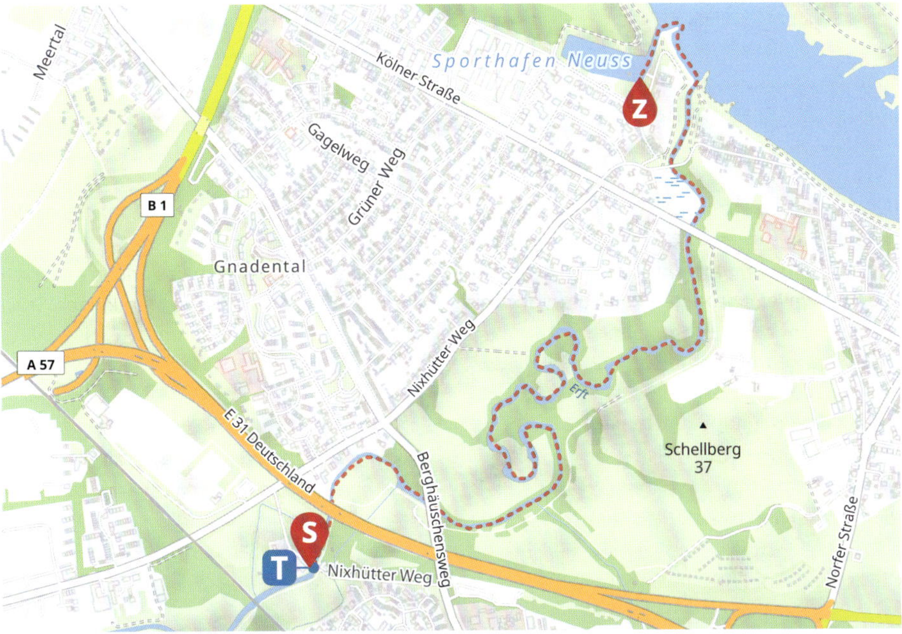

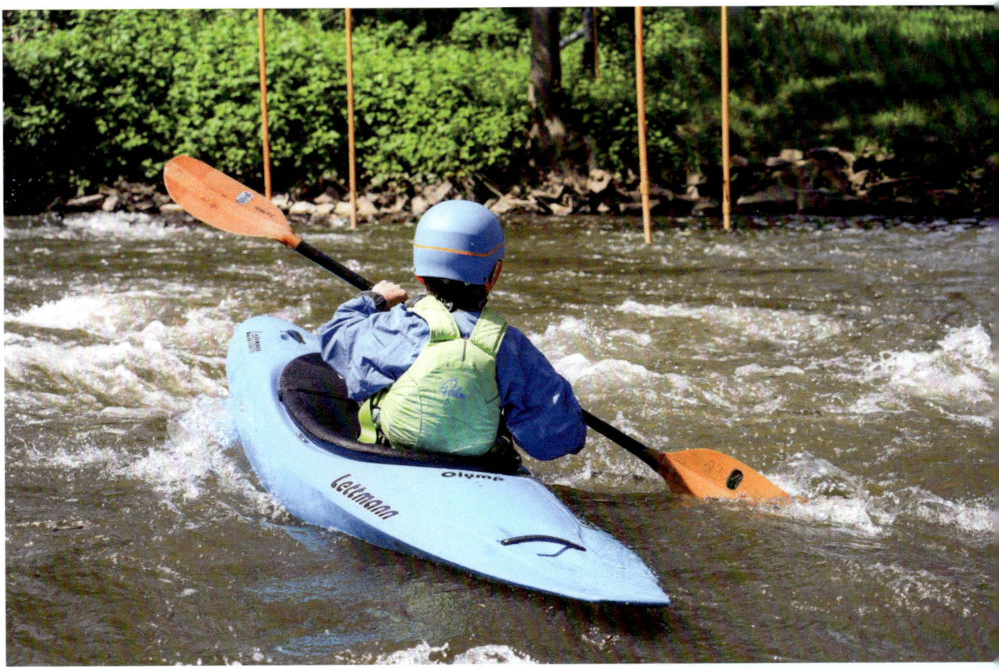

Die Slalomstrecke am Einstieg bietet beste Gelegenheiten, um die Grundlagentechniken zu erlernen.

04 RUHR

Einstieg: Kirmesplatz Hüsten (51.429701, 8.000237)
Ausstieg: Haus Füchten (51.487785, 7.924610)

FAHRSTRECKE: 10 KM | TECHNIK | KONDITION | LANDSCHAFT

Die Ruhr ist vor allem bekannt durch den Ruhrpott. Bilder von Industrie und Stauseen drängen sich einem sofort auf, doch in ihrem Oberlauf im Sauerland ist das Bild ein ganz anderes. Bewaldete Hügel beherrschen das Ruhrtal und die Ruhr selber ist ein munteres Flüsschen mit leichtem Wildwasser und sogar einer kleinen Slalomstrecke.

Los geht die Tour mit einer kleinen künstlichen Stufe. Die leichteste Fahrtroute ist ganz links. Danach folgen ein paar muntere Schwällchen bis man die Slalomstrecke in Neheim erreicht. Diese besteht hauptsächlich aus einer Stufe und einigen schönen Kehrwässern (WW II+).
Kleine Kinder oder solche mit wenig Erfahrung können die Stufe über die Fischtreppe auf der rechten Seite umgehen. Fitten Paddelkindern bietet die Stelle so einiges an Trainingsmöglichkeiten – boofen, ins Kehrwasserspringen, unterschneiden oder die ersten Freestylemoves, die Möglichkeiten sind schier unendlich und erfreut auch die erwachsene Begleitung. Wer keine Tour paddeln möchte, kann hier auch einen wunderbaren Familienpaddeltag verbringen (51.440081, 7.969054).
Nach der Slalomstrecke beginnt der renaturierte Teil der Ruhr. Kiesbankschwälle und leichte Baumhindernisse sorgen für Abwechslung (WW I). Gerade Paddelneulinge können hier erste Kehrwässer ansteuern oder einfach nur das Paddeln auf bewegtem Wasser erproben. An ein- zwei Stellen muss man als Begleitung ein wenig auf stärker angespülte Bäume achten.
Nach und nach wird die Ruhr immer leichter. Aufmerksam sollte man trotzdem bleiben, denn kurz vorm Ausstieg kommt noch ein kleines Stüfchen, welches wegen Holzpinnen im Unterwasser etwas genauer befahren werden muss. Je nach Wasserstand bildet sich hier eine schöne Mini-Surfwelle.

Anmerkung: Bei höheren Wasserständen im Frühsommer kann man die Tour schon in Niedereimer (51.410855, 8.051559) beginnen. Das sind dann 5 km mehr. Auf dem Abschnitt gibt es ein spektakuläres, aber leicht zu fahrendes Wehr und einige spritzigere Schwälle (WW I-II).

Befahrungsregelung:
Befahrungsverbot vom 16.10.-31.3., ausgenommen ist die Slalomstrecke in Neheim.

20 cm in Neheim3 (ab Hüsten)
100 cm in Oeventrop (ab Niedereimer)

In Neheim kannst du prima das Traversieren lernen.

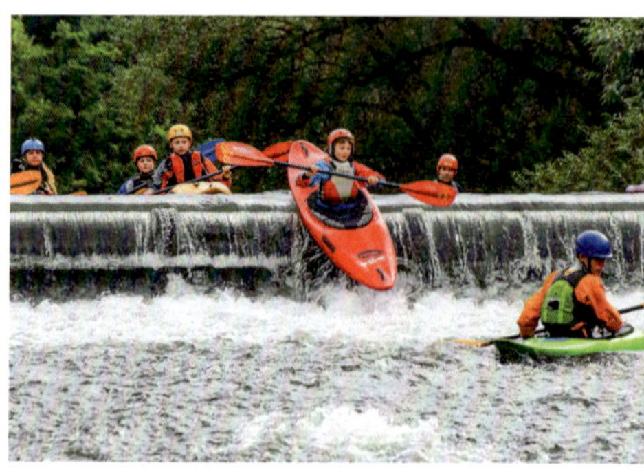

Das Wehr bei Niedereimer.

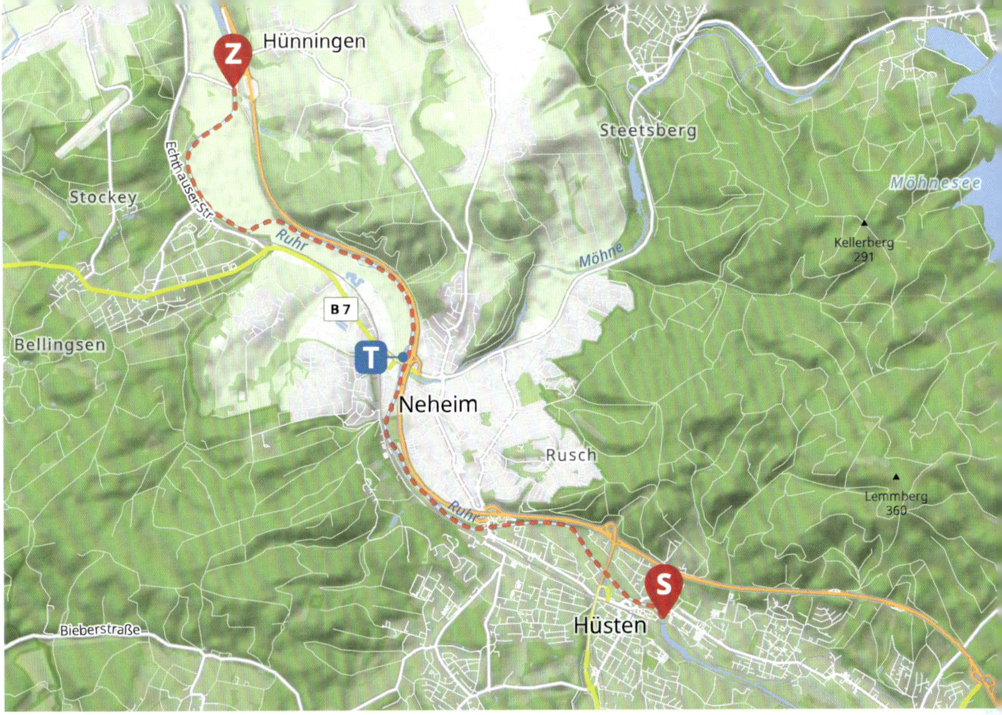

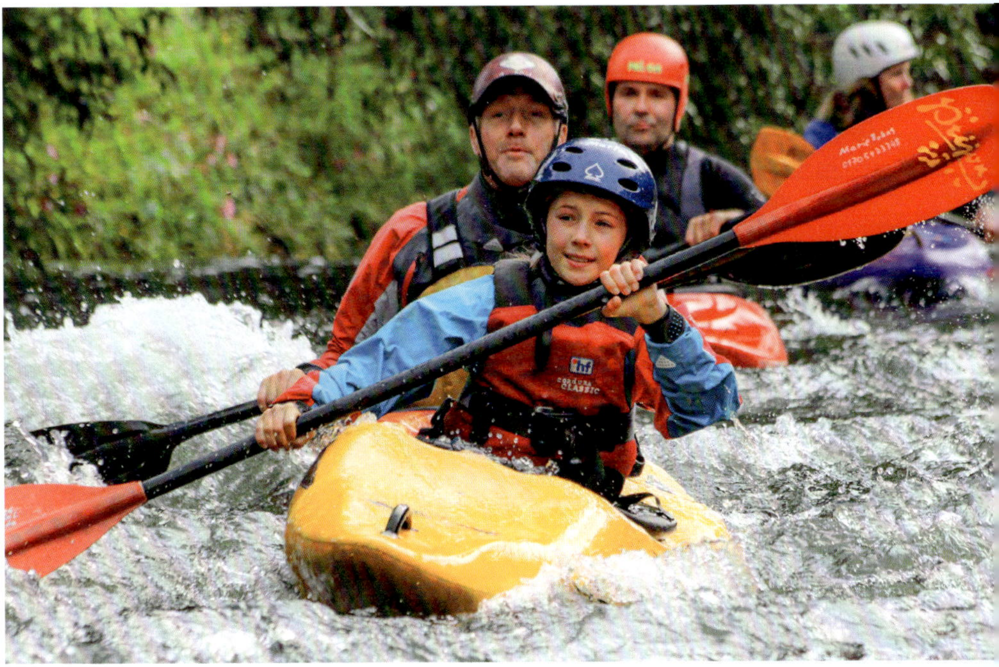

Offene Schwällchen sind typisch für die Ruhr.

05 DIEMEL

Einstieg: Helminghausen (51.382002, 8.728927)
Ausstieg: Nepomukbrücke bei Marsberg (51.437941, 8.836567)

FAHRSTRECKE: 15 KM | TECHNIK | KONDITION | LANDSCHAFT

Die Diemel ist ein wilder Kleinfluss mit einigen Wehren. Ab der Staumauer bei Helminghausen fließt der Fluss durch ein einsames Waldtal. Es kann immer mal wieder Baumhindernisse geben, der Nachwuchs sollte also schon ganz sicher Kehrwasser fahren können. Leicht verblockte Stellen bestimmen den Flusscharakter, teilweise sind das zurückgebaute Wehre, bis WW II. Ansonsten gibt es auch noch ein paar bestehende Wehre. Sie sind alle nach Besichtigung gut fahrbar.

Etwas hervor sticht hierbei das so genannte „Badewannenwehr", eine ca. ein Meter hohe Rücklaufstufe. Ist der Nachwuchs hier unsicher, kann er gut auf der rechten Seite umtragen.

Die wildeste Stelle der Tour kommt kurz vorm Ausstieg an einem zurückgebauten Wehr. Hier geht es im Zickzack-Kurs hinab und Paddelneulinge müssen ganz schön kurbeln, um die Ideallinie zu erwischen, WW II-III.

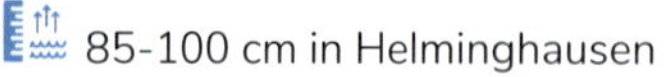

85-100 cm in Helminghausen

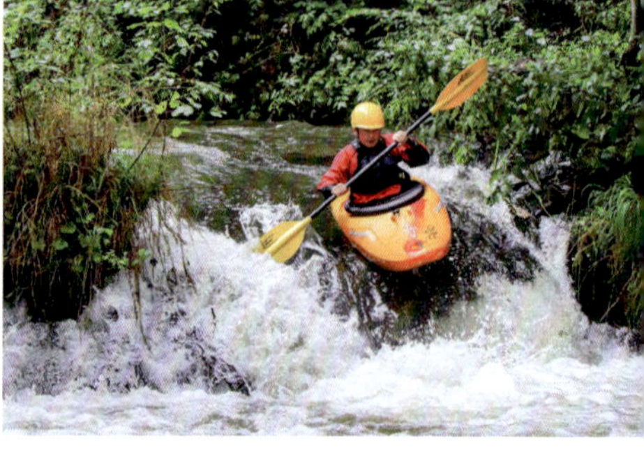

Maßnehmen am Badewannenwehr...

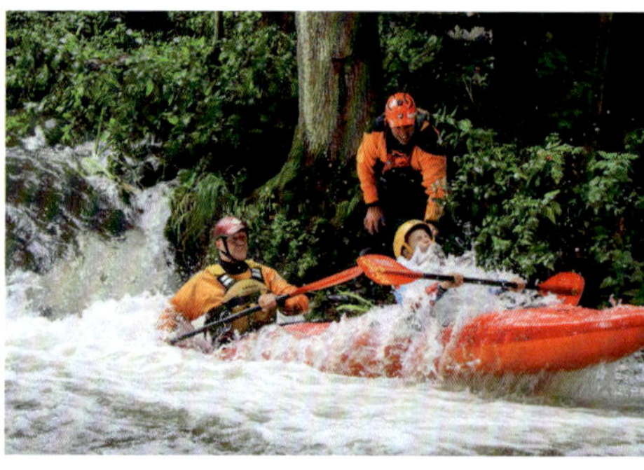

...mit dem Zweier wird man hier ganz schön getunkt.

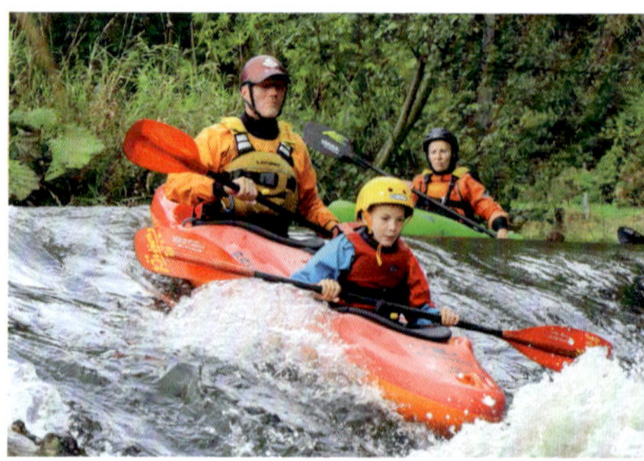

Ein leicht zu fahrendes Schrägwehr.

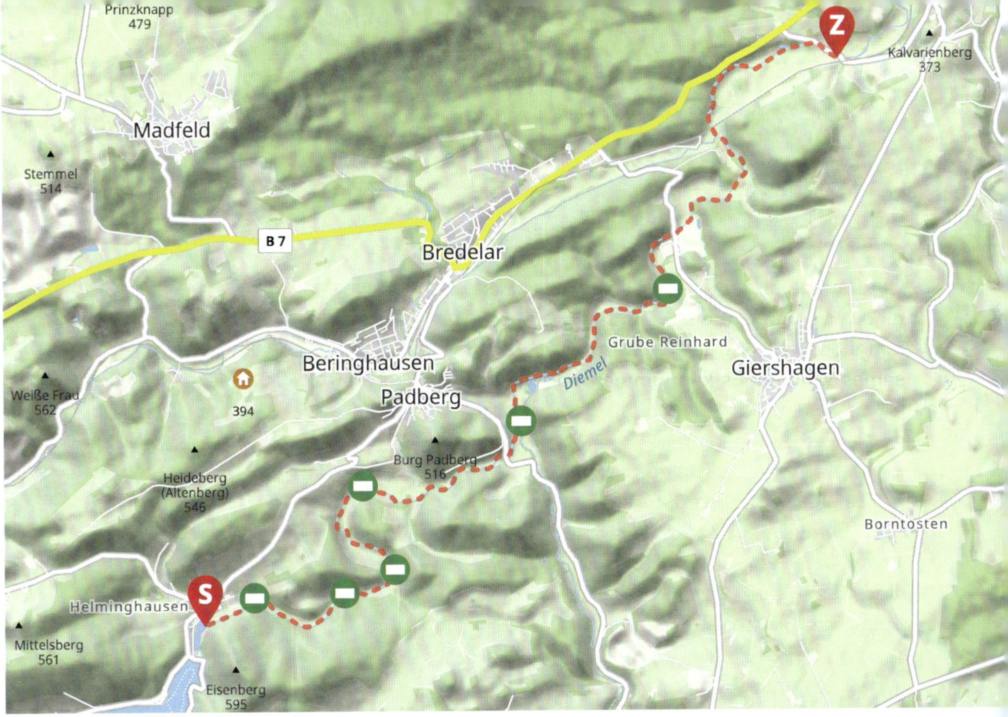

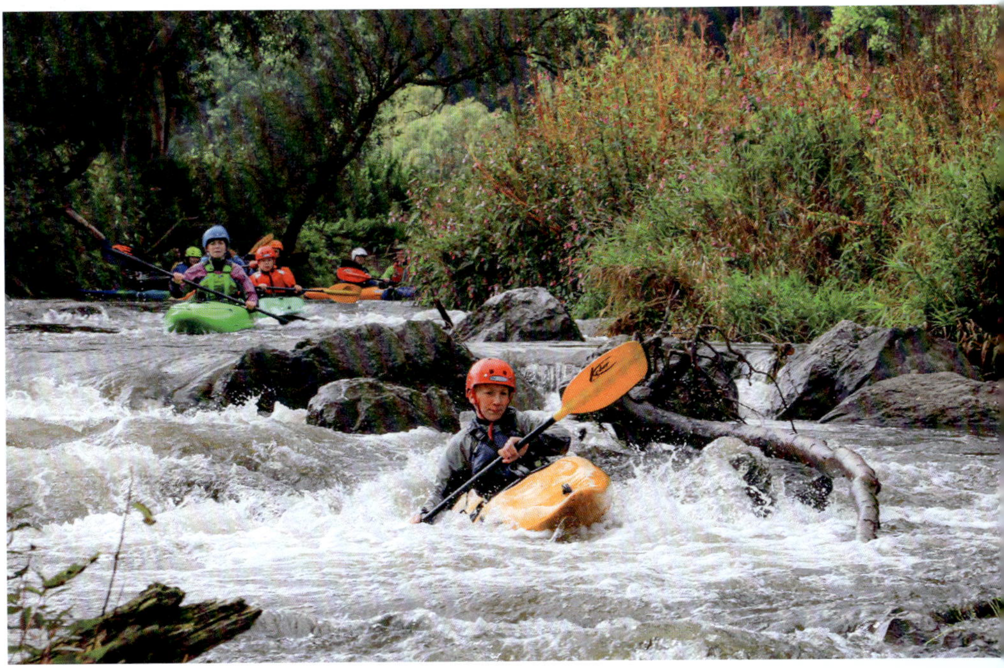

In der letzten schweren Stelle geht es im Zickzack-Kurs hinab.

06 ZWICKAUER MULDE

Einstieg/Ausstieg: KC Zwickau, Muldestr. 16, Zwickau (50.685629, 12.499433)

FAHRSTRECKE: 0,2 KM | TECHNIK ◎◎◎◎○ | KONDITION ◎◎○○○ | LANDSCHAFT ◎○○○○

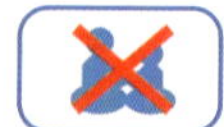

Die kurze Slalomstrecke auf der Zwickauer Mulde ist ein echtes wildwassertechnisches Schmankerl. Am besten lässt der Nachwuchs sein Boot ein wenig oberhalb der Kernstelle zu Wasser. Hier kann man sich erstmal Warmpaddeln, ein wenig in den kleinen Wellen surfen oder Kehrwasser fahren üben. An der Kernstelle geht es nämlich echt gut abwärts. Hier hat sich über Grundgestein ein kleines Rutschenparadies mit zwei möglichen Fahrtrouten gebildet. Die linke Durchfahrt ist relativ leicht und man wird hier richtig schnell, WW III. Die rechte Route ist einen kleinen Tacken schwerer, da man hier am Ende über ein dickes Loch hinwegspringen muss. Danach folgt noch eine weitere Stelle, die mit WW II schon deutlich leichter ist. Wagemutige Kinder wollen hier vielleicht eine kurze Surfeinheit einlegen.

Das schöne an dieser Slalomstrecke ist, dass man hier vergleichsweise bequem für weitere Befahrungen wieder hochtragen kann um so an seiner Technik zu feilen.

4,5 m³/s in Zwickau-Pölbitz

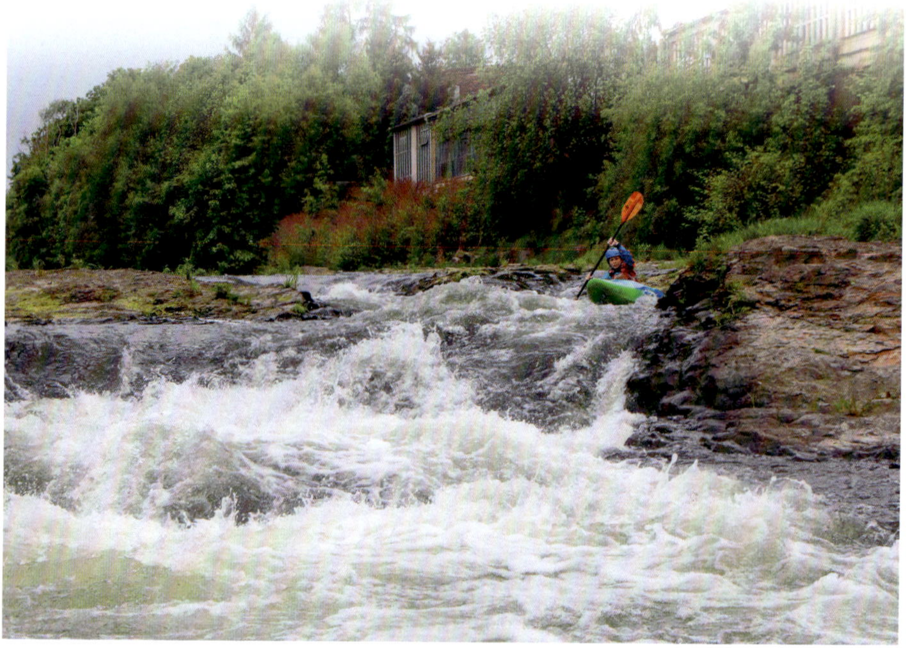

Viel Gefälle in der Kernstelle.

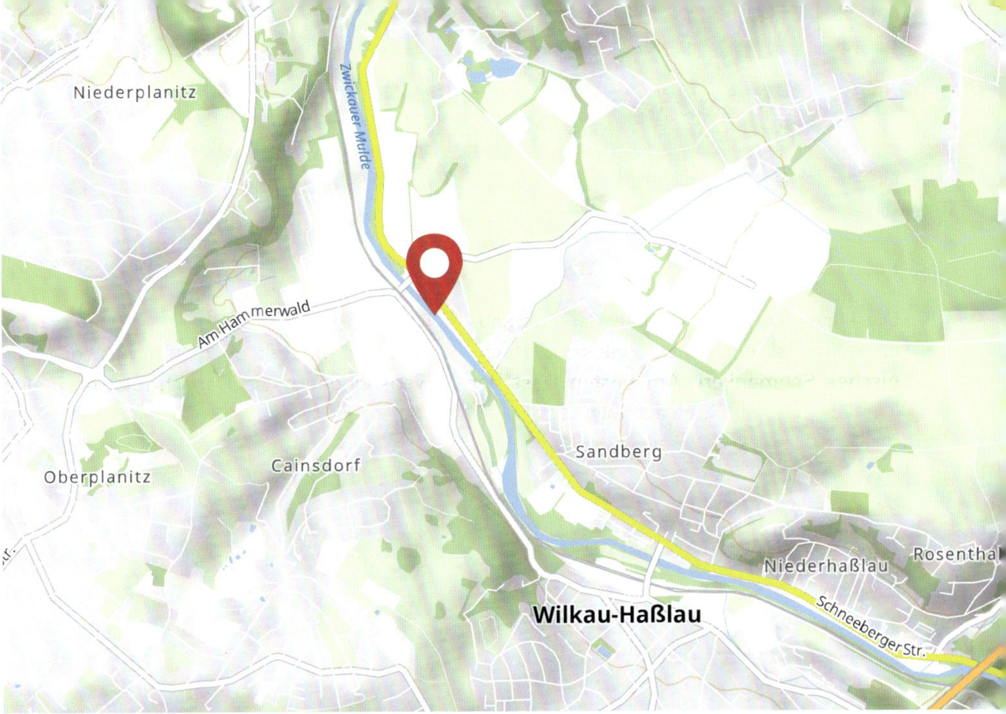

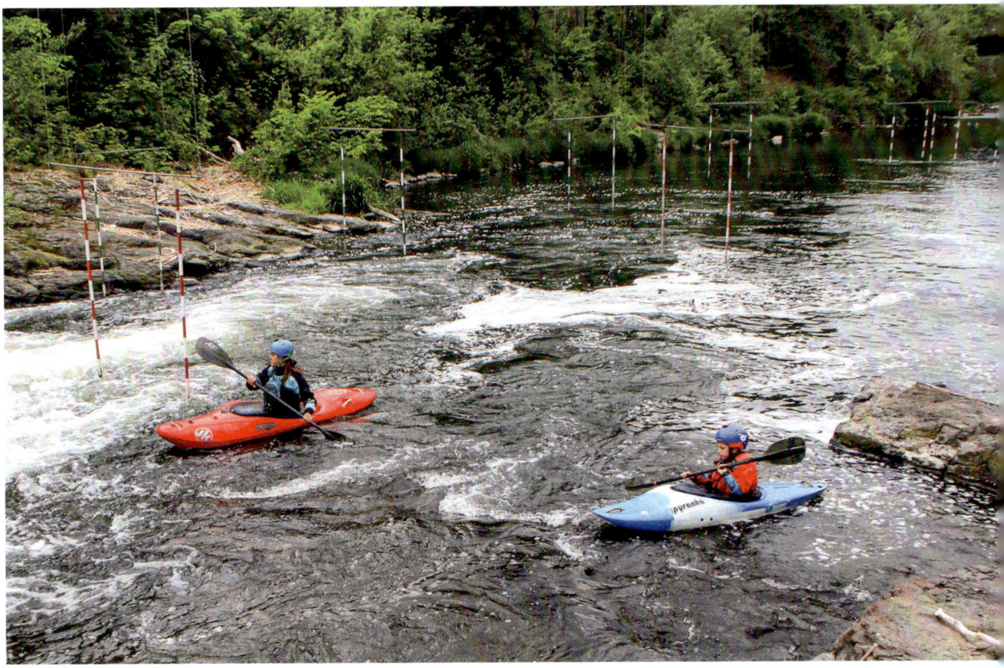

Am Ende der Strecke kann man gut das Kehrwasser fahren üben.

ALLGÄU

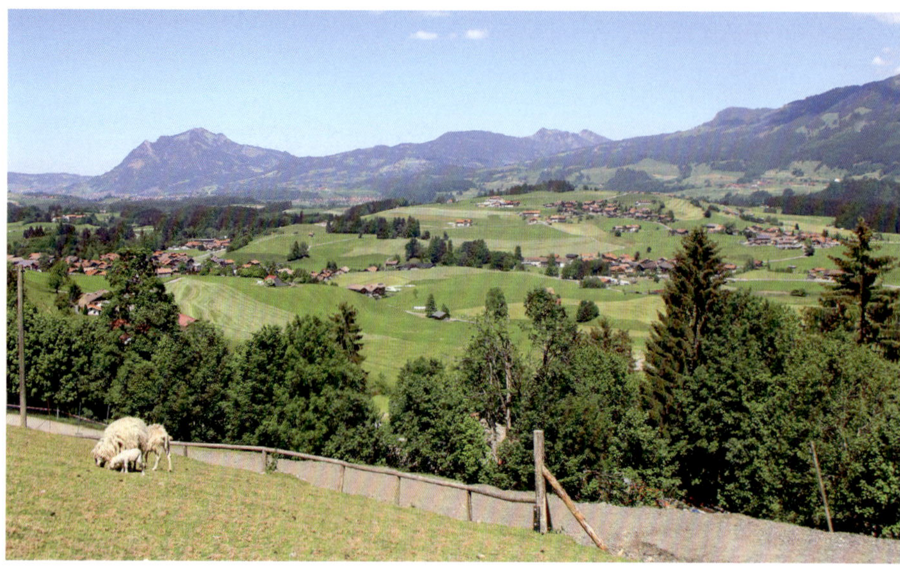

Das Allgäu bildet den Übergang zwischen dem hügeligen Voralpenland und den Bergen der Alpen. Grüne Bergwiesen bestimmen das idyllische Landschaftsbild und besonders die Nebentäler sind oft nur dünn besiedelt. Die ganze Gegend ist touristisch sehr erschlossen und so kann es an einigen Orten vor allem bei schönem Wetter nur so von anderen Ausflüglern wimmeln. Wie gut, dass man als Paddler auf die Flüsse ausweichen kann, hier ist in der Regel nur wenig los.

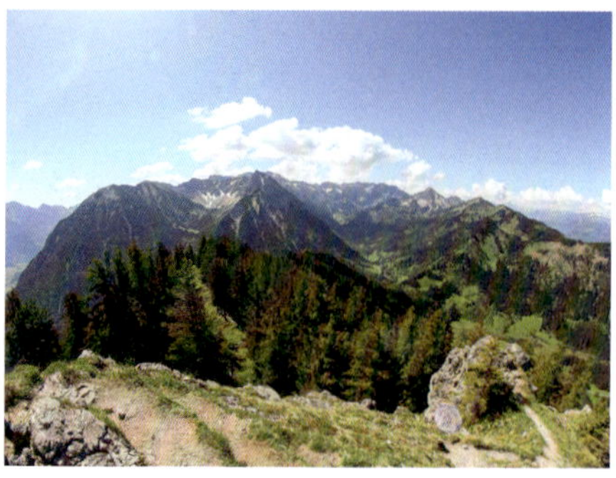

Die zum größten Teil leichten Flüsse locken vor allem Paddelkinder mit nur wenig Erfahrung, aber auch kleine Profis kommen hier voll auf ihre Kosten. Wer den Schranz der Vils oder die Ostrachklamm befährt, kann hier erste Erfahrungen in Richtung schweres Wildwasser sammeln.

Zeitlich sollte man vier Tage bis eine Woche einplanen, um die Flüsse der Region kennenzulernen.

Beste Zeit mit Kindern:
Ins Allgäu fährt man am besten im Frühsommer, dann sind die Wasserstände ideal und das Wetter meist so gut, dass der Nachwuchs beim Paddeln nicht friert. Insbesondere bieten sich dabei die langen Wochenenden im Mai und Juni an.

Besonderheiten:
Das Allgäu ist landschaftlich wirklich reizvoll und bei Outdoortouristen aller Art sehr be-

liebt, es kann also schon mal vorkommen, dass gerade an den langen Wochenenden mit schönem Wetter die Parkplätze berstend voll sind.

Standlager:
Für die Region gibt es zwei mögliche Standorte:
- Illercamping in Sonthofen (https://www.tourismus-sonthofen.de/iller-camping/)
- Camping Waldesruh in Wertach (https://www.camping-wertach.de/)

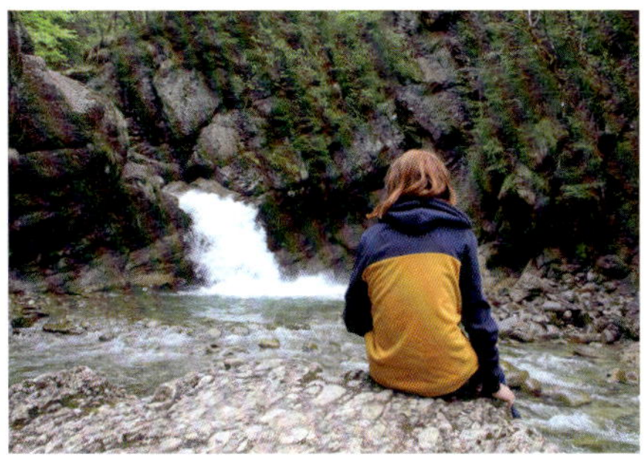

Im Prinzip kann man alle Flüsse von beiden Campingplätzen aus erreichen. Das Standlager Sonthofen ist ideal für die Befahrung von Iller und Ostrach, während man von Wertach aus in Windeseile an Vils und Wertach ist. Die Argen liegt etwas weiter entfernt, kann aber von beiden Campingplätzen innerhalb von einer Stunde erreicht werden.

Ausflugsziele & Sehenswürdigkeiten:
Diese Region ist prädestiniert für alle Aktivurlauber. Es gibt ein breites Angebot an sportlichen Betätigungen, so dass es nie langweilig wird. Wenn man im Allgäu unterwegs ist, sollte man unbedingt eine der vielen Klammen besichtigen. Empfehlenswert sind dabei der Eistobel, Ostertobel, Starzlachklamm und natürlich die berühmte Breitachklamm. Im Vilstal kann man gut wandern oder eine Tour mit dem Mountainbike unternehmen.

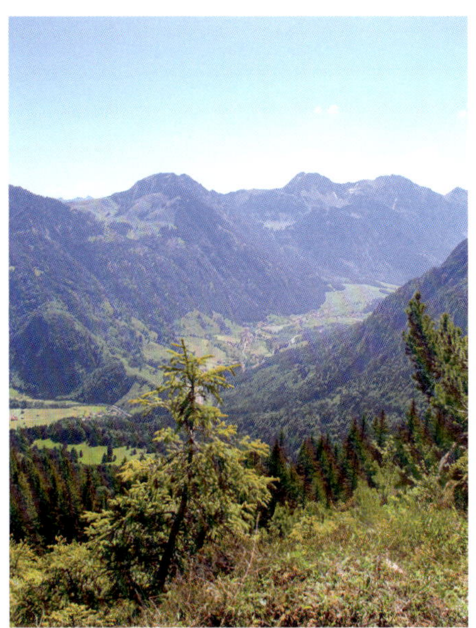

Bergtouren gibt es auch einige, die schon für Kinder geeignet sind. Mit der Hornbahn in Hindelang kann man beispielsweise hochfahren und dann relativ einfach zum Imberger Horn wandern. Dort hat man einen fantastischen Rundumblick. Für ein bisschen mehr Action in den Bergen kann man den Ostrachtaler Klettersteig gehen. Hier können sich Kinder ab einer Größe von 1,30 m austoben und am Ende der Tour das Panorama genießen.

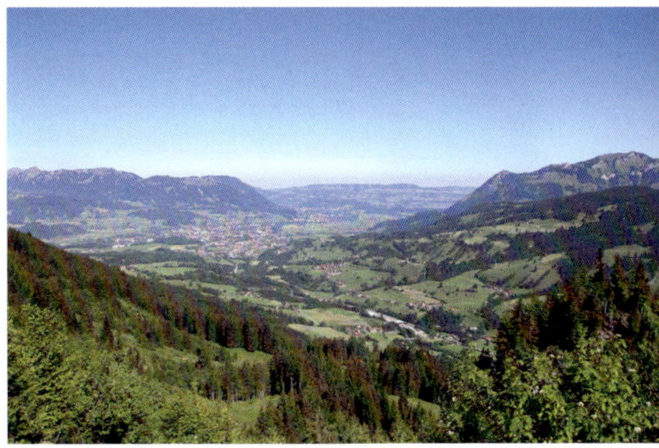

07 ARGEN

Einstieg: Zusammenfluss Unt./Ob. Argen (47.654775, 9.743491)
Ausstieg: Brücke Laimnau (47.635477, 9.627927)

FAHRSTRECKE: 14,6 KM | TECHNIK | KONDITION | LANDSCHAFT

Die Argen ist ein breiter und offener Wildfluss. In Kombination mit vielen langen Wellenzügen macht sie das zu einem idealen Fluss für WW-Neulinge.

Zu Beginn liegen die Schwierigkeiten bei WW II, hier können einige Stellen für kleine und leichte Kinder ganz schön wuchtig erscheinen. Nach ca. einem Kilometer kommt das so genannte „Naturwehr" hier hat sich auf der rechten Seite eine kleine Rücklaufstufe gebildet. Mit Kindern paddelt man hier am besten links dran vorbei. Eine weitere erwähnenswerte Stelle befindet sich kurz darauf an einer Insel, dort gibt es eine dicke Walze, die man mit kleineren Kindern am besten auch links umfährt. Nach und nach nehmen die Schwierigkeiten dann ab. Was an der Argen besonders hervorsticht, ist die Abgeschiedenheit. Das Tal ist zwar weit und offen, aber Straßen gibt es nur wenige, so dass man vor allem viel grün an den Ufern sieht. Außerdem gibt es immer wieder sehenswerte Steilwände, die den Fluss flankieren.

Befahrungsregelung: Die Argen darf nur gepaddelt werden, wenn der Pegel in Gießen über 45 cm anzeigt (bei weniger dürfte eine Befahrung aber auch nicht sinnvoll sein).

45 cm in Gießen
10-35 m³/s in Gießen

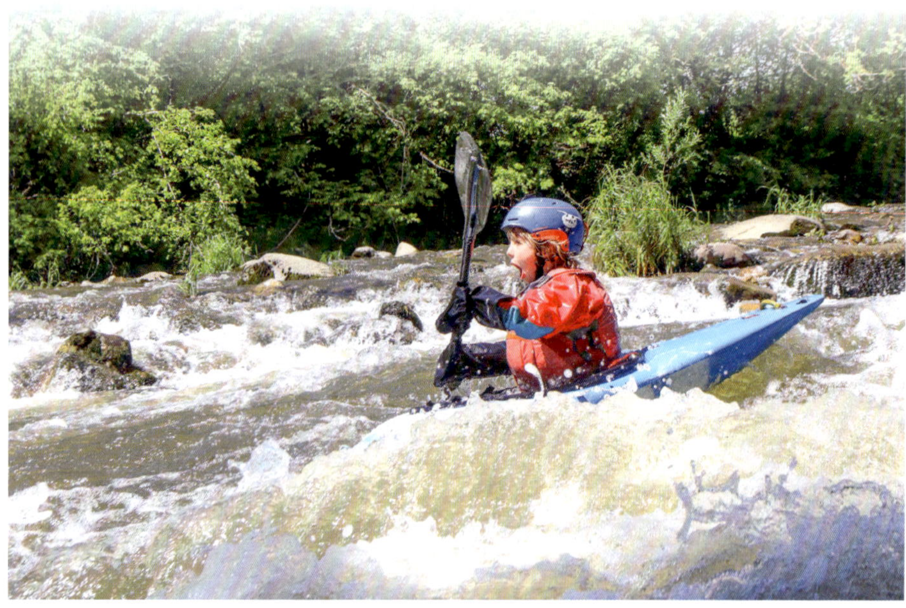

Viele Wellenzüge sorgen für ordentlich Action.

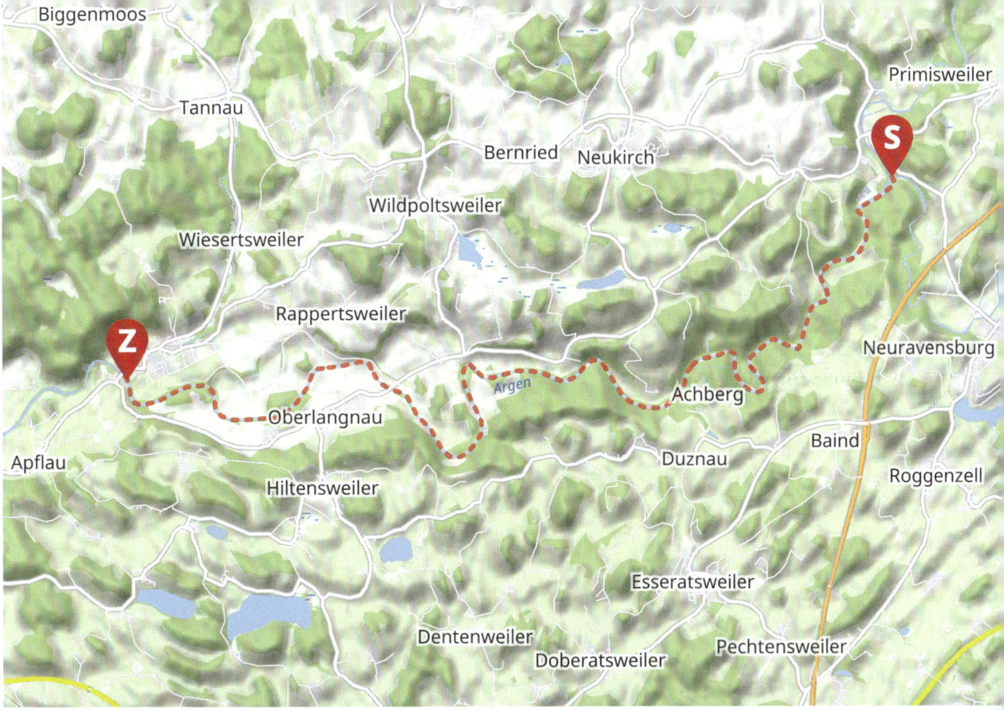

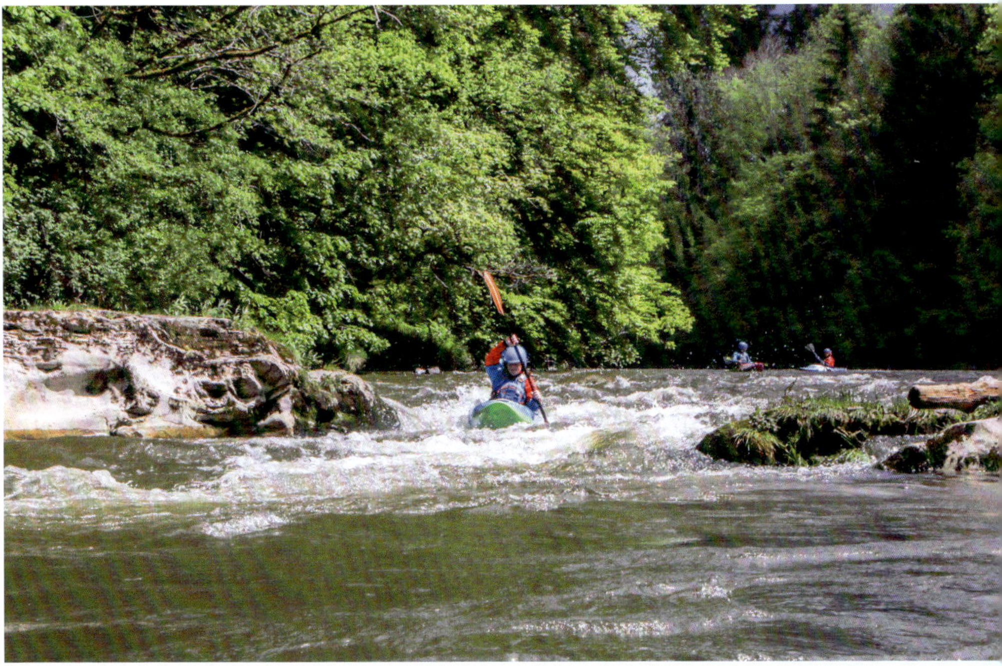

Offenes Wildwasser und viel Grün an den Ufern bestimmen das Erscheinungsbild an der Argen.

08 OBERE ILLER

Einstieg: Brücke B19 bei Oberstdorf (47.425782, 10.267787) **Ausstieg:** Sonthofen (47.506241, 10.272225)

FAHRSTRECKE: 10 KM | TECHNIK | KONDITION | LANDSCHAFT

Wo Breitach und Stillach zusammenfließen, entsteht die Iller. Sie ist ein leichter Wildfluss am Rande der Alpen. Man steigt auf der Breitach ein und paddelt dann noch ca. 500 m bis zum Zusammenfluss mit der Stillach. Auf den ersten Metern gibt es ein paar kleine Stüfchen. Hier muss der Nachwuchs schon die richtige Durchfahrt treffen, was aber gut gelingen dürfte, denn viel Wasserdruck gibt es auf der Iller nicht. Auf jeden Fall sind viele tolle Kehrwasser vorhanden, die man optimal zum Trainieren nutzen kann. Und vielleicht findet der Nachwuchs ja die ein oder andere Welle zum Surfen.

Taucht dann eine Fußgängerbrücke auf, heißt es raus aus den Booten. Es folgt ein Blockwurfwehr. Dieses kann auf der linken Seite ganz einfach umtragen werden. Kinder, die schon sehr sicher im Boot sitzen, können diese Stelle nach Besichtigung auch fahren (WW III+).

Danach wird die Iller etwas offener und leichter. Trotzdem gibt es weiterhin viele schöne Trainingsmöglichkeiten. Kurz vorm Ende der Tour kommt nochmal eine etwas höhere Stufe mit einer Walze, die besonders für kleine Kinder ganz schön heftig sein kann. Also immer konzentriert bleiben, auch wenn es zwischendurch mal weniger wild ist.

65 cm/10 m³/s in Sonthofen

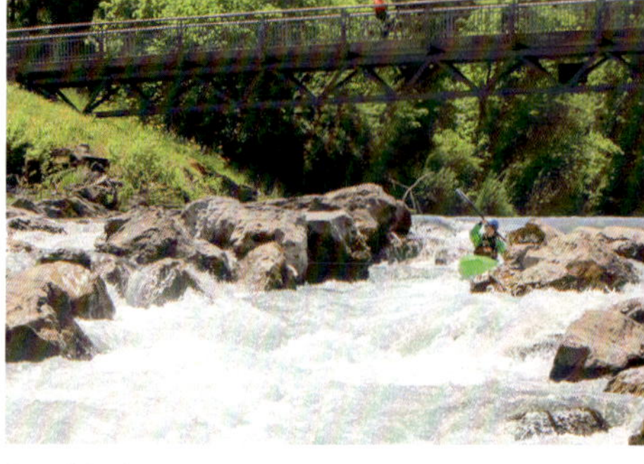

Das Blockwurfwehr

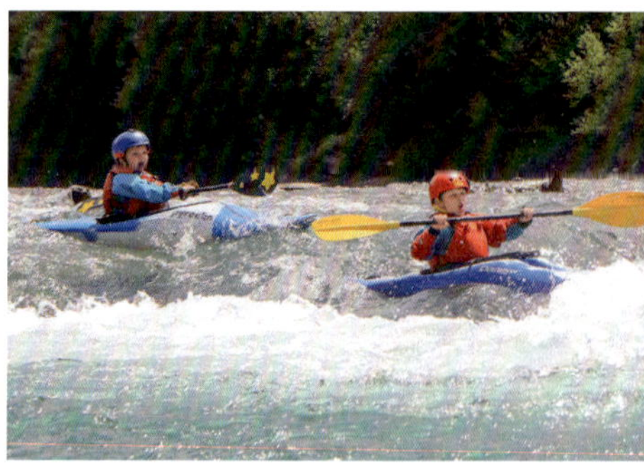

Die letzte Stufe taucht etwas überraschend auf.

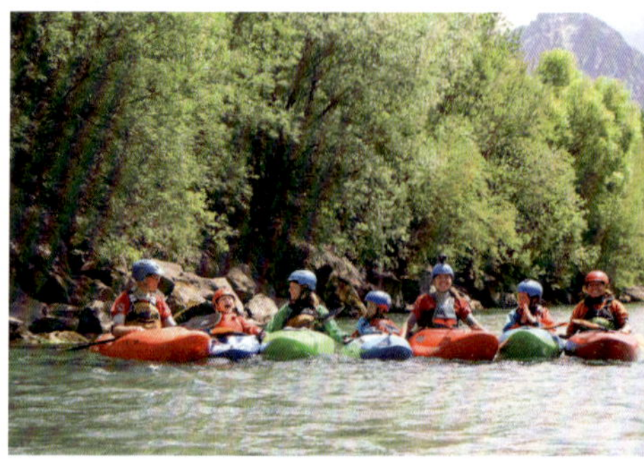

Zwischendurch kann man sich auch mal gut treiben lassen.

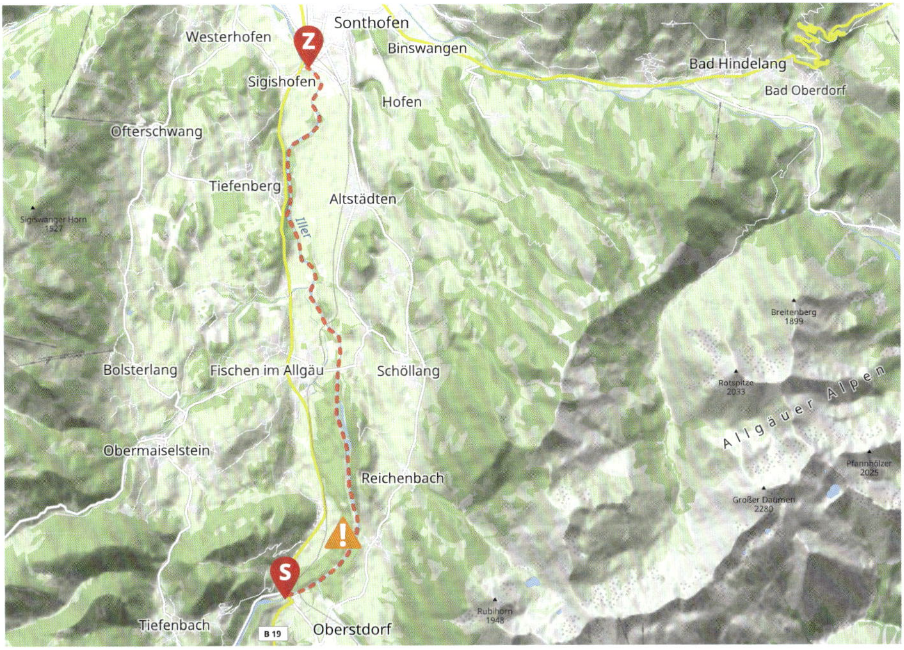

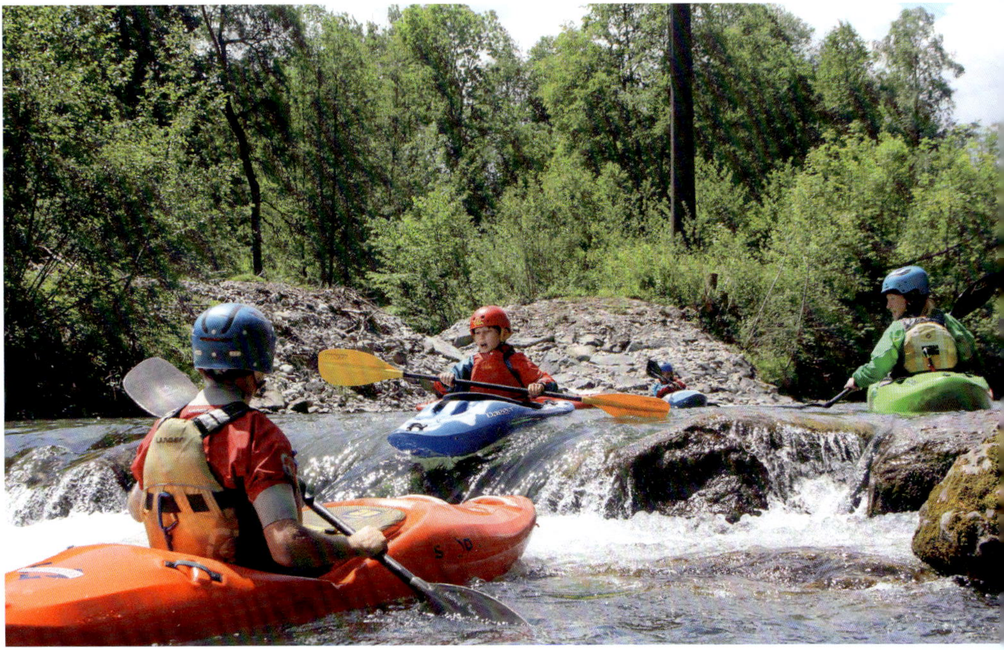

Eine der kleinen Stüfchen zum Beginn der Tour.

09 MITTLERE ILLER

Einstieg: Sonthofen (47.506241, 10.272225) **Ausstieg:** Mündung Rottach (47.616436, 10.298339)

FAHRSTRECKE: 18 KM | TECHNIK | KONDITION | LANDSCHAFT

Dieser Abschnitt der Iller ist so ähnlich wie der obere, nur ist er eher leichter. Die kleinen Stufen haben meist sehr gut erkennbare Durchfahrten. Die Iller ist hier breiter und insgesamt etwas offener.

Wenn man sein Lager am Campingplatz aufgeschlagen hat und dort einsteigt, folgt kurz nach dem Start ein unfahrbares Wehr, welches man auf der rechten Seite umtragen muss. Alternativ kann man auch hinter dem Wehr einsteigen ohne etwas zu verpassen. Nach circa der Hälfte der Strecke kommt eine Sohlschwelle. Sie ist leicht zu befahren mit schönen spritzigen Wellchen. Auf diese Schwelle wird mit Schildern rechtzeitig hingewiesen. Man kann sie auch auf der linken Seite umtragen (Ausstieg ist beschildert). Danach wird die Iller nochmal breiter und die Schwierigkeiten nehmen deutlich ab, dieser Abschnitt ist teilweise Vogelschutzgebiet und man darf an den Kiesbänken mit den gelben Schildern nicht einfach anlanden. Die letzten zwei Kilometer führen durch die sogenannte Illerschleife. Der Fluss wird wieder schmaler und bewaldete Hügel drängen sich dicht an den Fluss. Hier findet man nochmal tolle Surfwellen und vermehrt Trainingskehrwässer.

Man kann diese Strecke auch gut unterteilen. In Immenstadt gibt es zum Beispiel eine Ein- und Ausstiegsstelle, die sich anbieten würde (nach 8 km), besonders sinnvoll, wenn der Nachwuchs so lange Strecken nicht gewohnt ist.

45 cm/4m³/s in Sonthofen

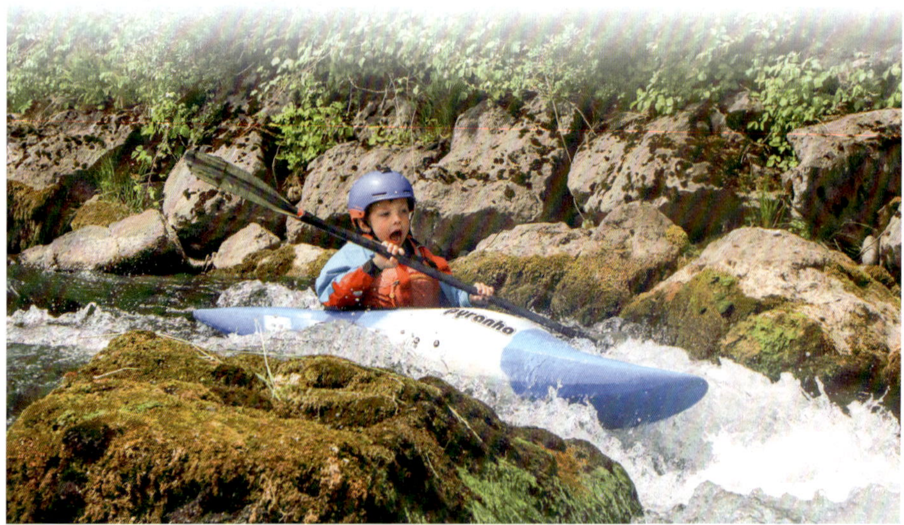

Eine Stufe mit eher untypisch schmaler Durchfahrt.

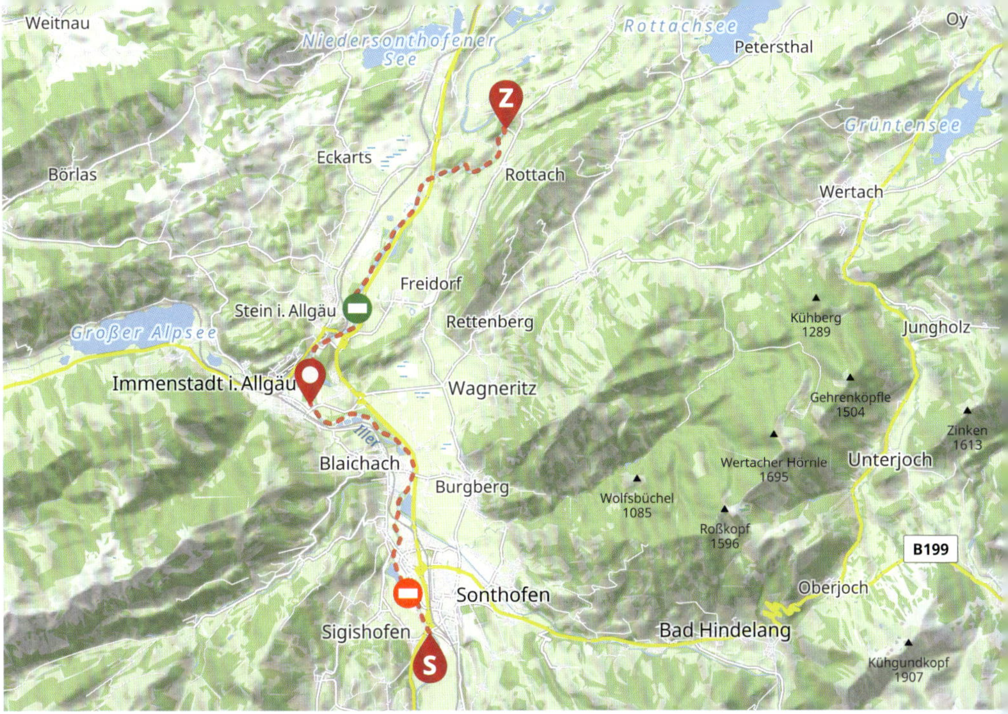

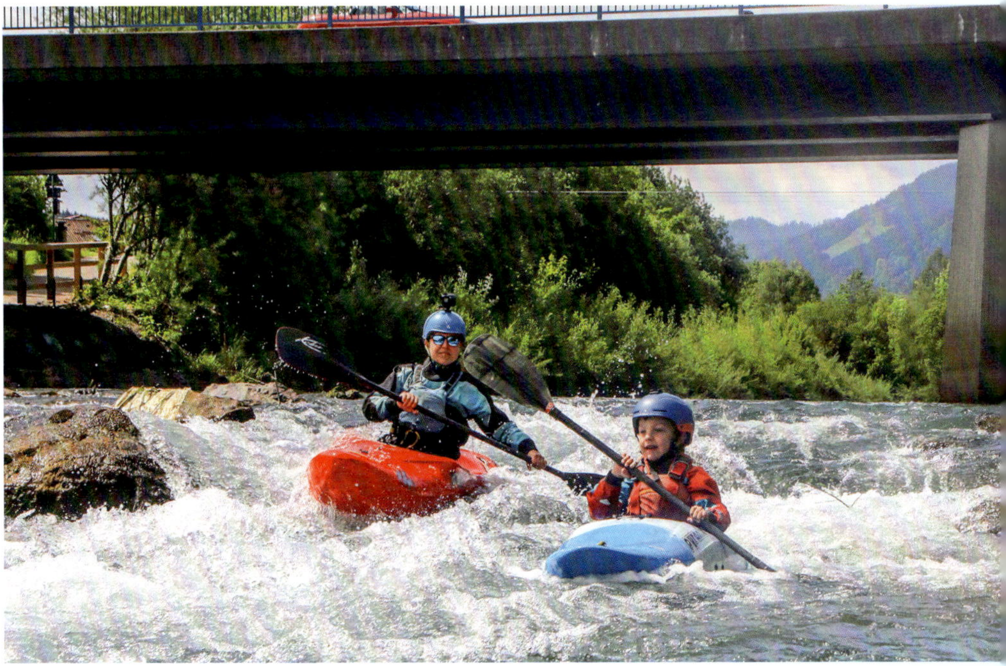

Meistens geht es im offenen Flussbett hinab, so dass man die Kinder gut begleiten kann.

10 VILS

Einstieg: Kraftwerk Vilsfall (47.526811, 10.452628)
Ausstieg: BParkplatz am Indianerspielplatz (47.574220, 10.507710)

FAHRSTRECKE: 8 KM | TECHNIK ෴෴෴෴෴/෴෴෴ | KONDITION ෴෴ | LANDSCHAFT ෴෴෴෴

Der Abstieg entlang des Kraftwerks am Einstieg der Vils ist mühsam, doch zum Glück erwartet einen unten ein spektakulärer Ausblick auf den Vilsfall. Diese malerische Szenerie setzt sich auf der gesamten Tour fort und so ist es kein Wunder, dass das Tal bei Wanderern und Mountainbikern sehr beliebt ist. Doch zunächst hat man als Paddler das Tal ganz für sich.

Die Vils mäandriert hier über leichte Kiesbankschwälle, maximal bis WW II. Baumhindernisse können hier jederzeit möglich sein, doch meistens gibt es genügend Kehrwässer zum Anhalten. Nichtsdestotrotz sollte der Nachwuchs hier schon sicher Kehrwasser fahren können. Irgendwann weitet sich das Tal und die Vils wird in ein menschengemachtes Flussbett gezwängt. Hier gibt es mehrere kleine Stufen und Gefällbremsen, die alle gut links von der Mitte gefahren werden können. Mit dem Nachwuchs sollte man trotzdem aufpassen, da ein Anhalten zwischen den Stufen schwierig ist.

Nach der zweiten Straßenbrücke heißt es links aussteigen und die folgende Kernstelle, den so genannten Schranz, besichtigen. Zunächst steigern sich die Schwierigkeiten bei schneller Strömung, kleinen Kehrwässern und mäßiger Verblockung auf WW III. Dann folgen vier teils höhere Stufen (WW IV-). Hier unbedingt schauen, ob Bäume die Stufen versperren. Dank des Fahrwegs neben dem Fluss, kann man sich mit den Kindern diesen Abschnitt in Ruhe anschauen und je nach Können auswählen, was bzw. wie viel man umträgt.

Nach dem Schranz gibt es noch einige tolle und lange Schwälle, die WW II/II+ sind. Mit der Zeit nehmen die Schwierigkeiten immer weiter ab, bis man den Ausstieg auf der linken Seite erreicht. Hier ist etwas Vorsicht geboten, da ein Großteil des Wassers durch das nahe Schott zieht. Am besten frühzeitig aussteigen, bzw. schon beim Shuttlen kurz die Situation checken.

5-9 m³/s in Pfronten Ried

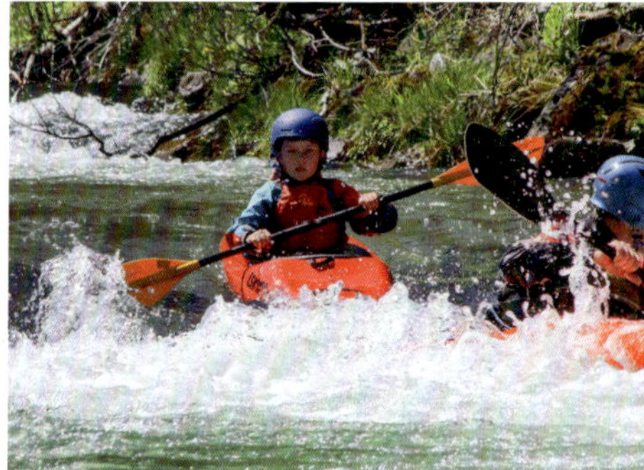

Bei den kleinen Gefällbremsen muss man schon genau die Route treffen.

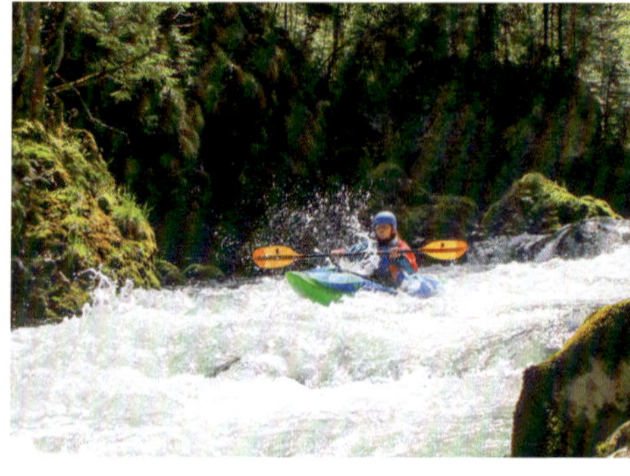

Am Ausgang des „Schranz"

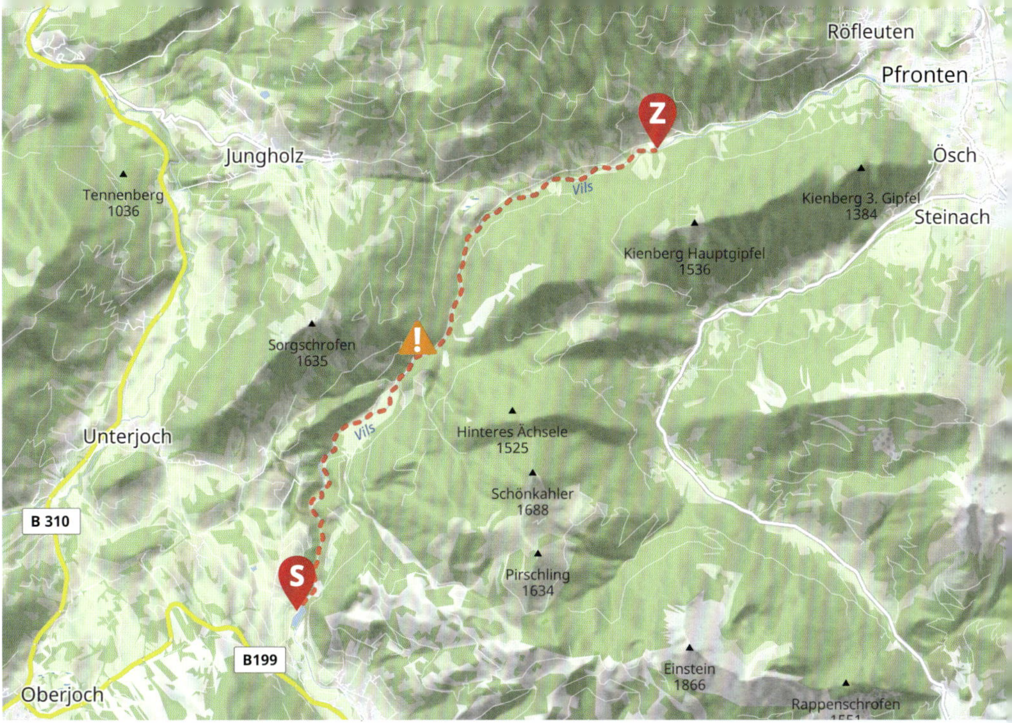

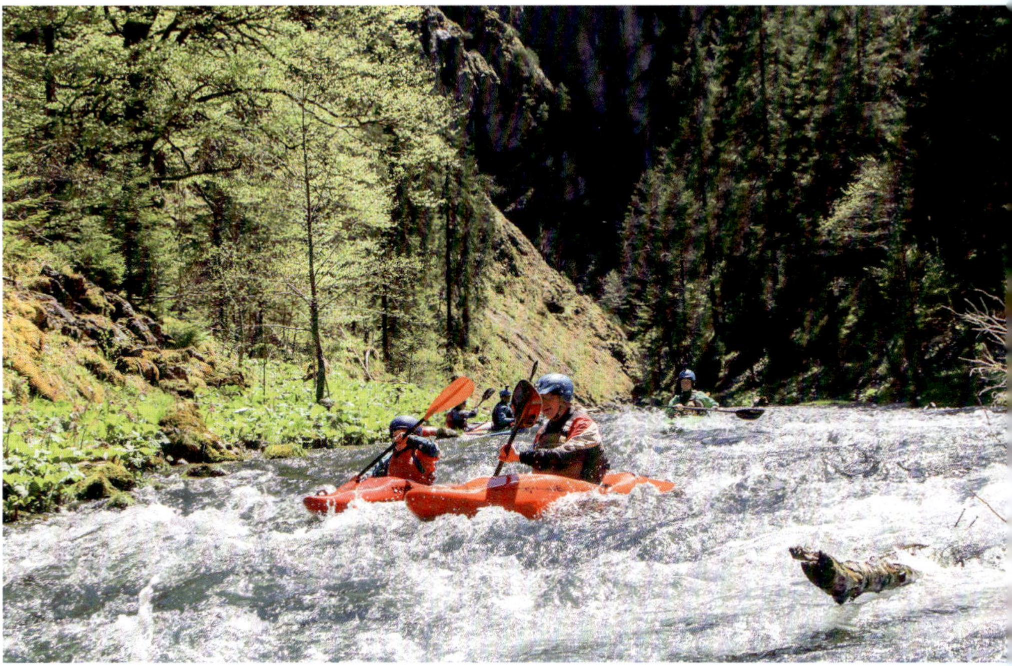

Die ersten Meter sind landschaftlich besonders schön.

11 WERTACH

Einstieg: Römerbrücke Wertachmühle (47.627830, 10.474393) **Ausstieg:** Brücke bei Görisried (47.707485, 10.527472)

FAHRSTRECKE: 13 KM | TECHNIK ●●●○○ | KONDITION ●●●○○ | LANDSCHAFT ●●●○○

Die Wertach fließt auf diesem Abschnitt durch eine einsame Waldschlucht. Als Paddler ist man hier größtenteils allein auf weiter Flur, nur ab und zu kreuzt ein Wanderweg den Fluss (und einmal ganz weit oben die Brücke der A7). An den dicht bewaldeten Hängen gibt es viel zu entdecken und es ist keine Seltenheit, wenn man mal einen Specht oder Eichelhäher sieht. Besonders sehenswert ist ein breiter Schleierfall, der sich von links an einer Hängebrücke in die Wertach ergießt.

Die Schwierigkeiten der Wertach sind in der Regel eher gering und nur wenige Stellen sind WW II, ansonsten gibt es viel WW I und beständige Strömung. Vorsicht ist trotzdem geboten, da Bäume jederzeit den Fluss versperren können. Aus diesem Grund sollte man die Wertach auch nicht mit kompletten Neulingen fahren.

4 m³/s in Haslach-Werksabfluss
10 m³/s schöner Wasserstand

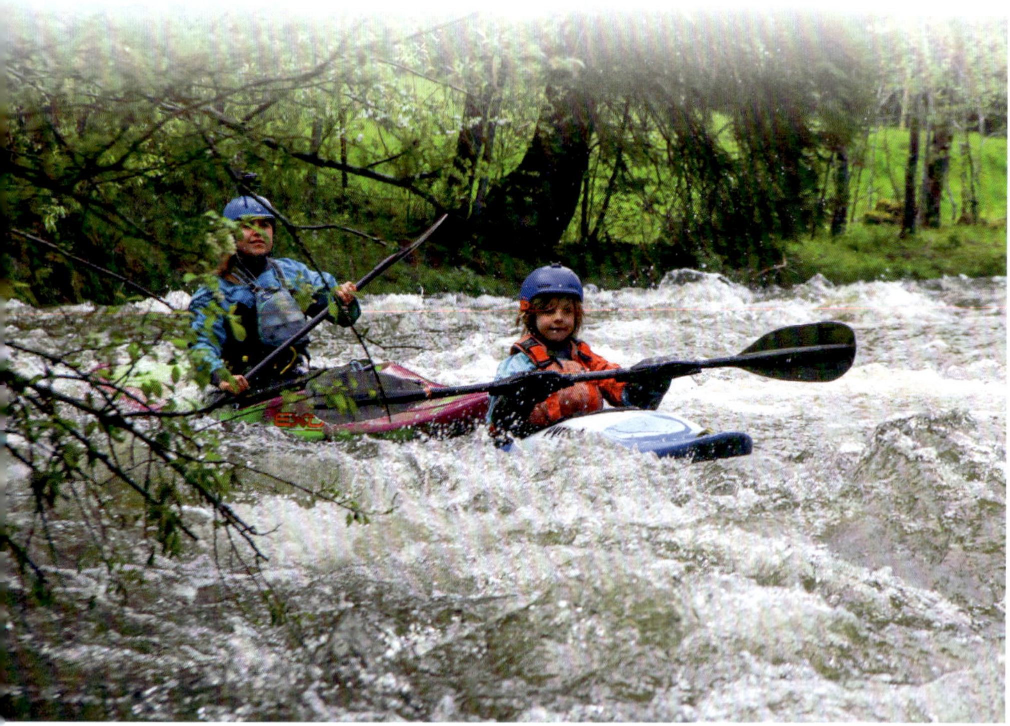

Viele Wellen bringen jede Menge Spaß.

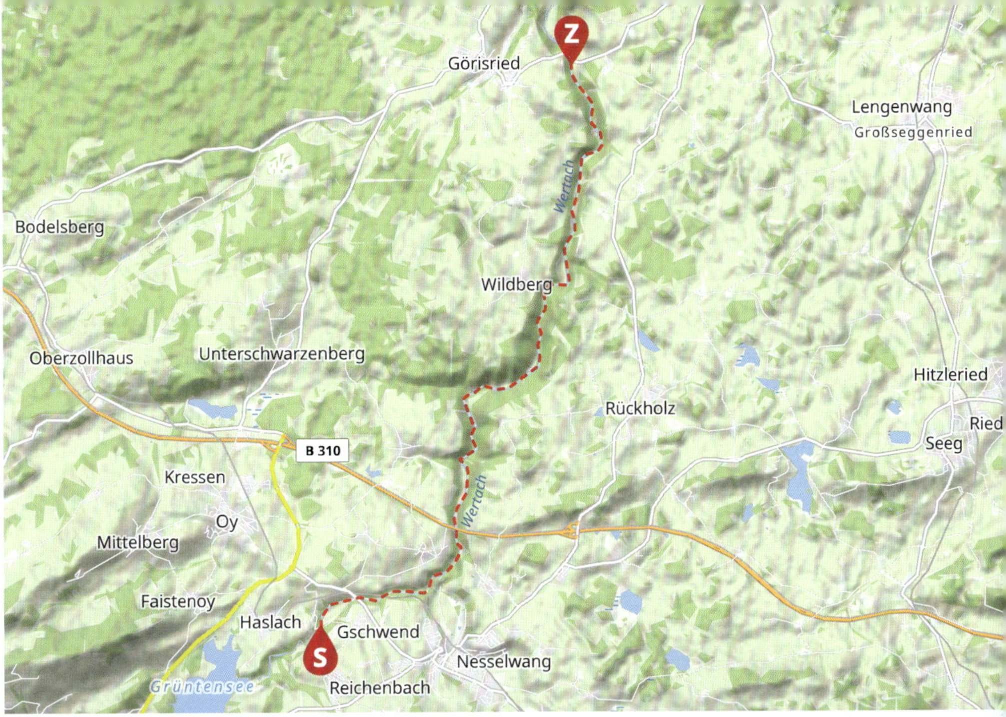

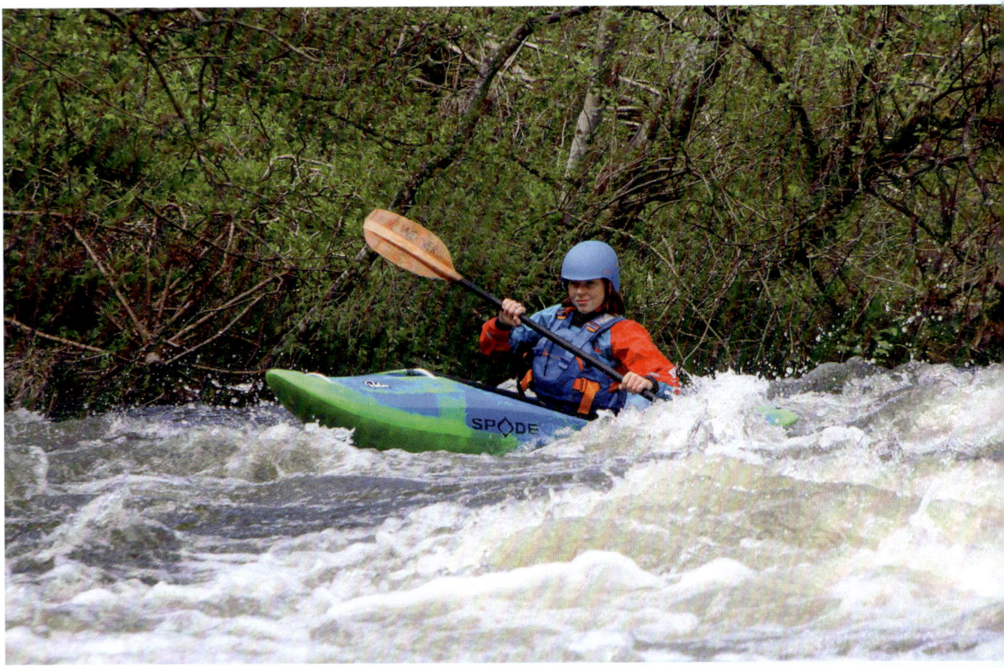

In einer der schwierigeren Stellen.

12 OSTRACH-KLAMM

Einstieg: Kraftwerk Auele (47.454241, 10.435958) **Ausstieg:** Fußgängerbrücke Hinterstein (47.470132, 10.413358)

FAHRSTRECKE: 3 KM | TECHNIK | KONDITION | LANDSCHAFT

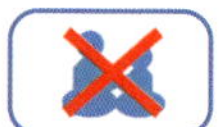

Die Befahrung der so genannten Aueleklamm der Ostrach gleicht einer wahren Mini- Expedition. In das obere Ostrachtal darf man mit dem Auto nicht fahren, was bedeutet, dass man zum Einstieg entweder mit dem Bus fahren oder hochwandern muss. Mit einem Bootswagen klappt das Wandern auf der geteerten Zufahrtsstraße ziemlich gut (und verstärkt beim Nachwuchs das Expeditionsfeeling). Es empfiehlt sich, die Klamm bei Niedrigwasser (unser Pegel bei der Befahrung war ca. 4,5-5 m³/s) anzugehen, was zwar etwas geschrappe unten heraus bedeutet, dafür ist die Klamm aber deutlich leichter.

Der Klammeingang ist mit Abstand die schwerste Stelle der ganzen Tour (WW IV). Sie sollte auf jeden Fall besichtigt werden. Bei Niedrigwasser kann man sie mit etwas Geschick und Kletterei umtragen (s. Bild), rein geht`s dann per Felsenstart. Die Ostrach ist zunächst sehr eng, aber ohne Schwierigkeiten. Man kann also mit den Kindern ausgiebig die Auskolkungen bewundern oder ins glasklare, bläulich schimmernde Wasser starren. Es folgen zwei Stellen, die wieder etwas wilder sind (WW III), eine S-Kurve und eine Stufe mit folgender Verblockung. Danach wird die Ostrach leichter und vielleicht möchte sich der Nachwuchs nun auch mal als Vorpaddler probieren. Die eigentliche Klamm ist nur ca. 1 km lang, die Reststrecke ist offenes, aber kontinuierliches WW II-III.

Anmerkung: Man sollte nur Kinder mit in die Aueleklamm nehmen, die schon Erfahrungen mit anderen Klammen gemacht haben und die das Gefühl von Ausgesetztheit kennen. Auch sollten sie einigermaßen Nervenstark sein, die Umtrage (oder Befahrung) ist wirklich sehr aufregend!

 4,5-5 m³/s in Reckenberg

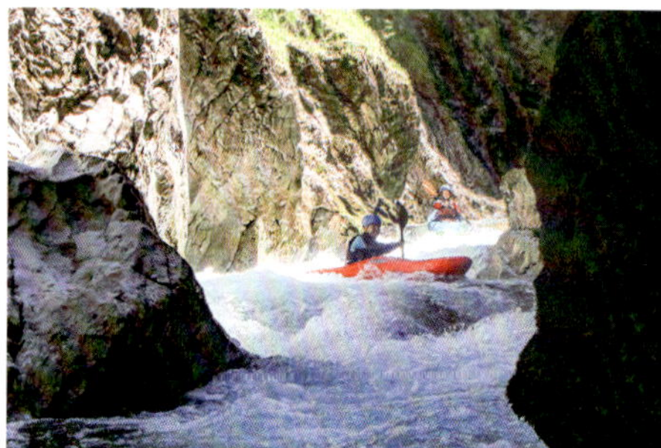

In der S-Kurve

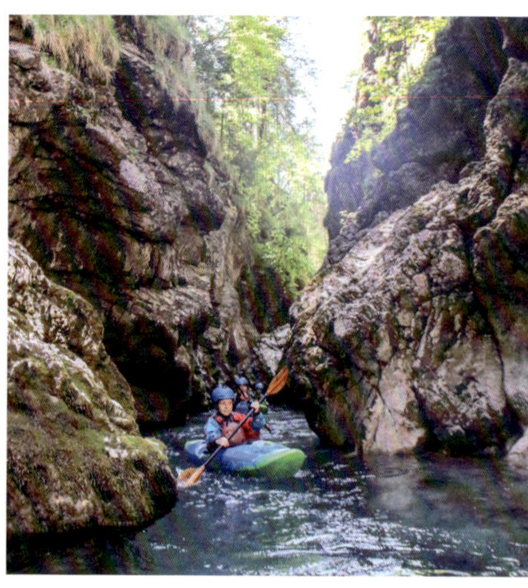

Landschaftsgenuss in den ruhigen Abschnitten.

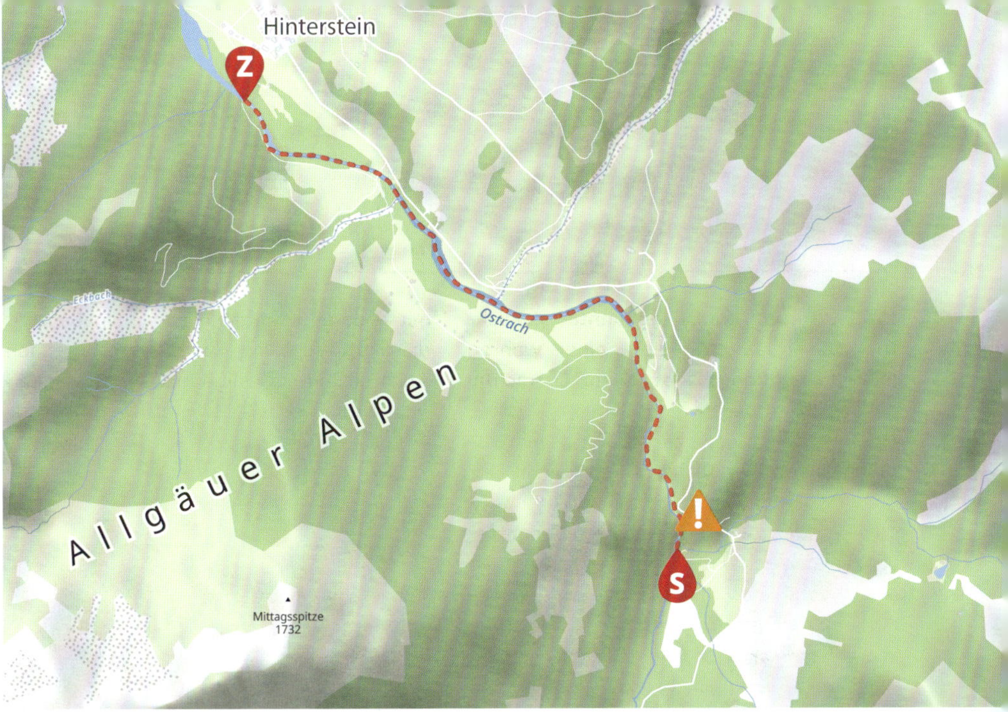

Hinterstein

Z

Eckbach

Ostrach

Allgäuer Alpen

S

Mittagsspitze
1732

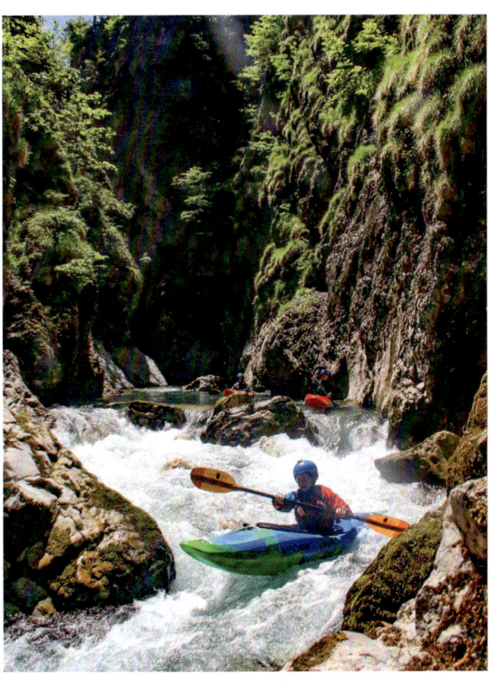

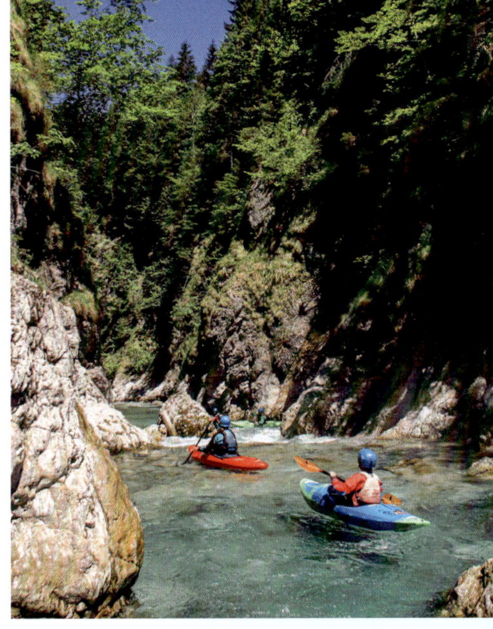

Die Stufe mit Verblockung im Ausgang.

OBERBAYERN/KARWENDEL

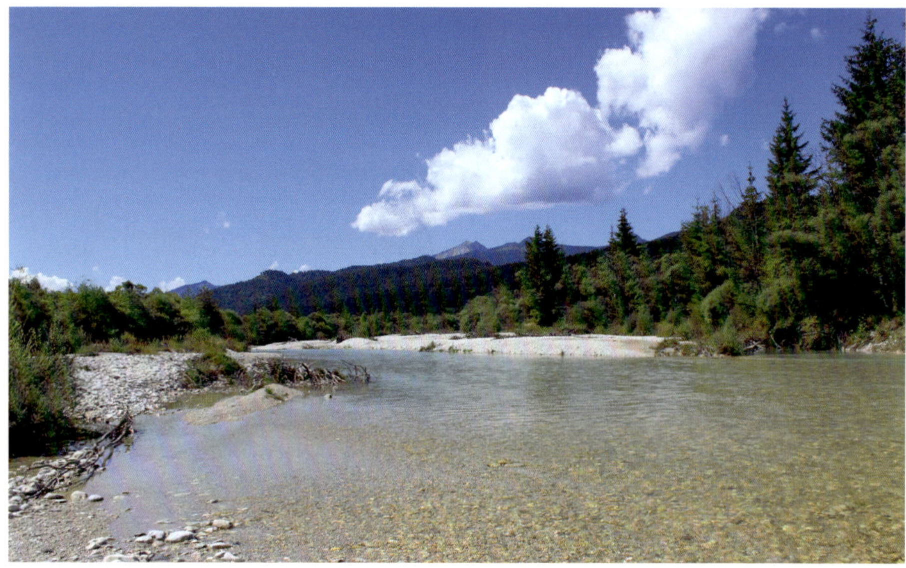

Das Wildwasser der Region Oberbayern ist sehr vielseitig, von ganz leicht bis ganz schwer ist im Schatten des höchsten Berges Deutschlands alles dabei. Es gibt so einige landschaftliche Highlights, wie die Waldschlucht der Ammer, die Walchenklamm oder das einzigartige Tal der oberen Isar. Zudem zählen Ammer, Isar und Loisach zu Recht zu den WW-Klassikern, die jeder deutscher WW-Paddler mal gefahren sein sollte.

Wegen der unterschiedlichen Schwierigkeiten bietet sich diese Region vor allem auch für Familien mit Kindern an, die noch unterschiedlich gut fahren können. Hier kommt jeder auf seine Kosten. Außerdem kann man getrost Jahr um Jahr in dieses Gebiet fahren, so können die Kinder sich langsam steigern und jedes Mal einen schwierigeren Fluss mitpaddeln.

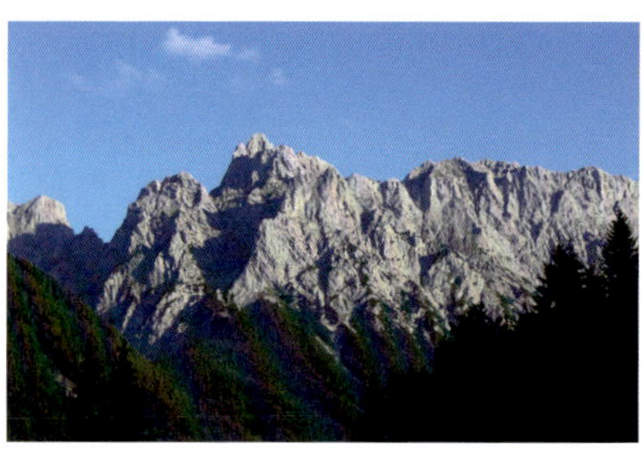

Die Region ist ideal, wenn man mal ein langes Wochenende mit der Familie raus zum Paddeln möchte. Es gibt aber auch genug für einen einwöchigen Urlaub zu tun.

Beste Zeit mit Kindern:
Im Frühsommer sind die Wasserstände am besten, aber auch im Sommer sind die meisten Flüsse noch fahrbar. Abstriche muss man da vielleicht bei der Ammer und der Griesenschlucht machen.

Besonderheiten:
Diese Region ist gespickt mit echten Wildwasserklassikern.

Standlager:

Die Region ist ein beliebtes Ausflugsziel und Campingplätze können gerade an den langen Wochenenden schnell ausgebucht sein. Mit größeren Gruppen sollte man also rechtzeitig reservieren. Campingplätze, die sich anbieten sind:

- Camping Erlebnis Zugspitze in Grainau (https://www.pure-camping.de/camping-erlebnis-zugspitze-garmisch-partenkirchen-bayern/)
- Naturcamping Isarhorn in Mittenwald (https://www.camping-isarhorn.de/)
- Karwendelcamp in Scharnitz (https://www.karwendelcamp.com/)

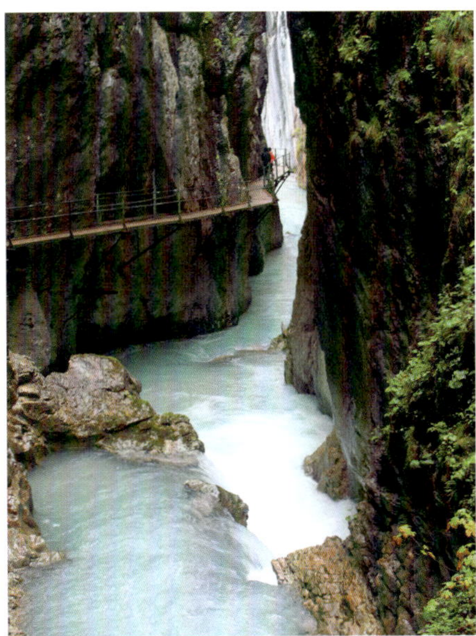

Ausflugsziele & Sehenswürdigkeiten:

In dieser Region gibt es viele Naturschauspiele, die man gut mit den Kindern besichtigen kann. An der Leutascher Ache zum Beispiel kann man gleich zwei verschiedene Steige durch die Klamm gehen. Von oben gelangt man in die Geisterklamm, hier eröffnen sich spektakuläre Ausblicke nach unten in die tiefe Klamm und ein ‚Klammgeist' erklärt Groß und Klein Wissenswertes zum Fluss. Von unten geht es an der Leutascher Ache durch den Endteil der gleichen Klamm bis zu einem Wasserfall. Diese Tour ist nur kurz und gut für kleine Kinder geeignet.

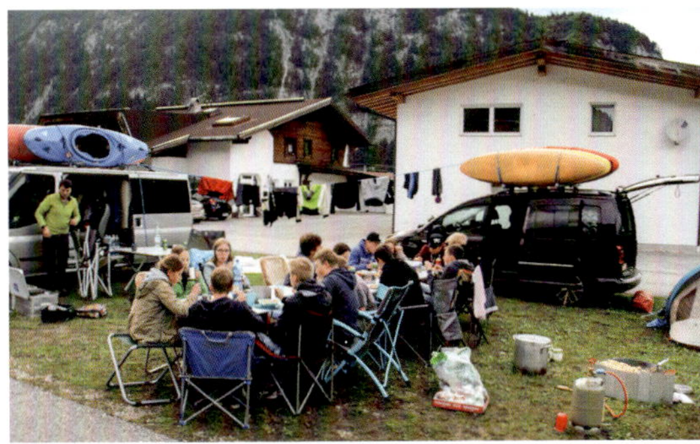

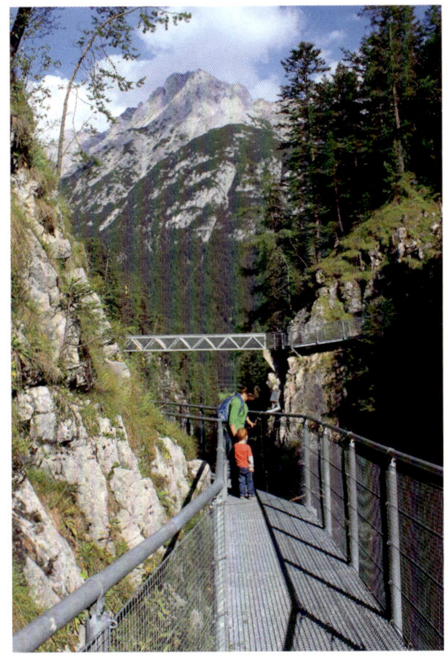

13 LOISACH - GRIESENSCHLUCHT

Einstieg: Gschwandsteg/Parkplatz am Grieswald (47.482744, 10.987973) **Ausstieg:** Zielhaus/Grainau (47.481494, 11.04633

FAHRSTRECKE: 5 KM | TECHNIK | KONDITION | LANDSCHAFT

Die Griesenschlucht der Loisach ist der deutsche Wildwasser-Klassiker. Gerade deshalb kursieren um diesen Abschnitt viele spannende Paddelgeschichten. Die resultieren aber wohl eher daraus, dass hier oft viele Paddler unterwegs sind, die technisch noch nicht unbedingt das Zeug für diese Art von Schwierigkeiten haben.

Beachtet man einige Sachen ist die Griesenschlucht aber ein super Trainingsabschnitt für Kinder, der ihnen sicher ein Lächeln ins Gesicht zaubern wird. Grundvoraussetzung ist sehr sicheres Kehrwasser fahren. So kann man sich Stück für Stück den Fluss heruntertasten. Auch die sichere Beherrschung des Ziehschlags ist ein Muss, denn die Loisach ist stark verblockt (besonders auf dem ersten Kilometern). Die Schwierigkeiten liegen fast konstant bei WW III, mit einigen Stellen etwas darüber und so manches Mal sieht man nicht auf Anhieb, wie es um die Ecke weiter geht.

Kennt man die Griesenschlucht noch nicht oder ist die Befahrung schon einige Jahre her, bietet es sich an, die Tour als erwachsene Begleitung ohne Kind zu machen, um zu sehen, wo die Hauptschwierigkeiten liegen.

Sitzt der Nachwuchs schon richtig gut im Boot kann man diesen Abschnitt super zum ausgiebigen Trainieren nutzen. Hier kann man unendlich viel über die passenden Lenkschläge, das Erkennen von Routen und das Ausnutzen von Kehrwässern lernen. Auch mehrere Befahrungen pro Tag, um zum Beispiel das Gelernte umzusetzen oder um als Kind mal vorzufahren sind hier gut möglich.

Befahrungsregelung: Eine Befahrung ist nur von 8-20 Uhr bei einem Pegel von >90 cm in Garmisch o. d. Partnachmündung erlaubt.

90-120 cm in Garmisch oder der Partnachmündung

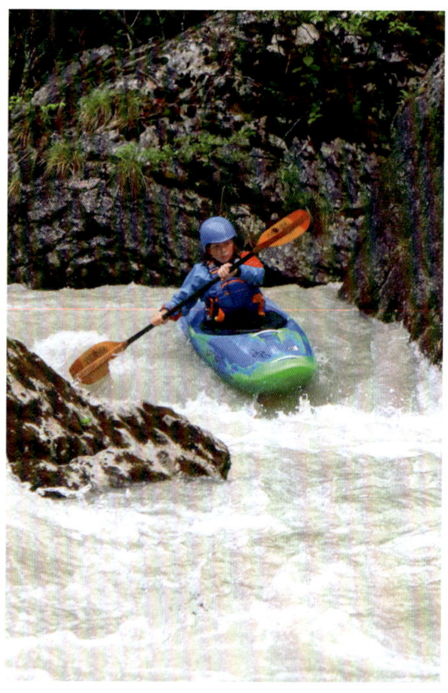

Mit der richtigen Technik können auch Kinder diesen Abschnitt sicher befahren.

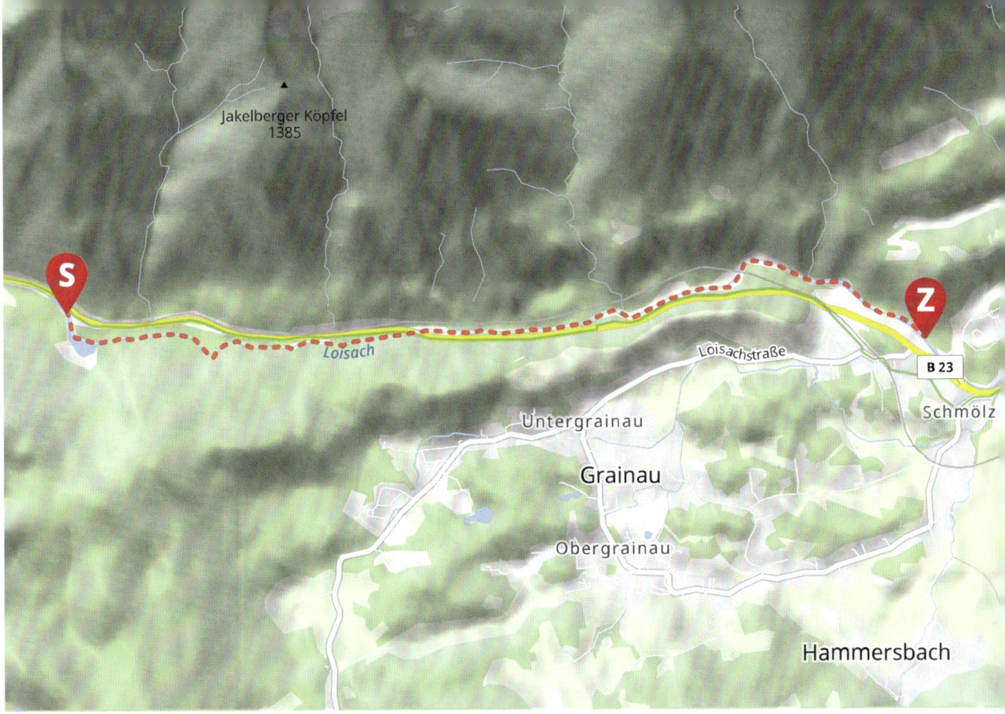

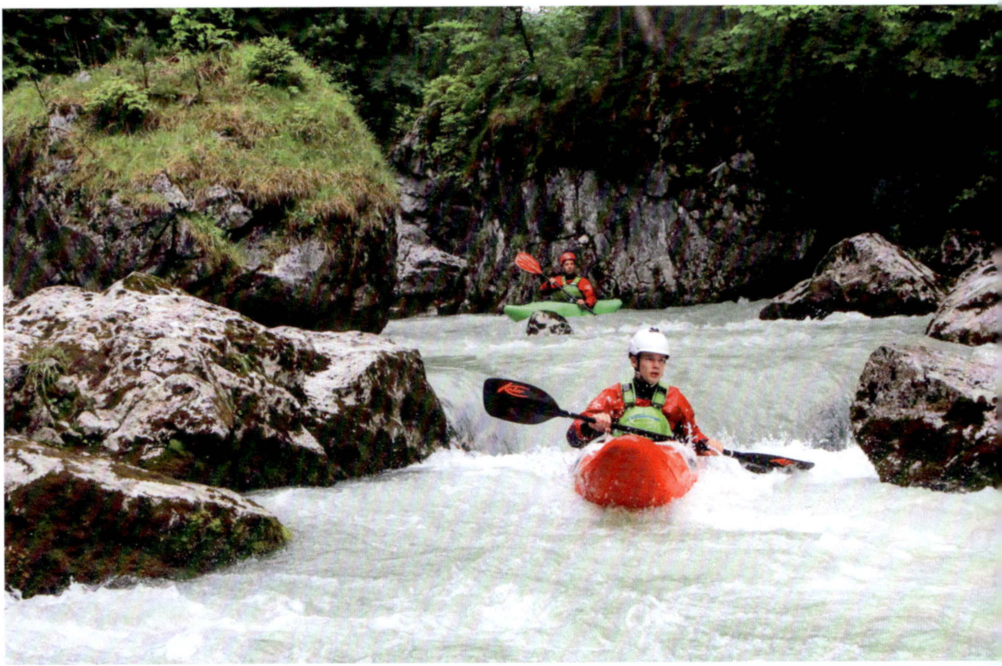

Die Griesenschlucht ist ein wahres Felsenlabyrinth.

14 LOISACH

Einstieg: Zielhaus Grainau (47.481511, 11.046268)
Ausstieg: Oberau (47.555738, 11.139226)

FAHRSTRECKE: 13 KM | TECHNIK | KONDITION | LANDSCHAFT

Wohl jeder Wildwasserpaddler kennt die klassische Strecke der Loisach, die Griesenschlucht. Durch das hohe Gefälle und die starke Verblockungen aber eher den besonders fitten Padddelkindern vorbehalten. Wie gut, dass es direkt im Anschluss einen Abschnitt gibt, der perfekt für Paddelneulinge geeignet ist.

Im Schatten der höchsten Berge Deutschlands geht es auf einem glasklaren Fluss abwärts. Leichte Verblockung und kleine Stufen sorgen für wildwassertechnische Highlights. Besonders die Stadtdurchfahrt von Garmisch-Partenkirchen zu Beginn erfordert höchste Aufmerksamkeit beim Nachwuchs, damit jeder Stein richtig erwischt wird.

Nach dem Ort wird die Loisach generell etwas leichter, dafür aber landschaftlich reizvoller. Am schönsten ist der Abschnitt zwischen Farchant und Oberau. Hier schlängelt sich der Fluss über zahlreiche Kiesbankschwälle durch einen dunklen Nadelwald.

Auf der gesamten Strecke gibt es zwei Wehre, die jeweils links umtragen werden müssen.

 7 m³/s in Garmisch-Partenkirchen

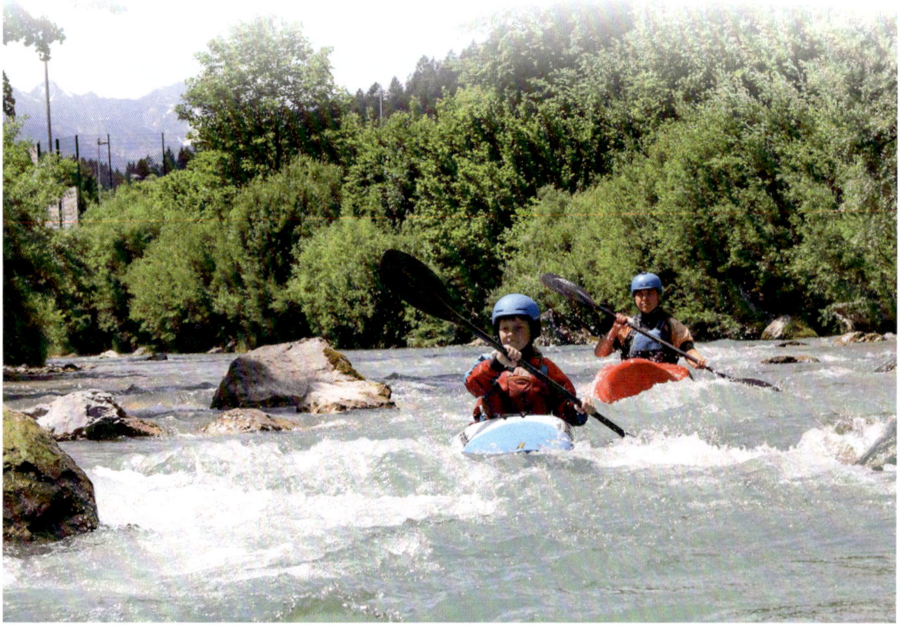

Leichte Verblockung fordert besonders zu Beginn die volle Aufmerksamkeit des Nachwuchs.

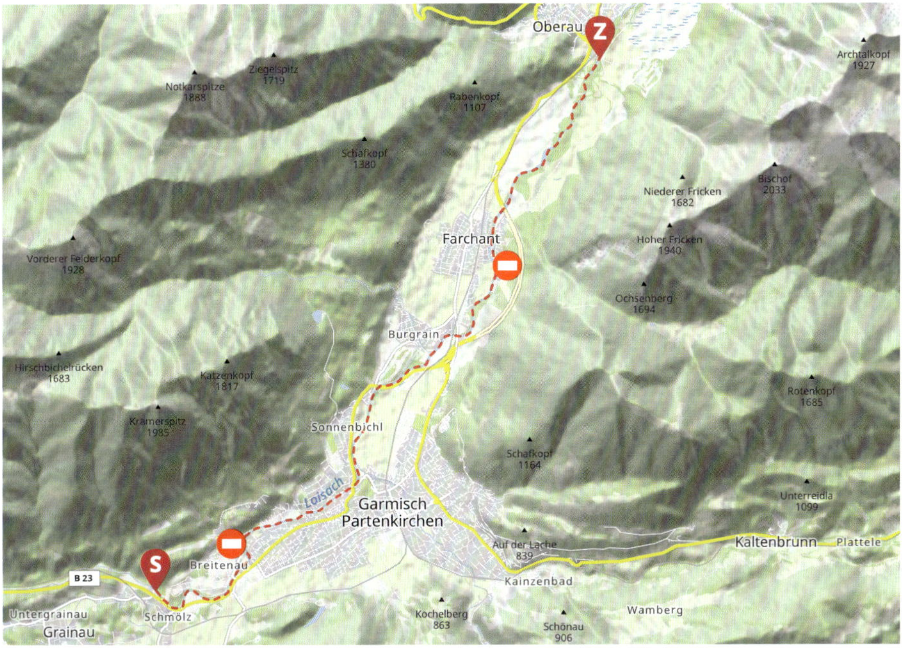

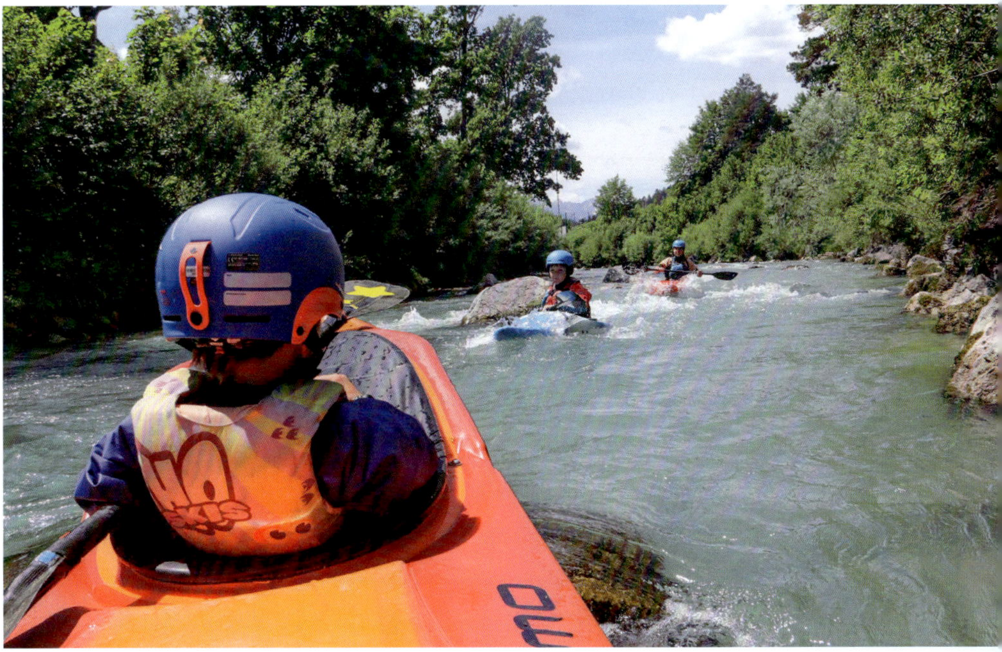

Gerade in der Ortsdurchfahrt kann man super ein paar Kehrwässer ansteuern.

15 AMMER

Einstieg: Kammerl (47.661935, 10.988264)
Ausstieg: Brücke bei Rottenbuch (47.736183, 10.974681)

FAHRSTRECKE: 14 KM | TECHNIK | KONDITION | LANDSCHAFT

Die Ammer ist einer der deutschen Wildwasserklassiker und das vollkommen zu Recht. Eine grandiose Waldschlucht und leichtes aber doch beständiges Wildwasser tragen dazu bei. Die Schwierigkeiten liegen größtenteils bei WW I-II, doch gerade am Anfang wird in der berüchtigten „Scheibum" der dritte Grad erreicht.

Man kann diese Stelle entweder zu Fuß vom Einstieg aus besichtigen oder kurz davor am rechten Ufer anhalten und von da aus etwas Übersicht in die ganze Sache bringen. Weniger erfahrene Kids können an der rechten Seite die Hauptschwierigkeiten auch umtragen. Kurz darauf folgt das „Naturwehr" eine Stelle, die besonders bei MW ein kleines Loch entstehen lässt. Kleinere (und vor allem leichtere) Kinder müssen hier zusehen, dass sie entweder daran vorbeipaddeln oder ordentlich am Stock ziehen.

Danach wird es etwas leichter und man kann die Landschaft genießen. Als Highlight fallen irgendwann von links Schleierfälle spektakulär in die Ammer. Paddler dürfen hier nicht aussteigen (auch wenn es hier oft von Wanderern nur so wimmelt). Dafür kann man sich ein bisschen nass regnen lassen, was im Sommer schön erfrischend sein kann.
Bevor man den Ausstieg in Rottenbuch erreicht, folgt noch ein Wehr, welches man in der Mitte über eine Holzrutsche fahren kann. Hier können die Paddelkinder wunderbar das „Boof-Gefühl" kennenlernen, so herrlich flach landet man automatisch im Unterwasser.

Befahrungsregelung: Die Ammer darf nur ab einem bestimmten Pegelstand (Pegel 72 in Peißenberg) befahren werden. Entweder vorher über die RiverApp checken oder am Einstieg auf die Ampel achten.

 72 cm in Peißenberg

Die berüchtigte „Scheibum".

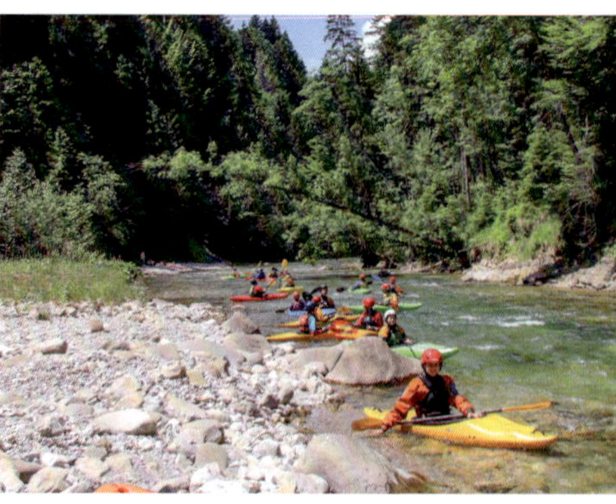

Mitten in der Waldschlucht.

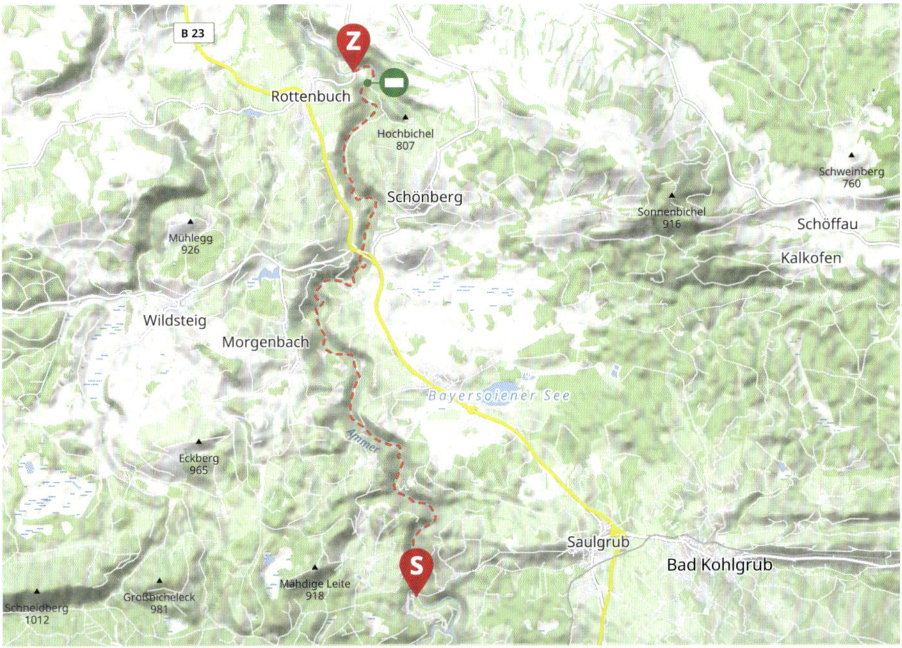

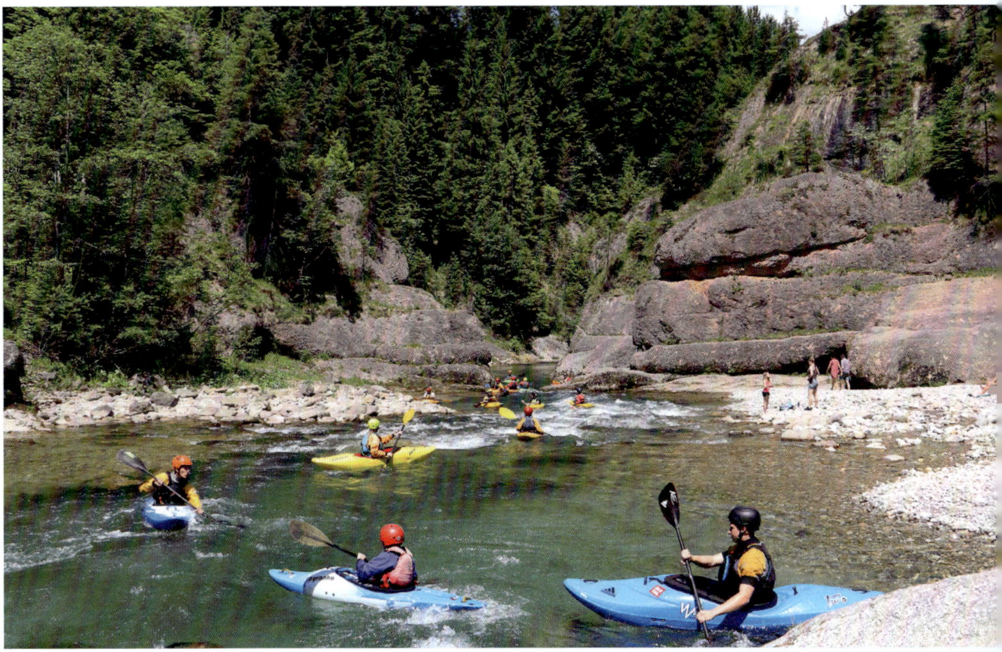

Die Ammer ist ein wahrer Genuss für Groß und Klein.

16 OBERE ISAR

Einstieg: Futterstadl **Ausstieg:** Parkplatz Scharnitz (47.386096, 11.266652)

FAHRSTRECKE: 8/9 KM | TECHNIK | KONDITION | LANDSCHAFT

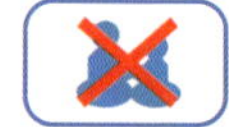

Eine Tour auf der oberen Isar beschert einem schon bei der Anfahrt ein besonderes Erlebnis, kann man den Einstieg doch nur per Taxi erreichen. Das erspart schon mal lästiges Umsetzen, mit größeren Gruppen sollte man allerdings die Taxen rechtzeitig vorbestellen, da pro Tag nur ein bestimmtes Kontingent an Fahrten in den Naturpark Karwendel erlaubt ist.

Hat man es zum Einstieg geschafft, rauscht dort ein munteres Bächlein ziemlich flott daher. Zunächst geht es nur über Kiesbankschwälle. Hier muss man auf den ersten Metern teilweise auf Baumhindernisse aufpassen. Langsam nimmt die Verblockung zu und zugleich auch das Gefälle. Hier gilt es sich möglichst nicht quer vor einen Stein zu legen. Hat man diese Schwierigkeiten überstanden, gelangt man in den wohl schönsten Abschnitt der Tour. Die Felswände rücken nah an den Fluss heran, ein traumhafter Canyon hat sich hier aus dem hellgrauen Kalkgestein herausgebildet. Um diese wunderbare Landschaft in vollen Zügen zu genießen, bietet es sich an, gegenüber der Mündung des Gleirschbachs anzulegen. Bei schönem Wetter kann dieser auch ein Stückchen heraufgewandert werden.

Auch wenn es von da an insgesamt etwas leichter wird, müssen die Paddelkinder doch bis zum Ausstieg wachsam bleiben. Prallwände und Presswasser haben hier schon so manchen Neuling reingeworfen. Zugleich kann man hier aber auch prima das Kehrwasser fahren trainieren.

Anmerkung: Die Taxis dürfen erst ab dem 1. Juni fahren und machen die Tour nur, wenn sich mindestens 5 Leute für die Fahrt finden. Die Taxen sind unter folgenden Nummern zu erreichen: Taxi Mair: +43 5213 5363 oder Taxi Ramona: +43 5213 5541

 12 m³/s in Scharnitz –Weidach

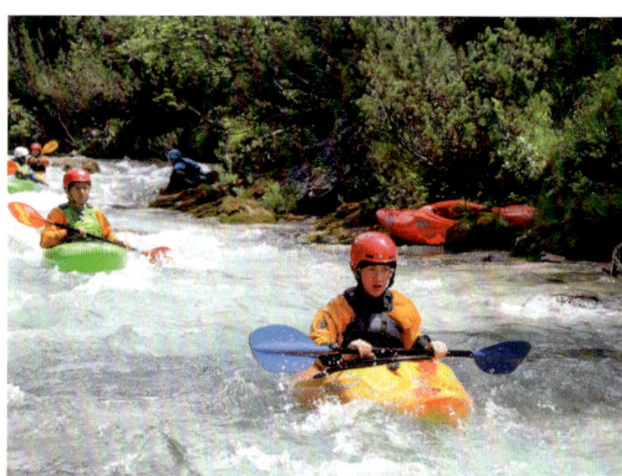

Gerade am Anfang geht es ganz schön fix abwärts.

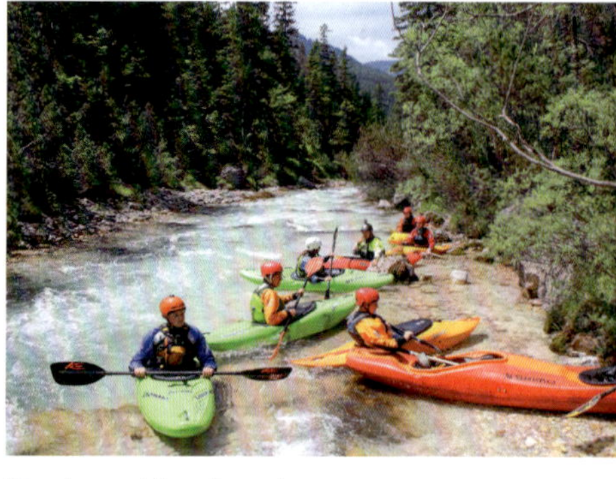

Eine kurze Verschnaufpause.

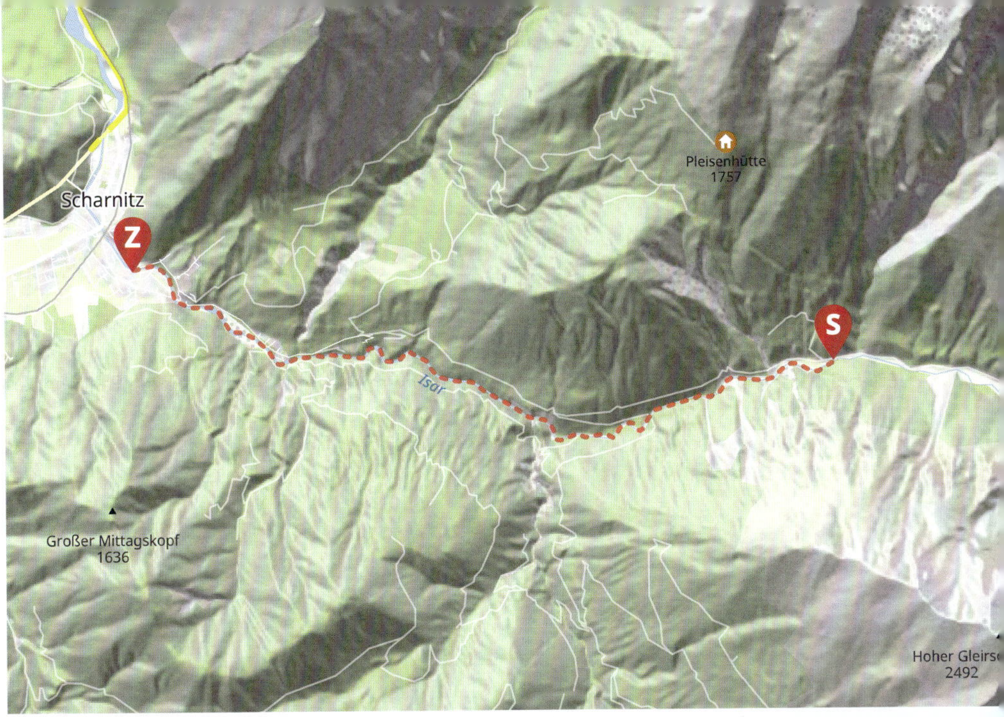

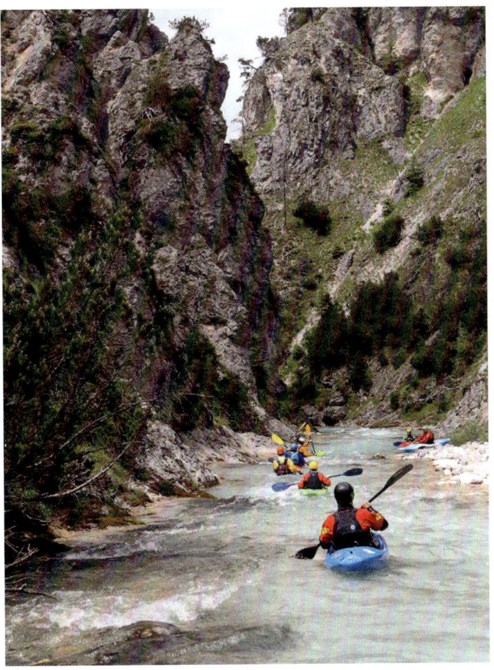

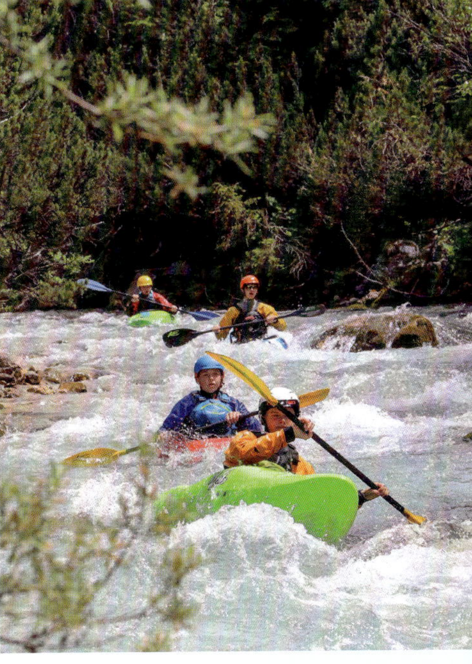

Der kurze Canyon ist das landschaftliche Highlight.

17 MITTLERE ISAR

Einstieg: Krün (47.504384, 11.286318) **Ausstieg:** Mündung Rißbach (47.559429, 11.436118)

FAHRSTRECKE: 15 KM

TECHNIK

KONDITION

LANDSCHAFT

Ein wenig leichter und landschaftlich nicht ganz so spektakulär ist die Isar ab der Ortschaft Krün. Hier mäandriert der glasklare Bach durch ein breites Kiesbett. Weiße Kiesel und sattes Grün an den Ufern lassen sich besonders bei schönem Wetter ausgiebig genießen. So manches Mal wähnt man sich hier wie in einer Miniatur von Kanadas Wildnis.

Die wildwassertechnischen Schwierigkeiten sind eher gering (WWI). Vielmehr sollte man ein Augenmerk auf Baum- und Buschhindernisse haben. Gerade Kinder, die noch nicht so sicher im Boot sitzen, müssen vor allem in den Außenkurven aufpassen, ansonsten kann so ein überhängender Busch oder etwas Totholz ihnen schnell zum Verhängnis werden.

Das Autoumsetzen erfolgt bei dieser Tour über eine Mautstraße, Kosten 4 € für PKW.

Dadurch ist das Tal ruhiger und man sieht eher Wanderer und Radfahrer als Autos.

10 m³/s in Mittenwald

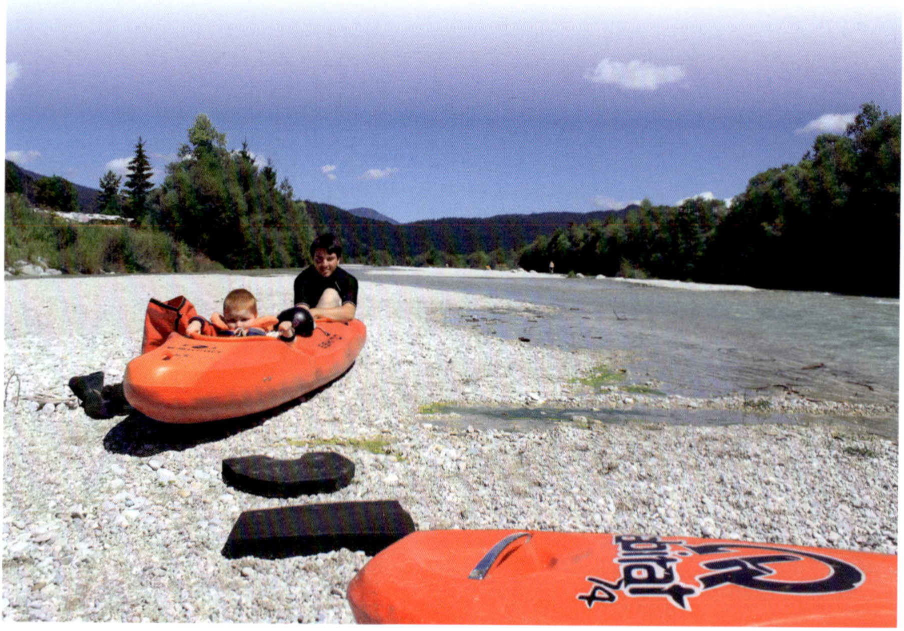

Am Einstieg in Krün

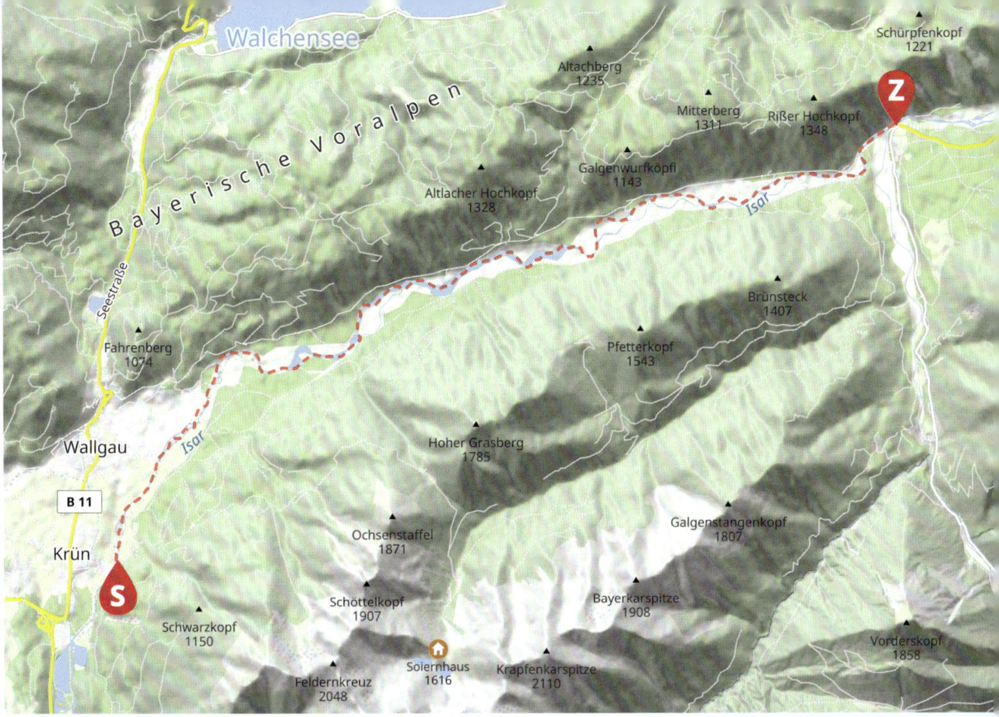

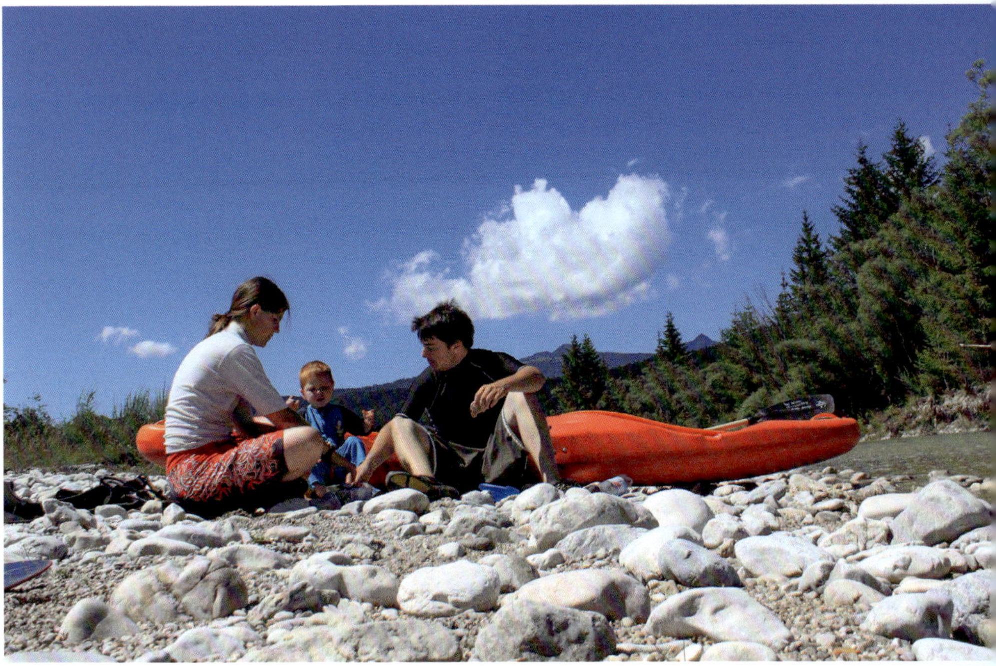

In dem ruhigen Tal bietet sich eine längere Pause mit viel Spielen geradezu an.

18 UNTERE ISAR

Einstieg: Wehr Bad Tölz (47.778581, 11.540107) **Ausstieg:** Tattenkofener Brücke (47.856584, 11.512169)

FAHRSTRECKE: 11 KM | TECHNIK | KONDITION | LANDSCHAFT

Dieser Abschnitt der Isar besticht durch landschaftliche Einsamkeit und wunderbare ganz leichte Schwällen.

An den Wochenenden oft von Freizeitkapitänen in Schlauchbooten hoch frequentiert, bietet die Isar unterhalb von Bad Tölz super Einsteigerwildwasser. Es strömt beständig und kleinere Schwälle lockern die Fahrt auf. Meist WW I, wird an einigen Stellen knapp der zweite Schwierigkeitsgrad erreicht. Hier gilt es dann (für kleine Kinder) große Wellen zu durchbrechen, der leichten Verblockung auszuweichen oder schwierige Verschneidungen zu meistern. Ein wenig Vorsicht ist in einigen Außenkurven geboten, hier hängen schon mal Äste oder diverses Totholz in der Hauptströmung. Diese Schwierigkeiten lassen sich aber in der Regel relativ leicht umfahren und der Nachwuchs lernt schon von Anfang an etwas über die richtige Routenwahl.

Anmerkung: Weil die Isar auf diesem Abschnitt ein beliebtes Ausflugsziel ist, gibt es einige Reglementierungen. Neben Selbstverständlichkeiten für Paddler, wie nüchtern paddeln und einer Schwimmwestenpflicht für Kinder, gibt es auch Regelungen, die den Naturschutz betreffen. So dürfen Inseln nicht betreten werden, sowie einige Kiesbänke, auf denen Vögel brüten. Diese sind aber durch Beschilderungen ausgewiesen.

20 m³/s in Puppling / fast das ganze Jahr über fahrbar

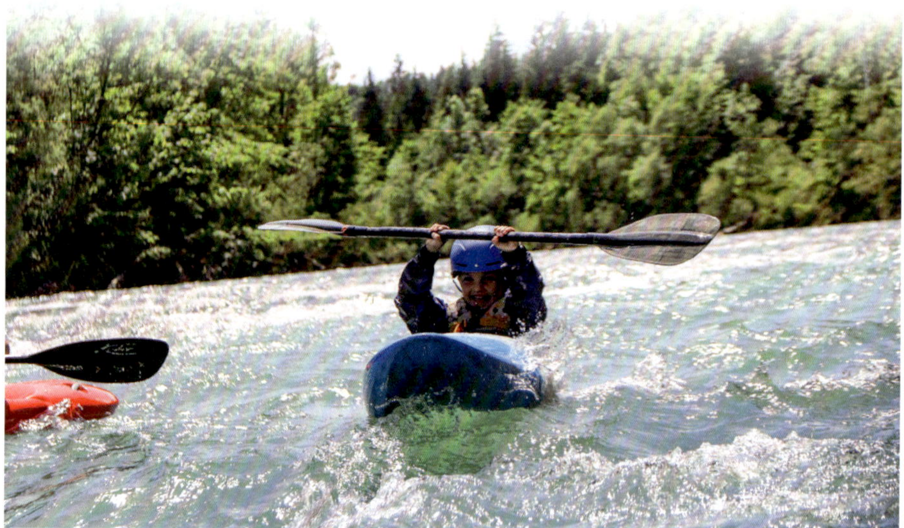

Die vielen Wellen werden jedes Kind begeistern.

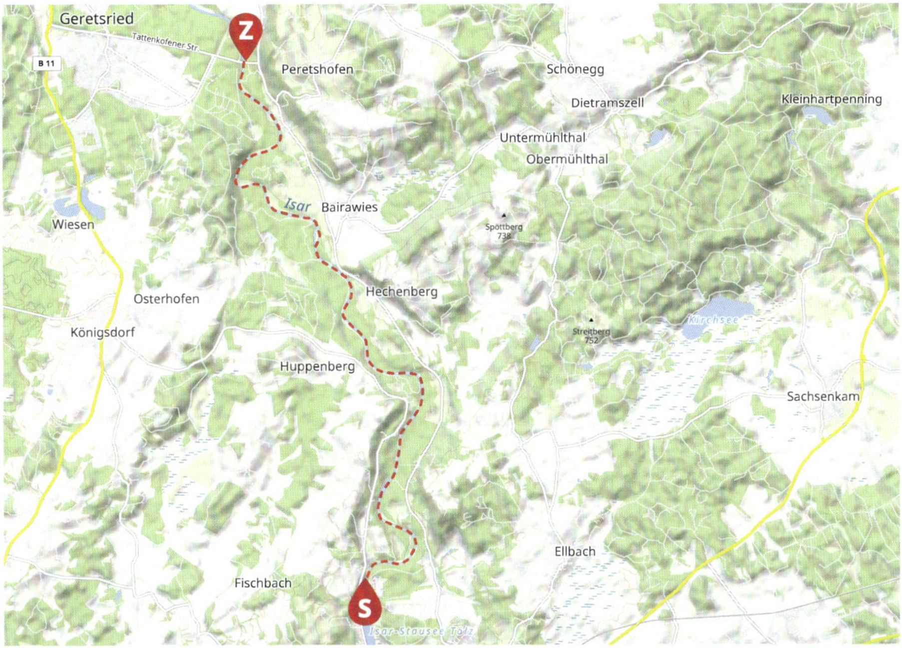

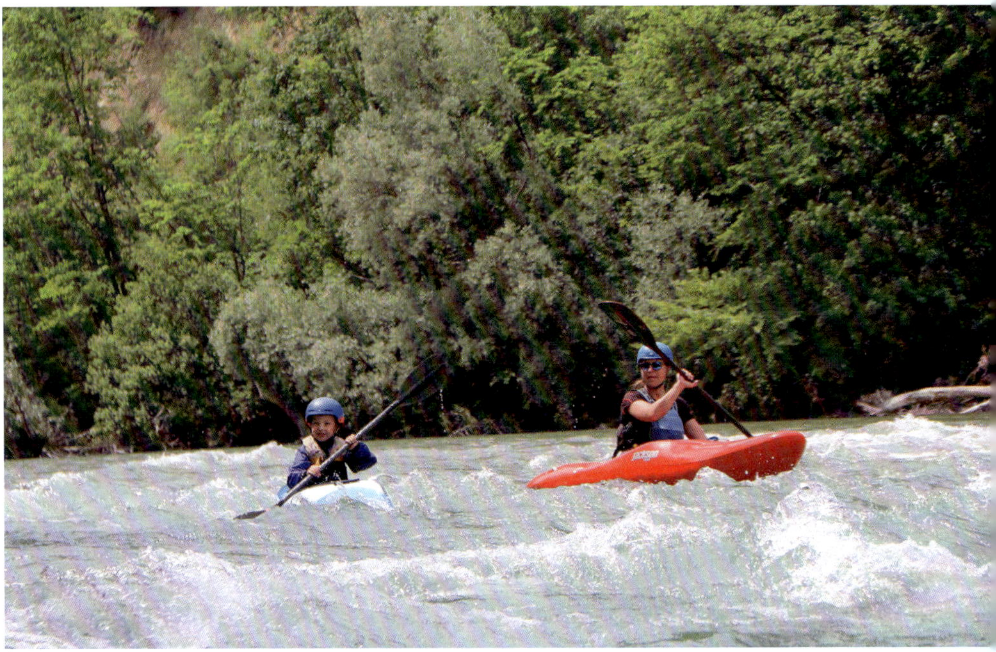

Als Begleitpaddler kann man hier immer gut neben dem Kind herfahren.

19 WALCHENKLAMM

Einstieg: Wanderparkplatz an der B307 (47.581845, 11.588097) **Ausstieg:** s.o.

FAHRSTRECKE: 1 KM | TECHNIK | KONDITION | LANDSCHAFT

Diese kleine Spezialtour bietet zwar kein Wildwasser, dafür aber ein absolutes landschaftliches Highlight und vielleicht ja sogar die erste Klamm, die der Nachwuchs durchpaddelt.

Man bootet im Rückstau des Sylvensteinspeichers ein und paddelt dann bei minimaler Strömung den Walchen hinauf. Von oben kann man – mit dem Nachwuchs – nicht in die Klamm gelangen. Hier warten zahlreiche Stufen teils mit Unterspülungen auf den WW- Experten. Doch auch wenn man das Wildwasser auslässt, bietet der Walchen noch genug Aufregendes. Mal stürzt ein Seitenbach in Form eines kleinen Wasserfalls von der Seite hinein, mal gilt es eine Minihöhle zu erkunden und dann diese engen Durchfahrten. Nicht an jeder Stelle kann man mit dem Boot wenden. Jedes minimale Rauschen hört sich in der Klamm unglaublich laut und bedrohlich an, für kleine Kinder kann es also auch durchaus etwas unheimlich werden. Wie gut, dass die geringe Strömung eine ruhige Erkundung erlaubt. Je nach Füllhöhe des Stausees findet man in der Klamm auch schöne Pausen- und Badeplätze. Der Walchen bietet sich also perfekt als eine Art „Ruhetag“ an, wenn man die Wildflüsse in der Gegend unsicher macht und man den Nachwuchs schon früh mit in eine Klamm nehmen möchte.

Ganzjährig fahrbar

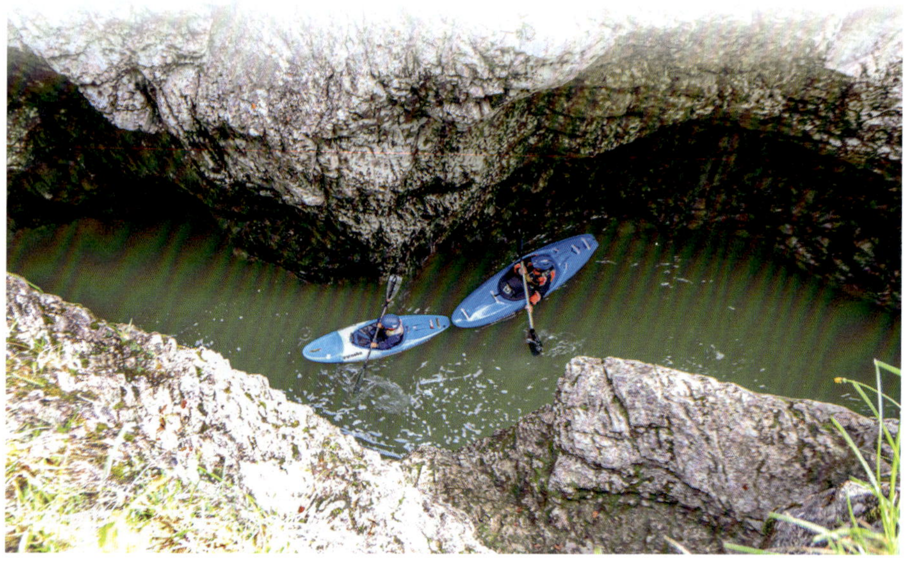

Im engeren Teil der Klamm.

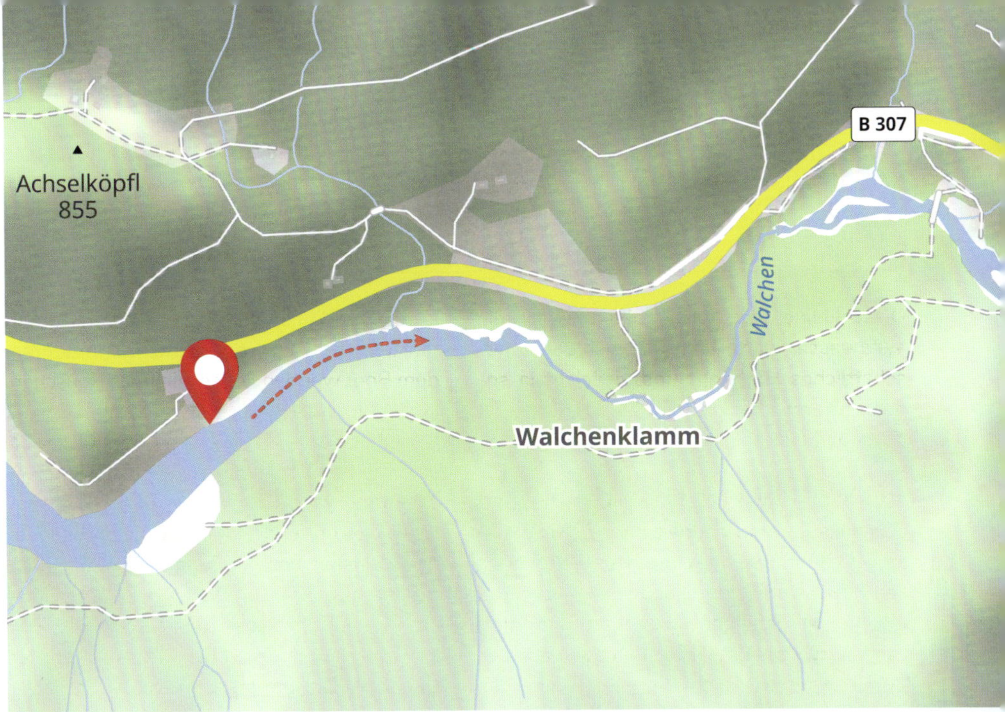

Achselköpfl
855
B 307
Walchen
Walchenklamm

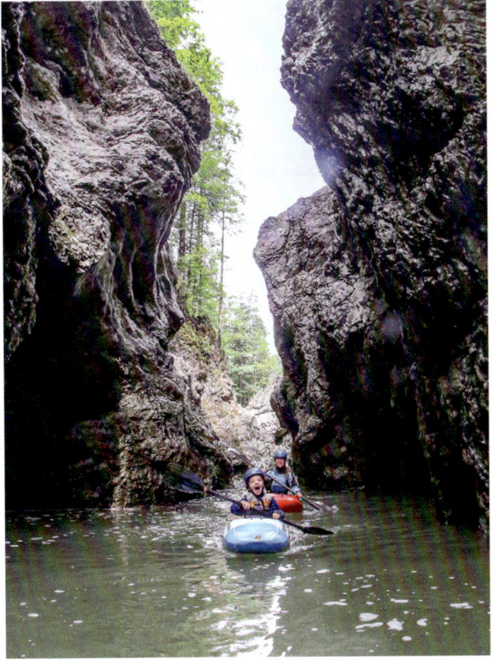

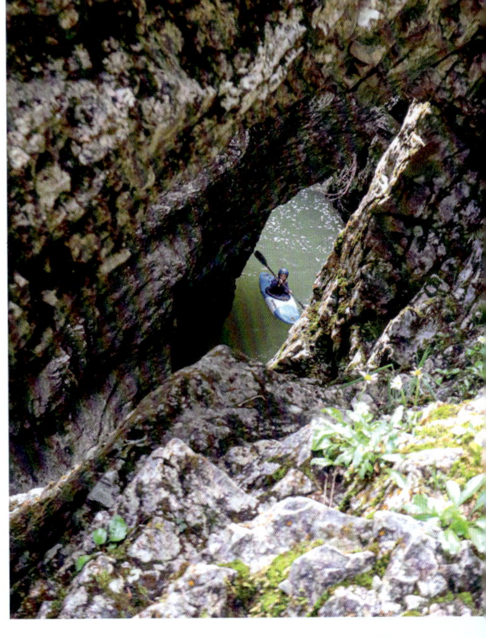

An jeder Ecke gibt es interessante Felsformationen.

RUND UM LOFER

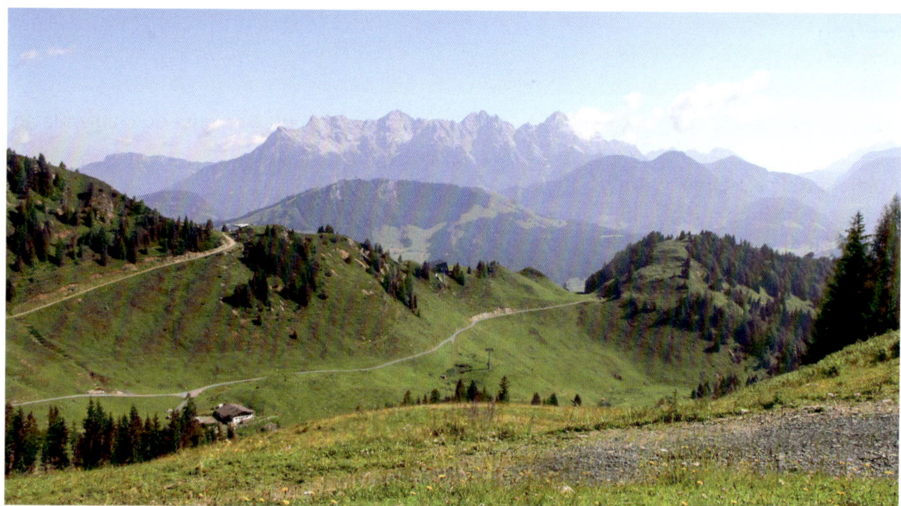

Lofer ist schon seit Jahren ein beliebtes Ziel für WW-Kanuten. Das mag vielleicht daran liegen, dass die bekannte Teufelsschlucht der Saalach fast das gesamte Jahr über einen fahrbaren Wasserstand hat. Oder aber auch daran, dass Lofer ideal für den Familienurlaub geeignet ist, so viel gibt es hier neben dem Paddeln zu tun.

Für Kinder überwiegen in dieser Region vor allem die leichten und mittelschweren Flüsse. Die Entenlochklamm der Kössener Ache ist oft das erste Wildwasser für den Nachwuchs und ein echter Klassiker. Neben den leichten Wildflüssen können fitte Kinder sich auf der Voglauer der Lammer oder der Standardstrecke der Saalach so richtig austoben und trainieren, was das Zeug hält.

Eine komplette Woche Urlaub sollte man schon für die Region einplanen. Wenn man noch viel anderes neben dem Paddeln erleben möchte, kann man auch gut zwei Wochen in Lofer verbringen.

Beste Zeit mit Kindern:
Während der Sommerferien ist der ideale Zeitpunkt, um mit Kindern nach Lofer zu kommen. Es ist schön warm und die Pegelstände sind nicht zu hoch.

Besonderheiten:
Nach Regenfällen kann besonders die Saalach innerhalb von kurzer Zeit stark ansteigen.

Standlager:
Zwei mögliche Standlager:

- Camping Grubhof in Lofer https://www.grubhof.com/de – recht luxuriös; inklusive Saalachtal Card (freier Eintritt für Sehens-

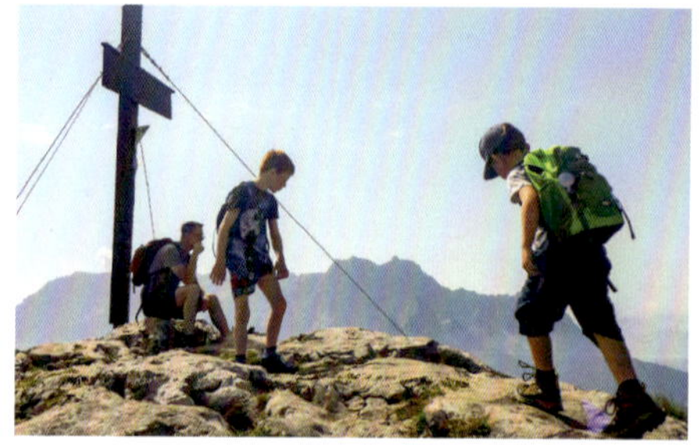

würdigkeiten, Freibad, Bergbahn etc.); Reservierung besonders in den Sommermonaten nötig

- Camping Steinplatte in Waidring
https://camping-steinplatte.at – etwas günstiger; mit Badesee

Ausflugsziele & Sehenswürdigkeiten:
In dieser Region hat man eine schier unendlich große Auswahl an Aktivitäten neben dem Paddeln. Direkt in Lofer befindet sich das Freibad Steinbergbad, hier kann man u.a. in einem eiskalten, künstlichen Wildfluss (eine Ableitung vom Loferbach) baden. Die nahe gelegene Seisenbergklamm mit Schatzsucherrallye ist vor allem lohnend mit Kindern im Grundschulalter oder älteren Kindergartenkindern. Die Vorderkaserklamm ist hingegen sehr eng und kann für kleine Kinder schon mal etwas unheimlich werden.

Mit der Loferer Almbahn kann man entweder zu leichten Wanderungen mit tollem Ausblick aufbrechen (z.B. der Wasserfallweg) oder mit dem Mountainbike rasante Abfahrten erleben. Eine weitere Bergbahn in der Nähe führt von Waidring hoch zur Steinplatte. Wer kleine Dinofans hat, sollte sich den Triassic Park mit unzähligen Nachbildungen der Riesenechsen nicht entgehen lassen.

Etwas alpiner geht es am Gipfel der Henne zu. Wander- und Klettererfahrene Kinder können hier von der Pulvermacher Almhütte über den Hennegrat (leichter Klettersteig) zum Gipfel gelangen. Möchte man Kinder erst ans Klettern gewöhnen oder will sich der Nachwuchs in dem Bereich mal mehr ausprobieren, dem sei der Übungklettersteig Hanauerstein in Schönau am Königsee ans Herzen gelegt. Hier locken gleich fünf Routen auf engstem Raum und kurzen Strecken.

Wenn man die Lammer paddelt, sollte man sich mit Kindern auch unbedingt die Zeit nehmen und einmal durch die Lammeröfen wandern. Hier gibt es wunderbare Einblicke in den Fluss und der Nachwuchs kann schon mal seine zukünftige Route durch die Klamm planen.

In Berchtesgaden bietet sich mit Kindern im Grundschulalter eine Fahrt mit der historischen Obersalzbergbahn an. Das Beste an der Fahrt sind aber nicht die putzigen roten Gondeln, sondern dass man die Fahrt perfekt mit der Sommerrodelbahn des Gasthofs Hochlenzer verbinden kann.

Gastrotipp:
Schokolade und leckere Pralinen gibt es hier: Berger Feinste Confiserie, Schokoladenweg 1, 5090 Lofer

Ein schönes Restaurant mit Kindern ist die Forellenranch am Pillersee (Niedersee 108, 6393 St. Ulrich am Pillersee). Ein Spielplatz und der Forellenteich verkürzen die Wartezeit aufs Essen. Und keine Angst, dort gibt es nicht nur Fisch zu essen.

Kombiflüsse:
Teufelsschlucht Saalach (2,5 km, WW IV-V)
Lammeröfen (2 km, WW IV/IV+)

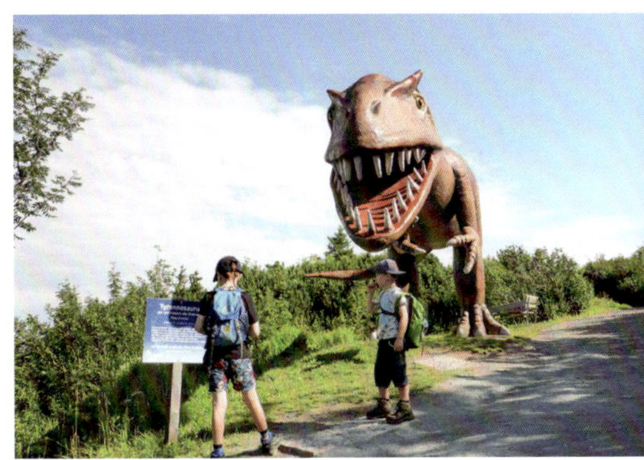

20 KÖSSENER ACHE

Einstieg: Mündung Loferbach (47.662011, 12.420897) **Ausstieg:** Brücke B 307 (47.708242, 12.393409)

FAHRSTRECKE: 8 KM | TECHNIK | KONDITION | LANDSCHAFT

Die Kössener Ache (auch Tiroler Ache oder Großache genannt) ist der Anfängerwildfluss schlechthin. Die Schwierigkeiten in dem zunächst offenen Flussbett sind gering, lediglich in dem schluchtigen Abschnitt, der so genannten Entenlochklamm, kann es an einigen Stellen etwas Presswasser an den Prallwänden geben. Bei wenig Wasser im Hochsommer sind aber auch diese Schwierigkeiten kaum vorhanden. Dafür gibt es unzählige Schwälle in grandioser Landschaft. Die Entenlochklamm ist wirklich wunderschön. Aus diesem Grund kann es an Wochenenden bei schönem Wetter recht voll auf dem Fluss werden. Wer es etwas ruhiger mag, sollte hier also lieber unter der Woche paddeln.

Fun Fact: Man paddelt hier von Österreich nach Deutschland.

Befahrungsregelungen: Man darf nur an den offiziellen Ein- und Ausstiegen an den Fluss. Zudem darf der oben genannte Abschnitt nur vom 01.06.- 14.09. gepaddelt werden.

10-35 m³/s in Staudach

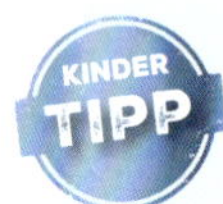

Um besser über die Verschneidungen zu gleiten, spann deine Beine an und drück deine Füße gegen die Prallplatte.

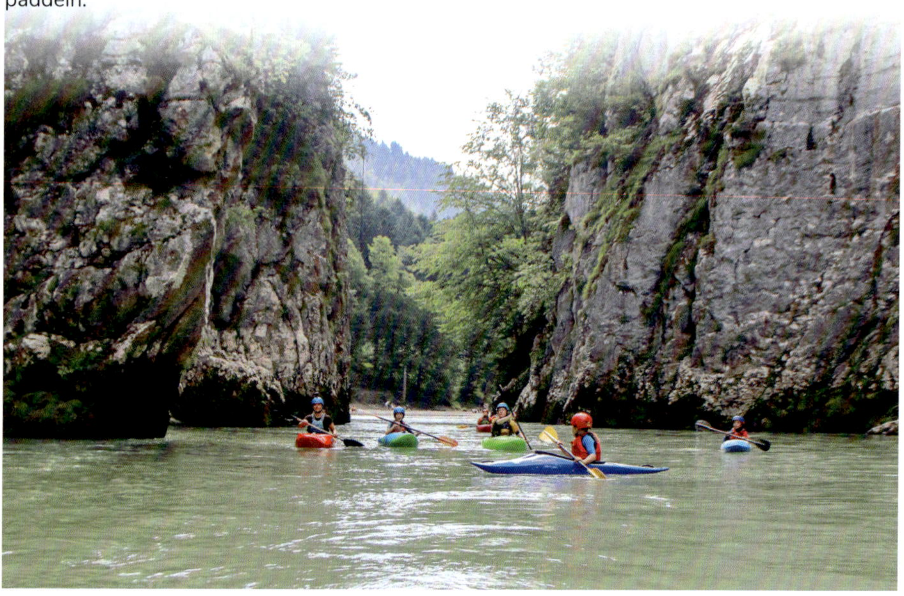

Im engen Teil der Entenlochklamm.

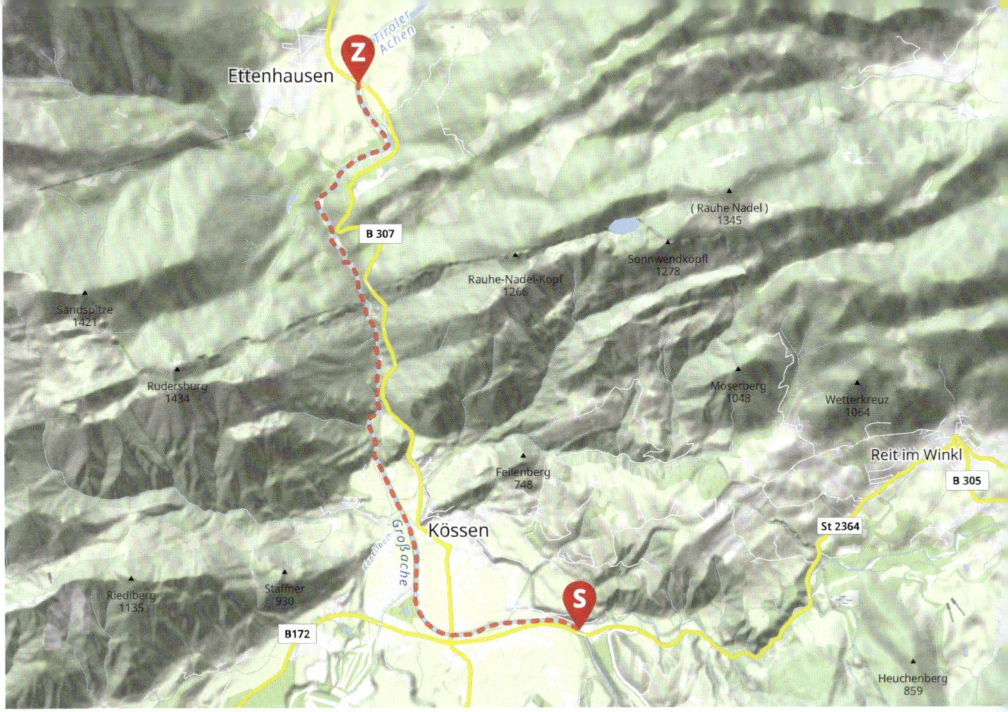

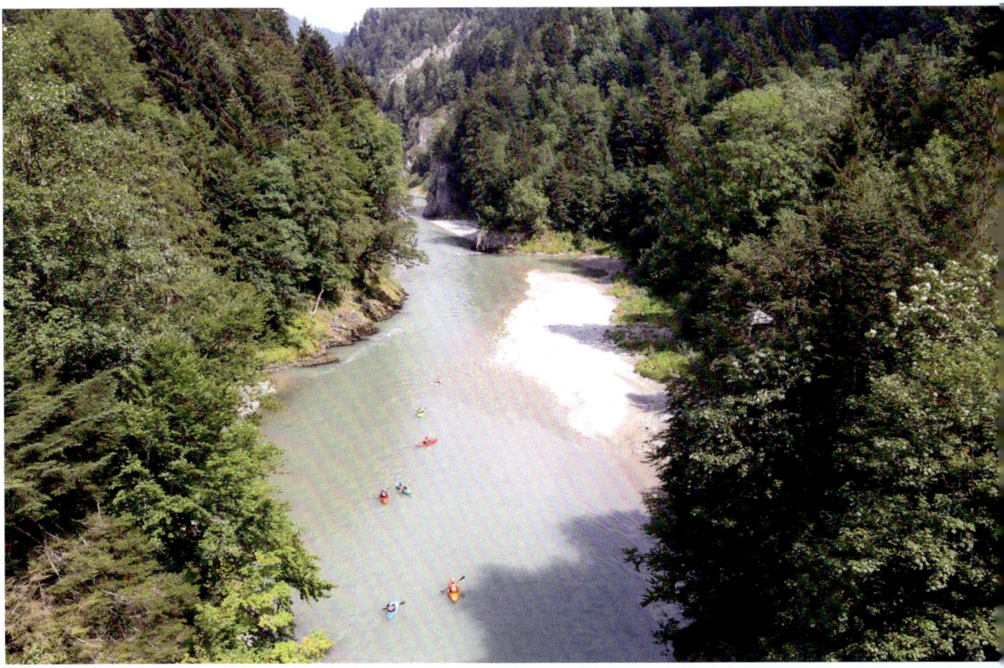

Die Kössener Ache ist der ideale Wildfluss für alle Kinder ohne große Paddelerfahrung.

21 SAALACH-STANDARDSTRECKE

Einstieg: Au (47.603097, 12.703895)/Reith (47.626975, 12.722370) **Ausstieg:** Unken (47.645289, 12.731656)

FAHRSTRECKE: 5,5/3,5 KM | TECHNIK | KONDITION | LANDSCHAFT

Die Saalach ist mit ihren unterschiedlich schwierigen Abschnitten (von WW I-V) und einem fast immer fahrbaren Pegel ein echter Wildwasser-Klassiker.

Die hier beschriebene Standardstrecke startet mit einer Art Gefällbremse. Sie ist leicht zu befahren und je nach Wasserstand wird man auf ihr ganz schön schnell. Danach folgen einige verblockte Passagen, bei denen der Nachwuchs schon die Linie treffen muss, bis WW III. Hier liegen auch schon mal ein paar dicke Felsbrocken im Fluss und die ein oder andere Walze muss bewältigt werden. Es gibt zahlreiche gute Kehrwasser zum Trainieren und je nach Können der Kinder kann man eine leichte Route fahren oder die „Action-Line" nehmen.

Ab der Brücke bei Reith wird die Saalach leichter. Dort befindet sich ein Einstieg für Kinder, die WW III noch nicht in Angriff nehmen möchten. Es gibt weiterhin viele tolle

Trainingsmöglichkeiten, aber nun ohne Verblockung. Am letzten Schwall in Unken wird's nochmal schwerer. Vor der Brücke gibt es eine Verschneidung, die der Nachwuchs genau anfahren sollte und danach folgt ein verblockter Schwall, je nach Wasserstand WW II-III. Am Ende des Schwalls unter der Fußgängerbrücke hat man bei passendem Pegel sehr schöne, kinderfreundliche Surfwellen für den Meilensurf.

18-30 m³/s in Unterjettenberg

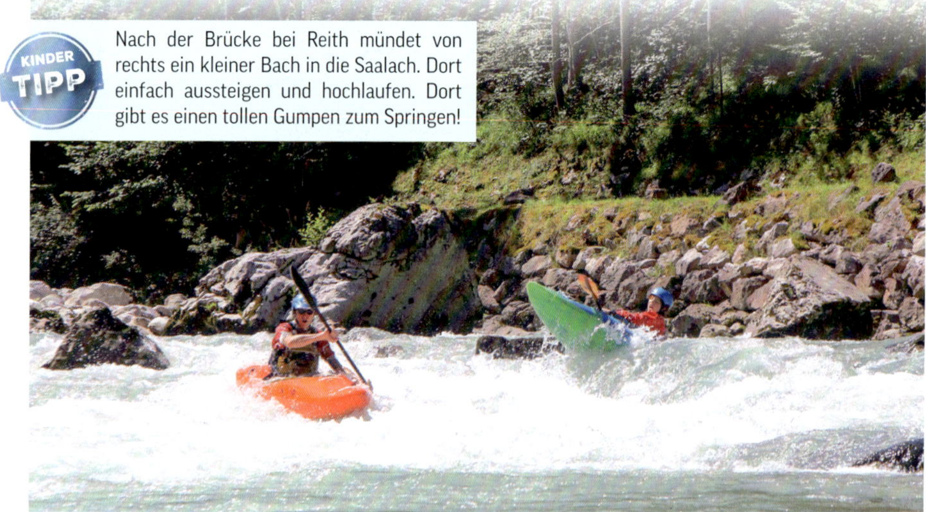

KINDER TIPP

Nach der Brücke bei Reith mündet von rechts ein kleiner Bach in die Saalach. Dort einfach aussteigen und hochlaufen. Dort gibt es einen tollen Gumpen zum Springen!

Gerade zu Beginn lauern ein paar WW-III-Stellen.

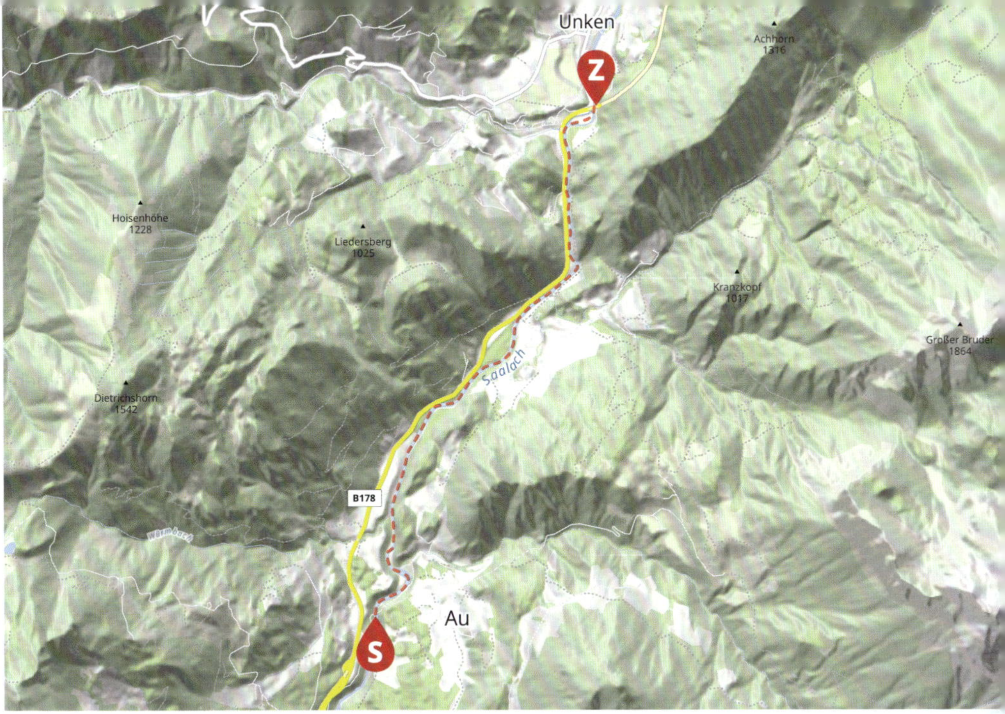

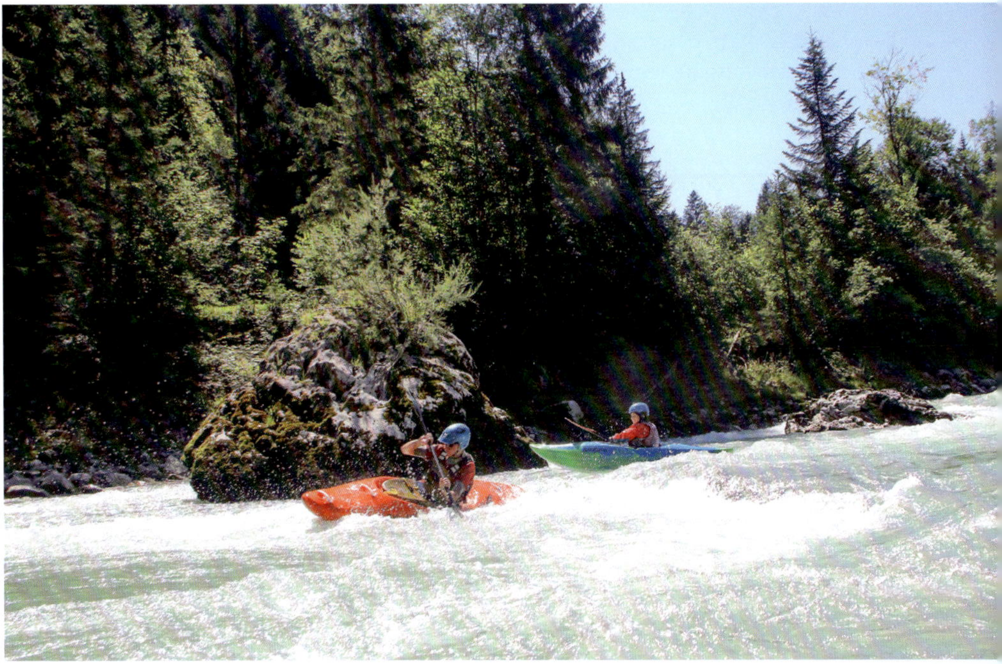

Je nach Können kann man in den Stellen kneifen oder die „Action-Line“ nehmen.

22 UNTERE SAALACH

Einstieg: Unken (47.645289, 12.731656) **Ausstieg:** Fronau (47.681640, 12.824067)

FAHRSTRECKE: 9 KM | TECHNIK | KONDITION | LANDSCHAFT

Die untere Saalach ist ein super Fluss für alle Kinder, die gerade erst mit dem Wildwasserpaddeln anfangen. Es gibt viele Kiesbankschwälle, gute Strömung und ein offenes Flussbett, so dass der Nachwuchs immer genügend Platz hat, sich seine Route zu suchen. Die Schwierigkeiten erreichen hier selten den II. Grad.

Eine Ausnahme bildet eine dicke Verschneidung direkt am Anfang der Tour in Unken. Bei viel Wasser kann man hier den rechten Arm nehmen, dann umgeht man die Verschneidung. Im linken Arm muss man schon sehr gut die Route treffen können, für fitte Kinder eine tolle Trainingsmöglichkeit, vor allem, weil die Saalach danach wieder ruhig ist (= gefahrloses Ausschwimmen, falls mal etwas schief gehen sollte). Ist man sich hier unsicher oder möchte kleinen Kindern einen Schwimmer ersparen, kann man auch unterhalb dieser Verschneidung an der unteren Straßenbrücke der B-178 (47.655881, 12.741447) einsteigen oder die Stelle mit dem Nachwuchs im Päckchen bewältigen.

18 m³/s in Unterjettenberg

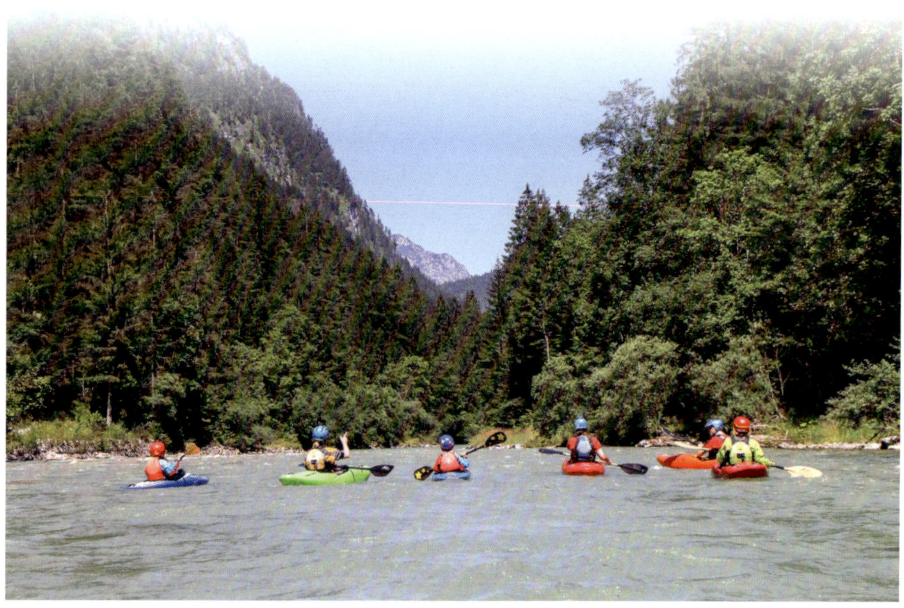

Zum Ende hin wird es immer ruhiger.

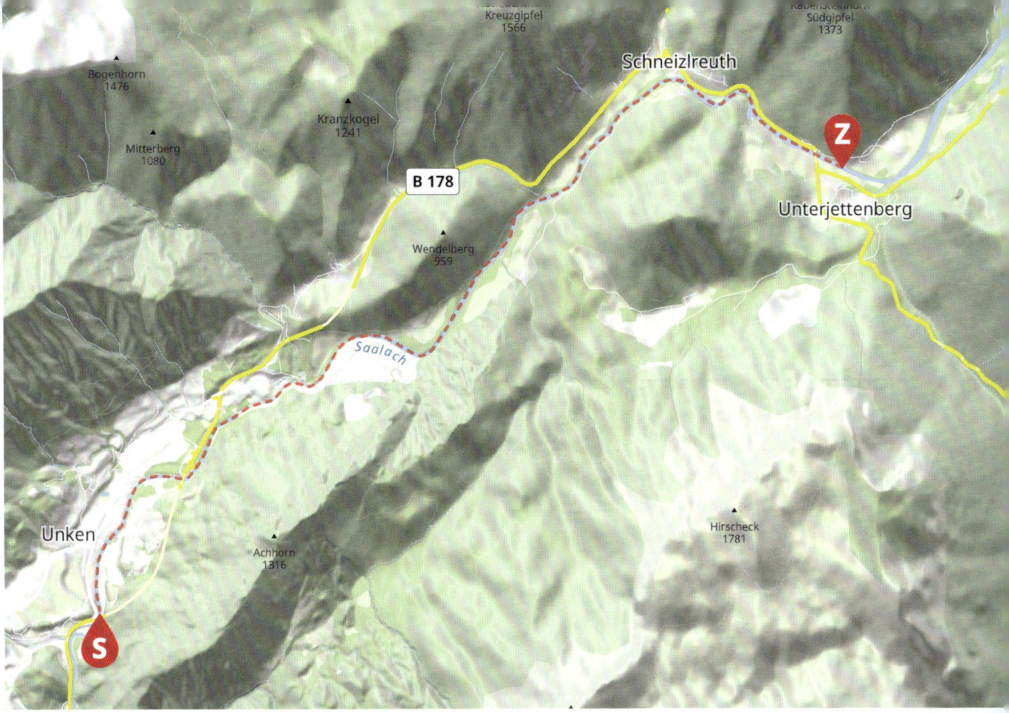

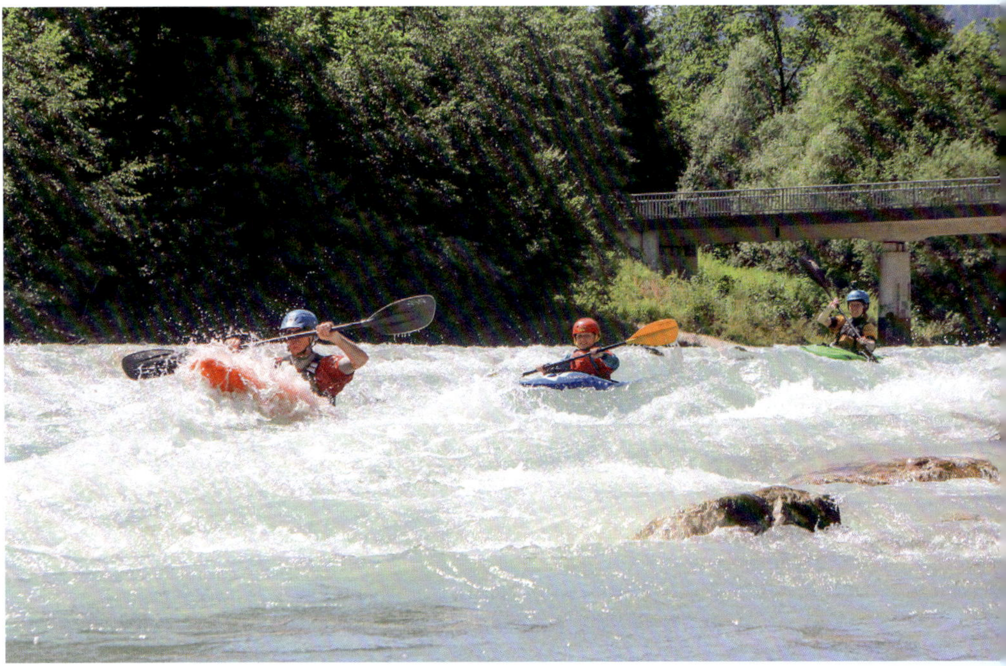

In den wilderen Stellen gibt es richtig spaßige Wellen.

23 KÖNIGSEER ACHE

Einstieg: Campingplatz Grafenlehen (47.594857, 12.985947) **Ausstieg: Mündung** (47.625820, 13.001541)

FAHRSTRECKE: 4 KM | TECHNIK | KONDITION | LANDSCHAFT

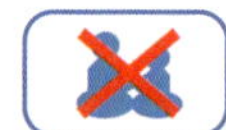

Die Königseer Ache entspringt, wie der Name schon sagt, dem Königsee bei Berchtesgaden. Sie ist ein schnell fließender, glasklarer Fluss, der nach dem Einstieg direkt loslegt. Schnelle Strömung und einige kleine Steinhindernisse, denen man geschickt ausweichen muss, bestimmen den Flusscharakter. Immer wieder gibt es tolle Wellenzüge. Nach und nach nehmen die Schwierigkeiten ab.

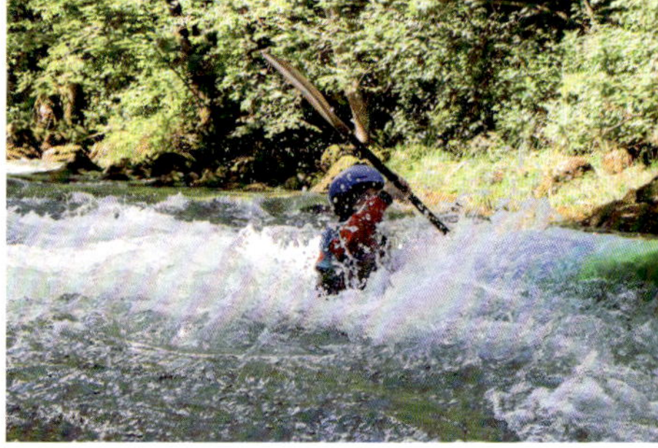

Knall auf Fall geht's los.

Erwähnenswert sind zwei Stellen, die etwas mehr Aufmerksamkeit vom Paddelnachwuchs verlangen. Taucht an der linken Seite eine nasse Felswand auf, die ganz kreativ „Nasse Wand" getauft wurde, wird es auf kurzer Strecke nochmal ein wenig wilder. Die zweite Stelle ist ein Wehr mit teils kräftiger Deckwalze unter einer Holzbrücke kurz vorm Ende der Tour.

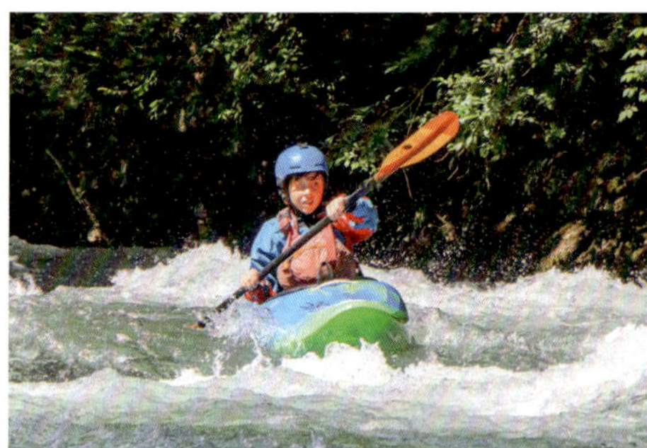

Manchmal muss man schon genau die richtige Durchfahrt treffen.

Hier fährt man am besten ganz rechts, da hier die Walze am kleinsten ist. Da die Königseer Ache echt schnell geht, bietet es sich an, die Tour auf der Berchtesgadener Ache fortzusetzen (s. folgende Beschreibung).

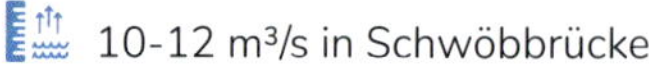

10-12 m³/s in Schwöbbrücke

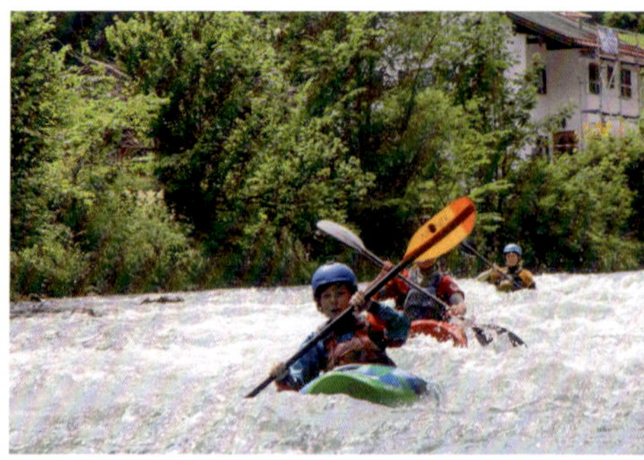

Fitte Kinder können hier auch gerne mal ihre eigene Route suchen.

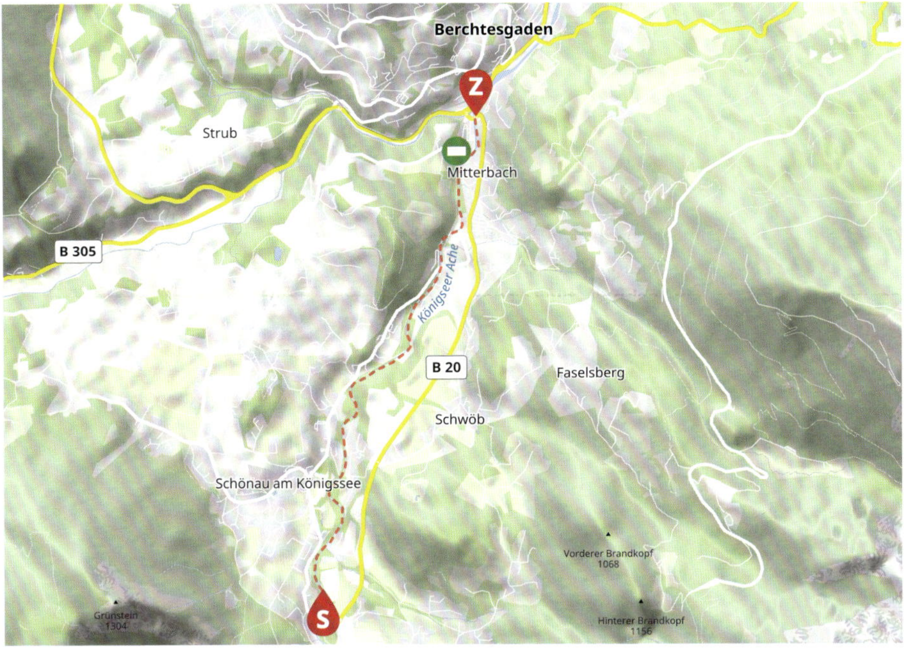

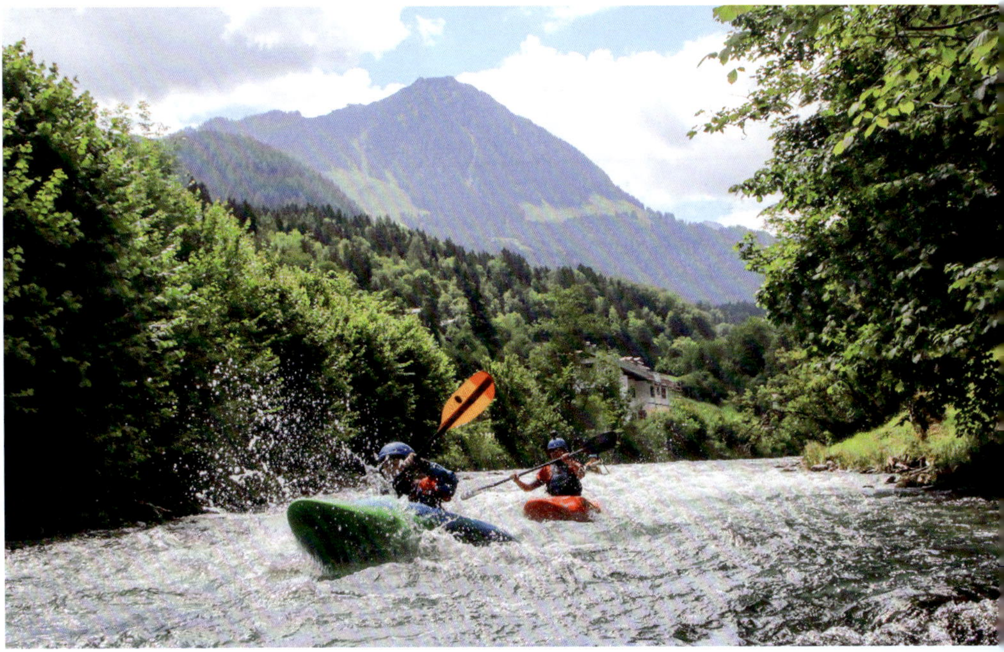

Spritziges Wildwasser unterhalb des Königsees.

24 BERCHTESGADENER ACHE

Einstieg: Ursprung (47.625820, 13.001541) **Ausstieg:** Marktschellenberg (47.695114, 13.045771)

FAHRSTRECKE: 10 KM | TECHNIK | KONDITION | LANDSCHAFT

Die Berchtesgadener Ache ist ein offener und zunächst nur schnell fließender Fluss. Aufregend wird es bei den drei Wehren der Tour, die theoretisch allesamt gut fahrbar sind. Sollte der Nachwuchs aber Bedenken haben, können sie alle auch gut umgetragen werden.

Das erste Wehr folgt nur wenige hundert Meter nach dem Start der Tour. Hier fließt meist nur wenig Wasser über die Wehrkrone, so dass eine Befahrung technisch sehr leicht ist. Das Wehr ist allerdings recht hoch und fällt über vier schräge Holzplatten hinab, was vielleicht etwas einschüchternd wirken kann (s.Foto). Das Wehr kann auf der rechten Seite umtragen werden (ca. 200 m). Am Ortsende von Berchtesgaden wird das zweite und zugleich schwierigste Wehr der Wehr der Tour erreicht. Es ist erst schräg und fällt dann über eine ca. ein Meter hohe Stufe. Als zusätzliche Schwierigkeit sind auf der schräge Holzbalken angebracht, die man besser meiden sollte. Hier sollte man den Nachwuchs sehr gut von oben einweisen, damit nichts schiefgeht. Am leichtesten fährt man dieses Wehr in der linken Flusshälfte. Die dicke Walze unten ist übrigens kein Problem, da man praktisch mit Autoboof unten hinausschießt. Wenn sich der Nachwuchs die Befahrung nicht zutraut, kann links problemlos umtragen. Wehr Nummer drei wurde vor kurzem neu umgebaut und ist leider nicht mehr fahrbar. Auf der rechten Seite kann man hier umtragen. Je nach Wasserstand wird nun leider teilweise so viel Wasser abgeleitet, dass zumindest die Erwachsenen auf knapp 900 m teilweise treideln müssen. Dafür folgen danach die besten Schwälle der Tour mit höheren Wellen und super Kehrwässern zum Trainieren.

20-25 m³/s in Berchtesgaden-Klärwerk

Achte bei den Wehrbefahrungen darauf, welche Zeichen dir die Erwachsenen von unten geben, damit du die richtige Stelle erwischt.

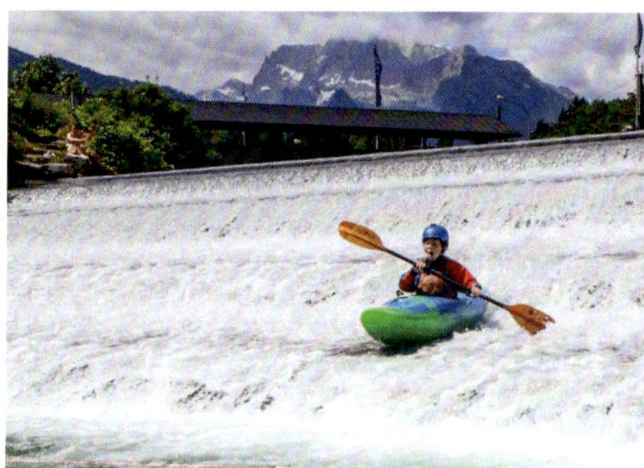

Das erste Wehr in Berchtesgaden.

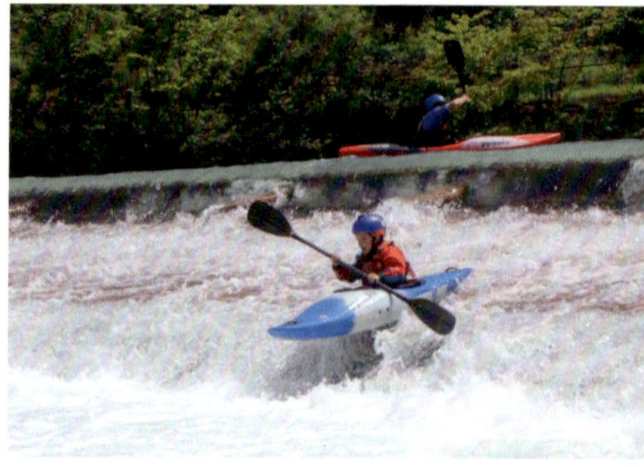

Dieses Wehr ist nicht ganz einfach zu fahren.

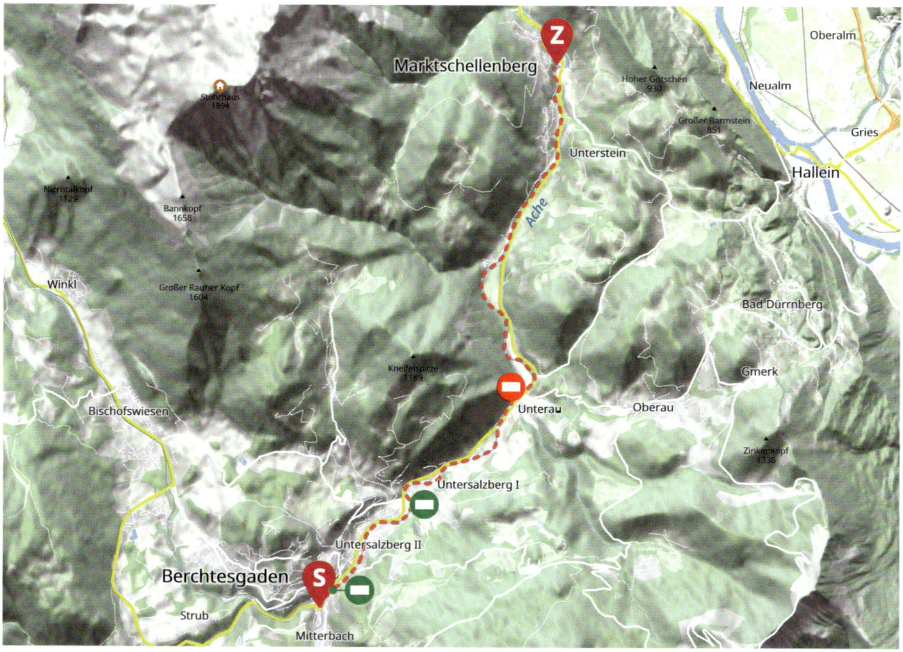

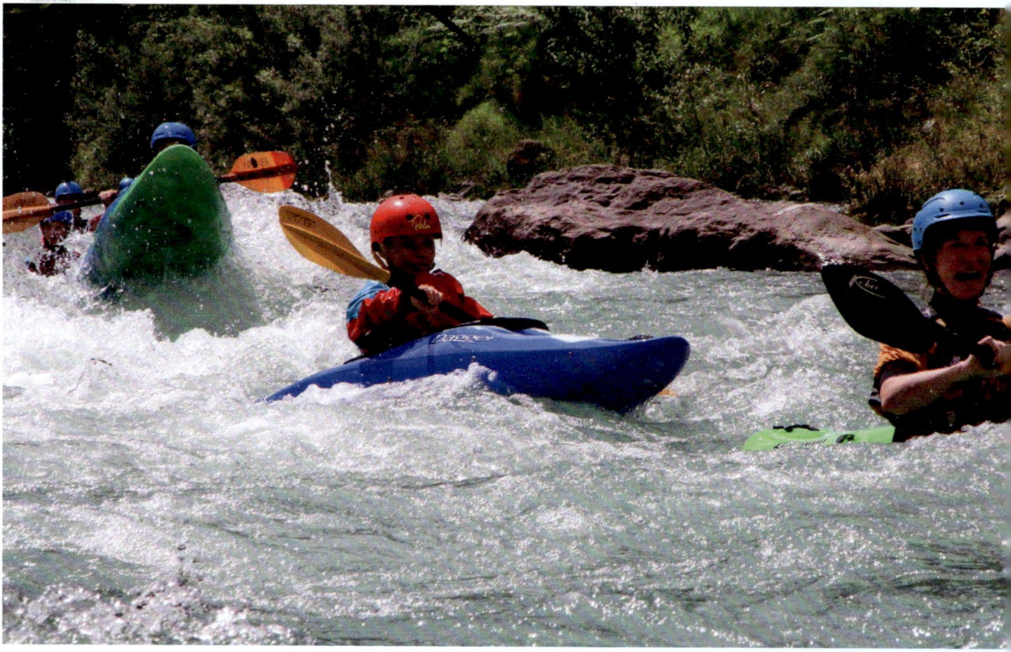

Einer von vielen tollen Schwällen.

25 LAMMER-VOGLAUER

Einstieg: Voglau (47.594470, 13.311400) **Ausstieg:** Brücke B162 (47.589098, 13.284312)

FAHRSTRECKE: 3 KM | TECHNIK | KONDITION | LANDSCHAFT

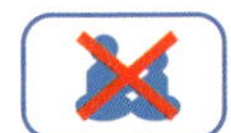

Knall auf Fall geht es bei diesem Abschnitt der Lammer los. Nur wenige Meter nach dem Start verengt sich der Fluss und eine dicke Walze versperrt den Weg. Hier muss der Nachwuchs ordentlich am Stock ziehen, die leichteste Durchfahrt befindet sich links von der Mitte (man kann diese Stelle vor Fahrtantritt gut von der Straße aus besichtigen und so vorab die Ideallinie ermitteln).

Direkt nach dieser Stelle folgt ein weiterer wuchtiger Schwall bevor die Lammer zunächst leichter und auch offener wird. Die Konzentration sollte beim Paddelnachwuchs aber erhalten bleiben, denn es folgt noch eine schwerere und verblocktere Stelle (WW III). Danach wird es dann bis zum Ausstieg immer leichter.

Auch wenn der Abschnitt sehr kurz ist, ist er für Kinder, die mal ein wenig schwerer fahren wollen, sehr lohnend. Man sollte als Erwachsener aber auch damit rechnen, dass der wuchtige Klammeingang auf die Kinder etwas einschüchternd und bedrohlich wirken kann. Etwas Erfahrung mit klammartigen Flüssen auf Seiten der Kinder ist also ratsam.

Unbedingt vor den Lammeröfen aussteigen ;)

50-90 cm in Obergäu

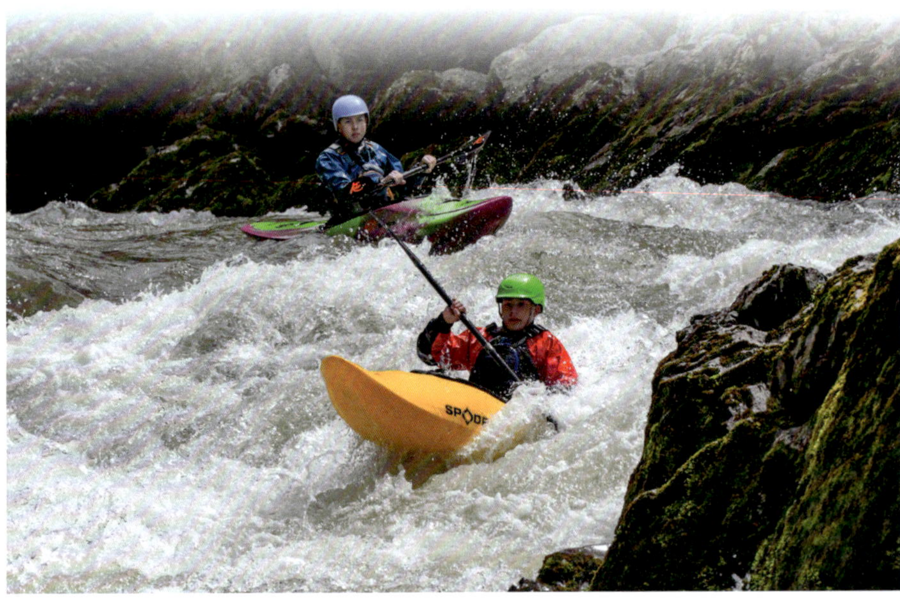

Gerade die ersten Stellen können ganz schön wuchtig sein.

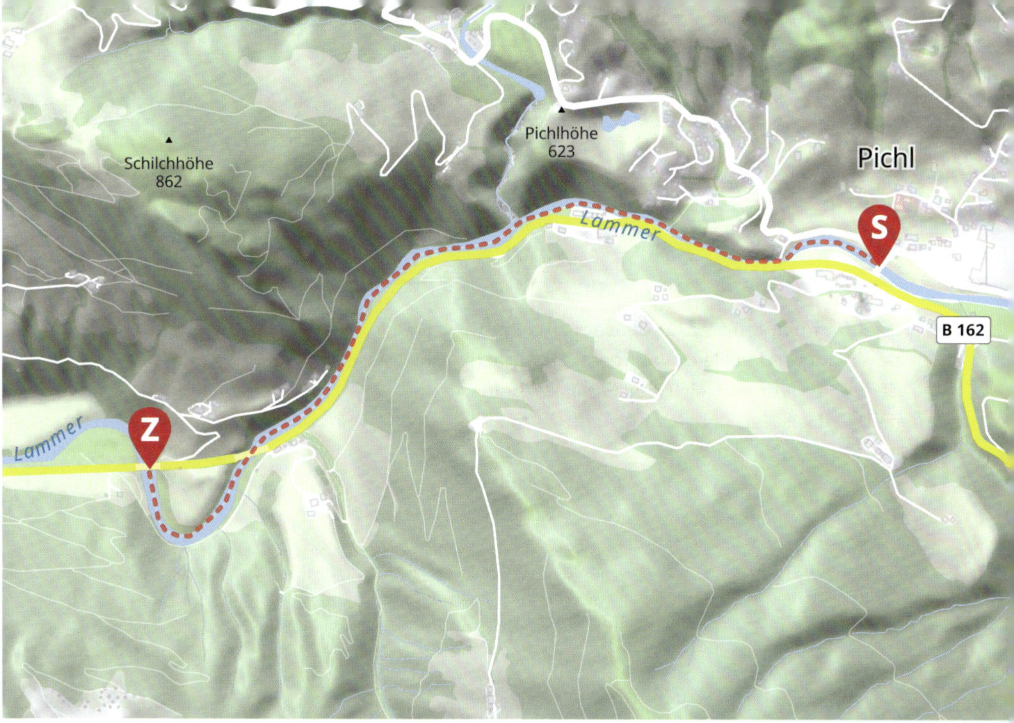

Schilchhöhe
862

Pichlhöhe
623

Pichl

Lammer

S

B 162

Z

Lammer

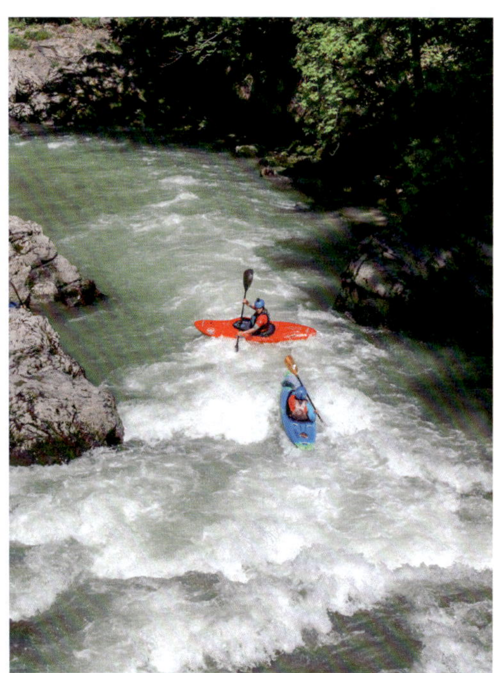

Bei den vielen Walzen müssen die Kinder ganz schön am Stock ziehen können.

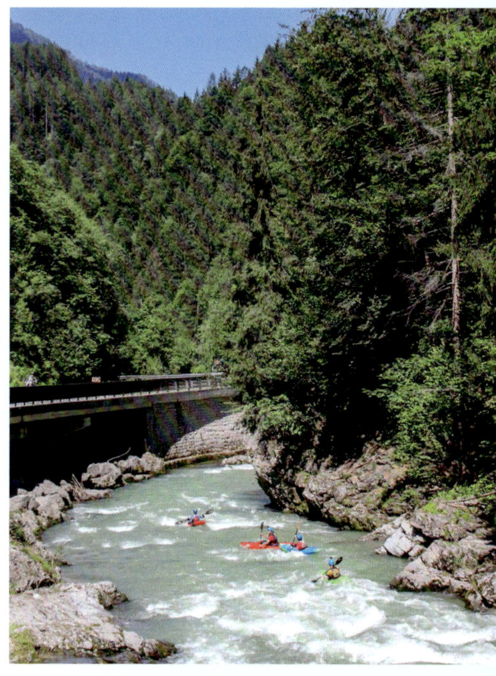

Die Straße verläuft immer in Flussnähe.

26 UNTERE LAMMER

Einstieg: Brücke B162, Ausstieg Lammeröfen (47.576599, 13.267176) **Ausstieg:** Eisenbahnbrücke (47.584515, 13.179203)

FAHRSTRECKE: 9 KM | TECHNIK | KONDITION | LANDSCHAFT

Die untere Lammer ist ein leichter und offener Wildfluss, perfekt also für alle, die gerade erst mit dem Wildwasserpaddeln anfangen. Es gibt unzählige Kiesbankschwälle mit wunderbaren Wellen. Immer wieder entstehen hinter Buhnen tolle Trainingskehrwässer, so dass nicht nur Paddelneulinge auf der unteren Lammer auf ihre Kosten kommen.

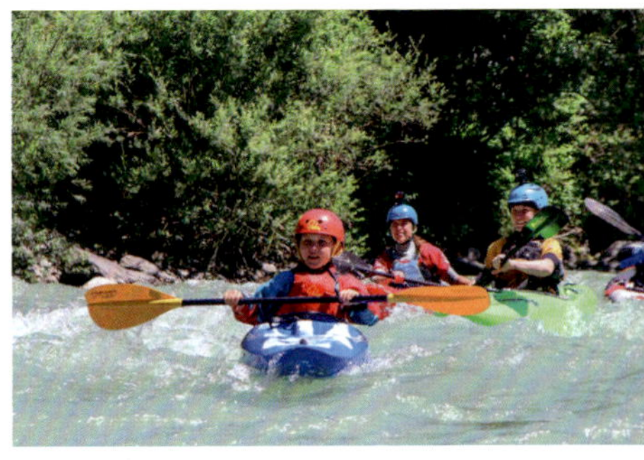

Offene Schwällchen sind charakteristisch für die untere Lammer.

Auf dem Abschnitt gibt es ein Wehr, welches die Kinder besser auf der linken Seite halb über die Wehrkrone umtragen. Bei viel Wasser muss man hier etwas umständlich am Ufer entlang kraxeln. An dem Wehr wird auf knapp 600 Meter Wasser abgeleitet, es dürfte aber meist genug Wasser zum weiterpaddeln im Flussbett verbleiben. In diesem Bereich gibt es eine Stelle, die etwas verblockt ist, WW II.

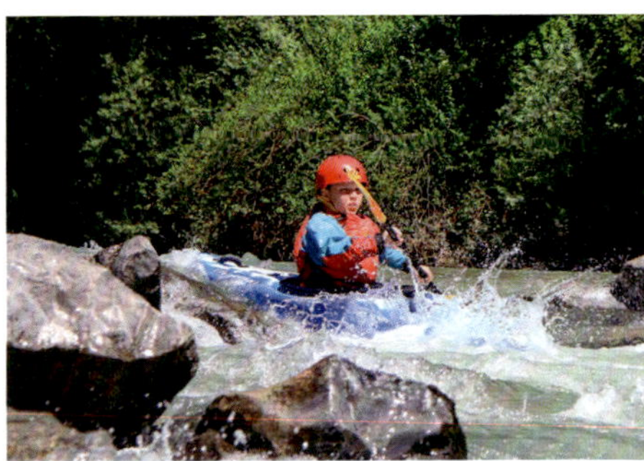

In der verblockten Stelle hinter dem Wehr.

Nachdem das Wasser wieder dabei kommt, geht es auf der Lammer nochmal schön abwärts mit kleinen Walzen, Surfwellen und Steinen zum Anschneiden.

Sollte der Nachwuchs nach etwas Action verlangen, kann man die Tour noch bis zum Kuchler Schwall auf der Salzach (47.622014, 13.139040) fortsetzen (plus 6,5 km, schnell fließend ohne Schwierigkeiten bis auf den deutlich wuchtigeren Schwall mit hohen Wellen, WW III

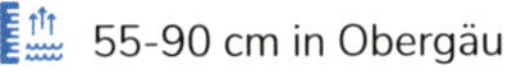

55-90 cm in Obergäu

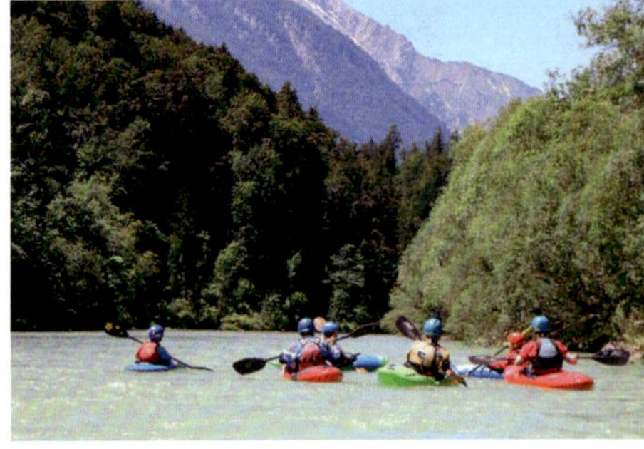

Zwischendurch ist auch immer mal wieder ruhig.

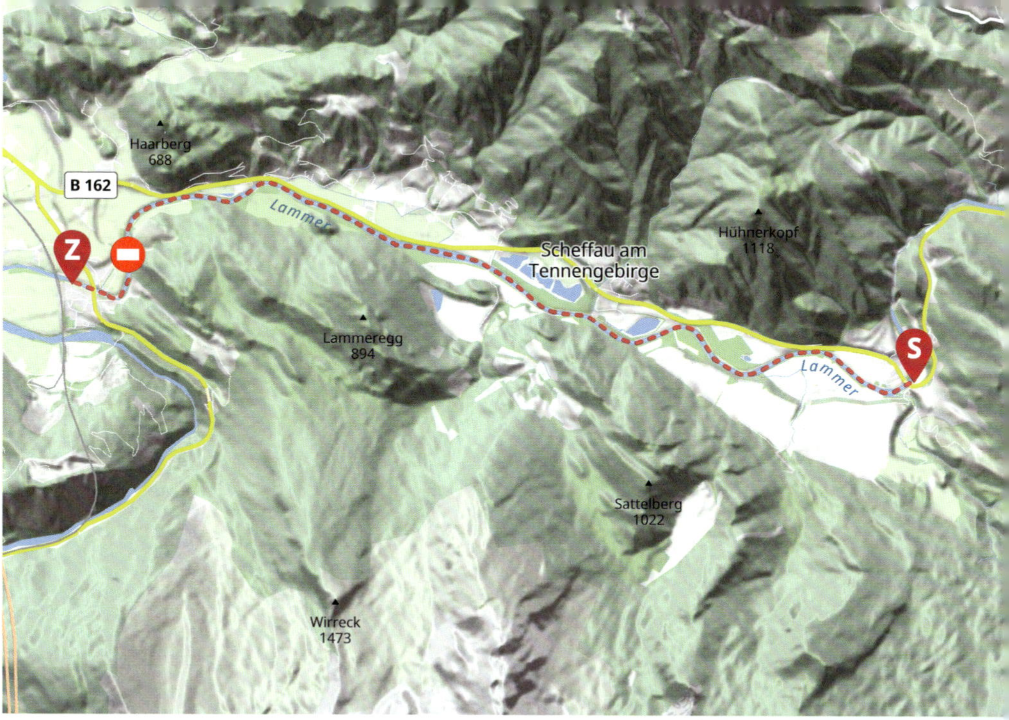

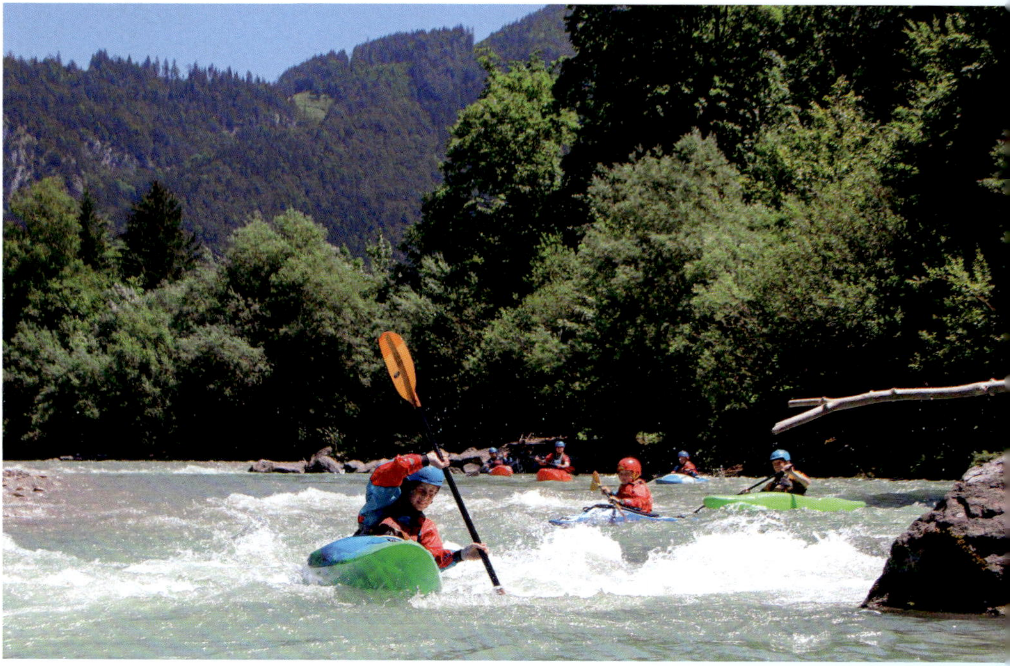

Fittere Paddelkinder finden hier zahlreiche Trainingsmöglichkeiten.

27 ALZ

Einstieg: Wanderbrücke unterhalb Trostberg (48.050292, 12.572848)
Ausstieg: Brücke bei Strass (48.100343, 12.570422)

FAHRSTRECKE: 7 KM | TECHNIK | KONDITION | LANDSCHAFT

Die Alz bildet den Ausfluss des Chiemsees und ist auf weiten Strecken ein Wanderfluss mit einigen kurzen Wildwasserpassagen. Der hier vorgestellte Abschnitt eignet sich besonders für ganz frische WW-Einsteiger. Auf den ersten drei Kilometern durchfließt die Alz hier ein dichtgrünes Tal. Die Schwierigkeiten sind sehr moderat, in den kleinen Schwällen mit schönen Wellenzügen kann man prima erste WW-Erfahrungen sammeln. Das Wehr bei Tacherting muss man rechts etwas weiträumig umtragen. Gerade kleinere Kinder wollen hier sicher eine längere Pause einlegen, kann man in der Fischtreppe doch hervorragend spielen und Stöckchen schwimmen lassen.

Nach der Umtrage beginnt dann der wilde Teil der Alz. Zunächst ein angespülter Fels mit ordentlich Presswasser. Bei höheren Wasserständen kann man links gut kneifen. Danach folgen dann noch zwei verblockte Stellen, die im Zweifelsfall auch im Päckchen bezwungen werden können. Aber selbst ein Schwimmer an diesen Stellen wäre nicht schlimm, da jeweils ein großer Pool hinter jeder Schwierigkeit folgt. Diese drei Stellen sind WW II und eignen sich sehr gut, um grundlegende Techniken des WW-Fahrens zu erlernen.

Ganzjährig fahrbar

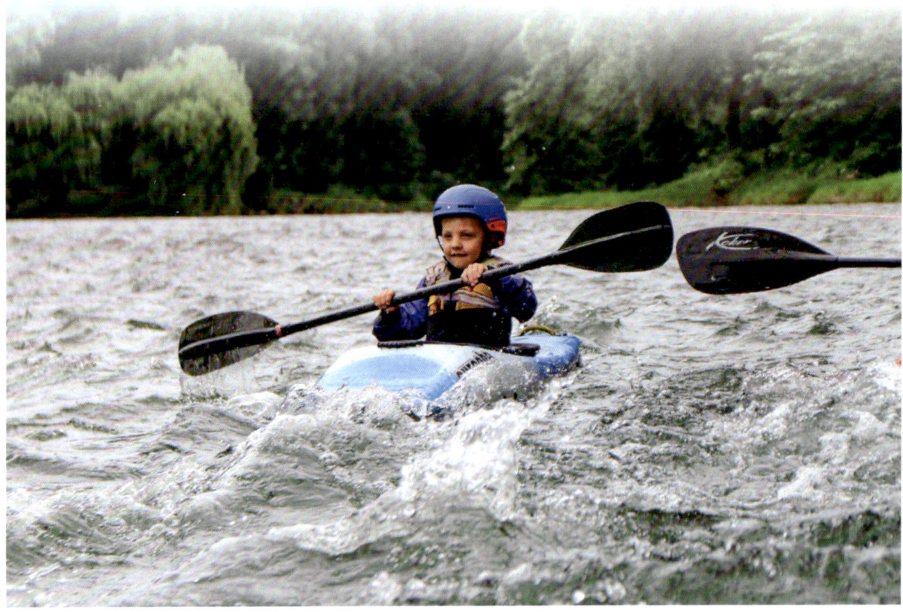

Die Alz ist ideal um erste WW-Erfahrungen zu sammeln.

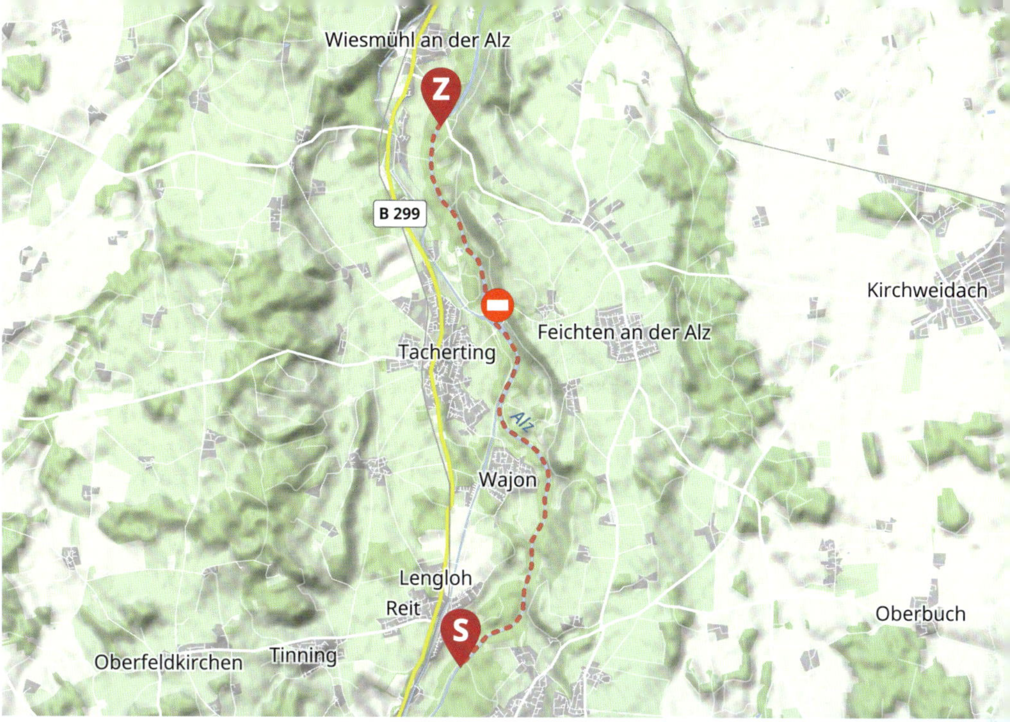

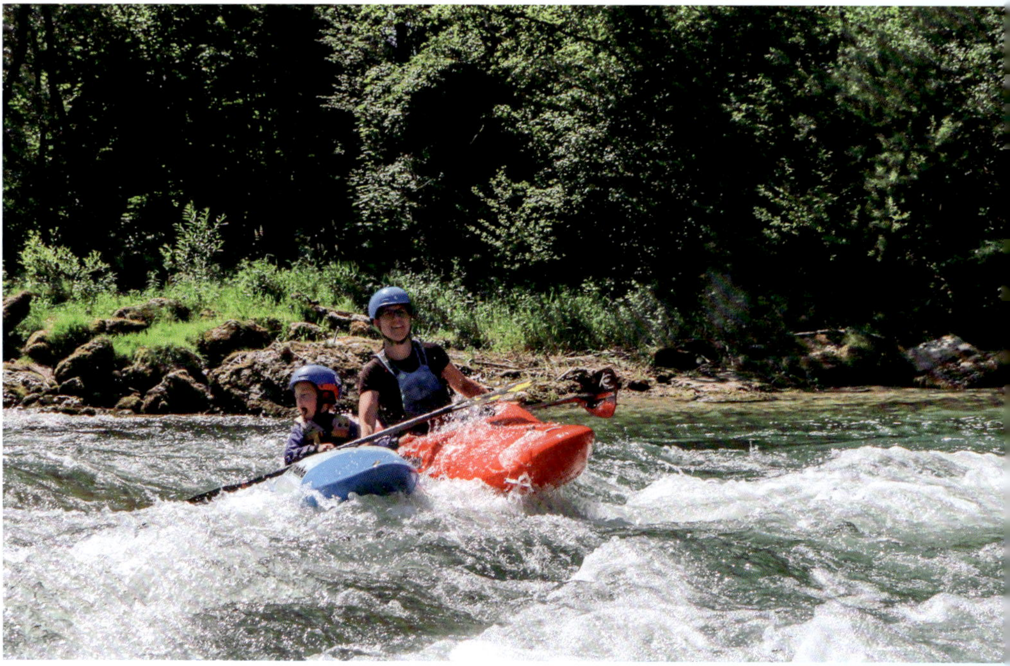

Alle schwierigeren Stellen können gemeinsam im Päckchen gemeistert werden.

TIROL

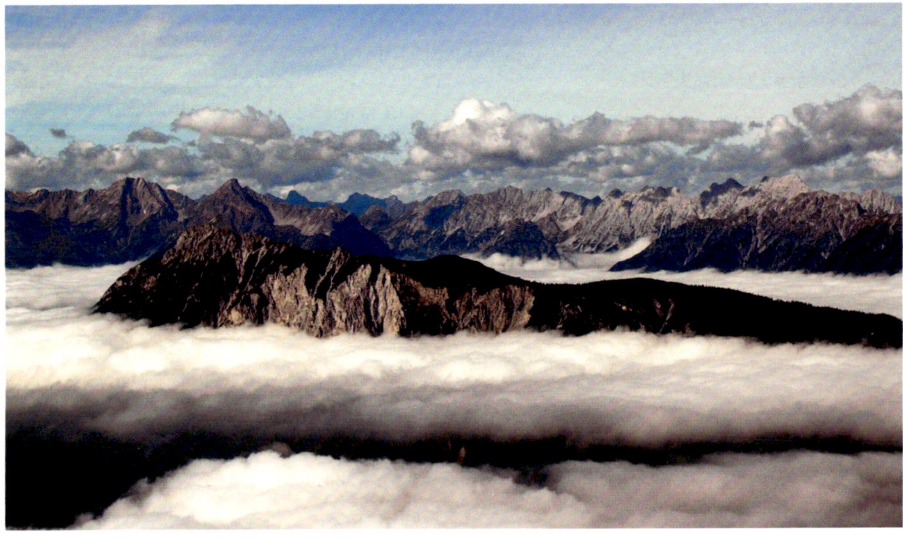

Die Region rund um Imst ist geprägt von hohen Bergen und Gletscher gespeisten Flüssen. Oft ist das Wasser trüb-grau und natürlich eiskalt. Solange man nicht im Herbst bei Niedrigwasser unterwegs ist, dominiert die Wasserwucht und es gibt nur selten mal etwas Verblockung. Für den Paddelnachwuchs heißt das: jede Menge Wellen, in denen man fliegen lernen kann. Inn- und Oetztal sind touristisch sehr erschlossen, so dass sich die Gegend auch besonders für Familien anbietet, die noch viele andere Outdooraktivitäten neben dem Paddeln erleben möchte. Daher variiert die Zeit, die man hier verbringen kann, auch stark zwischen 4 Tagen (nur Paddeln) und zwei Wochen (das Komplettprogramm).

Beste Zeit mit Kindern:
Passende Wasserstände findet man in der Region von Mai bis Oktober. Man sollte nach dem Können der Kinder entscheiden, wann man Inn und Oetz paddeln möchte. Weniger erfahrene Kinder kommen eher im Frühsommer und Herbst auf ihre Kosten, während man sehr fitte Paddelkinder auch durchaus mal im Hochsommer, wenn die Pegel am höchsten sind, mitnehmen kann.

Besonderheiten:
Die Flüsse der Region sind allesamt sehr wuchtig. Am besten bereitet man eher vorsichtige Kinder mental darauf vor.

Standlager:
Zwei zentral gelegene Campingplätze in Imst bieten sich an:

► Camping Fink https://campingfink.tirol
sehr gute Sanitäranlagen; gut für Familien und Kleingruppen; Krach, bzw. laute Unterhaltungen am Abend werden hier nicht gerne gesehen

► Aktiv Camp Imst http://www.camping-imst.at – besser für größere (Jugend-) Gruppen; Aufenthaltsraum mit Kicker und Billardtisch

Ausflugsziele & Sehenswürdigkeiten:
Ab drei Tagen Aufenthalt bekommt man in Imst den Urlaub(s)pass. Dieser ist für Familien

sehr praktisch, da er viele freie Eintritte in die Attraktionen der Gegend enthält. Mit Kindern sollte man unbedingt in die Area 47 (Badespass und viele Rutschen), das Schwimmbad Imst und mit der Bergbahn Imst fahren. Der Alpine Coaster ist zwar nicht in der Karte enthalten, aber immerhin man spart sich das Geld für die Bergbahn.

Lohnenswerte Klammen zum Bestaunen sind der Zammer Lochputz und die Rosengartenschlucht in Imst (wobei letztere sogar kostenfrei zu durchwandern ist). An Schlechtwettertagen kann man einen Abstecher ins Kletterzentrum Imst machen.

Ein richtiges Outdoor-Mekka ist das Oetztal. Hier gibt es so viel zu erleben, dass mir die Auswahl echt schwergefallen ist. Ein Highlight ist definitiv die Geocache Schatzsuche mit dem Tal-Maskottchen „Widi". Davon gibt es gleich mehrere im Tal, am besten erkundigt man sich in der Touristeninfo, so dass man die Länge auf das Können der Kinder anpassen kann. Weitere schöne Wanderungen mit Kindern (so ganz ohne Schatzsuche) kann man gut von Obergurgl oder entlang der Rofener Ache unternehmen. Von Oetz aus kann man mit der Acherkogelbahn auf 2.000 m fahren und von dort aus das Wetterkreuz (2.591 m) besteigen, eine Bergtour, die auch schon kleinere (trittsichere) Kinder unternehmen können. Mit ganz kleinen Kindern kann man vom Ausstieg der Oetz bei Winklen einen Abstecher in den Märchenwald machen. Hier steht nicht nur ein echtes Hexenhaus, es gibt auch einen richtig schönen Wasserspielplatz und im Herbst findet man Waldheidelbeeren entlang des Weges.

Neben unzähligen Wandertouren gibt es fast mindestens genauso viele Möglichkeiten für Radtouren. Ein sehr gut ausgebauter Radweg führt durchs gesamte Oetztal und in Sölden ist ein riesiger Bikepark mit Pumptracks und Naturtrails. Sehr lohnend ist auch ein Besuch des Oetzi-Museums in Umhausen. In diesem Freilichtmuseum lernt man alles über die Steinzeit, den Fund von Oetzi aus dem Eis und kann nebenbei noch alte Haustierrassen kennenlernen.

In der ganzen Region gibt es eine Vielzahl von Klettersteigen. Folgende haben mir mit den Kindern besonders gut gefallen:

- Übungsklettersteig Piburg (für kleine Kinder oder Kinder ohne Klettererfahrung)

- Stuibenfall (für Kinder über 1,4 m, kleinere Kinder können mit, müssen aber vor der Wasserfallquerung aussteigen)

- Klettersteig Moosalm bei Sölden (mit zwei Varianten zum Ende)

- Haiming-Geierwand am Ausstieg Imster Schlucht (längere Tour nur für geübte Kinder über 1,4 m)

Gastrotipp:
Die besten Eisbecher der Region und Anlaufpunkt vieler Paddler ist das Café Heiner (Hauptstraße 58, 6433 Oetz). Pizza essen und auch gut direkt mit zum Campingplatz mitnehmen, kann man in Imst im Va Bene (Langgasse 78, 6460 Imst). Paddelt man den Inn bis Silz, kann man gut bei Crazy Eddy einkehren, dort gibt es von Eis bis richtige Sattmacher alles und die Kinder können super zwischendurch am Innstrand spielen.

Kombiflüsse:
Sanna (7 km, WW III+/IV)
Inn – Landecker (8 km, erst WW V, dann WW III-IV/IV+)
Obere Oetz (7 km, WW IV/IV+)

28 INN - OBERHALB IMSTER SCHLUCHT

Einstieg: Sannamündung (47.143417, 10.563427) **Ausstieg:** Mils (47.203913, 10.673686)

FAHRSTRECKE: 13 KM | TECHNIK | KONDITION | LANDSCHAFT

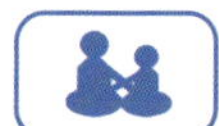

Dieser Abschnitt ist perfekt für alle Kinder, für die die Imster Schlucht noch zu schwer ist, die aber trotzdem ein paar tolle Wellen erleben wollen. Los geht`s direkt mit einer Verschneidung, dort wo die Sanna in den Inn mündet. Sollte sich der Nachwuchs diese Stelle nicht alleine zutrauen, kann man sie problemlos gemeinsam im Päckchen bewältigen.

Danach gibt es jede Menge tolle Wellen in allen möglichen Größen. Dabei macht es jede Menge Spaß, auf die Jagd nach den besten Wellen zu gehen. Manchmal gibt es in den Außenkurven einige Plumpsklos, da der Inn hier aber schon richtig breit ist, kann man sie ganz einfach umgehen. Die meiste Zeit liegt die Schwierigkeit bei WW I-II, nur an einer Stelle an der Autobahnbrücke wird es schwerer (WW III). Besonders in den wärmeren Monaten entstehen hier richtig hohe Wellen. Eine wirklich super Möglichkeit, um in den Charakter der Imster Schlucht hineinzuschnuppern. Man kann diesen Abschnitt auch nutzen, wenn man sich nicht sicher ist, ob der Nachwuchs die Imster Schlucht schon schafft. Ist der Nachwuchs schon von dieser Stelle überfordert, sollte man ihn auf keinen Fall auf der schwereren Imster Schlucht mitnehmen.

Man kann diesen Abschnitt auch im Herbst bei Niedrigwasser fahren, die Wellen sind dann nicht mehr ganz so hoch und die schwere Stelle ist dann verblockt statt wuchtig.

Anmerkung: Am großen Parkplatz am Einstieg muss man Parkgebühren zahlen.

Niedrig-Wasser: 65 m³/s in Landeck-Perjen

Viel Wasser: 170 m³/s in Landeck-Perjen

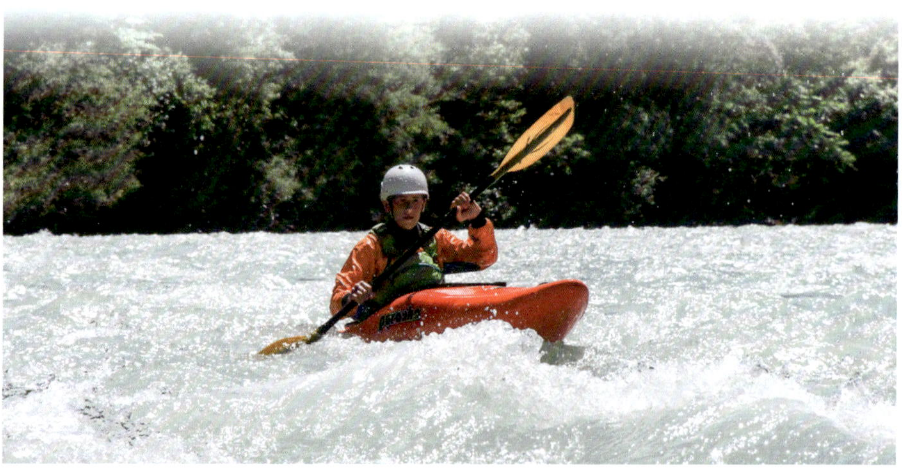

Dieser Abschnitt ist die perfekte Probe bevor man mit dem Nachwuchs auf die Imster Schlucht geht.

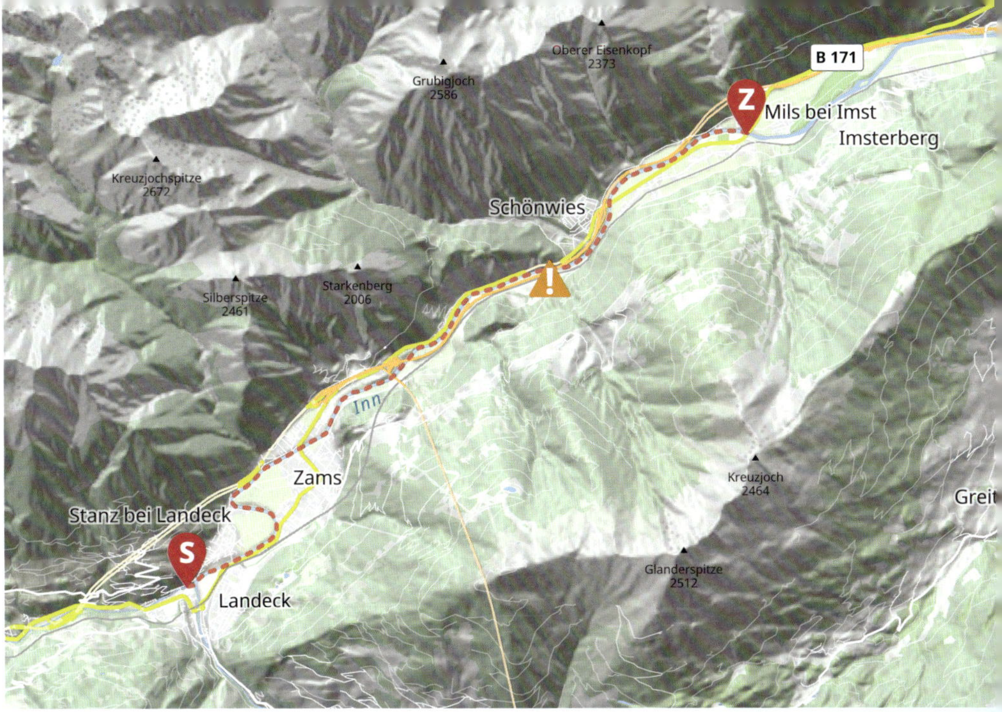

B 171
Oberer Eisenkopf 2373
Grubigjoch 2586
Mils bei Imst
Imsterberg
Kreuzjochspitze 2672
Schönwies
Silberspitze 2461
Starkenberg 2006
Inn
Zams
Stanz bei Landeck
Landeck
Kreuzjoch 2464
Glanderspitze 2512
Greit

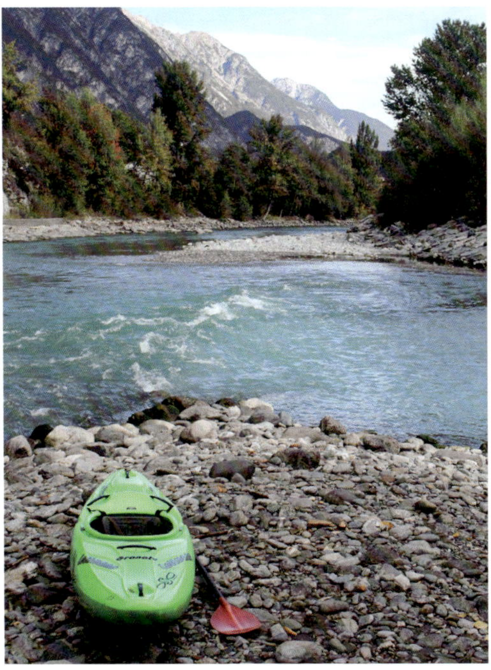

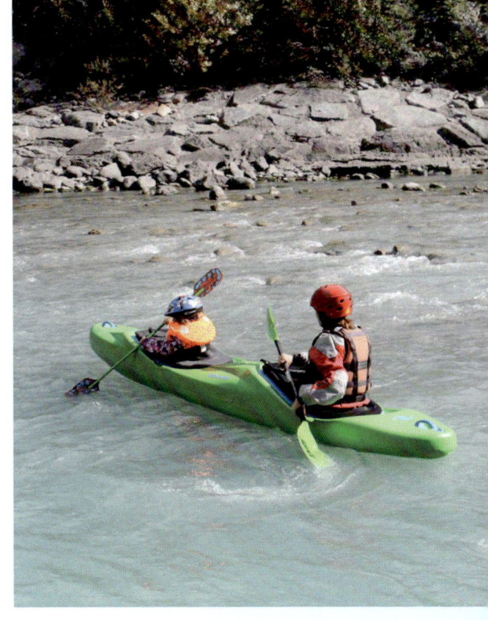

Am Einstieg bei herbstlichem Niedrigwasser.

29 INN-IMSTER SCHLUCHT

Einstieg: Imst (47.220389, 10.751063) **Ausstieg:** Haiming (47.259943, 10.877427)

FAHRSTRECKE: 14 KM | TECHNIK | KONDITION | LANDSCHAFT

Die Imster Schlucht ist DER Klassiker der Region, ein Wildfluss, den man unbedingt mal gepaddelt sein sollte. Extreme Wasserwucht und sehr hohe Wellen – so etwas findet man ansonsten nicht so häufig in den Alpen. Vor allem nicht mit solch vergleichsweise moderaten Schwierigkeiten (WW III). Neben den Wellen gibt es auch die ein oder andere dicke Walze.

Es ist sinnvoll, die Imster zunächst ohne Kinder zu paddeln, um die richtigen Routen zu erkunden. Der Inn hat hier zwar sehr wuchtige Schwälle, viele können aber bei Ortskenntnis gut umfahren werden. Die begleitenden Erwachsenen müssen im Retten und Bergen im Wuchtwasser geübt sein, da es für schwimmende Kinder sonst schnell sehr unschön werden kann.

Die Kinder, die mit auf die Imster Schlucht gehen, sollten schon über einiges an Kraft und Ausdauer verfügen, da man öfter auch mal den kompletten Fluss queren muss. Zudem sollten sie schon einmal vergleichbares (z.B. die oberen Abschnitte) gepaddelt sein, ansonsten kann einen die Imster Schlucht mit ihrem Wuchtwasser schon überfordern. (Immer dran denken: Je kleiner/leichter die Kinder sind, desto mehr bleiben sie selbst in kleinen Walzen schon hängen!)

Anmerkung: Um sich mit Kindern die lange Schlepperei vom Parkplatz zum Inn zu sparen, kann man seine Boote auch schon am kleinen Gurglbach zu Wasser lassen.

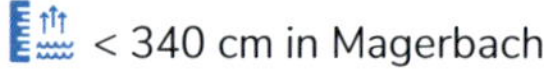

< 340 cm in Magerbach

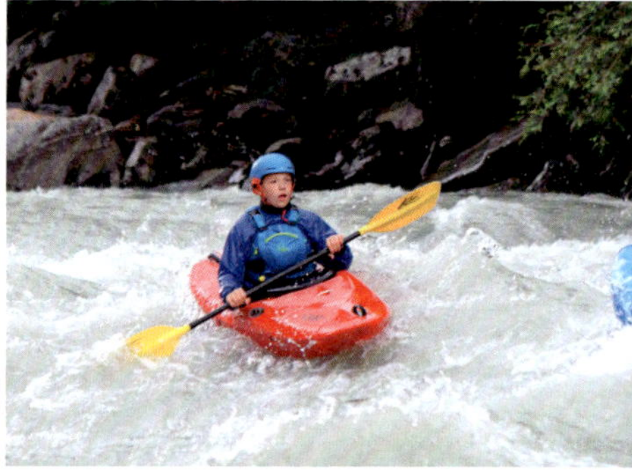

Die Wellen der Imster Schlucht können entweder beeindrucken...

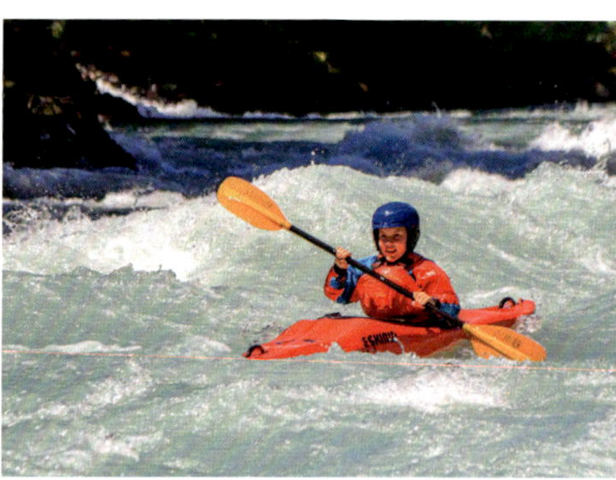

...oder ein fettes Grinsen ins Gesicht zaubern.

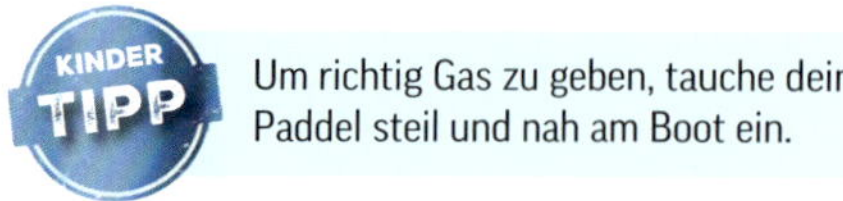

Um richtig Gas zu geben, tauche dein Paddel steil und nah am Boot ein.

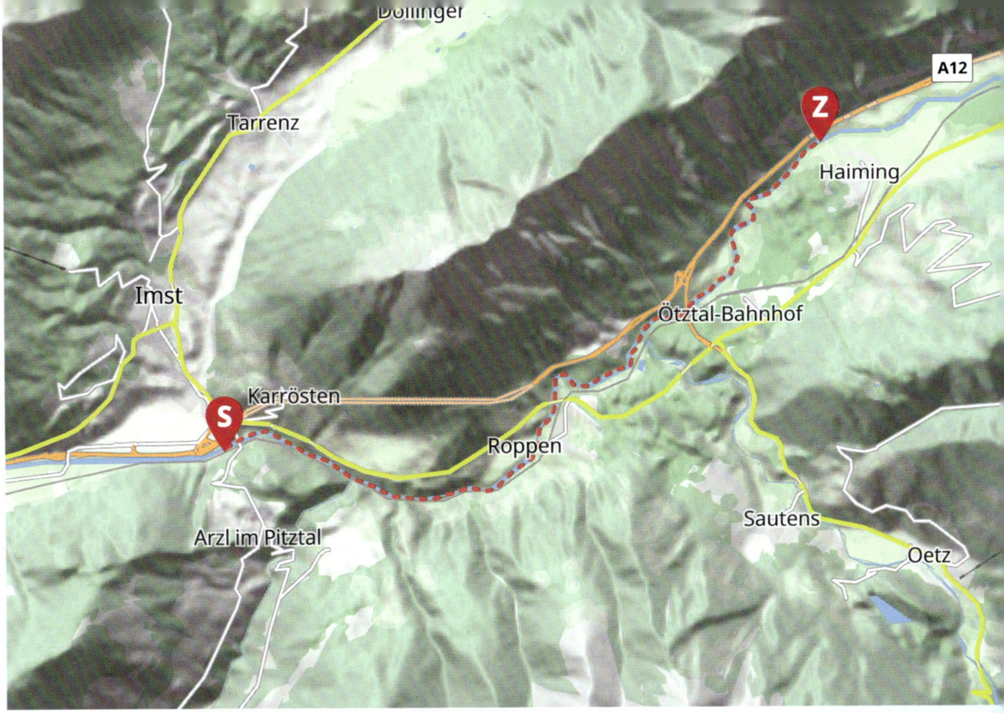

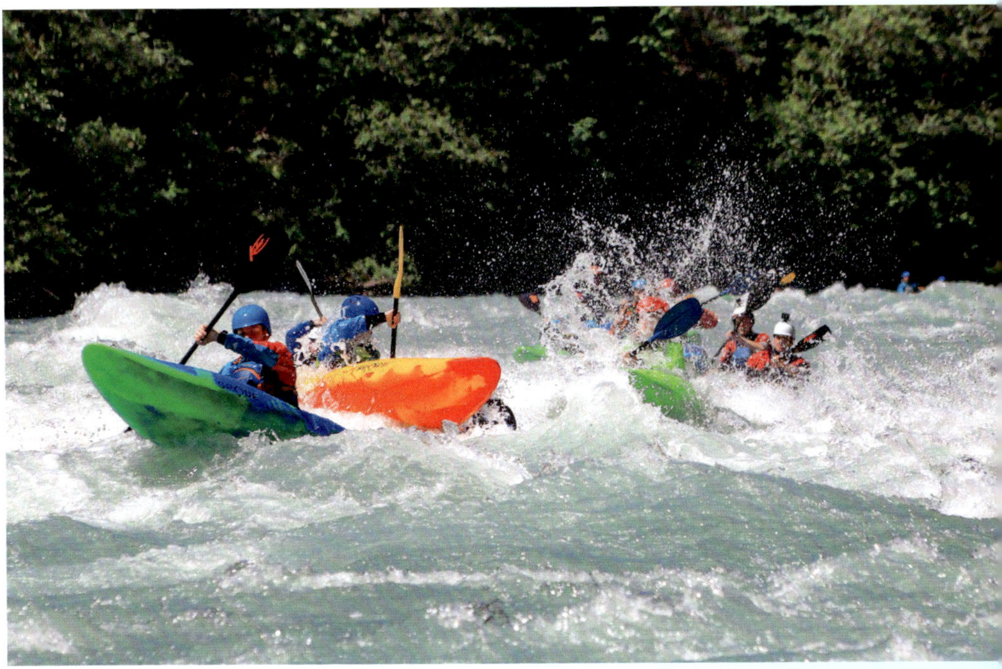

Sieht chaotisch aus, aber mit einer Gruppe Gleichaltriger machen die Wellen doppelt so viel Spaß.

30 INN

Einstieg: Haiming (47.259943, 10.877427)
Ausstieg: Brücke Silz (47.270552, 10.919644)

FAHRSTRECKE: 4 KM | TECHNIK | KONDITION | LANDSCHAFT

Der Inn mit seinen zahlreichen, namhaften und teils sehr schweren Schluchten ist weithin bekannt. Auf dem hier vorgestellten, namenlosen Abschnitt kommen aber nicht die Cracks, sondern der WW-Nachwuchs voll auf ihre Kosten. Besonders Kinder mit nur wenig Erfahrung können hier spielerisch in den wohl schönsten Sport der Welt reinschnuppern.

Der Inn ist gerade zur Zeit der Schneeschmelze ein wuchtiger Fluss mit hoher Fließgeschwindigkeit, was Kindern alleine schon viel Freude bereitet. Hinzu kommen lange Wellenzüge und ein paar „Plumpsklos", die es zu umschiffen gilt. Übrigens, was für Erwachsene wie eine kleine Platschewellen erscheint, kann für Kinder schon ein gewaltiger Brecher sein. Am Ende der Strecke wartet die schwierigste Stelle auf den Nachwuchs (je nach Wasserstand WW II-III). Unter der Brücke in Silz wurde eine künstliche Welle geschaffen. Weniger erfahrene Kinder sollten vorher auf der linken Seite anlanden und dort aufhören, wer noch ein wenig Herausforderung möchte, kann sich durch die linke Durchfahrt wagen und dann in einem Riesenkehrwasser an einem wunderschönen Sandstrand die Tour beenden.

Wem die 4 km viel zu schnell vorbeigingen, kann seine Tour aber auch noch bis Mötz fortsetzen (dann insgesamt 8 km). Die Schwierigkeiten bleiben ähnlich. Kurz nach Silz folgen zwei Blockwurfwehre mit höheren Wellen und unter der Autobahnbrücke ist ein etwas wilderer Schwall mit hohen Wellen (WW II+).

Ganzjährig fahrbar

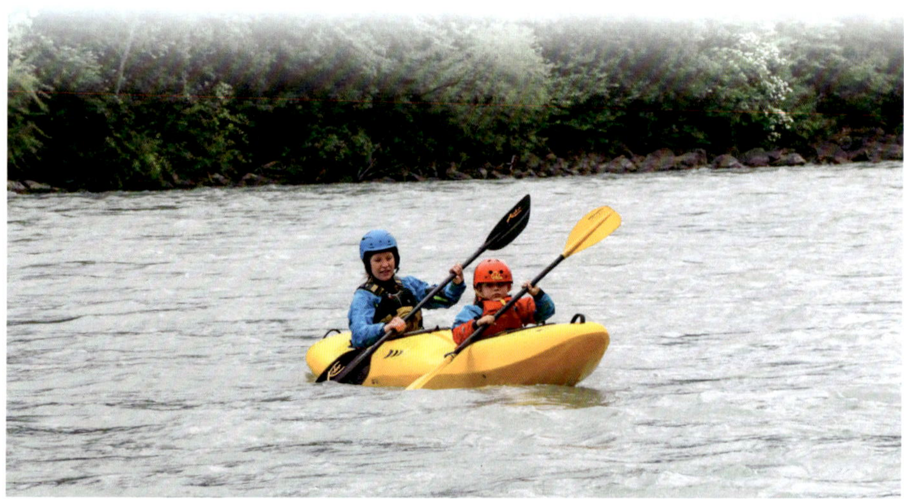

Hier kann man super erste Paddelerfahrungen im Zweier sammeln...

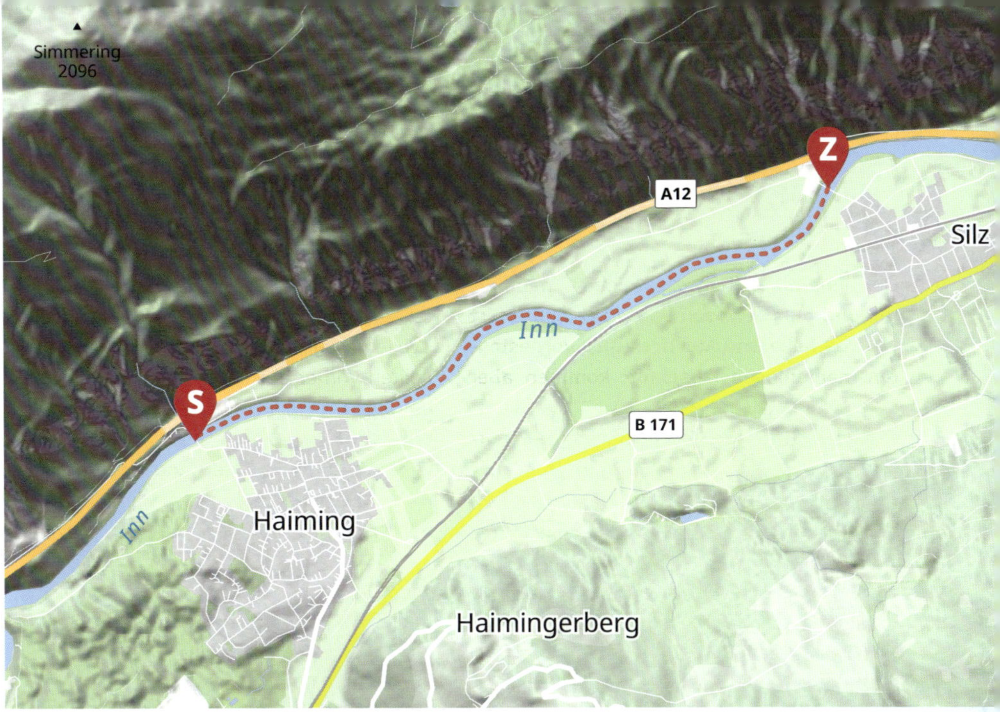

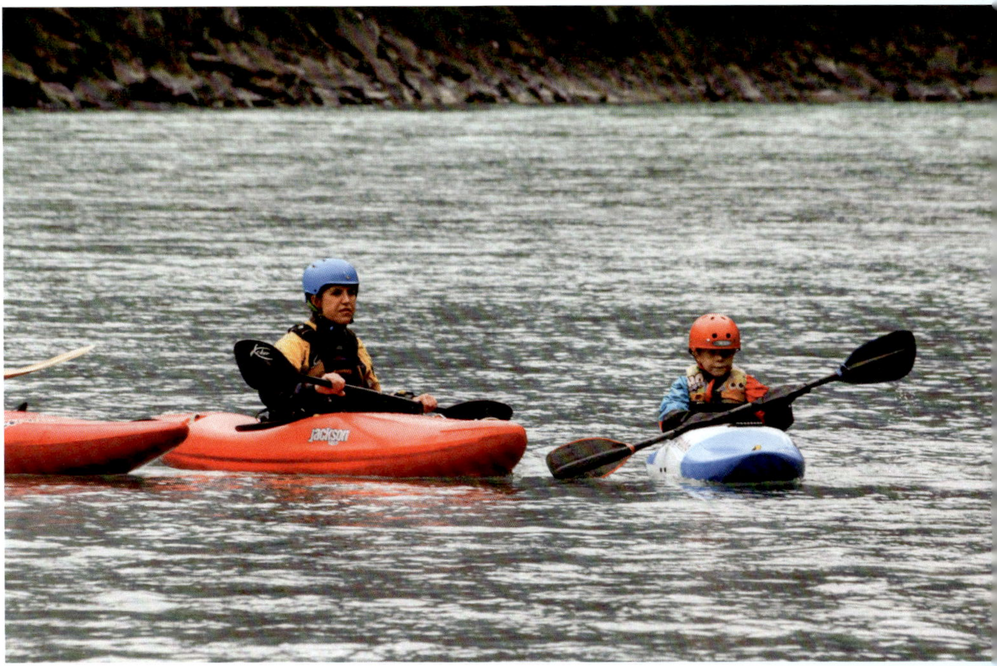

…oder auch die ersten Schläge im Einer machen.

31 OETZ-ZWISCHENSTÜCK

Einstieg: Parkplatz bei Huben (47.039429, 10.982155) **Ausstieg:** Brücke Au-Winklen (47.100357, 10.951177)

FAHRSTRECKE: 8 KM | TECHNIK | KONDITION | LANDSCHAFT

Klar, die Oetz kennt man vor allem als schweren, wuchtigen Gletscherbach und nicht als anfängertauglichen Wildfluss. Doch das kaum bekannte „Zwischenstück" hat eindeutig das Zeug zum echten Kinderklassiker. Zwei Kilometer unterhalb des Ausstiegs der oberen Oetz startet man zu dieser Tour, zugegebenermaßen an einem leider etwas unvorteilhaften Einstieg, da die Ufer hier mit großen Steinblöcken begradigt sind.

Während die Eltern dann noch staunend die Bergkulisse des Oetztals betrachten, ist der Nachwuchs schon längst den stetigen Wellenzügen erlegen. Eindeutig spritziger als man von der Straße aus vermuten würde, geht es hier nämlich zu. Wobei es nie schwieriger als WW II wird.

Die Ufer der Oetz sind hier leider kein bisschen natürlich, alles wirkt wie eingemauert. Das ist echt schade, denn besonders für Paddelkinder mit nur wenig Erfahrung ist das Zwischenstück sehr lohnend. Vor allem im Sommer kann die Oetz hier unglaublich schnell werden, was den Spaßfaktor für den Nachwuchs nur erhöht. Nach Längenfeld laden diverse Kehrwasser zum Trainieren ein. Und das beste ist: am Ende können sie behaupten, sie wären die mittlere Oetz gefahren ;)

Anmerkung: Die Oetz ist ein Gletscherfluss. Das heißt, dass der Wasserstand innerhalb eines Tages drastisch steigen kann. Gerade im Hochsommer sollte man abwägen, bei wieviel Wasser eine Befahrung mit Kindern sinnvoll ist.

50-80 cm in Sölden

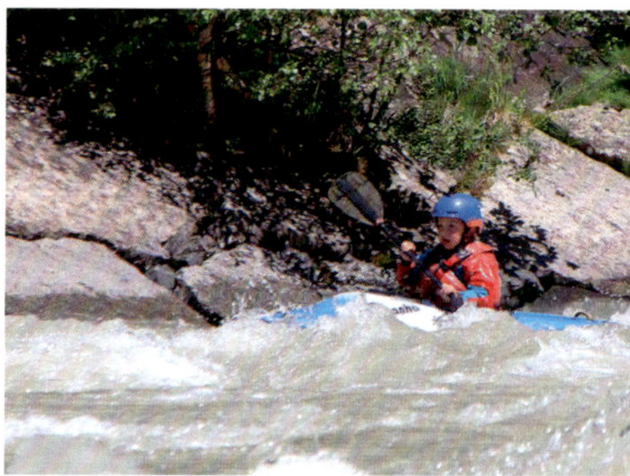

Volle Konzentration, um auch ja die richtige Route zu erwischen.

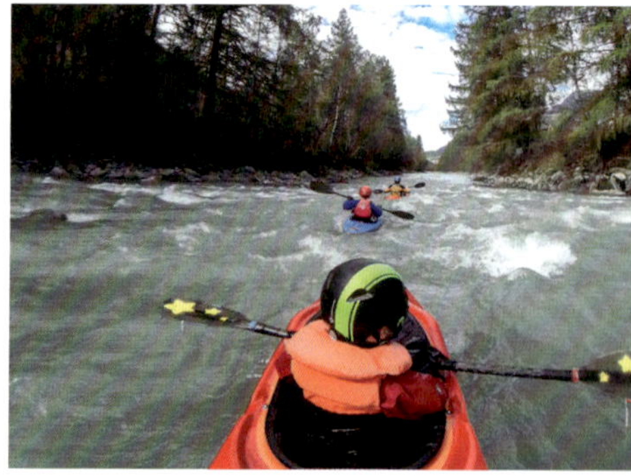

Auch im Herbst bei Niedrigwasser ist dieser Abschnitt noch lohnend.

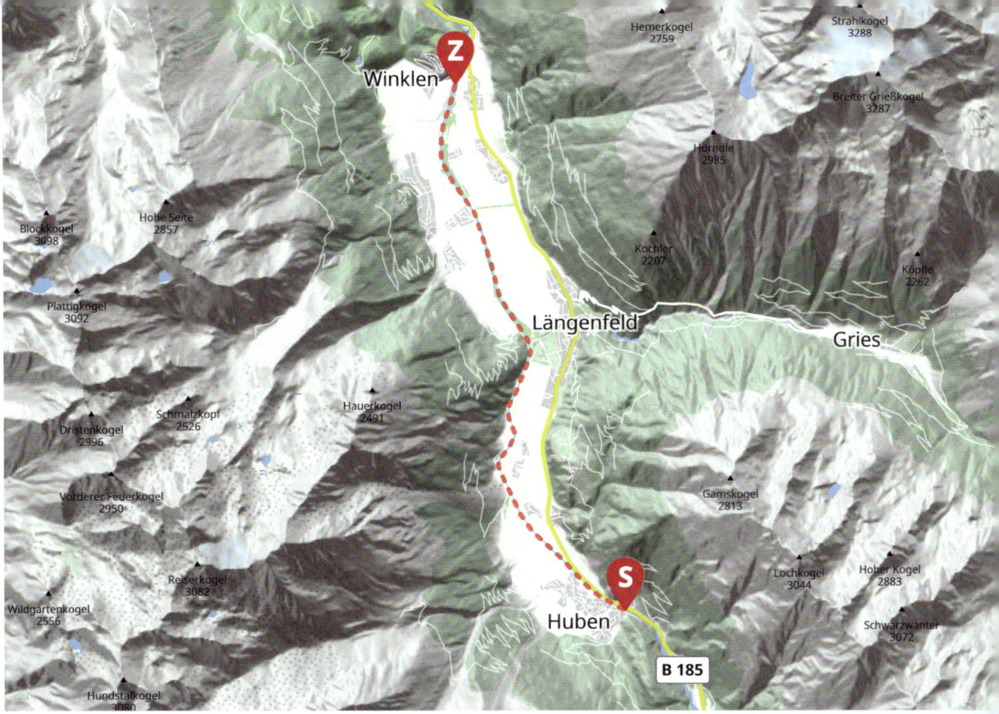

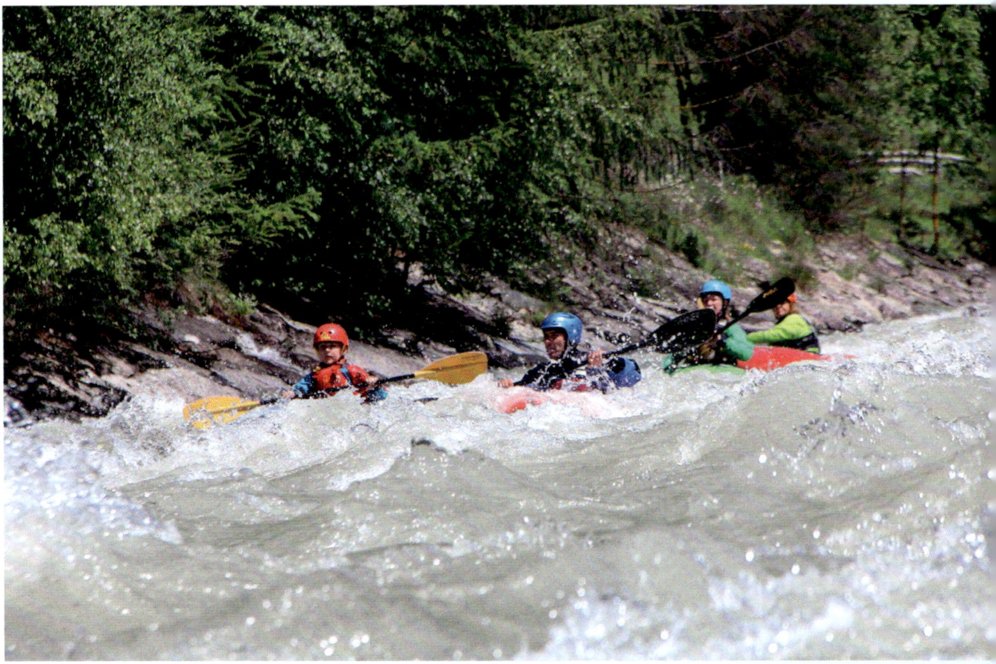

Besonders auf den ersten Metern geht es ganz schön spritzig zu.

KÄRNTEN UND OSTTIROL

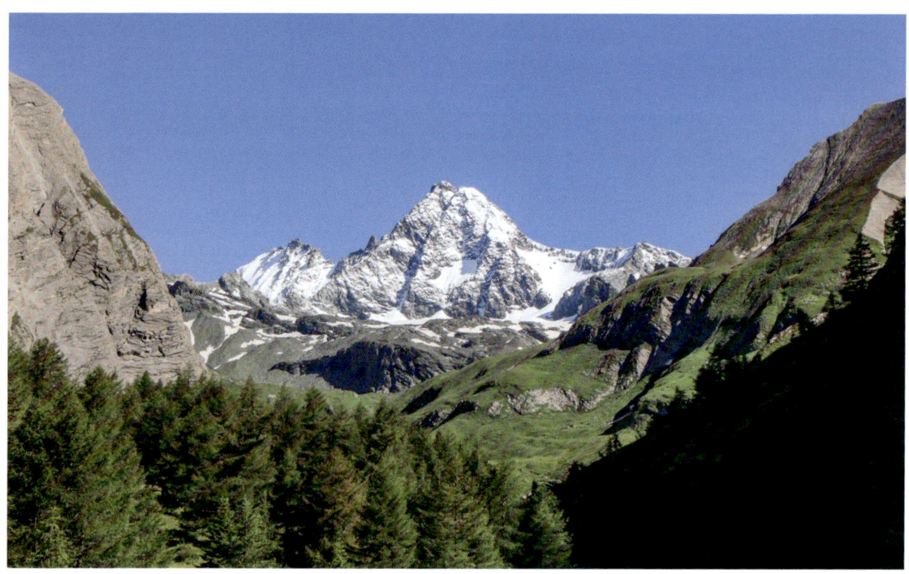

Dreh- und Angelpunkt dieser Region ist die Sonnenstadt Lienz. Logistisch für Paddler nicht nur günstig gelegen, verspricht sie mit über 2.000 Sonnenstunden im Jahr auch etwas südländisches Flair in Österreich. In Kombination mit den schroffen Bergkämmen der Dolomiten entsteht so in jedem Fall eine wunderbare Urlaubsdestination, die nicht nur Paddler begeistert.

Die Flüsse der Region sind super vielseitig und so findet man von ganz leicht bis ganz schwer und von wuchtig bis technisch für alle Paddelkinder passend zu ihrem Können und Vorlieben etwas.

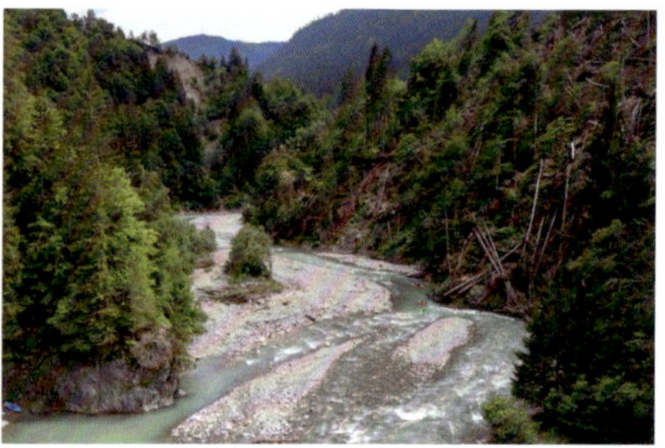

Wenn man in der Gegend unterwegs ist, kann man locker zwei Wochen Urlaub einplanen, da es auch neben dem Paddeln viel zu erleben gibt.

Beste Zeit mit Kindern:
Im Sommer ist es schön warm in Kärnten und die Flüsse haben nicht zu hohe Wasserstände, ideal also für Paddeltouren mit Kindern.

Besonderheiten:
Die Region mit dem vielseitigsten Flussangebot.

Standlager:
- Camping Falken in Lienz https://www.camping-falken.com hat neben den Standardplätzen auch eine Zelt- und Jugendwiese, die sich auch für größere Gruppen anbietet.

Ausflugsziele & Sehenswürdigkeiten:
In den einzelnen Tälern der Region lässt sich viel erleben. In Lienz selbst bietet sich zum Beispiel ein Stadtbummel durch die Altstadt an, natürlich mit Eisdielenbesuch inklusive. Auch der Osttirodler, eine Sommerrodelbahn, und das Dolomitenbad befinden sich in der Sonnenstadt. Wobei letzteres erstens fußläufig vom Campingplatz erreichbar und zweitens ab einem Aufenthalt von drei Tagen bei Camping Falken kostenlos ist.

Etwas außerhalb von Lienz in Richtung Oberdrauburg befindet sich das Römermuseum und der archäologische Park Aguntum. Hier kann man zwischen römischen Ruinen herumstreunen und sich im Museum sogar als Römer verkleiden.

Fährt man von Lienz aus in Richtung Italien, ist die Galitzenklamm nicht weit. Ein Wasserspielplatz, ein Wasserschaupfad und verschiedene Klettersteige sorgen dafür, dass man als Familie hier getrost einen ganzen Tag verbringen kann. Wer kein eigenes Klettersteigset besitzt, kann sich hier sogar eins leihen und so mal in diesen Sport hineinschnuppern.

Ist man im Mölltal unterwegs sollte man unbedingt einen Abstecher in die sehenswerte Raggaschlucht machen. Diese kurze, aber abwechslungsreiche Wanderung dürfte auch sonst eher lauffaule Kinder begeistern.

Mit kleinen Kindern kann man nach dem Paddeln der Drau einen Abstecher zum Frauenbachwasserfall machen. Größere Kinder (mindestens 1,40 m groß) kann man vielleicht für den Klettersteig der Pirknerklamm begeistern (nur mit eigener Klettersteigausrüstung).

Gastrotipp:
Eisdiele „Il Gelato" in Lienz (Andrä Kranz-Gasse 1, 9900 Lienz)

Essen gehen im kinderfreundlichen Restaurant Kirchenwirt (Pfarrgasse 7, 9900 Lienz)

Kombifluss:
Isel – ab Katarakt (4 km, WW IV+ abnehmend)

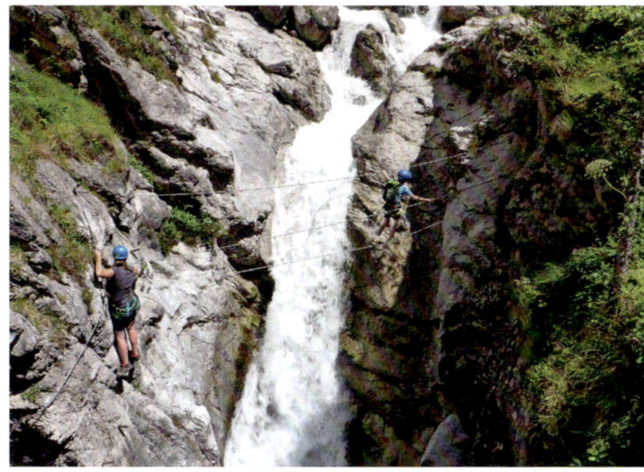

32 ISEL

Einstieg: Kalserbachmündung (46.926982, 12.591247)
Ausstieg: Tiroler Brücke Lienz (46.830668, 12.774956)

FAHRSTRECKE: 19 KM | TECHNIK | KONDITION | LANDSCHAFT

Die Isel ist ein klassischer Wuchtwasserbach mit vielen, vielen Wellen. Ohne große Einleitung stürzt man sich bei der Kalserbachmündung ins Geschehen. Es bleibt also keine Zeit, um sich einzupaddeln. Daher ist es ratsam, wenn der Paddelnachwuchs schon Erfahrung mit wuchtigen Flüssen hat (zum Beispiel mit der Imster Schlucht des Inns). Verblockung gibt es auf der Isel so gut wie keine, im Endeffekt sind es nur Kiesbankschwälle, die etwas größer geraten sind und sehr viel Gefälle mitbringen. Auf den ersten Kilometern durchgehend WW III mit kaum Zeit zum Verschnaufen.

Auf diesem Abschnitt der Isel gibt es immer wieder Gefällbremsen, die zwar bedrohlich aussehen können, meistens aber leicht zu befahren sind. Lediglich die erste vor Sankt Johann kann bei bestimmten Wasserständen fast auf der kompletten Breite eine fiese Walze bilden. Am leichtesten ist diese auf der rechten Flussseite zu fahren.

In Sankt Johann liegen außerdem noch zwei dicke Felsbrocken im Fluss. Hier fährt man am besten ganz rechts oder ganz links dran vorbei. Ab hier wird die Isel insgesamt etwas leichter mit ruhigen Fließstrecken zwischen den wuchtigen Schwällen. Doch zunächst folgen einige Walzen, die weit über den Fluss ragen, so dass man schon fast einen richtigen Zickzack-Kurs einlegen muss. Übrigens, sind dem Nachwuchs die Schwierigkeiten oben zu schwer, kann man prima in Sankt Johann an der Feuerwehr (46.904273, 12.628679) einsteigen.

Auch wenn die Schwierigkeiten immer weiter nachlassen, sollte man sich trotzdem nicht einlullen lassen. Es folgt noch eine Verschneidung bei Oberlienz, in der schon so einige ein unfreiwilliges Bad genommen haben. Außerdem befindet sich die schwerste Stelle der Tour am Ausstieg. Der sogenannte Iselabfall zeigt nochmal ganz gut, wie wuchtig die Isel eigentlich ist. Es gibt zwei mögliche Fahrtrouten (links und rechts), doch am besten schaut man sich den Abfall vor einer Befahrung mit dem Nachwuchs einmal an (dafür direkt vor dem Abfall im linken Kehrwasser aussteigen). So kann dieser entscheiden, welche Route für ihn einfacher ist oder vielleicht auch einfach vorher aufhören, falls er sich die Befahrung nicht zutraut.

220-290 cm in Lienz

Nach dem Paddeln durch die schöne Altstadt von Lienz bummeln und ein Eis essen gehen!

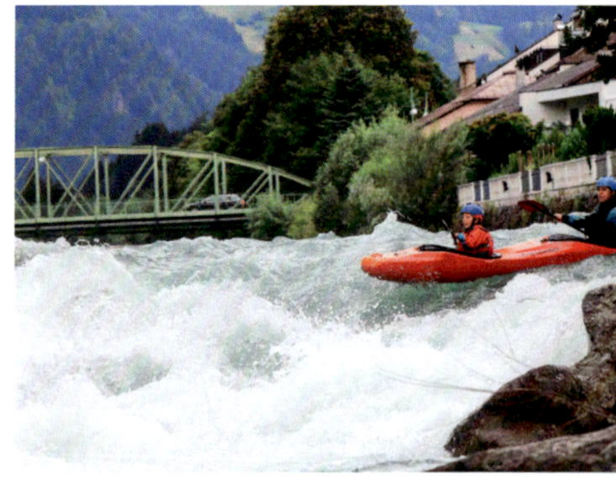

Die linke Route am Iselabfall.

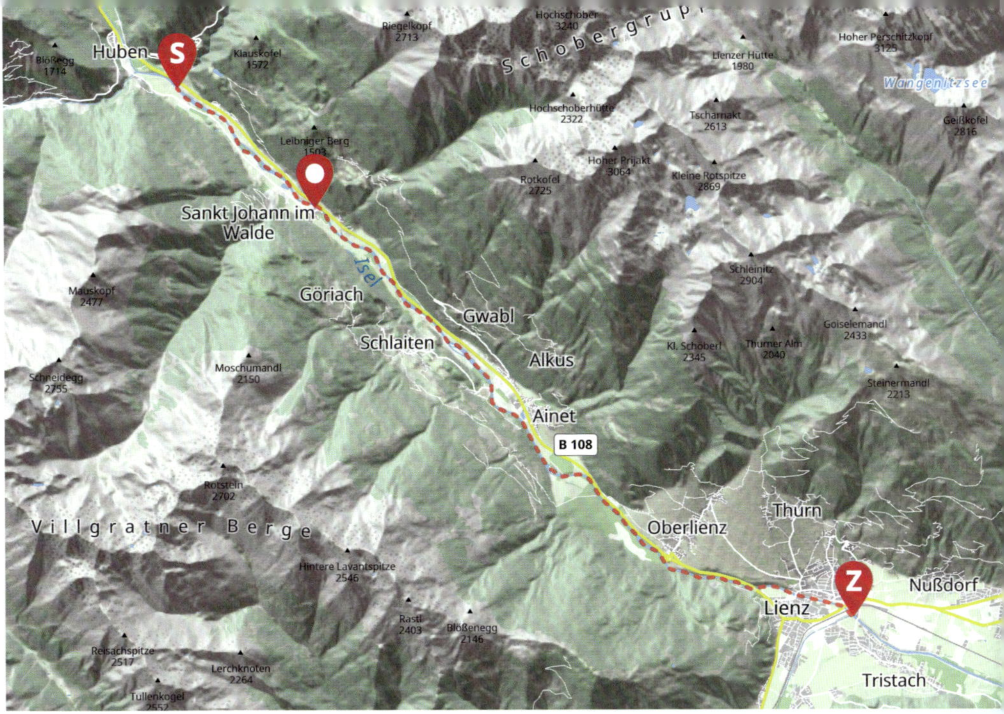

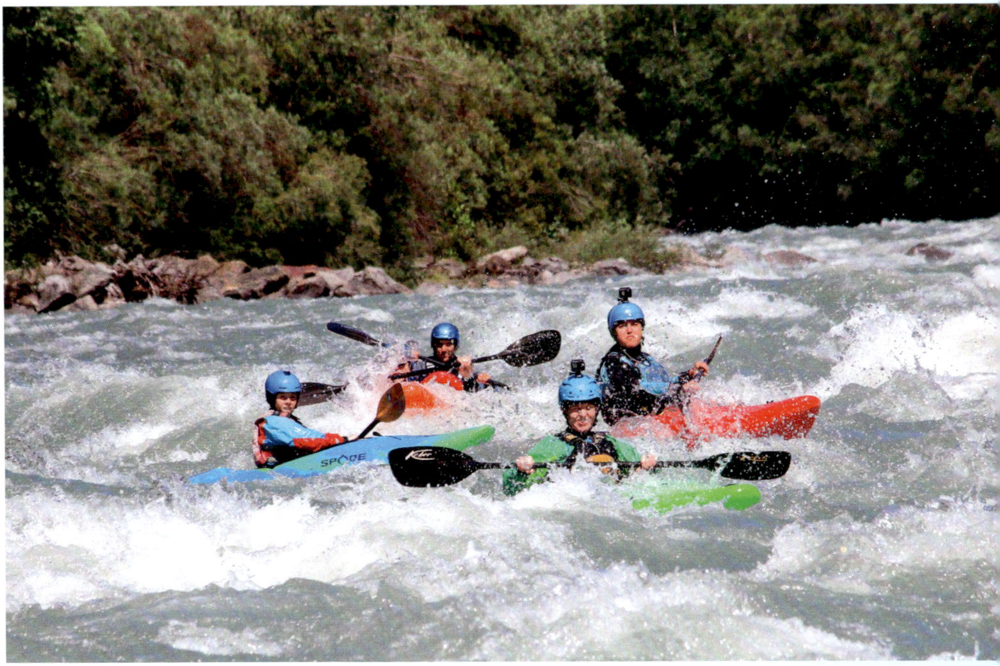

Wuchtiger Start kurz hinter der Mündung des Kalserbachs.

33 DRAU

Einstieg: Pegel Lienz-Peggetz (46.824489, 12.784464)
Ausstieg: Oberdrauburg (46.747857, 12.968871)

FAHRSTRECKE: 18 KM | TECHNIK | KONDITION | LANDSCHAFT

Die Drau ist in diesem Bereich ein superleichter Wildfluss. Er ist besonders lohnend vor allem für kleine Kinder, die noch nie auf bewegtem Wasser unterwegs waren. Es gibt hier ein paar schöne leichte Wellen und sehr schnelle Strömung, aber keinerlei Verblockung oder unübersichtliche Stellen. Als Eltern kann man also auch ein wenig relaxen und die wunderbare Landschaft der Dolomiten genießen.

Wegen der guten Strömung haben wir die Länge der Tour bis Oberdrauburg gewählt. Zwischendurch kann man sich mit dem Nachwuchs sehr gut mal treiben lassen, um wieder zu Kräften zu kommen. Genauso gut kann man die Tour aber auch abkürzen und eher aufhören, zum Beispiel an den Brücken bei Lavant oder Nikolsdorf.

Der eigentliche Ausstieg in Oberdrauburg befindet sich an der Mündung eines kleinen Baches auf der linken Seite. Von dort aus geht es unter der B 100 hindurch zu einem Parkplatz.

Ganzjährig fahrbar

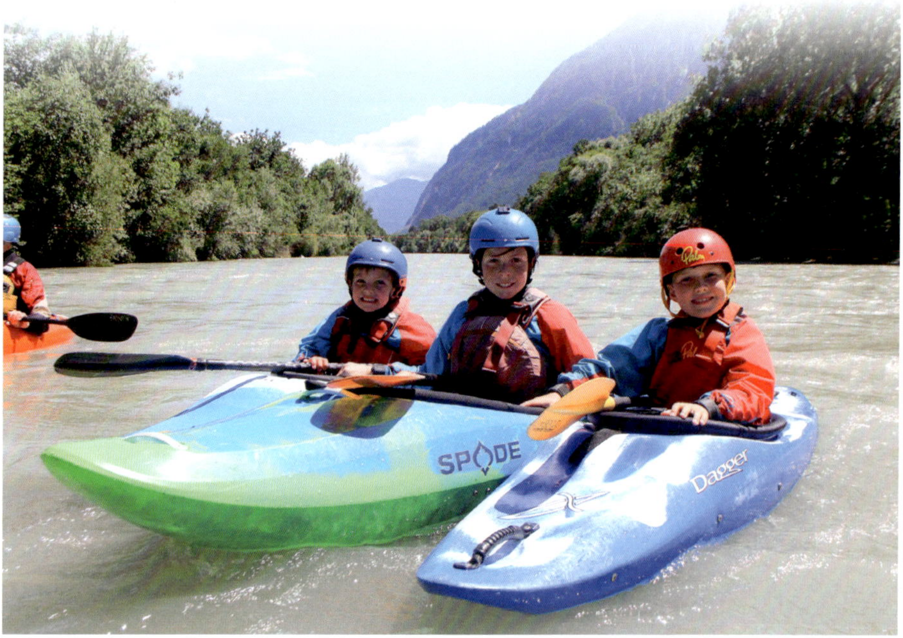

Zwischendurch einfach mal treiben lassen und die Landschaft genießen.

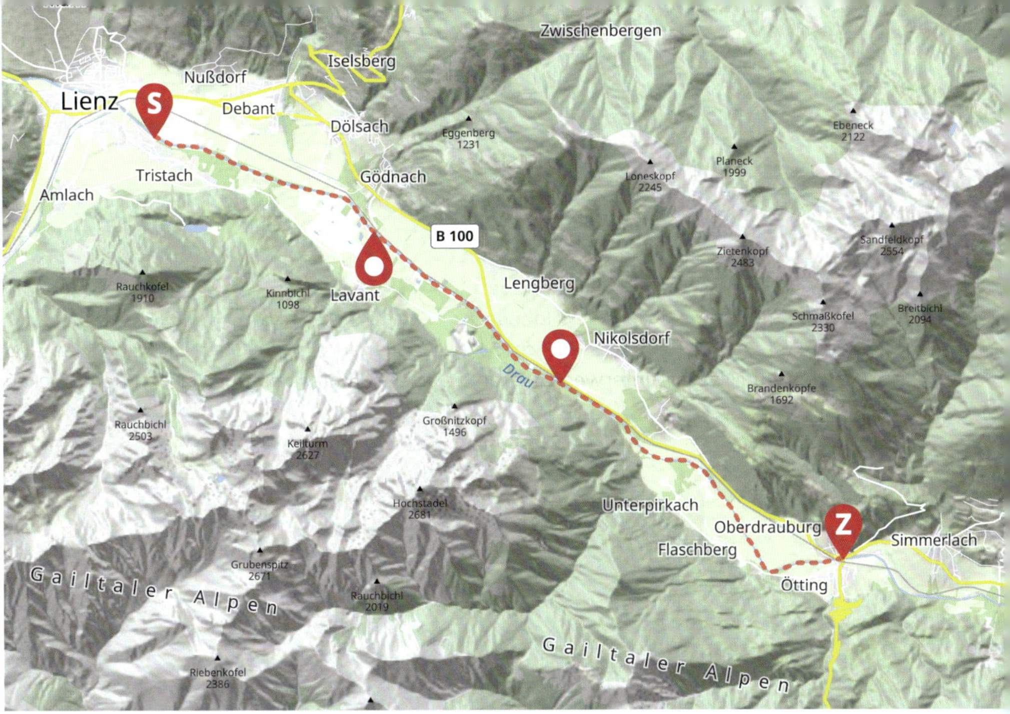

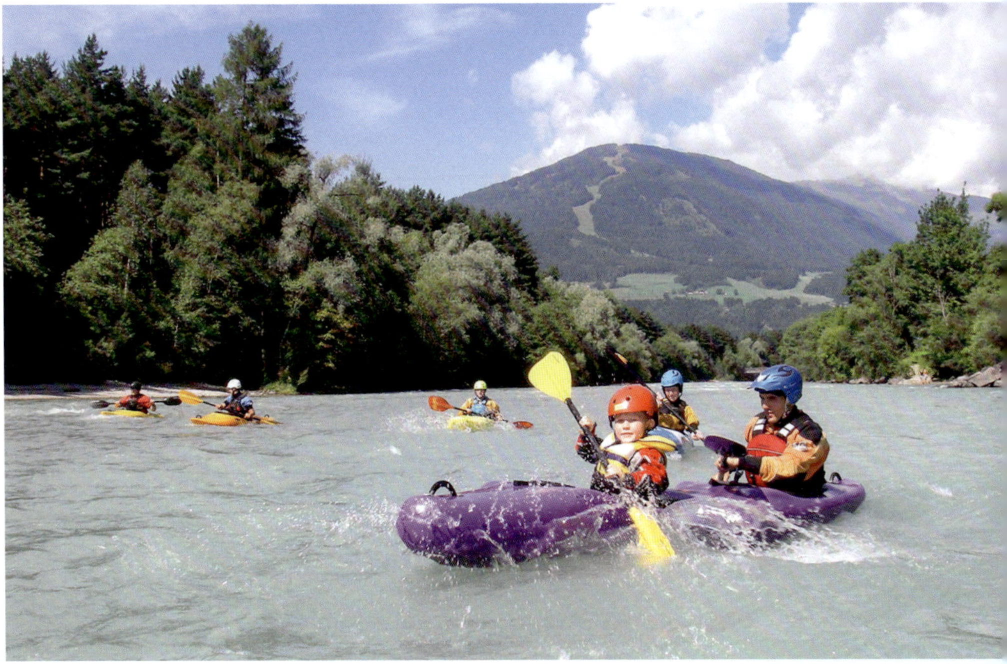

Die Drau ist pefekt für kleine Kinder.

34 MÖLL

Einstieg: Lamnitz (46.865972, 12.974391)
Ausstieg: See bei Rakowitzen (46.915951, 13.074603)

FAHRSTRECKE: 11 KM | TECHNIK | KONDITION | LANDSCHAFT

Die Möll fließt auf diesem Abschnitt mit sehr schneller Strömung und eiskaltem Wasser (immerhin entspringt sie ja aus einem Gletscher) durchs Tal. Die Ufer sind auf weiten Teilen leider stark reguliert, was dazu führt, dass nicht immer viele Kehrwässer vorhanden sind.

Zunächst gibt es auf den ersten zwei Kilometern keine nennenswerten Schwierigkeiten, bevor es dann in zwei längeren Schwällen für den Nachwuchs ordentlich zur Sache geht (mindestens WW II+). Hier gibt es viele hohe Wellen und so manche Walze, die kleine Paddler vielleicht lieber umfahren wollen. Diese Schwälle können für den Nachwuchs recht unübersichtlich sein, da aber eine Besichtigung vom Ufer aus wegen mangelnder Kehrwässer nur schwer möglich ist, sollten die Kinder schon einigermaßen sicher darin sein, die Route des Vorpaddlers zu treffen.

Nach diesen zwei Stellen wird die Möll nach und nach immer ruhiger. In Pußtratten folgt noch eine kleine Gefällbremse, die aber problemlos zu befahren ist.

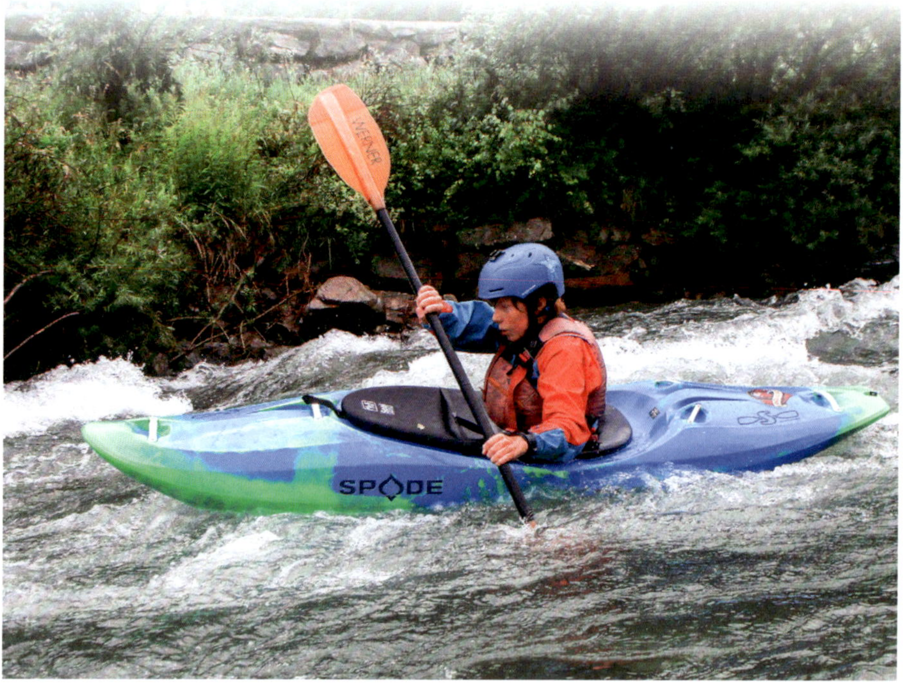

Volle Konzentration ist in den wilderen Abschnitten angesagt.

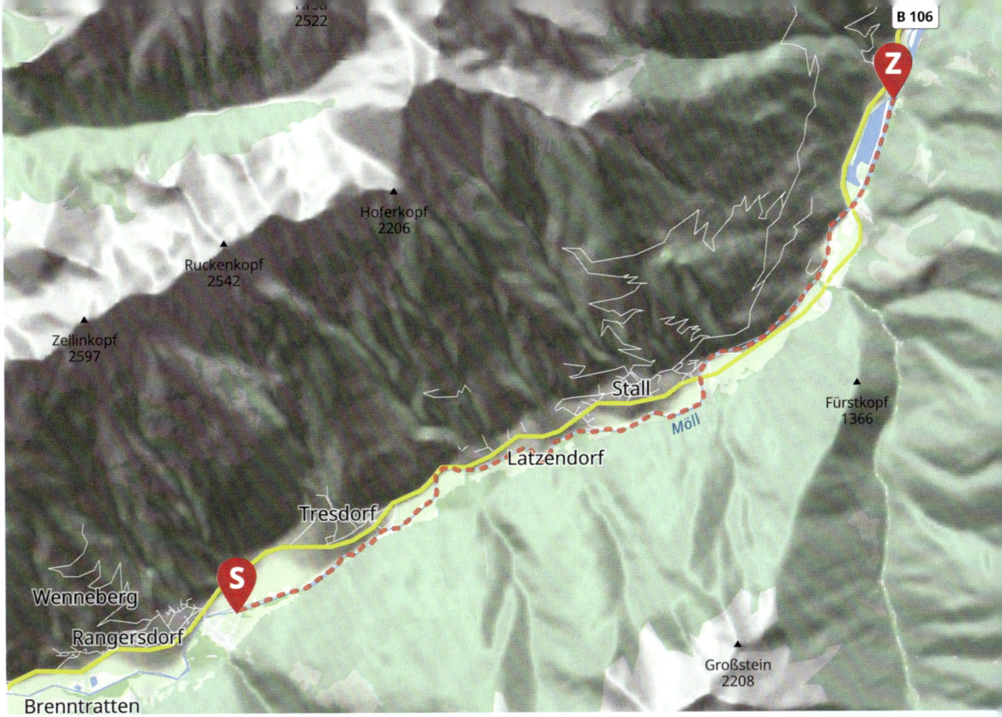

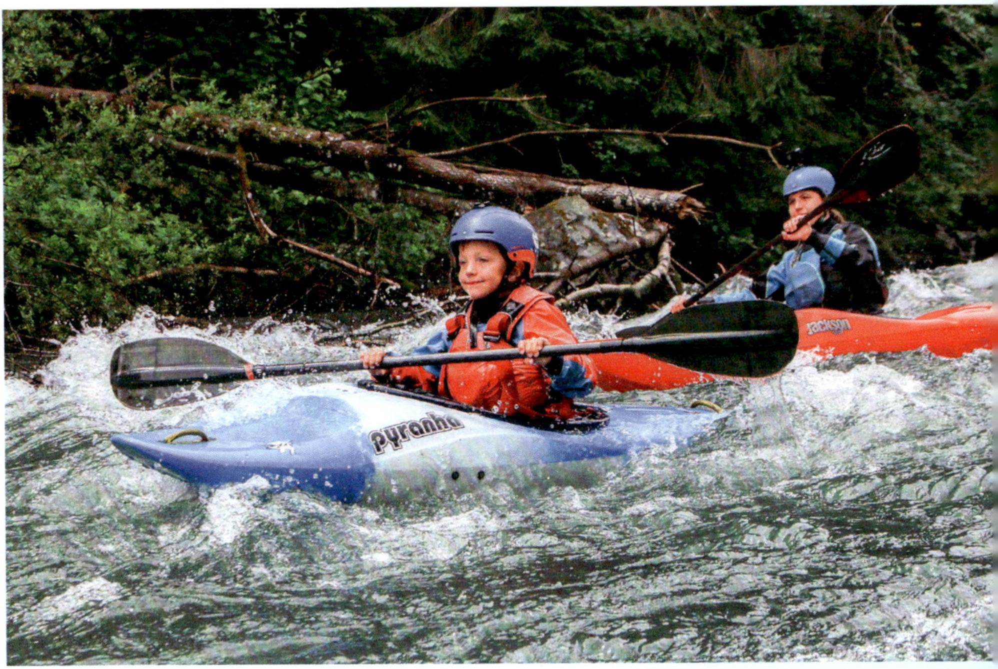

Ohne große Kehrwässer geht es hier flott abwärts.

35 (SCHAUKEL-) MÖLL

Einstieg: Wildwasserarena Mölltal in Außerfragant (46.933112, 13.112103) **Ausstieg:** Stausee bei Kolbnitz (46.870677, 13.321830)

FAHRSTRECKE: 20 KM | TECHNIK | KONDITION | LANDSCHAFT

Auf diesem Abschnitt der Möll kann man getrost einen sehr ausgedehnten Paddeltag verbringen. Los geht es in Außerfragant an der Slalomstrecke, sie ist der schwierigste Abschnitt der Tour und man sollte sie vorher einmal mit den Kindern abgehen. Während einige unterhalb einsteigen werden wollen, dürften sich sehr fitte Paddelkinder über diverse tolle Trainingsstellen freuen. Danach fließt die Möll mit flotter Strömung, aber ohne große Schwierigkeiten abwärts bis in Obervellach wieder eine tolle Trainingsmöglichkeit auf den Wildwasseraspiranten wartet. Die kleine Stufe am dortigen Campingplatz kann entweder links oder rechts gefahren werden. Es folgen ein paar super Trainingskehrwässer und eine Mini-Surfwelle, in der sich auch Kinder gut probieren können.

Auf den letzten Kilometern nimmt das Gefälle der Möll zu und es gibt unzählige Schwälle mit hohen Wellen (daher auch der Name Schaukelmöll). Es gibt immer die Möglichkeit, verschiedene Fahrtrouten in dem offenen Flussbett zu wählen und somit entweder die Actionroute oder eine leichtere Route zu wählen.

Anmerkungen: Die Möll ist kraftwerksabhängig und der Wasserstand kann stark schwanken. Bei einem niedrigen Pegel gibt es leider kaum Schaukelwellen (ein schöner Pegel ist um die 35 m³/s in Flattach).

Für Kinder mit weniger Ausdauer oder wenn man mal länger an einer Stelle trainieren möchte, kann man auch erst in Obervellach (46.927300, 13.201259) einsteigen (dann noch 10 km) oder die Tour auf zwei Tage aufteilen.

Um die 35 m³/s in Flattach ideal; fahrbar ab ca. 10 m³/s

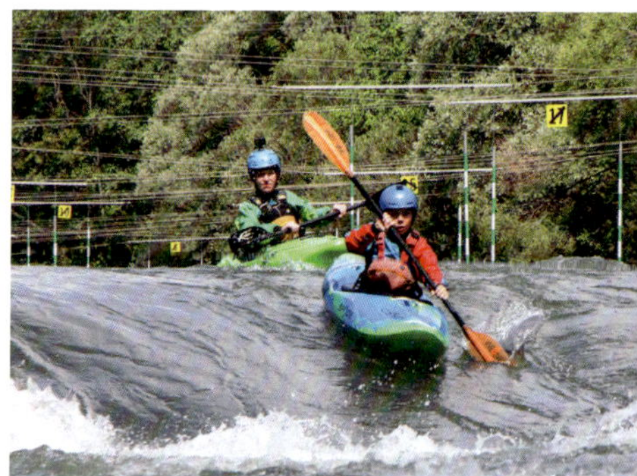

In der Slalomstrecke in Außerfragant.

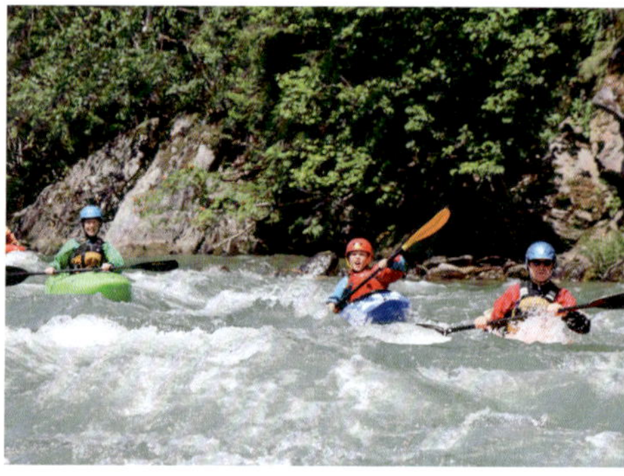

Dieser Abschnitt ist ein Muss für alle Wellenliebhaber.

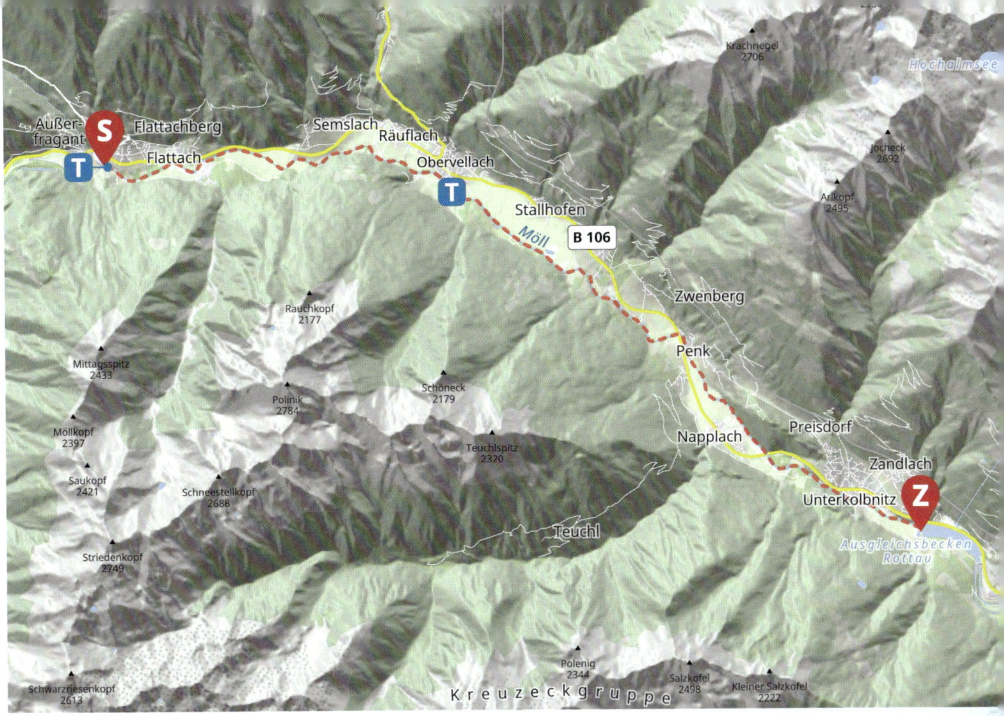

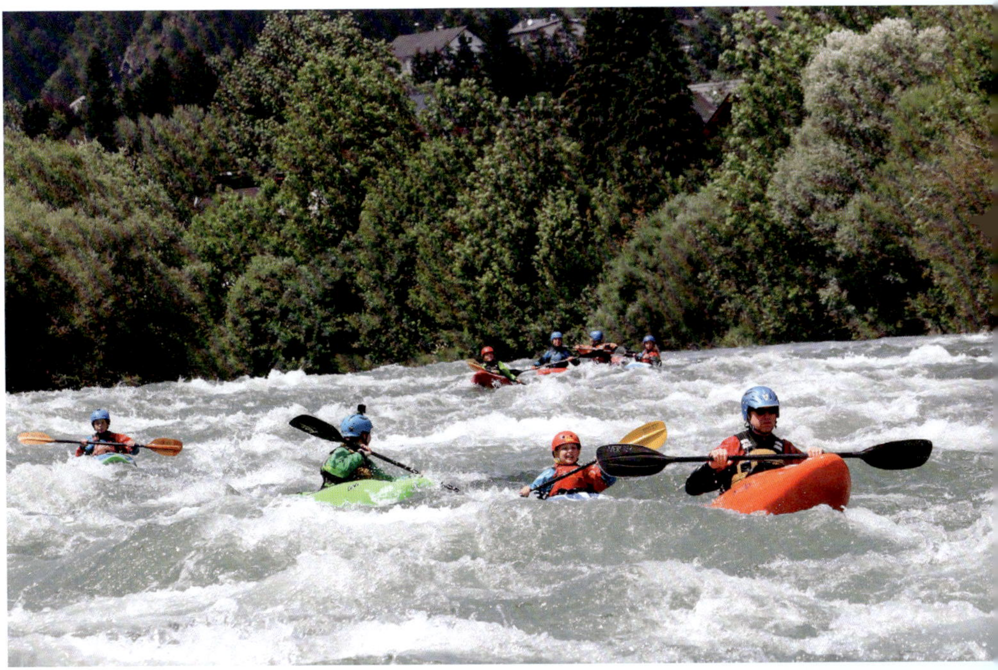

Natürlich wird man auf der Schaukel-Möll auch ordentlich durchgeschaukelt.

36 OBERE GAIL

Einstieg: St. Lorenzen (46.701197, 12.767793) **Ausstieg:** Birnbaum (46.683342, 12.877372)

FAHRSTRECKE: 10 KM | TECHNIK | KONDITION | LANDSCHAFT

Auch wenn die obere Gail am Einstieg etwas unscheinbar wirkt, sie hat es ordentlich in sich! Mit schneller Strömung und einiger Verblockung geht es beständig abwärts, viel Zeit zum Verschnaufen bleibt da kaum (auf weiten Strecken WW III). Man sollte diesen Abschnitt nur mit sehr versierten Paddelkindern bei sommerlichen Niedrigwasser fahren. Dann macht die obere Gail super viel Spaß und bietet dabei ein gewisses Maß an Abenteuer, denn der Fluss führt durch eine tiefe, wunderschöne Waldschlucht, meist weit abseits von Straßen oder Häusern. Baumhindernisse können jederzeit möglich sein, also immer schön vorsichtig um die nächste Kurve fahren.

An drei Stellen ist es ratsam, mit den Kindern zum Besichtigen auszusteigen. Hinter der ersten Straßenbrücke liegt ein dicker Baum quer und bildet eine ca. 1 Meter hohe Rücklaufstufe (Stand: Sommer 2020). Diese Stelle kann sich natürlich leicht verändern, aber man hat hier sowieso genug Zeit, um vorher anzulanden. Die zweite kritische Stelle ist eine weitere Stufe in einer Linkskurve an einem Felsrutsch. Hier landet man besser vorher links an. Dort kann man auch umtragen, was an dieser Stelle empfehlenswert ist, da die Steine noch recht scharfkantig sind. Die letzte schwere Stelle und ein satter IVer ist relativ neu und wohl erst bei dem verheerenden Hochwasser 2018 entstanden. Sie taucht etwas unvermittelt im breiten Kiesbett auf und wird am besten vom Nachwuchs über die rechte Kiesbank umtragen.

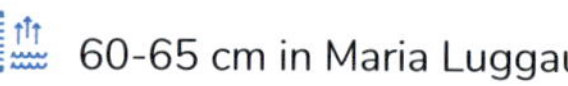

60-65 cm in Maria Luggau-Moos

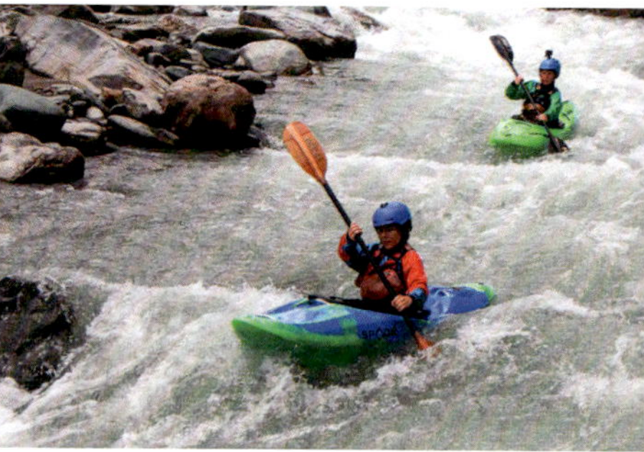

Beständiges Gefälle und schnelle Strömung fordern den Nachwuchs.

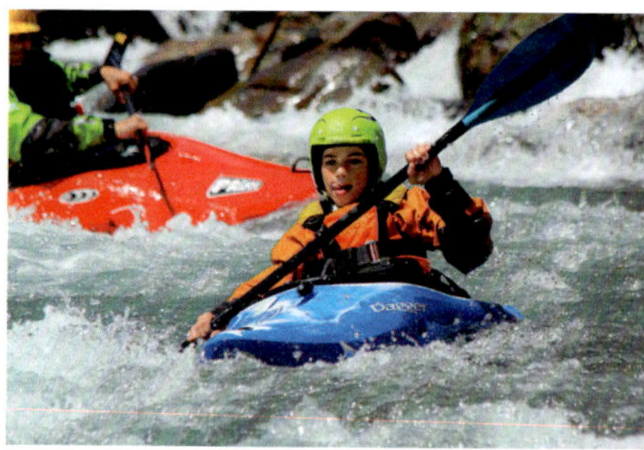

An vielen Stellen ist volle Konzentration gefragt.

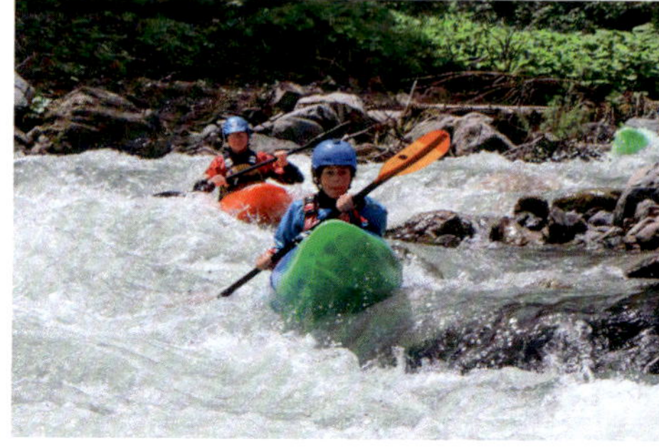

Ein typischer Schwall auf der oberen Gail.

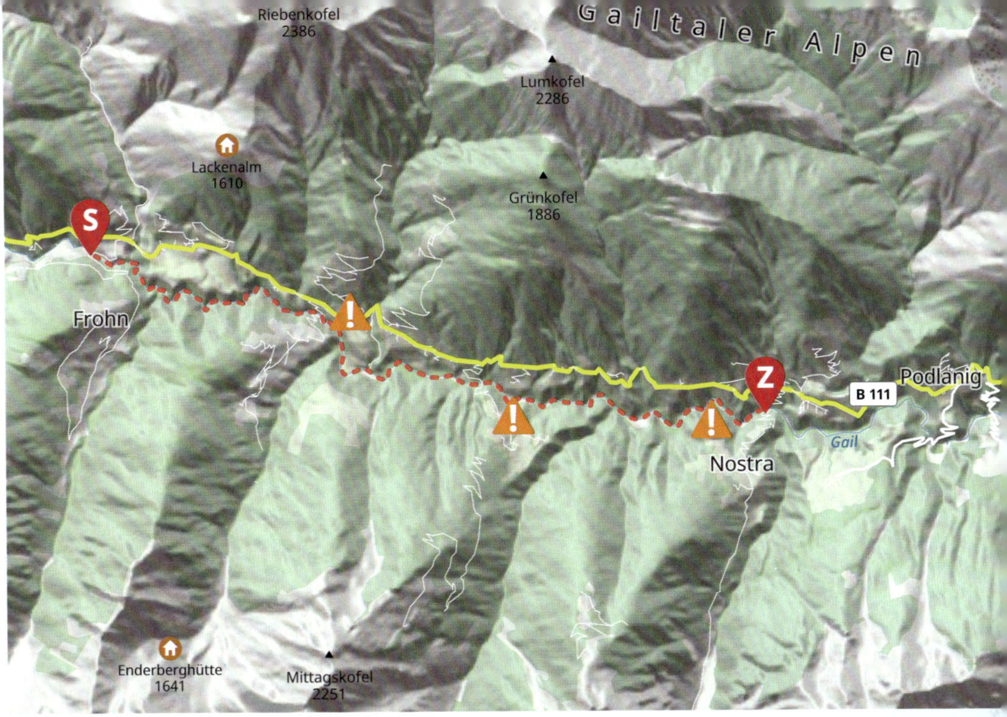

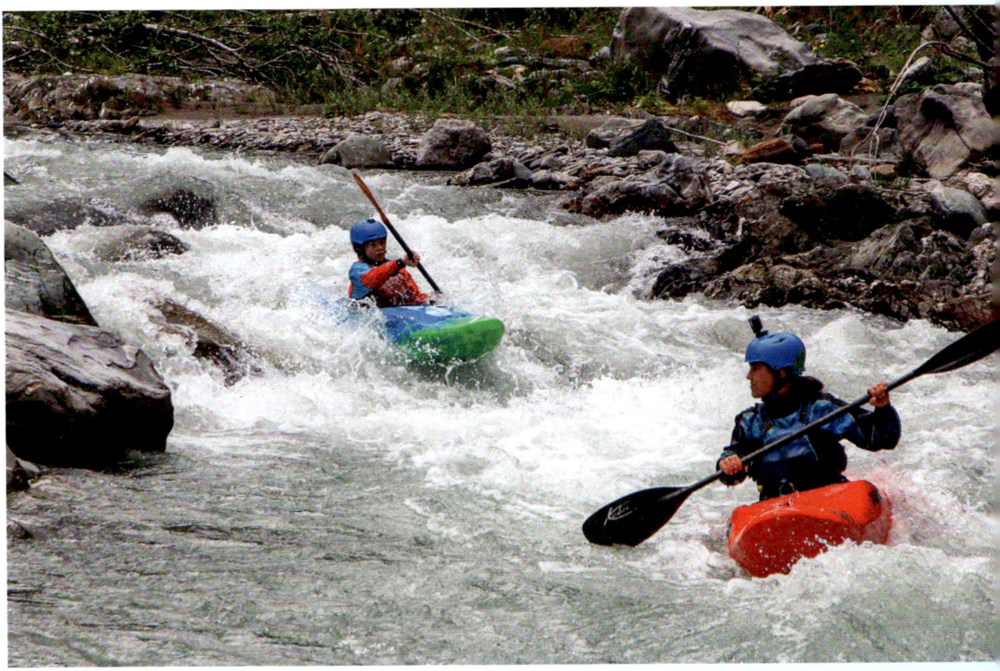

Wer gut die Route des Vorpaddlers treffen kann, hat es hier eindeutig leichter.

37 GAIL

Einstieg: Birnbaum 46.683342, 12.877372)
Ausstieg: Wehr bei Kötschach-Mauthen (46.667797, 12.979156)

FAHRSTRECKE: 14 KM | TECHNIK | KONDITION | LANDSCHAFT

Der untere Abschnitt der Gail ist ein echter Traumwildfluss für jedes Paddelkind. Man paddelt durch die grandiose Landschaft einer einsamen Waldschlucht mit unzähligen Kiesbankschwällen und nur geringer Verblockung. An der ein oder anderen Felswand kann es etwas Presswasser geben, aber die Schwierigkeiten liegen, bis auf ein Mal, bei sommerlichen Niedrigwasser maximal bei WW II. Acht geben sollte man immer auf mögliche Baumhindernisse, die den Fluss versperren können. Im Idealfall sollte der Nachwuchs also schon einigermaßen sicher Kehrwasser fahren können.

Die fiese Stufe unter einer Wanderbrücke ist bei dem Hochwasser 2018 verschwunden, ein wenig Verblockung zeugt noch von den früheren Schwierigkeiten. Diese Stelle ist einen Tacken schwerer als der Rest der Tour (WW II+). Hier bietet es sich an, mit den Kindern vorher links auszusteigen und über die richtige Routenwahl zu sprechen.

Der Ausstieg der Tour befindet sich vor dem Wehr in Kötschach-Mauthen auf der rechten Seite. Leider muss man mittlerweile ganz schön weit schleppen, um vom Wehr bis zum Parkplatz zu gelangen.

50-70 cm in Maria Luggau-Moos

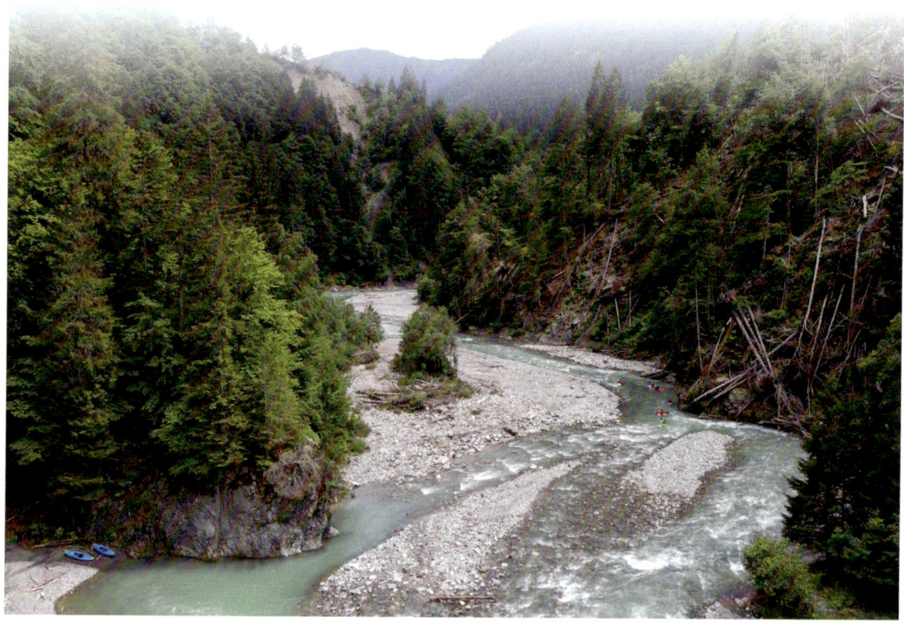

Mitten in der wunderschönen Waldschlucht.

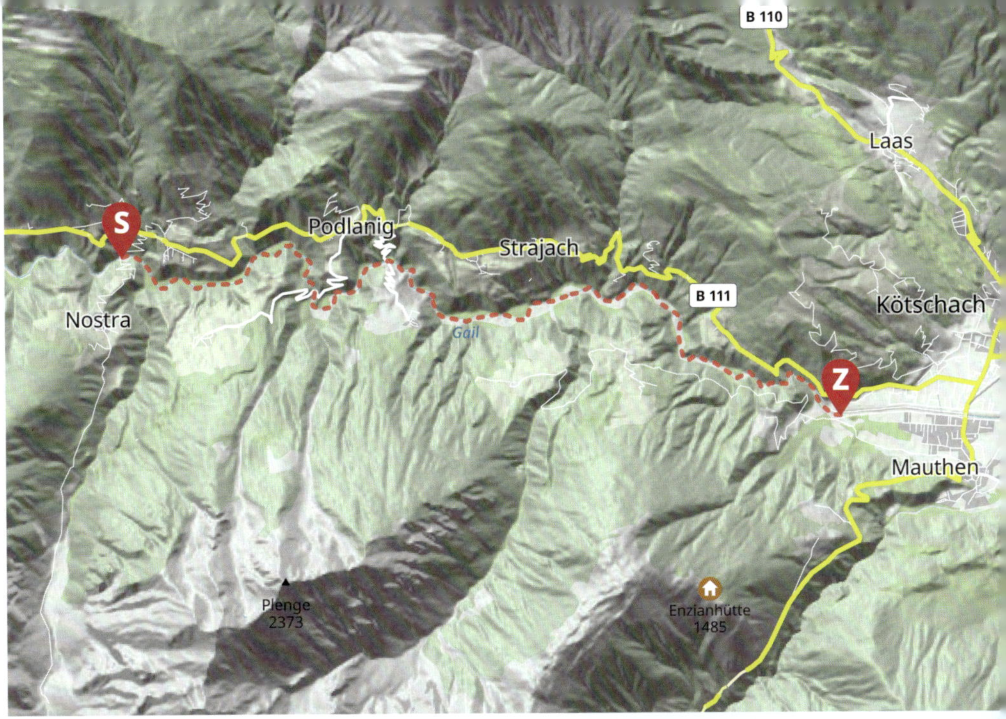

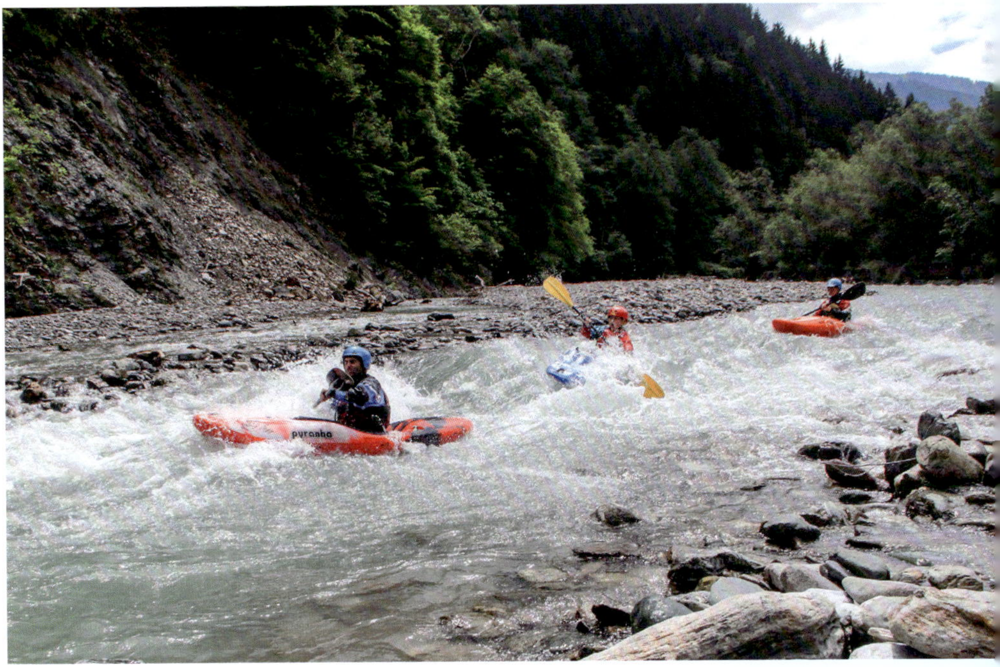

Jede Menge Kiesbankschwälle bestimmen das Erscheinungsbild dieses Abschnitts.

38 LIESER

Einstieg: Autobahnbrücke A10 bei Gmünd (46.898448, 13.528743)
Ausstieg: Lieserhofen (46.829133, 13.491908)

FAHRSTRECKE: 8,5 KM | TECHNIK | KONDITION | LANDSCHAFT

Die Lieser ist einer der Klassiker Kärntens und wird oft auch als Reisebach gepaddelt, da sie direkt an der Tauernautobahn liegt. Von der Straße aus sieht der Fluss oft etwas unscheinbar und leichter aus, als er in Wirklichkeit ist. Besonders für Kinder können einige Schwälle ganz schön wuchtig sein. Am besten man fährt die Lieser mit dem Nachwuchs zum ersten Mal bei Niedrigwasser im Sommer, dann gibt es immer noch einzelne Stellen, die bis zu WW III+ erreichen. Zwischendurch gibt es immer wieder tolle Trainingsmöglichkeit und man kann durchaus viel Zeit für die Strecke verwenden. Ein wenig Kraft ist bei den Kindern gefragt, wenn es an einigen Stellen gilt durch Walzen zu schießen oder um Steine zu fahren.

Besonders diese Mischung aus Verblockung und wuchtigen Passagen stellt eine große Herausforderung an die Paddelkids dar.

Empfehlenswerterweise beenden Kinder die Tour vor der Lieserschlucht, auch wenn man die Lieser üblicherweise bis zum so genannten Zielturm fährt. Hier nehmen die Schwierigkeiten durch einen Zuschuss von links aus dem Millstätter See und damit vor allem die Wasserwucht noch einmal deutlich zu! Kinder, die bis dahin aber keine Probleme hatten, können sich durchaus an den unteren Teil der Lieser wagen.

150-160 cm in Spittal-Fasan

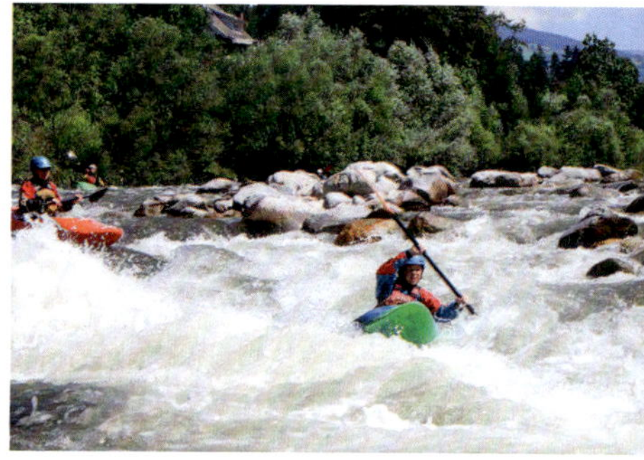

Die Lieser ist nur was für Kinder, die sich auf Wuchtwasser wohl fühlen.

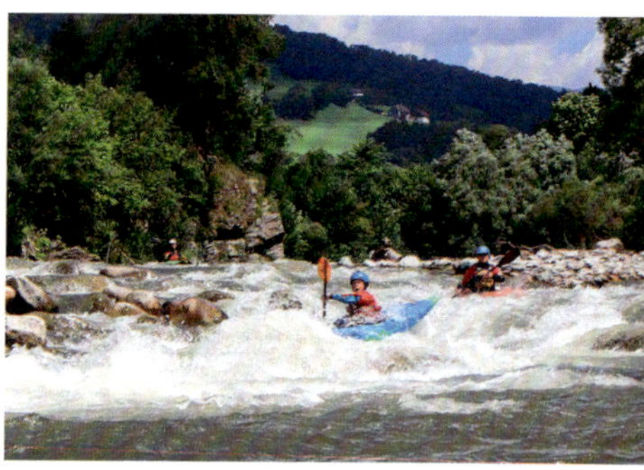

Auf jeden Schwall folgen kurze ruhige Abschnitte.

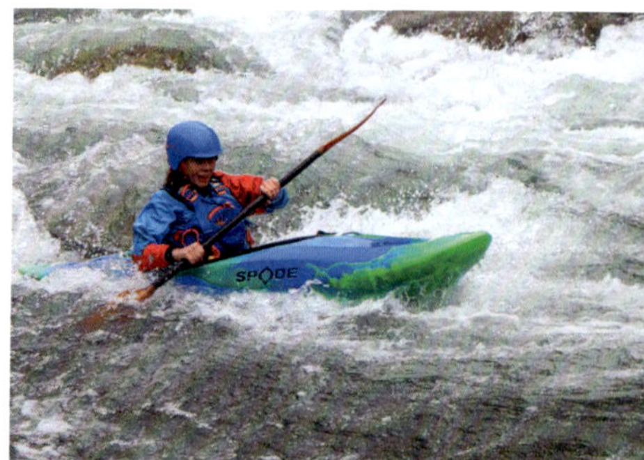

Kraft und eine präzise Fahrweise braucht man, um die Lieser gut herunterzukommen.

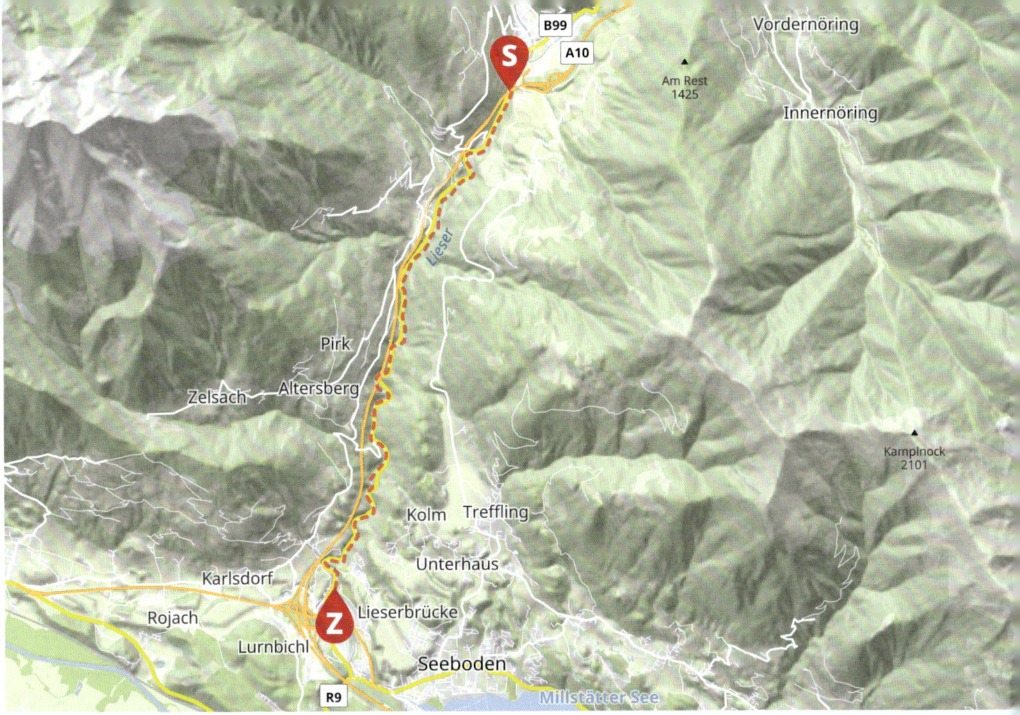

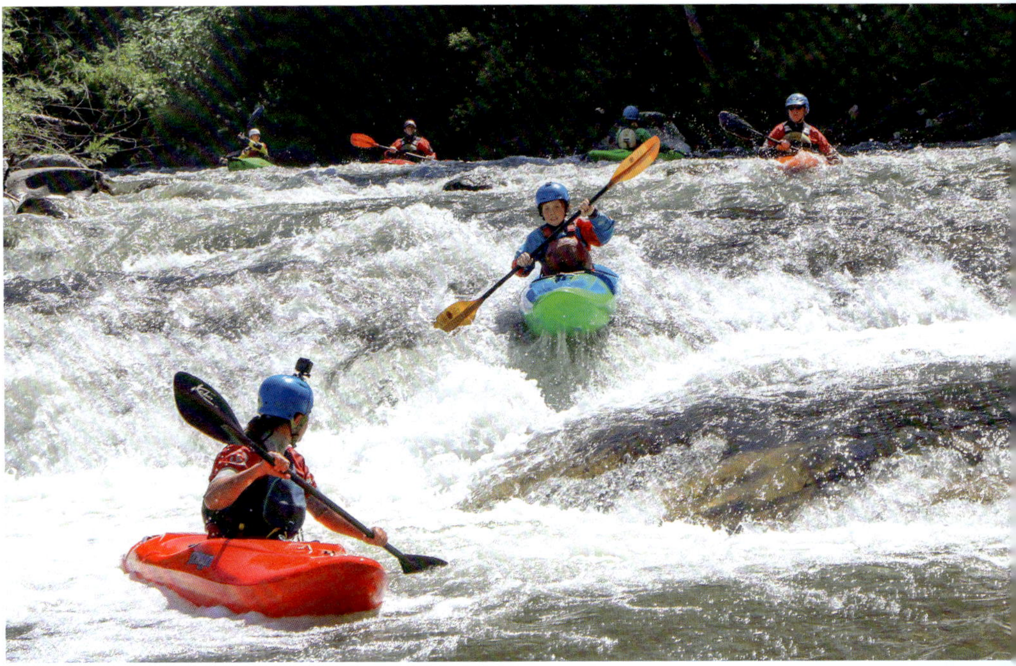

Eine der markanteren Stellen zu Beginn der Tour.

STEIERMARK

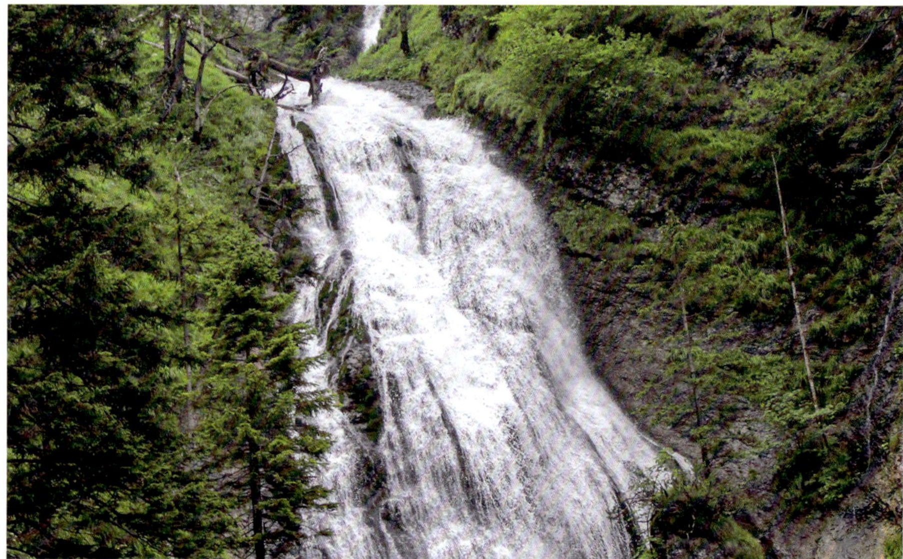

Die Steiermark wird vom Tourismusverband als das „grüne Herz von Österreich" vermarktet und da ist auch viel Wahres dran, denn so viel grün wie an der Steirischen Salza findet man sonst eher selten. Im schönen Kontrast dazu steht die Enns mit ihren hellen Kalkbergen des Gesäuses. Die Region ist nur dünn besiedelt und mehr als ein paar kleine Dörfer findet man nicht in der unmittelbaren Umgebung.

Die Salza ist in ihrem kompletten Lauf leichtes bis mittelschweres Wildwasser und somit ideal, um Kindern das Paddeln auf bewegtem Gewässer näher zu bringen. Am besten veranschlagt man für einen Urlaub mindestens eine Woche.

Die Möglichkeiten der Salza sind vielfältig und die folgenden Touren nur Vorschläge. Man kann sich auch gut nach Belieben eine ganz eigene Tour raussuchen (s. Karte).

Beste Zeit mit Kindern:
Der Sommer ist die perfekte Zeit, um die Flüsse der Region zu erkunden.

Besonderheiten:
Bitte nur die offiziellen Ein- und Ausstiegsstellen nutzen, damit uns die Salza noch lange als Paddlerfluss erhalten bleibt! An einigen Stellen muss man dafür eine Parkgebühr entrichten.

Standlager:
Zwei Campingplätze in Wildalpen, beide gut:

- Camping Wildalpen http://www.camping-wildalpen.at
- Wildwasserzentrum Naturfreunde Österreich https://kanusport.naturfreunde.at

Ausflugsziele & Sehenswürdigkeiten:

Das Motto „Natur pur" bestimmt in der Steiermark auch die Aktivitäten neben dem Paddeln. Im Salzatal lockt beispielsweise die

Wasserlochklamm Palfau. Hier geht es über jede Menge Treppenstufen hautnah an diversen Wasserfällen vorbei. Die beste Aussicht, aber nur für schwindelfreie Kinder, gibt es bei der 360° Skytour am Hochkar. Besonders spektakulär ist hier die 60 Meter lange Hängebrücke, von der man tief in den Abgrund blicken kann.

Unter Tage geht es beim Abenteuer Erzberg in Eisenerz. Hier kann man eine Tour durch ein Schaubergwerk unternehmen und sogar mit einem Hauly (Riesenlaster) fahren. Eine vorherige Onlinereservierung ist hier von Vorteil.

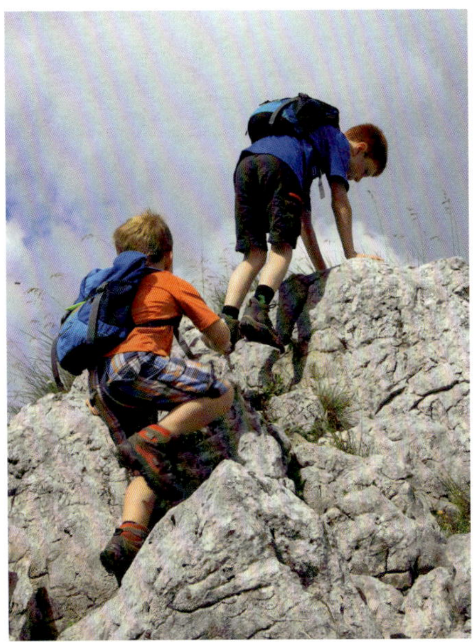

Mit kleineren Kindern lohnt sich ein Besuch des Erlebniszentrums Weidendom an der Enns. Hier gibt es einen Naturlehrpfad mit Spielplatz und Picknickmöglichkeiten.

Das Museum HochQuellenWasser in Wildalpen erklärt kindgerecht, wie das Wasser der Salza bis nach Wien als Trinkwasser geleitet wird. Einziger Wermutstropfen hier sind die spärlichen Öffnungszeiten.

Mit Kindern, die nicht nur beim Paddeln gerne am Wasser sind, kann man den Badesee in Mooslandl besuchen. Außerdem laden die Ufer der Salza an den Campingplätzen zum Spielen ein, so dass nicht immer ein großer Ausflug nötig ist.

Gastrotipp:
Typisch österreichisches Essen gibt es im Restaurant-Café Grabner (Wildalpen 184, 8924 Wildalpen).

Kombiflüsse:
Enns – Gesäuseeingang (1 km, WW V)
Enns – Kummerbrücke (6 km, erst WW IV(V-), dann abnehmend WW IV-III)

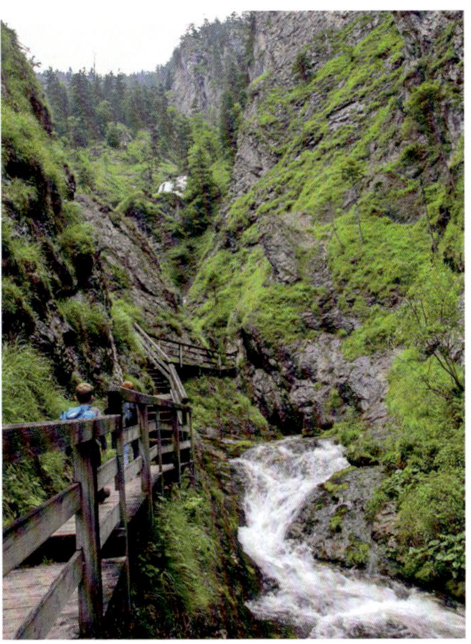

39 SALZA-KLAUSGRABEN

Einstieg: Brücke bei Greith (47.708946, 15.247070) **Ausstieg:** Weichselboden (47.671187, 15.173997)

FAHRSTRECKE: 10 KM

TECHNIK 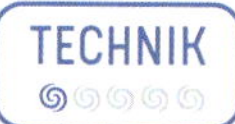

KONDITION 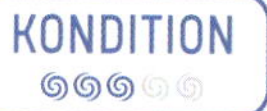

LANDSCHAFT

Der oberste Abschnitt der Steirischen Salza, der so genannte Klausgraben, bietet schönes leichtes Wildwasser und ist sehr empfehlenswert für Paddelkinder, die noch nicht so viel Wildwasser-Erfahrung haben. Die Schwierigkeiten liegen bei WW I-II und es geht meist in offenen Schwällen abwärts. In dem Schluchtabschnitt kann es an einigen Stellen schon mal Presswasser geben, aber meist kann man die fiesen Pilzchen gut umfahren.

Das eigentlich Besondere dieser Tour ist die grandiose Schluchtlandschaft mit schroffen Felswänden und sattgrünen Tannenwäldern. Man sollte sich unbedingt genügend Zeit für diesen Abschnitt nehmen und an einer der zahlreichen Kiesbänke eine Picknick-Pause einlegen.

125 cm in Gusswerk

Am Ausstieg eine Limo aus dem „Automaten“ trinken.

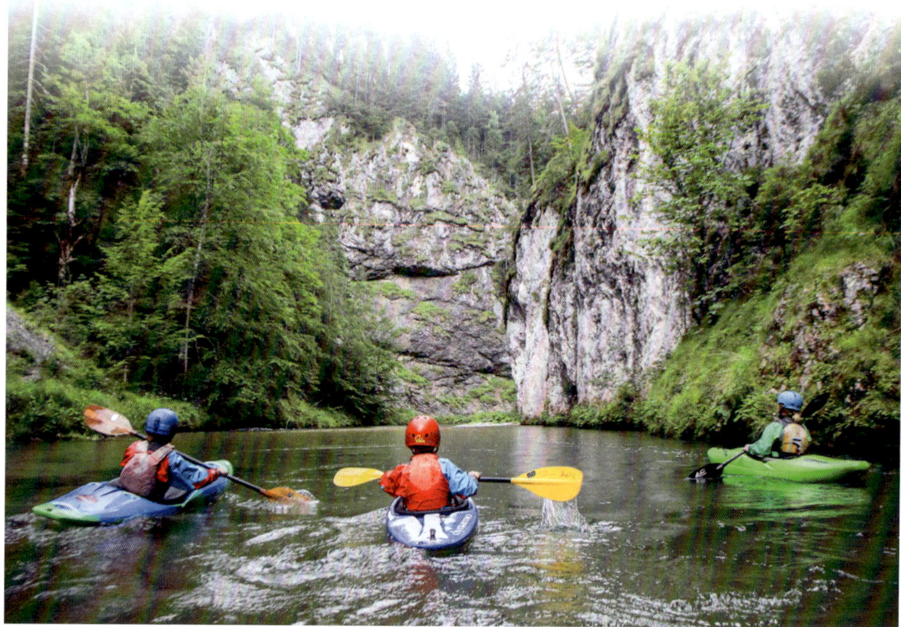

Der Klausgraben bietet nur geringe Schwierigkeiten, dafür aber ein grandioses Landschaftserlebnis.

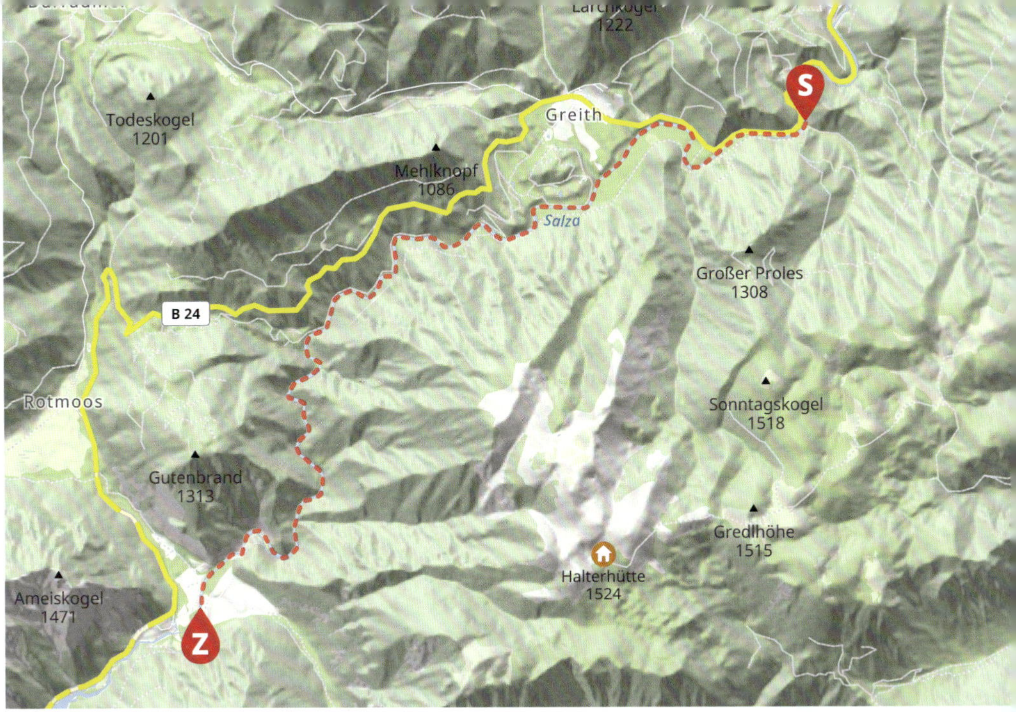

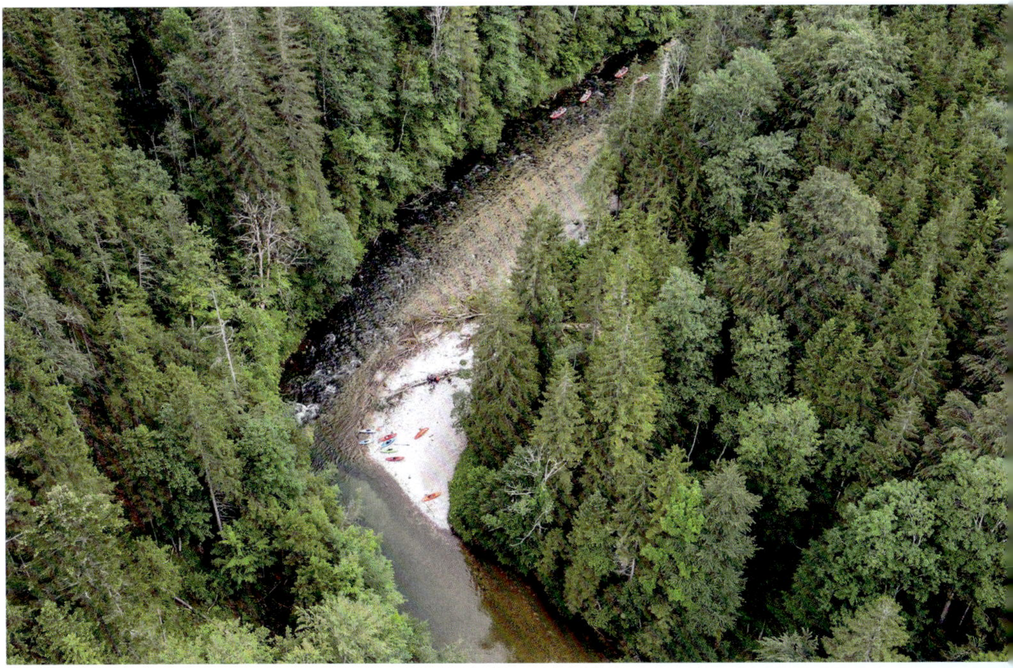

Dichter Tannenwald dominiert die Ufer.

40 SALZA ›WILDALPEN

Einstieg: Presceniklause (47.656337, 15.151584) **Ausstieg:** Wildalpen (47.666879, 14.986574)

FAHRSTRECKE: 16,5 KM | TECHNIK | KONDITION | LANDSCHAFT

Die Salza ab der Presceniklause ist zunächst sehr leichtes WW mit offenen Schwällchen. Besonders interessant sind die vielen kleinen Quellen, die sich am Anfang der Tour in die Salza ergießen (Fun Fact am Rande: Ein Großteil dieser Quellen wird nach Wien als Trinkwasser geleitet). Nach und nach nehmen die Schwierigkeiten zu und so langsam muss der Nachwuchs aufpassen, dass er auch die richtige Route trifft.

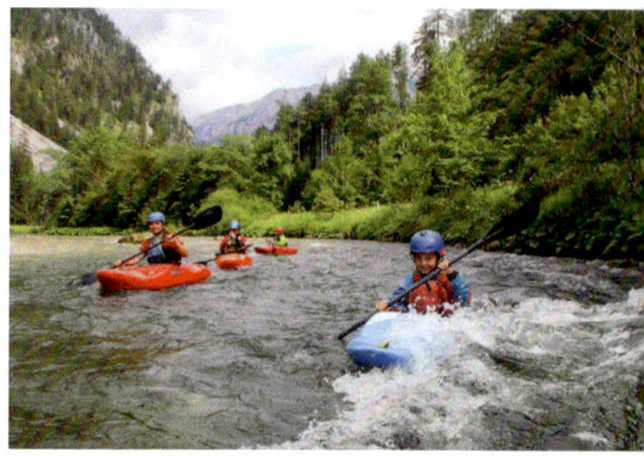

Die vielen Schwällchen begeistern besonders WW-Anfänger.

Besonders zu erwähnen sei hierbei ein fieses Loch vor der Brücke bei Camping Nachbagauer. Dies sollten Kinder besser auf der linken Seite kneifen. Ab dort bis Wildalpen geht es etwas mehr zur Sache mit einigen Stellen WW II. In Wildalpen selber wird es dann noch mal etwas schwerer. Los geht es mit der Spielstelle „Heliwelle". Kleinere und leichte Kinder fahren diese Stufe besser, je nach Wasserstand, am linken oder rechten Rand. Danach ist es kurz ruhig bevor die Slalomstrecke beginnt. Hier bietet es sich an, rechts kurz auszusteigen und sie einmal mit dem Nachwuchs abzugehen. Die letzte Stelle der Slalomstrecke ist eine hohe Stufe mit dickem Loch und nur für richtig fitte Paddelkinder (WW III+). Zum Glück kann man hier super leicht umtragen oder eher aufhören, falls man sein Standlager eh am dortigen Campingplatz hat.

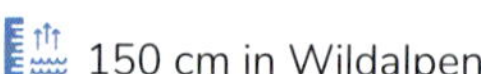

150 cm in Wildalpen

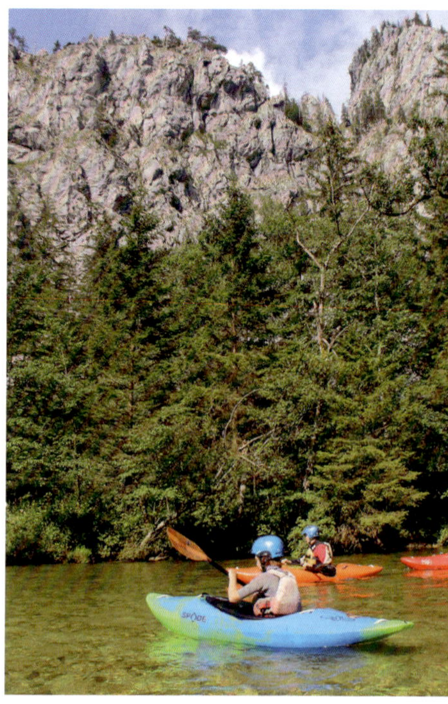

Die ruhigen Abschnitte laden zum Träumen und Genießen ein.

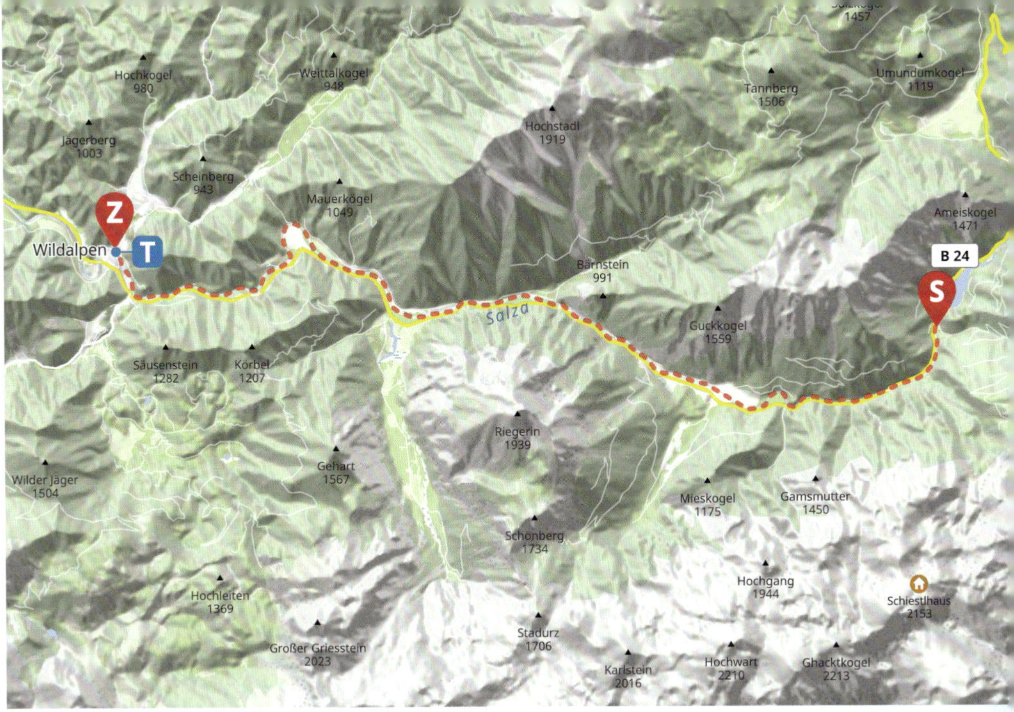

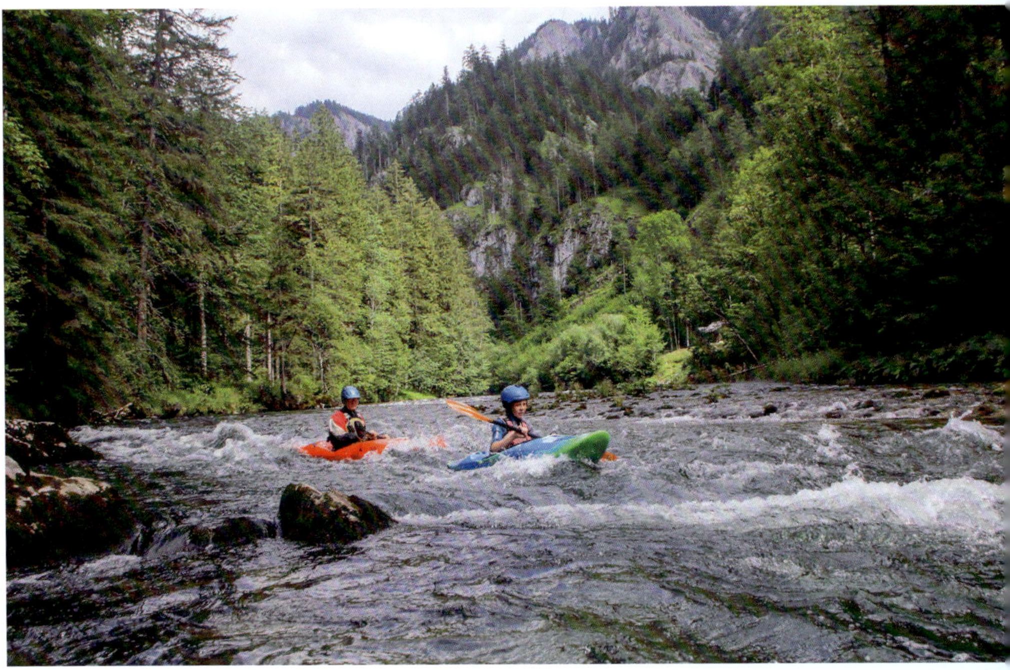

Ein typischer Schwall der Salza oberhalb von Wildalpen.

41 SALZA - PARADIES

Einstieg: Wildalpen (47.666879, 14.986574) **Ausstieg:** Erzhalden (47.712286, 14.832029)

FAHRSTRECKE: 16 KM | TECHNIK | KONDITION | LANDSCHAFT

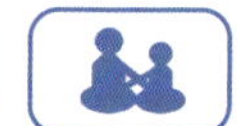

Nach dem Einstieg in Wildalpen geht es erstmal ruhig los. Es gibt ein paar Schwälle mit tollen Wellen ohne nennenswerten Schwierigkeiten. Perfekt, um sich einzupaddeln, denn die Salza nimmt ab der Brücke bei Fachwerk so richtig Fahrt auf. Der Lawinenschwall ist mit WW III die schwierigste Stelle der Tour. Er ist stark verblockt und mit so einigen Walzen versetzt. Am leichtesten fährt man ihn mittig an und dann ganz rechts.

Ein weiterer schwieriger Schwall und für Kinder recht wuchtig liegt direkt neben der Straße bei der Einstiegsstelle Petrus. Kurz darauf führt der Fluss von der Straße weg und man erreicht eine kurze, bombastisch schöne Schluchtstrecke. Hier gibt es auch einen Sprungturm, an dem sich besonders wagemutige Kinder austoben können.

Nach der Straßenbrücke folgt eine weitere Stelle, an der der Nachwuchs konzentriert ans Werk gehen muss. Dort lauert links eine dicke Walze, die man vor allem mit kleineren Kindern besser rechts umgehen sollte.

Zum Ende der Tour kommt dann das absolute Highlight. Über einen langen Wellenzug geht es hinab ins Paradies, eine breite Niederklamm aus Konglomeratgestein. Sie ist nicht nur landschaftlich ein echter Hingucker, sondern bereitet auch mit einigen Wellen viel Freude.
Vielleicht findet der Nachwuchs hier ja eine schöne Welle zum Absurfen. Sowieso strotzt dieser Abschnitt nur so von Wellen und Kehrwässern, die zum Trainieren einladen. Ein echtes Wildwasser-Paradies für Neulinge! Am Ausstieg in Erzhalden muss man dann ein ganzes Stück zur Straße hinauftragen, für Kinder kein leichtes Unterfangen.

Wenn einem die Strecke zu lang ist, kann man die Tour auch erst in Fachwerk starten (9 km).

125-180 cm in Wildalpen

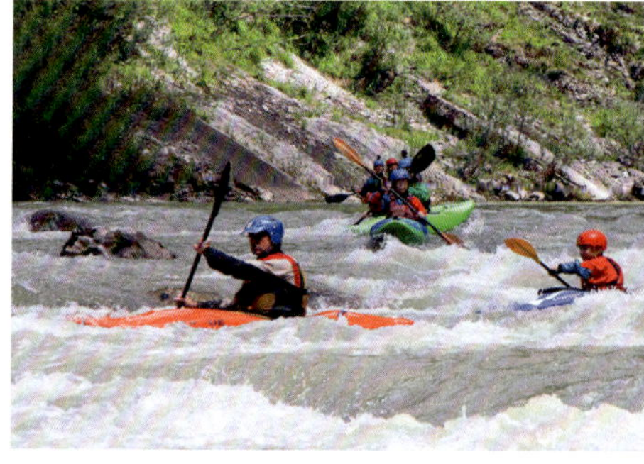

Die Salza ist ein wahrer Traumfluss für alle Paddelkinder.

Zwischendurch wird's auch mal wilder.

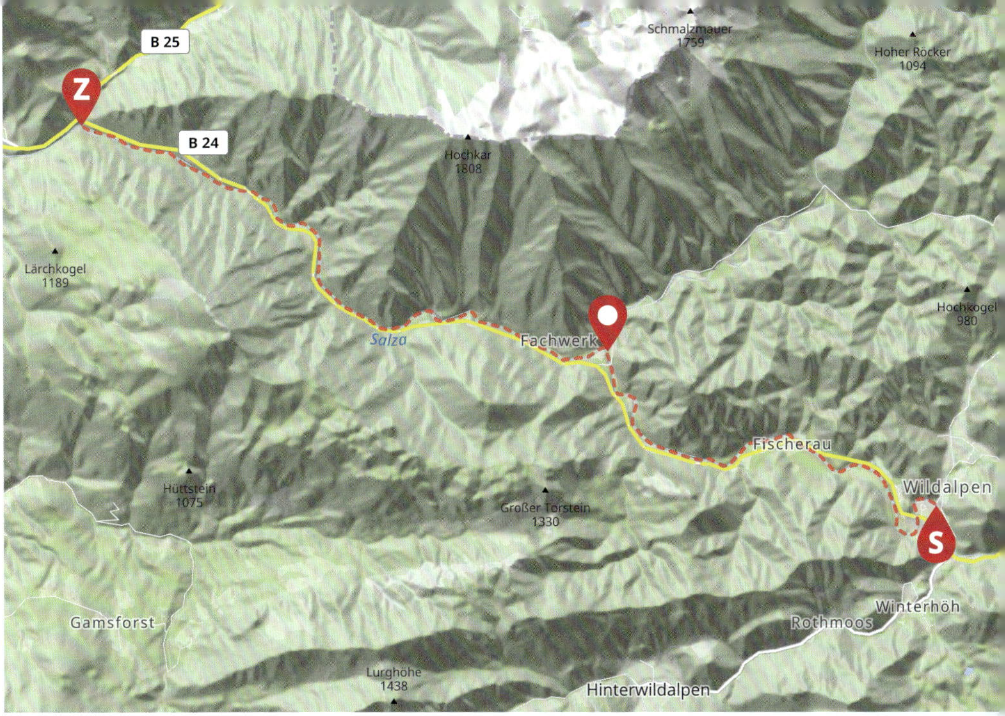

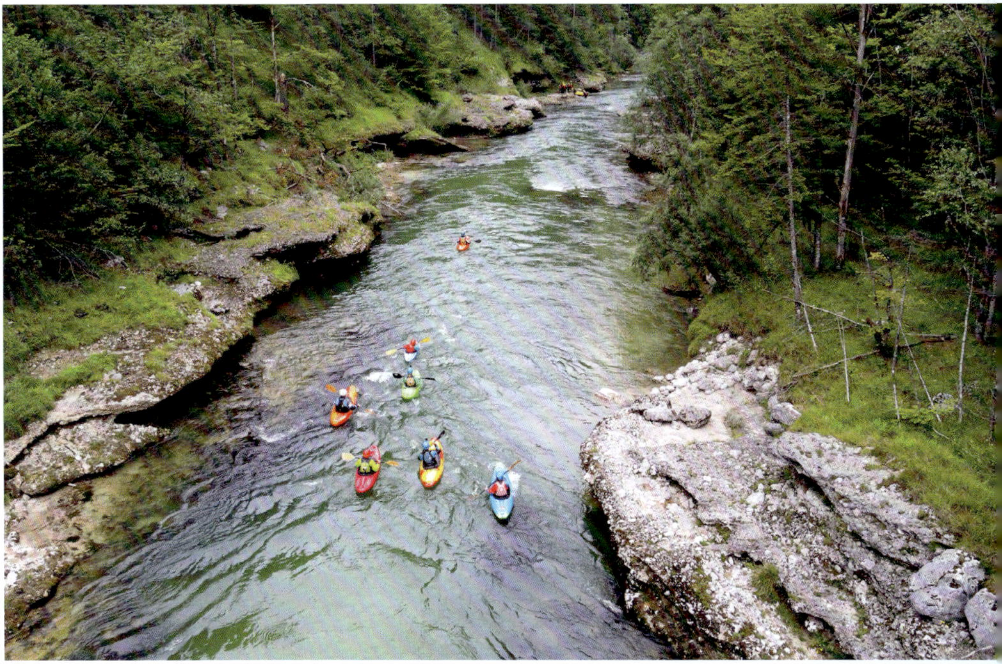

Im Paradies

42 SALZA - PALFAUER SCHLUCHT

Einstieg: Erzhalden (47.712286, 14.832029) **Ausstieg:** Mündung (47.671997, 14.728358)

FAHRSTRECKE: 11 KM | TECHNIK | KONDITION | LANDSCHAFT

Der unterste Abschnitt der Salza ist zwar der schwierigste, aber auch der schönste. Am Einstieg in Erzhalden muss man dafür leider ein Stückchen zum Fluss hinabtragen.

Immer wieder geht es mit hohen Wellen und teilweise auch Walzen abwärts. Dabei rücken die Felswände immer näher aneinander. Besonders eng und richtig klammartig wird es, wenn die Straßenbrücke den Fluss überspannt. Das Konglomeratgestein bildet dabei unglaublich schöne Formen. Vor dieser Straßenbrücke gibt es die höchsten Wellen der Tour. Die Stelle nach der Brücke kann je nach Wasserstand eine dicke Walze bilden. Sollte der Nachwuchs unsicher sein, kann er diese Stelle auch auf der linken Seite umtragen.

Auf der gesamten Strecke gibt es unzählige Trainingsmöglichkeiten von Kehrwassern zum Reinspringen, über Surfwellen bis hin Walzen, über die man hinüberboofen kann. Der Phantasie sind keine Grenzen gesetzt.

Zum Ende hin wird die Salza immer leichter und den letzten Kilometer paddelt man über einen Stausee aus.

Alternative: bei Petrus I (47.687574, 14.886008) einsteigen (kein weites runtertragen, dann 16 km) und noch die Fahrt durchs „Paradies" mitnehmen.

125-170 cm in Wildalpen

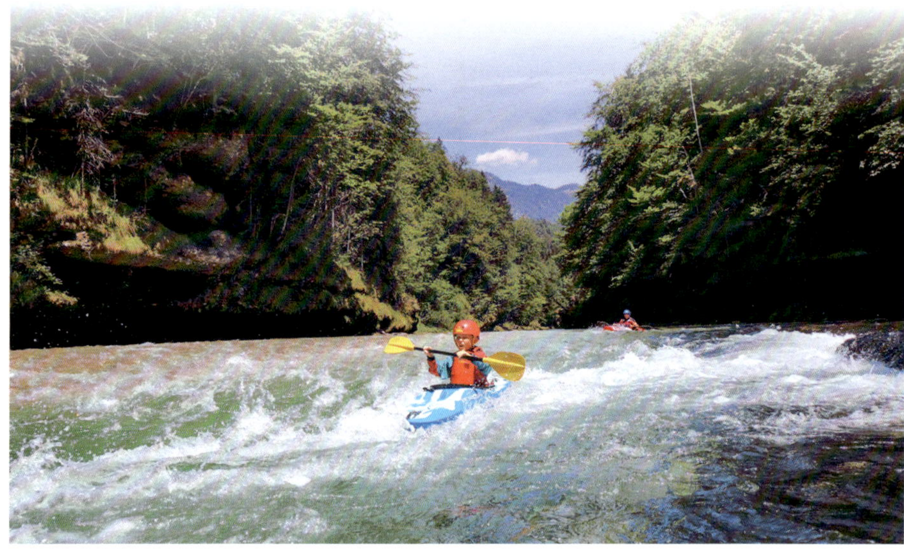

Neben schönem Wildwasser gibt es hier auch die wildesten Felsformationen.

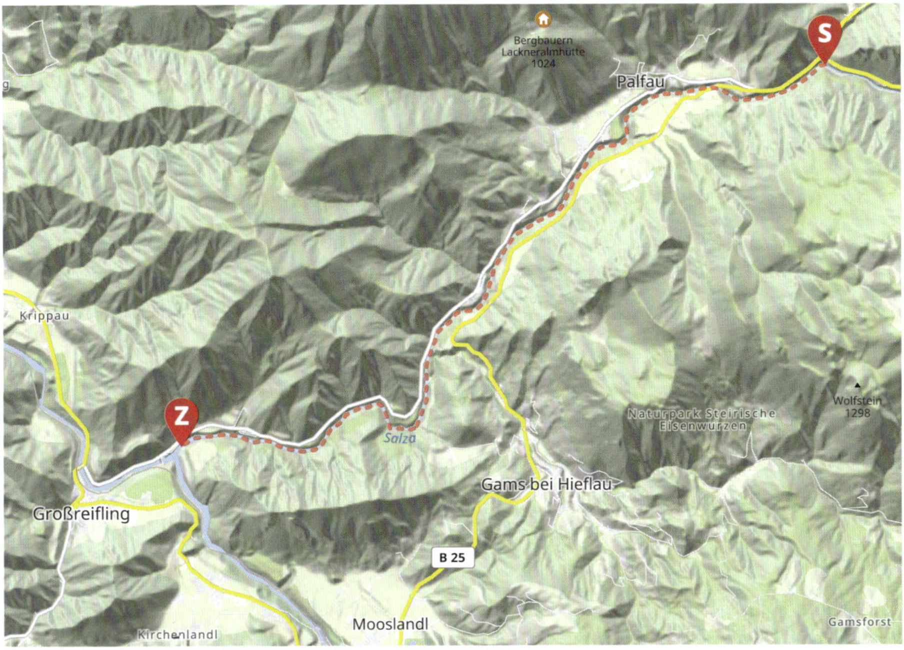

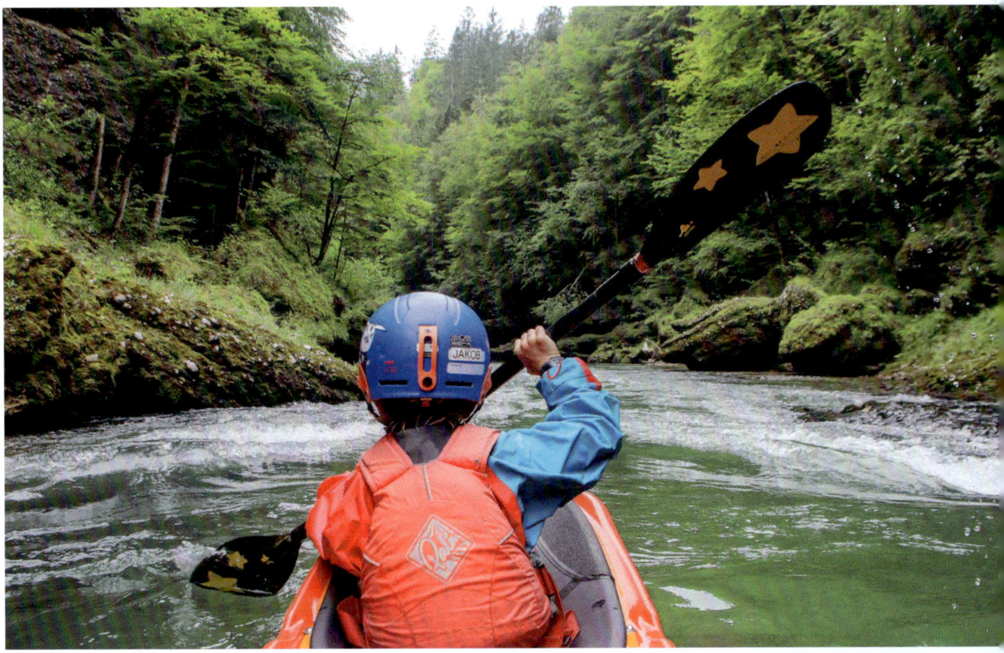

Die Palfauer Schlucht ist auch im Zweier ein echter Genuss.

43 HINTERWILDALPENBACH

Einstieg: Sauna (47.655356, 14.983935) **Ausstieg:** Mündung (47.662169, 14.988393)

FAHRSTRECKE: 0,9 KM | TECHNIK | KONDITION | LANDSCHAFT

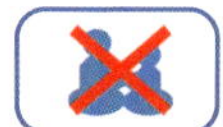

Will der Nachwuchs das Boofen erlernen, ist der Hinterwildalpenbach der perfekte Ort dafür. Wohl selten gibt es auf so kurzer Strecke so viele Stufen mit der idealen Abrisskante hintereinander. Mit Kindern sollte man eine Befahrung nur bei Niedrigwasser wagen, da ansonsten teils fiese Rückläufe an einigen Stufen entstehen können.

Idealerweise passen am „Hiwi-Bach" zwei Erwachsene auf den Nachwuchs auf, nur um auf Nummer sicher zu gehen. Die Stufen in den unterschiedlichsten Höhen (von 20 cm bis ca. 3m) folgen wirklich dicht auf dicht. Dies sollte man dem Nachwuchs vor einer Befahrung klarmachen, vor allem weil das ständige Boofen ganz schön auf die Armmuckis gehen kann. Die Straße ist aber die ganze Zeit neben dem Bach, so dass man auch gut vorher mal hineinschauen kann, um ein Gefühl für den ja eher ungewöhnlichen Charakter zu bekommen (ist der Nachwuchs unsicher, kann man auch die komplette Strecke einmal ablaufen, bei der Länge ist das ja kein großer Zeitaufwand).

Diese kurze Tour kann man gut als Nachmittagsrun machen oder mit einer Trainingseinheit auf der WW-Strecke in Wildalpen verbinden. Ansonsten: Second run, double fun!

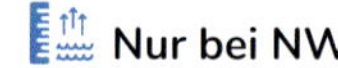

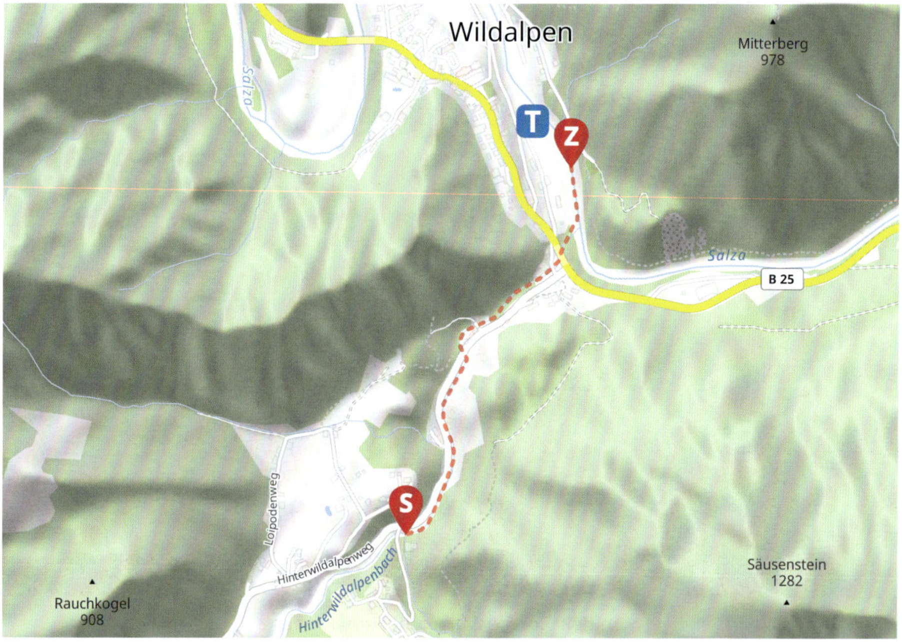

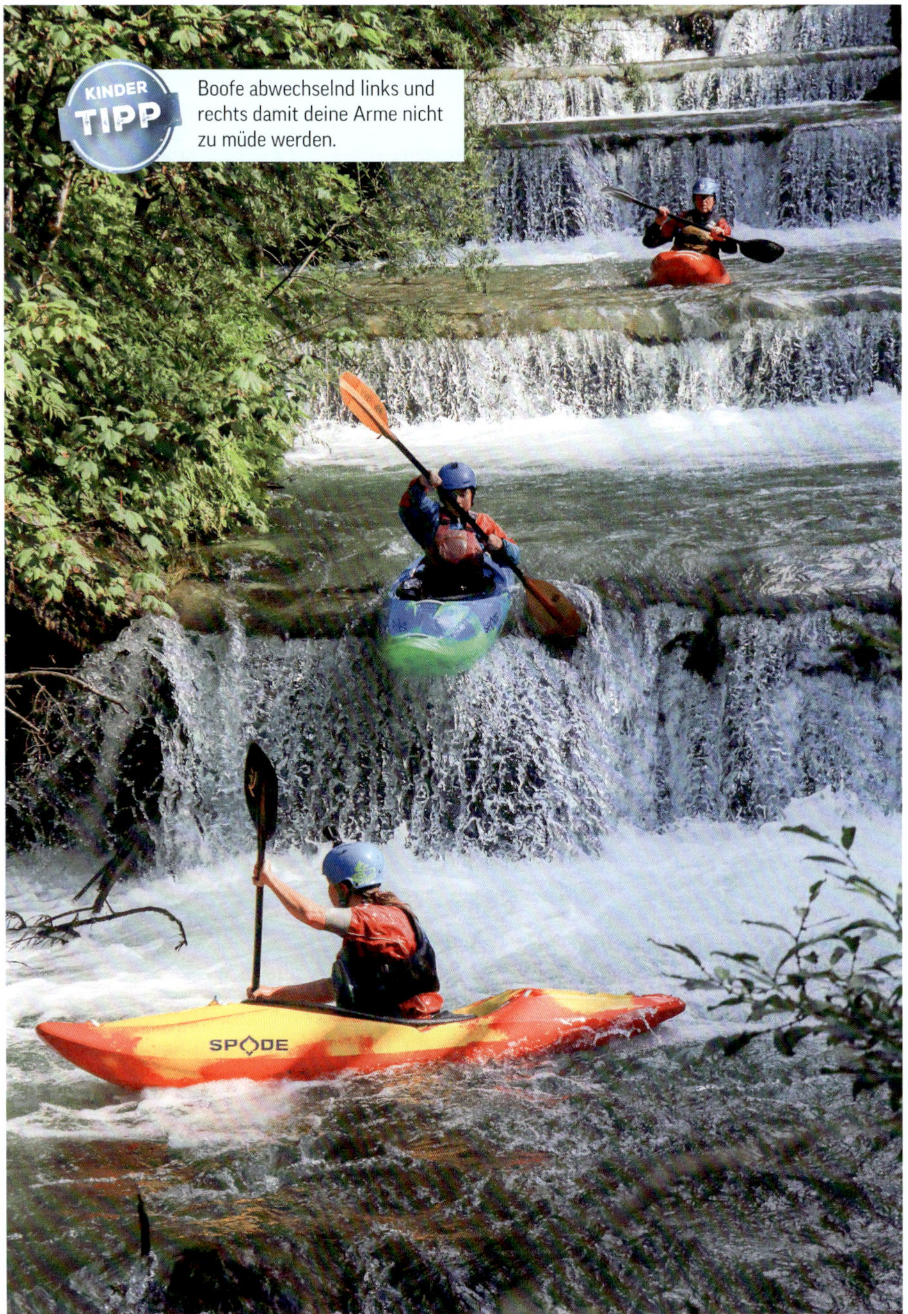

Hier lernt man wirklich, wie man den Boofschlag am besten platziert.

44 ENNS

Einstieg: Eisenbahnbrücke hinter dem Gesäuseeingang (47.579637, 14.554824)/ hinter der Insel
Ausstieg: Parkplatz Raftausstieg (47.591529, 14.644632)

FAHRSTRECKE: 8 KM | TECHNIK | KONDITION | LANDSCHAFT

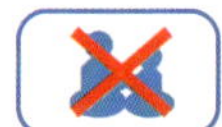

An der Enns gibt es zwei verschiedene Einstiege, je nachdem, wie gut der Nachwuchs im Boot sitzt. Fitte Kinder steigen an der Eisenbahnbrücke direkt hinterm Gesäuseeingang ein. Es folgt dann ein sehr wuchtiger Schwall mit einigen Walzen, WW III. Hier sollte man nur mit Kindern einsteigen, die sich sicher sind, dass sie vom Einstieg in den linken Flussarm kommen. Auf keinen Fall den rechten Arm fahren, dort gibt es einen Siphon!

Weniger sichere Kinder können aber problemlos unterhalb dieser Insel in einem riesigen Kehrwasser einsteigen. Danach ist die Enns erstmal ganz leicht. Es geht in einem offenen Flussbett entlang von schroffen Bergen. Nach ungefähr der Hälfte der Tour gibt es einen etwas schwereren Schwall mit vielen tollen und je nach Wasserstand für kleinere Kinder auch recht hohen Wellen (WW II). Nach diesem Schwall wird es wieder leichter bis zum Ende der Tour. Den Abschluss bildet ein Felssturz, an dem es mehrere Durchfahrten gibt, WW III+. Am besten steigt man davor auf der linken Seite aus und besichtigt die Stelle, es gibt hier mehrere Routen. Unerfahrene Kinder beenden die Tour vor dem Felssturz.

< 60 m³/s in Admont

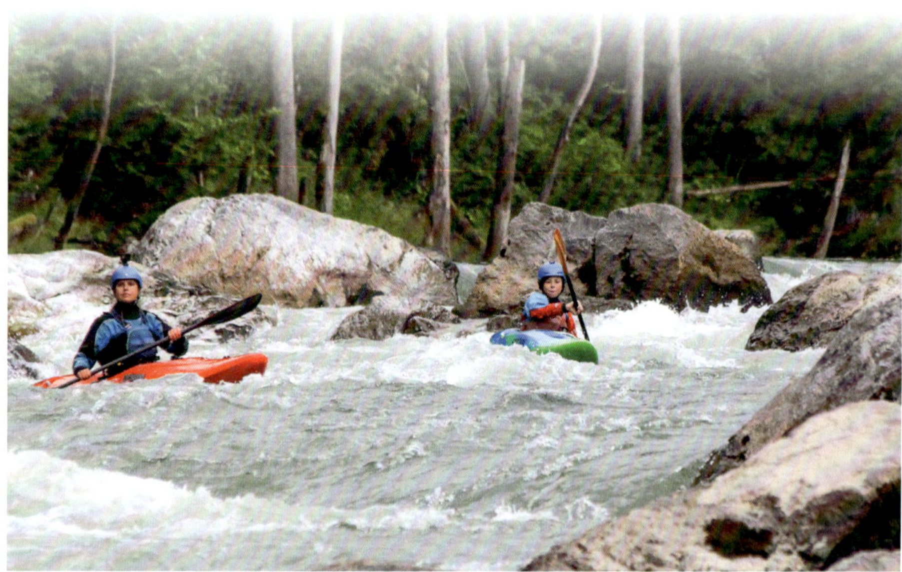

Der Felssturz am Ende der Tour ist nur fitten Paddelkindern vorbehalten.

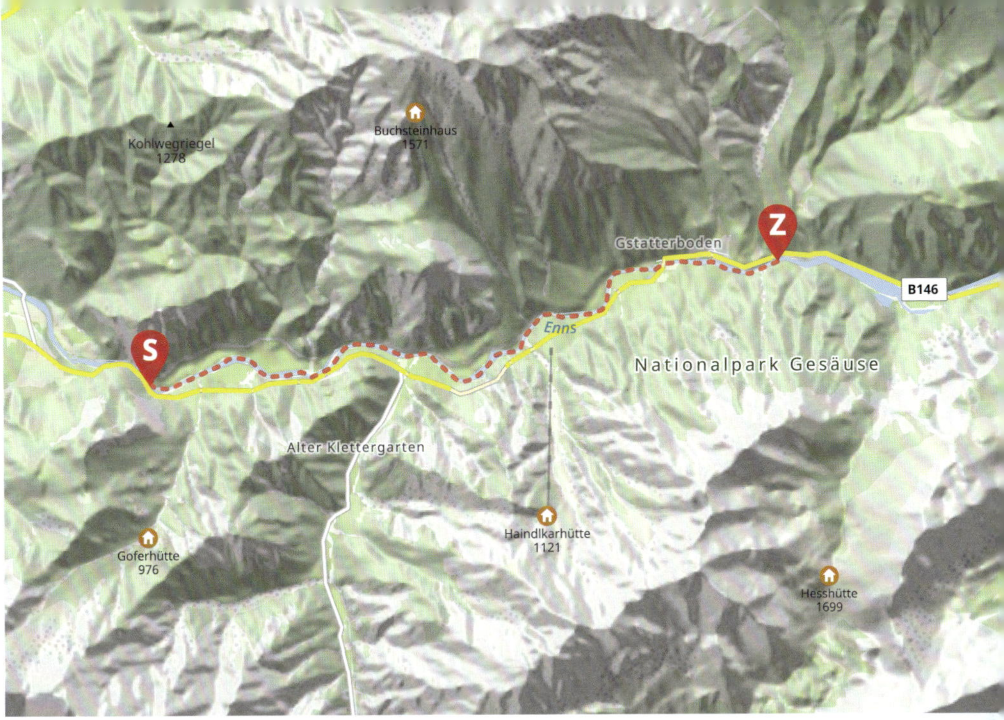

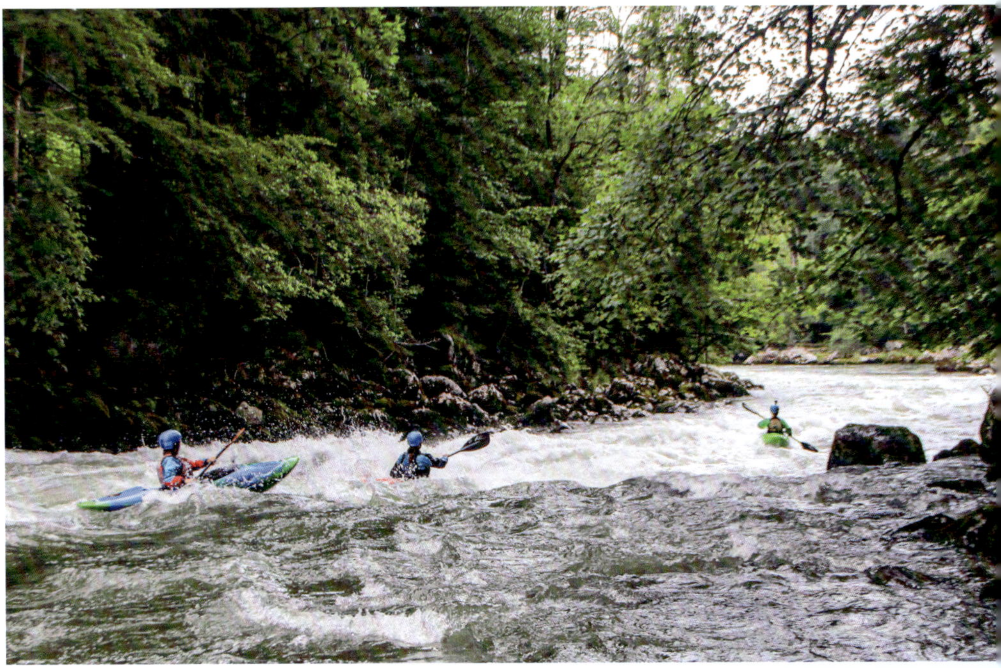

Im ersten Schwall entlang der Insel.

ZENTRALSCHWEIZ

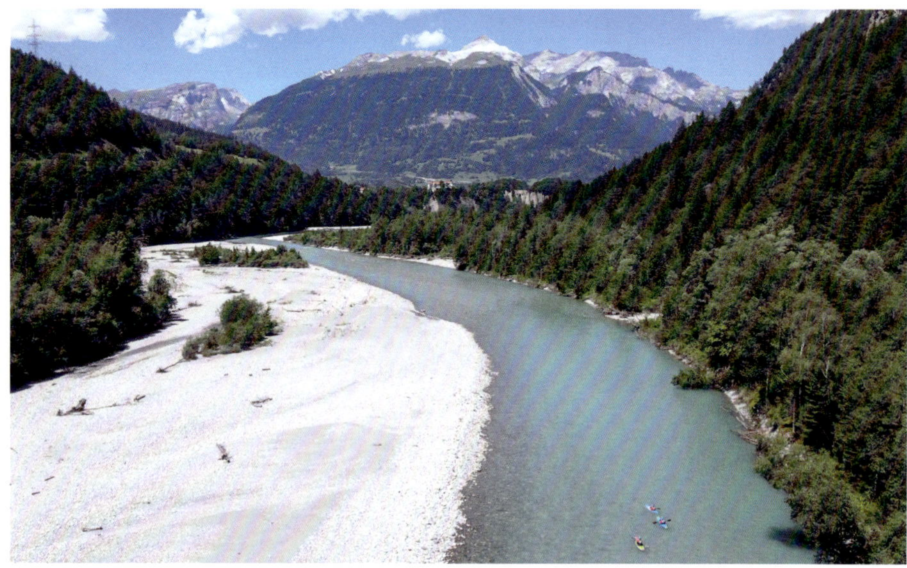

Die Schweiz besticht landschaftlich durch hohe Berge und idyllische Almwiesen. Leider sind die Flüsse oft nicht ganz so idyllisch. Besonders die leichten – für Paddelkinder interessanten – Flüsse sind meist begradigt und vollkommen verbaut. Im Zusammenspiel mit den happigen Preisen (für Familien ja auch eher ungünstig) habe ich meine Auswahl auf die Schweizer Klassiker beschränkt.

Die Flimser Schlucht auf dem Vorderrhein ist sowohl wildwassertechnisch als auch landschaftlich so herausragend schön, dass sie in das Fahrtenbuch eines jeden WW-Paddlers gehört. Die letzten Kilometer des Hinterrheins sind besonders für Paddelneulinge geeignet, die zum Beispiel das Kehrwasserfahren erlernen wollen. Die Reuss ist zwar ein Stückchen entfernt, ist aber eine lohnende Ergänzung zu den beiden Klassikern.

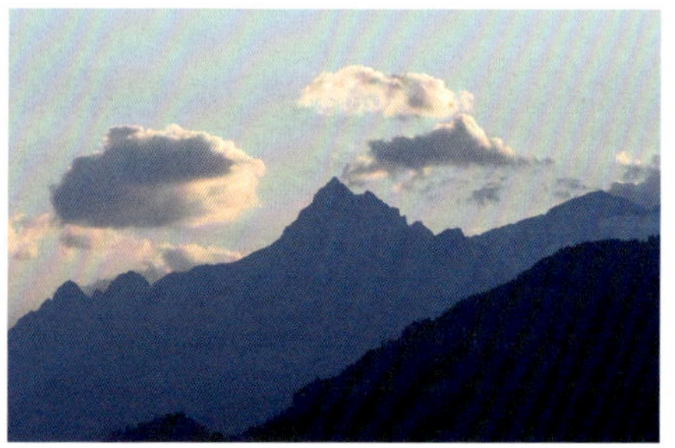

Zeitlich sollte man für die Region vier Tage bis eine Woche einplanen.

Beste Zeit mit Kindern:
Fahrbare Wasserstände gibt es in der Region schon ab Mai. Mit Kindern ist es aber empfehlenswert, die Flüsse bei sommerlichem Niedrigwasser zu erkunden. Besonders der Vorderrhein kann bei höherem Pegel deutlich schwieriger werden.

Besonderheiten:
Die Schweiz ist teuer und fast überall muss man Parkgebühren bezahlen. Das geht entweder per App oder mit Kleingeld. Man sollte

sich also dringend vor dem Urlaub ein paar ein-Franken-Münzen organisieren.

Standlager:
Der schönste (und auch günstigste) Campingplatz in der Gegend ist Camping Carrera http://camping-carrera.ch. Hoch über der Flimser Schlucht gelegen, bietet er eine fantastische Aussicht auf die umliegenden Berge. Außerdem ist er sehr kinderfreundlich. Es gibt sogar eine Campingplatz-Rallye, so dass der Nachwuchs auch nach dem Paddeln beschäftigt ist. Wichtig: Man muss vorher in jedem Fall reservieren!

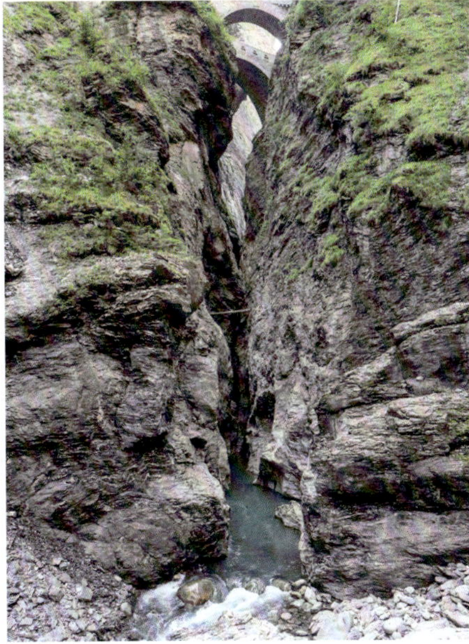

Ausflugsziele & Sehenswürdigkeiten:
Eine super Wanderung mit Kindern führt entlang des Connbächli. Die Tour startet in Flims Waldhaus und ist dafür ausgelegt, ein Mini-Bötchen im wilden Bach neben dem Wanderweg schwimmen zu lassen. An der Touristen-Info kann man dafür extra ein Segelbötchen erstehen. Ehrlich gesagt klappt das Ganze mit einem selbst geschnitzten Mini-Kajak aber viel besser, immerhin werden hier auch Miniatur-Wasserfälle bezwungen.

Besonders sehenswert ist die Hauptattraktion der Region: die Via Mala am Hinterrhein. Kinder können dort zusätzlich eine unterhaltsame Schatzsuche unternehmen.

Kombifluss:
Glenner (WW III-IV)

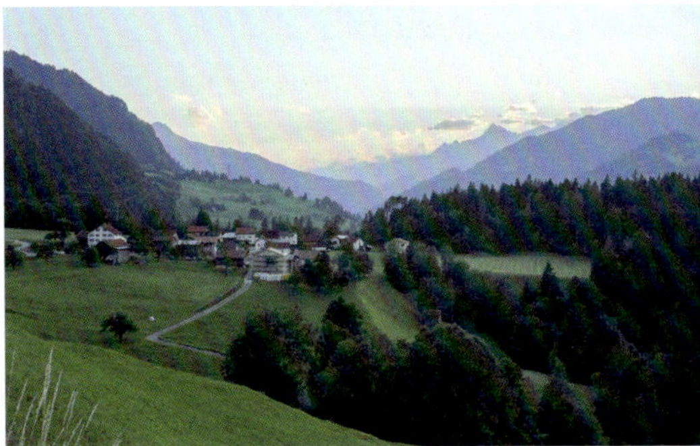

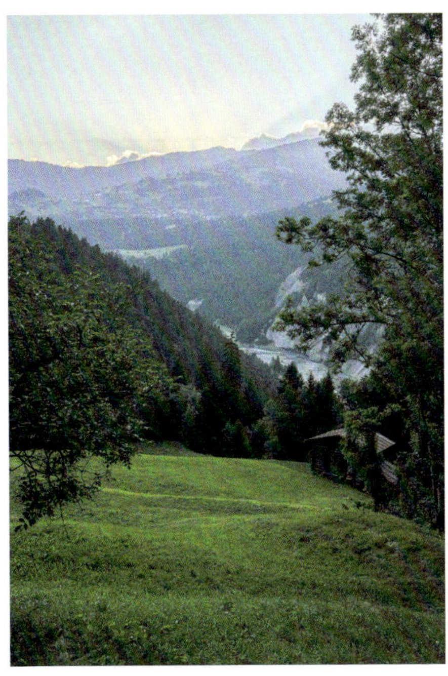

45 HINTERRHEIN

Einstieg: Geröllbremse bei Rothenbrunn (46.774138, 9.419185) **Ausstieg:** Zusammenfluss Vorder- und Hinterrhein

FAHRSTRECKE: 7 KM | TECHNIK | KONDITION | LANDSCHAFT

Mit Kindern steigt man am Hinterrhein am besten hinter der etwas unsauberen Geröllbremse bei Rothenbrunn ein. Kurz nach dem Einstieg fängt dann auch der schönste Abschnitt an. In einem offenen Flussbett geht es über unzählige Kiesbankschwälle abwärts.

Ein wenig verzweigt sich der Fluss hier auch, doch am besten bleibt man immer im Hauptarm. An wenigen Stellen kann Totholz in den Außenkurven liegen, doch man hat immer genug Platz, um drum herum zu paddeln. Die Schwierigkeiten liegen bei WW I mit einigen Stellen WW II. Der Hinterrhein bietet sich hervorragend für WW-Neulinge an. Sei es für erstes Wildwasser paddeln (je nach Alter mit ein wenig Unterstützung und Päckchen fahren) oder das Erlernen von Kehrwasser fahren. Doch auch etwas versiertere Kinder können hier auf ihre Kosten kommen und vielleicht auch mal ein paar schwierigere Kehrwasser nehmen. Von der nahen Autobahn merkt man übrigens nicht viel, da sie hier größtenteils durch Tunnel verläuft. So kann man die schöne Landschaft dann gleich noch viel mehr genießen

Anmerkung: Theoretisch kann man den Hinterrhein mit Kindern auch schon ab der Albula- Mündung paddeln, doch leider ist er hier größtenteils begradigt und ist trotz einiger Wellchen für Kinder nicht besonders ansprechend.

18 m³/s in Fürstenau

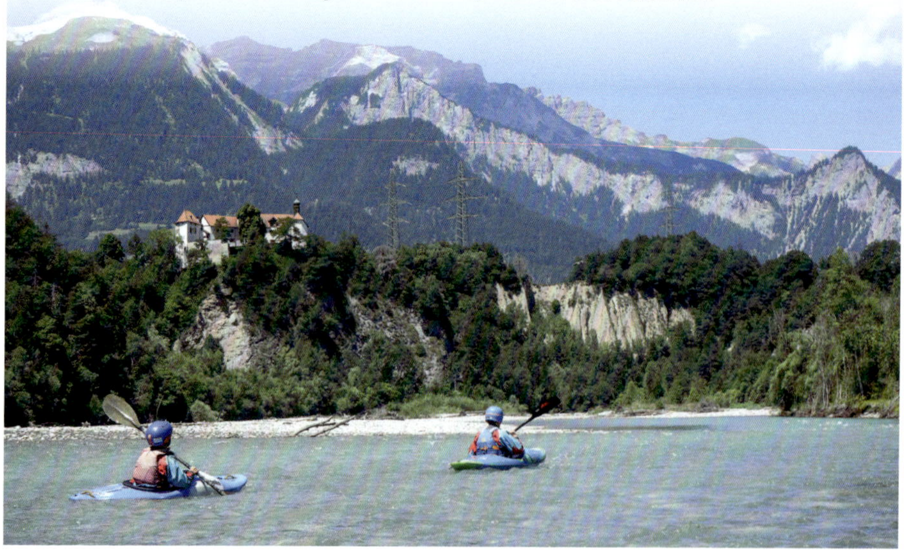

Schweizer Idyll, besonders in den Abschnitten, wo der Hinterrhein fernab der Straßen fließt.

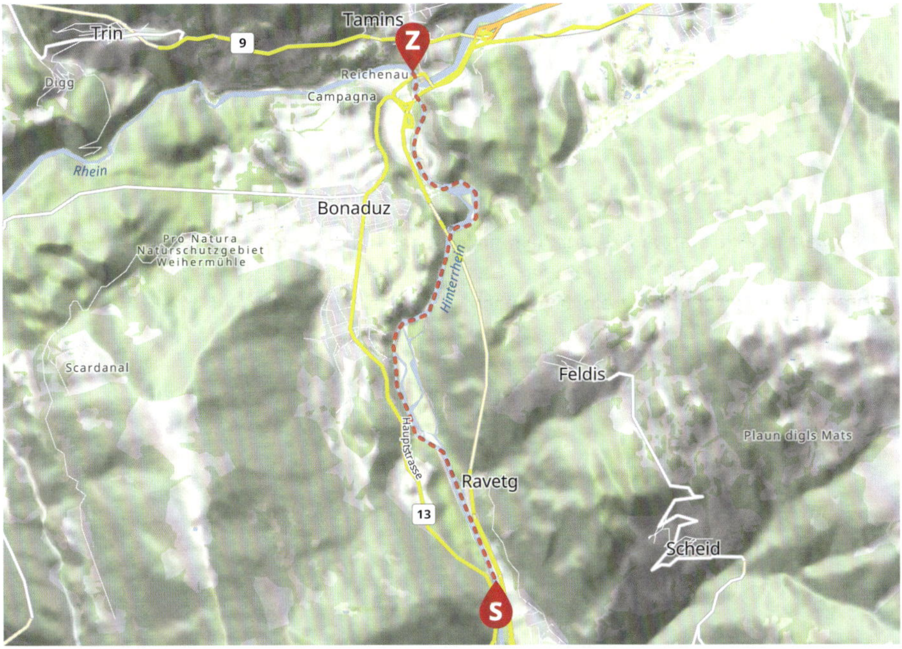

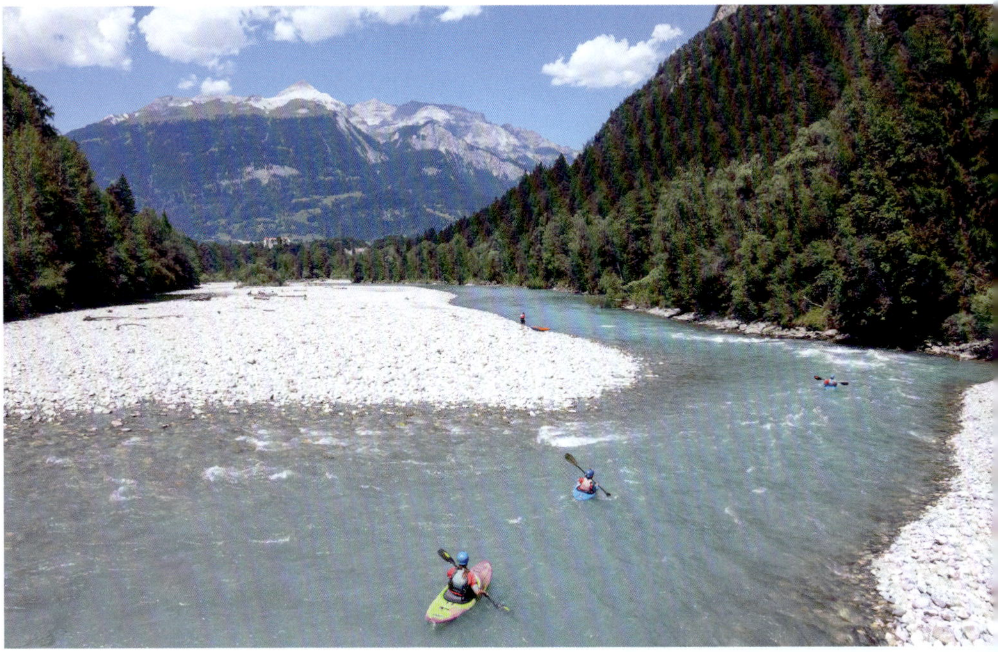

Je nach Können, kann man hier die dicksten Wellen mitnehmen oder die ruhige Innenkurve wählen.

46 VORDERRHEIN

Einstieg: Bahnhof Ilanz (46.775237, 9.208921) **Ausstieg:** Zusammenfluss Vorder- und Hinterrhein (46.824431, 9.406630)

FAHRSTRECKE: 20 KM | TECHNIK | KONDITION | LANDSCHAFT

Die Flimser Schlucht des Vorderrheins ist wohl der WW-Klassiker der Schweiz. Ein großer Anteil daran trägt die spektakuläre Landschaft mit den bizarren, weißen Kalksteinformationen. Mit Kindern paddelt man den Vorderrhein am besten bei Mittel- oder Niedrigwasser, z.B. im Hochsommer (30 m³/s oder weniger sind ideal). Bei höheren Wasserständen können einige Stellen schnell zu wuchtig für den Nachwuchs werden.

Von den Schwierigkeiten her, kann man die Flimser Schlucht in zwei Abschnitte einteilen. Von Ilanz bis Versam fließt der Vorderrhein immer wieder durch wuchtige und steile Schwälle, die sich ruhigeren Abschnitten abwechseln, meist WW II-III. Zwei Stellen sind dabei besonders herauszustellen. Noch vor der eigentlichen Schlucht an einer schmalen Hängebrücke liegt ein dicker Fels im Fluss. Mit Kindern fährt man am besten links am Stein vorbei und dann Richtung Mitte. Ein paar Löcher erschweren dabei die Durchfahrt, WW III. Und dann natürlich die prominenteste Stelle der Flimser Schlucht: das Schwarze Loch. Namensgebend ist hierbei die dunkle höhlenartige Auskolkung am linken Ufer. Diese Stelle verändert sich ständig durch das Geschiebe des Carrerabaches von rechts, so dass sich die Schwierigkeiten auch immer ein wenig ändern können und zwischen WW III und III+ rangieren. Mit Kindern bietet sich eine Besichtigung am rechten Ufer an. Dort kann man im Zweifelsfall auch umtragen.

Ab Versam (Bahnhof) nehmen die Schwierigkeiten dann ab. Bei WW II können hier auch weniger versierte Paddelkinder dazusteigen. Ganz leicht wird es trotz des offenen Flussbetts aber auch nicht. Vor allem Prallwände und Verschneidungen fordern vom Nachwuchs ständige Aufmerksamkeit bis zum Ausstieg.

15-30 m³/s in Ilanz

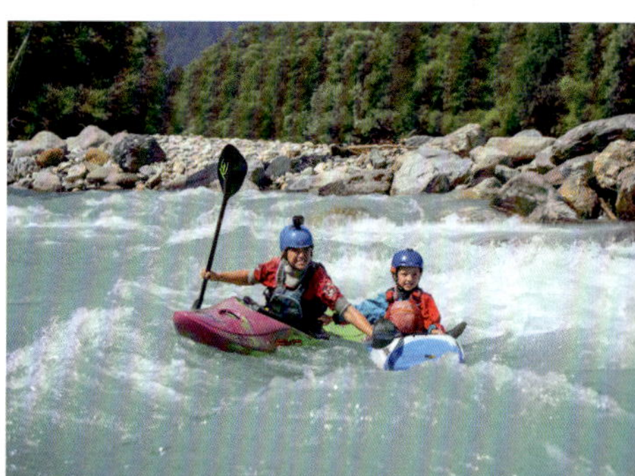

In der ersten schwierigen Stelle.

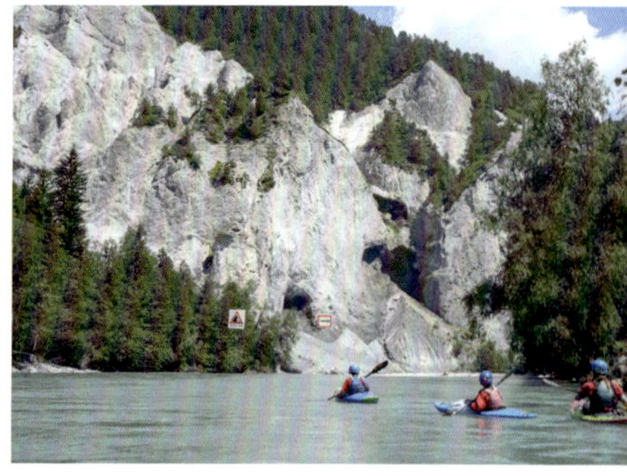

Die weißen Kalksteinfelsen machen die Flimser Schlucht so besonders.

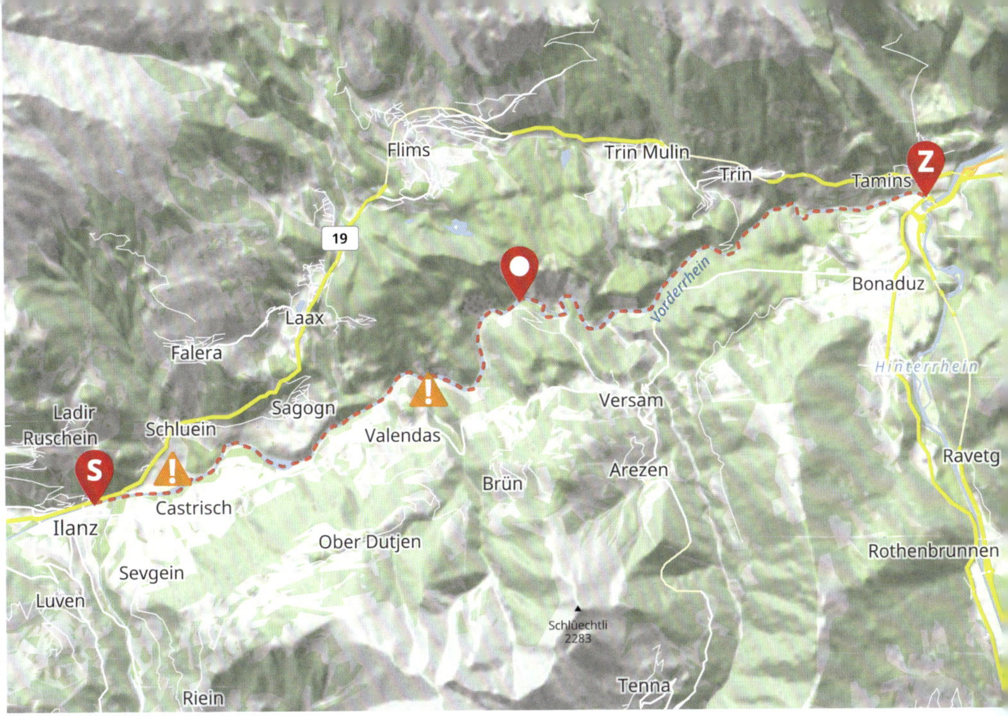

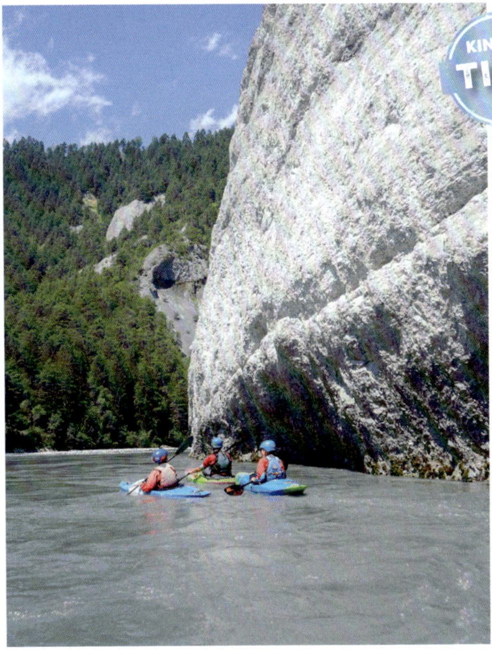

KINDER TIPP

Am Vorderrhein kann man von Reichenau aus mit dem Zug, der ein extra Kanuabteil besitzt, umsetzen. Ein wirklich einzigartiges Erlebnis, das für Kinder besonders spannend ist.

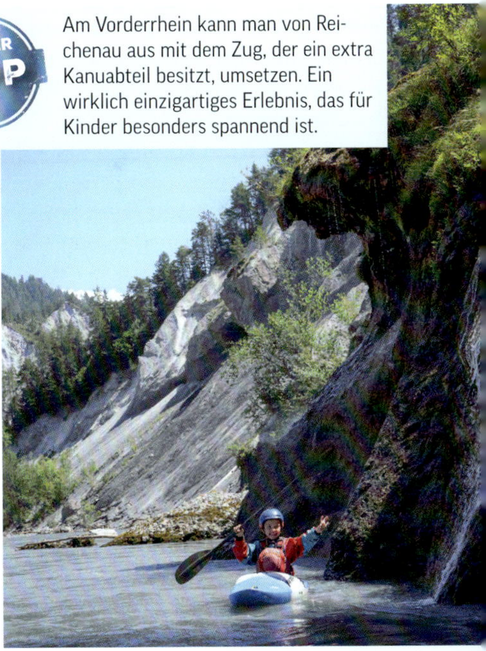

Hier jagt ein landschaftliches Highlight das Nächste.

47 REUSS

Einstieg: Geröllbremse bei Amsteg (46.779202, 8.665901)
Ausstieg: Parkplatz Vitaparcours Seedorf (46.876833, 8.621812)

FAHRSTRECKE: 12,5 KM | TECHNIK | KONDITION | LANDSCHAFT

Der Einstieg an der Reuss befindet an einer wuchtigen Geröllbremse. Erfahrene Kinder können diese Iller-Stelle fahren, alle anderen steigen besser dahinter ein. In einem breiten und offenem Flussbett geht es dann mit vielen schönen Wellen abwärts, WW II. Meist gibt es hier mehr als eine Route und der Nachwuchs kann sich hier gut ein wenig ausprobieren und eine eigene Route suchen, während die erwachsene Begleitung entspannt nebenher paddelt.

Besondere Aufmerksamkeit ist höchstens dann angesagt, wenn am Ufer Buhnen auftauchen, ein Zeichen, dass es etwas mehr runter geht. Eine dieser „Buhnenstellen" (nach ca. 3km) birgt dann auch die Hauptschwierigkeit der Tour. Dort bildet sich am Ende – je nach Wasserstand – eine ordentliche Verschneidung, WW II+. Da die Reuss sehr breit ist, kann man diese Stelle mit weniger fitten Kindern bequem im Päckchen fahren, ansonsten ist es dahinter aber auch ruhig, so dass ein Schwimmer nicht allzu dramatisch ist. Ab dem Örtchen Erstfeld lassen die Schwierigkeiten dann rapide nach. Die nun folgende Strecke ist ideal für Kinder, die noch nie alleine WW gepaddelt sind. Mit viel Strömung und wenigen kleineren Schwällchen wird es nirgends allzu schwer, zaubert den kleinsten aber sicher ein Lächeln auf die Lippen. Am Ausstieg kann man prima in dem Nebenbach spielen.

Anmerkungen:
Direkt am Einstieg kann man schlecht länger parken, daher das Auto am besten an der nahegelegenen Seilbahn abstellen.
Eine Weiterfahrt bis in den Vierwaldstätter See sieht wegen der Begradigung nicht nur langweilig aus, sie ist auf den letzten Kilometern durch das Delta auch verboten.

35-50 m³/s in Seedorf

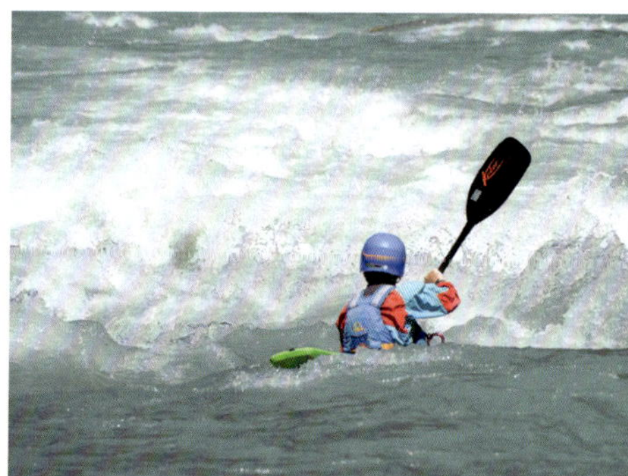

Die Geröllbremse am Einstieg ist kleinen Paddelprofis vorbehalten.

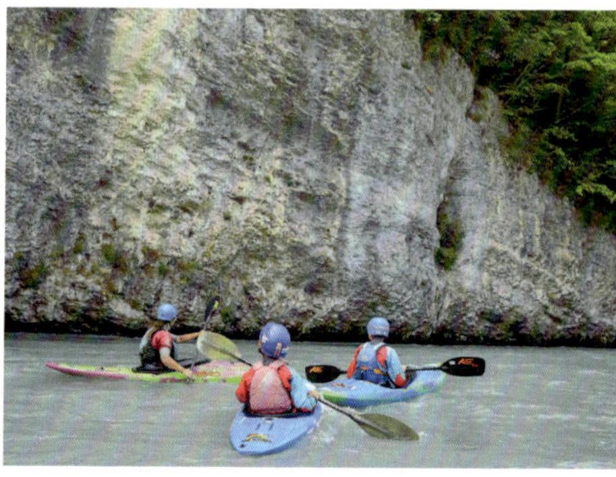

Zum Ende hin wird es immer leichter.

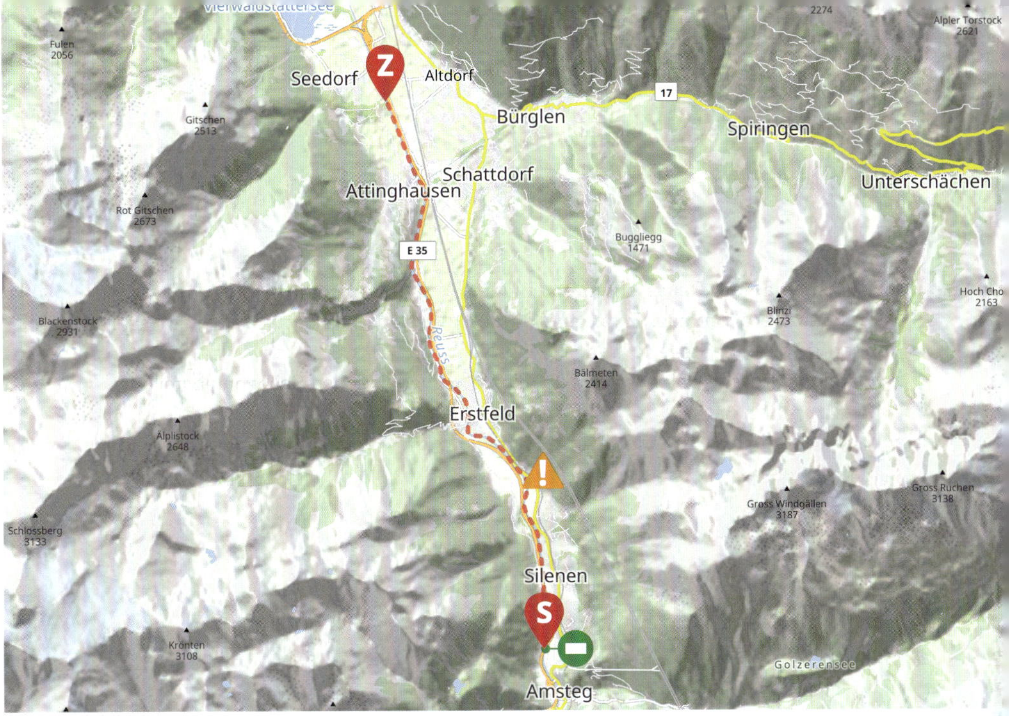

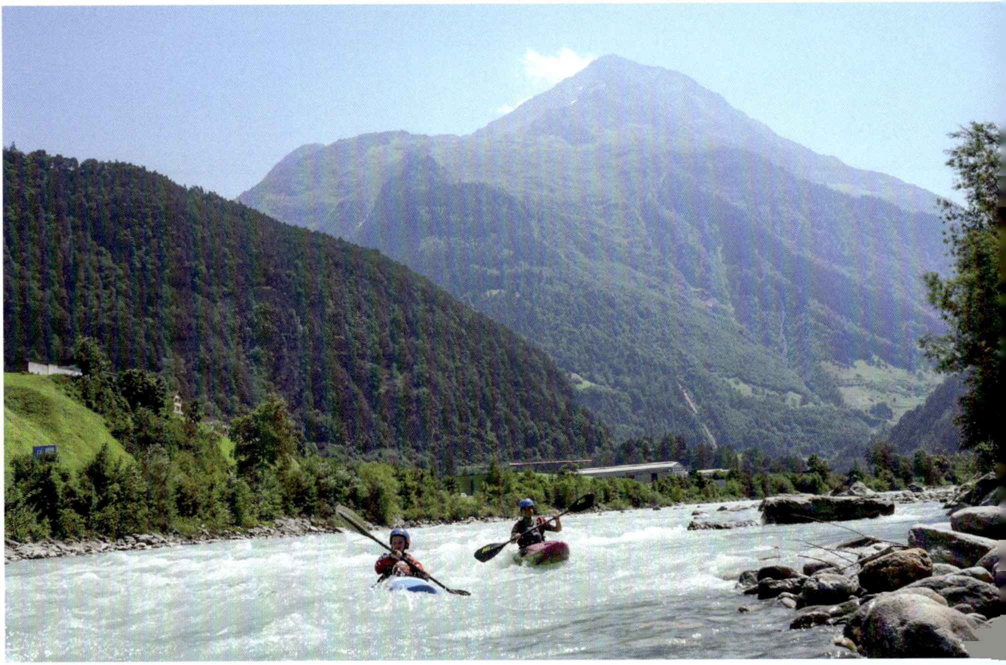

Hier kann der Nachwuchs auch mal super seine eigene Route suchen.

OSTFRANKREICH

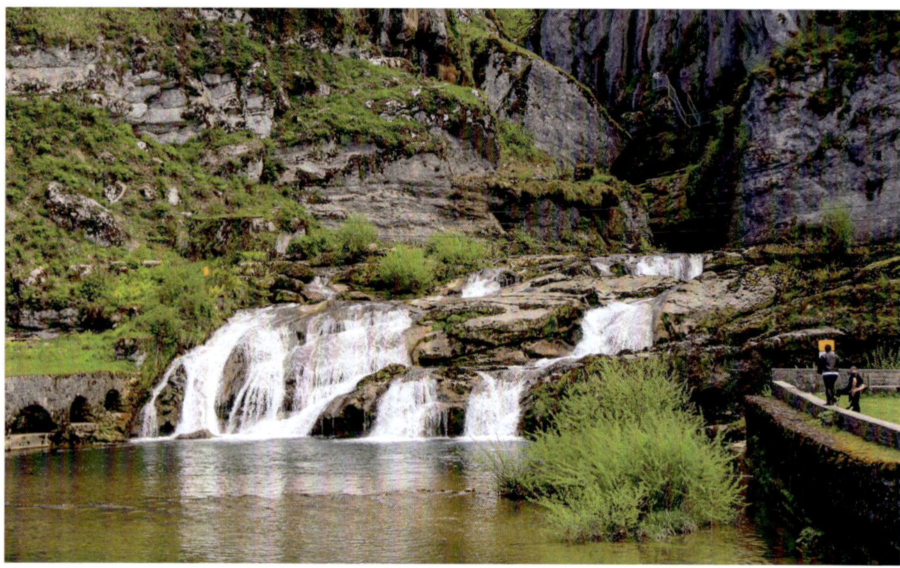

Die Region Ostfrankreich umfasst das Jura und den nördlichen Teil der Rhône-Alpes. Landschaftlich dominieren hier viele Grüntöne und weniger hohe Berge. Am besten plant man für das Gebiet zwei Standlager ein, da man zwischen dem Ain und dem Fier/Chéran mindestens zwei Stunden im Auto sitzt. Ich habe diese drei Flüsse trotzdem als eine Region zusammengefasst, da man sie hervorragend miteinander verbinden kann und sich ein schöner zweiwöchiger Urlaub ergibt, gerade wenn die Eltern auch mal schwerer fahren wollen oder man als Familie noch andere Outdooraktivitäten betreibt.

Beste Zeit mit Kindern:
Mit Kindern fährt man am besten im Frühjahr, rund um Ostern in die Region. Milde Temperaturen und ideale Wasserstände sorgen hier für ein schönes Paddelerlebnis. In Jahren mit viel Schnee oder nach heftigen Regenfällen, halten die Pegel auch schon mal bis in den Frühsommer hinein.

Besonderheiten:
Man braucht auf jeden Fall zwei Standlager, um die Region komplett zu erleben.

Standlager:
Am Ain:

- Camping du Git in Montigny sur l'Ain https://campingdugit.com – günstiger und einfacher Platz, wenn man den Campingplatzwart nett fragt, darf man seine Paddelsachen in der Scheune trocknen.

Am Chéran und Fier:

▸ Camping le Cretoux in St. Joriozin der Nähe des Lac d'Annecy https://www.campingle-cretoux.com/fr – ruhiger Platz abseits des Seetrubels, wird von einer sehr netten alten Dame geführt

Ausflugsziele & Sehenswürdigkeiten:

An beiden Standlagern kann man viel in der Natur erleben. Im Jura gibt es zum Beispiel viele sehenswerte Wasserfälle, wie die Cascades du Hérisson, den Saut du Mailys am oberen Ain oder die Cascade des Tufs. Sehr interessant für Kinder ist auch eine kurze Wanderung durch Schlucht Pertes de l'Ain. Vom Lac d'Annecy aus sollte man sich unbe-

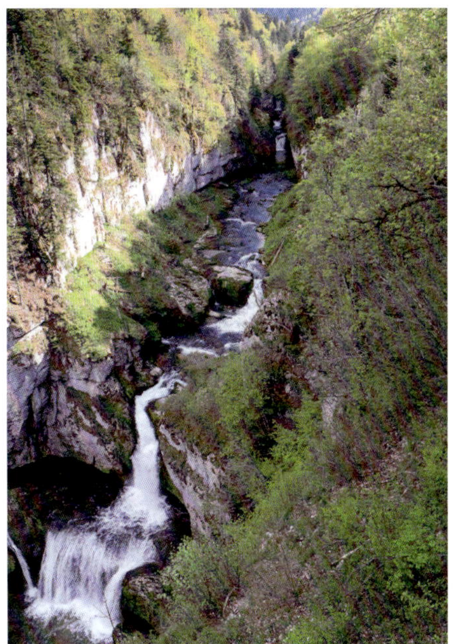

dingt die Gorge du Fier anschauen, an Schönwettertagen kann die Klamm schon mal etwas überlaufen sein, aber die landschaftliche Schönheit macht das wieder wett. Etwas ruhiger geht es am Geolehrpfad des Chérans zu. Dafür startet man an der Cabane des pêcheurs an der Moulin Comb und wandert dann Richtung großer Chéran-Schlucht. Das Kontrastprogramm dazu ist ein Stadtbummel durch Annecy, mit ihren engen Gassen und vielen Kanälen ist die Altstadt ein echter Touristenmagnet. Mit ihrem besonderen Charme (und diversen Eisdielen) wird sie auch vielen Kindern gefallen.

Gastrotipp:

In eine der vielen Eisdielen in Annecy einkehren.

Kombifluss:

Chéran (WW III-IV) – Moulin Comb bis Alby 7 km

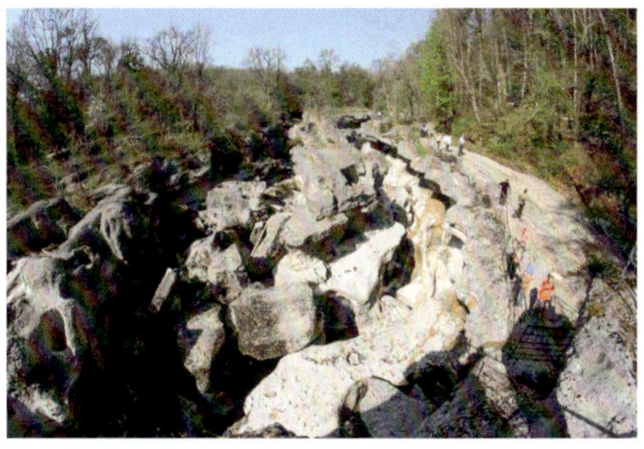

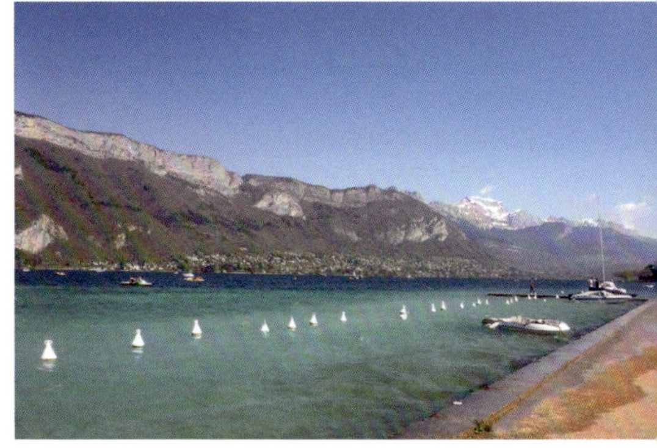

48 AIN-WALDSCHLUCHT

Einstieg: Champagnole (46.741445, 5.907586) **Ausstieg:** Crotenay-La Praz (46.743148, 5.816156)

FAHRSTRECKE: 10,5 KM | TECHNIK | KONDITION | LANDSCHAFT

Der Ain ist einer der größeren Flüsse des Juras. Nach starken Regenfällen – die in der Region gerade im Frühjahr recht häufig auftreten können – nimmt die Wasserführung schnell zu. Mit Kindern sollte man diesen Abschnitt nicht bei zu viel Wasser fahren, da die Schwälle recht wuchtig werden können. Um die 30 m³/s ist ein spaßiger Pegel für Kinder, die schon etwas Erfahrung auf WW III haben. Generell lässt sich sagen, je höher der Wasserstand, desto höher die Wellen.

Nach dem Start in Champagnole schlängelt sich der Ain durch eine malerische Waldschlucht. Zunächst sind die Schwälle, die sich immer wieder mit ruhigen Abschnitten abwechseln, nicht besonders wild, WW I-II. Nach und nach nehmen die Schwierigkeiten etwas zu, bis man nach ca. 5 km die Kernstelle der Tour erreicht. Im „Rapide Jean Mathieu" wird ordentlich Gefälle abgebaut und es gibt auch einige Walzen, die der Nachwuchs umschiffen muss. Hier ist etwas Kraft und eine gute Linie gefragt. Danach folgen noch einige Schwälle mit schönen Wellen.

Besonders nach der Mündung des Angillon von rechts folgen Wellen, die sich perfekt zum Surfen anbieten.

Der Ausstieg der Tour ist etwas schwierig zu finden. Von Praz folgt man einem Feldweg, der vor einer Schranke endet (s. GPS-Koordinaten), von dort aus ist es nicht mehr weit bis zu einer Wiese, an der man bequem aussteigen kann.

Um den Wasserstand ungefähr abschätzen zu können, addiert man den Pegel des Ain in Bourg de Sirod und der Saine in Syam 10 m³/s NW 30 m³/s ideal mit schönen Wellen.

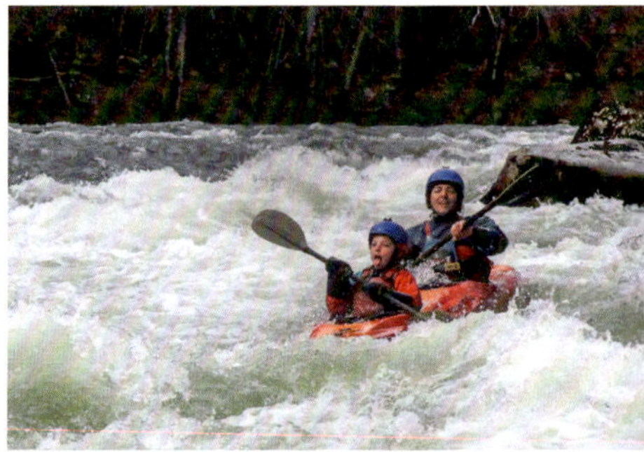

In der Kernstelle „Rapide Jean Mathieu".

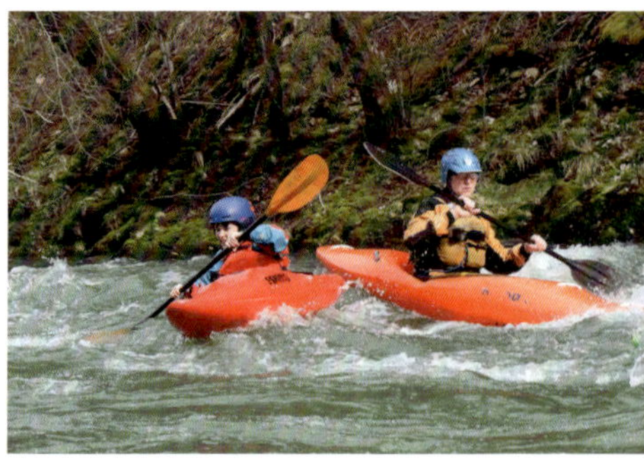

In der Waldschlucht wird es eigentlich nie langweilig.

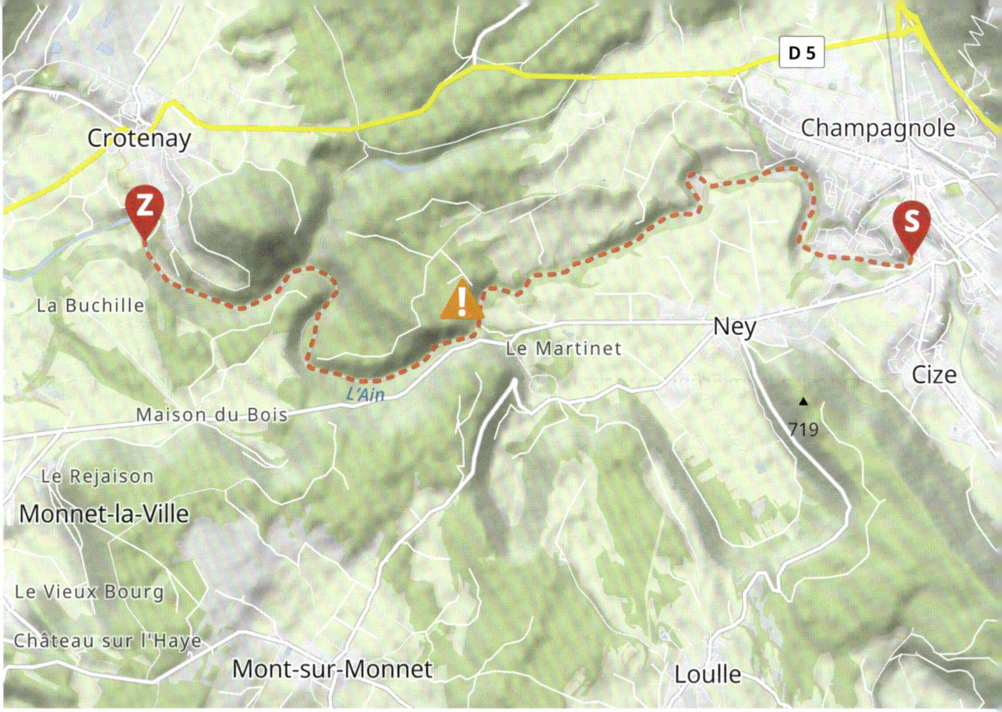

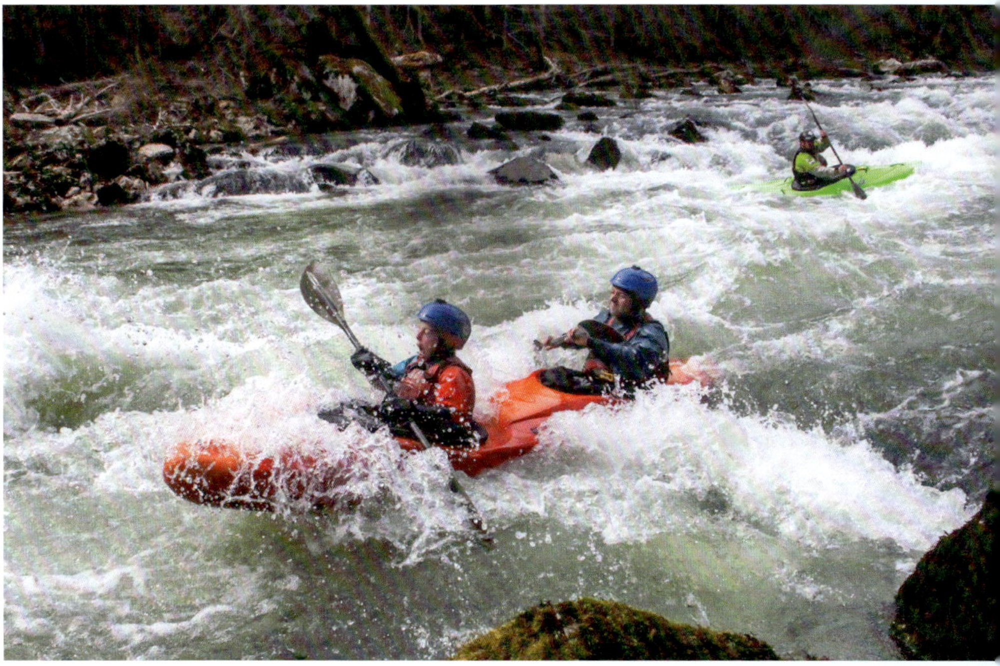

Gerade im Frühjahr kann es ganz schön spritzig werden.

49 AIN

Einstieg: Crotenay-La Praz (46.743148, 5.816156)
Ausstieg: Pont du Navoy (46.727179, 5.783527)

FAHRSTRECKE: 4 KM | TECHNIK | KONDITION | LANDSCHAFT

Ist man mit kleinen Kindern oder WW-Frischlingen ohne große Paddelerfahrung im Jura unterwegs, bietet sich dieser Abschnitt perfekt an. Der Ain strömt hier konstant und es gibt ein paar nette Schwällchen. Die Schwierigkeiten gehen dabei nie über WW I hinaus. An einigen Stellen kann der Nachwuchs das Kehrwasser fahren erlernen. Bei hohen Wasserständen muss man ein wenig in den Außenkurven auf Bäume und Sträucher achten, vom Wildwasser her wird der Ain hier selbst bei Hochwasser nicht schwieriger.

Anmerkung: Eine weitere ähnliche Tour gibt es ab Pont du Navoy, bzw. hinter dem Wehr (46.723903, 5.784811). Die Schwierigkeiten bleiben hier ähnlich gering, man paddelt hier durch ein recht abgelegenes Tal. Bis zur Brücke D39 (46.654547, 5.740491) 11,5 km.

Um den Wasserstand ungefähr abschätzen zu können, addiert man den Pegel des Ain in Bourg de Sirod und der Saine in Syam 10 m³/s.

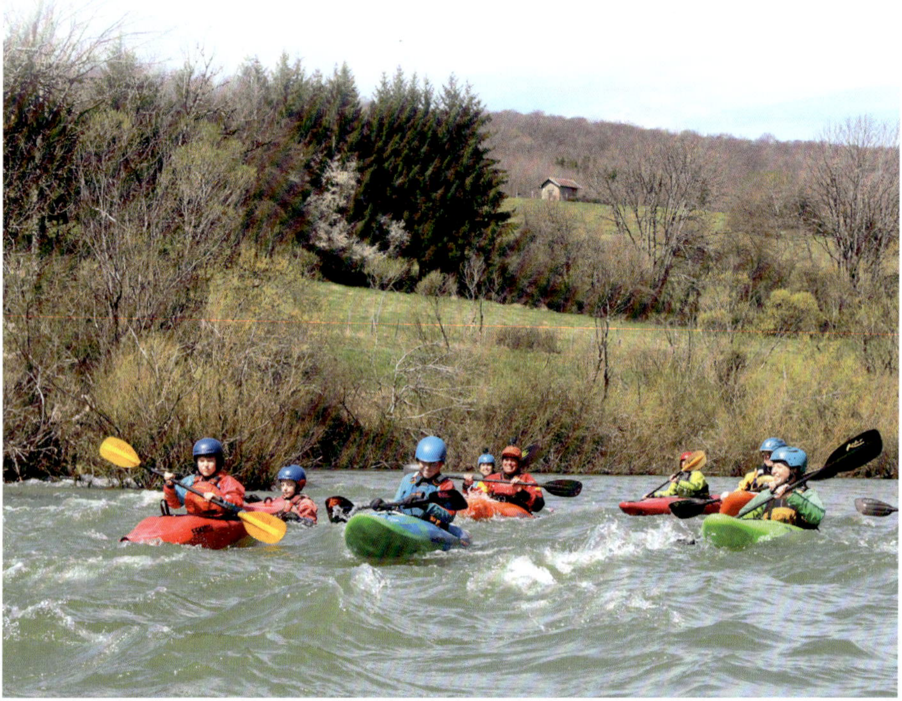

Für erfahrene Paddelkinder kann dieser Abschnitt auch als entspannter Abschluss nach der Waldschlucht genutzt werden.

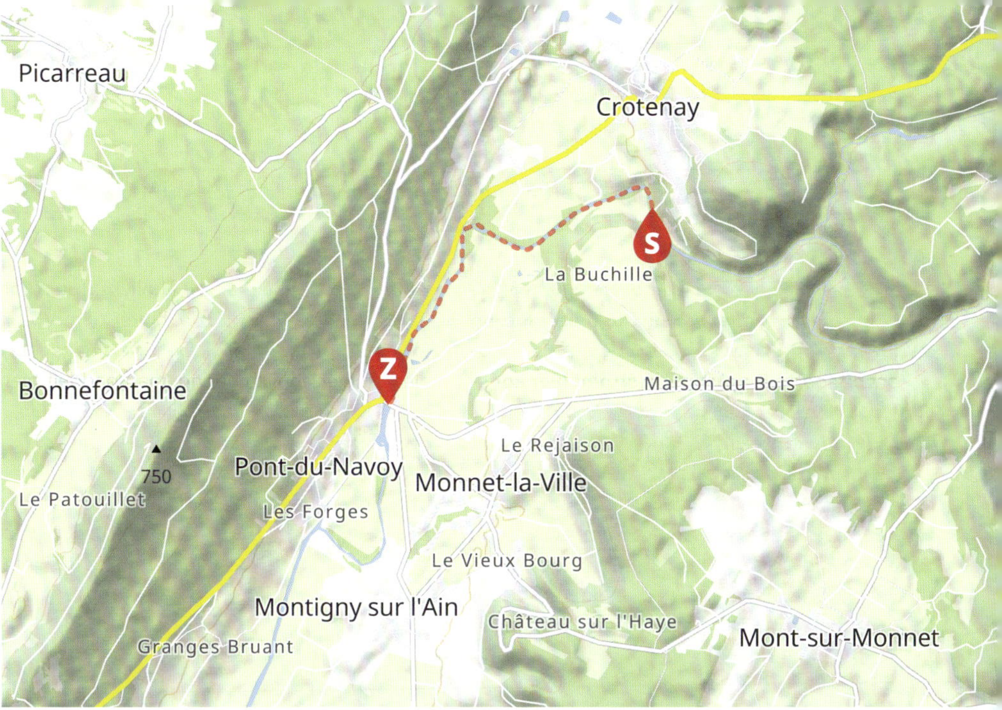

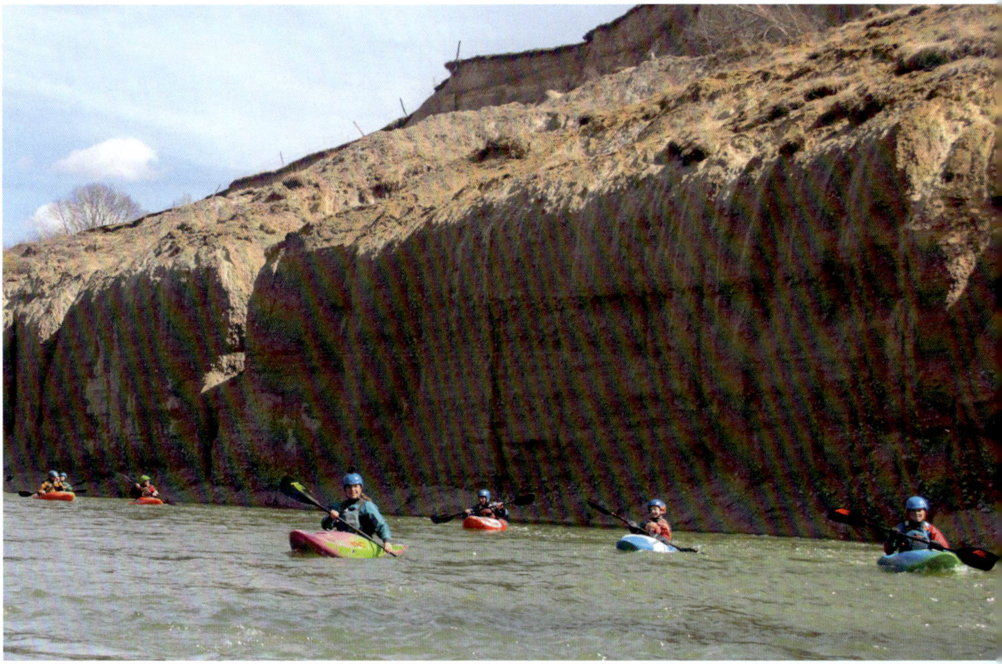

Auch unterhalb von Pont du Navoy ist der Ain noch lohnend.

50 FIER

Einstieg: Brücke D216 Dingy Saint Clair (45.903341, 6.210239)
Ausstieg: Parkplatz Le Pont de Brogny (45.934028, 6.131350)

FAHRSTRECKE: 10 KM | TECHNIK | KONDITION | LANDSCHAFT

Will der Nachwuchs den Sprung von WW II auf WW III unternehmen, ist der Fier der ideale Trainingsfluss, um wichtige Grundlagen zu schaffen.

Kurz nach dem Start hinter der alten Straßenbrücke kommt die Kernstelle der Tour, eine S- Kurve mit starker Verblockung, WW III. Hier empfiehlt es sich, zwischendurch ein Hilfskehrwasser anzufahren, um die ganze Sache für den Nachwuchs übersichtlicher zu gestalten. Ein guter Wasserstand für den Fier sind ca. 12 m³/s in Dingy-St-Clair, bei höheren Wasserständen wird das S sonst deutlich schwerer und ist nichts mehr für Kinder. Mit weniger versierten Kindern kann diese Stelle entweder links mit ein wenig Kletterei umgetragen oder im Päckchen befahren werden.

Nach der schweren Stelle nehmen die Schwierigkeiten erstmal ab. In einer kleinen Waldschlucht gibt es ein paar Prallwände mit Presswasser und immer wieder schöne Wellen, WW I-II. Hier gibt es unzählige Möglichkeiten, das Kehrwasser fahren zu perfektionieren. Das Tal öffnet sich nach und nach und es gibt weniger Engstellen. Unter der Brücke der D275 befindet sich eine kleine Geröllbremse mit verblockter Durchfahrt, WW II+. Kurze Zeit später paddelt man unter der Hauptstraße des Tals hindurch und der Fier gräbt sich nochmals ein wenig ein. Durch Zuschusswasser des Fillières wird die ganze Fahrt nun etwas wuchtiger.

Diese letzten 1,5 km sind die schönsten des Abschnitts, WW II. Es gibt tolle Wellen, kleine Verschneidungen und höhenversetzte Kehrwässer – kurzum eine richtige Spielwiese für Paddelkinder, die an ihrer Technik feilen wollen.

Tipp: Die erwachsene Begleitung sollten für diese Tour ein Boot mit flachem Heck nehmen. Es gibt hier so viele Möglichkeiten, zu unterschneiden, dass einem schwindelig werden kann.

5-12 m³/s In Dingy-St-Clair

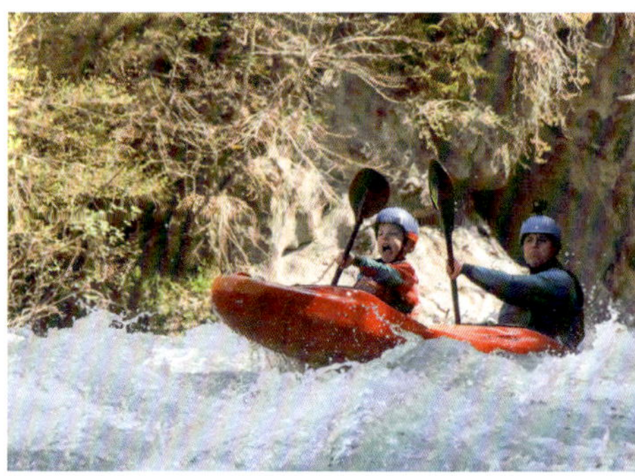

Manche Stellen kommt man trocken hinab...

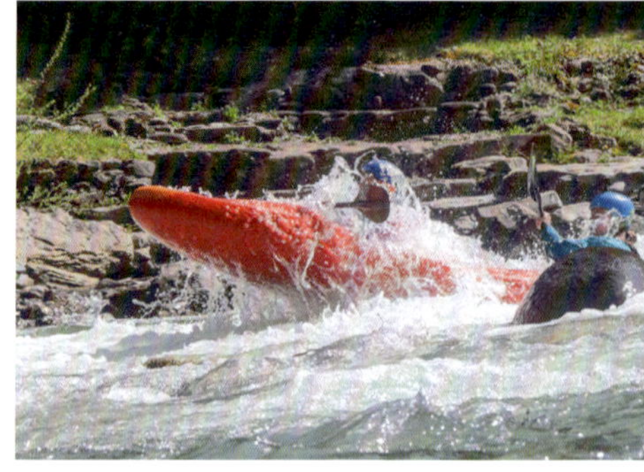

...und in anderen wird es ganz schön nass.

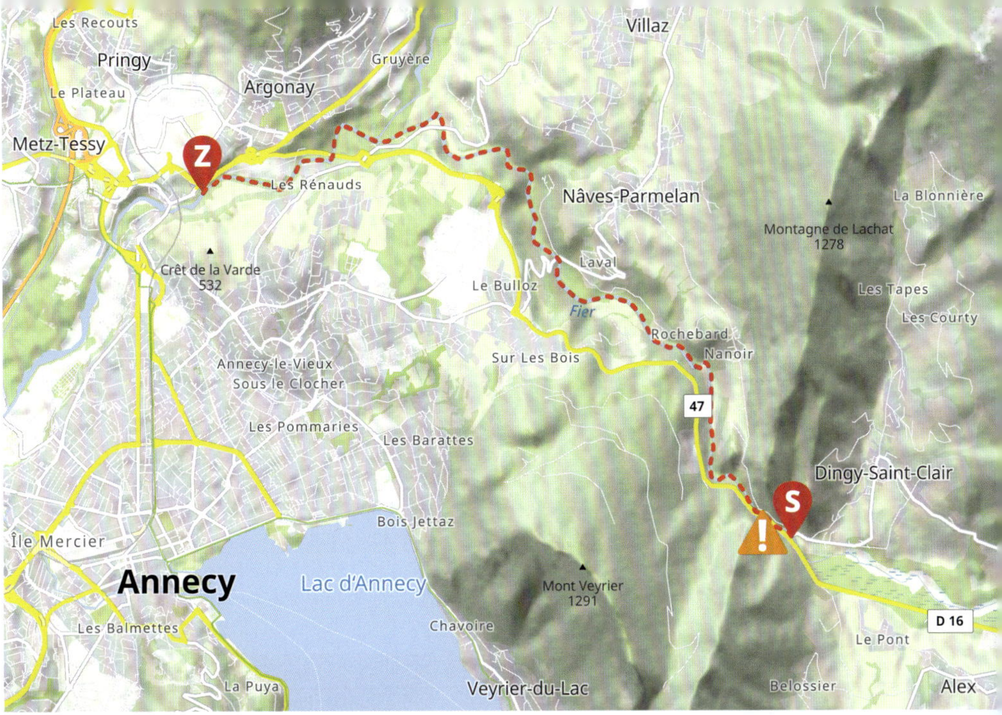

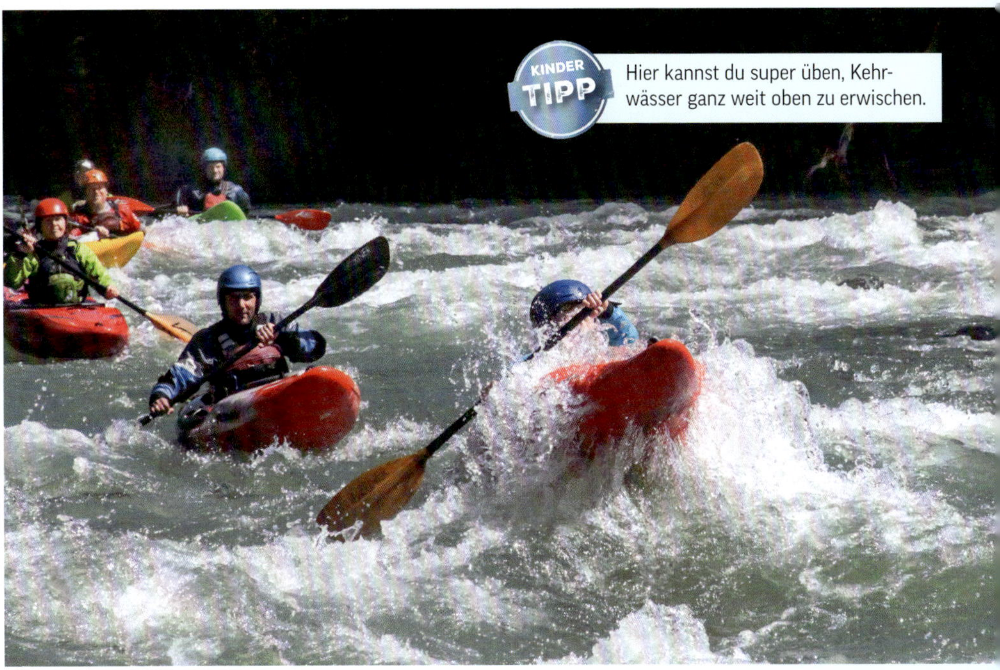

KINDER TIPP

Hier kannst du super üben, Kehrwässer ganz weit oben zu erwischen.

Die höchsten Wellen gibt es auf den letzten 1,5 Kilometern.

51 CHÉRAN

Einstieg: Parkplatz Alby sur Chéran (45.818360, 6.021544) **Ausstieg:** Kartbahn Rumilly (45.847252, 5.969802)

FAHRSTRECKE: 8 KM | TECHNIK | KONDITION | LANDSCHAFT

Am Einstieg mag die Landschaft etwas unscheinbar aussehen, doch der untere Chéran ist ein wahres Juwel. Von Alby aus schlängelt er sich tief eingegraben seiner Mündung entgegen.

Dabei begrenzen einzigartig geformte Felswände seinen Lauf. Von den Seiten stürzen kleine Nebenbäche und Schleierfälle in den Fluss hinein. Es entsteht eine einzigartige Atmosphäre. Wie gut, dass der Chéran hier nicht besonders wild ist, so dass auch Kinder mit nur wenig Wildwassererfahrung mitpaddeln können. Die Verblockung ist nur gering, immer wieder bilden Felsrippen kleine Walzen oder Wellen, WW I-II. Diese Riegel eignen sich super, um erste Surfversuche aus der Strömung heraus zu unternehmen. Erwischt man die erste Welle nicht, kann man sein Glück direkt an der nächsten probieren. Zwei Stellen können für WW- Neulinge etwas tricky werden, WW II. Die erste befindet sich in einer Rechtskurve, hier gibt es einen etwas höheren Felsriegel mit Walze dahinter. Mit kleinen und leichten Kindern sollte man möglichst ganz links paddeln, dort ist das Loch am kleinsten. Die zweite Stelle kommt kurz vor Schluss. Bei einer Flussteilung, an der links nur wenig Wasser hergeht, befindet sich im rechten Arm eine größere Walze. Die schönste Route hier ist, ganz rechts über die lange Grundgesteinsrutsche zu fahren. Beide Stellen kann man aber problemlos im Päckchen bewältigen, falls sich der Nachwuchs die Befahrung alleine nicht zutraut. Fittere Kinder können am Chéran super an ihrer Routenwahl arbeiten und den Vorpaddler machen. Ein schöner Wasserstand für eine Befahrung mit Kindern ist zwischen 8 und 10 m³/s in Allèves.

Befahrungsregelung: Man darf den Chèran nur ab einem Pegel von >5m³/s in Allèves paddeln.

5 m³/s in Allèves
10 m³/s ideal mit Kindern

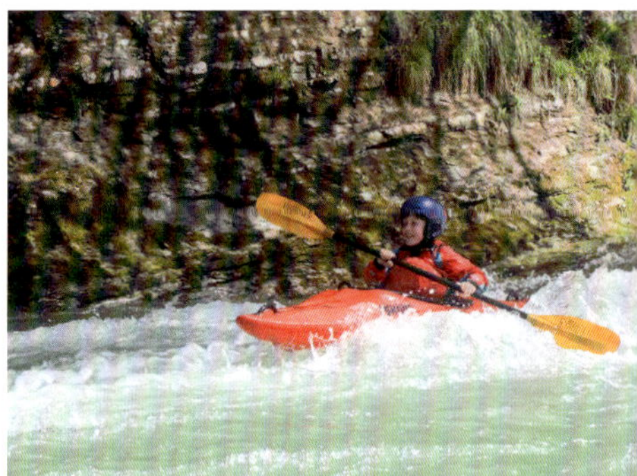

Die letzte schwierige Stelle.

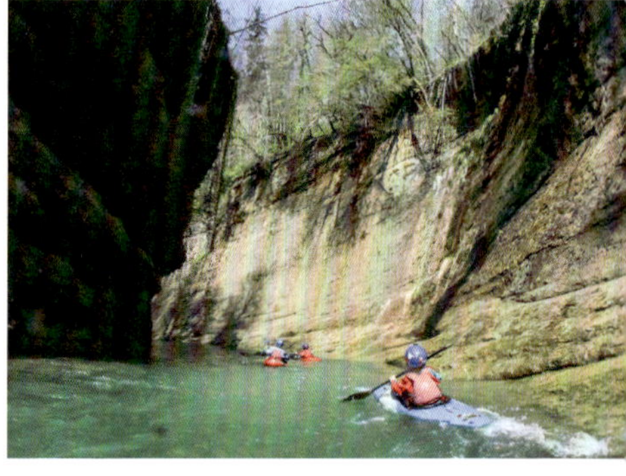

Der Chéran ist ein absoluter Landschaftsknaller.

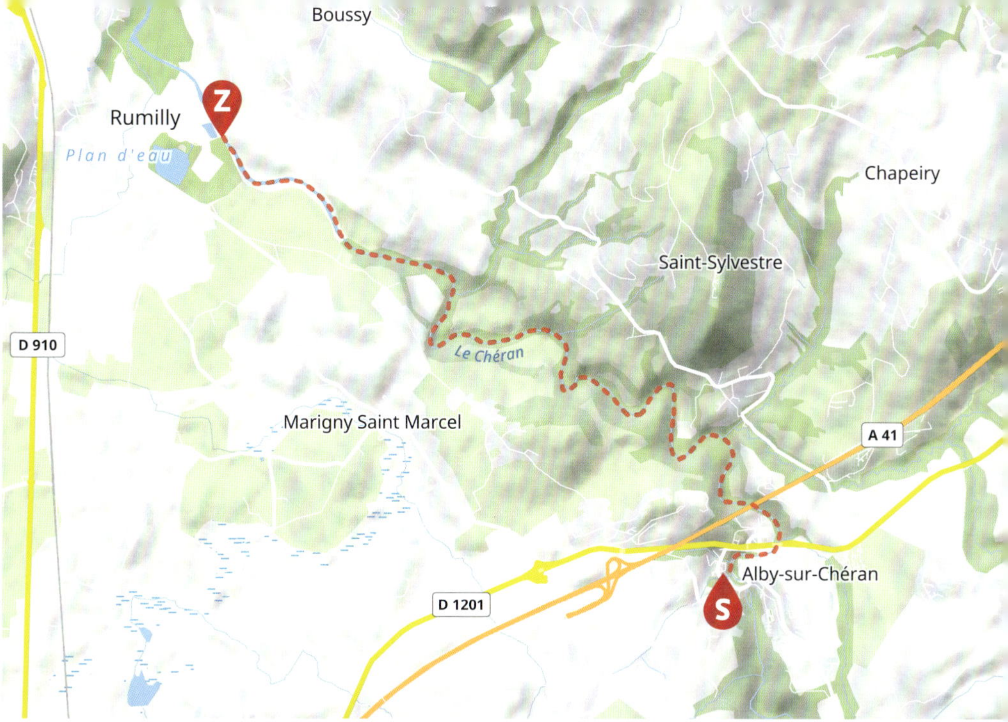

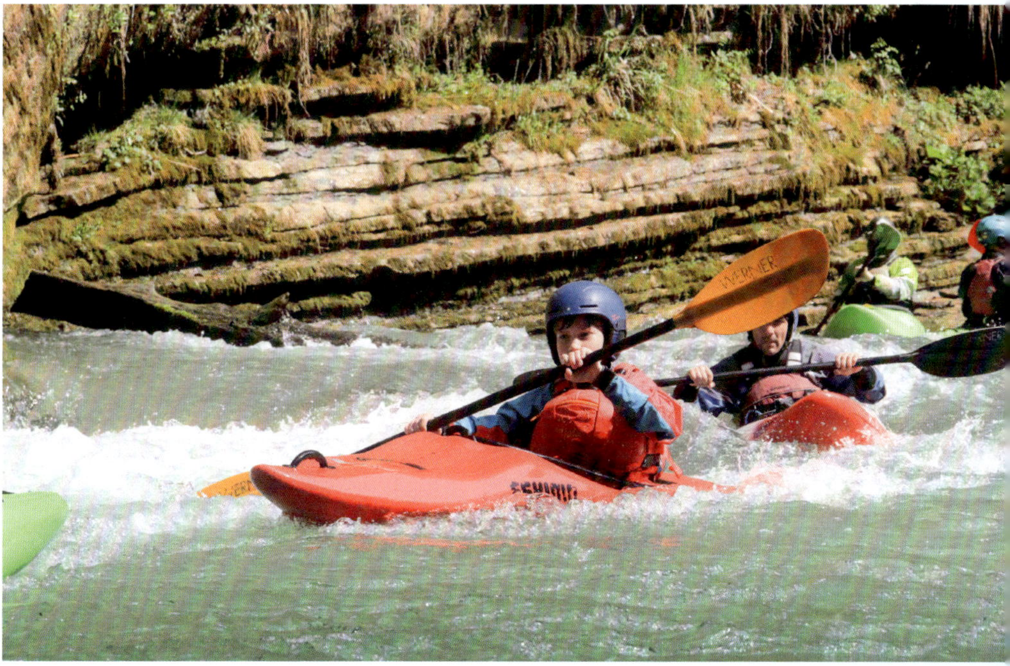

Über kleine Wellen und Walzen geht es immer wieder abwärts.

FRANZÖSISCHE ALPEN

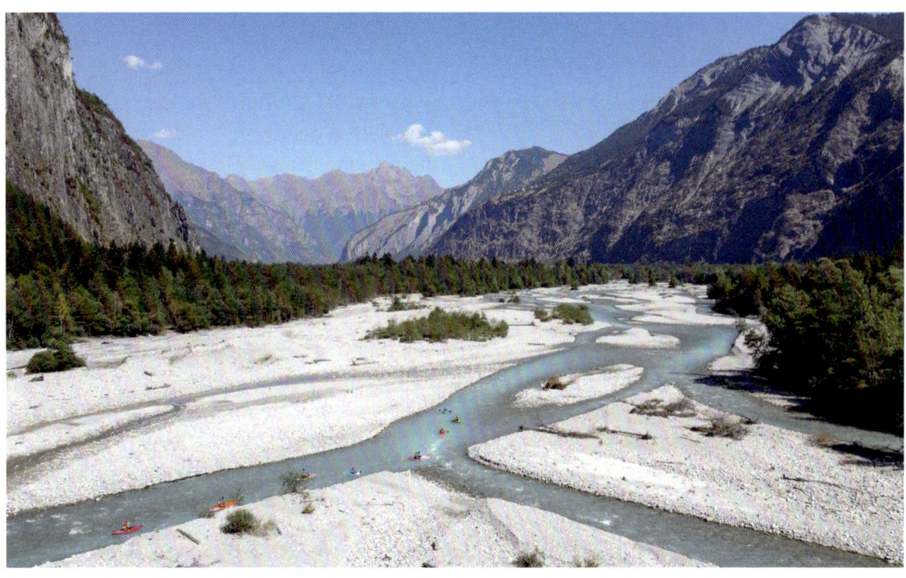

Die Südseite der französischen Alpen ist eins der klassischen Wildwassergebiete für Anfänger. Das mediterrane Klima und die breite Auswahl an Flüssen schaffen nämliche ideale Rahmenbedingungen für alle Wildwasserneulinge. Im Sommer sind Temperaturen von 30-35° C keine Seltenheit, doch es weht fast immer ein Föhnwind, der dafür sorgt, dass man in der Hitze nicht ganz eingeht. Die hohen Berge des ‚Écrins' umgeben das Durancetal und sorgen für eine fantastische Landschaft. Auch das Tal selbst ist ziemlich hoch gelegen (um die 900 m NN), was man im Sommer aber aufgrund der Temperaturen niemals meinen würde.

Schon alleine wegen der längeren Anfahrt – besonders aus dem Norden Deutschlands – sollte man für das Gebiet ruhig zwei Wochen Aufenthalt einplanen. Hier gibt es so viele Paddelmöglichkeiten und andere Sachen zu erleben, dass man die Zeit schon braucht, um die Gegend auch nur annähernd zu erkunden.

Größter Pluspunkt dieses Gebiets (neben dem schönen Wetter) ist übrigens die Auswahl an Flüssen. Es ist für alle Könnensstufen etwas dabei und jeder Flussabschnitt bietet so viele Möglichkeiten seine Paddelfähigkeiten zu verbessern.

Beste Zeit mit Kindern:
Ein ausreichender Wasserstand ist in dem Gebiet oft schon im Frühjahr vorhanden, mit Kindern empfiehlt sich trotzdem der Sommer am meisten, da die Temperaturen dann beständiger und die Nächte nicht mehr kalt sind.

Besonderheiten:
Das Gebiet ist so beliebt, dass man eigentlich nie alleine auf dem Fluss unterwegs ist.

Standlager:
Im Durancetal gibt es unzählige Campingplätze. Besonders empfehlenswert sind folgende:

- Camping de l'Île in St. Crepin https://www.

camping-ile-saint-crepin.com – günstig, ruhig und mit kleinem Pool

▸ Camping du lac - les Iscles in Eygliers https://www.aucampingdulac.fr – etwas größer, weniger Schattenplätze, dafür mit großem Badesee

Ausflugsziele & Sehenswürdigkeiten:

Ob Kultur, Action oder beschauliche Wandertouren, neben dem Paddeln dürfte im Durancetal wohl jeder nach seinen eigenen Vorlieben auf seine Kosten kommen.

Fangen wir mit der Kultur an. Briançon ist der Hauptort des oberen Durancetals und bekannt dafür, die höchstgelegene Stadt Frankreichs zu sein (1.326 m NN) und Touristen mit 300 Sonnentagen im Jahr zu begeistern. Mit Kindern ist ein Besuch der Altstadt und den zwei Festungen empfehlenswert. Wer von den Festungen nicht genug bekommt, sollte sich unbedingt noch den Mont Dauphin und das Chateau Queyras am Guil anschauen.

Action bekommt man bei den vielen anderen Outdoorsportarten in der Gegend geboten. So gibt es zum Beispiel einige Klettersteige, von denen man zwei auch gut mit Kindern gehen kann. Die Via Ferrata Fort de Queyras ist ein leichter Steig mit tollem Einblick in den berühmten Schlossgraben des Guils. Er ist auch für kleinere Kinder geeignet und nicht allzu lang (außerdem gibt es zwischendurch einen Notausstieg, falls der Nachwuchs schlapp macht). Etwas schwieriger ist die Via Ferrata des Gorges d'Ailefroide im Gyrtal. Der erste Teil davon ist für Kinder mit etwas Klettererfahrung und einer Körpergröße von 1,3 m ein echtes Highlight. Wer bei der Action nicht auf Wasser verzichten möchte, sollte mit seinen Kindern eine Canyoningtour am Fournel unternehmen.

Wer es etwas beschaulicher an den paddelfreien Tagen mag oder mit Kleinkindern unterwegs ist, findet in der Region auch eine sehr breite Auswahl an Unternehmungen. Eine Wanderung zum Glacier Blanc am Gyr beispielsweise kann man gut mit kleinen Kindern bewältigen und dabei die spektakulären Aussichten genießen. Einige der Felsen sind dabei vom Eis so glattgeschliffen worden, dass Kinder sie als Rutschbahnen nutzen können. Etwas weniger wandern muss man bei der Besichtigung der Erdpyramiden „Les Demoiselles Coiffées“ in der Nähe von Savines le Lac. Hier kann man gut einen kurzen Stopp einlegen, wenn man auf dem Weg zum Ubaye ist. Ganz kleine Kinder begeistert man sicher mit einem Besuch der Murmeltierfelsen in Eygliers. Selten kann man so leicht so viele der kleinen Nager beobachten. Am besten ist man hier nicht in der Mittagshitze unterwegs, dann verkrümmeln sich die Murmeltiere nämlich oft in ihren Höhlen. Die Mittagshitze hält man sowieso besser am Wasser aus. Dafür gibt es in der Gegend zahlreiche Badeseen. Schöne Seen sind: Plan d'eau Embrun mit Aquaparc Actionparcours, Plan d'eau Eygliers und der Lac de la Roche de Rame. Eine 'Badebesonderheit' stellt die Warmwasserquelle „La source de Phazy“ dar. In den flachen Becken mit warmem Wasser fühlen sich vor allem Kleinkinder pudelwohl.

Gastrotipp:

Restaurant ‚La Taverne de Papy‘ in St. Crepin. Hier gibt es Pizza, Burger und gallische Spezialitäten, da ist für jeden was dabei. Eltern sei als Nachtisch der ‚Café Gourmand‘ ans Herz gelegt, Kinder können sich an dem Riesendessert ‚Pavlova‘ satt essen (Zuckerschock inklusive ;)).

Kombifluss:

Ubaye – Royalschlucht (5 km, WW IV(V))

52 DURANCE

Einstieg: Slalomstrecke Argentière-la-Bessée (44.781361, 6.557833) **Ausstieg:** Brücke Saint Crépin

FAHRSTRECKE: 10 KM | TECHNIK | KONDITION | LANDSCHAFT

Die Durance ist ein echter Wildflussklassiker und in ganz Europa bekannt und beliebt. Und das völlig zu Recht. Die fantastische Kulisse der französischen Alpen und eine Wassergarantie auch im Hochsommer locken jedes Jahr zahlreiche Paddler an.

Dieser Abschnitt hier eignet sich besonders für ganz frische Wildwasserneulinge. Je nach Können kann der Einstieg vor, nach oder mitten in der Slalomstrecke in Argentière gewählt werden. In der Slalomstrecke geht es schon recht wuchtig zu und die Kehrwässer sind teilweise recht zackig, WW II-III.

Nach Argentière wird die Durance erheblich leichter. In einem offenen Flussbett geht es über zahlreiche Kiesbankschwälle abwärts, die Schwierigkeiten liegen hier bei WW I-II. An einigen Stellen teilt sich der Fluss auch mal und lässt ein wenig Abenteuerstimmung aufkommen. Bei La Roche de Rame an einer Brücke ist nochmal etwas mehr Konzentration gefragt. Bei leichter Verblockung ist hier die schwerste Stelle des Abschnitts (außer der Slalomstrecke). Gerade für unerfahrene Kinder kann dieser Mini-Katarakt im zweiten Schwierigkeitsgrad zu einer echten Herausforderung werden, während fitte Kinder hier zahlreiche Trainingsmöglichkeiten finden. Ansonsten kann man die schöne Landschaft genießen und sich auch gerne mal ein Stückchen von der flotten Strömung treiben lassen.

Anmerkung: Man kann auch noch bis zur Slalomstrecke in Saint Clement weiterpaddeln (weitere 7,5 km). Die Durance mäandert hier ohne große Schwierigkeiten durch das Tal (WW I [II]). Baumhindernisse und Totholz in den Außenkurven erhöhen dabei den Schwierigkeitsgrad.

 Bester Wasserstand im Frühjahr-Sommer

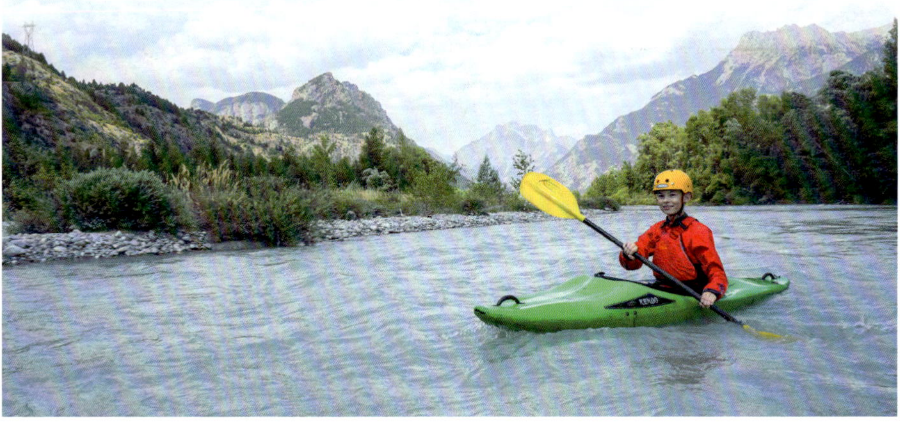

Dieser Abschnitt ist ideal für Paddelanfänger.

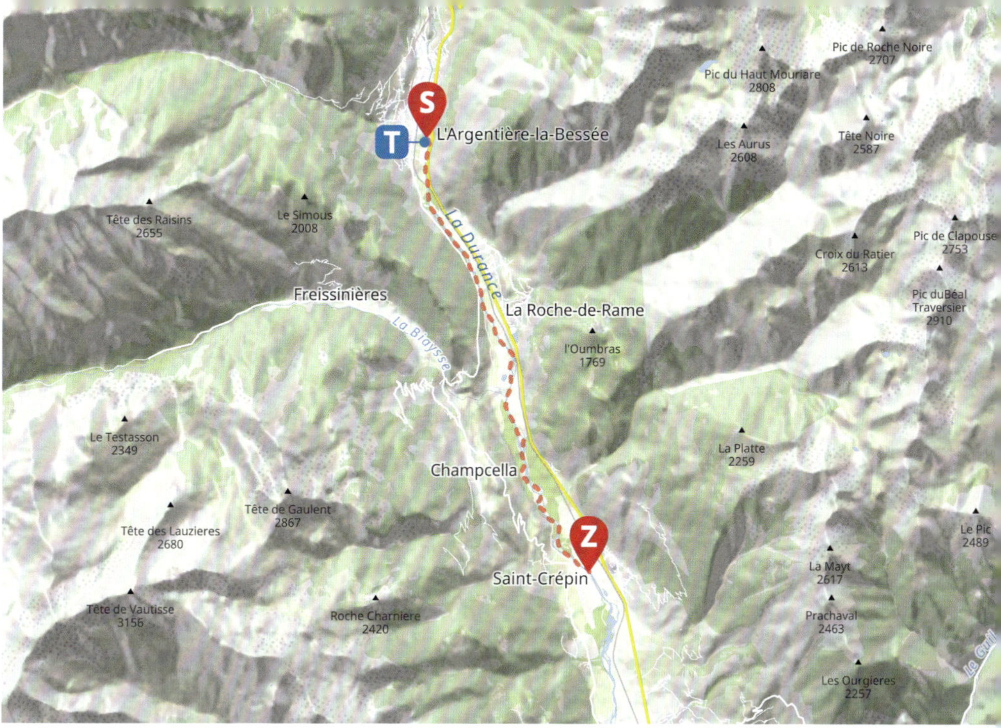

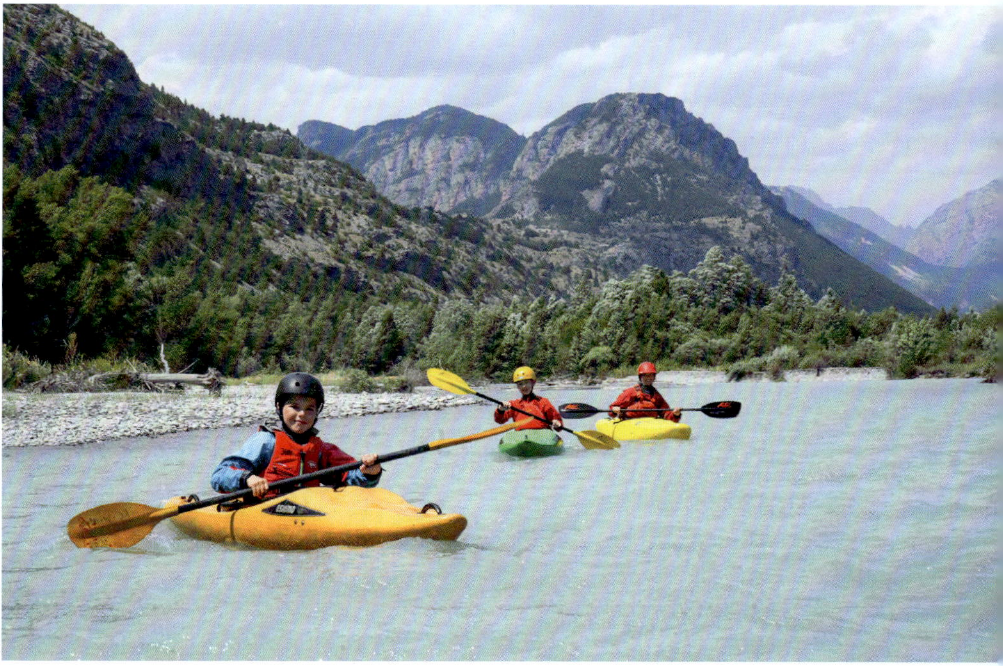

Voller Landschaftsgenuss im offenen Kiesbett.

53 UNTERE DURANCE

Einstieg: Slalomstrecke Saint Clément (44.649566, 6.583452) **Ausstieg:** Eisenbrücke D-994d vor Embrun

FAHRSTRECKE: 11 KM | TECHNIK | KONDITION | LANDSCHAFT

Dieser Abschnitt der Durance ist ideal für Kinder, die schon solide im Boot sitzen und gerne für schwierigere Sachen trainieren wollen. Die Slalomstrecke am Anfang kann optimal genutzt werden, um Kehrwasser fahren zu trainieren, man kann surfen oder mit ein wenig Geschick am rechten Ufer auch eine ganze Stelle wieder hochpaddeln.

Doch man sollte sich auf den ersten Metern nicht zu sehr verausgaben, warten doch noch zahlreiche weitere Schwälle auf einen. Diese Schwälle sind meist offen und WW II-III. Tolle, lange Wellenzüge lassen viel Freude aufkommen, immer wieder findet man kleine Surfwellen zum Spielen.

Vorsicht ist geboten, wenn der Fluss sich teilt. Es folgt mit der Rabioux die schwierigste Stelle der unteren Durance, WW III+. Gerade mit Kindern empfiehlt es sich, diese Stelle vom rechten Ufer aus zu besichtigen. Denn dieses unglaublich dicke Loch verfügt über eine Kneiferroute am rechten Rand, die getroffen werden möchte um heile unten anzukommen. Ganz nebenbei kann man hier mit den Kindern üben, die Besichtigung einer Stelle und die richtige Routenwahl auf das eigentliche Paddeln zu übertragen, eine Fähigkeit, die später essentiell ist fürs Paddeln im extremen Wildwasser. Dass Schwimmen hier auch kein Problem ist, beweisen die vielen Leihbootfahrer, die nach einer erfolglosen Befahrung zeigen, wie gut man schwimmend ans Ufer gelangt. Nach der Rabioux folgen weitere schöne Schwälle, in denen man sich wunderbar austoben kann.

Anmerkung: Bekommt der Nachwuchs nicht genug von der Durance, kann man die Tour noch bis zum Raftausstieg in Embrun (44.551428, 6.485195) fortsetzen. Auf den 2,5 km gibt es nochmal richtig hohe Wellen und eine kleine Stufe am Ausstieg, die man mit Kindern im rechten Arm fährt.

 Bester Wasserstand im Frühjahr-Sommer

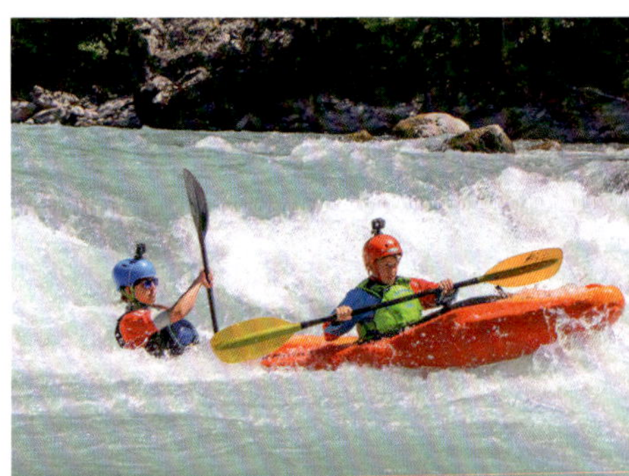

Die ‚Rabioux' hat es ganz schön in sich.

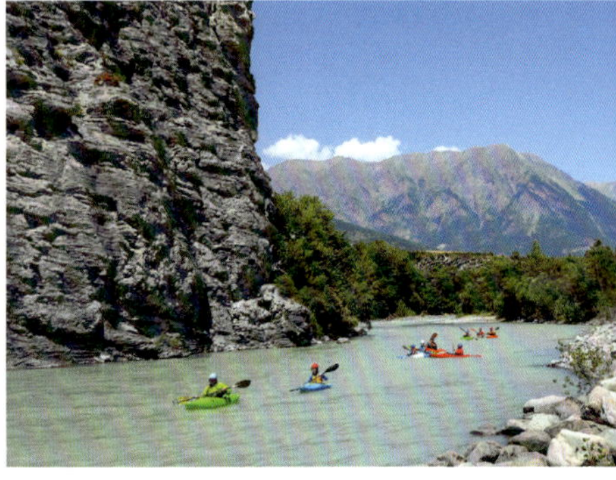

Auch landschaftlich ist dieser Abschnitt ein Traum.

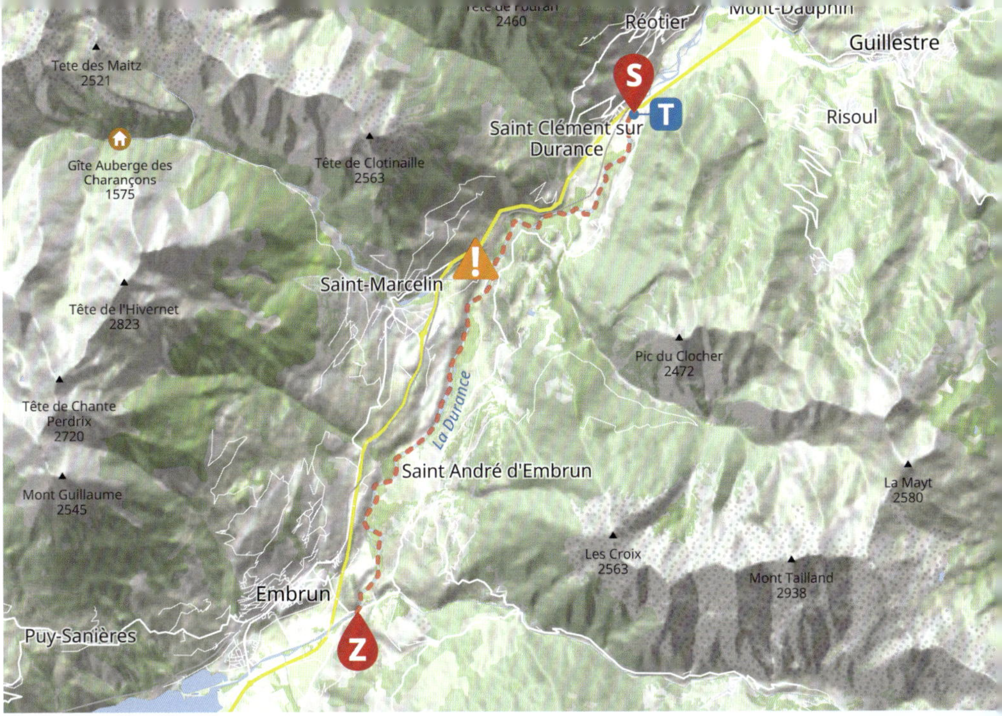

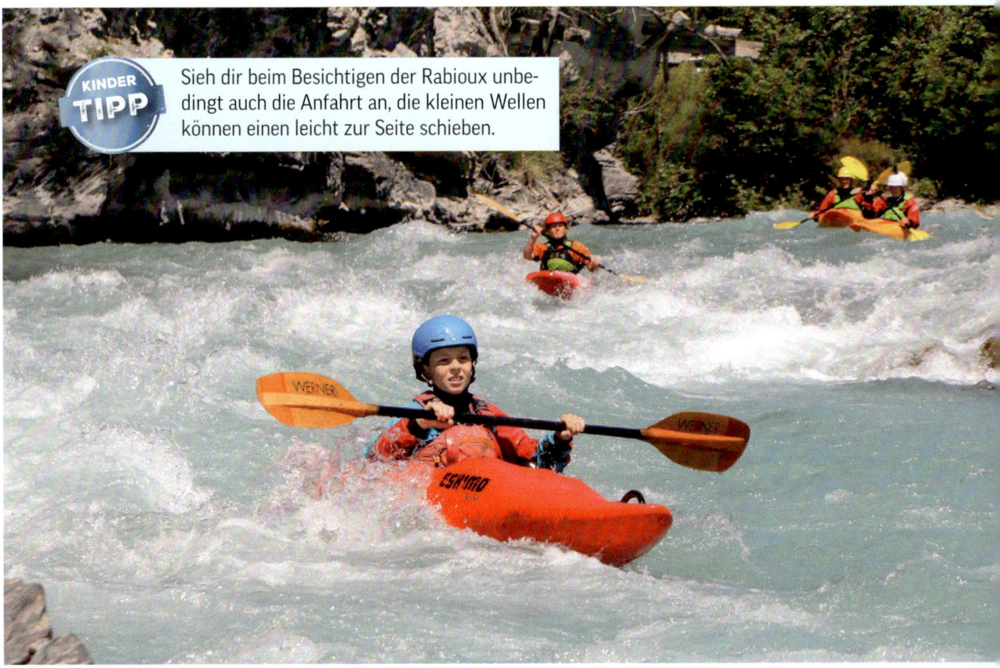

Sieh dir beim Besichtigen der Rabioux unbedingt auch die Anfahrt an, die kleinen Wellen können einen leicht zur Seite schieben.

Lange Wellenzüge findet man auf der unteren Durance zuhauf.

54 GUIL

Einstieg: Pont du Simoust (44.671263, 6.644815)
Ausstieg: Brücke N-94 (44.666613, 6.615182)

FAHRSTRECKE: 3 KM | TECHNIK | KONDITION | LANDSCHAFT

Der Guil mit seinem glasklaren Wasser und der atemberaubenden Landschaft ist wirklich ein Fluss der Extraklasse. Ein Glück, dass es nicht nur einen schweren Oberlauf, sondern auch den leichten Unterlauf gibt. Denn hier können die Paddelkinder wunderbar nachempfinden, wie toll dieser Fluss ist.

Gerade für Kinder, die noch nie Wildwasser alleine gepaddelt sind, ist der untere Guil ideal. Wenig Wasserwucht, einfache Kehrwässer, Miniwellen und leichte Verblockung tragen neben der oben erwähnte Landschaft und der Wasserfarbe dazu bei, dass der Guil aus jedem Kind einen begeisterten Nachwuchspaddler macht.

Wahrend Kinder mit nur wenig Erfahrung stolz sind die einzelnen Stellen zu meistern, können „alte" Wildwasserhasen den unteren Guil zu ihrer persönlichen Trainingsstrecke machen. Surfwellen wollen erwischt werden, man kann Traversieren üben oder an der verblocktesten Stelle alle Kehrwasserkombinationen ausprobieren. Der Fantasie sind keine Grenzen gesetzt. Zur Abkühlung kann man zwischendurch auch mal von einem Felsen ins erfrischend kühle Wasser springen. Viel zu schnell erreicht man den Ausstieg an der N-94, wer hier noch nicht genug hat, kann die Fahrt noch auf der Durance bis zur Slalomstrecke in Saint Clément fortsetzen, dann insgesamt 7 km.

Kann im Hochsommer in trockenen Jahren zu wenig sein (kein Onlinepegel vorhanden).

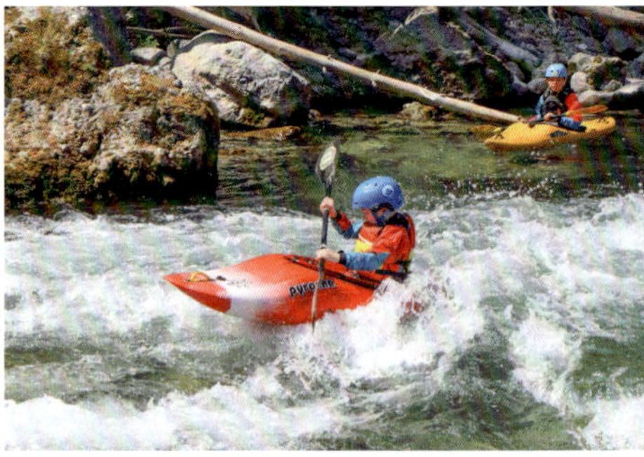

Überall finden sich kleine Surfwellen.

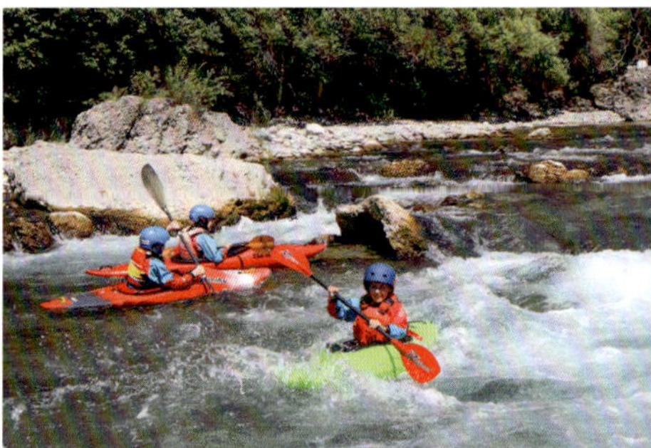

In einer der verblockteren Stellen.

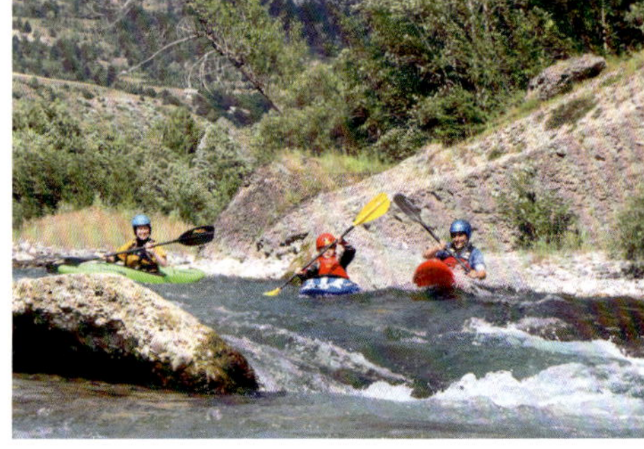

Maßnehmen, um die richtige Durchfahrt zu treffen.

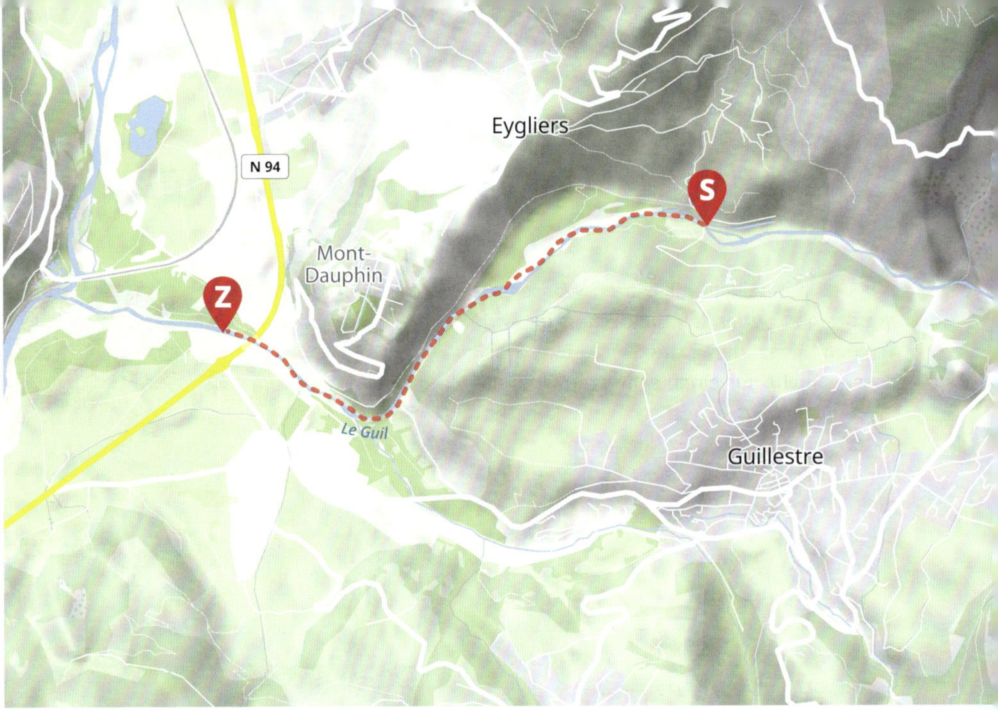

KINDER TIPP

Als kleine Herausforderung für alle, die schon besser im Boot sitzen: Traversiere vor dem dicken Stein an der verblockten Stelle her.

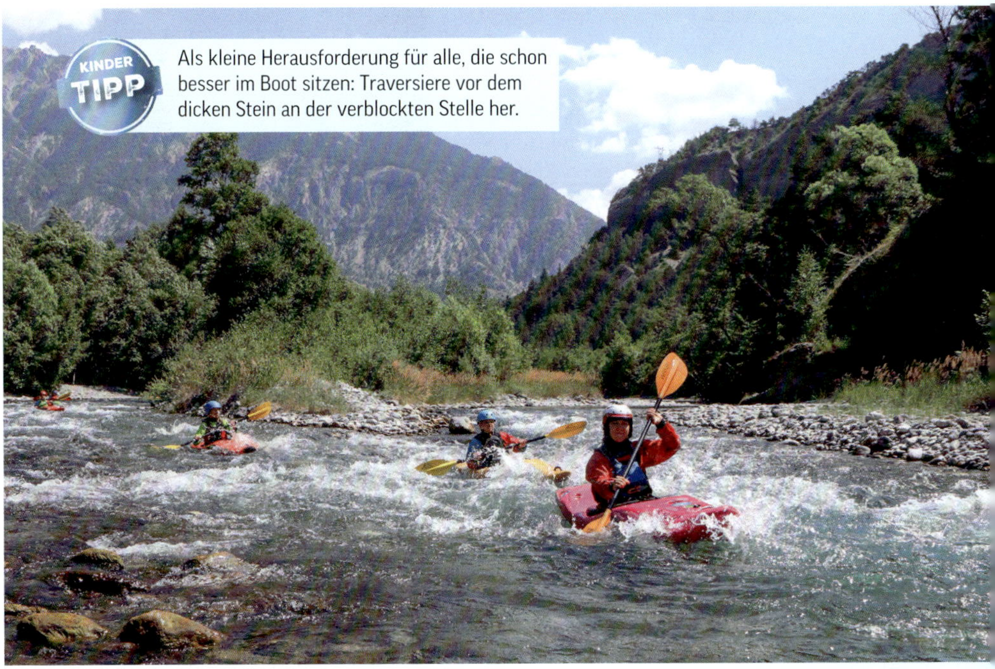

Einer von vielen kleinen Kiesbankschwällen.

55 UBAYE

Einstieg: Le Martinet (44.396556, 6.487292)
Ausstieg: Le Lauzet (44.435582, 6.425118)

FAHRSTRECKE: 8 KM | TECHNIK | KONDITION | LANDSCHAFT

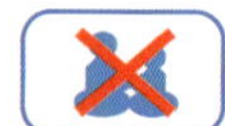

Zeigt der Pegel in Le Lauzet 15 m³/s oder weniger an, hat der Ubaye einen idealen Wasserstand, damit auch Paddelkinder sich auf dem ansonsten recht wuchtigen Abschnitt ausprobieren können.

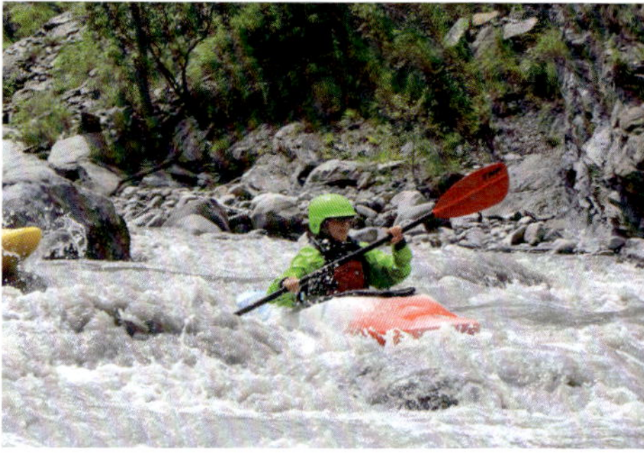

Nach Regenfällen ist das Wasser schnell grau.

Verblockung, viele Wellen, ein paar dicke Walzen, eine traumhaft schöne Klamm – auf dem Ubaye erlebt man so einiges. Die Schwierigkeiten liegen bei WW III, mit zwei Stellen, die etwas schwerer sind. Die erste schwerere Stelle kommt kurz nach dem Einstieg. Ein dicker Felsen liegt hier mitten im Fluss. Man kann links oder rechts vom Felsen fahren, keine der Routen ist leichter als die andere. Beide Seiten haben großes Gefälle und viel Verblockung. Die zweite schwere Stelle ist ein dickes Loch, welches unvermittelt in einem langgezogenen Schwall auftaucht. Es gibt eine schmale Zunge über die man kneifen kann. Trifft man diese nicht, muss man ordentlich am Stock ziehen, was gerade für kleine und leichte Kinder nicht so einfach ist. Ein erfahrener Vorpaddler, der solche Schwierigkeiten früh erkennt, ist auf dem Ubaye also sehr hilfreich.

Die kurze, aber tiefe und enge Klamm am Ubaye ist leicht (auch wenn's davor nochmal ganz schön runter geht) und kündigt den baldigen Ausstieg an. Dieser sollte übrigens nicht verpasst werden, denn die folgende Royalschlucht ist definitiv kein Ort für Kinder.

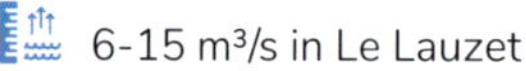

6-15 m³/s in Le Lauzet

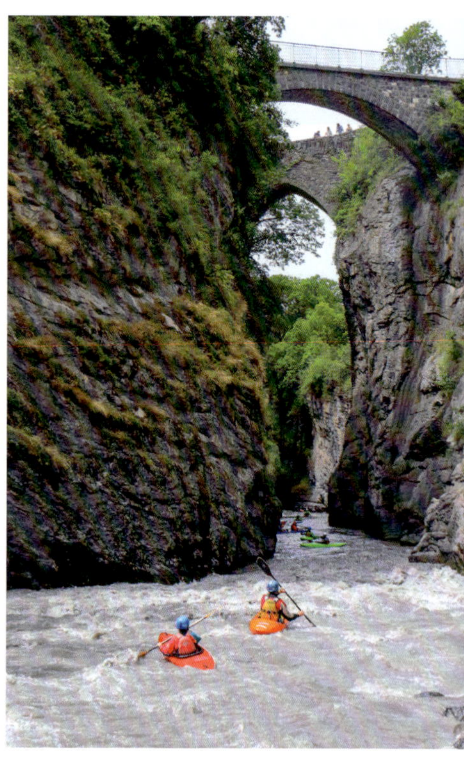

Am Klammeingang kurz vorm Ausstieg.

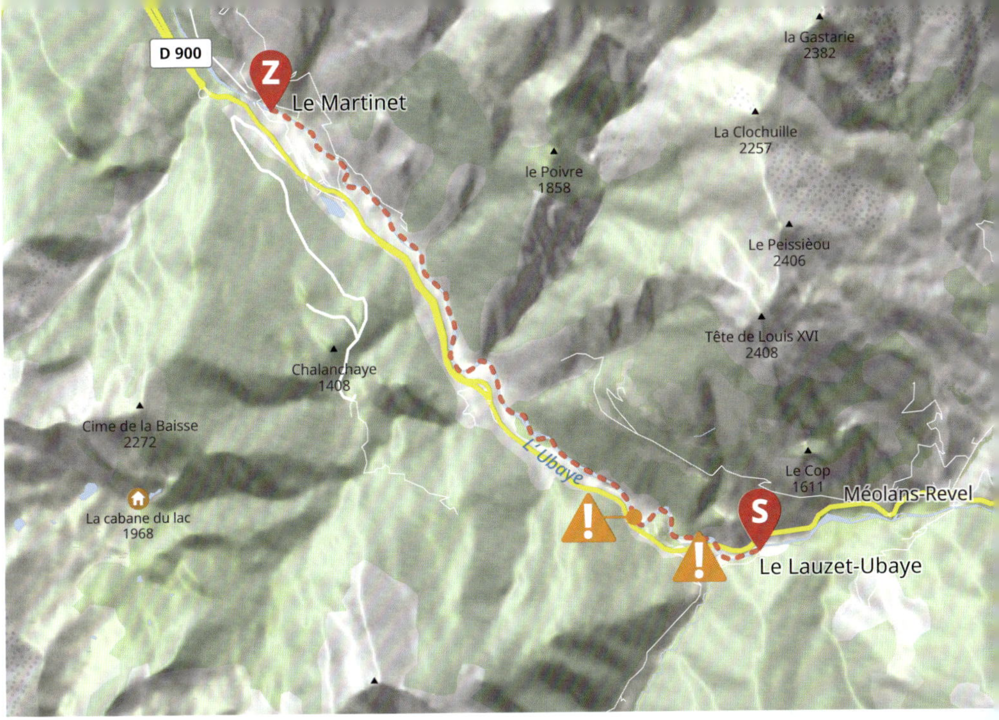

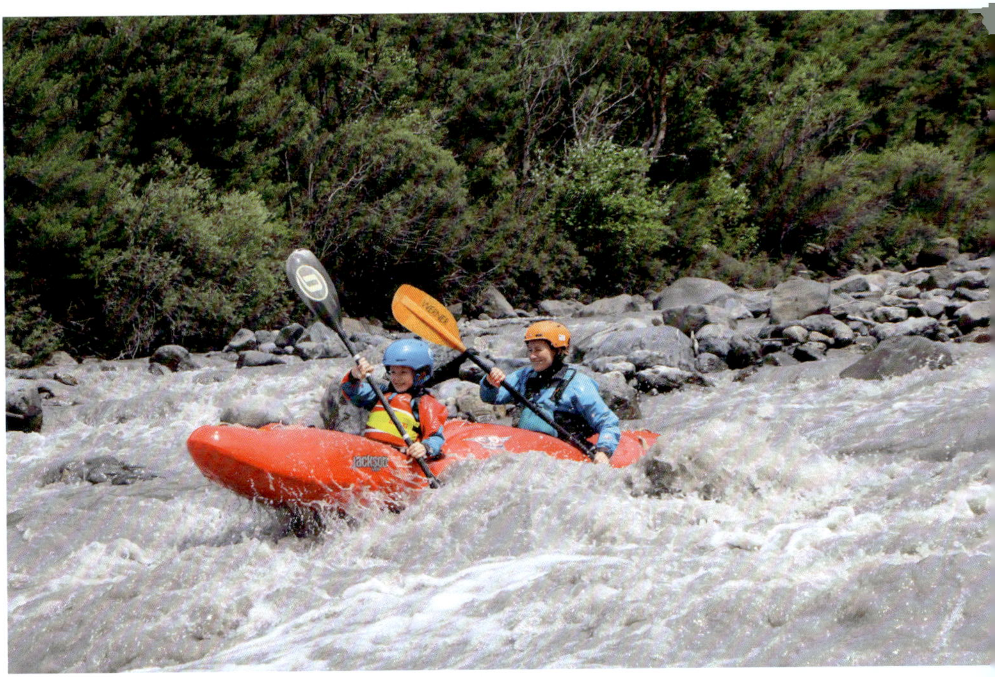

Fitte Paddeleltern können ihren Nachwuchs auch im Zweier mit auf den Ubaye nehmen.

56 VÉNÉON U. ROMANCHE

Einstieg: Kraftwerk Pont Escoffier (45.004356, 6.069744) **Ausstieg:** Brücke D1091B (45.058244, 6.036753)

FAHRSTRECKE: 7 KM | TECHNIK | KONDITION | LANDSCHAFT

Der untere Vénéon ist, im Gegensatz zu den anderen, bekannteren Abschnitten, leichtes Wildwasser. Der Einstieg befindet sich an einem Kraftwerk, an dem das abgeleitete Wasser wieder dazu kommt. Der beste Weg zum Fluss führt über eine Betonröhre zum rechten Flussarm. Hier geht es dann auch direkt zur Sache und der Nachwuchs wird sich über schnelle Schwällchen mit super Wellen freuen, die einen zackig durch einen dichten Wald führen, WW II.

Bald erreicht man dann den Hauptarm und der Fluss wird etwas langsamer. Der Vénéon fächert sich nun in einem breiten Kiesbett auf und man muss aufpassen, dass man immer den richtigen Arm nimmt, um nicht irgendwann auf dem trockenen zu sitzen. Dabei kann der Nachwuchs prima an seinen „Wasser-Lese-Skills“ arbeiten. Die Schwierigkeiten betragen zwar meist nur WW I, doch ganz leicht ist dieser Abschnitt trotzdem nicht. Immer wieder liegt Totholz in den Außenkurven oder Baumhindernisse verengen die Durchfahrten. Keine Angst, da dieser Abschnitt auch geraftet wird, gibt es immer ein Durchkommen, doch die Kinder müssen schon in der Lage sein, einigermaßen präzise eine Stelle zu durchfahren.

Landschaftlich besticht dieser Abschnitt auf den ersten Kilometern vor allem durch den natürlichen Flusslauf und den hohen, steilen Bergen, die das Tal flankieren. Nach der Mündung in die Romanche ändert sich außer dem Wasserstand erstmal nicht so viel. Doch leider bleibt es bis zum Ausstieg nicht so schön: auf den letzten zwei Kilometern ist die Romanche dann begradigt und nur noch Zahmwasser. Früher auszusteigen wäre schön, ist aber leider nicht möglich. So erlebt man dann auf wenigen Kilometern, wie sehr die Menschen teilweise die Flüsse zerstören.

Tipp: Wenn der Nachwuchs hier Spaß hatte, es gerne aber noch ein wenig schwieriger möchte, findet weiter oben im Tal noch einen super Abschnitt mit mehr Trainingsmöglichkeiten. Der Einstieg befindet sich an der D530 bevor es die Serpentinen nach Saint Christophe en Oisans hochgeht (44.962815, 6.163766). Wenn man von dort aus hochträgt, kann man noch einen wuchtigeren Schwall mitnehmen, WW III. Ansonsten gibt es viele WW II-Kiesbankschwälle, einen schönen Wasserfall am linken Ufer und einige sportlich Kehrwasser. Der Ausstieg befindet sich beim Raftcenter im Rückstau des Wehres. Leider ist dieser Abschnitt nur drei Kilometer lang.

95 cm in St-Christophe-en-Oisans
110 cm ideal mit Kindern

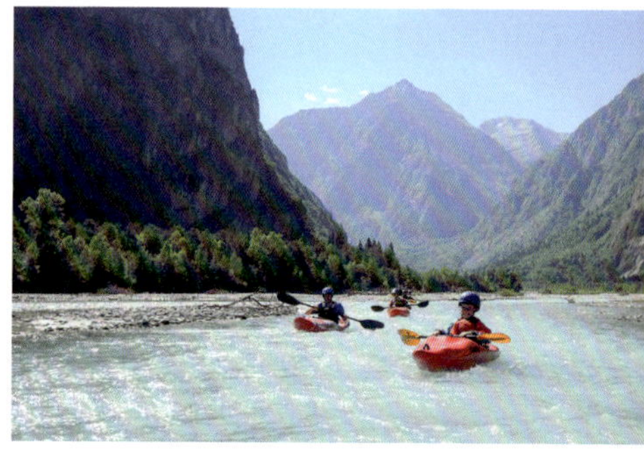

Hohe Berge umgeben das Tal.

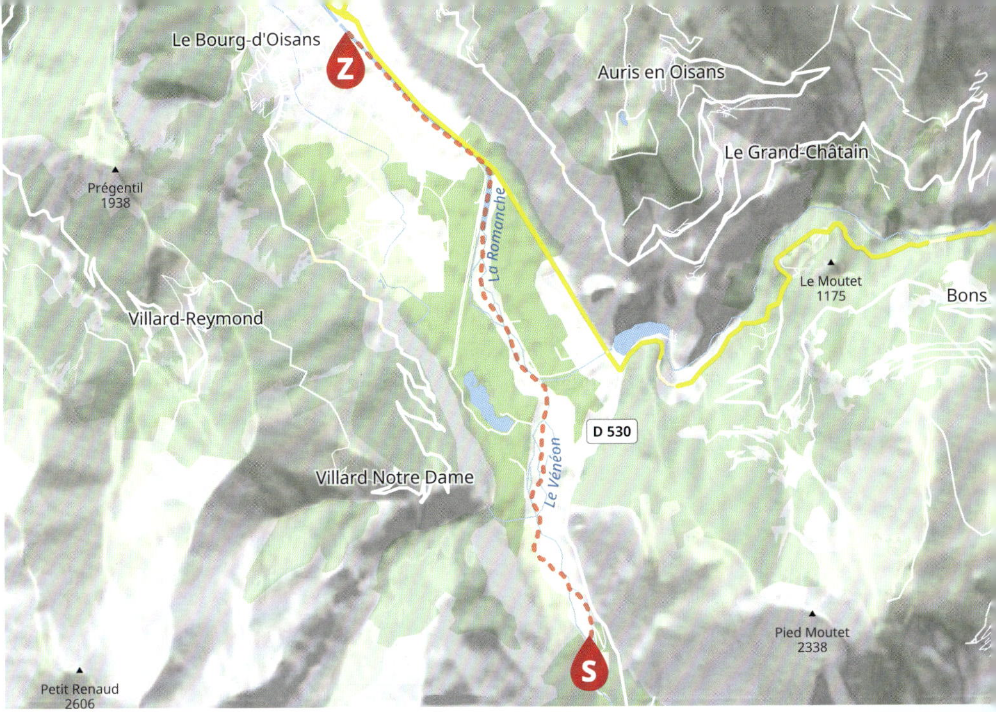

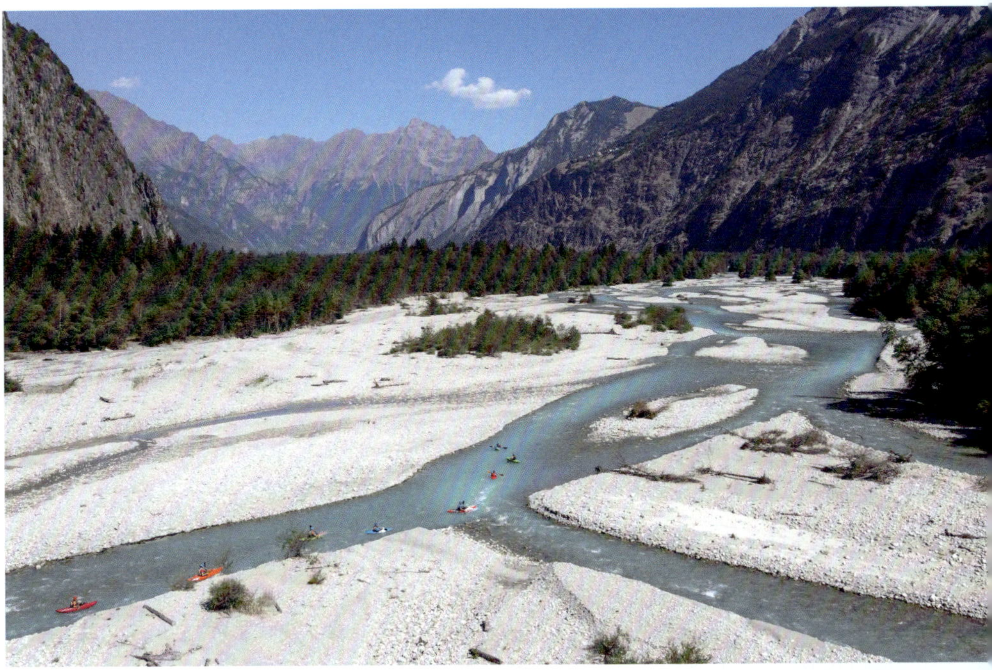

Der Vénéon bietet eine wahrlich ursprüngliche Flusslandschaft.

57 SPEZIAL: FOURNEL

Einstieg: 3. Brücke im Fournel-Tal (44.791668, 6.517572) **Ausstieg:** 2. Brücke im Fournel-Tal (44.792410, 6.513586)

FAHRSTRECKE: 0,4 KM | TECHNIK | KONDITION | LANDSCHAFT

Ein wenig versteckt in einem Seitental der Durance liegt der Fournel – eine echte kleine Flussperle. Während der mittlere Abschnitt, eine wunderbare Klamm, Canyoning- Enthusiasten vorbehalten ist, kommen oberhalb vor allem Sturzbachfahrer auf ihre Kosten.

Auf der kurzen Strecke gilt es, acht Gefällbremsen zu überwinden. Bei Niedrigwasser im Hochsommer eine Herausforderung, der sich auch Paddelkinder stellen können. Die Rückläufe sind dann klein und an den glatten Abfallkanten kann man prima seinen Boofschlag üben bzw. erlernen. Das absolute Highlight dieses kurzen Abschnitts ist Stufe Nummer sechs. Hier lernt man bei einer Fallhöhe von drei Metern schon ein wenig fliegen und das beste: man kann bequem nochmal hochtragen und die höchste Stufe mehrmals fahren.

Anmerkung: Bloß nicht bei zu viel Wasser fahren, dann können die Rückläufe für Paddelkinder echt gefährlich werden!

Nur bei Niederwasser

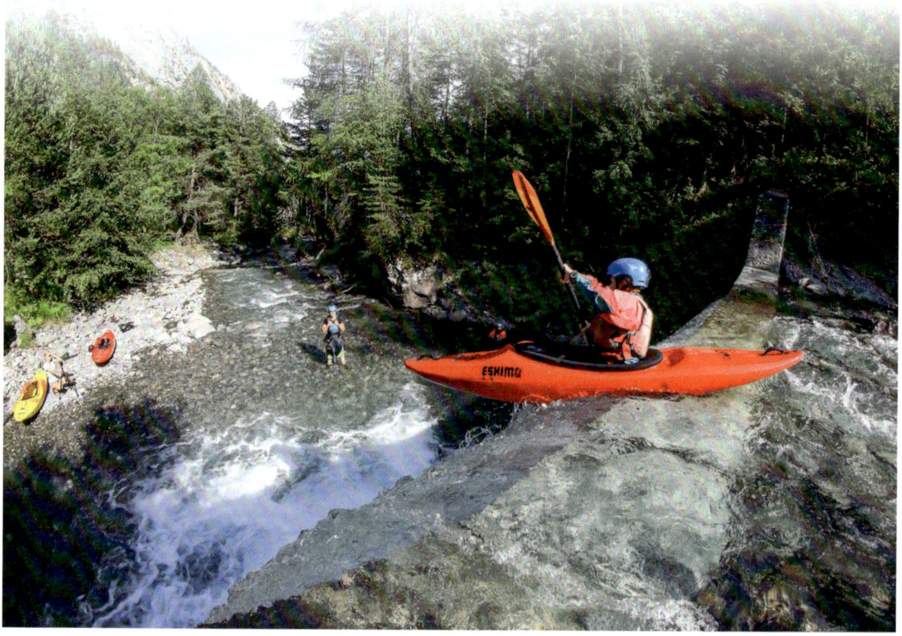

Die höchste Stufe ist gut drei Meter hoch.

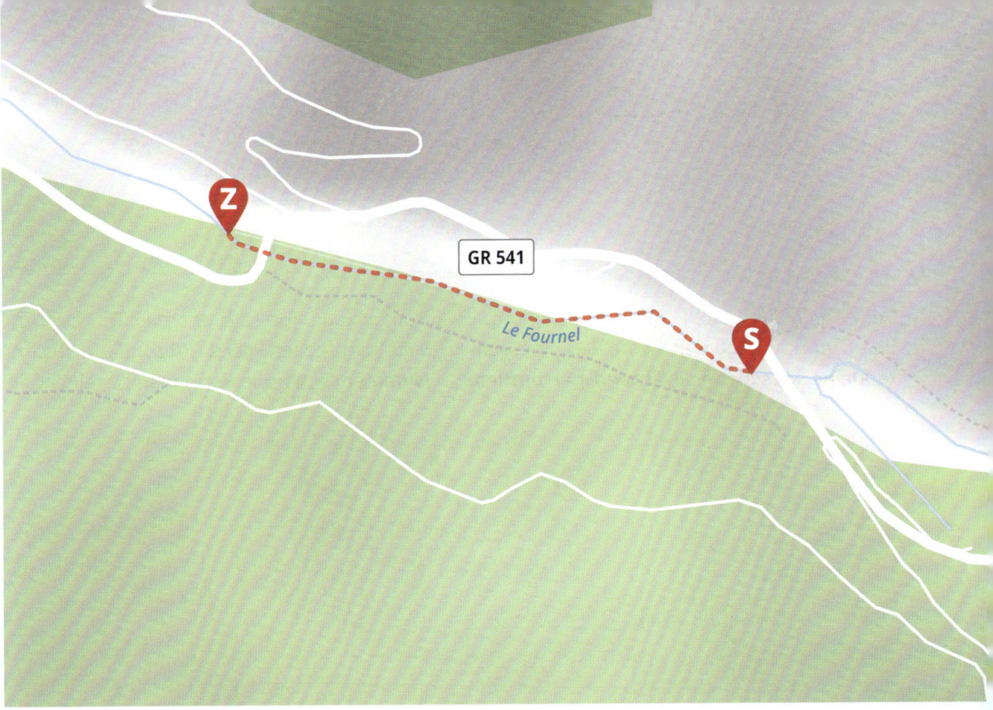

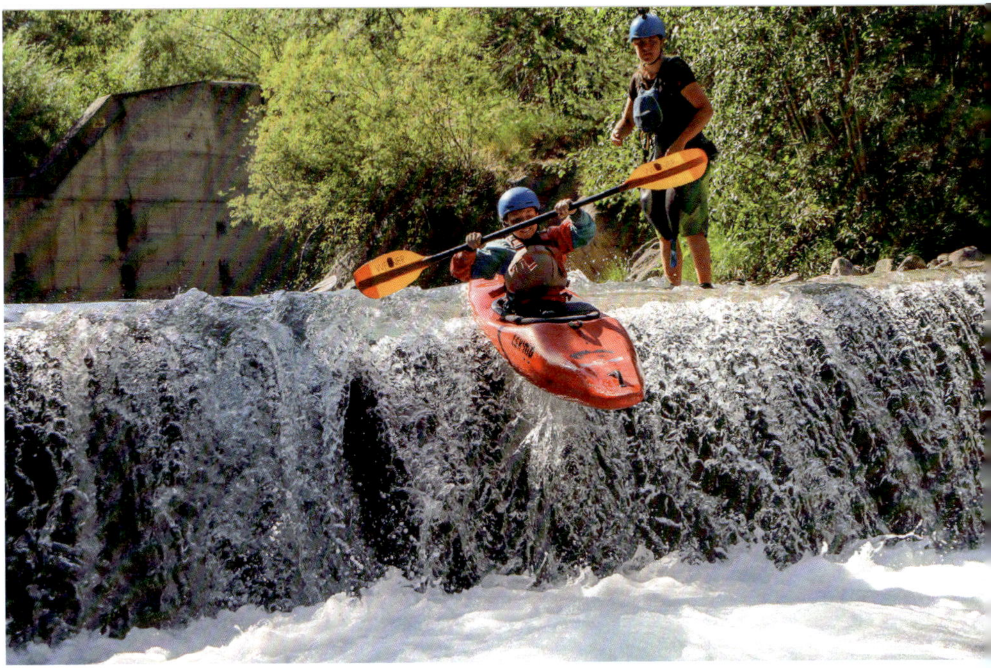

So macht boofen lernen Spaß.

ZENTRALMASSIV

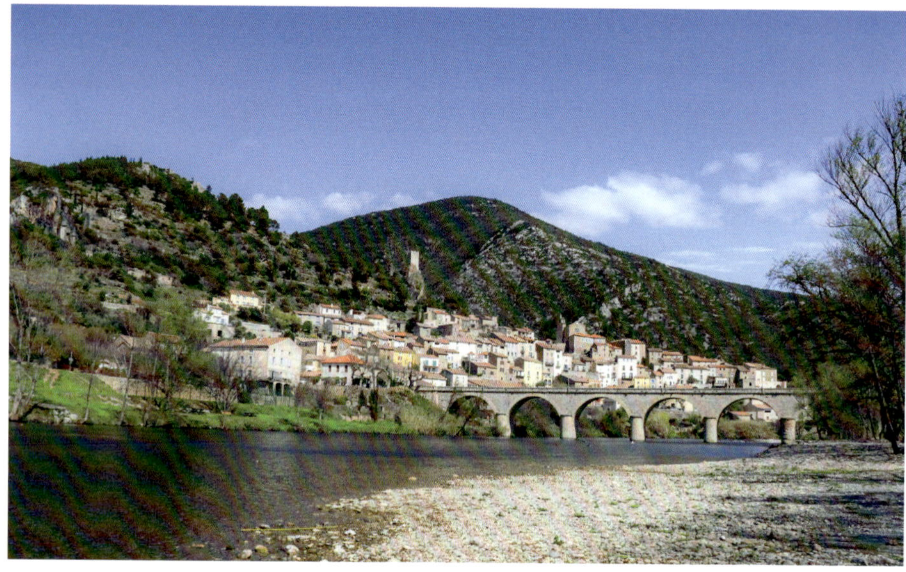

Das Zentralmassiv ist das flächenmäßig größte Gebirge Frankreichs und nimmt rund 15 % der Landesfläche ein. Auf Grund der Größe dieser Region werden hier Flüsse beschrieben, die etwas weiter voneinander entfernt liegen. Leider bin noch nicht dazu gekommen, Klassiker der Region, wie die Ardèche oder den Tarn mit meinen Kindern zu paddeln, die meist im Frühjahr rund um Ostern die besten Wasserstände haben. Stattdessen sind hier Flüsse aufgeführt, die fast das ganze Jahr über einen passenden Pegel haben. Man kann sie gut als Zwischenstopp auf dem Weg in die Pyrenäen fahren oder sie in Verbindung mit einem Strandurlaub am Mittelmeer erkunden.

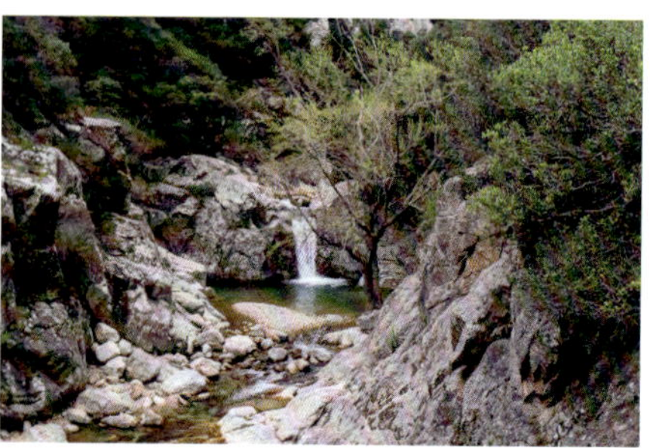

Beste Zeit mit Kindern:
Auch wenn die hier beschriebenen Flüsse schon meist ab März gute Wasserstände haben, sollte man mit Kindern die Region am besten im Sommer besuchen. Bei hohen Temperaturen und wenig Wasserdruck gibt es für den Nachwuchs einfach viel mehr Paddelmöglichkeiten.

Besonderheiten:
Warmes Wetter und verhältnismäßig warme Flüsse, so dass ein Schwimmer meist nicht weiter tragisch ist.

Standlager:
Am besten schlägt man an jedem Fluss ein neues Lager auf, empfehlenswerte Campingplätze sind:

Allier:
- Camping Municipal Alleyras
http://www.camping-municipal.alleyras.fr

Hèrault:
- Camping Paradis Hérault https://www.familys-camping-lesrivesdelherault.fr

Orb:
- Camping Le Nice in Roquebrun
https://www.camping-lenice.com/fr

Ausflugsziele & Sehenswürdigkeiten:
Am Hérault lohnt sich eine Besichtigung der Grotte de Clamouse am Ausstieg der Teufelsschlucht. Die Parksituation kann hier im Sommer schon mal etwas angespannt sein, am besten, man läuft vom Ausstieg zur Höhle. Die Tickets sind übrigens günstiger, wenn man sie vorher online kauft.

Als Zusatzprogramm neben dem Paddeln auf dem Orb ist eine Wanderung durch die Gorge d'Héric besonders lohnend. Hier ist der Weg breit und betoniert und die Laufstrecke kann so gewählt werden, dass selbst die Kleinsten diese Schlucht auf eigenen Füßen erkunden können. Diverse Klettereinlagen natürlich miteingeschlossen. Auch das Örtchen Roquebrun ist einen kurzen Abstecher wert. Hier kann man enge Gassen und einen mittelalterlichen Turm bestaunen. Der mediterrane Garten bietet neben einer Vielzahl von Pflanzen auch eine schöne Aussicht über das Tal.

Vom Orb und Hérault aus ist es außerdem nicht weit bis zum Mittelmeer, wer neben einem reinen Strandtag noch etwas französischem Flair erleben möchte, kann das kleine Dörfchen Sète besuchen.

Gastrotipp:
Leckere Brote (nicht nur Baguettes) und typisch französische Teilchen wie Éclaires gibt es bei L'Epi d'Orb boulangerie pâtisserie artisanale (40 Avenue de Stade, 34460 Cessenon-sur-Orb).

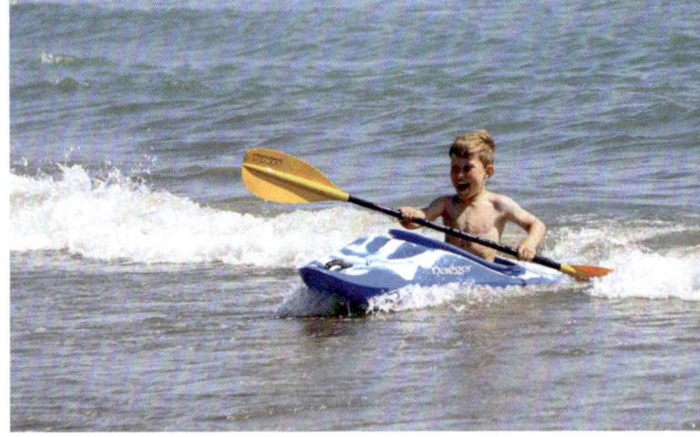

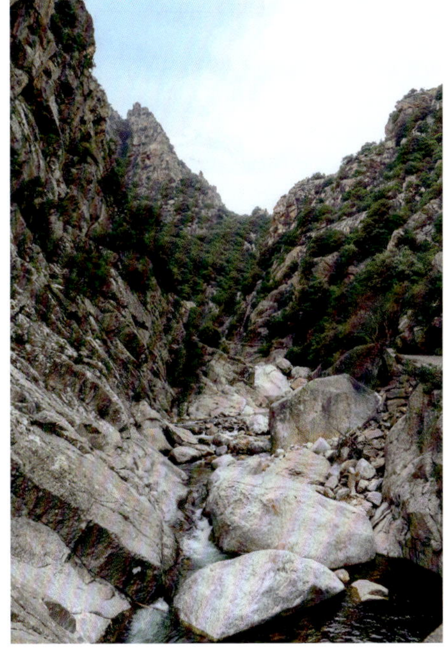

58 ALLIER-SCHLUCHT

Einstieg: Chapeauroux (44.840671, 3.736153) **Ausstieg:** Pont d'Alleyras (44.918916, 3.671861)

FAHRSTRECKE: 18 KM | TECHNIK ◎◎◎○○ | KONDITION ◎◎◎◎◎ | LANDSCHAFT ◎◎◎◎○

Der Allier ist einer der bekanntesten Flüsse Frankreichs und in seinem Unterlauf bei Wanderpaddlern sehr beliebt. Der Oberlauf bietet herrliches Wildwasser in den unterschiedlichsten Schwierigkeiten. Dank eines Stauseeablasses kann man den wilden Teil des Alliers fast das ganze Jahr über paddeln.

Die Landschaft am Allier ist fantastisch – dicht bewaldete Hügel umgeben den Fluss und am Ufer ragen interessante Felsformationen empor.

5-13 m³/s in Le Nouveau-Monde

Der hier beschriebene Abschnitt führt durch eine einsame Waldschlucht. Sie ist so abgelegen, dass man zwischendurch nicht mit dem Auto zum Fluss kommt. Es muss also die ganze Strecke absolviert werden. Die Paddelkinder sollten daher bereits über eine entsprechende Kondition verfügen. Zudem sollte man sich wirklich den ganzen Tag Zeit nehmen, um die Schlucht auch wirklich zu genießen – mit großer Pause am Fluss inklusive.

Die Schwierigkeiten liegen bei WW II/II+ mit einer Stelle, die etwas schwerer ist. Diese III- Stelle liegt zu Beginn der Tour in einer Linkskurve und ist auf den ersten Blick etwas unübersichtlich. Bei Bedarf kann man sie auf der linken Seite besichtigen und dort auch umtragen. Es gibt viele offene Schwälle mit tollen Wellen und auch mal einigen Walzen, denen man geschickt ausweichen muss. Ab und an wird es verblockter und man muss sich seine Route genau suchen. Zwischen den einzelnen Stellen gibt es immer wieder ruhige Abschnitte, die aber meistens eher kurz sind.

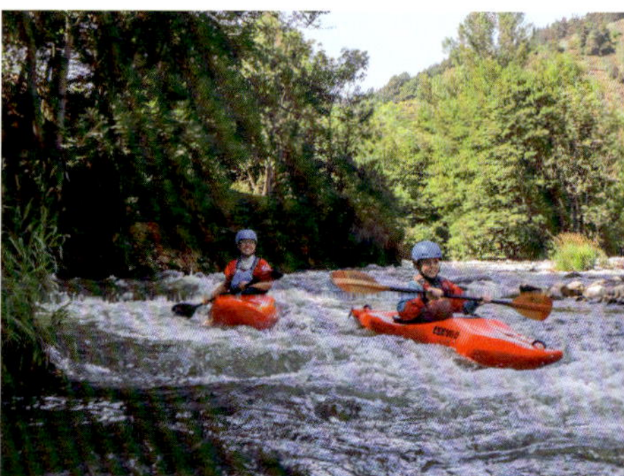

Ohne viel Flachwasser geht es am Allier beständig runter.

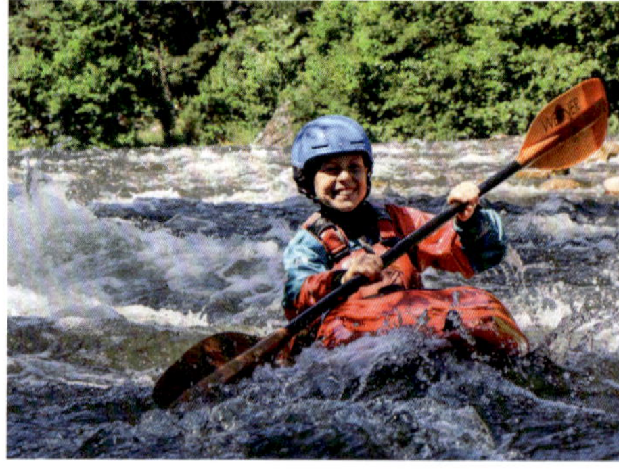

So viele Wellen bringen wahre Freude.

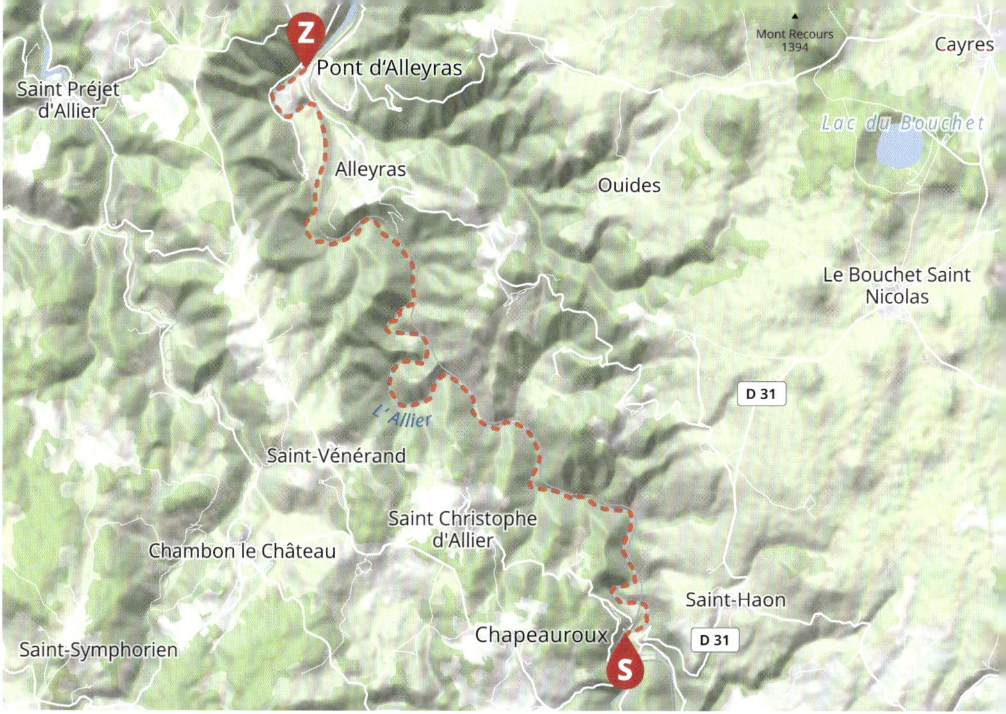

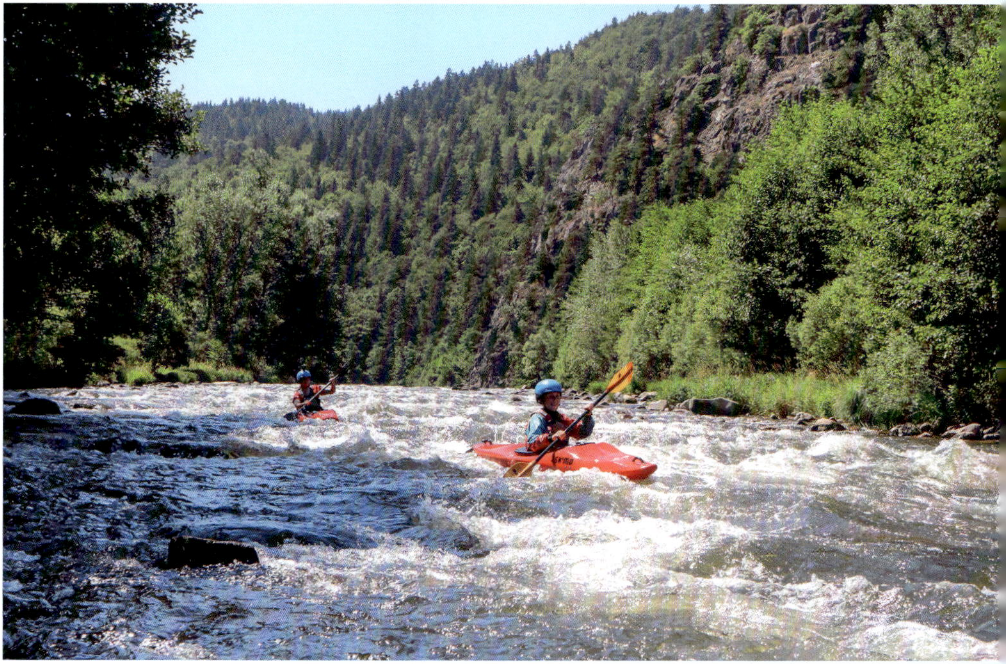

Als Paddler ist man hier ganz allein auf weiter Flur.

59 HÉRAULT

Einstieg: Pont de Bertrand (43.804662, 3.664072)

Ausstieg: Wehr oberhalb von Saint Guilhem le Desert (43.749568, 3.599281)

FAHRSTRECKE: 13 KM | TECHNIK | KONDITION | LANDSCHAFT

Ab der Pont de Bertrand ist der Hérault ein leichter Wildfluss in grandioser Landschaft. Die Straße verläuft weitab vom Fluss, im Frühjahr ist man als Paddler alleine auf weiter Flur.

Später im Jahr sind viele Leihbootfahrer unterwegs (die auch mal zu zusätzlichen Hindernissen werden können). Der so nah am Mittelmeer gelegene Hérault unterliegt schon deutlich einem mediterranen Klima. Die also oft warmen Temperaturen, sind ein riesen Pluspunkt, wenn man mit Kindern paddeln geht. Wildwassertechnisch hat der Hérault keine herausragenden Stellen zu bieten. Er ist meist WW I mit einigen Stellen WW II. Langgezogene, offene Schwälle mit schönen Wellen begeistern hier den Nachwuchs. Die einzelnen Stellen werden von ruhigen Abschnitten unterbrochen, in denen sich die Paddelkinder wieder neu sortieren können.

Besonders beeindruckend ist die Landschaft. Die Straße verläuft weitab vom Fluss, der sich durch eine offene Schlucht windet. Die Tierwelt ist reich. Neben diversen Raubvögeln, kann man vor allem im Frühjahr zahlreiche dicke Kröten im und am Fluss beobachten. Kurz vor Schluss macht sich dann der Rückstau des Wehres vom Ausstieg bemerkbar. Hier ist ganz klar die Kondition der Paddelkinder gefragt, doch bei der schönen Kulisse kann man sich natürlich für die letzten Meter auch mal etwas mehr Zeit lassen.

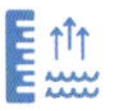

Ganzjährig fahrbar, im Sommer teilweise sehr wenig Wasser

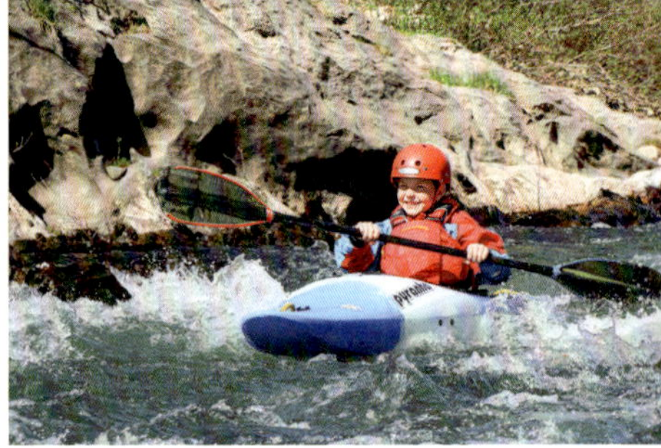

Die vielen kleinen Schwällchen sind richtig spaßig.

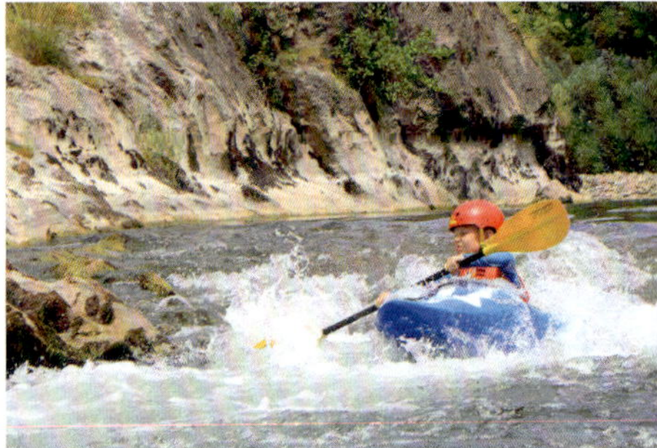

Für kleine Kinder kann es auch mal spritzig werden.

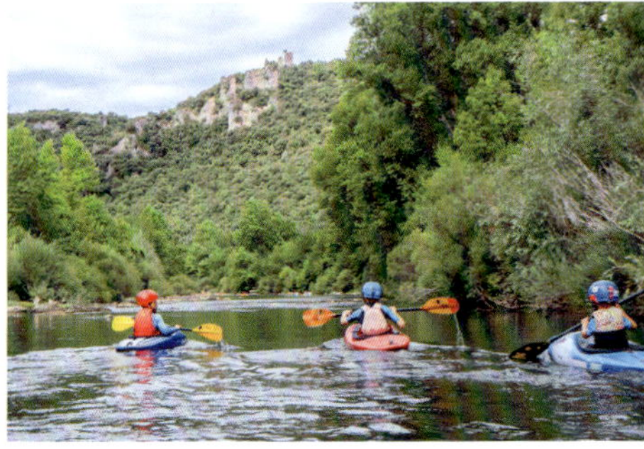

Zwischendurch ist es auch mal ruhiger.

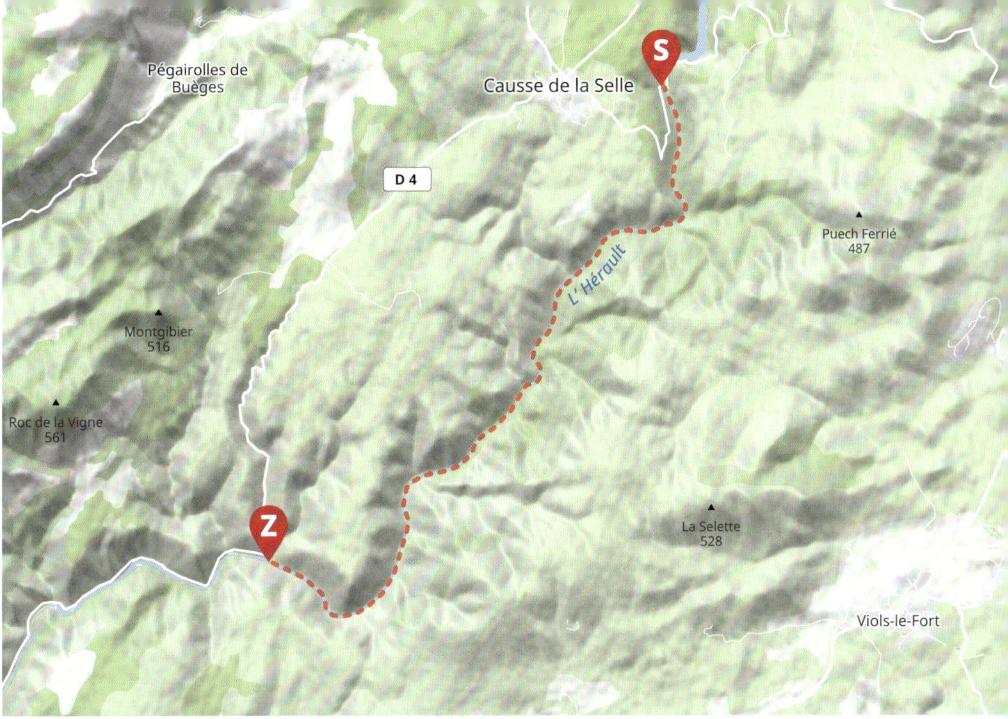

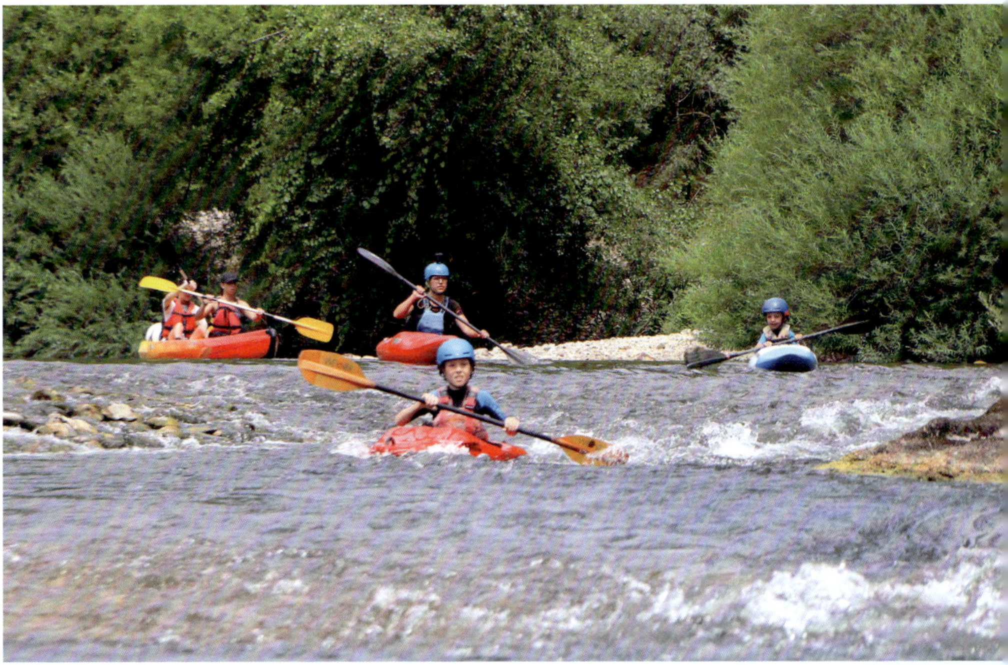

Im Sommer teilt man sich den Fluss mit vielen Leihbootfahrern.

60 HÉRAULT-TEUFELSSCHLUCHT

Einstieg: Kraftwerk bei Saint Guilhem le Desert (43.744327, 3.563224) **Ausstieg:** Teufelsbrücke (43.707073, 3.559147

FAHRSTRECKE: 5 KM | TECHNIK | KONDITION | LANDSCHAFT

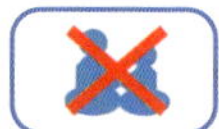

Die Teufelsschlucht des Héraults ist eine unglaubliche schöne Klamm mit wunderbarem Wildwasser. Bei Niedrigwasser im Sommer (ca. 2m³/s) kann man ambitionierte Nachwuchspaddler gut mitnehmen, solange einige Dinge beachtet werden. Vom Charakter her ist dieser Abschnitt Drop ´n´ Pool. Es gibt also immer nur einzelne Schwierigkeiten, die bewältigt werden müssen. Ein paar Stellen sind klemmgefährlich und man sollte sie sich mit den Kindern anschauen, selbst wenn es bei Niedrigwasser nie schwerer als WW III wird. Zum Glück kann man fast alle Stellen umtragen, was der Nachwuchs auch tun sollte, wenn er unsicher ist.

Besondere Vorsicht ist an der letzten Stelle geboten. Diese kann man nicht umtragen und sie ist sehr unübersichtlich. Dort befindet sich auf der rechten Seite ein Siphon. Man sollte also ganz dringend die ganz linke Durchfahrt ansteuern (auch wenn da wenig Wasser hergehen sollte), dann ist man mit den Kindern auf der sicheren Seite.

Landschaftlich jagt auf dem Hérault ein Highlight dem anderen – sei es ein Schleierfall der von hoch oben in den Fluss fällt oder die bizarrsten Felsformationen – man hat einfach immer was zu gucken.

Um die 2 m³/s in Gignac aval

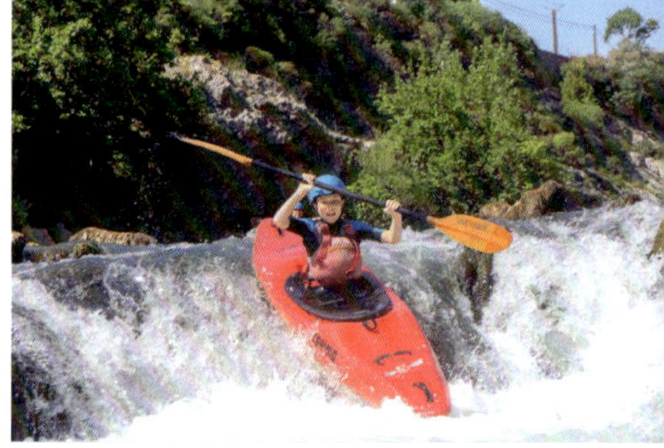

Die Teufelsschlucht ist ein wahrer Drop „n" Pool-Abschnitt.

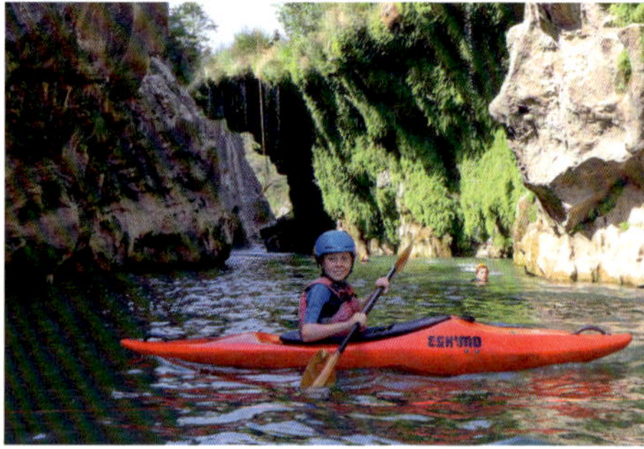

Der Schleierfall ist eins der landschaftlichen Highlights.

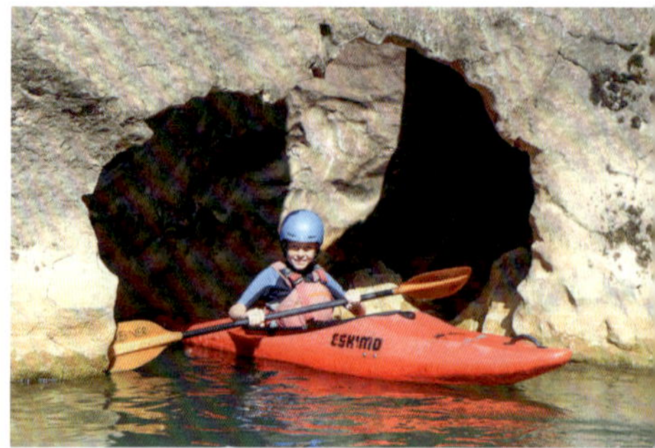

Hier gibt es echt die coolsten Felsformationen zu entdecken.

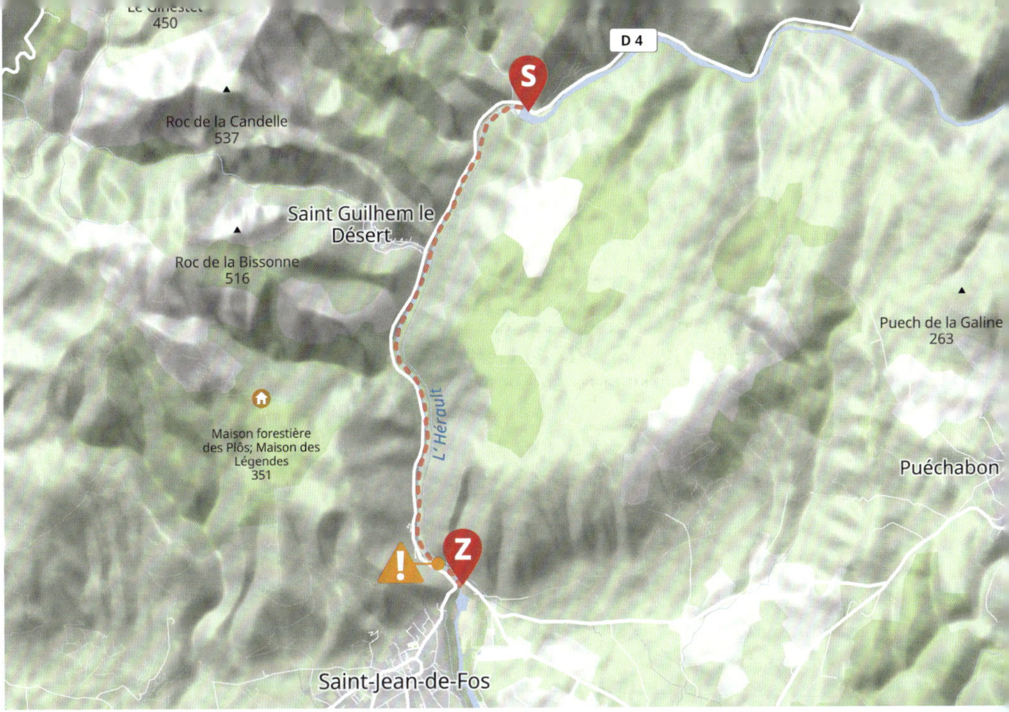

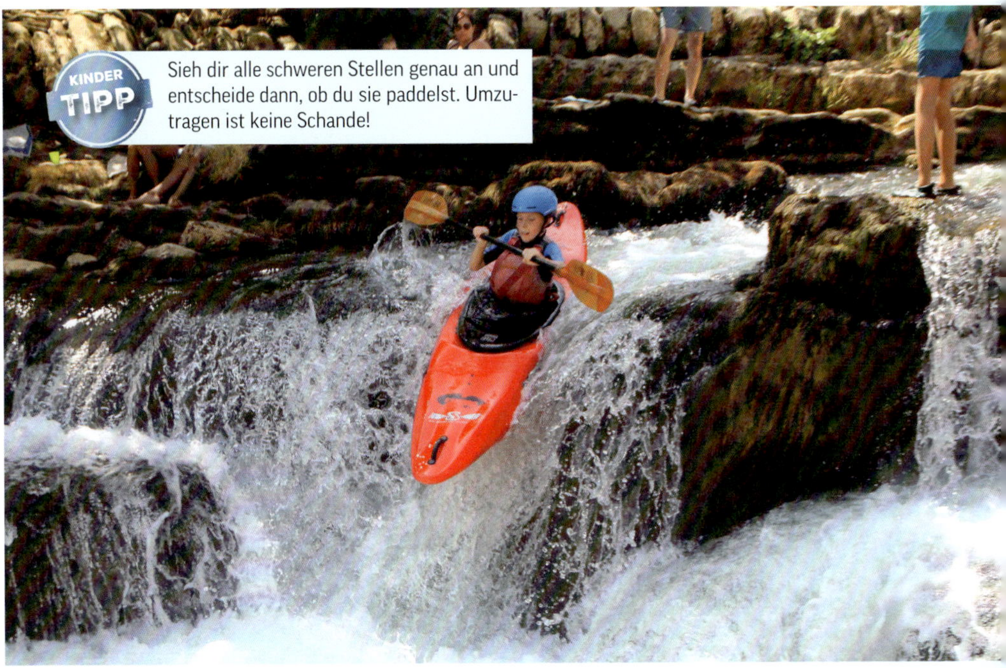

KINDER TIPP

Sieh dir alle schweren Stellen genau an und entscheide dann, ob du sie paddelst. Umzutragen ist keine Schande!

Der Hufeisenfall bildet den Auftakt zur Schlucht.

61 ORB

Einstieg: Campingplatz Tarassac (43.561486, 2.971668)
Ausstieg: Roquebrun (43.498682, 3.027227)

FAHRSTRECKE: 16 KM | TECHNIK | KONDITION | LANDSCHAFT

Wasser satt hat man am Orb eigentlich fast das ganze Jahr über. Das liegt an einer Wasserumleitung vom Aveyron in den Jaur, der bei Tarassac in den Orb mündet. So kann es aber auch mal vorkommen, dass der Wasserstand von einem zum anderen Tag ganz schön schwankt. Im Frühjahr ist der Pegel aber generell eher hoch. Dann ist der Orb, für Kinder, eine schon recht wuchtige Angelegenheit. Es gibt hohe Wellen und auch schon mal ein paar dicke Löcher, die umschifft werden müssen (WW II-III). Um den größten Schwierigkeiten zu umgehen, kann man oft die Kneiferroute wählen oder den Nachwuchs ins Päckchen nehmen. Bei weniger Wasser liegen die Schwierigkeiten eher bei WW I-II. Die Wellen sind kleiner, dafür tauchen ein paar Steine mehr auf. Es wird also technischer. Insgesamt ist dann auch die Kondition der Kinder mehr gefordert, da die ruhigen Stücke nun länger und fast ohne Strömung sind.

Landschaftlich weiß der Orb auch zu beeindrucken. Die nahe gelegene Straße bemerkt man so gut wie gar nicht und so kann man ungestört die schönen, teils rötlichen Felsformationen, im Zusammenspiel mit dichten Baumbewuchs, genießen. On Top zu dieser Landschaft säumen einige malerische Dörfchen den Flusslauf, allem voran das altertümliche Roquebrun am Ausstieg.

Tipp: Weiter flussab bei Réals befindet sich eine kurze verblockte WW-Strecke (eine Stelle WW IV, dann WW III), auf der fitte Kinder sehr gut trainieren können. Ein Weg führt die ganze Zeit am Fluss entlang, so dass man mehrfach fahren und vorher alles besichtigen kann.

Sommerliches NW 5,5 m³/s in Vieussan aval

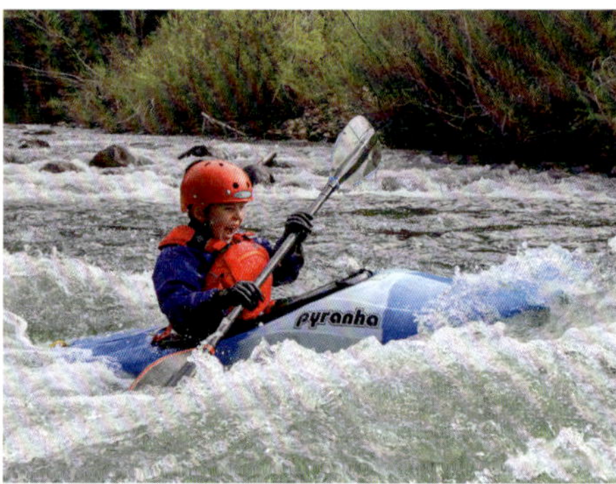

Hier gibt es Wellen über Wellen.

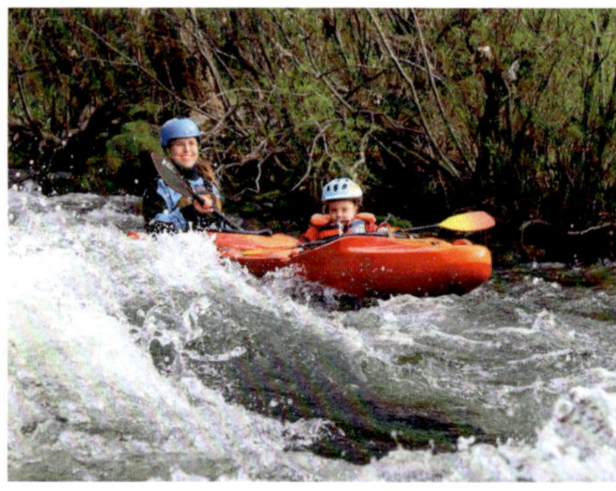

Mit kleineren Kindern kann man die größten Wellen auch kneifen.

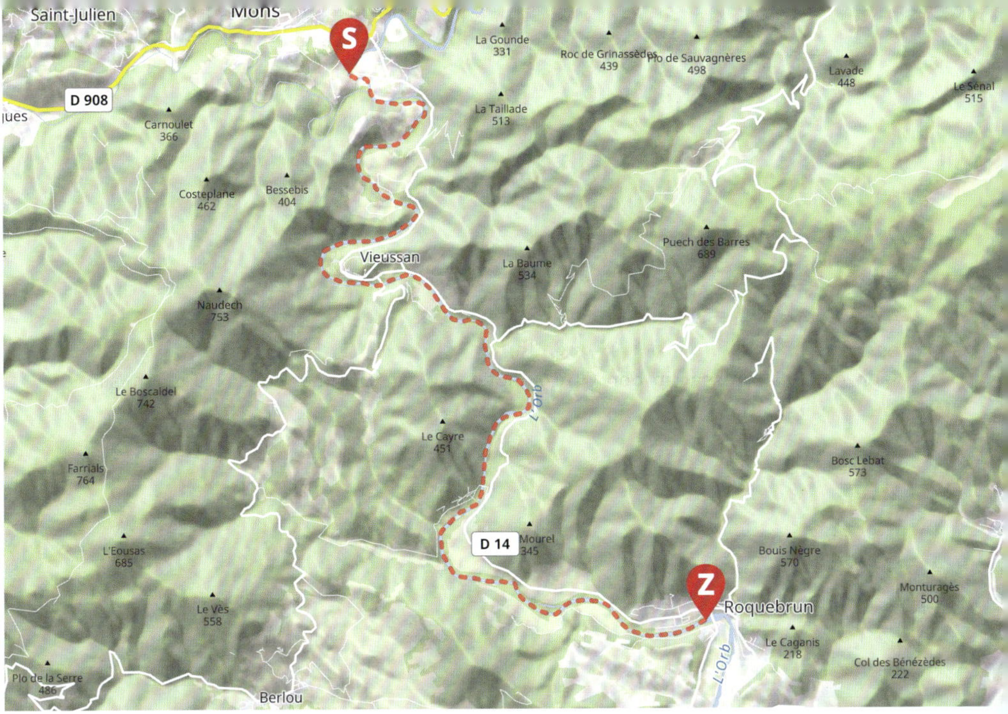

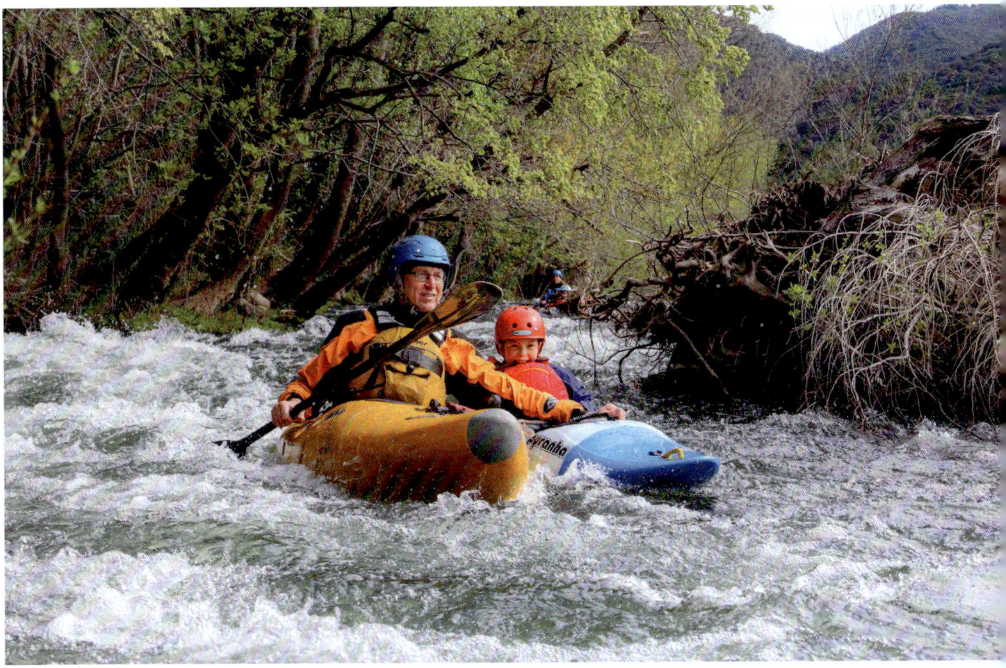

Im Zweifel kann man auch alle Stellen gut im Päckchen bewältigen.

PYRENÄEN

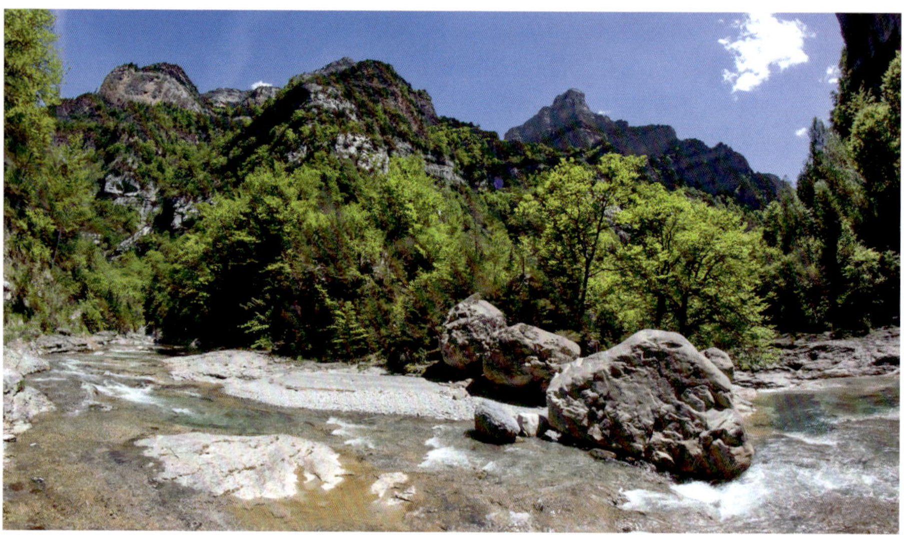

Die Pyrenäen bilden eine natürliche Grenze zwischen Frankreich und der iberischen Halbinsel. Mit mehreren Gipfeln über 3.000 Metern ist es ein echtes Hochgebirge mit unzähligen Wildflüssen. Dementsprechend vielfältig sind auch die Paddelmöglichkeiten. Mindestens zwei Wochen Zeit sollte man sich für einen Paddelurlaub in den Pyrenäen nehmen. Dabei kann man – je nach persönlicher Vorliebe – ein bis zwei feste Standlager aufbauen oder mit dem Wohnmobil von Fluss zu Fluss reisen, um in einem Urlaub möglichst viele verschiedene Flüsse zu paddeln. Neben den hier beschriebenen leichten Wildflüssen sollte man als Eltern übrigens auch unbedingt Zeit einplanen, um einige schwierigere Abschnitte zu befahren.

Beste Zeit mit Kindern:
Flüsse wie Ara und Cinca in Spanien haben nur im Frühling einen fahrbaren Wasserstand, während man alle anderen Flüsse sowohl im Frühling als auch im Sommer paddeln kann. Im Sommer haben die Flüsse einen eher niedrigen Wasserstand, dafür ist es schön warm, so dass diese Zeit besonders für kleine Kinder gut geeignet ist. Im Frühjahr, rund um Ostern, kommen vor allem fitte Paddelkinder voll auf ihre Kosten.

Besonderheiten:
Die Paddelmöglichkeiten in den Pyrenäen sind so vielfältig, dass man am besten vorher genau überlegt, was man eigentlich alles machen möchte.

Standlager:
Nive und Gave d'Oloron: Camping du Gave in Sauveterre de Béarn https://camping-du-gave.com

- **Gave de Pau:** Camping de la Forêt https://camping-hautes-pyrenees.com
- **Garonne und Neste d'Aure:** Camping le Rural bei Montrejeau https://www.camping-le-rural.com
- **Ariège:** Camping Municipal du Ramier in Vernet

▸ **Noguera Pallaresa:** Camping Beta zwischen Sort und Gerri de la Sal
https://www.camping-beta.com
▸ **Cinca und Ara:** Camping Ainsa
https://campingainsa.com
▸ **Irati:** Camping Iturbero in Lumbier (https://camping-iturbero.negocio.site/)
▸ **Gállego:** Camping Armalygal
https://www.armalygal-camping.com

Ausflugsziele & Sehenswürdigkeiten:
Ebenso vielfältig wie die Paddelmöglichkeiten, sind die Ausflugsziele in den Pyrenäen. Die folgende Auswahl beschränkt sich auf Sehenswürdigkeiten, die entweder sehr nah an den beschriebenen Flüssen liegen oder bei Kindern besonders gut ankommen.

Vom Ausstieg des Gave d'Olorons kann man bequem einen Abstecher zur Pont de la Légend machen und das Örtchen Sauveterre de Béarn erkunden, während zum Beispiel die Autos nachgeholt werden. Ein weiteres schönes Ausflugsziel in der Gegend ist die Gorges Kakuetta. Diese verwunschen aussehende Klamm bietet wunderschöne Ausblicke, einen hohen Wasserfall und eine Quellhöhle. Für Kinder ein echtes Abenteuer, für das man schon einen halben Tag einplanen kann.

Ist man am Gave de Pau unterwegs, sollte man schon mal einen kurzen Abstecher nach Lourdes, dem weltweit meistbesuchten Wallfahrtsort, machen. Für Kinder interessant ist eine Besichtigung der Kirche Sanctuaires Notre-Dame de Lourdes, vor allem, weil sie ein wenig wie ein Disney-Schloss aussieht. Wer so viel Trubel nicht mag, kann am oberen Gave de Pau auch schön wandern gehen, schöne Ziele sind hier der Cirque de Gavarnie oder die Pont d'Espagne.

Rund um das Tal des oberen Ariège gibt es unzählige Höhlen, die wahrscheinlich alle einen Ausflug wert sind. Meinen Kindern hat besonders der unterirdische Fluss Labouiche mit seiner Höhlenbootstour und die Grotte de Niaux mit ihren Höhlenmalereien gut gefallen.

Aínsa, gelegen an der Mündung des Cincas in den Ara ist ein malerisches Dorf mit mittelalterlichem Flair. Jahrhunderte alte Steinhäuser, eine Burgruine und der Plaza Mayor lassen Kinder von Rittern und Burgfräulein träumen. Auch das Örtchen Jánovas am Einstieg des Aras ist ein Besuch wert. Unter Franco mussten die Bewohner ihre Heimat verlassen, um Platz für ein Kraftwerk zu machen, welches nie fertiggestellt wurde. Mittlerweile laufen Renovierungsarbeiten, aber es gibt auch noch einige Ruinen zu erkunden.

Lohnende Wanderungen im Nationalpark Ordesa y Monte Perdido sind vom oberen Ara aus am Rio Arazas zu den Wasserfällen und vom Cinca aus eine Tour durch den Cañón de Añisclo.

Eine schöne Schluchtenwanderung führt auch durch die Foz de Lumbier am Irati. Die schönste Aussicht in der Gegend hat man vom Mirador de Iso, da kann man außerdem hervorragend Geier beobachten.

Wenn man am Gállego ist, sollte man sich unbedingt die Mallos de Riglos anschauen. Die beeindruckende Felsformation dominiert das Tal und ist schon von weitem zu sehen. Es ist ein beliebtes Klettergebiet und eignet sich zudem hervorragend zum Beobachten der riesigen Geier, die dort in den Felsen leben.

Kombiflüsse:
Noguera Pallaresa – Sort bis Gerri de la Sal (14 km, WW III/IV)
Gállego – ab Embalse de la Peña (7 km, WW II-III(IV)

62 NIVE

Einstieg: Itxassou (43.329141, -1.392954)
Ausstieg: Campo les Bains (43.363085, -1.391393)

FAHRSTRECKE: 2 KM | TECHNIK | KONDITION | LANDSCHAFT

Diese kurze Waldschlucht der Nive ist nicht nur landschaftlich reizvoll, sondern auch eine ideale Trainingsstrecke für kleine Wildwasserpaddler.

Abseits von jeglichen Straßen inmitten eines dichten Waldes durchströmt die Nive einen wahren Bouldergarten von Felsen. Das Gefälle ist nicht allzu hoch, so dass selbst weniger sichere Fahrer prima Kehrwasserfahren üben können. Auch wenn die eigentliche Paddelstrecke nicht so lang ist, kann man sich auf diesem Abschnitt durch die Vielfältigkeit an Trainingsmöglichkeiten schon mal den ganzen Tag aufhalten.

Generell liegen die Schwierigkeiten bei WW I mit einigen Stellen WW II. Kurz vor Schluss kommt aber eine Stelle, die knapp den dritten Grad erreicht. Vor allem für kleinere Kinder dürfte diese Walze schwer zu durchfahren sein. Hier bietet es sich an, kurz auszusteigen und sich mit dem Nachwuchs über die richtige Routenwahl auszutauschen. Die Stelle kann aber auch ganz leicht links umtragen werden.

50 cm in Osses

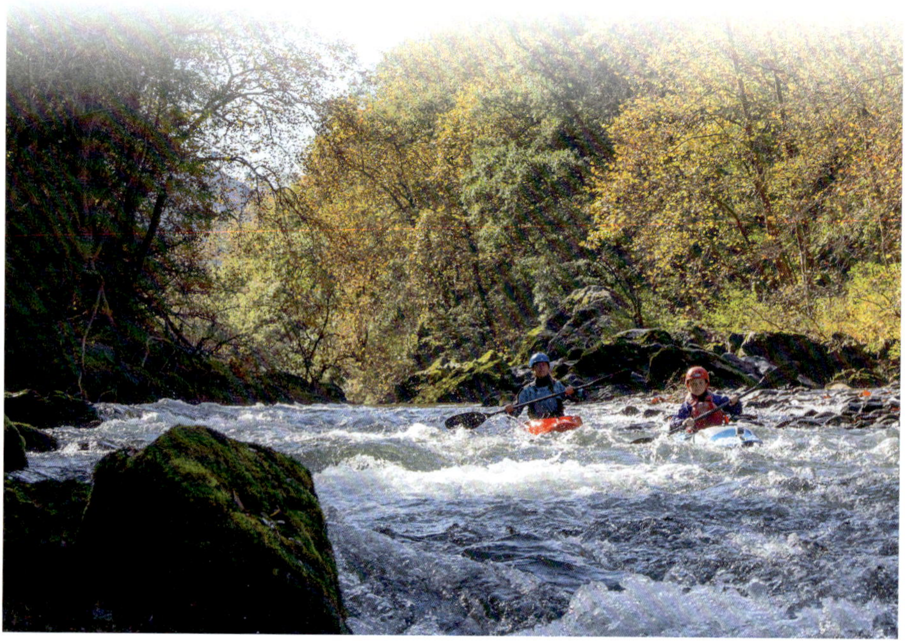

Die meisten Stellen sind sehr leicht zu befahren.

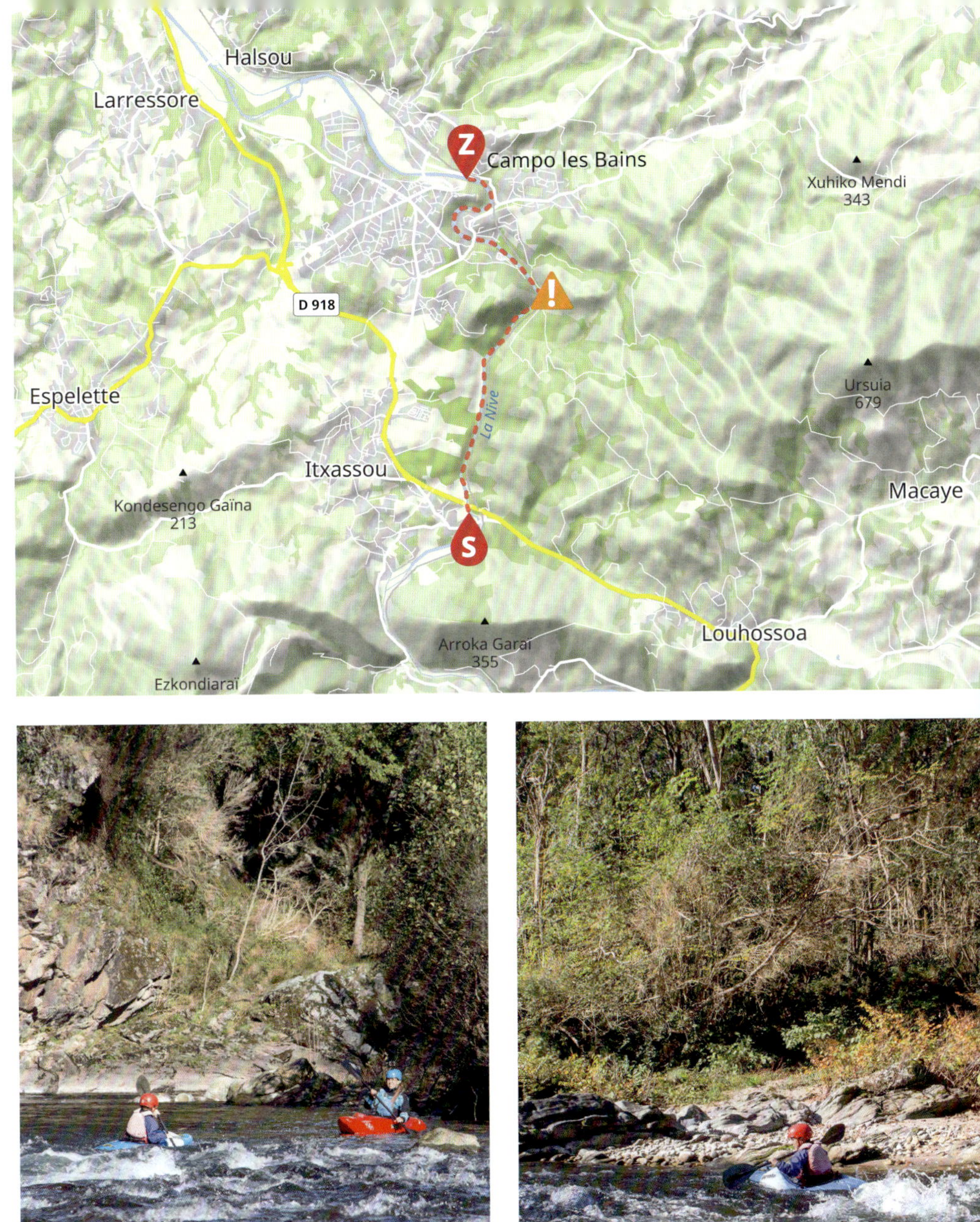

In der Waldschlucht gibt es unzählige Trainingsmöglichkeiten.

63 GAVE D'OLORON

Einstieg: Navarrenx (43.323123, -0.764312) **Ausstieg:** Sauveterre de Béarn (43.397439, -0.938139)

FAHRSTRECKE: 21 KM | TECHNIK | KONDITION | LANDSCHAFT

Wellen, Wellen, Wellen – so könnte auch eine Kurzbeschreibung des Gave d'Oloron lauten. Denn es gibt unzählige Schwälle mit tollen Wellenzügen. Zwischendurch gibt es immer wieder ruhige Fließstrecken, die zum Glück aber nicht allzu lang sind. Das Tolle am Gave d'Oloron ist, dass man sich den Schwierigkeitsgrad praktisch selber aussuchen kann. Fährt man in der Hauptströmung, kann schon mal der dritte Grad erreicht werden, kneifend am Rand betragen die Schwierigkeiten eher WW II. Nach ca. der Hälfte wird es insgesamt etwas leichter (Wem die 21 km zu viel sind oder wer es leichter möchte, kann auch hier einsteigen. Dafür mit dem Auto von der D 936 bei Kilometer 69 dem Schild ‚Acces Gave' folgen).

Kurze Zeit später versperrt ein Wehr die freie Fahrt. Es gibt hier mehrere Befahrungsmöglichkeiten. Mit den Kindern sollte man am besten das Wehr rechts über einen Kiesbankschwall umfahren, bzw. bei Niedrigwasser rechts umtragen.

Bevor es ganz leicht wird, taucht relativ unvermittelt nochmal in einer Linkskurve eine Stelle auf, die je nach Wasserstand ein satter Iller ist. Eine Walze nimmt dann die ganze Flussbreite in Beschlag. Am einfachsten ist diese Stelle links über eine schmale Zunge zu fahren. Vor Sauveterre de Béarn teilt sich der Fluss, um zum Ausstieg zu gelangen, muss man den rechten Arm nehmen.

Übrigens: wer nach dieser langen Tour noch ein paar Kraftreserven hat, kann sich noch in der Slalomstrecke unterhalb des Ausstiegs austoben.

12 m³/s (dann nicht so viele Wellen)
Ideal: um die 60 m³/s (im Frühjahr)

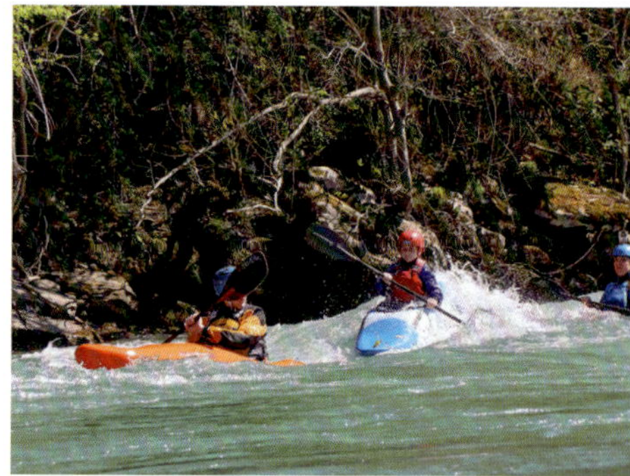

Im Frühjahr ist der Wasserstand am besten...

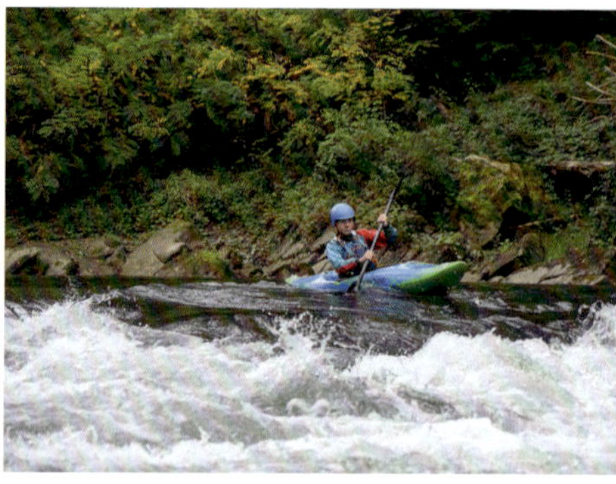

...aber auch bei herbstlichem Niedrigwasser macht der Gave d'Oloron noch Spaß.

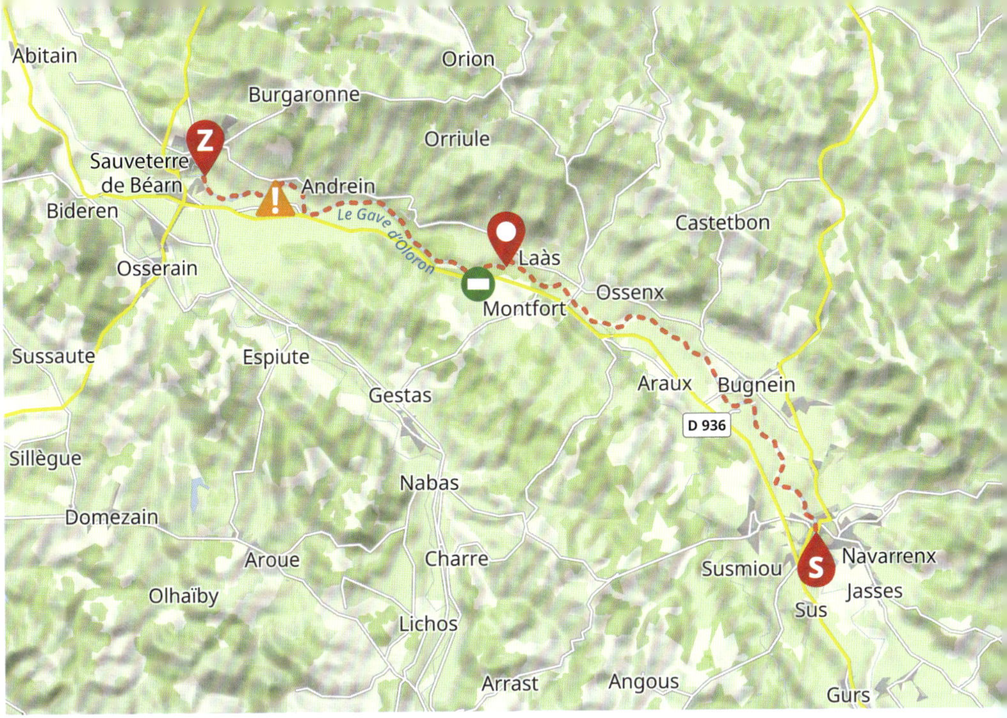

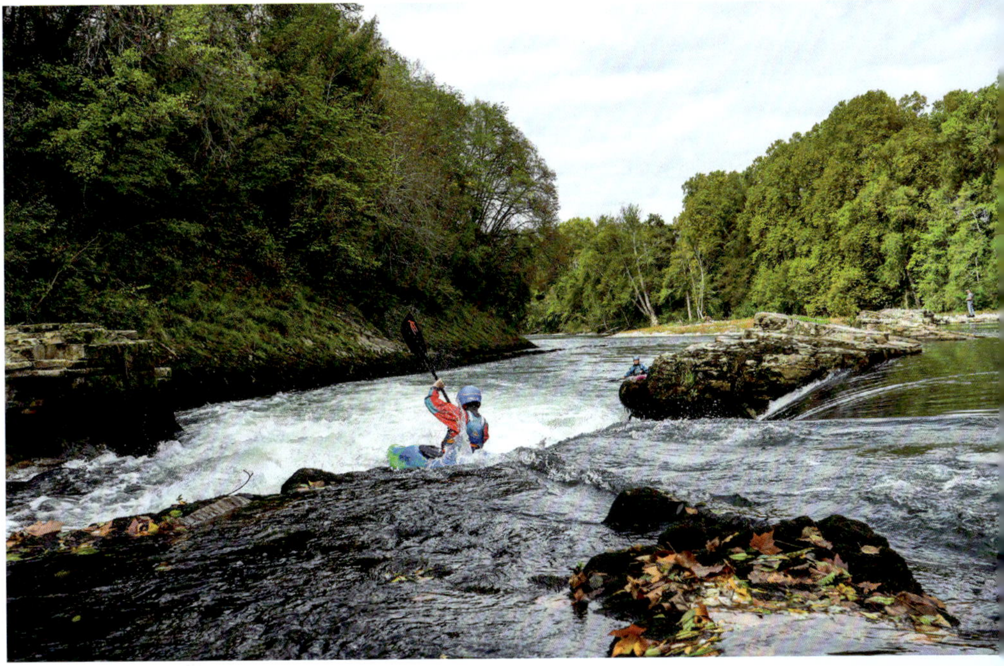

Wehrbefahrung bei Niedrigwasser.

64 OBERER GAVE DE PAU

Einstieg: Brücke D-100 Argeles-Gazost (43.005039, -0.081858) **Ausstieg:** Ortsanfang Lourdes (43.086920, -0.049476

FAHRSTRECKE: 15 KM | TECHNIK | KONDITION | LANDSCHAFT

Der Gave de Pau ist ein breiter Fluss, der von Wassereinleitungen gespeist wird. Starke Schwankungen des Pegels innerhalb eines Tages sind also die Regel, dafür dürfte man den Fluss aber das ganze Jahr über fahren können.

Direkt nach dem Start an der Brücke wartet die schwierigste Strecke des ganzen Abschnitts auf die kleinen WW-Aspiranten. Bei dieser Flussteilung sollte der linke Arm genommen werden, dort geht es über Wellen und durch einige gar nicht so kleine Walzen abwärts, je nach Wasserstand WW II-III. Mit weniger erfahrenen Kindern sollte man vielleicht erst danach einsteigen. Ein Umtragen auf der linken Seite ist aber auch möglich.

Danach sind die Schwierigkeiten eher von geringer Natur. Kiesbankschwälle, bei denen es oft in die Außenkurve drückt und nur mäßige Verblockung kennzeichnen diesen Abschnitt, WW I bis II-. Es strömt die ganze Zeit ziemlich gut, so dass die 15 km auch von kleineren Kindern gut zu bewältigen sind. Auf dem gesamten Abschnitt gibt es zwei Wehre. Das erste kann man über eine schöne Bootsrutsche auf der rechten Seite mit viel Spaß befahren. Das zweite Wehr kurz vor Lourdes befährt man am besten mittig über eine kleine Rücklaufstufe. Zur Absicherung kann sich dort ein Begleitpaddler in den Fluss stellen. Nach diesem Wehr sollte man unbedingt den rechten Arm weiterfahren, da sich links ein massives und gefährliches Baumhindernis befindet [Stand: Sommer 2019].

Ganzjährig fahrbar, mit Kindern bei sommerlichem NW ideal (<25 m³/s in Saint Pé-de-Bigorre).

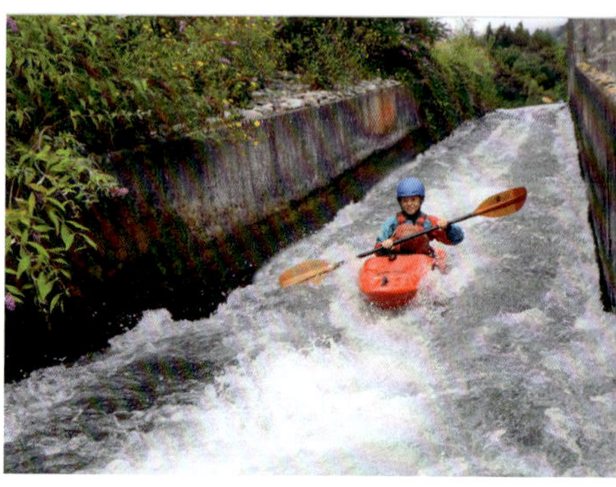

In der Bootsrutsche wird man richtig schnell.

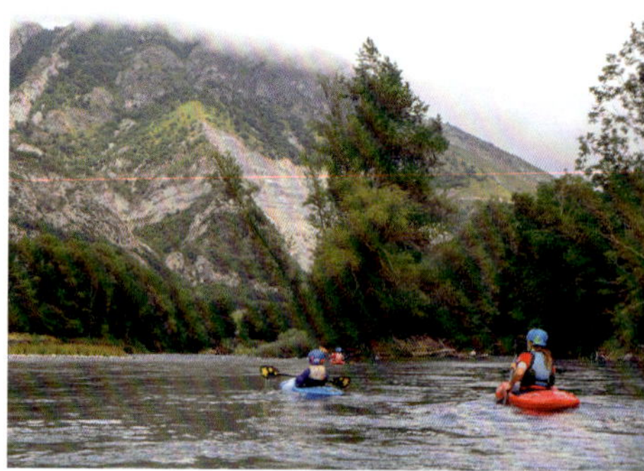

Auch in den ruhigeren Abschnitten fließt es noch gut.

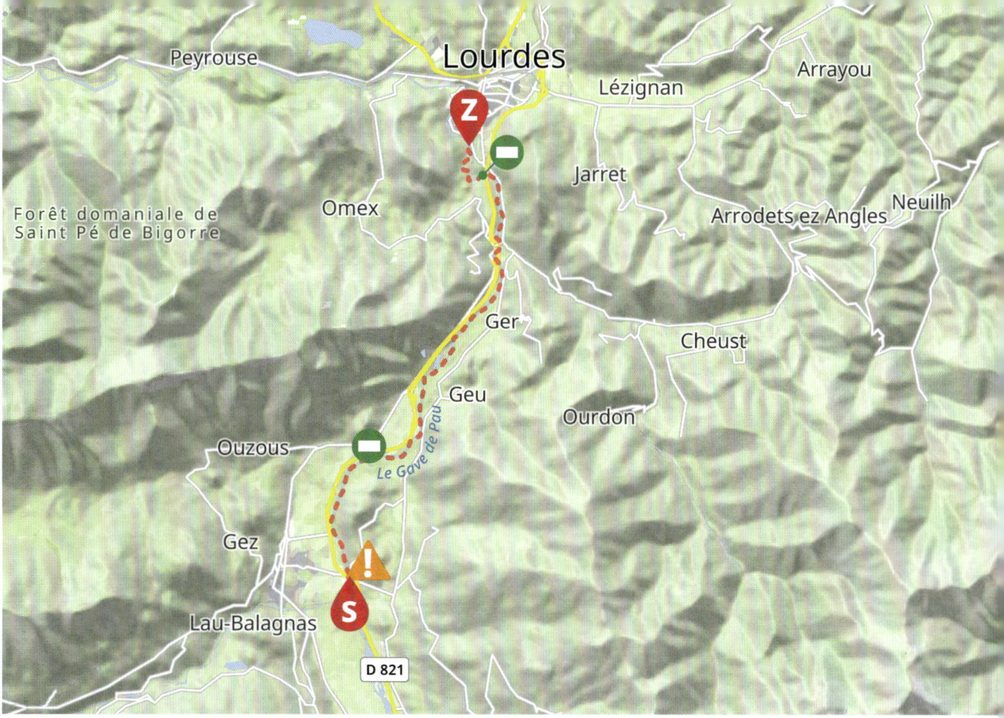

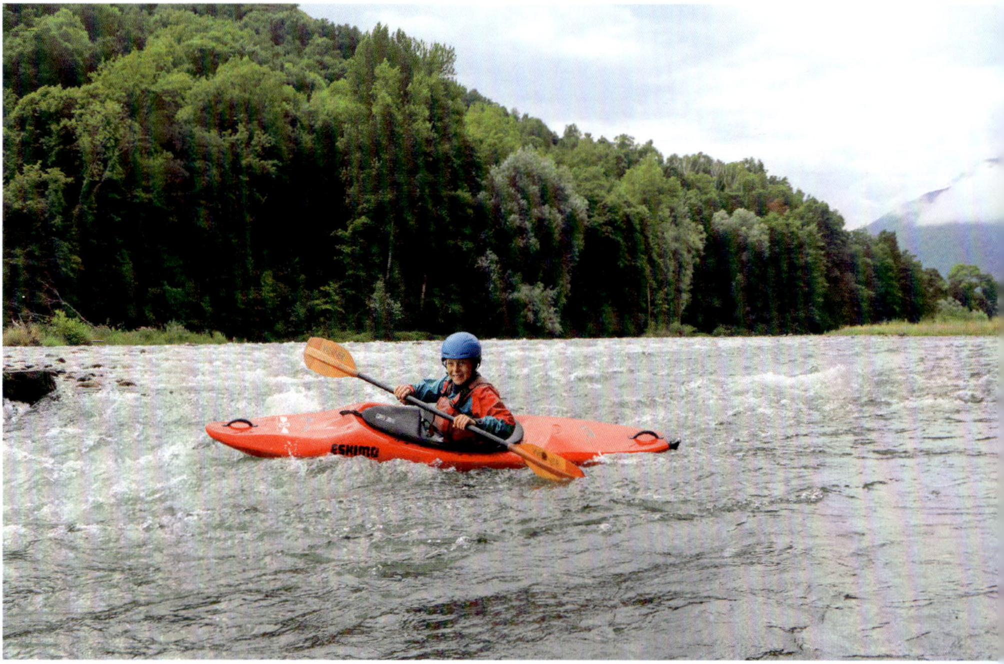

Typischer Kiesbankschwall.

65 UNTERER GAVE DE PAU

Einstieg: Brücke bei Rieulhes (43.102273, -0.142959) **Ausstieg:** Wehr am Kloster Notre Dame de Bétharram (43.125443, -0.207324)

FAHRSTRECKE: 6 KM | TECHNIK | KONDITION | LANDSCHAFT

Wem der obere Abschnitt des Gave de Pau zu leicht war, dem sei der untere Abschnitt sehr ans Herzen gelegt. Hier sind die Wellen höher, die Schwälle steiler und die Wehre (mit ihren Bootsgassen) spektakulärer. Durch ein sehr, ruhiges einsames Tal schlängelt sich der Gave de Pau hier.

Die charakteristischen Schwälle sind alle durchgehend WW II mit teils tollen langen Wellenzügen. Diverse Wehre lockern die Fahrt auf, sind aber alle gut zu befahren. Nummer eins ist eine Art Blockwurfwehr, durch einen Durchlass rechts zu befahren. Das zweite ist ein breites Schrägwehr, hier muss man die Route je nach Wasserstand wählen, bei sommerlichen NW ohne Probleme überall zu befahren. Nach diesem Wehr folgt eine Slalomstrecke, in der man schön viel Zeit mit trainieren verbringen kann, WW II-III-. Kurz danach kündigt ein etwas längerer Stau Wehr Nummer drei an. Es ist ca. 5 Meter hoch und verfügt am linken Rand über eine superlange Bootsrutsche.

Am Ausstieg kurz darauf wartet dann noch das vierte Wehr. Es kann zum Abschluss über die Fischtreppe mit vier tollen Stufen befahren werden. Hier kann man auch noch prima einige Trainingseinheiten mit Kehrwasserfahren, Surfen oder Boofen verbringen.

Ganzjährig fahrbar, mit Kindern bei sommerlichem NW ideal (<25m³/s in Saint Pé-de-Bigorre).

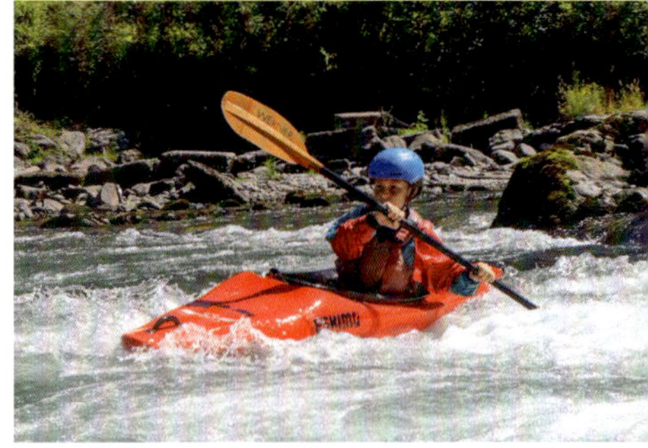

Immer wieder gibt es tolle Trainingsstellen.

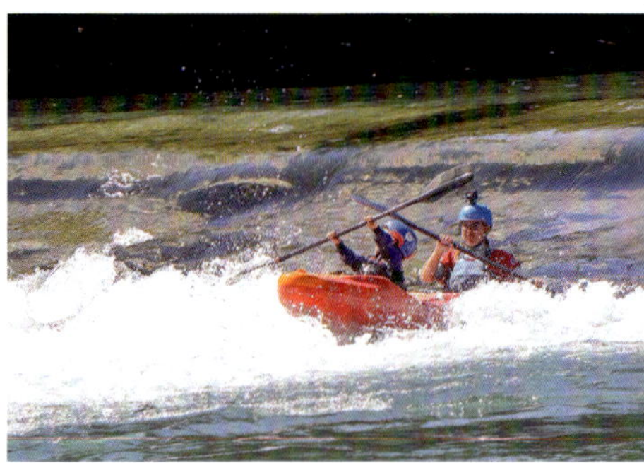

Das Schrägwehr kurz vor der Slalomstrecke.

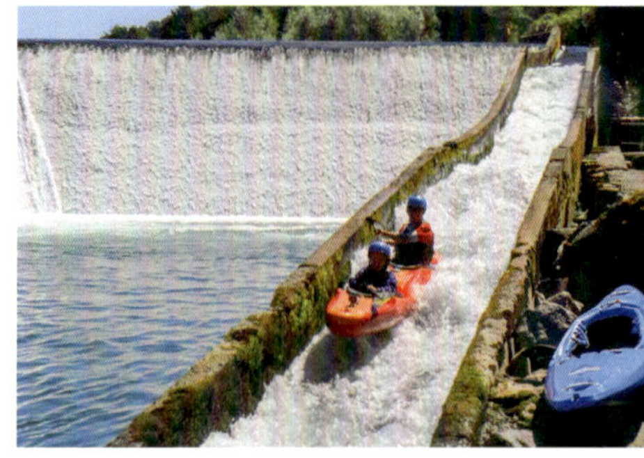

Eine Bootsrutsche der Extraklasse.

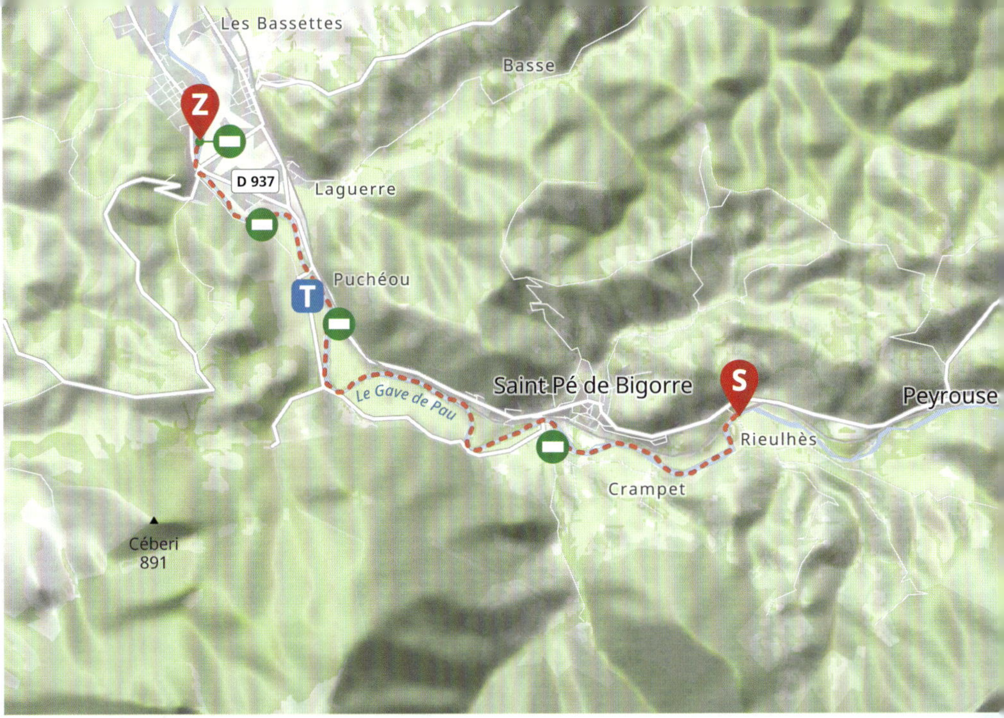

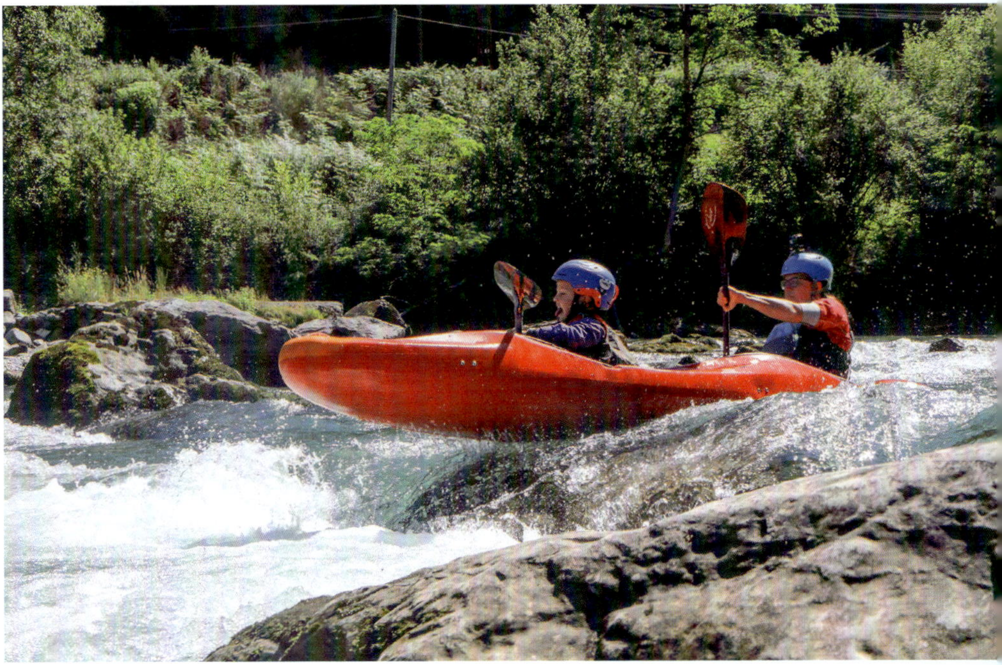

In der Slalomstrecke.

66 GARONNE

Einstieg: Brücke D-33c bei Luscan (43.011354, 0.616340) **Ausstieg:** Montréjeau (43.082576, 0.574326)

FAHRSTRECKE: 14 KM | TECHNIK | KONDITION | LANDSCHAFT

Die Garonne ist auf diesem Abschnitt ein sehr leichter Wildfluss. Zur Zeiten der Schneeschmelze im Mai ist sie ein sehr schneller wasserreicher Bach. Dann sollte man bei einer Befahrung besonders Acht auf angespülte Brückenpfeiler und eventuell davor verklemmten Bäumen geben. Bei sommerlichem Niedrigwasser wird die Garonne etwas langsamer. Die ersten Kilometer eignen sich gut zum Einpaddeln mit leichten offenen Schwällen, WW I.

Nach einer scharfen Linkskurve kommt eine Eisenbahnbrücke, unter der sich ein verfallenes Wehr befindet. Wobei es kaum noch Ähnlichkeiten mit einem Wehr hat und eher ein wuchtiger Schwall (WW II+) ist, bzw. bei Niedrigwasser etwas mehr Verblockung bietet, dann noch WW II. Erfahrene Kinder können den Schwall ohne Probleme im rechten Brückenjoch befahren. Neulinge sollten vor allem zur Zeiten der Schneeschmelze besser im Päckchen hinuntergenommen werden, da ein Schwimmen auf diesem schnellen, schmelzwassergespeisten Fluss unangenehm sein kann.

Nach besagter Eisenbahnbrücke führt einen die Garonne weg von der Straße in eine wundervolle kleine Waldschlucht hinein. Die Wellen werden höher und es gibt immer wieder kleine Prallwände mit Presswassern und Verschneidungen, bis WW II-. Dabei ist der Fluss so breit, dass man immer kneifen kann und bei viel Wasser sogar mehrere Routen zur Wahl hat. Hier kann der Nachwuchs spielerisch einiges über die richtige Routenwahl lernen. Mündet irgendwann von links die Neste in die Garonne, ist es nicht mehr weit bis zum Ausstieg. Der Fluss wird langsam immer ruhiger.

Man sollte sich von der 14 km langen Strecke nicht abschrecken lassen, gerade bei viel Wasser ist man ruckzuck am Ausstieg.

NW: 9 m³/s in Saint Béat; besonders viel Wasser im April-Mai

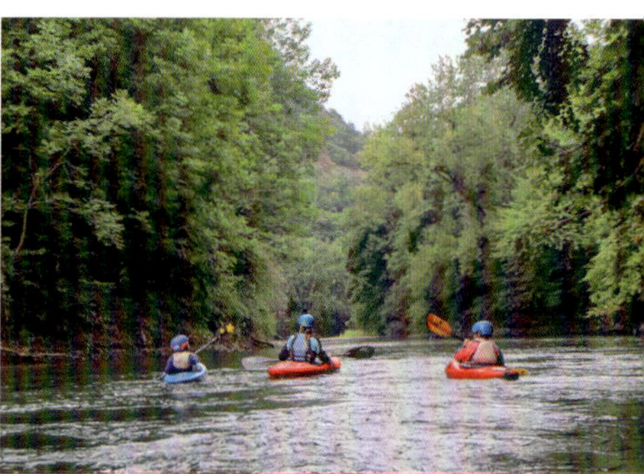

Mitten in der Waldschlucht.

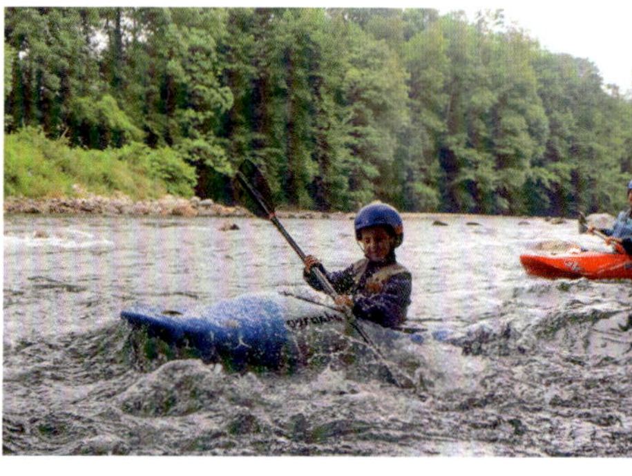

Hier kommen WW-Anfänger voll auf ihre Kosten.

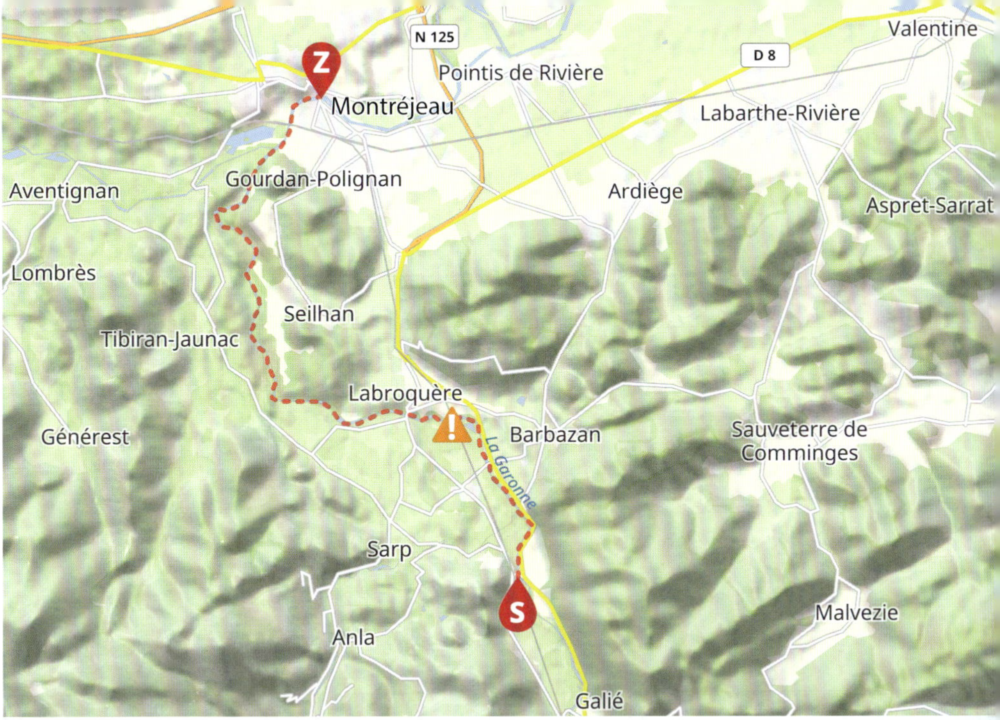

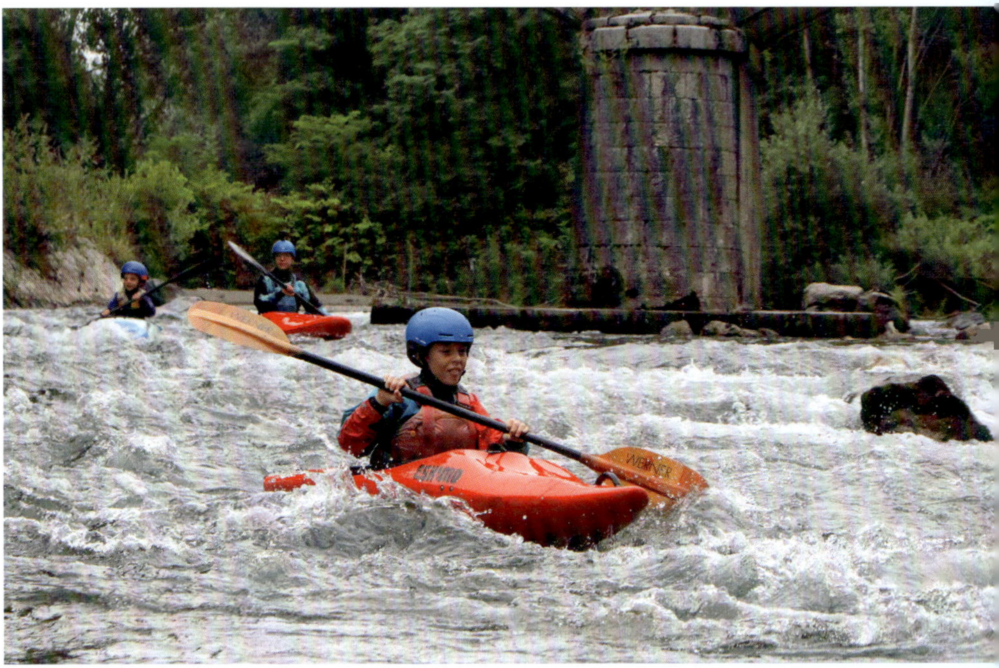

Bei Niedrigwasser ist die Stelle unter der Eisenbahnbrücke gut zu befahren, bei viel Wasser kann es aber ganz schön wuchtig werden.

67 NESTE D'AURE

Einstieg: Brücke D-929 Bazus-Aure (42.856330, 0.341479) **Ausstieg:** Fußgängerbrücke Arreau (42.902863, 0.355934)

FAHRSTRECKE: 6 KM | TECHNIK | KONDITION | LANDSCHAFT

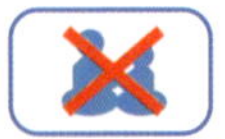

Sucht man nach einem Traumwildfluss für Kinder, kommt die Neste d'Aure dem wahrscheinlich schon ziemlich nahe: kristallklares Wasser, wunderbare Landschaft und faires Wildwasser.

Diese Tour beginnt an einer Raftingstation, wobei die ersten Meter etwas schrappig sind bis von rechts ein Wasserzuschuss dafür sorgt, dass man die Neste d'Aure auch im Hochsommer noch genießen kann. Das leichte beständige Wildwasser auf den ersten Kilometern lässt keine Langeweile aufkommen und eignet sich bestens zum Einpaddeln. Taucht dann irgendwann nach einem kurzen Rückstau das einzige Wehr der Tour auf, wird es ernst. Über wohl einer der spektakulärsten Bootsgassen fliegt man wortwörtlich in eine kleine Waldschlucht. Hier erwarten den Nachwuchs etwas schwerere Wildwasserstellen. Im Sommer bei NW bis WW III, sollte man sich gerade bei viel Wasser zunächst ein Bild von den folgenden Kilometern machen, da in dem schmalen Flussbett die Schwierigkeiten schnell ansteigen können.

Übrigens: im Sommer entfaltet sich an der Neste d'Aure ihre ganz besondere landschaftliche Pracht. Bei Sonnenschein tief zwischen den sattgrünen Bäumen auf einen Fluss aus Glas – das hat schon einen gewissen Zauber.

Anmerkung: Die Bootsgasse ist nur bedingt für Zweier geeignet, bei ca. anderthalb Meter freiem Fall würde das Kind vorne komplett mit ziemlicher Wucht getunkt werden. Ein Umtragen links ist möglich. Es bietet sich an, einen Lukendeckel mitzunehmen und die Rutsche ohne Beifahrer zu befahren, das erspart ein schwieriges Umtragen über eine Leiter.

1,3 m in Arreau-Aure (mit Kindern nur bei sommerlichem NW)

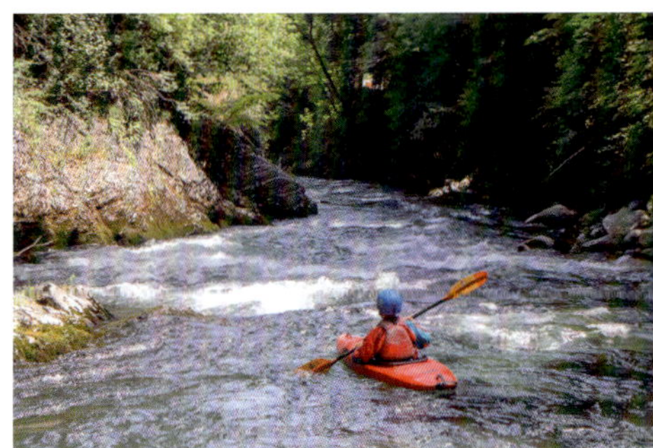

Die Waldschlucht entfaltet einen ganz besonderen Zauber.

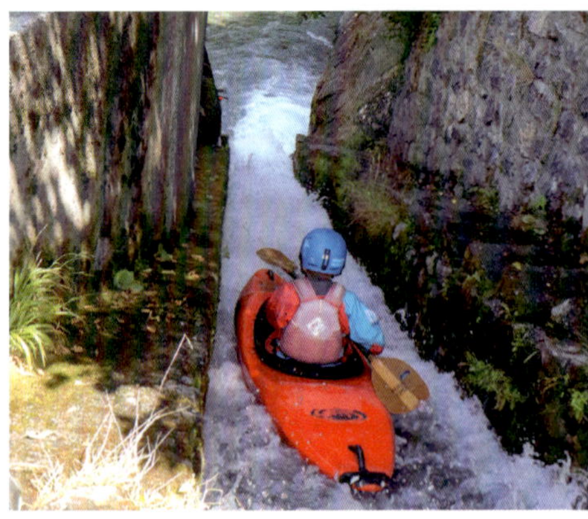

Fertig machen zum Abflug!

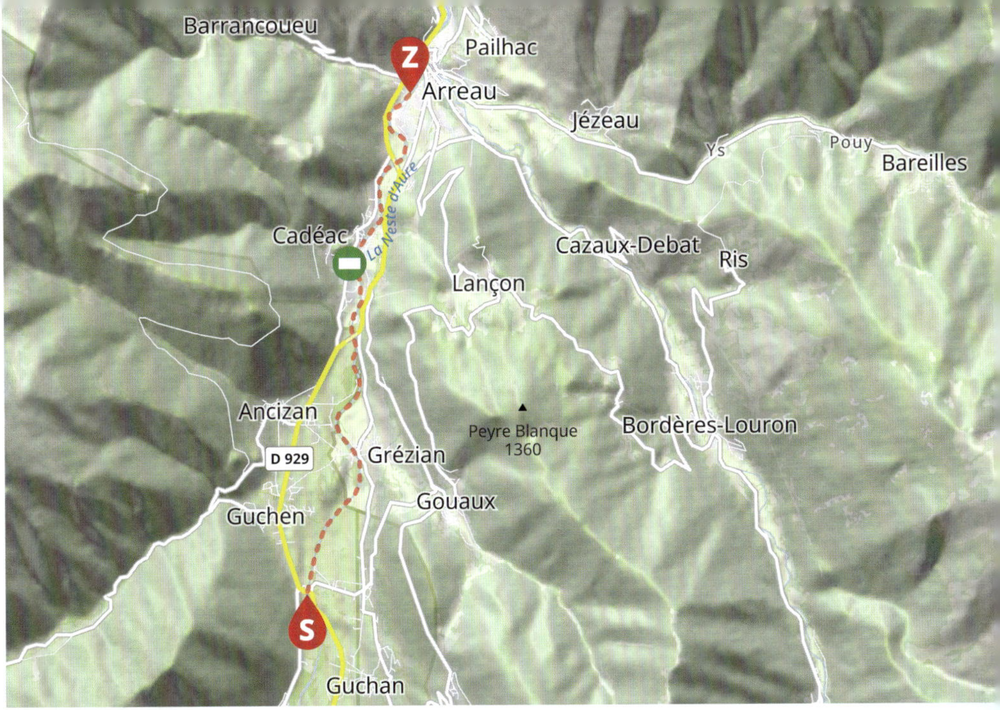

KINDER TIPP Für extra viel „Air" an der Bootsrutsche, ziehe deine Knie an der Kante zum Körper hin.

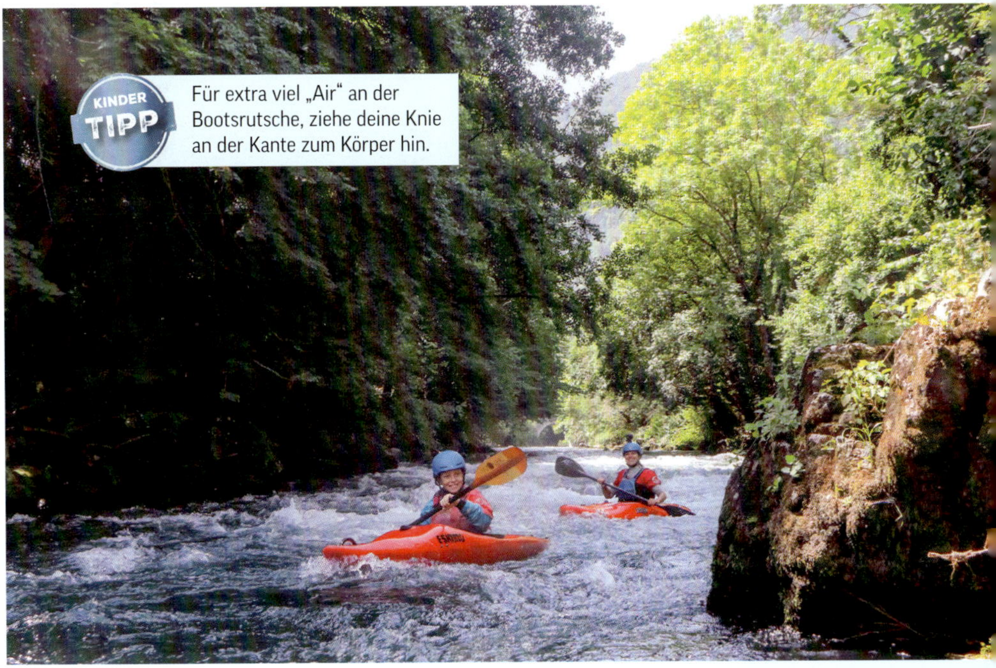

Kontinuierliches Wildwasser sorgt für eine kurzweilige Tour.

68 ARIÈGE

Einstieg: Venerque (43.433766, 1.440558) **Ausstieg:** Ortsende Lacroix-Falgarde (43.507894, 1.402334)

FAHRSTRECKE: 12 KM | TECHNIK | KONDITION | LANDSCHAFT

In seinem Unterlauf ist der Ariège ein leichter Wildfluss mit tollen Trainingsmöglichkeiten für Kinder. Hier wechseln sich Flachwasserpassagen immer wieder mit Schwällen über Felsriegel ab, bis WW II. Auf diesen Grundgesteinsrutschen bilden sich unzählige Traumsurfwellen, perfekt für alle Paddelkinder zum spielen.

Ungefähr 2,5 km nach dem Start kommt die schwerste Stelle des Abschnitts: ein Hufeisenfall mit teils heftigem Rücklauf. Diesen kann man zum Glück auf der linken Seite über eine Art Felsengasse umfahren, WW II+. Ein Umtragen ist hier links aber auch problemlos möglich. Bei sommerlichen Niedrigwasser könnte man den Fall auch fahren, dies scheint allerdings verboten zu sein, da die Leihbootfahrer, die auf diesen Abschnitt unterwegs sind, sonst auf falsche Gedanken gebracht werden könnten. Der Felsenkanal sollte vor einer Befahrung besichtigt werden, es könnte sein, da sich dort das ein oder andere Sit-on-Top verklemmen und so die eigene Befahrung erschweren kann. Nach dieser Kernstelle gehen die schönen Schwälle unvermindert weiter und der Nachwuchs kann noch diverse Meilensurfs einlegen.

Pegel: Um die 40 m³/s in Auterive sind ideal (NW)

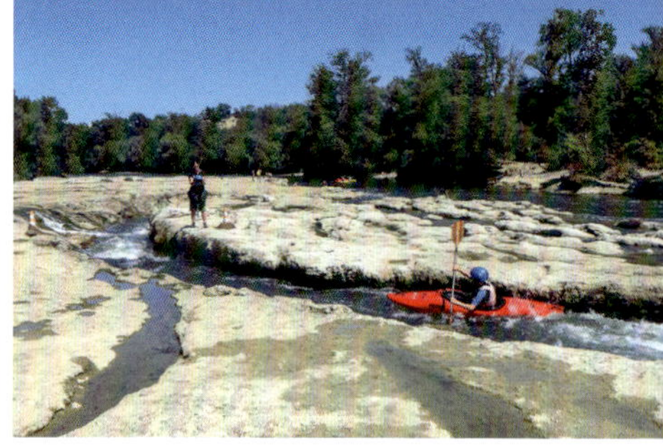

In der Felsengasse.

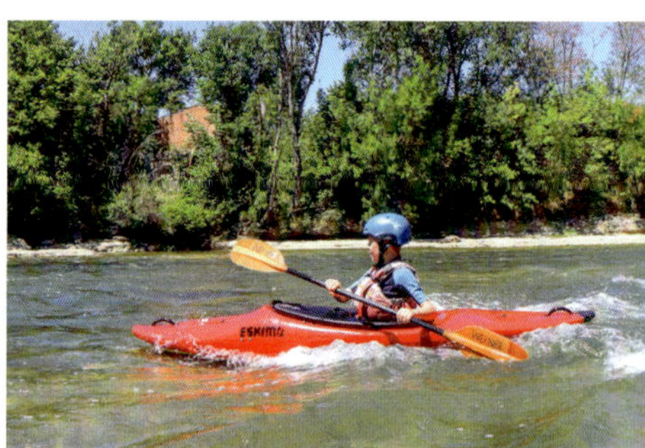

Ein Mangel an Surfwellen herrscht hier auf jeden Fall nicht.

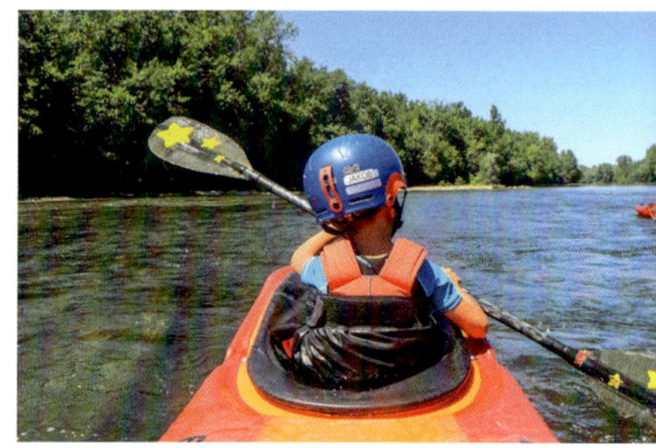

Entspannung pur in den Flachwasserpassagen.

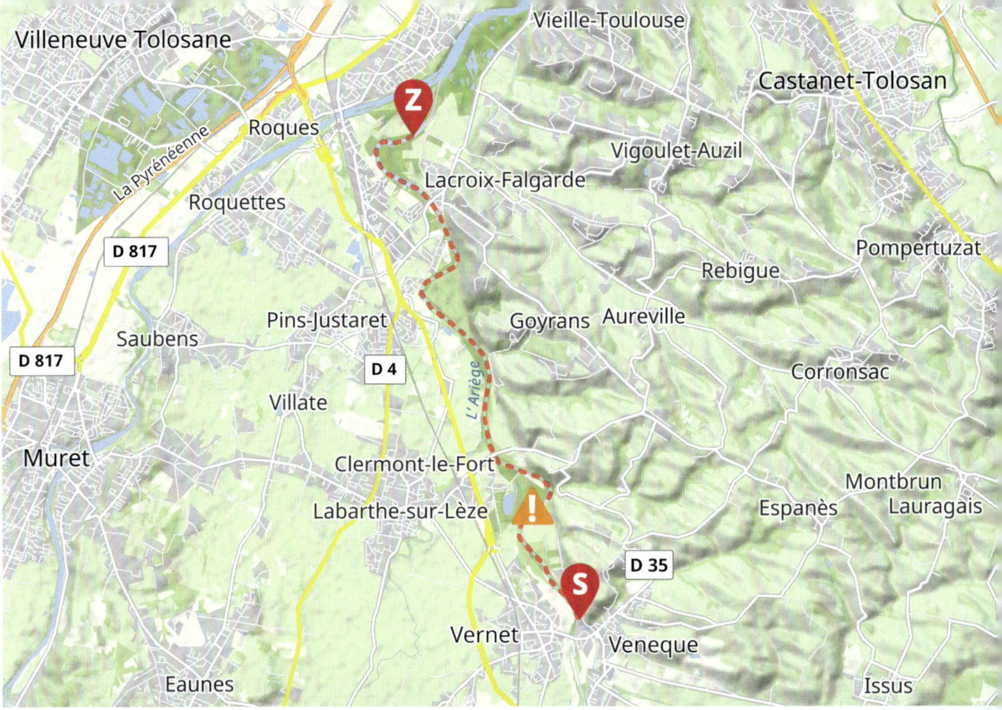

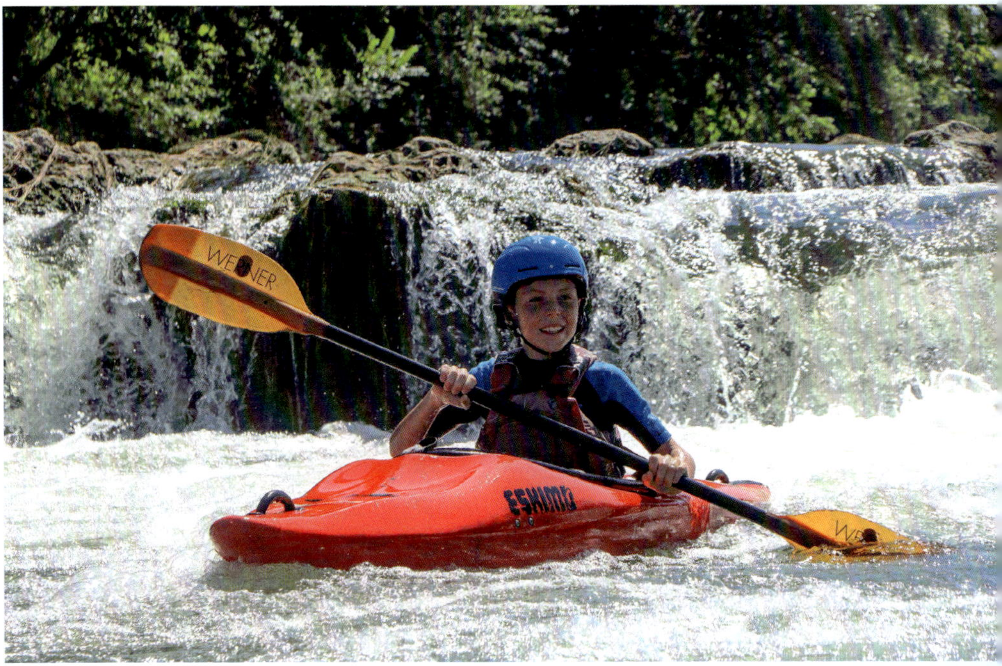

Unterhalb des Hufeisenfalls.

69 NOGUERA PALLARESA

Einstieg: Gerri de la Sal (42.324448, 1.065923) **Ausstieg:** Parkplatz N-260 (GPS 42.271186, 1.027629)

FAHRSTRECKE: 8 KM | TECHNIK | KONDITION | LANDSCHAFT

Der Noguera Pallaresa ist wohl der Pyrenäen-Klassiker schlechthin und dürfte daher weithin bekannt sein. Die Schluchtstrecke ‚Desfiladero de Collegats' bildet den Abschluss der Wildwasserstrecke und besticht durch ihre außerordentliche Schönheit.

Zu Zeiten der Schneeschmelze sind die ersten Schwälle etwas wuchtig und mit den hohen Wellen kann schon mal der dritte Schwierigkeitsgrad erreicht werden. Aber der Fluss ist breit und Kinder, die hier etwas überfordert sind, können die Brecher problemlos im Päckchen bewältigen.

In der eigentlichen Schlucht wird es leichter (max. WW II), hier kann für WW-Neulinge höchstens mal das allgegenwärtige Presswasser zur Kentergefahr geraten. Ansonsten genießt man in ‚El Collegats' die wunderbar geformten Felsen und die über einem schwebenden Geier. Es gibt viel zu entdecken: verwunschene Seitencanyons, überhängende Felswände und – bei NW – kleine Höhlen auf Flusshöhe mit unterirdischen Quellen.

Anmerkung: Oberhalb dieses Abschnitts befindet sich in Sort eine Slalomstrecke, die im oberen Teil super Trainingsmöglichkeiten für den Nachwuchs bietet, WW II-III.

Bester Wasserstand im Frühjahr, ganzjährig fahrbar

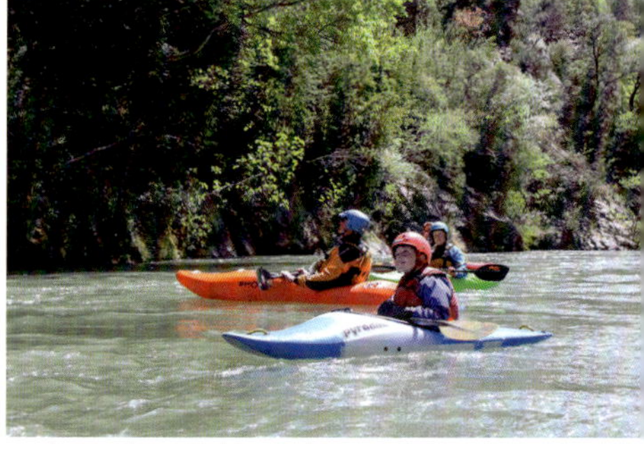

Wenn man gut Ausschau hält, entdeckt man vielleicht sogar einen Geier.

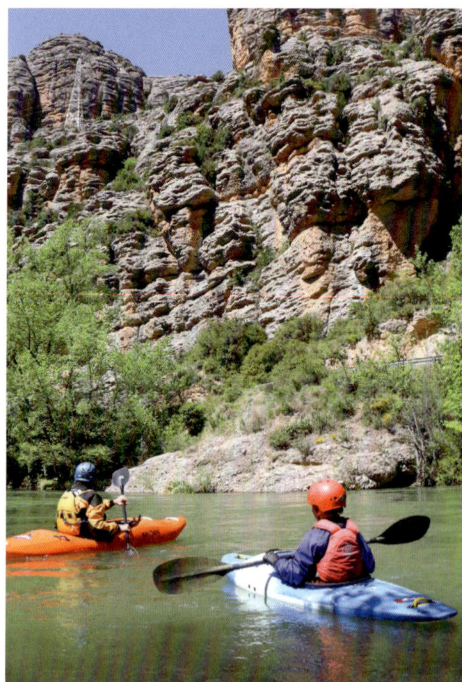

Die eigentliche Schlucht besticht durch die abgefahrensten Felswände.

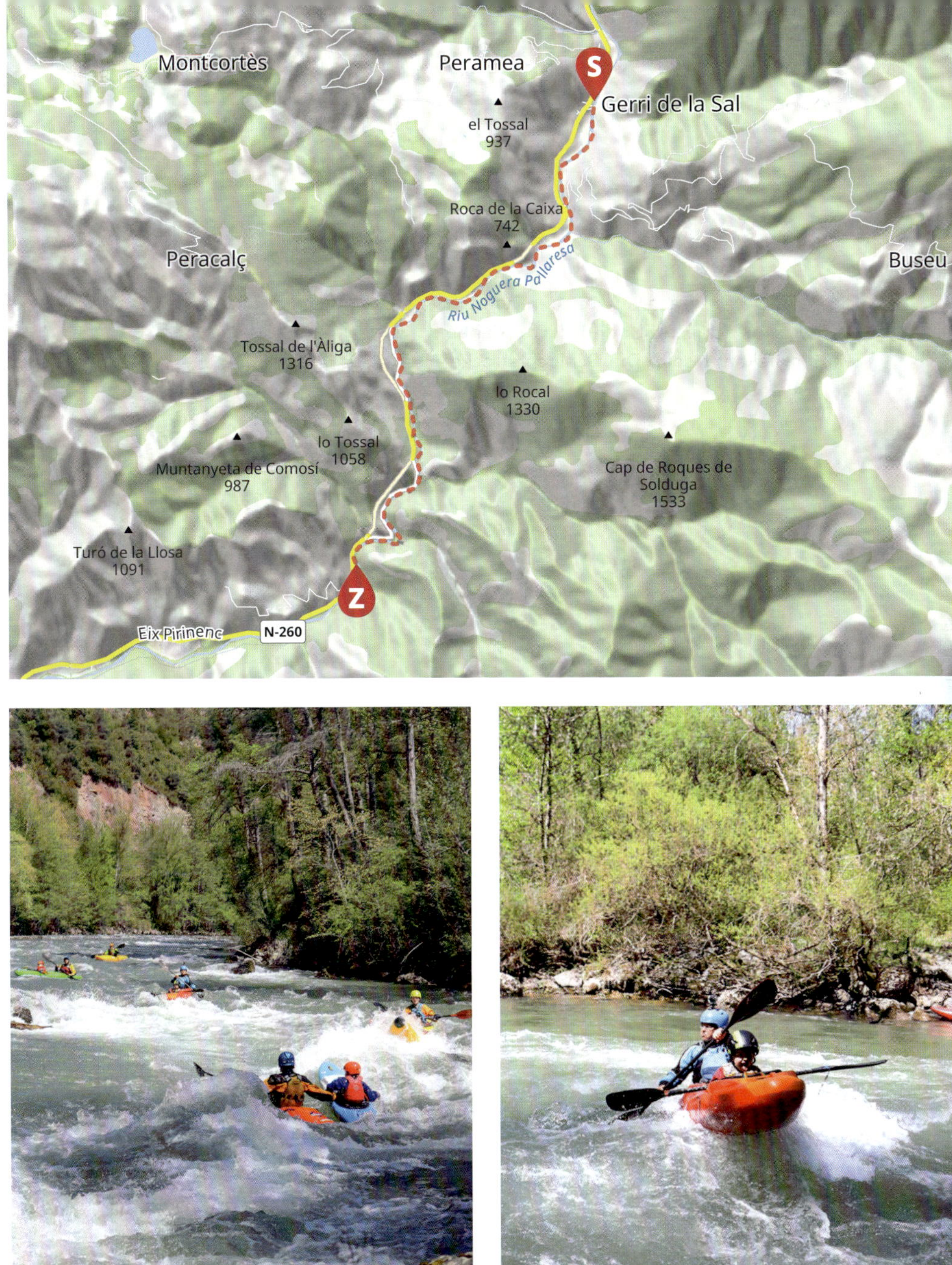

In den ersten Schwällen geht es teilweise ganz schön zur Sache.

70 CINCA

Einstieg: Wassereinlass bei Escalona (42.505403, 0.147384)
Ausstieg: Ainsa (42.414785, 0.143844)

FAHRSTRECKE: 11 KM | TECHNIK | KONDITION | LANDSCHAFT

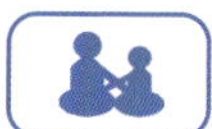

Der Rio Cinca durchfließt auf diesem Abschnitt ein breites und offenes Tal. Im Hintergrund erheben sich hohe Berge und sorgen für eine malerische Landschaft. Wildwassertechnisch ist der Cinca ein eher offener Fluss.

In vielen Kiesbankschwällen mit nur moderaten Schwierigkeiten geht es abwärts, WW I-II. Zahlreiche lange Wellenzüge lassen viel Freude beim Paddelnachwuchs aufkommen. Für das Salz in der Suppe, dem besonderen Extra sozusagen, haben sich an einigen Stellen kleine Felsrippen eingeschlichen. Diese verlaufen quer zum Fluss und lassen kleine Ministüfchen und Surfwellen entstehen. Dabei kann die Schwierigkeit dann auch mal bis WW II ansteigen. Durch den offenen Charakter und die gute Strömung ist der Rio Cinca auch für Kinder geeignet, die noch nicht ganz so viel Wildwassererfahrung besitzen.

Beste Zeit: April-Juni

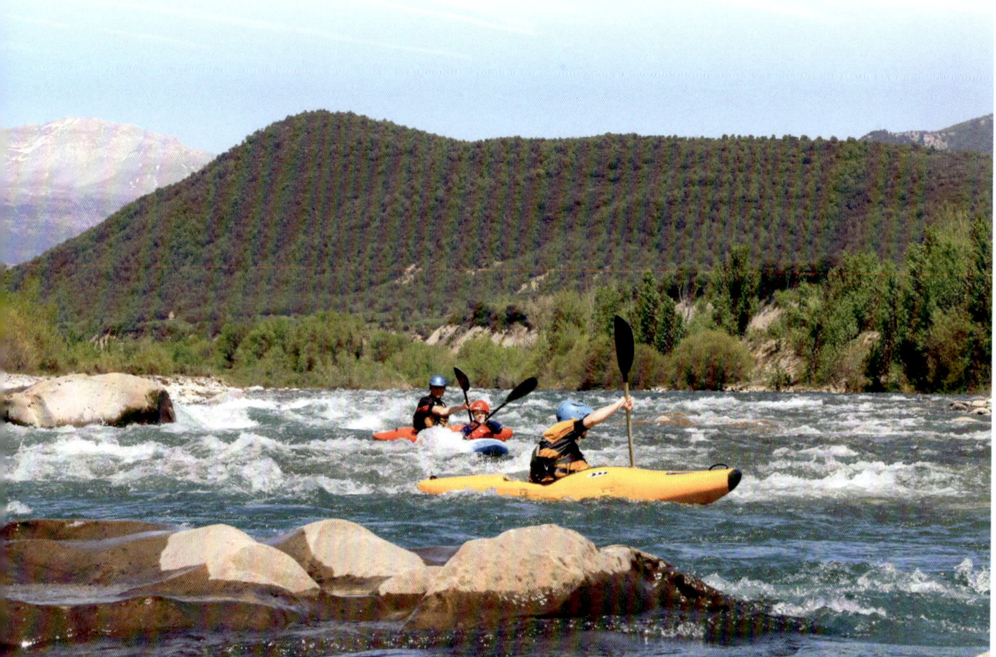

In offenen Schwällchen geht es flussab.

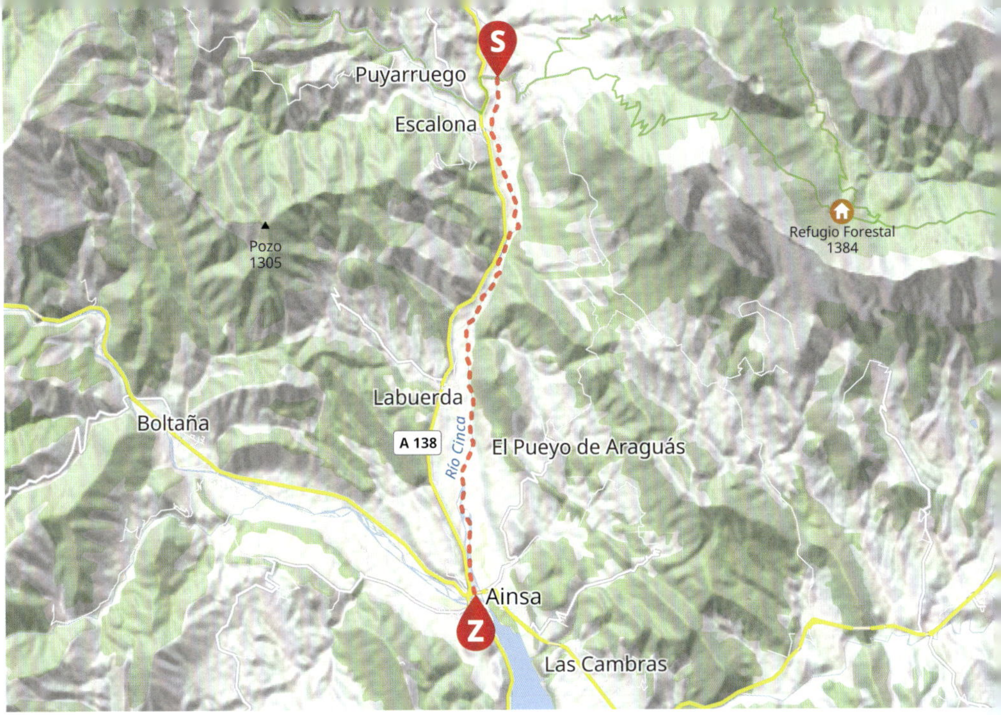

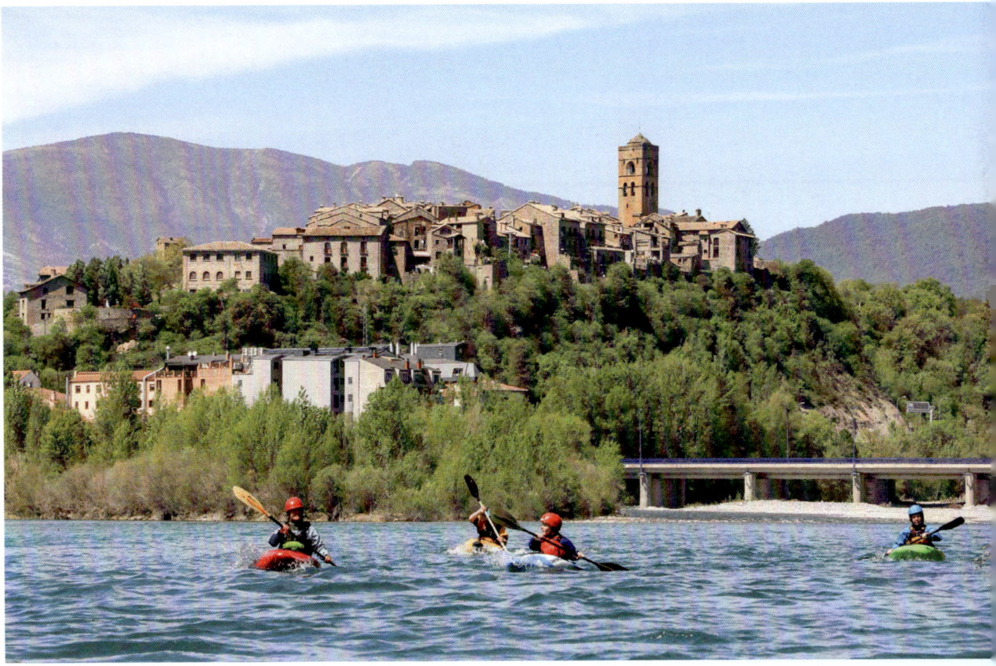

Bildunterschrift Am Ausstieg bei Ainsa.

71 ARA

Einstieg: Jánovas (42.466609, -0.000451)
Ausstieg: Schluchtende (42.465424, 0.050377)

FAHRSTRECKE: 5 KM | TECHNIK | KONDITION | LANDSCHAFT

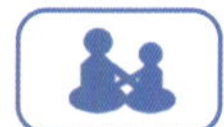

Der Rio Ara ist einer der spanischen Traumflüsse. Grandiose Szenerie, türkises Wasser und traumhaftes Wildwasser. Während der Oberlauf schwerstes Wildwasser vom feinsten bietet, geht es in der Garganta de Boltaña vergleichsweise ruhig zu, perfekt also für ein tolles Kinderpaddelerlebnis. Man steigt an der Röhrenbrücke bei Jánovas ein und wird schon kurze Zeit später mit der Kernstelle der Strecke konfrontiert. Unter einer Hängebrücke geht es ordentlich zur Sache. Das ganze Wasser zieht nach links auf den Brückenpfeiler zu und danach müssen noch drei Walzen bewältigt werden, je nach Wasserstand WW II+ bis III-.

Zum Glück für alle weniger sicheren Kinder kann diese Stelle superleicht rechts über eine Kiesbank umhoben werden. Was nun folgt, ist eine wunderschöne Schluchtstrecke mit tollen Schwällen im zweiten Schwierigkeitsgrad. Zwischendurch ist es immer wieder ruhig, so dass auch der Nachwuchs die zerklüfteten Felsen bestaunen oder sich vom türkisen Wasser der tiefen Pools hypnotisieren lassen kann.

Man kann die Tour übrigens auch oberhalb im Örtchen Fiscal beginnen, dann kommen zur Schlucht noch 12 Kilometer kontinuierliches WW II in Kiesbankschwällen hinzu.

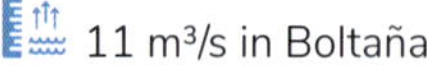

11 m³/s in Boltaña

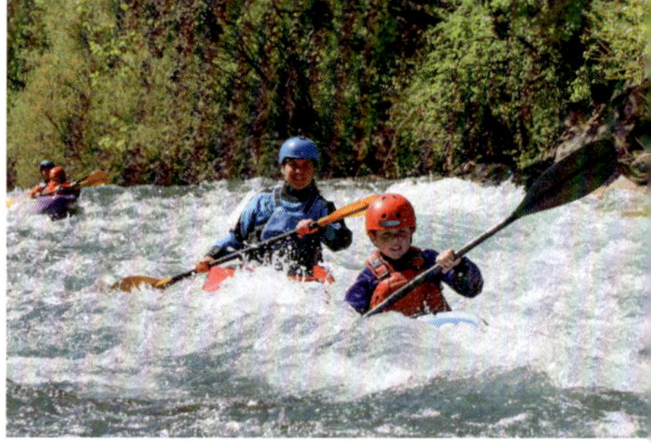

Traumwildwasser für Paddelkinder.

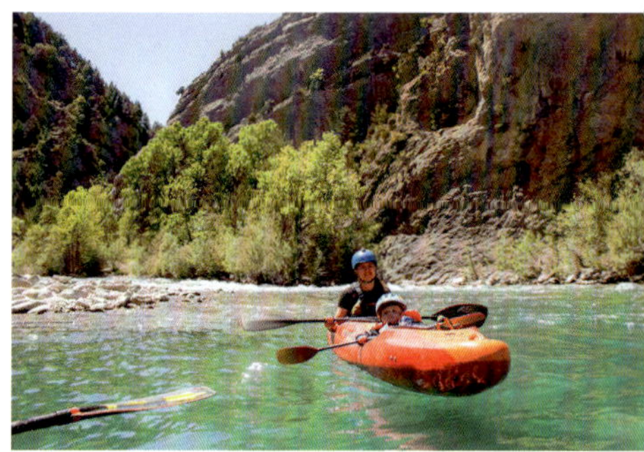

In den tiefen Kehrwässern schimmert das Wasser türkis.

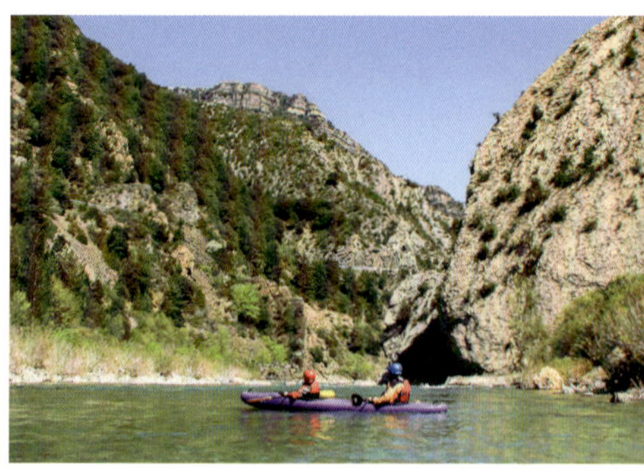

Wenn es zwischendurch ruhig wird, heißt es: Landschaft genießen.

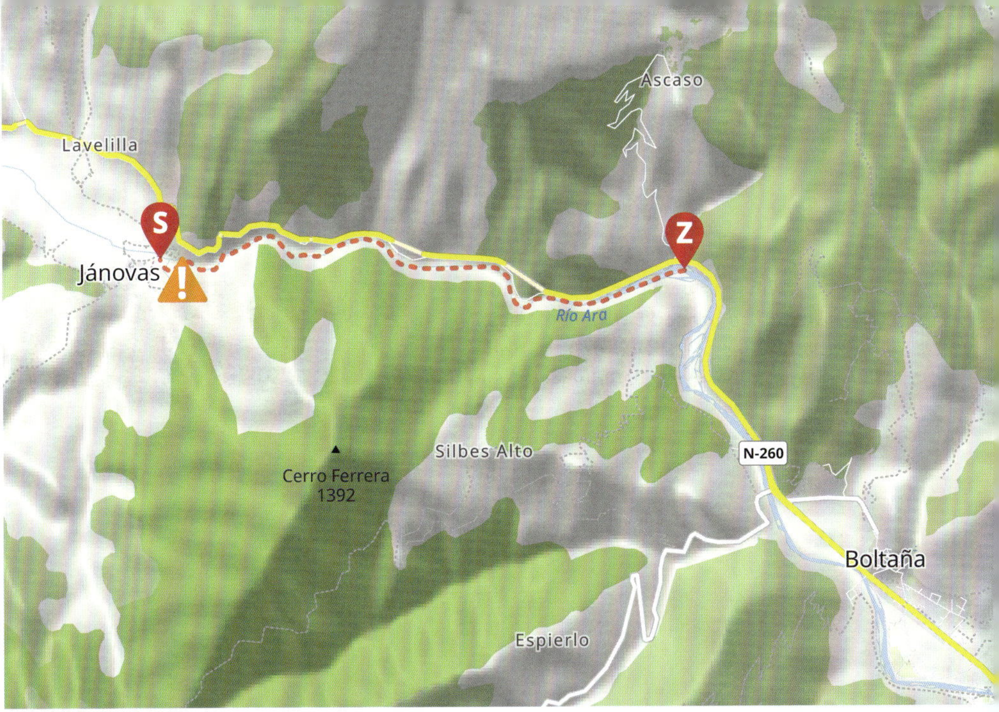

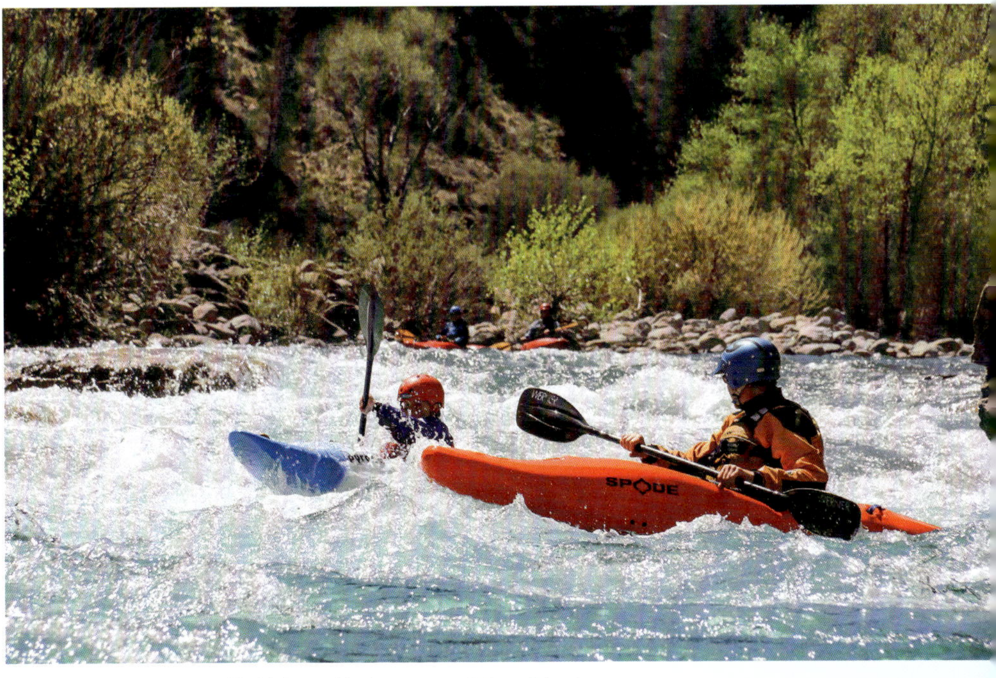

Manche Stellen können für kleinere Kinder ganz schön wild sein.

72 IRATI

Einstieg: Brücke NA-150 bei Lumbier (42.649782, -1.314956)
Ausstieg: Wilder Campingplatz (42.620251, -1.290258)

FAHRSTRECKE: 5 KM | TECHNIK | KONDITION | LANDSCHAFT

Am Einstieg noch ein unscheinbarer Wald- und Wiesenbach, durchbricht der Irati schon kurze Zeit später einen spektakulären Canyon. Felswände, die an die Tarn- und Ardècheschlucht erinnern, flankieren zu beiden Ufern den Fluss. Ganz hoch oben ziehen unzählige riesige Geier ihre Kreise, was für ein Anblick.

Doch nicht nur landschaftlich ist der Irati ein Traum, auch wildwassertechnisch lässt er kleine Paddelkinderherzen höher schlagen. Wenn der eigentliche Schluchtabschnitt auch nicht so lang ist, wird einem auf dem Wasser genug Abwechslung geboten: lange Wellenzüge, Ministüfchen und sogar eine Art Grundgesteinsrutsche lassen keine Langeweile aufkommen. Die „Kernstelle", an der früher ein Wehr stand, bietet sogar etwas Verblockung und ist mit WW II die schwierigste Stelle. Dort und in den Stellen danach hat man besonders gut die Gelegenheit, das Kehrwasserfahren zu üben.

Nach der Schlucht gilt es erst einmal ein kurzes Flachwasserstück zu bezwingen, bevor man am Ausstieg ein letztes Mal in einer IIer-Stelle gefordert wird.

NW: 6 m³/s in Aos

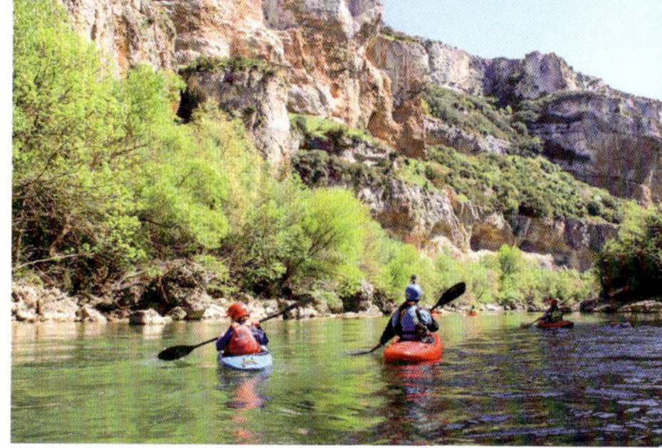

Nach dem Schluchteingang ist es kurz erstmal ruhig.

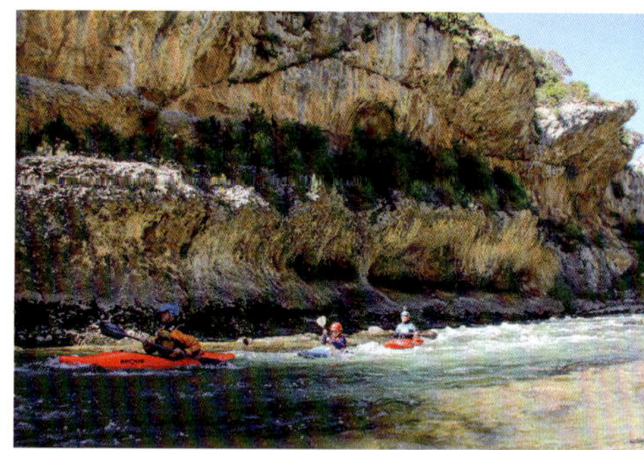

Teilweise gibt es sogar überhängende Felswände.

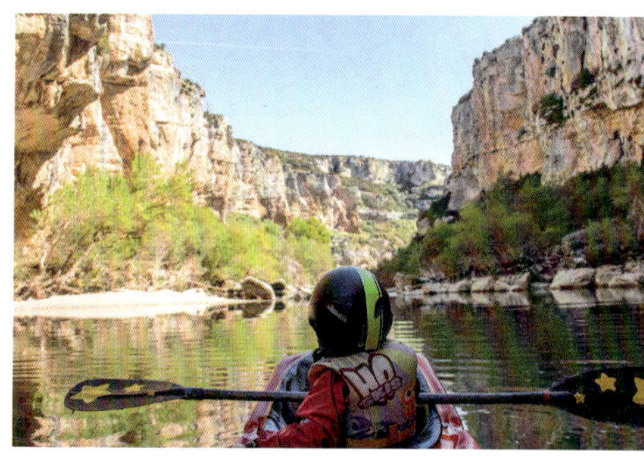

Die kurze Schluchtstrecke ist wirklich beeindruckend.

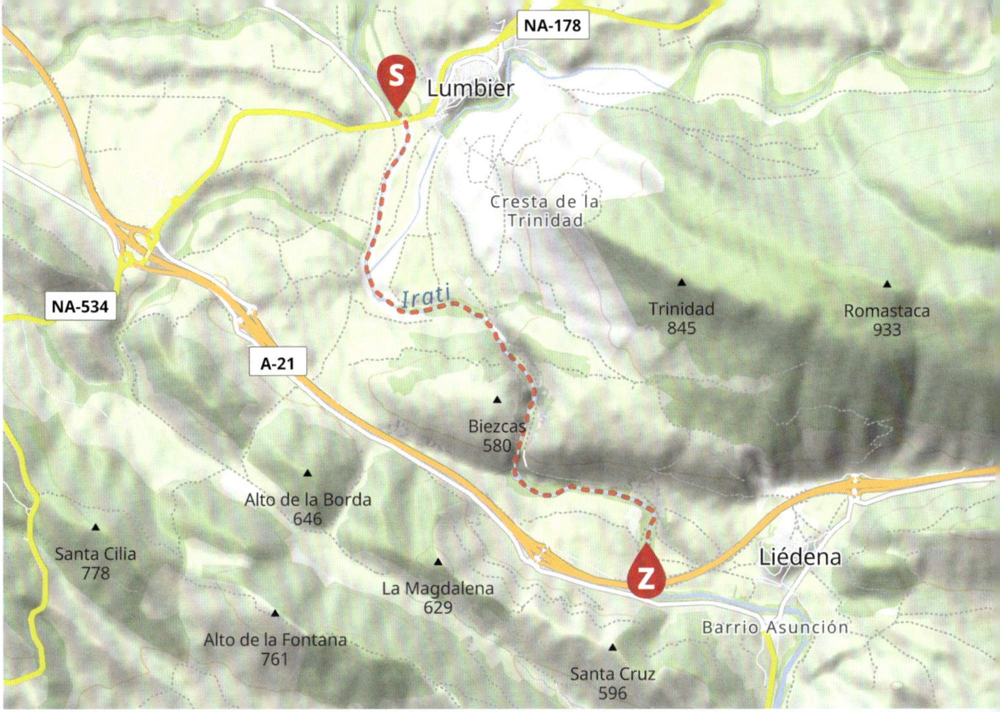

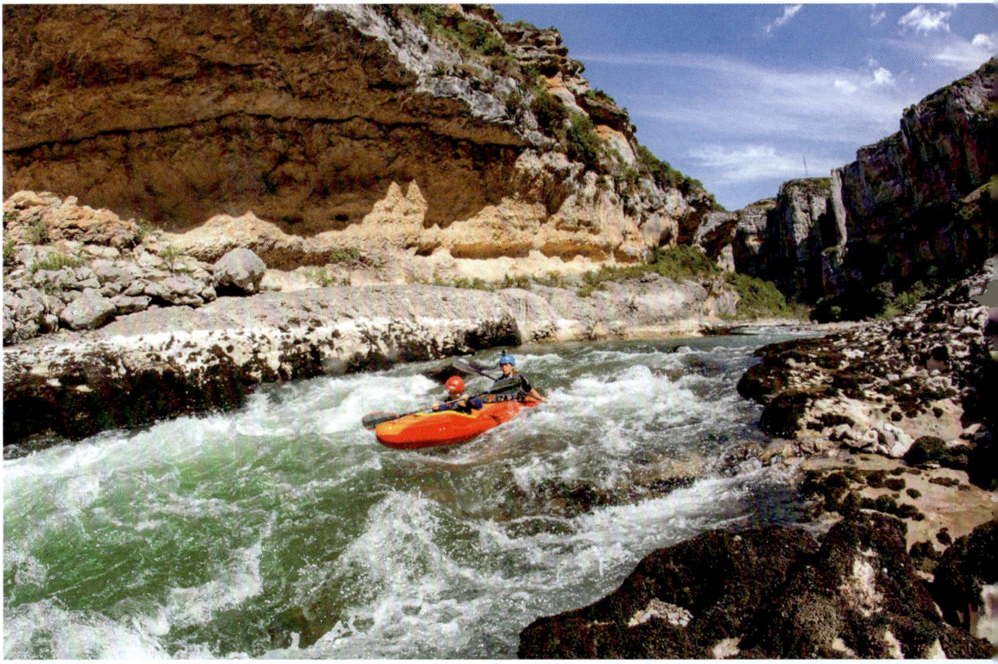

In der Kernstelle.

73 GÁLLEGO

Einstieg: Rafteinstieg Murillo de Gállego (42.331033, -0.743947) **Ausstieg:** Puente de Santa Eulalia de Gállego

FAHRSTRECKE: 10 KM | TECHNIK | KONDITION | LANDSCHAFT

Der Lauf des Gállegos ist durch viele Kraftwerke und Stauseen verbaut. Hinter dem Embalse de la Peña ist aber eine kurze Fließstrecke verblieben, eingebettet in wunderbarer Landschaft. Durch einen festgelegten Mindestablass kann man die Strecke wohl das ganze Jahr über fahren.

Ab dem Dorf Murillo de Gállego, wo auch viele Raftunternehmen ansässig sind, beginnt die leichte WW-Strecke, die sich besonders für Neulinge sehr gut eignet. Die Schwierigkeiten liegen bei maximal WW II. Zahlreiche kleine Schwälle wechseln sich mit ruhigen Zwischenstücken ab. Perfekt also, um sich vor jeder Schwierigkeit neu zu sammeln und sich hinterher wieder zu entspannen. Aufpassen muss man an einigen Stellen auf Presswasser und Verschneidungen. Die Breite des Flusses lässt es allerdings gut zu, diese Stellen bei Bedarf im Päckchen zu bezwingen.

Der Gállego verläuft in diesem Abschnitt durch eine niedrige Schlucht, erst nahe der Straße, von der man aber nur wenig mitbekommt, und später dann durch wunderschöne Einsamkeit. Die Tierwelt am Fluss ist sehr zahlreich, neben verschiedenen Vogelarten kann man mit viel Glück sogar Fischotter entdecken

8-30 m³/s in Santa Eulalia

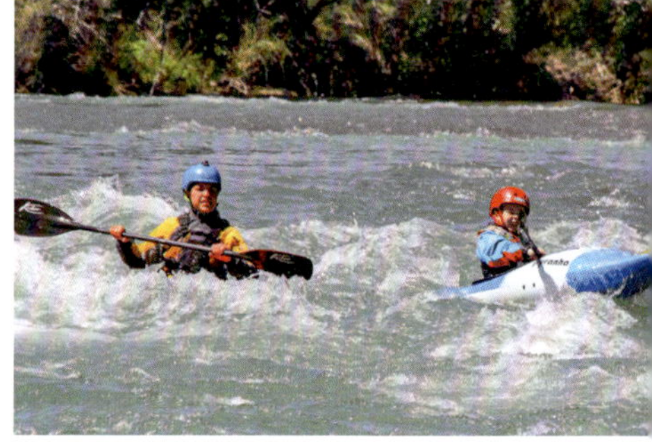

Wellen,...

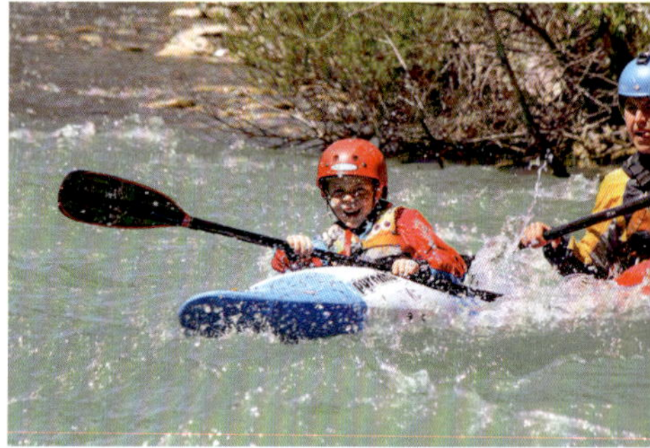

...Wellen...

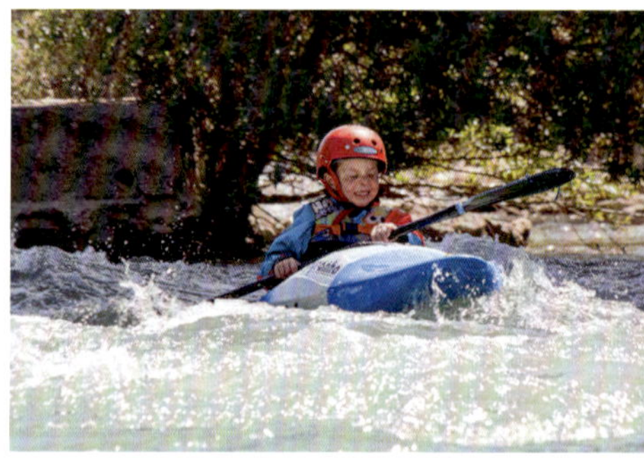

...und Wellen in allen Variationen.

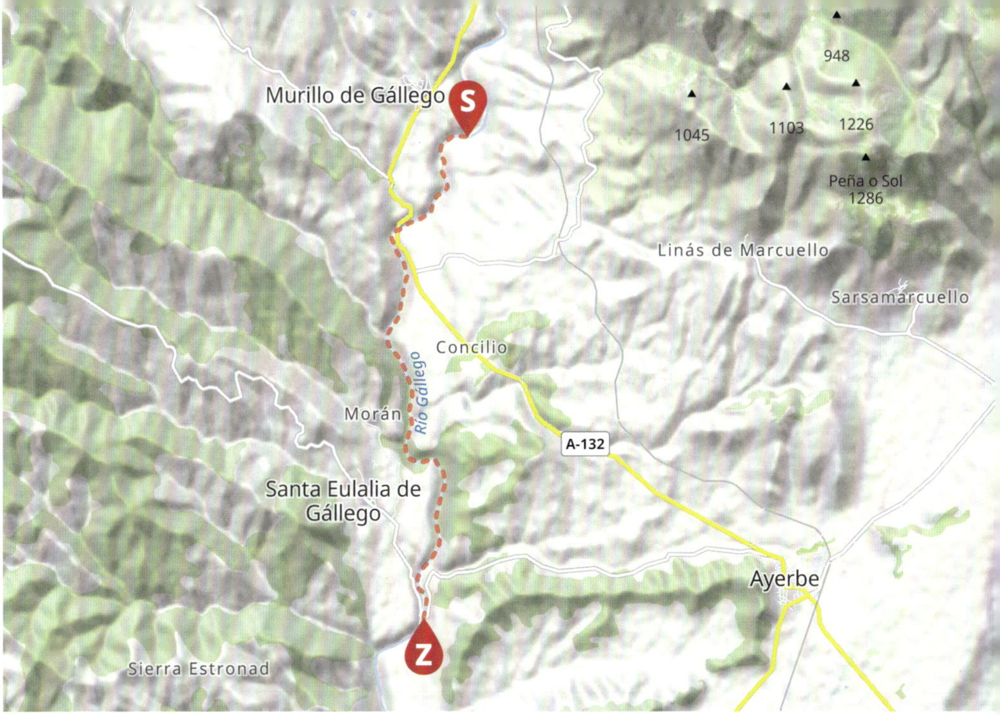

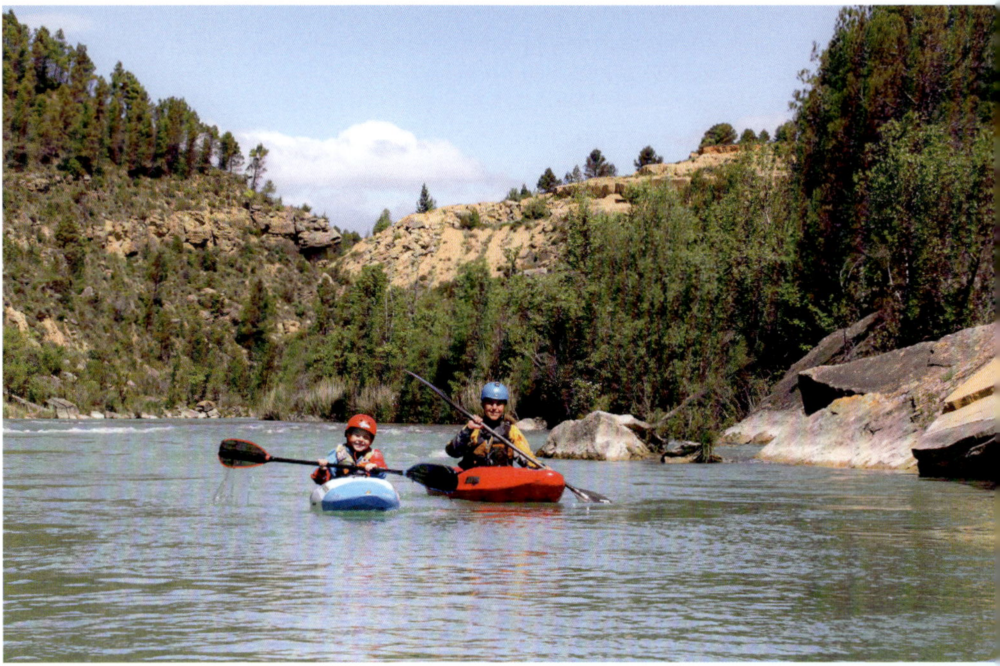

Nach jeder wilderen Stelle ist es auch wieder ruhig.

TESSIN, PIEMONT & AOSTATAL

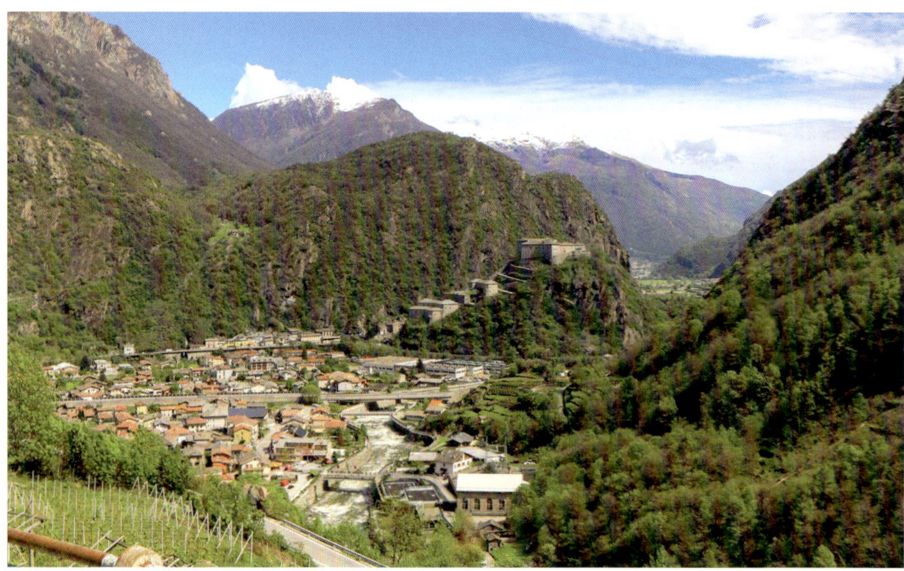

Die Region Tessin, Piemont und Aostatal beschreibt das Gebiet im südlichen Zipfel der Schweiz und im Nordwesten Italiens. Auf der Südseite der Alpen gelegen, hat man hier meist schon zu Ostern recht warme Temperaturen, so dass Kinder auch früh im Jahr gut mit aufs Wasser können. Entgegen den meisten Beschreibungen der Region gibt es hier auch diverse leichte Wildflüsse und nicht nur steile Rinnen im obersten Schwierigkeitsgrad. Um alle hier beschriebenen Flüsse zu paddeln, macht man am besten zwei Standlager. Eins am Lago Maggiore und eins zwischen Orco und Dora Baltea. Sie liegen ca. 2 Stunden Fahrtzeit auseinander und lassen sich beispielsweise in einem zweiwöchigen Osterurlaub gut miteinander verbinden.

Beste Zeit mit Kindern:
Die besten Wasserstände hat man von Ostern bis in den Frühsommer zur Schneeschmelze, manchmal, nach starken Regenfällen, findet man im Herbst auch passende Pegel an. Einzige Ausnahme bildet die Dora Baltea. Als Gletscherfluss ist sie im Sommer ein wenig schöner zu paddeln (ist aber dann natürlich deutlich wuchtiger).

Besonderheiten:
Es gibt viele sehr schwere Flüsse in der Umgebung, so dass auch die Eltern paddeltechnisch voll auf ihre Kosten kommen

Standlager:
Rund um den Lago Maggiore:

- Camping Piccolo Paradiso in Avegno

https://www.camping-piccoloparadiso.com direkt an der Maggia gelegen

- Camping Village Conca d'Oro https://www.concadoro.it – direkt am Lago Maggiore
- Orco und Dora Baltea: Camping Valchiusella in Alice Superiore https://campeggio-valchiusella.business.site

Ausflugsziele & Sehenswürdigkeiten:
Am Lago Maggiore lädt die Promenade von Cannobio zum Flanieren nach dem Paddeln ein, natürlich mit echtem italienischem Eis. Das begeistert dann sogar den Nachwuchs.

Eine kurze Wanderung den obersten Ribo hinauf kann man auch gut mit ganz kleinen Kindern machen und dabei über die Fahrbarkeit der diversen Rutschen sinnieren. Dafür einfach am Talschluss parken und so weit laufen bis der Nachwuchs keine Lust mehr hat.

Schöne Wasserfälle der Region, die nicht nur fahrbar, sondern auch ohne großen Aufwand zu besichtigen sind, sind der Ribofall in Vergeletto und die Cascate di Malesco an der Loana.

Nach dem Paddeln der Dora Baltea unbedingt die Festung am Ausstieg besichtigen. Kulturfaule Kinder kann man vielleicht damit locken, dass hier die erste Kampfszene für den Avengersfilm „Age of Ultron" gedreht wurde.

Gastrotipp:
Pizza geht in Italien eigentlich immer. Empfehlenswerte Pizzerien der Region sind:

- La Torbiera in Alice Superiore (Regione Torbiera, 32, 10010 Alice superiore) – für Interessierte: mit großer Bierkarte
- Carpe Diem in Verrès (Via Circonvallazione, 125, 11029 Verrès) – mit Hüpfburg für die Kinder

Kombifluss:
Moesa – Sorte bis Cama (3 km, WW IV)

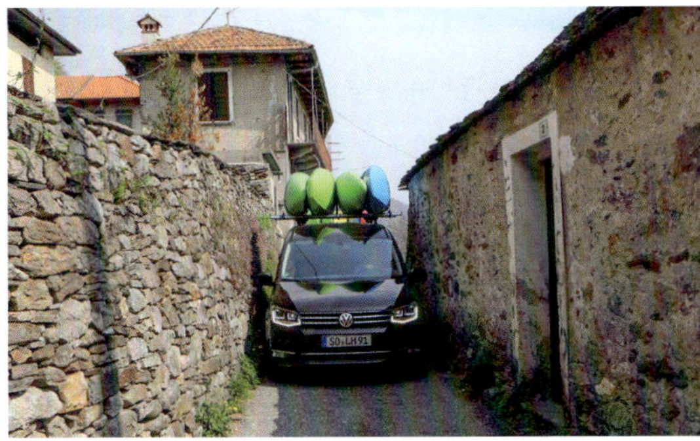

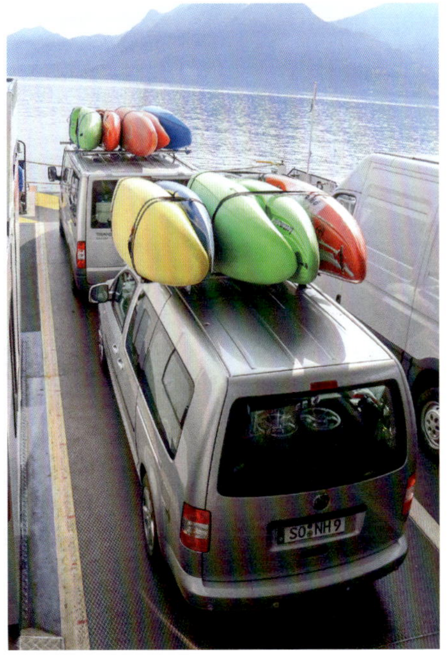

74 MOESA

Einstieg: Cama (46.274489, 9.172281)
Ausstieg: Mündung (46.216586, 9.038263)

FAHRSTRECKE: 14 KM | TECHNIK | KONDITION | LANDSCHAFT

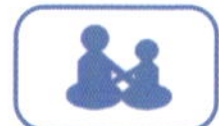

Ein echter WW-Klassiker des Tessins ist der schwere Abschnitt der Moesa. Logistisch hervorragend an den Hauptrouten zum Lago Maggiore gelegen, kommt man hier meist sowieso vorbei, wenn man Richtung Süden fährt. Direkt nach dem schweren WW-Abschnitt wird die Moesa leichter und die Paddel-Kiddies haben die Möglichkeit dazuzusteigen. Hier geht es je nach Wasserstand mit starker Verblockung oder teils spritzigen, hohen Wellen weiter, bis WW III. Mal teilt sich der Bach und man muss schauen, welcher Arm die beste Linie bietet. Bei NW bietet es sich an, ausgiebig zwischen den Steinblöcken Grundlagentechniken zu üben, die die Kinder später im schweren WW gut gebrauchen können: ins Kehrwasser springen, Steine anschneiden oder selber Routen suchen.

Auf der ganzen Strecke gibt es zwei Blockwurfstufen, die sehr holprig sein können und besonders für kleine leichte Kinder nicht leicht zu fahren sind. Die erste befindet sich unter der ersten Autobahnbrücke bei Grono. Die zweite kurz vor der Mündung hinter der Eisenbahnbrücke. Beide können gegebenenfalls leicht am rechten Ufer umtragen werden.

12,5-20 m³/s in Lumino

Auf der Moesa kannst du prima den Boofschlag über kleine Wellen und Walzen üben.

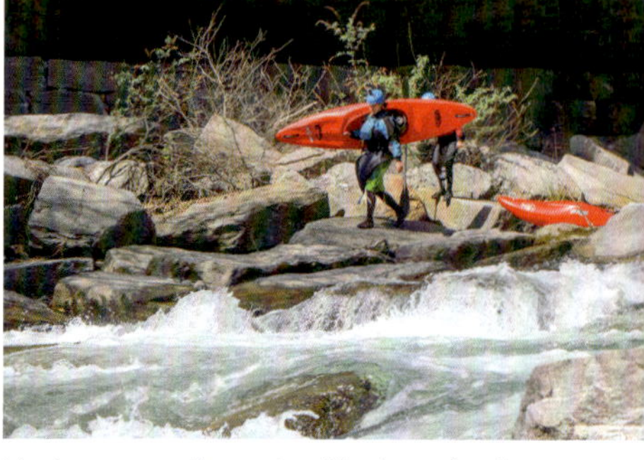

Umtragen an der ersten Blockwurfstufe.

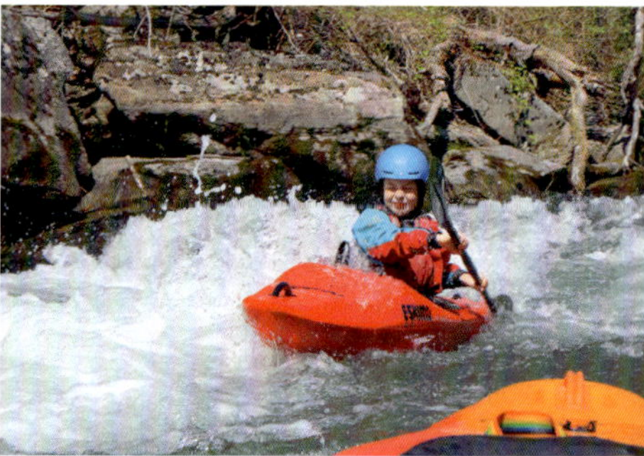

An einigen Stellen ist eine präzise Routenwahl gefragt.

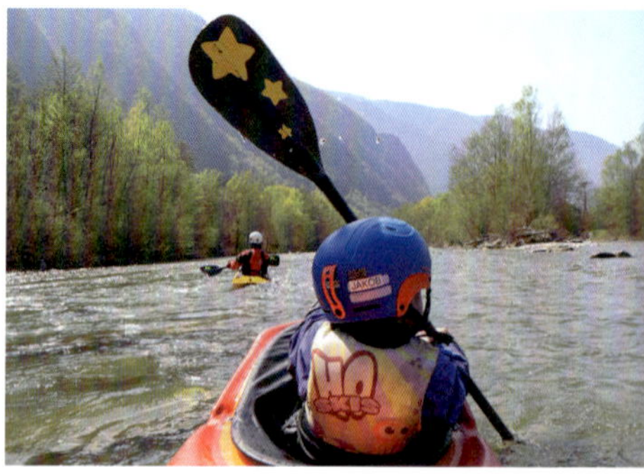

Ganz selten geht es so ruhig auf der Moesa zu.

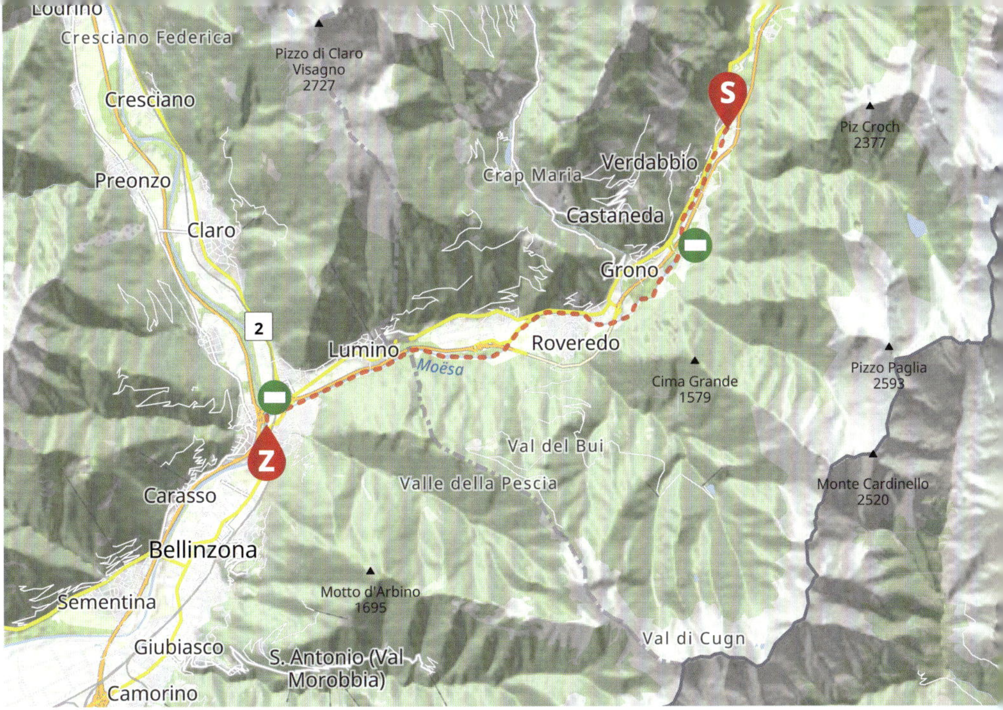

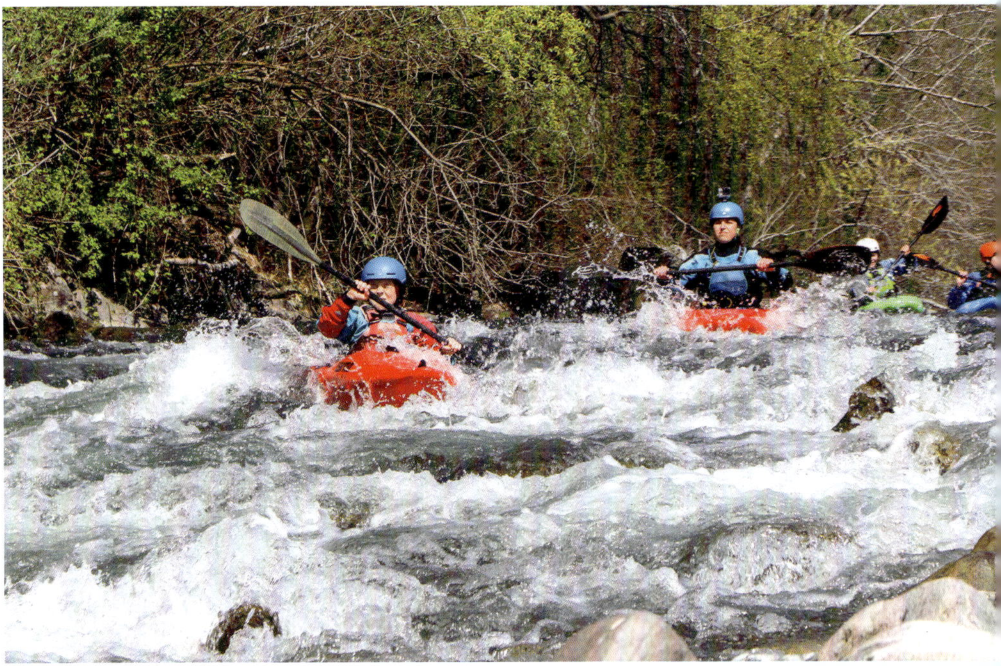

Selbst bei Niedrigwasser geht es immer wieder richtig spritzig runter.

75 TOCE

Einstieg: Beura-Cardezza (46.075798, 8.284737)
Ausstieg: Wehr/Brücke Piedimulera - Vogogna (46.029012, 8.281862)

FAHRSTRECKE: 6,5 KM | TECHNIK | KONDITION | LANDSCHAFT

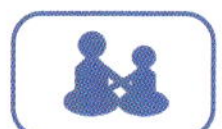

Neben dem Ticino bringt der Toce das meiste Wasser in den Lago Maggiore. Das Tocetal ist leider sehr verbaut mit Wasserableitungen an jeder Ecke. Den Unterlauf des Toce kann man aber fast das ganze Jahr über fahren. Ein besonders lohnender Abschnitt insbesondere für ganz frische WW-Neulinge liegt hinter Villadossola. Hier fließt der schon breite Toce über kleine Kiesbankschwälle mit teils flotter Strömung. Ringsherum säumen Auwälder den Fluss und weiter entfernt thronen hohe Berge über einem. Bei noch sehr unerfahrenen Paddelkindern muss man manchmal in den Außenkurven auf Totholz im Wasser aufpassen, ansonsten bietet der Toce unbeschwerten Fahrspaß für alle.

Den Ausstieg des Toce wählt man am besten vor dem Wehr auf der rechten Seite, hier führt ein kleiner Weg hin, den man erreicht indem man direkt nachdem man die Autobahn bei Piedimulera in Richtung Vogogna unterquert hat links abbiegt. Ein weiterer Ausstieg befindet sich an der Brücke zwischen Piedimulera und Vogogna 700 m unterhalb des Wehres, welches dann sehr umständlich auf der linken Seite umtragen werden muss.

Anmerkungen: Keine wirklich guten Parkmöglichkeiten am Einstieg. Nachmittags kann man am Toce auf heftigen Gegenwind stoßen.

Frühjahr/Herbst und nach Regenfällen

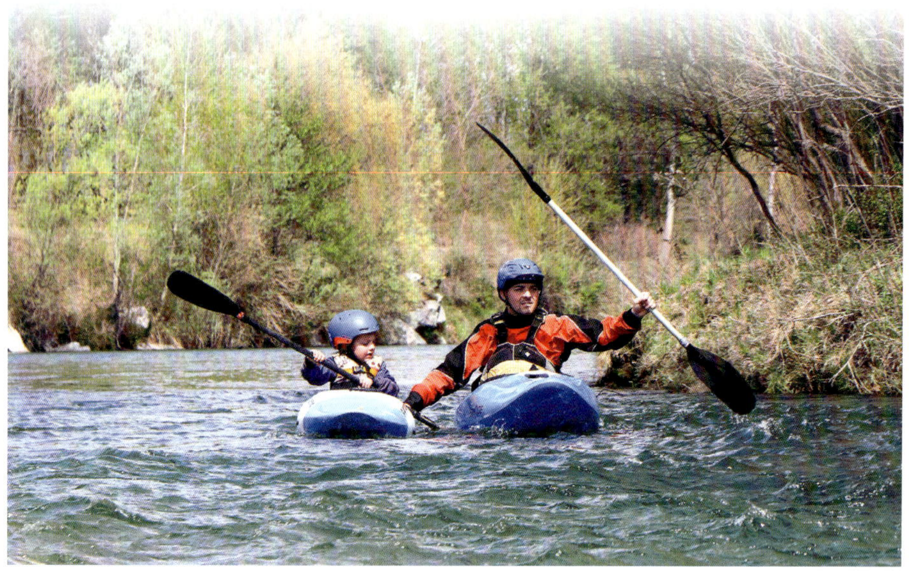

Der Toce ist perfekt für kleine Kinder.

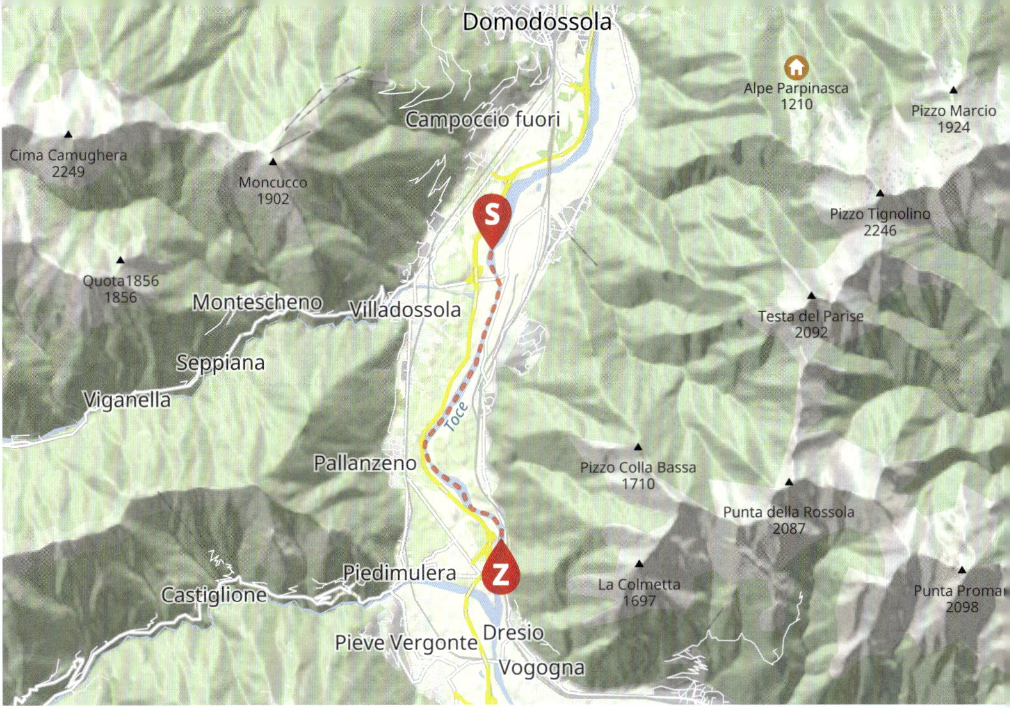

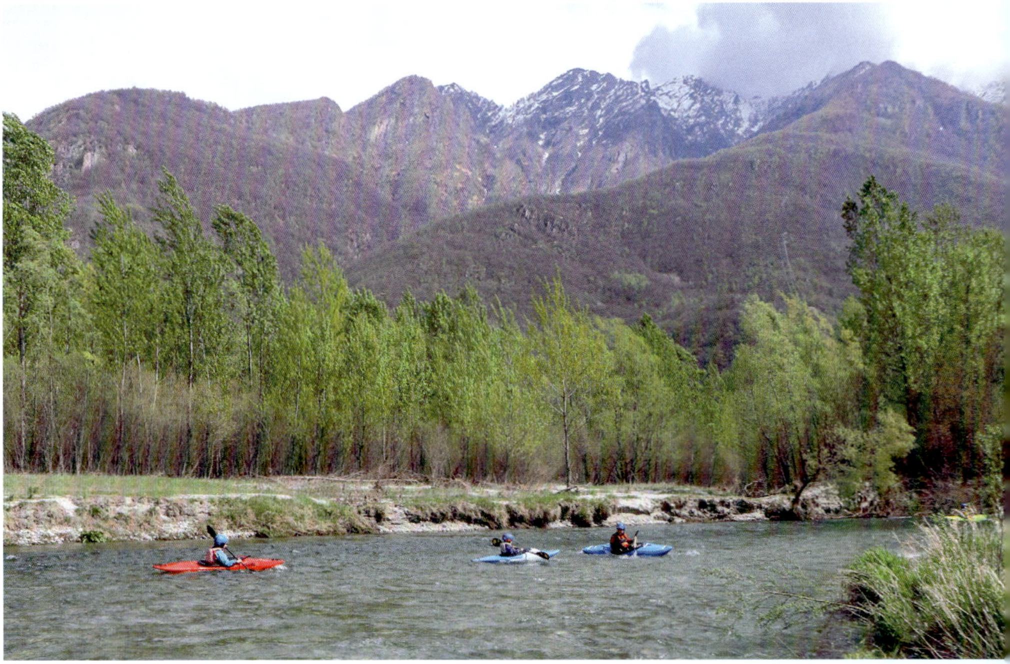

In den kleinen Schwällen können erste WW-Erfahrungen gesammelt werden.

76 TRESA

Einstieg: Ponte Tresa (45.969480, 8.854735)
Ausstieg: Parkplatz Stausee an der SP 61 (45.994083, 8.777925)

FAHRSTRECKE: 9 KM | TECHNIK | KONDITION | LANDSCHAFT

Als Verbindungsfluss zwischen dem Luganersee und dem Lago Maggiore macht die Tresa besonders am Start in Ponte Tresa nicht viel her. An einem riesigen Parkplatz lässt man seine Boote hinter einem rückläufigen Steilwehr in ein kanalisiertes Flussbett. Doch nur wenige Meter später ändert sich das Bild zum Glück. Ganz entspannt schlängelt sich der Fluss nun durch ein bewaldetes Tal. Kleine Schwälle lockern die Fahrt auf. Es gibt lange Wellenzüge und die ein oder andere Walze, die man mitnehmen kann oder vielleicht doch lieber schnell umfährt (bis WW II).

Langsam aber sicher nehmen die Schwierigkeiten immer weiter zu, bis man die Kernstelle der Tresa erreicht. Diese besteht aus einer Stufe mit kräftiger Walze und weiteren Wellen und Walzen. In der Hauptroute bis WW IV, kann man die erste und zugleich schwerste Stelle in der schluchtartigen Verengung rechts auch gut kneifen, dann noch WW III. Auch ein Umtragen der Stelle ist rechts möglich. In jedem Fall sollte man mit dem Nachwuchs hier aussteigen und die Stelle mit der richtigen Durchfahrt besichtigen. Sehr sicheres Kehrwasserfahren ist daher Voraussetzung einer Tresabefahrung!

Nach der Kernstelle folgt direkt noch eine weitere IIIer Stelle, die zwar offener ist, aber auch noch (besonders für Kinder) dicke Walzen enthalten kann. Auch hier bietet sich ein kurzes Besichtigen mit den Kindern an, damit sie schon mal einen Überblick von der Stelle kriegen können. Danach folgen noch ein paar schöne Wellen (bis WW II+), bevor sich die Tresa im Rückstau des Wehres beruhigt.

16,5 m³/s sind ideal zum Kennenlernen

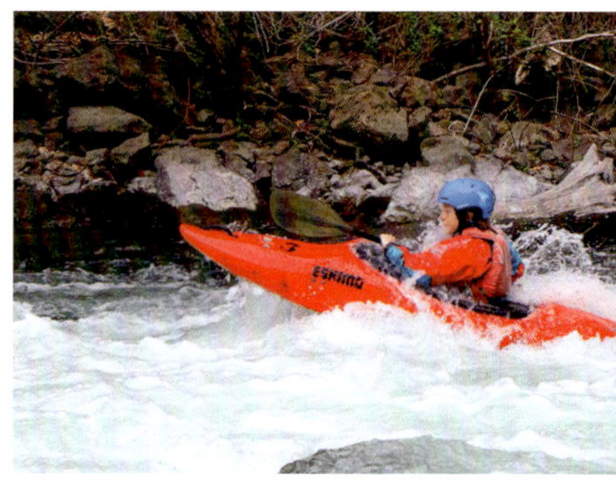

Zwischendurch muss man auch ein paar Walzen überwinden.

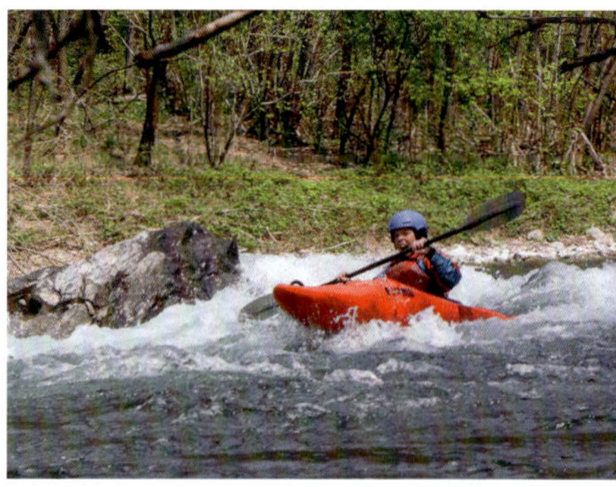

Zum Ende hin wird es immer wilder.

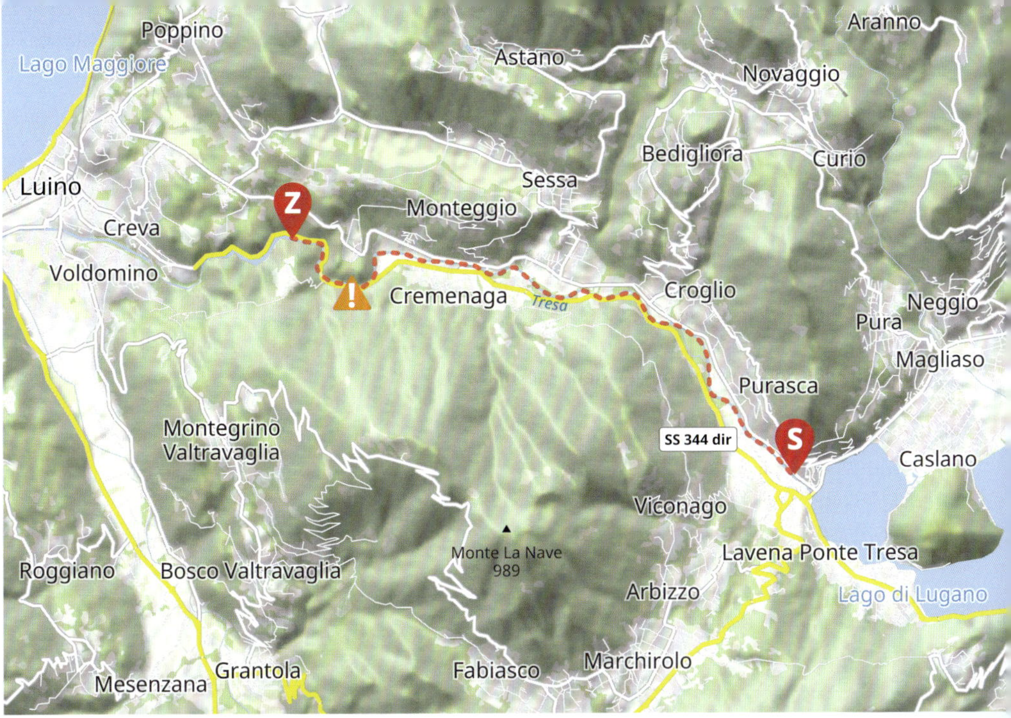

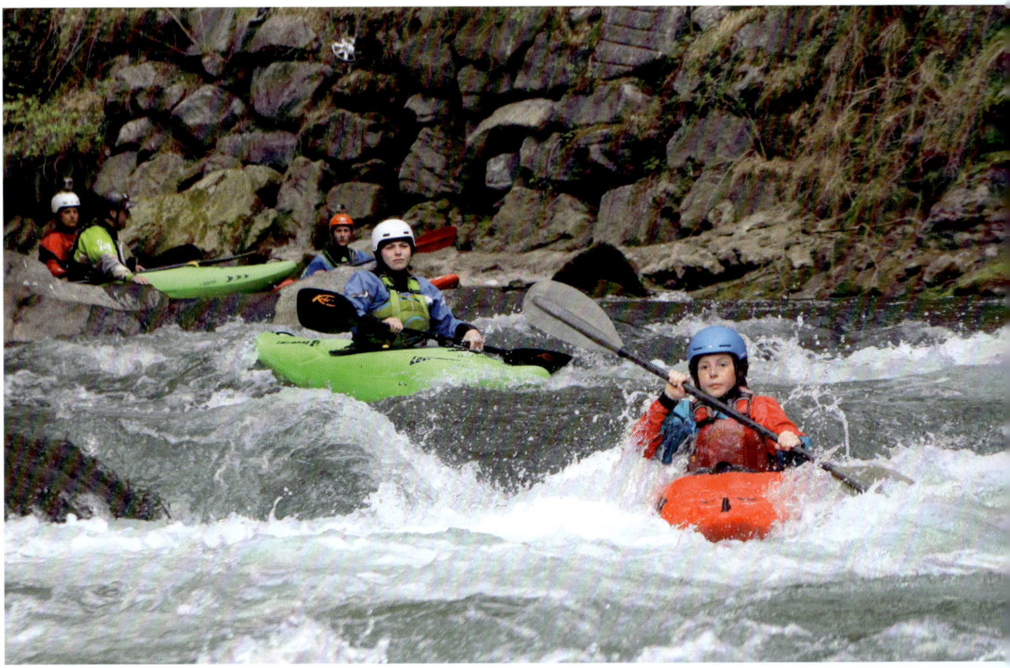

Am Ausgang der Kernstelle.

77 SAN GIOVANNI

Einstieg: Oberhalb des 3. Falls (46.007638, 8.584652) **Ausstieg:** Unterhalb des 4. Falls

FAHRSTRECKE: - KM | TECHNIK | KONDITION | LANDSCHAFT

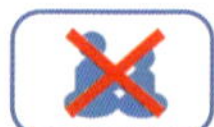

Park and Huck gibt es Piemont auch für Kinder. Bei wenig Wasser locken hier die Abfälle des San Giovannis. Am Einstieg der Standardstrecke warten gleich vier Wasserfälle auf den Extrempaddler. Während die ersten beiden, jeweils fünf Meter hoch, besser nur von erfahrenen Paddlern befahren werden sollten, können die Fälle drei und vier auch von kleinen Stürzern in Spe in Angriff genommen werden. Fall Nummer drei ist ca. anderthalb Meter hoch und verfügt links über einen kleinen Kicker. Der vierte Fall ist höher, aber verhältnismäßig leicht zu befahren. Ein kleiner schon schräger Kanal leitet den finalen Freiflug von vier Metern ein. Der Pool unten ist groß, die Landschaft einfach nur genial. Steile Felswände und ein zweiter Fall, der gegenüber in den Pool fällt machen den San Giovanni paradiesisch schön. Und das beste: man kann ganz leicht wieder hochtragen. Also: Second run, double fun!

Anmerkung: Vier Meter ist eine ganz schöne Höhe für Kinder. Am besten schauen sie sich alles erst einmal in Ruhe an. Auch, wie andere die beiden Fälle befahren, bevor sie eine Entscheidung treffen.

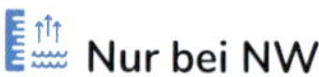

Nur bei NW

Halte dein Paddel beim letzten Fall nicht quer vor deinem Körper oder Gesicht, du könntest dir sonst weh tun!

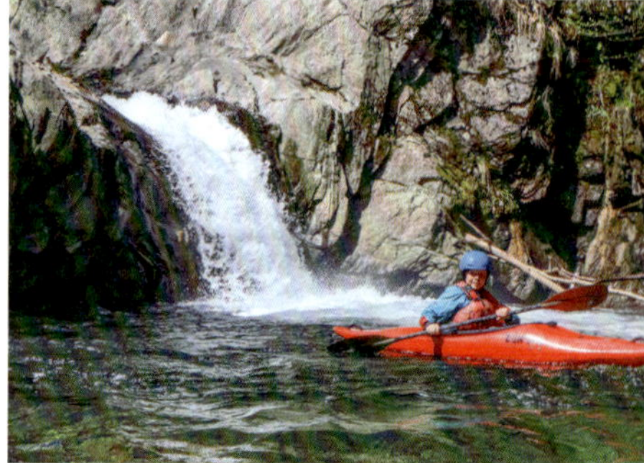

Posieren nach der erfolgreichen Befahrung.

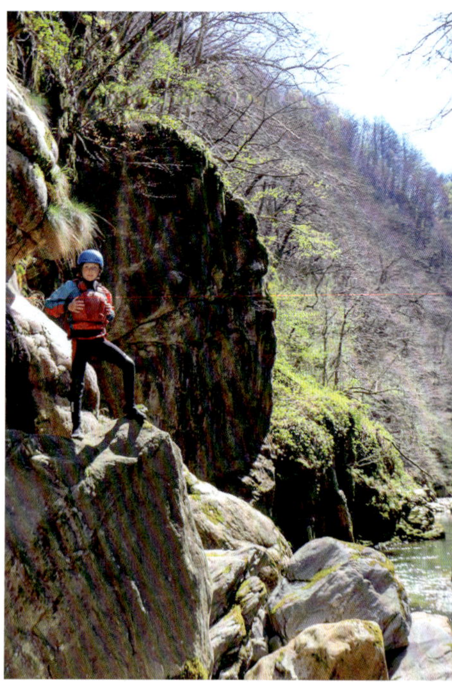

Die Landschaft am San Giovanni hat schon eine gewisse Magie.

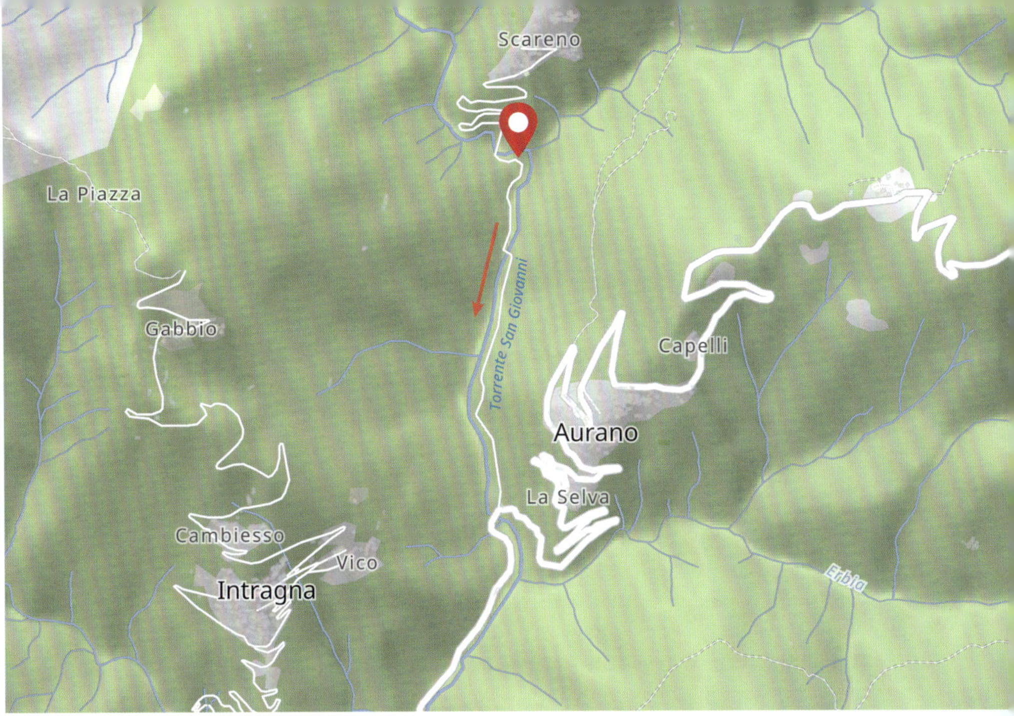

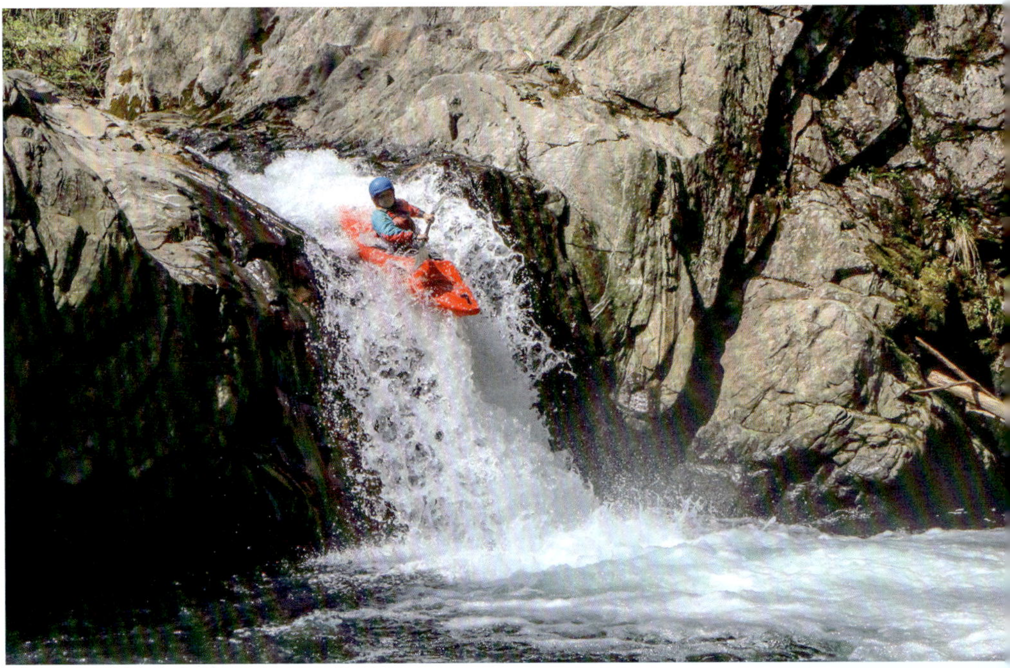

Der letzte Fall fällt in einen großen Pool.

78 ORCO

Einstieg: Cuorgnè (45.394323, 7.653958)
Ausstieg: Brücke bei Felletto (45.309604, 7.756356)

FAHRSTRECKE: 15 KM | TECHNIK | KONDITION | LANDSCHAFT

Der Orco ist ein echter Knallerbach! Beim Hochfahren eher unscheinbar, überrascht er mit dicken Wellen und hohem Gefälle. Ganze 120 Höhenmeter baut der Orco auf den 15 km ab, was dazu führt, dass es durchgehend runter geht. Ein Fluss, der kleinen Paddelprofis vorbehalten ist.

Direkt in Cuorgnè startet man mit einem langen Schwall und vielen tollen Wellen. Am Ortsausgang gibt es ein Wehr, welches leider unfahrbar ist. Zwar gibt es auf der rechten Seite eine Art Bootsgasse, diese ist aber nicht wirklich anfängertauglich, eine Kenterung dort wäre mit Sicherheit auch sehr schmerzhaft. Also besser links umtragen, auch wenn es etwas umständlich ist, da man den Obergraben queren muss. Danach wird man aber zum Glück mit Wildwasser vom feinsten belohnt. Immer wieder teilt sich der Orco und man schießt über wunderbare Wellen hinab, WW III. Ein wenig Vorsicht ist in einigen Außenkurven vor Baumhindernissen geboten. Teilweise können diese mitten in der Hauptströmung hängen. Präzises Fahren und genügend Kraft für kleine Sprints sind ein Must- Have auf dem Orco. Nach ca. 8,5 Kilometern taucht etwas unvermittelt eine Rücklaufstufe auf. Mit Kindern sollte man diese am Besten ganz links fahren oder vielleicht sogar umtragen (auch links).

Ab dem Örtchen Rivarolo nehmen die Schwierigkeiten langsam ab und die ruhigen Zwischenstücke (die vorher eher rar gesät sind) nehmen zu. Es ist aber immer noch ein schöner WW II-Abschnitt, ohne große Baumhindernisse. Kinder, die also noch nicht ganz so schwer fahren, können also auch gut hier die Tour starten (dann noch ca. 5 km).

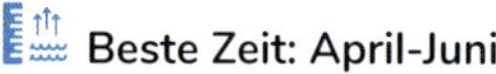

Beste Zeit: April-Juni

Beobachte deinen Vorpaddler genau. Du musst wahrscheinlich etwas eher Gas geben, um die Ideallinie zu erwischen.

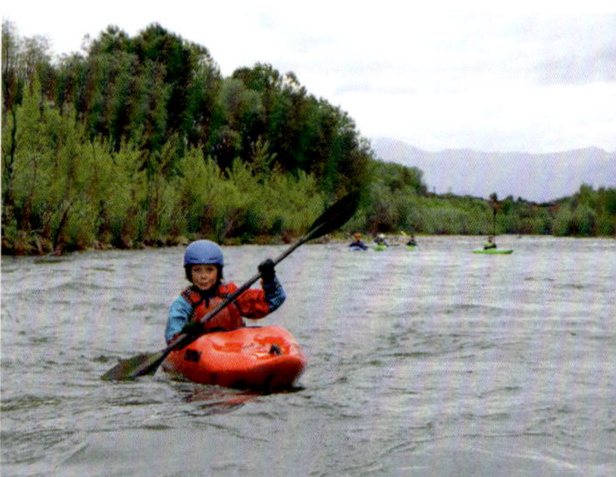

Ab Rivarolo wird es immer leichter.

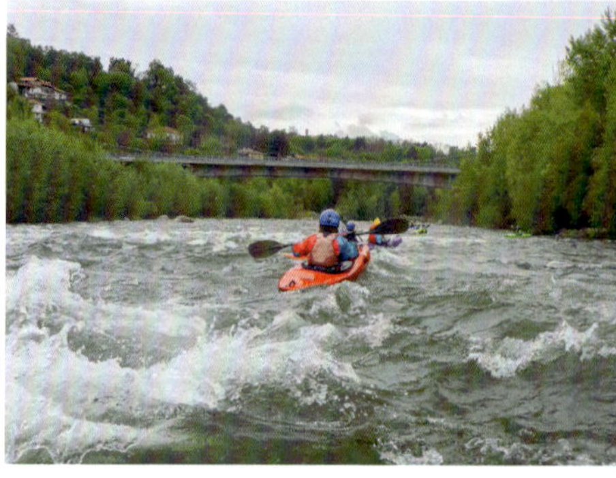

Wuchtige Schwälle bietet der Orco en masse.

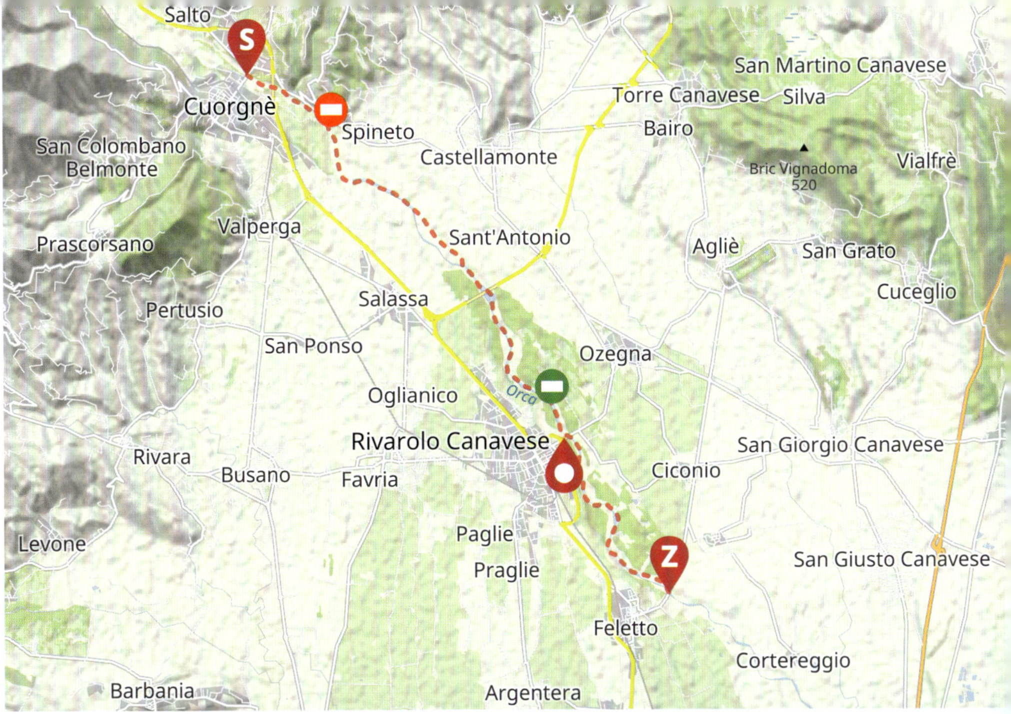

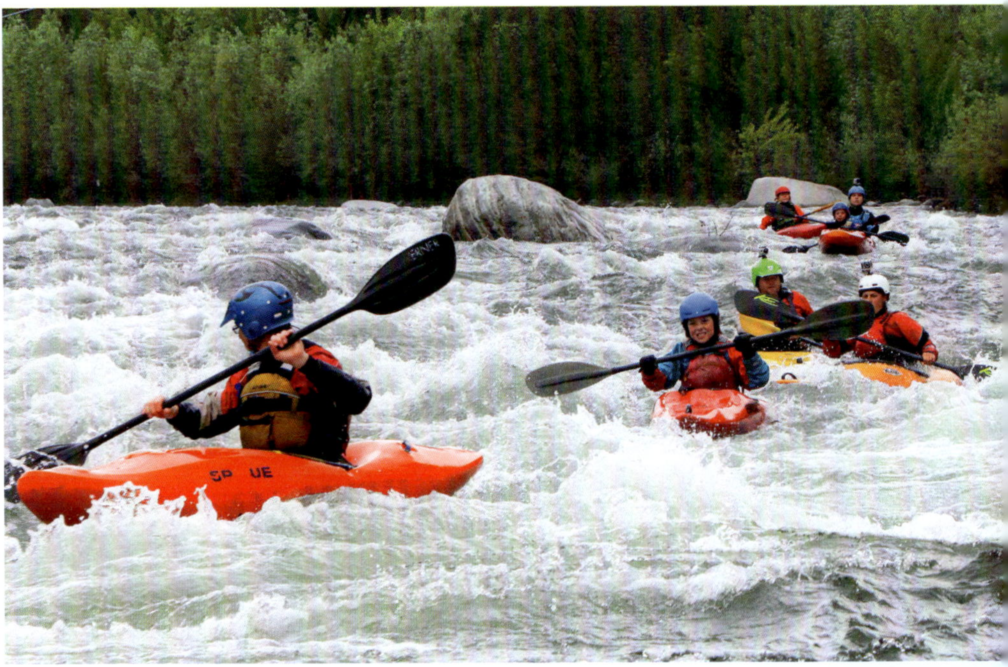

Gerade am Anfang geht es ganz schön abwärts.

79 DORA BALTEA

Einstieg: Industriegebiet Issogne/ Mündung Torrente Chalamy (45.671689, 7.674336) **Ausstieg:** Parkplatz P 1 Fort di Bard (45.615651, 7.742097)

FAHRSTRECKE: 9 KM | TECHNIK | KONDITION | LANDSCHAFT

Die Dora Baltea durchfließt das Aostatal und hat ihren Ursprung in den südöstlichen Gletschern des Mont Blancs. Als Gletscherfluss ist der Wasserstand dementsprechend im Hochsommer am höchsten, doch selbst im Frühjahr kann man hier einen fahrbaren Wasserstand vorfinden.

Im Sommer ist dieser Abschnitt recht wuchtig und die Breite in Kombination mit dem braun- grauen Wasser kann für manche Kinder einschüchternd sein. Dabei fängt die Tour ganz zahm an, WW I. Nach der ersten Straßenbrücke folgt eine Serie von flachen Geröllbremsen, die vor allem für schöne Wellen sorgen und allesamt sauber zu befahren sind, WW II. Mit kleineren Kindern muss man ein wenig schauen, dass sie eine Route an den größeren Walzen vorbei erwischen. Die schwierigste Stelle der Tour befindet sich unter einer Römerbrücke. Bei wenig Wasser geht es über ein kleines Stüfchen zwischen Steinen her abwärts, WW II+. Im Sommer bilden sich an den Steinen dicke Löcher und die Stufe verschwindet, es bleibt aber eine freie Durchfahrt mit ein wenig Presswasser, WW III-. Die Stelle lässt sich gut (wie alle anderen Schwierigkeiten auf diesem Abschnitt) im Päckchen befahren.

Erblickt man irgendwann die Festung von Bard, ist es nicht mehr weit bis zum Ausstieg. Dieser befindet sich am Anfang des Parkplatzes an einer selbstgebauten Aussteigevorrichtung für Rafts.

15-80 m³/s in Hône-Ponte Dora Baltea

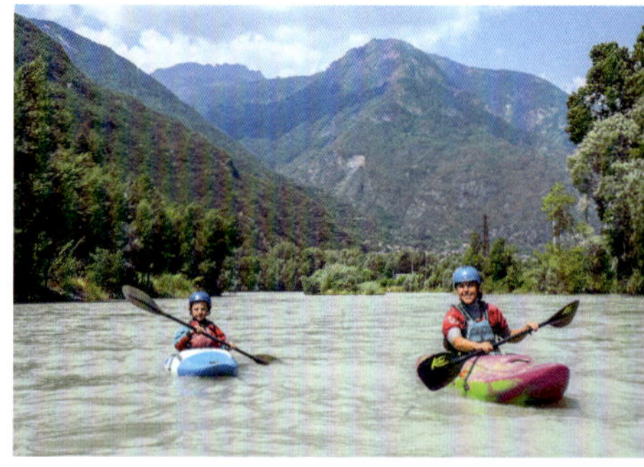

Im Hochsommer ist der Pegel am höchsten.

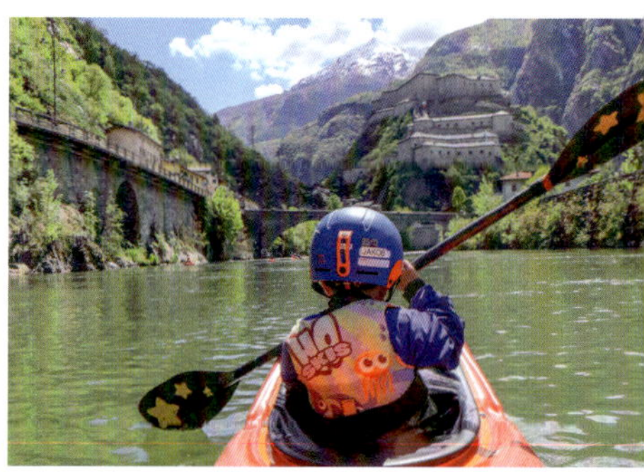

Ausblick auf Fort di Bard.

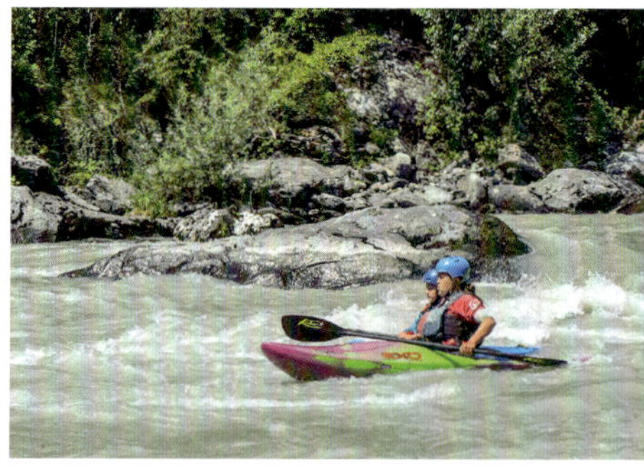

Bei viel Wasser kann es auch schon mal wuchtig zugehen.

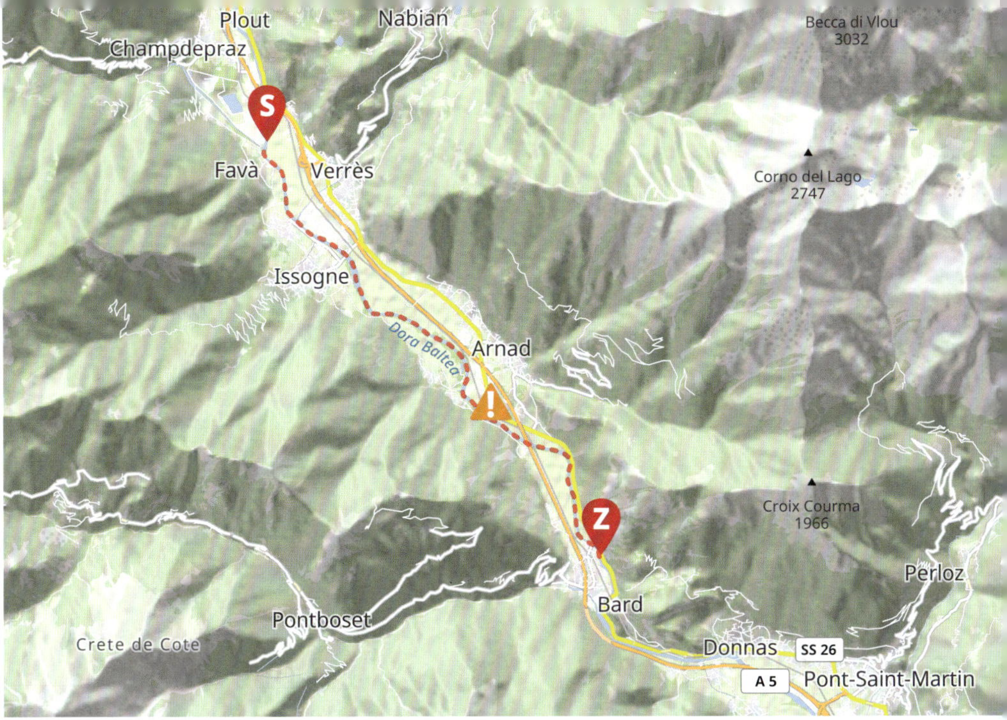

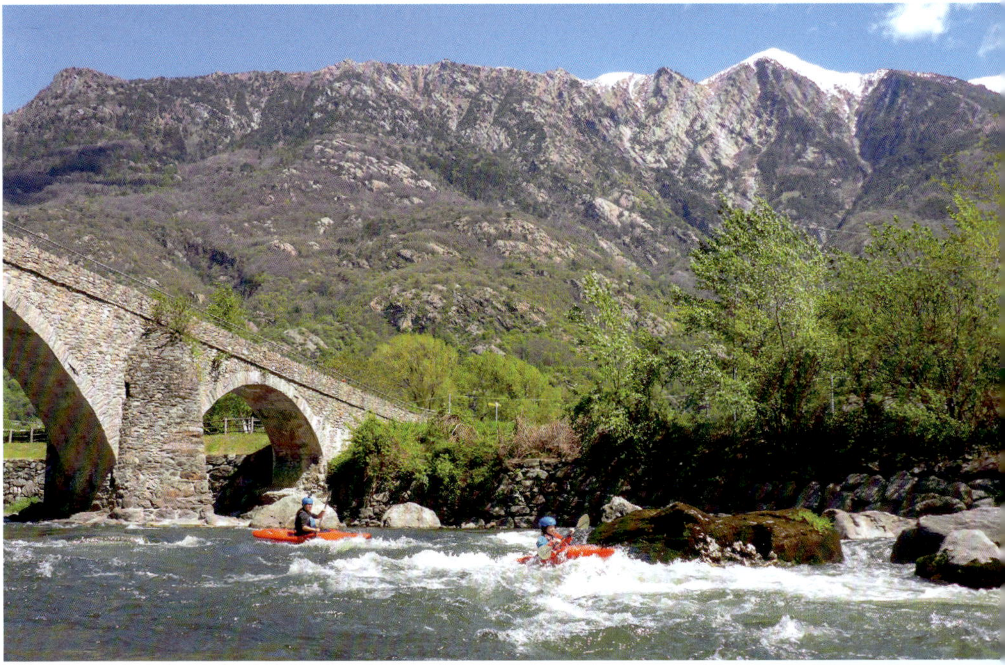

An der Römerbrücke bei Niedrigwasser.

LIGURISCHE ALPEN

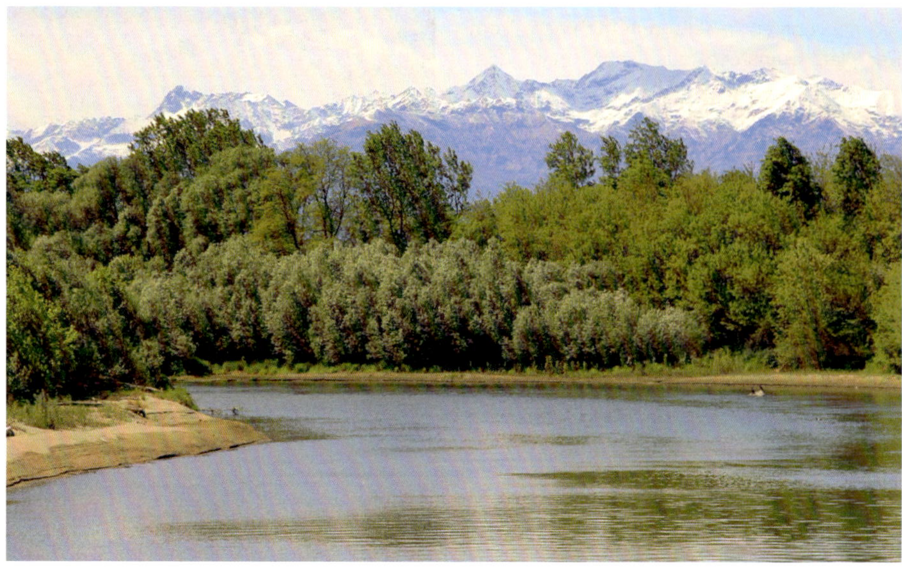

Die Region Ligurische Alpen beschreibt das gleichnamige Gebirge im Nordwesten Italiens am Rande des Mittelmeers. Die hier erwähnten Flüsse fließen aber nicht direkt ins Meer, sondern alle in Richtung Po. Neben den leichten Wildflüssen für Kinder, gibt es bei guten Wasserständen auch so einige wildere Abschnitte für die Erwachsenen. Daher lohnt sich schon ein ein- bis zweiwöchiger Aufenthalt in der Region, vor allem bei guten Wasserständen. Sind die Pegel nicht ganz so ideal, kann man diese Region auch gut mit einem Urlaub in der Region Tessin, Piemont & Aostatal kombinieren.

Beste Zeit mit Kindern:
Die besten Wasserstände trifft man hier im Frühjahr rund um Ostern an. Nach starken Regenfällen, die im Herbst nicht selten sind, erreichen die Flüsse auch schnell einen fahrbaren Pegel.

Besonderheiten:
Heftiger Regen kann die Pegel schnell ansteigen lassen.

Standlager:
Camping la Cascina in Bastia Mondovì
https://www.campinglacascina.it

Ausflugsziele & Sehenswürdigkeiten:
Mondovì, vor allem der Stadtteil Piazza mit seinen engen Gassen und einer schönen Aussicht, ist einen kurzen Abstecher wert.

Wer es gerne grün mag, sollte eine kurze Wanderung (oder auch nur ein Picknick) im Tal des oberen Tanaro unternehmen. Vom Parkplatz Tanarello aus kann man dem Weg ins Tanarellotal so weit folgen, wie die Kinderbeine einen tragen und dann auf dem gleichen Weg wieder zurückgehen.

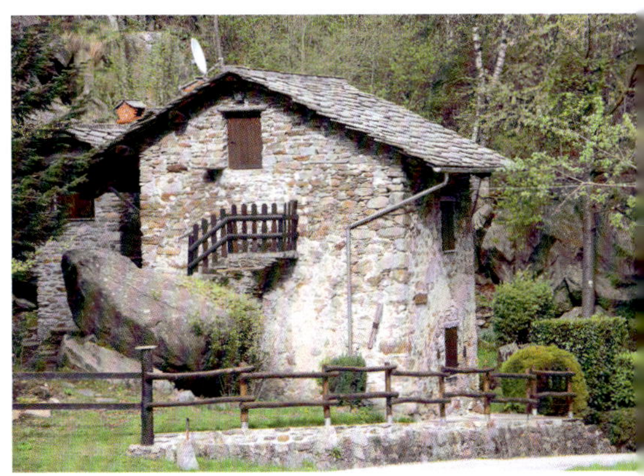

Gastrotipp:
Pizzeria Mojito Caffé in Bastia Mondovì (SP126, 5, 12060 Bastia Mondovì)

Kombiflüsse:

- Tanaro – Nucetto bis Ceva (8 km, WW IV)
- Bormida di Millésimo – weiterpaddeln (0,5 km WW IV)

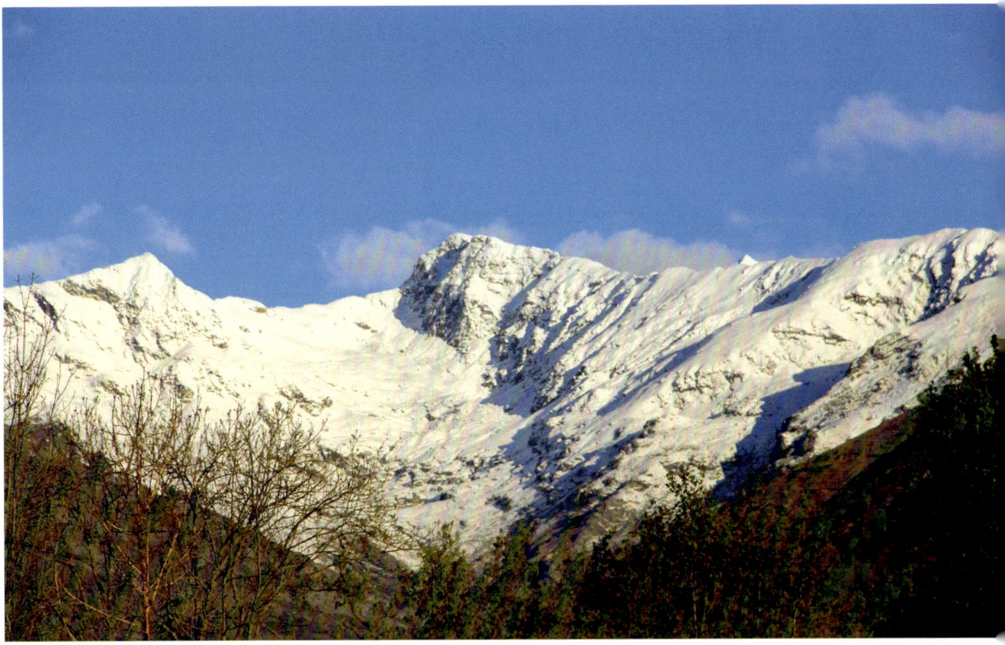

80 STURA DI DEMONTE

Einstieg: Slalomstrecke bei Gaiola (44.326419, 7.405118) **Ausstieg:** Raftausstieg Roccasparvera (44.340576, 7.437644)

FAHRSTRECKE: 6 KM | TECHNIK | KONDITION | LANDSCHAFT

Auf einer kurzen Strecke gräbt sich der Stura di Demonte hier in eine hervorragend schöne Schluchtstrecke. Den Auftakt bildet eine kurze Slalomstrecke mit etwas Verblockung, aber noch wenig Gefälle. Perfekt um sich einzupaddeln, denn schon kurz nach dem Start lauern die größten Schwierigkeiten der Tour. Wellen, Walzen und ein paar dicke Steine bilden hier Wildwasser vom allerfeinsten (bis WW III-).

Nach einem knappen Kilometer wird es etwas leichter, wobei es immer noch einige schöne Schwälle gibt. Besonders beeindruckend überspannt eine hohe Brücke den Fluss. Nach und nach nehmen die Schwierigkeiten weiter ab. Dicht bewaldete Ufer drängen sich an den Fluss, irgendwo sprudelt von der Seite ein kleiner Wasserfall aus einem Seitental.

Kurz vorm Ende der Tour beginnt der Rückstau des Wehres von Roccasparvera, ca. hundert Meter vor dem Wehr befindet sich ein Raftausstieg, die einzige Möglichkeit aus der Schlucht zu kommen. Nun beginnt die größte Anstrengung der Stura di Demonte-Befahrung: das Hochtragen zum Auto. Aber mit etwas Glück grasen auf der Weide neben dem (wirklich kleinen) Parkplatz ein paar niedliche Alpakas.

Wer mehr als die sechs Kilometer paddeln möchte, kann seine Tour auch schon in Demonte beginnen (dann insgesamt 14 km). Hier WW I-II in Kiesbankschwällen, ein unfahrbares Wehr muss rechts oder entlang einer zerfallenen Bootsgasse umtragen werden. Baumhindernisse sind auf diesem Abschnitt möglich.

Bester Wasserstand: Im Frühjahr/ Herbst und nach Regenfällen

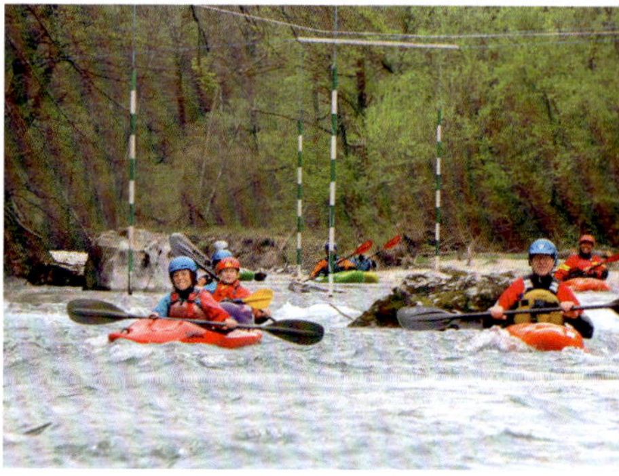

Leichte Verblockung in der Slalomstrecke.

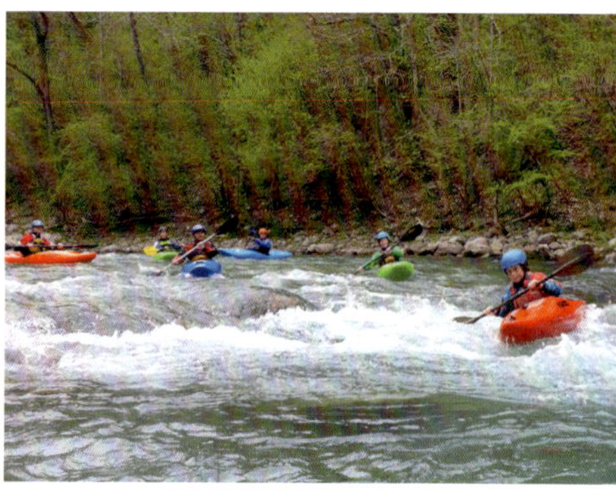

Definierte Kehrwässer laden zum Trainieren ein.

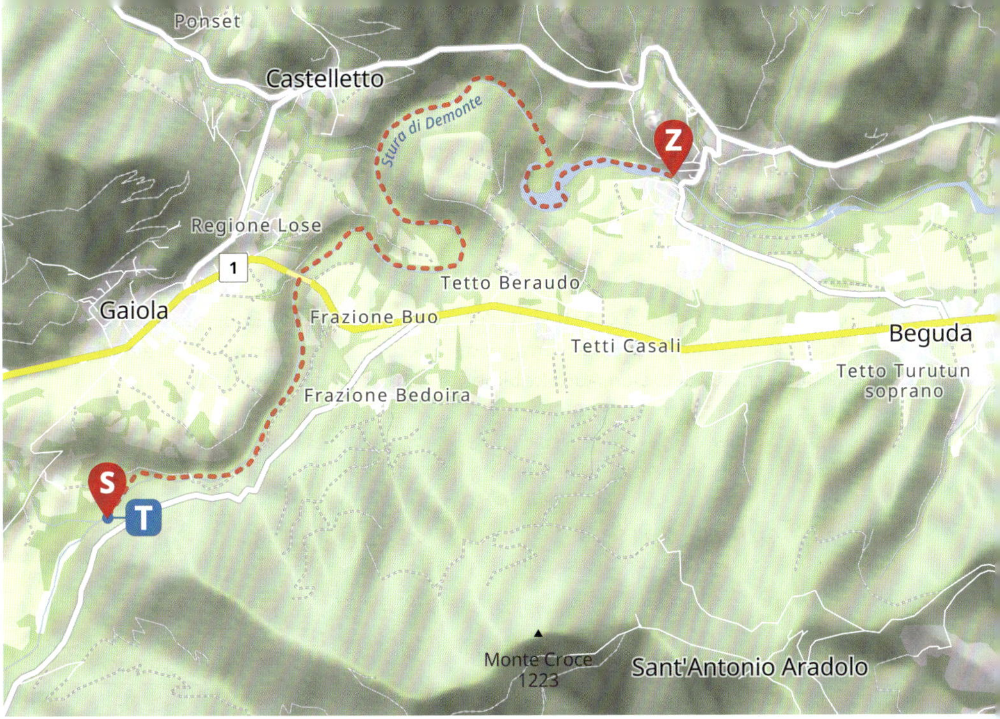

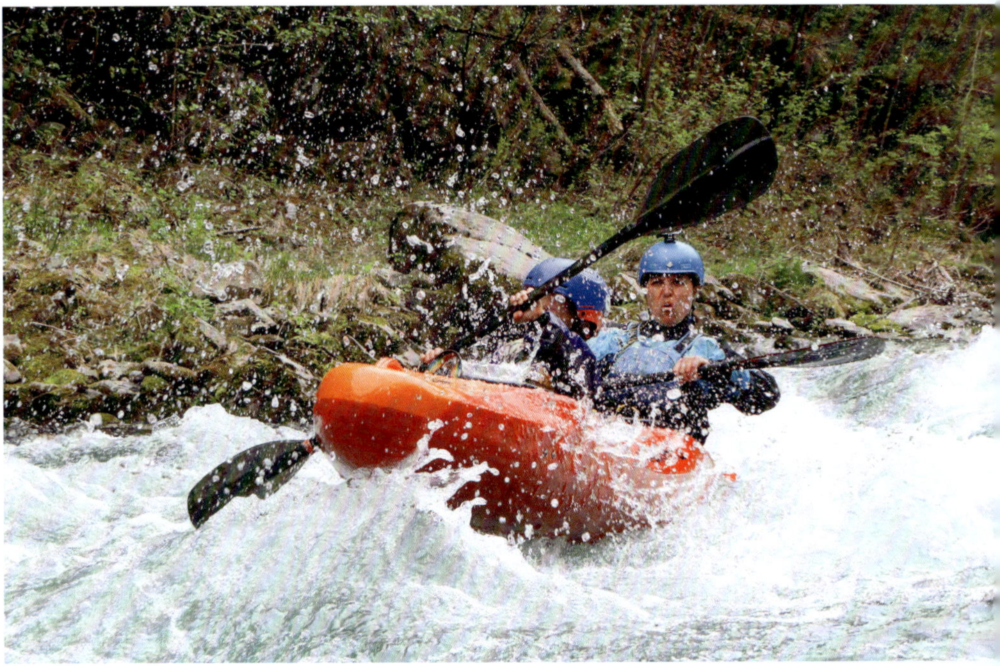

Gerade auf den ersten Kilometern geht es ganz schön zur Sache.

81 TANARO

Einstieg: Sportplatz Ceva (44.379388, 8.028166)
Ausstieg: 2. Brücke SP 12 (44.426934, 7.944921)

FAHRSTRECKE: 14 KM | TECHNIK | KONDITION | LANDSCHAFT

Relativ nah am Mittelmeer gelegen, durchfließt der Tanaro in seinem Mittellauf ein von Hügeln umgebenes Tal bevor er zum ruhigen Wanderfluss wird. Die Schwierigkeiten hier sind eher moderat und es gibt zwischendurch immer wieder ruhige Fließstrecken (WW I-II).

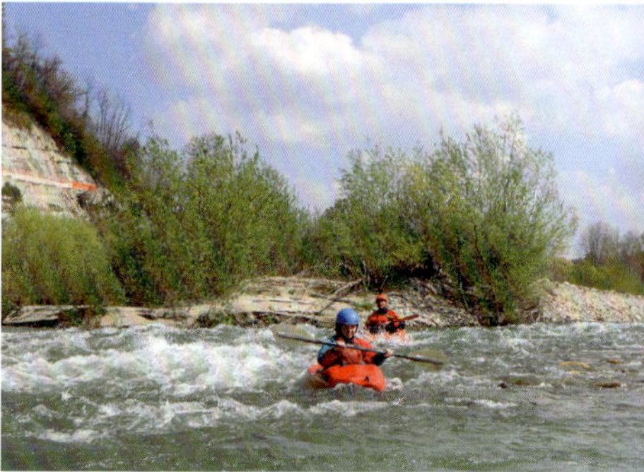

Typischer Kiesbankschwall.

Meistens geht es über Kiesbankschwälle abwärts, aber an einigen Stellen gibt es auch Abschnitte mit kleinen Grundgesteinsrutschen, die zwar eher wenig Gefälle haben, aber trotzdem ein anderes Fahrgefühl aufkommen lassen. Immer wieder paddelt man an Steilwänden entlang und an ein paar Stellen teilt sich der Tanaro in mehrere Arme auf. Ein Wehr mit etwas Rückstau unterbricht diesen ansonsten recht natürlich Flusslauf. Es ist schräg und bei Normalwasser leicht zu befahren. Die kleine Deckwalze des Wehres lädt auch Paddelkinder dazu ein, ein wenig zu surfen.

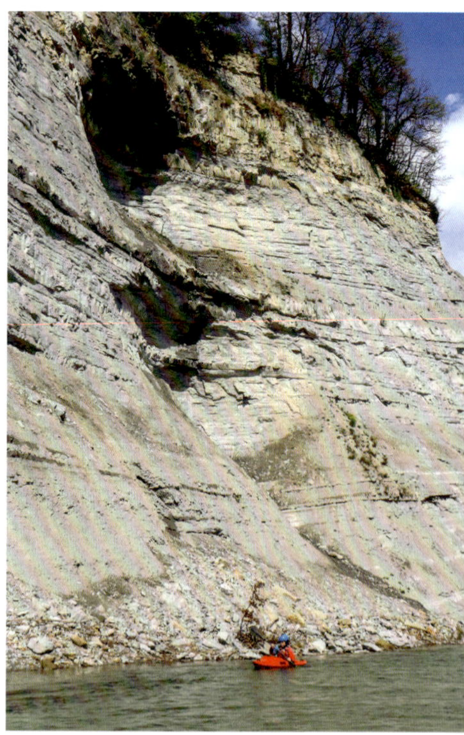

Die Steilwände sorgen für einen ganz besonderen Flair.

Kurz vorm Ende der Tour muss man nochmal ein wenig Acht geben auf zwei etwas größere Walzen, von denen die erste fast den ganzen Fluss überspannt. Gerade kleine und leichte Kinder müssen hier kräftig paddeln, um diese sicher zu durchfahren.

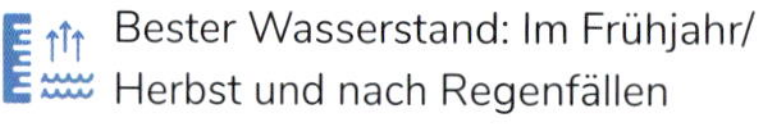

Bester Wasserstand: Im Frühjahr/ Herbst und nach Regenfällen

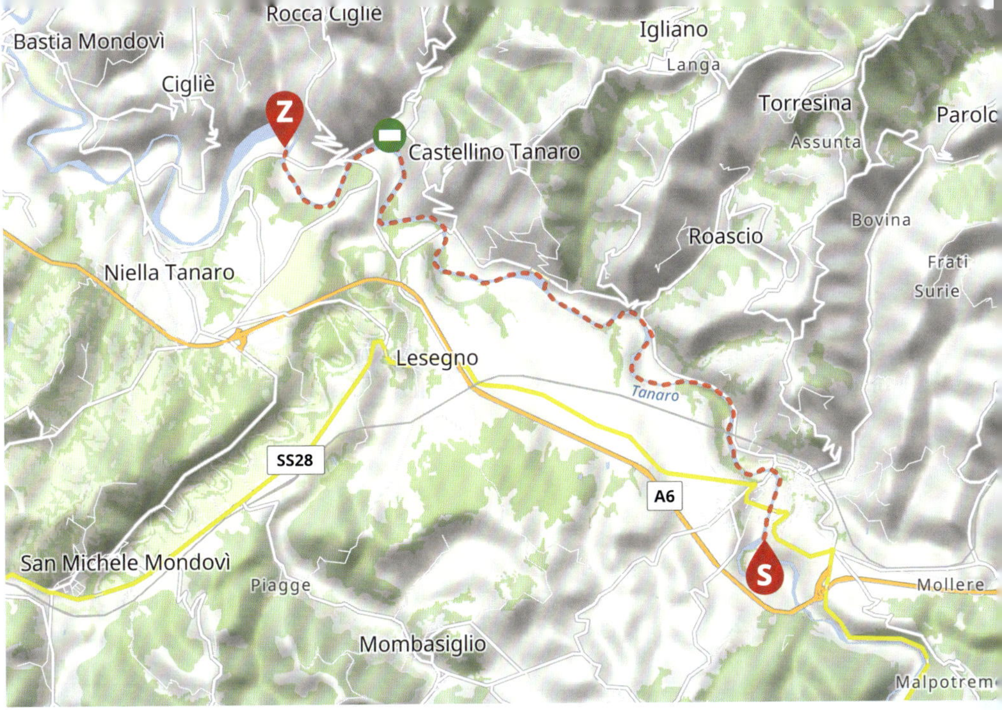

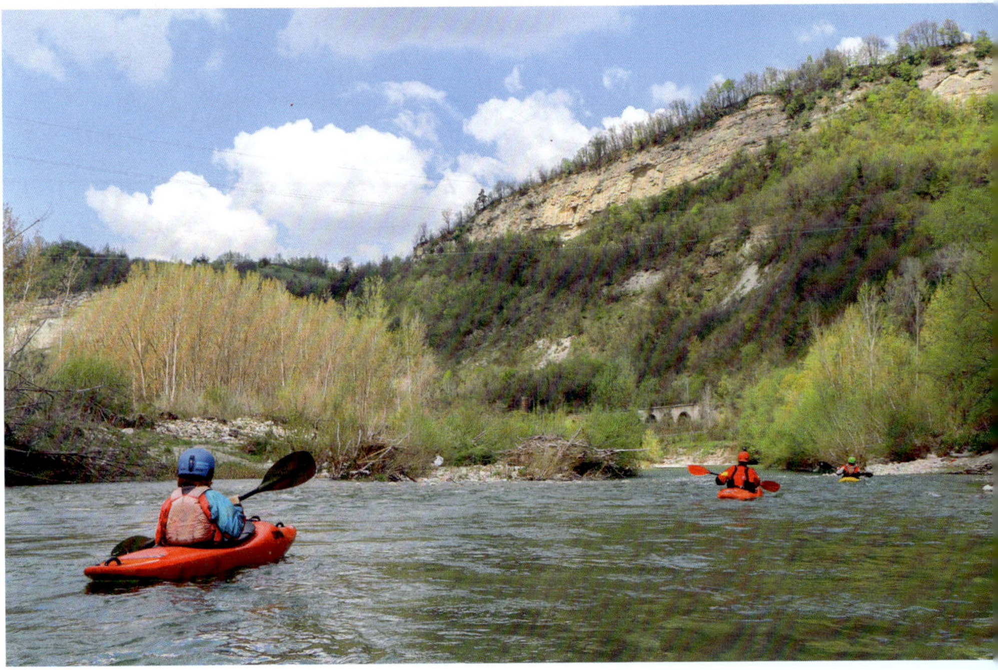

Der Tanaro schlängelt sich abseits von großen Straßen durch ein offenes Tal.

82 BORMIDA DI MILLÉSIMO

Einstieg: Ferriera Nuova (44.276915, 8.127139) **Ausstieg:** Steilwehr, Beginn des Kernstücks (44.318092, 8.193158)

FAHRSTRECKE: 13 KM | TECHNIK | KONDITION | LANDSCHAFT

Was für ein pompöser Name für einen doch vergleichsweise eher kleinen Wildbach. Der Bormida di Millésimo mit seinem glasklaren Wasser ist eher wenig bekannt, aber ein echtes Schmuckstück von einem Fluss – und bietet dem Nachwuchs eine ganz schöne Herausforderung! Direkt nach dem Start beginnt ein schluchtartiger Abschnitt. Hier liegen viele Steine im Fluss, die geschickt umfahren werden wollen. Dazu noch das passende Gefälle und schon kommt man als Paddelkind kaum noch zum Verschnaufen. Sicheres Kehrwasserfahren und eine gute Bootsbeherrschung sind dringend angeraten, wenn man den Bormida di Millésimo wirklich genießen möchte. Bei wenig Wasser WW III, kann bei mehr Wasser schon eher ein ordentlicher Iller aus diesem Abschnitt werden.

Nach der ersten Brücke nehmen die Schwierigkeiten zunächst einmal ab. Über kleinere Kiesbankschwälle und ohne viel Verblockung geht es hier weiter (WW I-II). Zwischendurch versperrt eine Röhrenbrücke den Fluss, sie kann bei NW aber problemlos befahren werden. Auf diesem Abschnitt können auch Baumhindernisse im Fluss liegen. Vorsicht!

Ab der Brücke bei Isoletta nehmen die Schwierigkeiten langsam wieder zu. Im Örtchen Murialdo gibt es ein kleines Schrägwehr, sowie eine niedrige (künstliche) Blockstufe, sie sind beide jeweils leicht zu befahren. Kurz vorm Ausstieg steigern sich die Schwierigkeiten in einigen Stellen bis auf WW III. Vor dem Steilwehr ist dann Schluss für den Nachwuchs. Auf den folgenden ca. 500 m kommen die Kernstellen des Bormida di Millésimo mit höheren Stufen und verblockten Durchfahrten (WW IV), nicht mehr kindertauglich, aber ein lohnender Abschluss für alle Begleitpaddler.

NW 40 cm in Murialdo

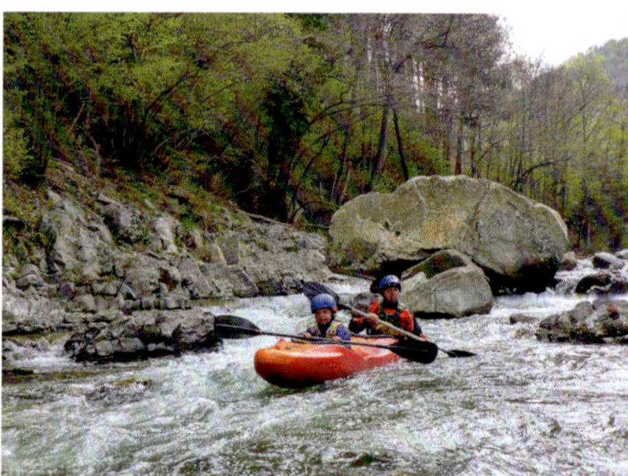

Die teilweise extreme Verblockung ist mit dem Zweier nicht so leicht zu umschiffen.

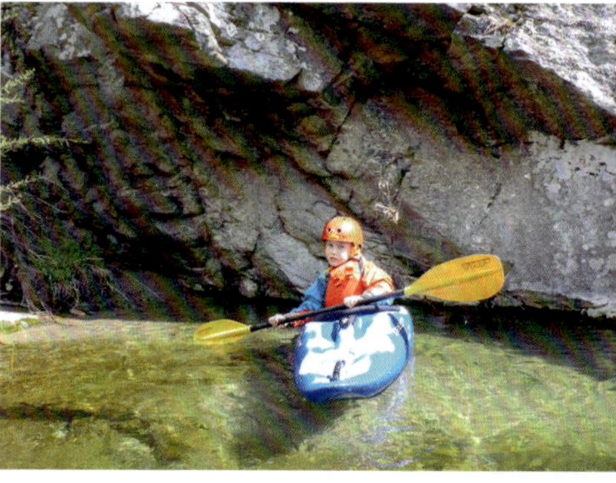

Ab und zu sollte man für eine kleine Pause ein Kehrwasser ansteuern.

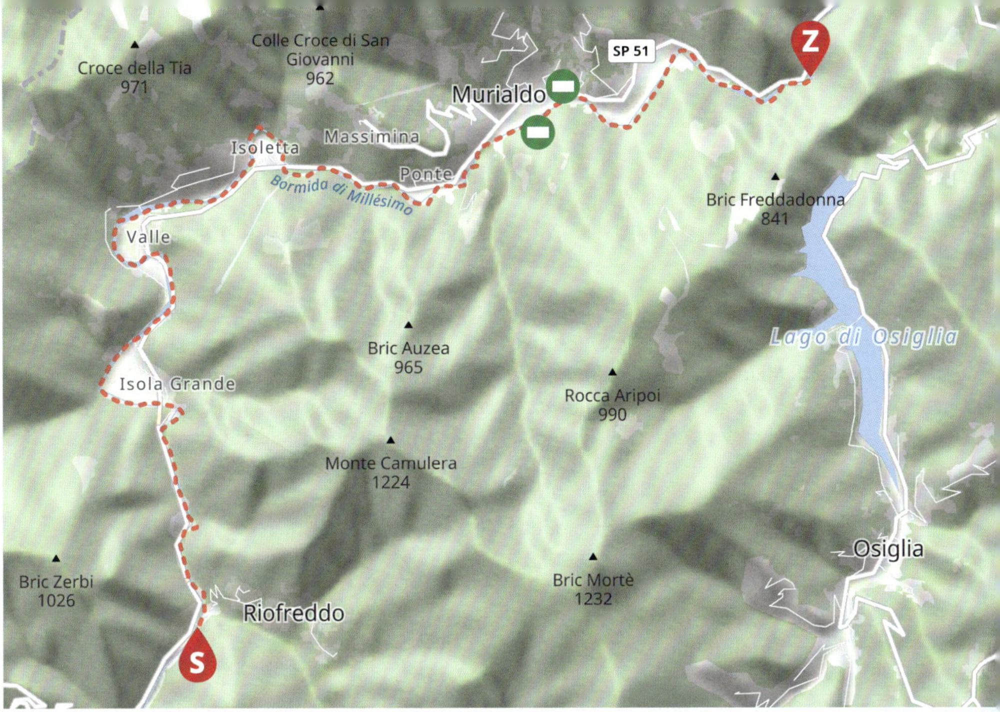

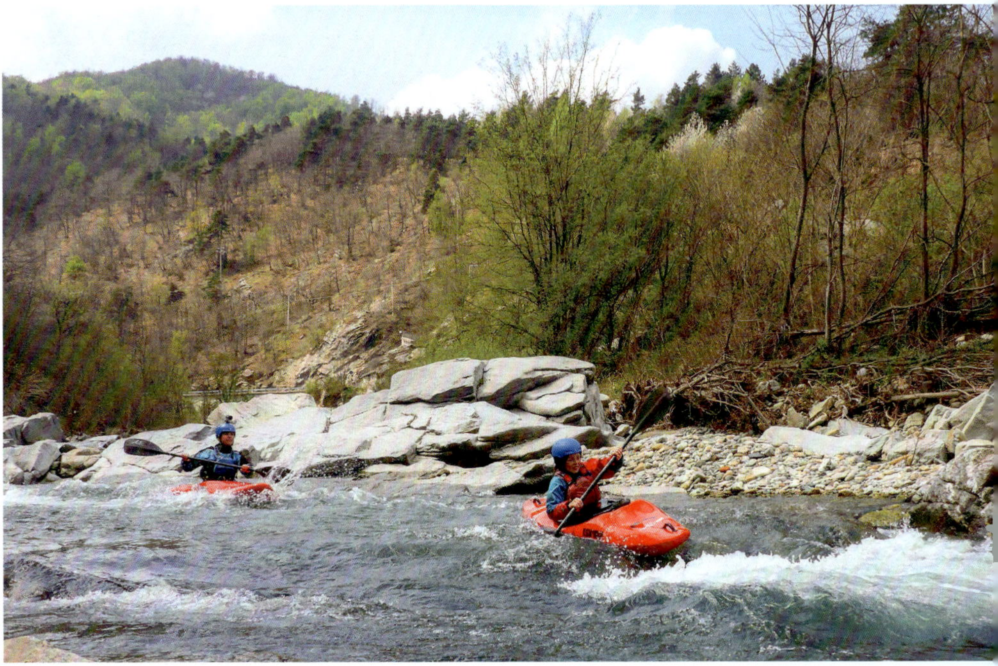

Eine sichere Bootsbeherrschung ist die Grundvorsetzung für eine gelungene Befahrung.

83 BORBERA

Einstieg: Parkplatz bei Pertuso (44.727821, 9.032020) **Ausstieg:** Fußgängerbrücke Torreratti-Persi

FAHRSTRECKE: 6 KM | TECHNIK | KONDITION | LANDSCHAFT

Dieser Abschnitt der Borbera führt durch eine breite Konglomeratklamm und ist vor allem landschaftlich ein echter Hingucker. Doch auch wildwassertechnisch kommt der Paddelnachwuchs hier auf seine Kosten.

Los geht's hinter dem verblockten Klammeingang (der auch schon mal mit Holz verlegt sein kann). Die schnelle Strömung reißt einen sofort mit und man ist direkt mittendrin. Die Hauptschwierigkeit bei der Borbera sind die vielen Verschneidungen und Presswasser in den Außenkurven (bis WW II). Sollte der Paddelnachwuchs vorher noch keine Erfahrung damit gemacht haben, so dürfte er am Ende ein Profi in deren Bewältigung sein. Zusätzlich dazu gibt es in der Klamm unglaublich viele perfekt geformte Surfwellen, in denen man den ein oder anderen Meilensurf hinlegen kann, was gerade auch Kinder begeistern dürfte, die ansonsten schon auf schwererem Wildwasser unterwegs sind.

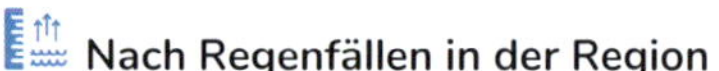

Nach Regenfällen in der Region

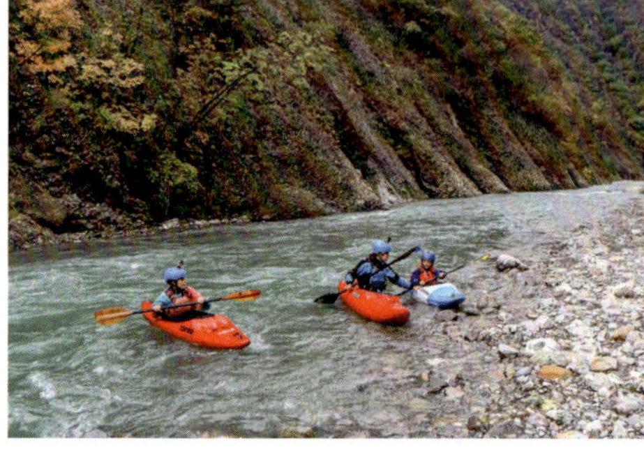

Kurze Pause nach einer der vielen Prallwände.

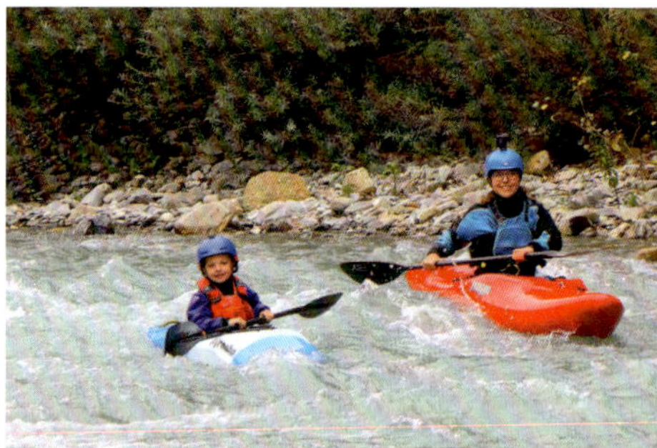

Weniger fitte Kinde kann man in der Schlucht gut begleiten.

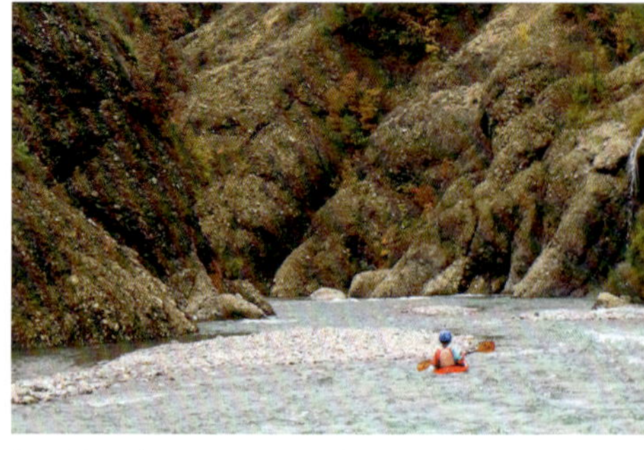

Das Konglomeratgestein bildet ganz außergewöhnliche Ufer.

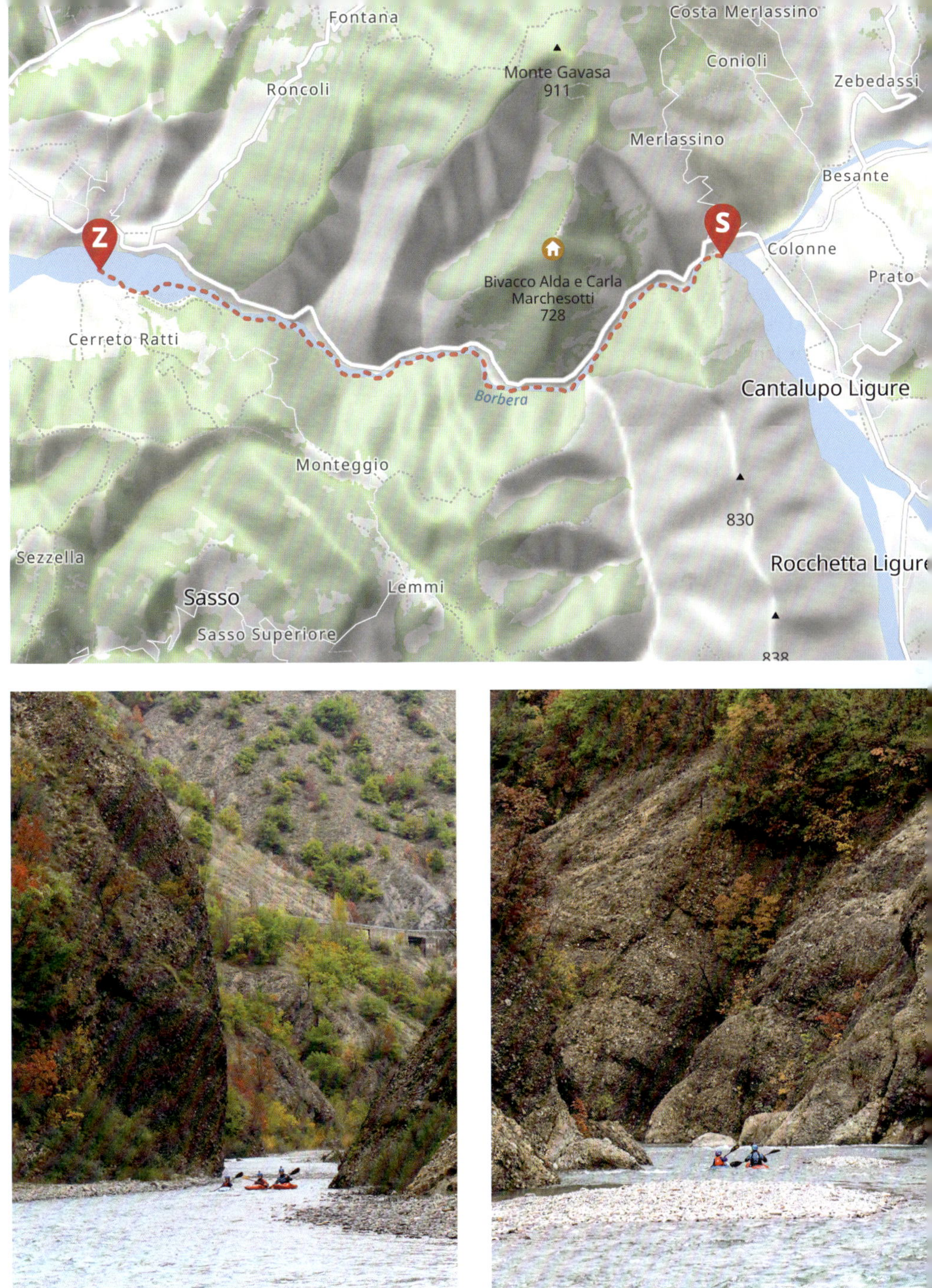

Hier kann man sich als Paddler schon mal klein fühlen.

84 AVETO/TREBBIA

Einstieg: Salsominore (44.647258, 9.401513) **Ausstieg:** Marsaglia (44.715400, 9.383611)

FAHRSTRECKE: 12 KM | TECHNIK | KONDITION | LANDSCHAFT

Etwas unbekannter als die Trebbia ist ihr rechter Nebenfluss, der Aveto. Dabei hat er eine ähnliche Schlucht zu bieten und ist sogar ein wenig wilder.

Oft geht es in – für den Nachwuchs – wuchtigen Schwällen mit vielen tollen Wellen abwärts. Zwischendurch ist es aber auch immer wieder ruhig, so dass man in Ruhe jede neue Stelle angehen kann. Ein Schwall ist etwas verblockter und erfordert eine präzise Routenwahl (WW III). Für erfahrene Paddelkinder oder mit dem richtigen Vorpaddler stellt er aber keine Probleme dar. An einigen Stellen kann sich entlang der schroffen Felswände Presswasser bilden, wer aber die vorherigen Schwierigkeiten bewältigt hat, wird dies wahrscheinlich kaum noch bemerken.

Direkt an der Mündung kann man nicht aussteigen, daher geht es noch drei Kilometer auf der Trebbia im weiten Flussbett weiter. Dafür wird man nochmal kurz vorm Ausstieg mit einem besonders wuchtigem Schwall und vielen hohen Wellen belohnt.

1,3 m in Salsominore ideal mit Kindern

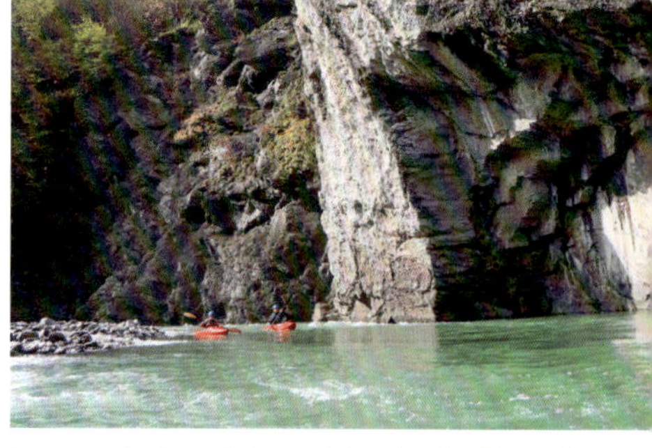

Immer wieder erheben sich schroffe Felswände am Ufer empor.

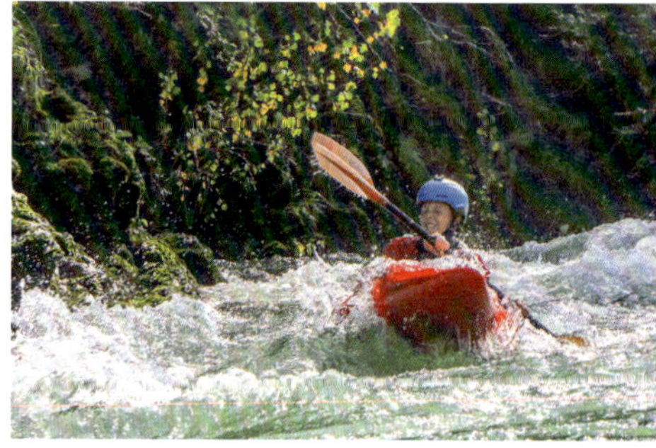

In langen Wellenzügen baut der Aveto sein Gefälle ab.

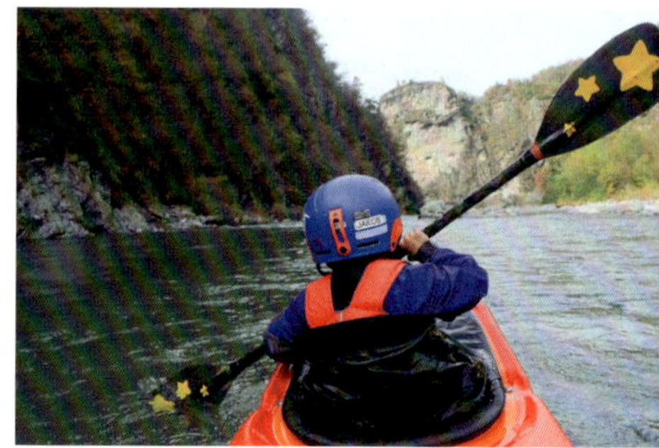

In einem der ruhigen Abschnitten zwischen den Schwällen.

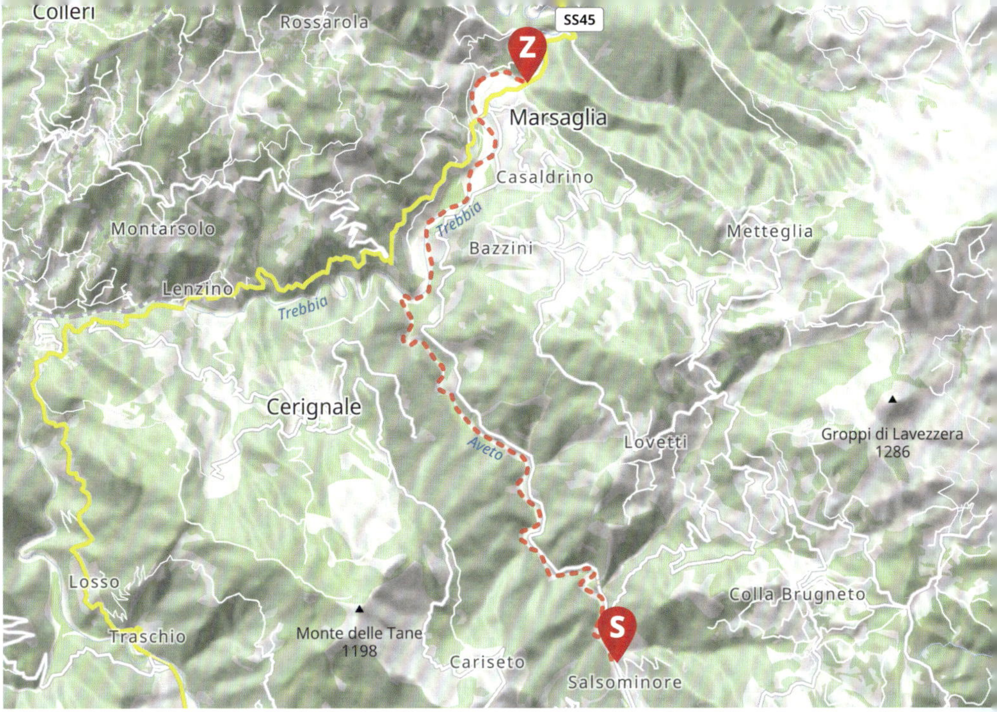

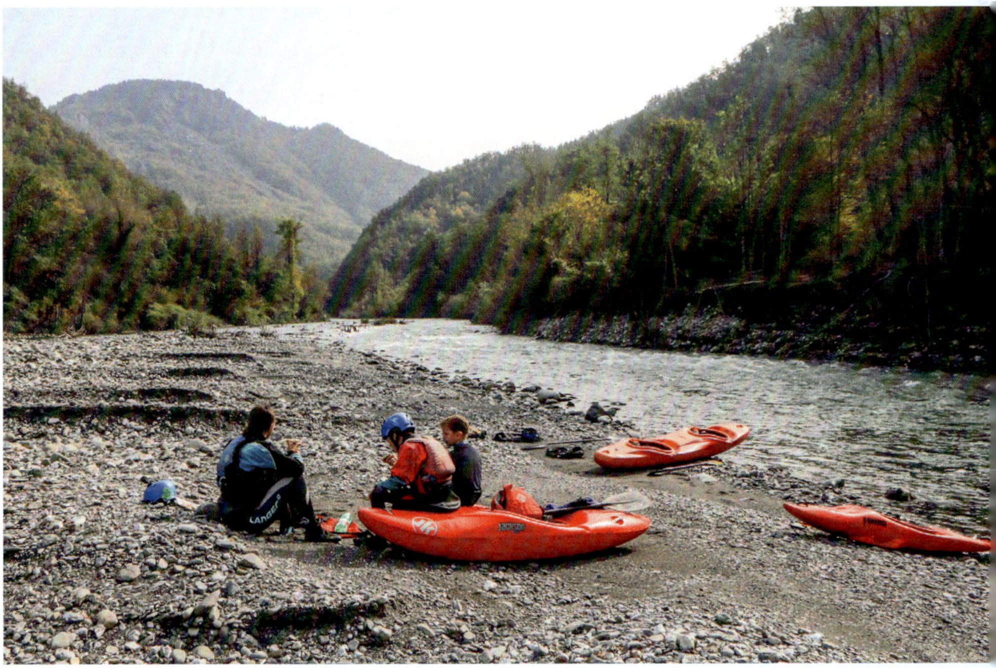

Hier gibt es so viele schöne Kiesbänke, warum also nicht mal eine Pause einlegen.

NORDOST-ITALIEN

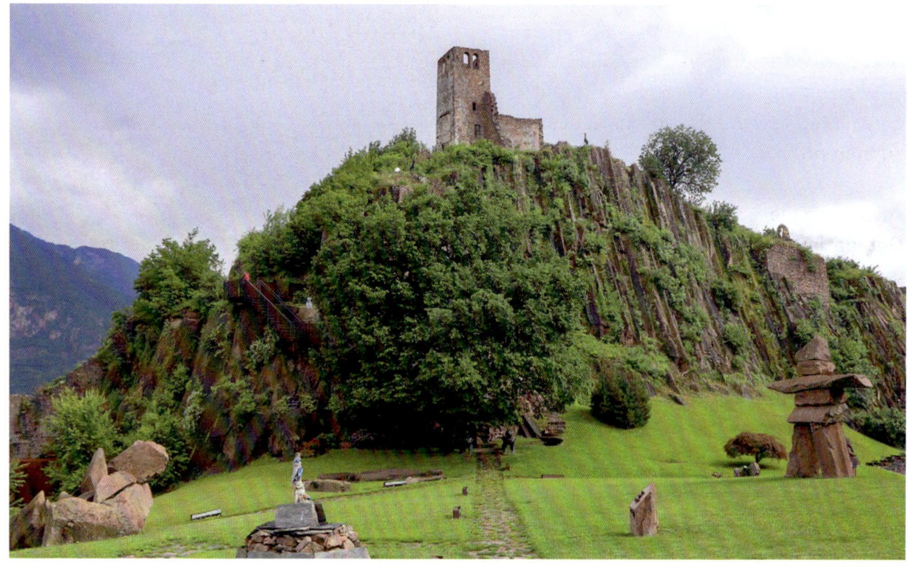

Die Region Nordost-Italien umfasst die Provinzen Südtirol und Venetien. Über den Brenner ist dieses Gebiet leicht zu erreichen, schneller kommt man wohl nirgendwo sonst auf die Südseite der Alpen. Die einzelnen Flüsse liegen alle etwas voneinander entfernt, dafür kann man sie sehr gut mit den schwereren Flüssen, sozusagen den Klassikern der Region, verbinden. Trotzdem bietet es sich hier an, beispielsweise mit dem Wohnmobil von Fluss zu Fluss zu reisen, um so in kurzer Zeit die unterschiedlichsten Wildbäche zu erleben. Denn Abwechslung ist hier wirklich garantiert, der Eisack bietet wuchtige Wellen, während die Piave etwas mehr Technik abverlangt. Auf Ahrnbach und Novella kommen Paddelneulinge schon voll auf ihre Kosten, wobei letztere der absolute Landschaftsknaller ist. Am besten verbringt man mindestens vier Tage bis eine Woche in der Region.

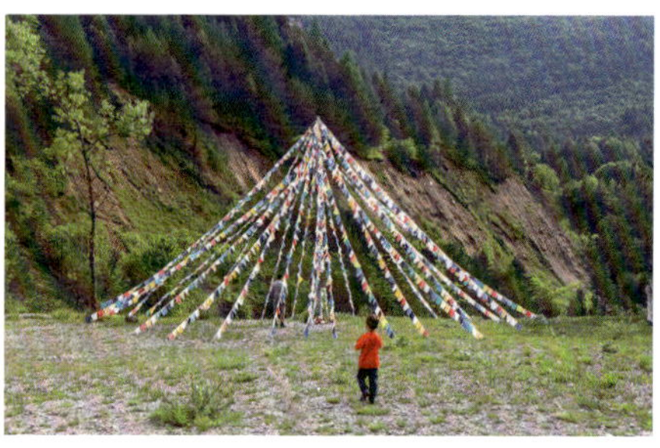

Beste Zeit mit Kindern:
Eisack und Novella haben fast das ganze Jahr über einen fahrbaren Wasserstand. Um alle Flüsse paddeln zu können, bereist man das Gebiet am besten zu den langen Wochenenden im Frühsommer, bzw. in den Pfingstferien, sofern es die im eigenen Bundesland gibt.

Besonderheiten:
Längere Fahrtzeiten zwischen den einzelnen Flüssen.

Standlager:
- Eisack und Novella: Camping Gretl am Kalterer See http://www.camping-gretl.it

► Piave: Campeggio Sarathei am Lago di Santa Croce https://www.sarathei.it

Ahrnbach: Camping Vahrner See bei Brixen http://camping-vahrner-see.com – gut gelegen, um den schweren Abschnitt des Eisacks zu fahren

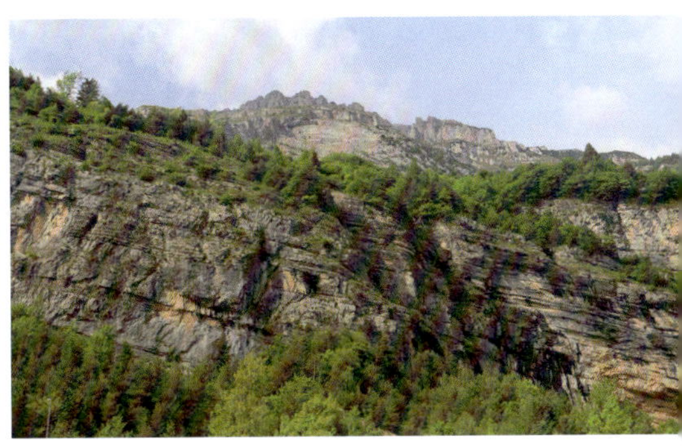

Ausflugsziele & Sehenswürdigkeiten:
Gerade im Eisacktal gibt es viel zu erleben. Ganz in der Nähe des Eisack-Ausstiegs gibt es zum Beispiel das Messner Mountain Museum, wobei für Kinder eher die Burg an sich und der Bereich über das Bergsteigen interessant ist und weniger das Spirituelle. Eine kurze Wanderung, auch mit ganz kleinen Kindern, kann man rund um die berühmten Erdpyramiden von Bozen machen. Weiter oben im Tal befindet sich mit der Franzensfeste ein riesiger Festungskomplex, den man schon von weitem von der Autobahn sieht. Für eine Besichtigung sollte man sich viel Zeit nehmen, es gibt einiges zu entdecken.

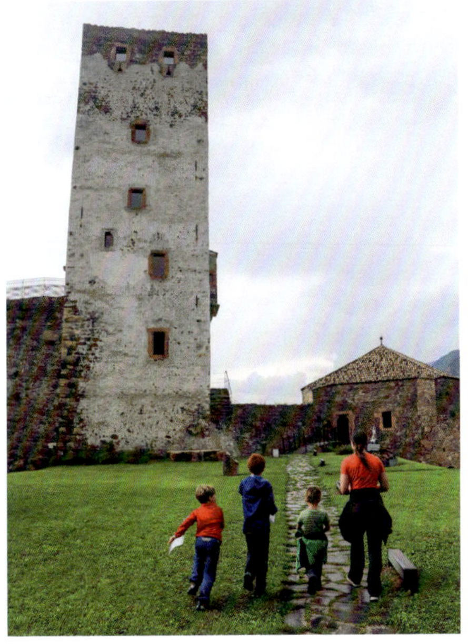

Wer nach dem Paddeln der Piave noch Zeit hat, sollte unbedingt einen Abstecher zum Diga del Vajont machen. Das ist eine Staumauer, an der sich 1963 ein Unglück ereignet hat. Damals ist ein Erdrutsch nachts in den Stausee gerutscht und eine riesige Flutwelle ist das Tal hinabgerauscht. Tausende Leute verstarben in den Fluten, die Staumauer blieb aber intakt und dient nun als Mahnmal.

Gastrotipp:
Eis essen gehen am Ausstieg des Ahrnbachs in der Zinta Bar (Gremsenstraße, 1a, 39031 Bruneck-St.Georgen)

Kombifluss:
Ahrnbach – Brücke vor Sand bis Mündung Reinbach (3 km, WW IV-V)

85 EISACK

Einstieg: Kardaun (46.4949, 11.3907)
Ausstieg: Mündung (46.4418, 11.3135)

FAHRSTRECKE: 11 KM | TECHNIK | KONDITION | LANDSCHAFT

Das Tal des Eisacks kennt wahrscheinlich jeder, der schon mal über den Brenner in Richtung Süden gefahren ist. Als eine der Hauptverkehrsachsen über die Alpen, ist das Tal ziemlich verbaut. Leider hat die Verbauung auch vorm Fluss nicht Halt gemacht und so sind die Ufer des Eisacks im Unterlauf ziemlich eingefasst. Sportlich lohnt sich der Abschnitt mit Kindern aber dennoch.

Das Flussbett ist offen und es gibt unzählige Schwälle mit tollen Wellen. Zu Beginn WW II muss man immer wieder auf kleine Walzen aufpassen, die sich hinter den Wellen verstecken können. Es gibt aber überall genug Platz, um ihnen auszuweichen. Die schwierigste Stelle der Tour befindet sich unter der Straßenbrücke in Bozen (direkt hinter der Eisenbahnbrücke). Hier gibt es in der linken Durchfahrt eine dicke Walze. Mit Kindern sollte man die rechte Durchfahrt nehmen und kann dann entweder weiter auf der rechten Seite kneifen oder in die Mitte paddeln, um die höchsten Wellen mitzunehmen. Je nach Wasserstand ist diese Stelle schon WW III, sie kann aber auch problemlos im Päckchen bezwungen werden (ein Umtragen ist wegen eingemauerter Ufer nicht möglich).
Nach der Ortsdurchfahrt folgen noch ein paar künstlich angelegte Steinriegel, die meist nur über den halben Fluss reichen. Hier können sich entweder Wellen oder Walzen bilden, die gerade erfahrenen Kindern sehr viel Spaß bereiten werden. Auf den letzten Kilometern nehmen die Schwierigkeiten nach und nach ab, die gute Strömung bleibt aber bis zum Ausstieg erhalten.
Die Parksituation am Ausstieg ist etwas schwierig und nicht für große Gruppen geeignet, aber bisher haben wir noch keine bessere Alternative gefunden.

Um die 150 m³/s in Bozen Süd sind ein schöner Wasserstand

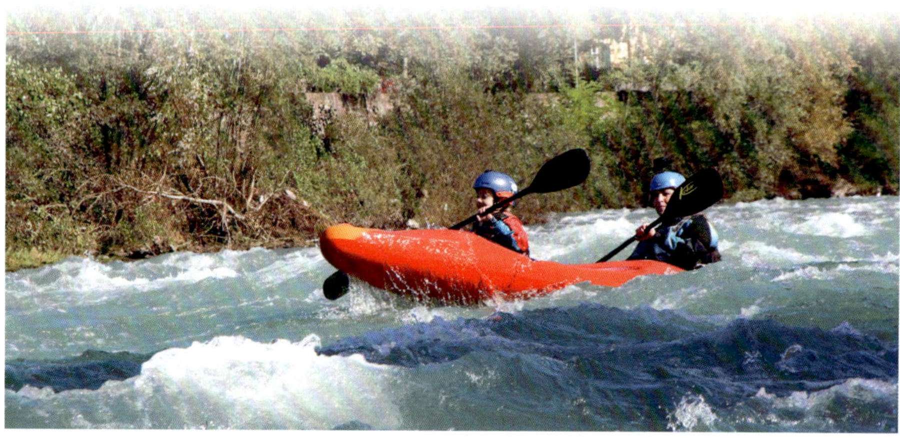

Jede Menge Wellen sorgen für jede Menge Action.

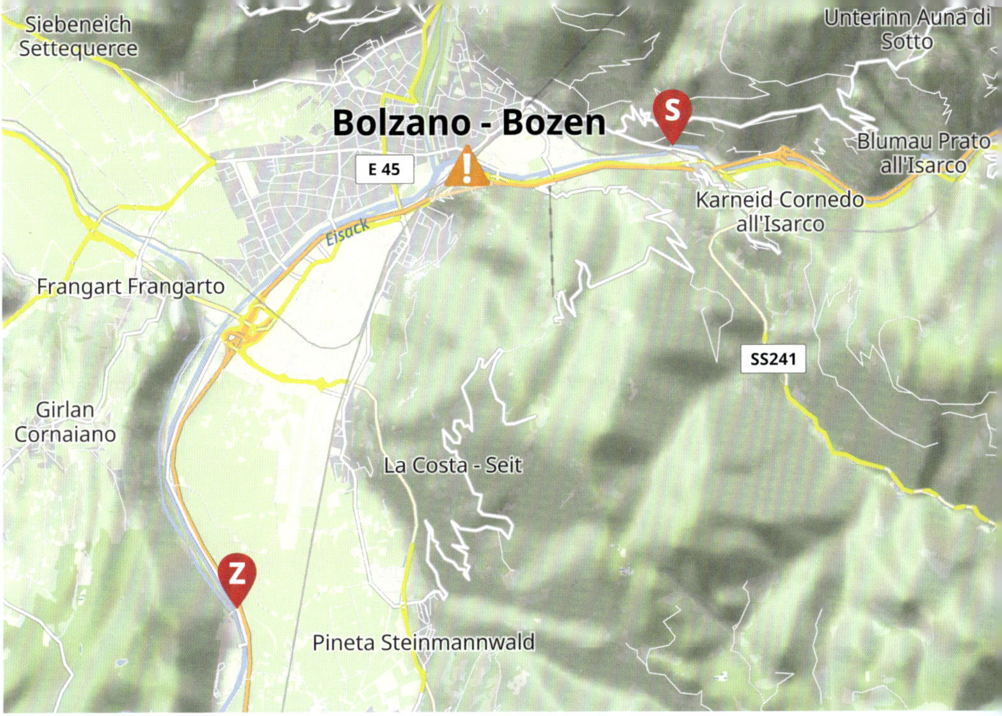

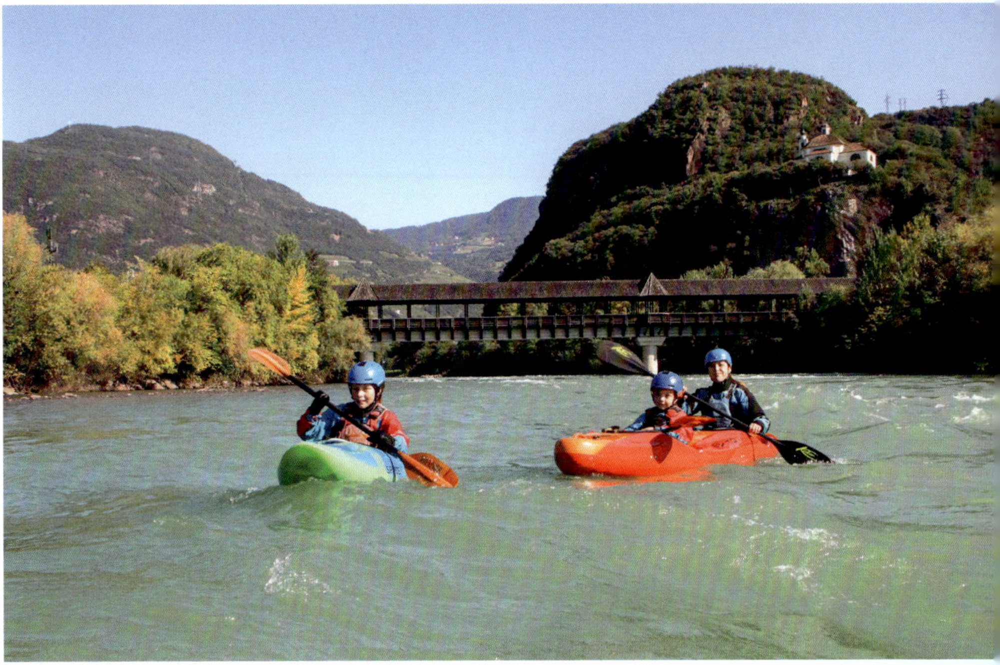

Diese Tour ist auch im Herbst noch ein Genuss.

86 AHRNBACH

Einstieg: Mündung Reinbach (46.912789, 11.964625) **Ausstieg:** Fußballplatz St. Georgen (46.811378, 11.933785)

FAHRSTRECKE: 14 KM | TECHNIK | KONDITION | LANDSCHAFT

Der Ahrnbach, auf italienisch wohlklingend Torrente Aurino, stürzt vor der Ortschaft Sand in Taufers über eine extreme Steilzone das Tal hinab. Doch schon kurz darauf beruhigt sich der Fluss so weit, dass kleine WW-Aspiranten ihre Boote zu Wasser lassen können.

Die flotte Strömung trägt einen direkt fort und lange Wellenzüge lassen viel Freude aufkommen. Bei moderaten Schwierigkeiten mit ruhigen Abschnitten dazwischen können selbst kleinere Kinder im Einer auf ihre Kosten kommen. Eine Stelle bei Uttenheim hinter dem ersten Wehr ist etwas wuchtiger (WW II+). Ansonsten liegen die Schwierigkeiten eher bei WW I.

Apropos Wehre. Auf der gesamten Strecke gibt es zwei Wehre. Während das erste, ein Schrägwehr, auch für Kinder leicht auf der linken Seite zu befahren ist, sollte das zweite kurz vor St. Georgen dringend auf der linken Seite umtragen werden. Die Umtrage ist etwas schwierig und der Ausstieg sollte rechtzeitig gewählt werden. Am besten schaut man sich die Situation beim Hochfahren kurz an (das Wehr liegt direkt an der Straße).

Während sich der Nachwuchs auf dem Wasser voll austobt, hat man zwischendurch etwas Zeit, die Landschaft zu genießen. Hohe Berge flankieren das Tal, im Frühjahr glitzert einem von den Bergspitzen noch Schnee entgegen und der Fluss schimmert türkisblau. Was will man mehr.

6 m³/s in Steinhaus (Mai-Oktober)

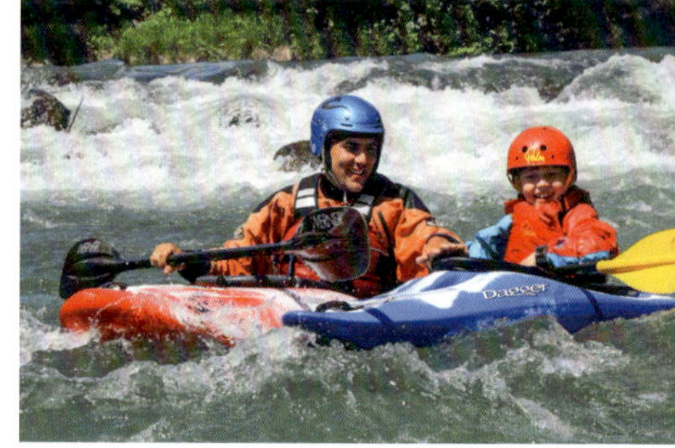

Das erste Wehr kann auch gut im Päckchen befahren werden.

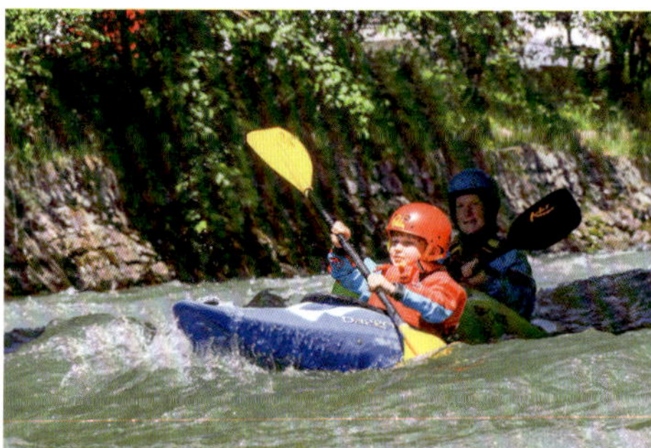

Die flotte Strömung macht besonders viel Spaß.

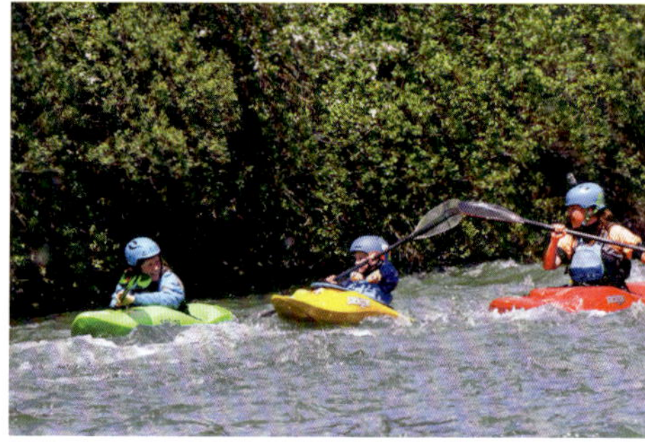

Auch WW-Anfänger können sich hier ein wenig ausprobieren.

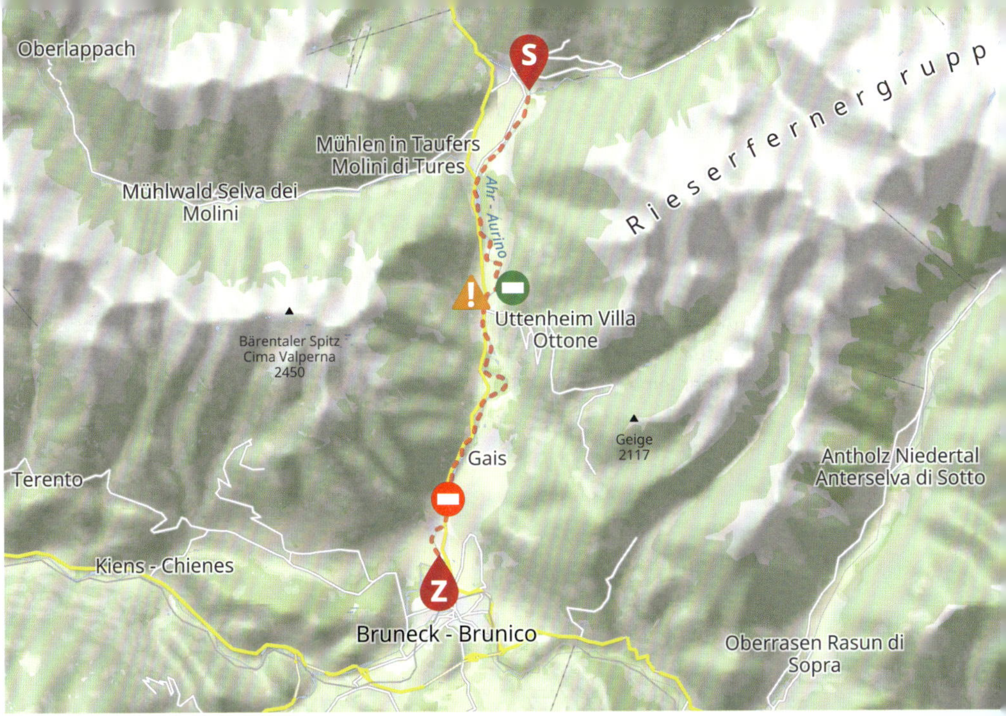

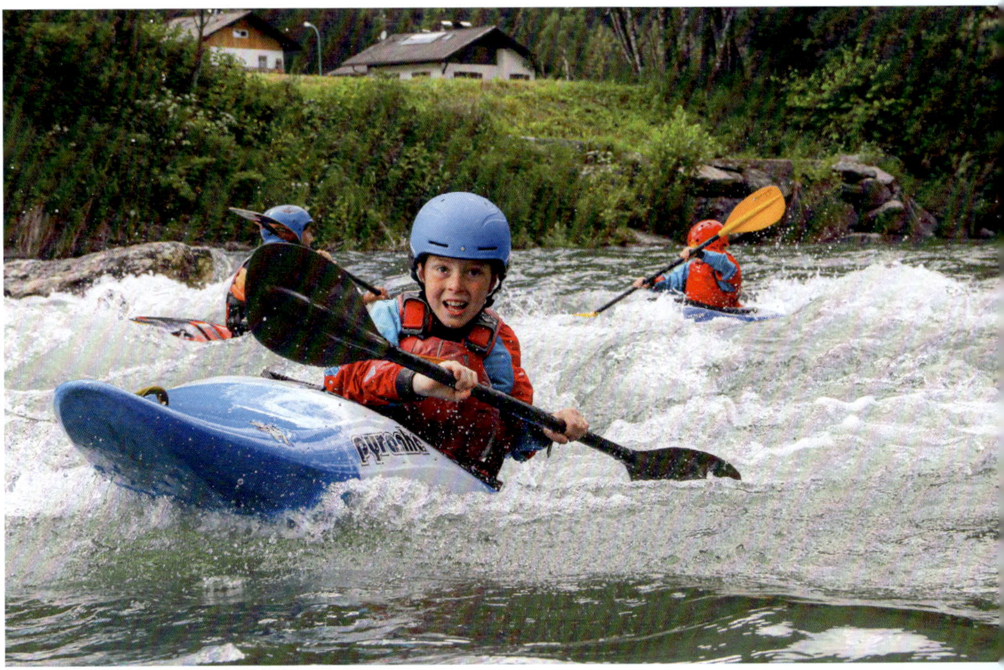

An einigen Stellen kann man auch ein paar schöne Kehrwässer ansteuern.

87 PIAVE

Einstieg: Perarolo (46.394220, 12.356264)
Ausstieg: Longarone (46.276773, 12.304735)

FAHRSTRECKE: 15 KM | TECHNIK | KONDITION | LANDSCHAFT

Die Piave windet sich auf diesem Abschnitt zwischen hohen Bergen entlang und immer wieder ragen steile Felswände am Flussufer hinauf. Zu Beginn geht es dabei etwas wilder zu. Bei leichter Verblockung muss hier an einigen Stellen die richtige Durchfahrt getroffen werden (bis WW II). Nach und nach wird es immer leichter und es gibt unzählige tolle Kiesbankschwälle. Die Kiesbänke bieten sich an, um zwischendurch mal eine ausgiebige Pause mit den kleinen Mitpaddlern einzulegen.

Bei unserer Befahrung im Mai 2018 tauchte mittendrin auf einmal eine Röhrenbrücke auf, ob sie noch da ist, wissen wir nicht. Man sollte aber immer die Augen offen halten (anscheinend lieben Italiener Röhrenbrücken, also immer schön vorsichtig bleiben!)

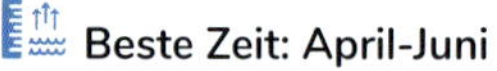

Beste Zeit: April-Juni

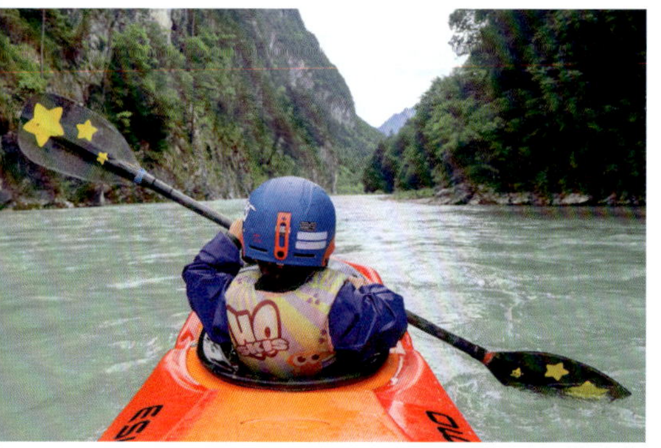

In den Zwischenstücken geht es bei guter Strömung hinab.

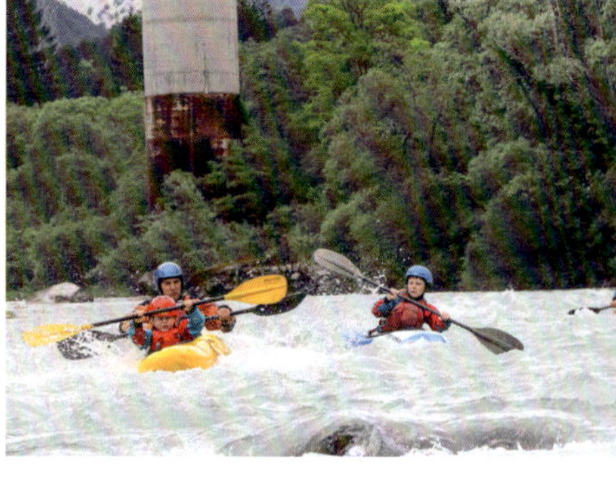

Bei leichter Verblockung muss man immer den richtigen Weg finden.

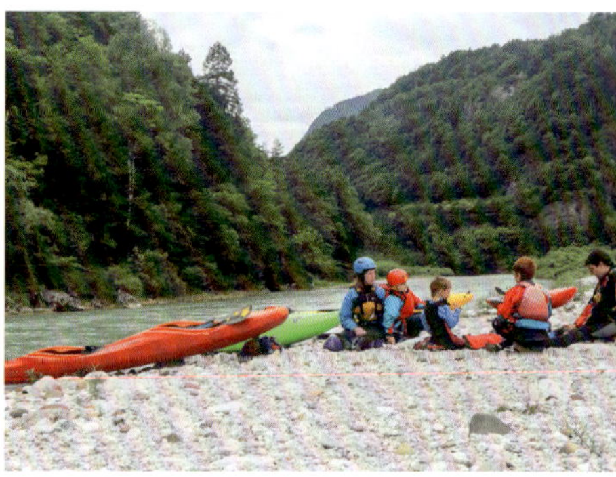

Bei der langen Strecke kann man zwischendurch auch mal gut eine Pause machen.

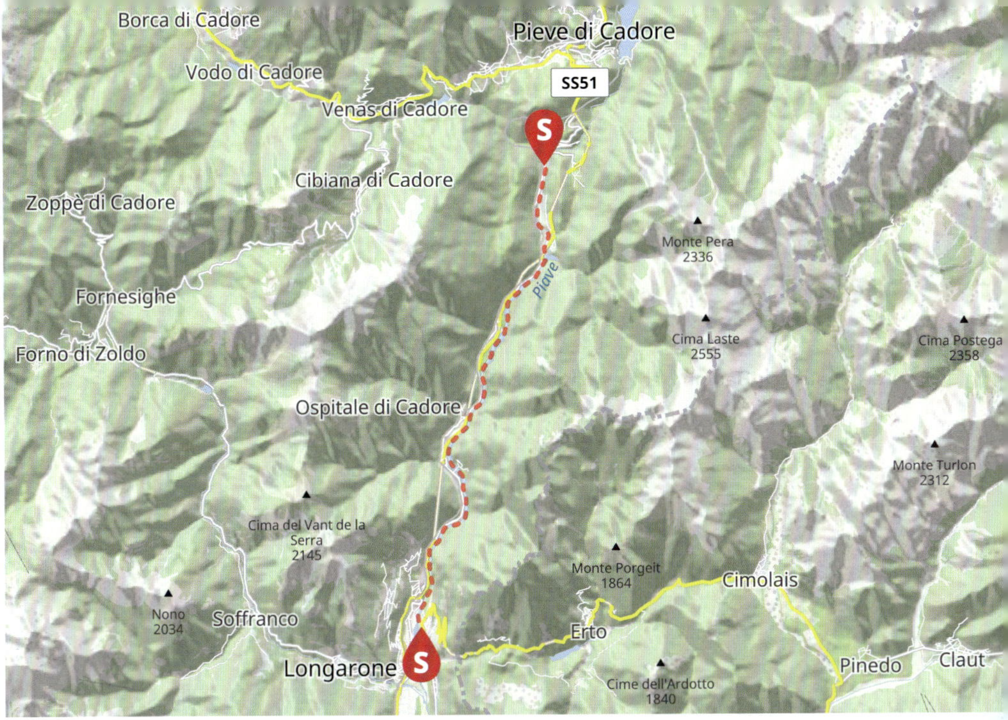

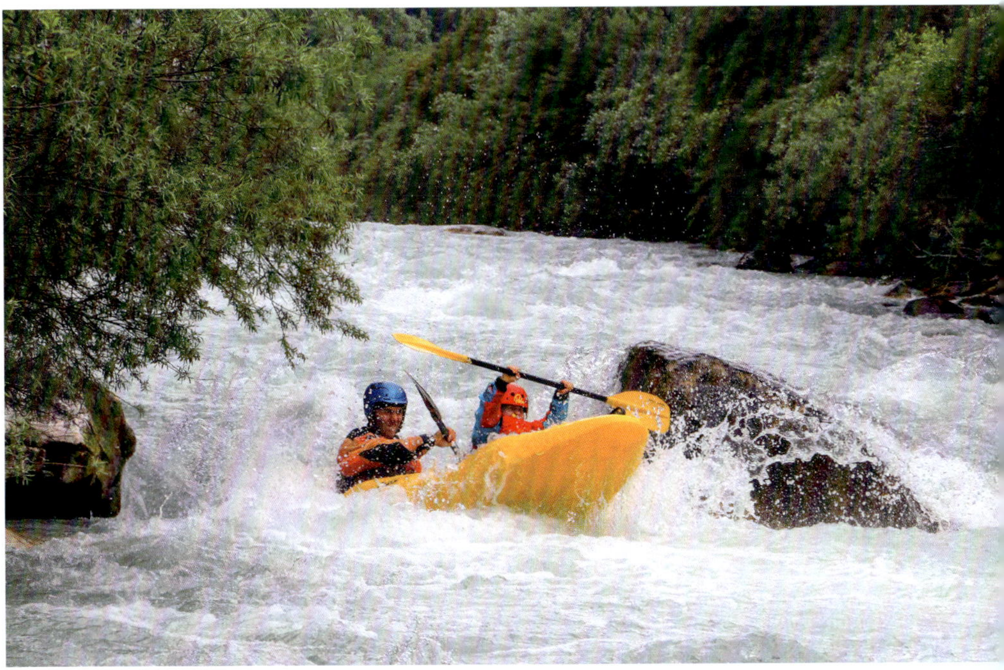

Die ersten Stellen sind etwas wilder.

88 NOVELLA

Einstieg: Banco (46.372364, 11.058403)
Ausstieg: s. Einstieg (Rundkurs)

FAHRSTRECKE: 7,5 KM | TECHNIK | KONDITION | LANDSCHAFT

Der Unterlauf auf der Novella ist zwar absolut kein Wildwasser, aber die grandiose und einzigartige Landschaft ist der Grund für eine Erwähnung in diesem Flussführer. Man bootet auf dem Stausee Santa Giustina auf dem Noce ein und nach 1,5 km langweiligem Flachwasserpaddeln (immer schön rechts halten), taucht man in eine ganz andere Welt ein.

Die Novella hat sich hier in teilweise nur bootsbreite Klammen eingeschnitten, die aussehen, als würden sie oben wieder zusammenwachsen. Gleich dreimal verengt sich der Flusslauf und eine Klamm ist schöner als die andere. Teilweise wird es stockdunkel in den Klammen, eine gehörige Portion Mut muss das Paddelkind also mitbringen, damit die Tour ein Erfolg wird. Auch wenn die Strecke nicht lang ist, sollte man viel Zeit einplanen, da jeder Winkel erforscht und jede seltsame Felsformation bestaunt werden will. Paddeln kann man übrigens bis die Strömung in der dritten Klamm zu stark wird und man den Rücktritt antreten muss.

Ganzjährig fahrbar

Packe eine wasserdichte Taschenlampe ein, es wird zwischendurch richtig dunkel.

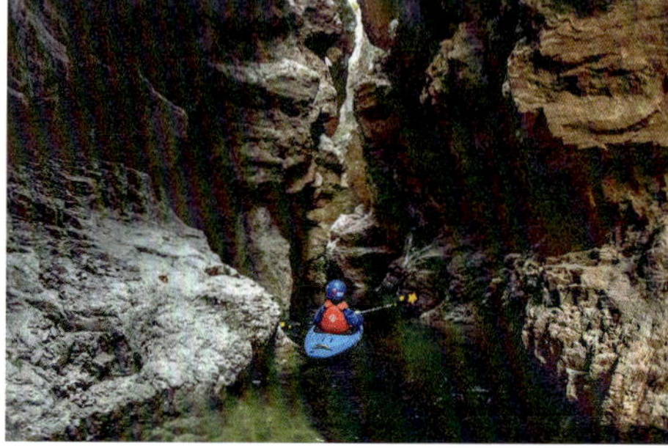

An einigen Stellen wird es ganz schön eng und dunkel.

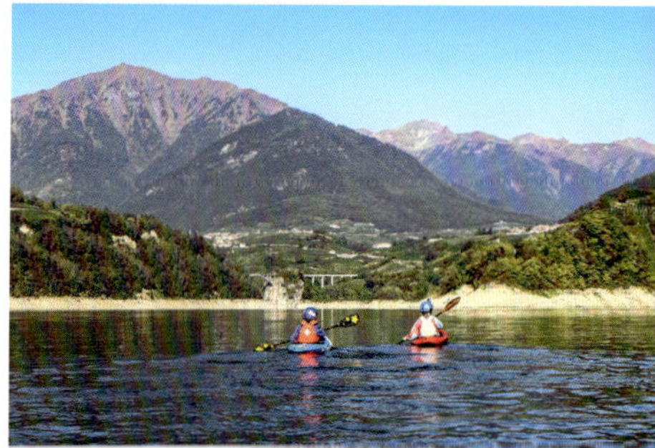

Das Paddeln über den Stausee dürfte für Kinder nicht ganz so spannend sein, bietet aber schon schöne Ausblicke.

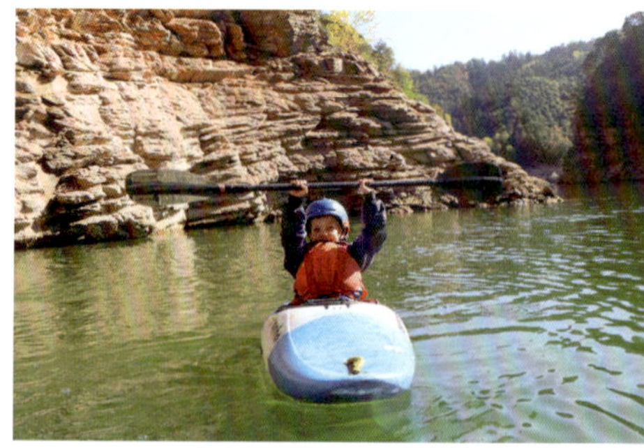

Die Vorfreude ist riesig, gleich beginnt das „Klamm-Abenteuer“.

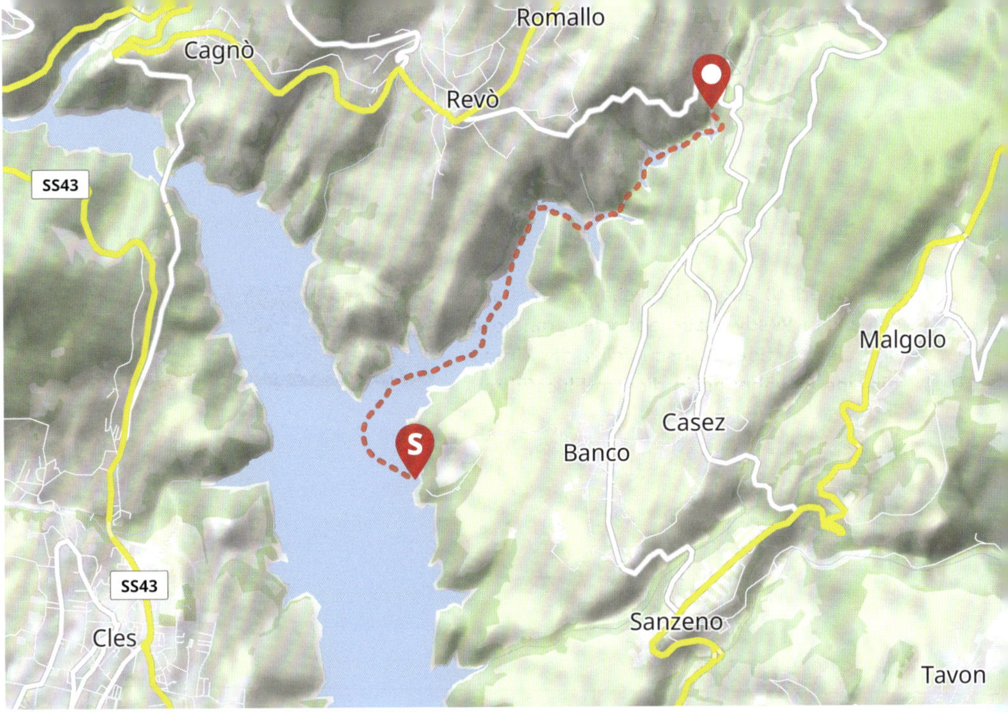

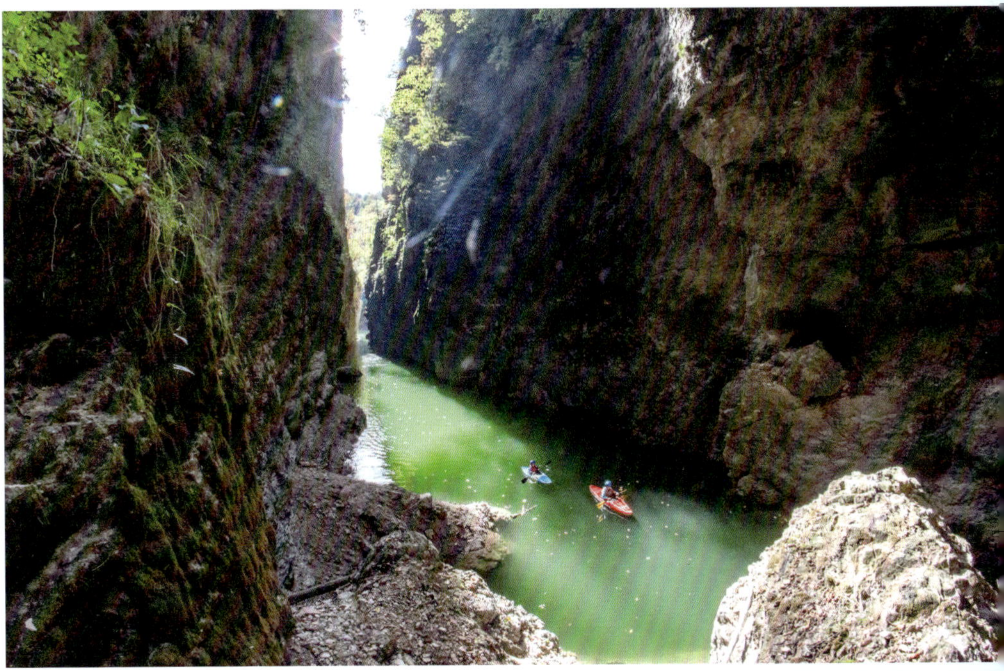

Solche Landschaften kann man so nur als Paddler erleben.

SÜDITALIEN

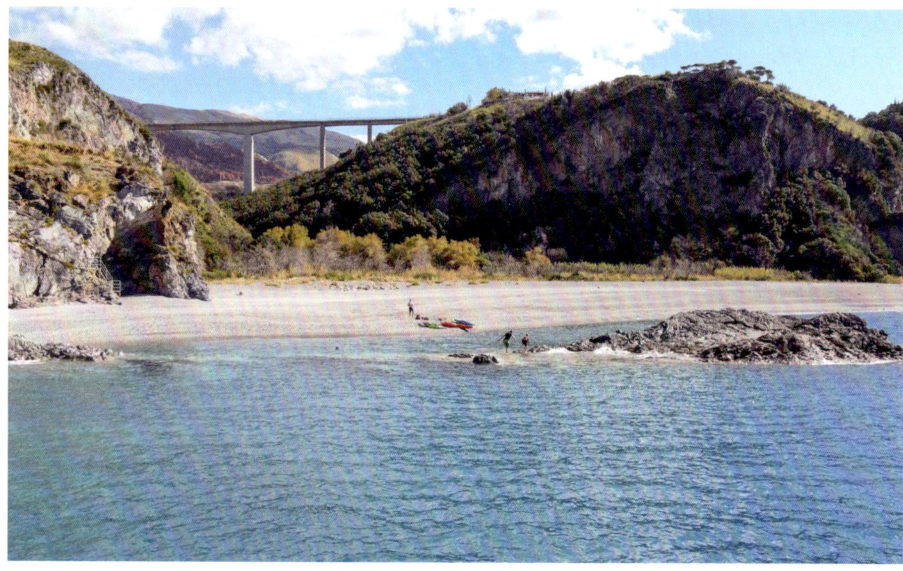

Zugegeben, die Anfahrt bis in den Süden Italiens ist schon relativ lang, aber der Aufwand lohnt sich! Wer das lange Auto fahren mit den Kindern scheut, kann übrigens auch nach Neapel fliegen und dann mit einem Mietwagen die Gegend erkunden.

Die Region mit den südlichen Ausläufern der Apenninen ist die perfekte Mischung aus Meer und Bergen mit einer landschaftlichen Schönheit, die ihresgleichen sucht. Besonders reizvoll ist das Gebiet für alle Familien, die ein wenig Abenteuer suchen. Man ist außerhalb der Saison unterwegs und touristisch liegt alles im Dornröschenschlaf, Campingplätze haben geschlossen und die Strände hat man oft ganz für sich allein, außerdem sind viele Flussabschnitte weit abgelegen von den schmalen Bergstraßen.

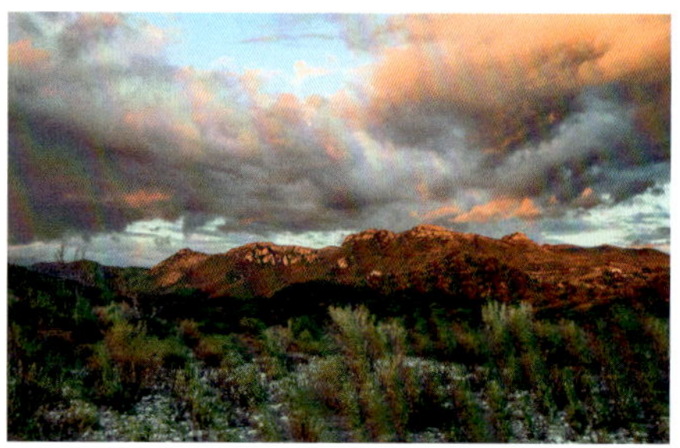

Nicht nur auf Grund der Anfahrt sollte man für dieses Gebiet zwei Wochen einplanen, es gibt viel zu entdecken!

Beste Zeit mit Kindern:
Am besten fährt man im Herbst in diese Region, das Meer ist noch warm und temporärer Regen sorgt für passende Pegel. Alternativ kann man auch zu Ostern (wenn früh im Jahr) nach Süditalien fahren, gute Wasserstände sind dann ebenso vorhanden, Baden im Meer ist dann aber noch zu kalt.

Besonderheiten:
Eins der landschaftlich abwechslungsreichsten Gebiete.

Standlager:
Die Campingplätze der Region sind im Herbst allesamt geschlossen. Mit meiner Familie habe ich wild am Fluss geschlafen. Für alle Nachahmer, bitte hinterlasst alles so, wie ihr es vorgefunden habt.

Mögliche Wilde Campingplätze:

- Am Tanagro (40.6254, 15.2198)
- Am unteren Lao (39.7937, 15.86)
- Laoschluchten (39.9109, 15.9251)

Alternativ kann man vorab bei LaoRiverRafting https://www.raftingexplorerlao.it anfragen. In den Sommermonaten kann man dort campen, vielleicht öffnen sie auf Anfrage auch im Herbst.

Ausflugsziele & Sehenswürdigkeiten:
Ein Muss mit Kindern ist ein Strandtag. Je nach Vorliebe bieten sich zwei Strände an. An der Mündung des Noce Lucano befindet sich ein weiter Sandstrand, der zum Sandburgen bauen einlädt. In Praia a Mare (wo auch der Mittelmeer-Rundkurs los geht) gibt es ‚nur' einen Kiesstrand, dafür aber viele Felsen zum Klettern und schöne Schnorchelstellen.

Typisch für die Region sind auch die verschiedenen Höhlen. Die Grotta di Pertosa am Einstieg des Tanagros ist von innen sehr schön beleuchtet und es gibt sogar einen unterirdischen Wasserfall. Am Lao lockt die Grotta del Romito mit ihren prähistorischen Ritzzeichnungen.

Gastrotipp:
Riesenpizzen zum Mitnehmen gibt es in der Pizzeria O'panuozzo Caliendo in Contursi Terme (SP10a, 66, 84024 Contursi Terme)

Kombifluss:
Noce Lucano – Brücke nach Lauria bis Kraftwerk Castrocucco (7 km, WW III-IV abnehmend)

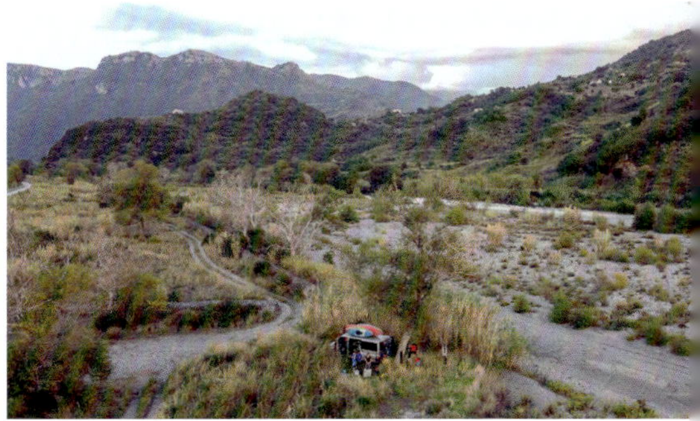

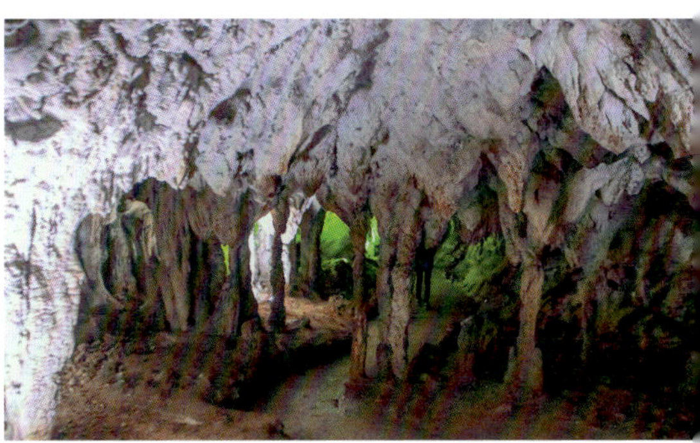

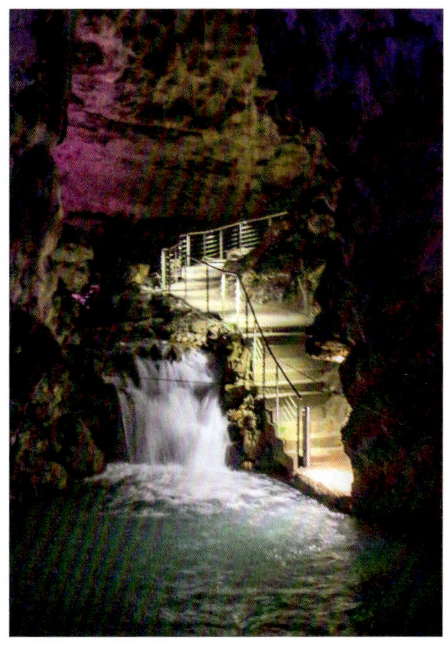

89 TANAGRO

Einstieg: Raftingcenter Pertosa (40.538547, 15.453456) **Ausstieg:** Brücke Auletta (40.552050, 15.429145)

FAHRSTRECKE: 4 KM | TECHNIK | KONDITION | LANDSCHAFT

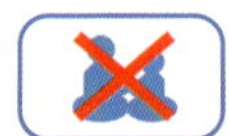

Der Tanagro fließt auf weiten Strecken durch ein nur spärlich besiedeltes Tal. Das merkt man auch auf dem Fluss. Diese kurze Strecke führt durch eine Art einsame Waldschlucht, zahlreiche Feigenbäume säumen das Ufer.

Es gibt immer wieder kurze verblockte Stellen mit kleinen Stüfchen (WW I-II). Für den Nachwuchs ideal, um sich mal am vorfahren zu probieren und super zum Trainieren und Kehrwasser reinspringen zu üben. Zwischendurch gibt es immer wieder ruhige Fließstrecken. Am Ende der Tour unter der Brücke in Auletta gibt es ein sehr steiles Schrägwehr mit einer dicken Walze. Am besten steigen weniger versierte Paddelkinder vor dem Wehr aus. Da sich je nach Wasserstand dort ein gefährlicher Rücklauf bilden kann, muss das Wehr so oder so vor einer Befahrung besichtigt werden!

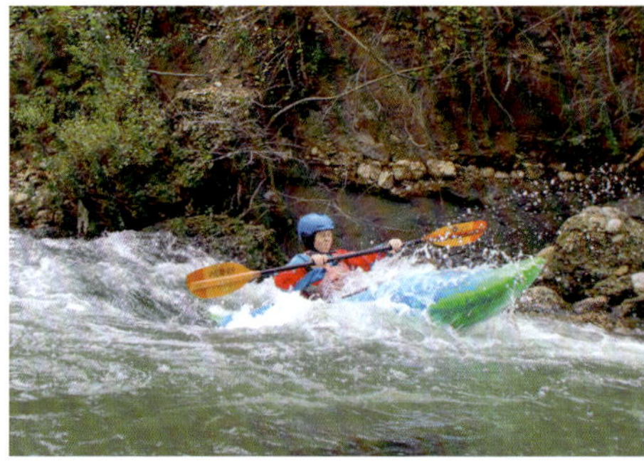

Mal geht es über Wellen,...

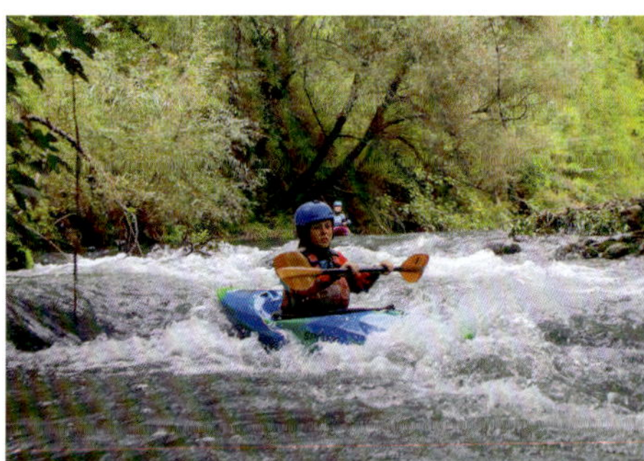

...mal über kleine Stufen abwärts.

Eine Weiterfahrt ist theoretisch möglich, die Schwierigkeiten liegen bei WW I-II, allerdings gibt es unzählige und teils gefährliche Baumhindernisse und die nächstmögliche Ausstiegsstelle befindet sich erst bei der nächsten Straßenbrücke am Bahnhof Sicignano (15 km von Auletta). Zwar gibt es noch eine kurze sehr sehenswerte Klamm, doch angesichts der vielen Bäume raten wir von einer Befahrung mit Kindern ab!

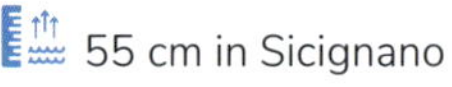

55 cm in Sicignano

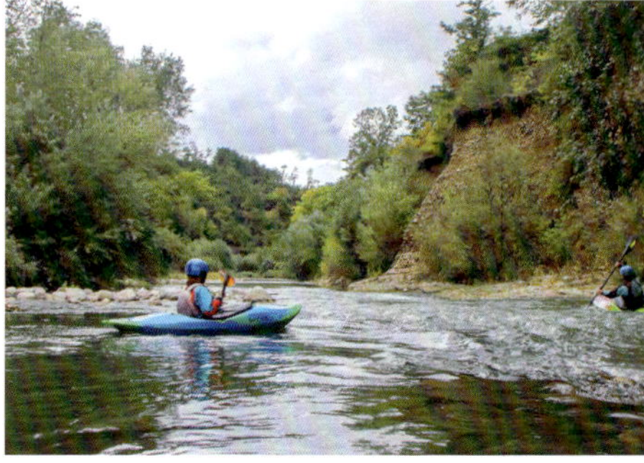

Obwohl man nicht weit entfernt von der Straße paddelt, wirkt das Tal sehr einsam.

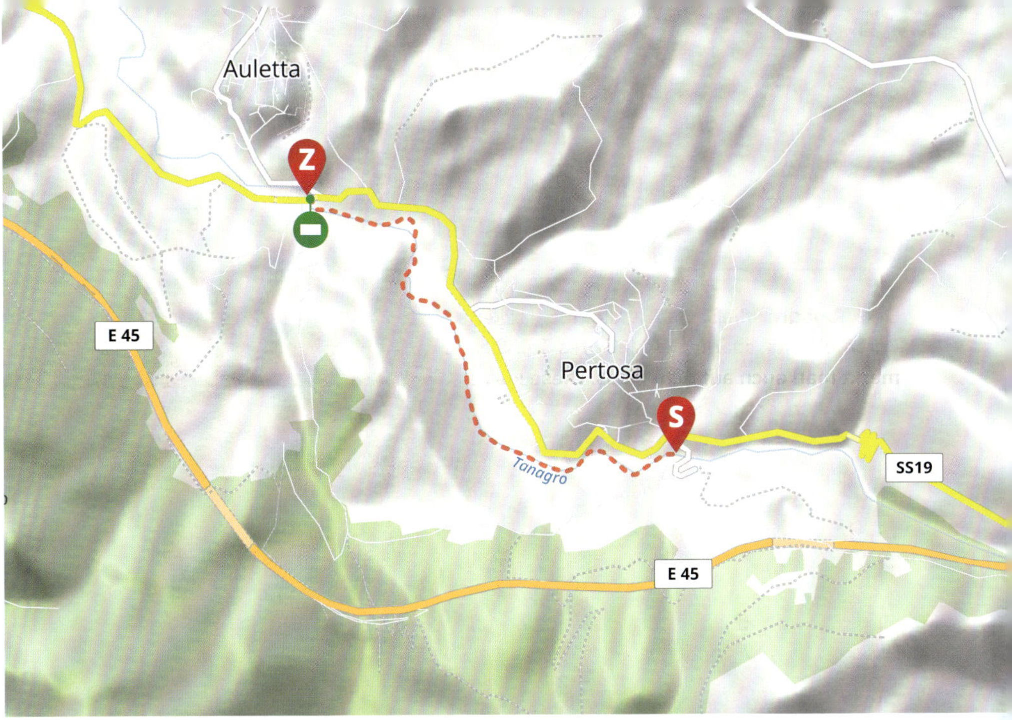

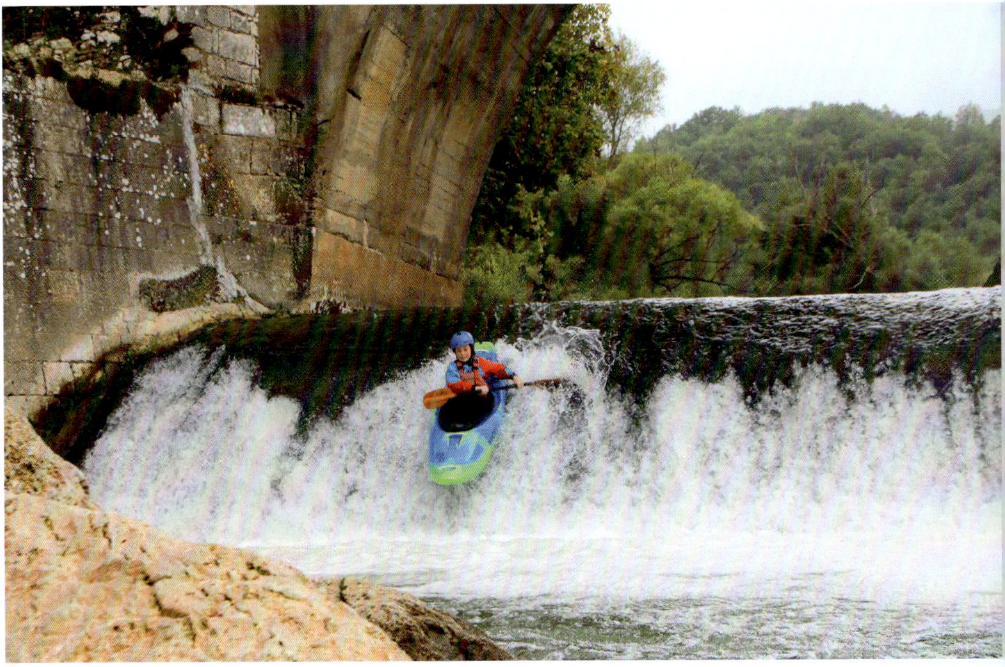

Das Wehr am Ausstieg ist nicht ganz einfach zu fahren.

90 NOCE LUCANO

Einstieg: Kraftwerk Castrocucco (39.988477, 15.807874) **Ausstieg:** Mündung (39.921366, 15.758789)

FAHRSTRECKE: 10 KM | TECHNIK | KONDITION | LANDSCHAFT

Einen Wildfluss bis ins Meer paddeln, so etwas gibt es nicht oft. Aber am Noce Lucano werden Träume wahr. Mit flotter Strömung im weiten Kiesbett geht es hier abwärts bis ins Mittelmeer. Die wildwassertechnischen Schwierigkeiten sind moderat und liegen maximal bei WW II. Manchmal kann es sein, dass Büsche oder (kurz vor der Mündung) Schilfrohre bis in den Fluss reichen. Dann ist höchste Vorsicht geboten. Eine weitere Schwierigkeit sind Betonblöcke, die im Flussbett liegen. Bis auf einmal kann man diese aber immer umfahren oder zum Springen nutzen. Die Ausnahme bildet eine etwas unvermittelt auftauchende Rücklaufstufe (ca. 4 km nach dem Start), welche aber leicht auf der linken Seite umhoben werden kann.

Bei unserer Befahrung im Herbst 2020 war ein Wehr im Bau. Wir konnten die Stelle noch befahren, wie sie aber in Zukunft aussehen wird, sollte man beim Autoumsetzen abschätzen (die Straße führt immer in flussnähe entlang).

1,4 m in Castrocucco

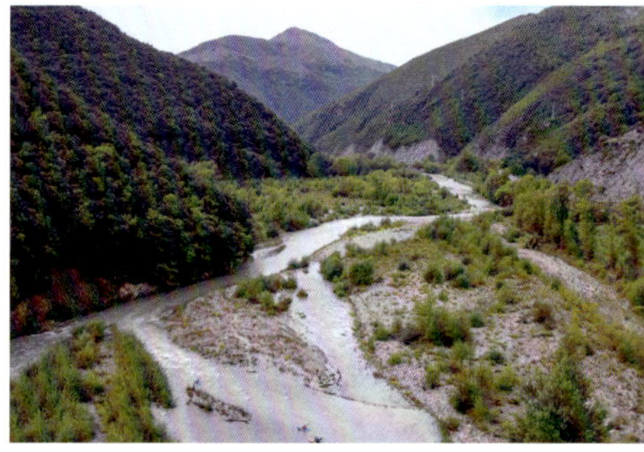

Kaum zu glauben, dass man hier nur wenige Kilometer vom Meer entfernt ist.

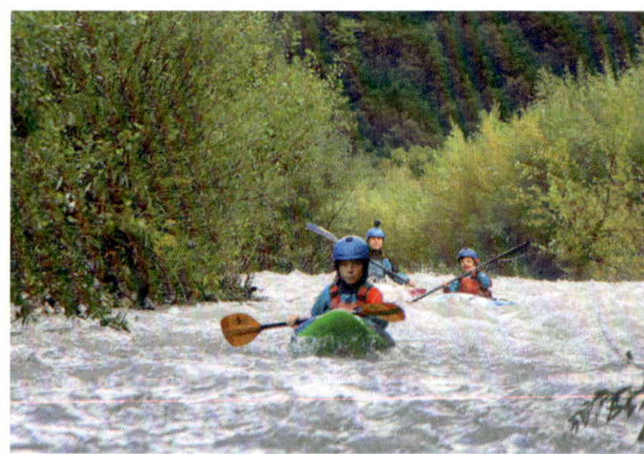

Teilweise sind die Ufer dicht bewachsen.

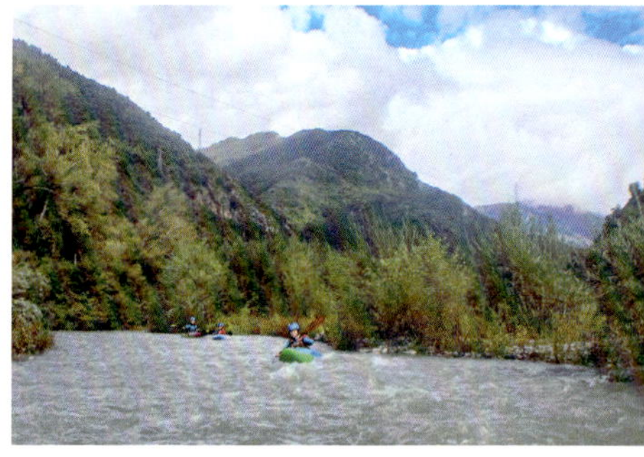

Richtig ruhige Abschnitte gibt es auf dem Noce Lucano kaum.

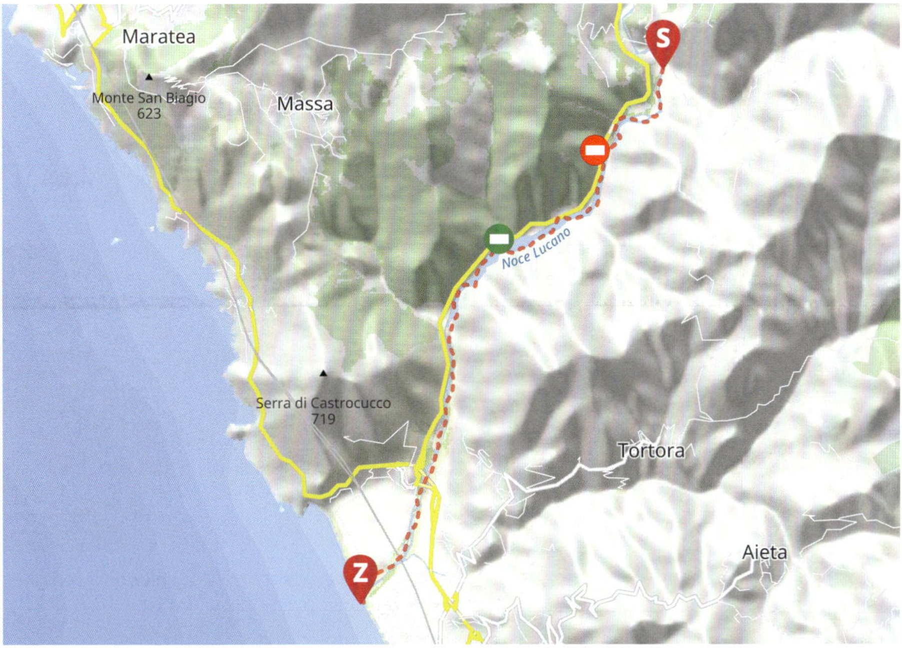

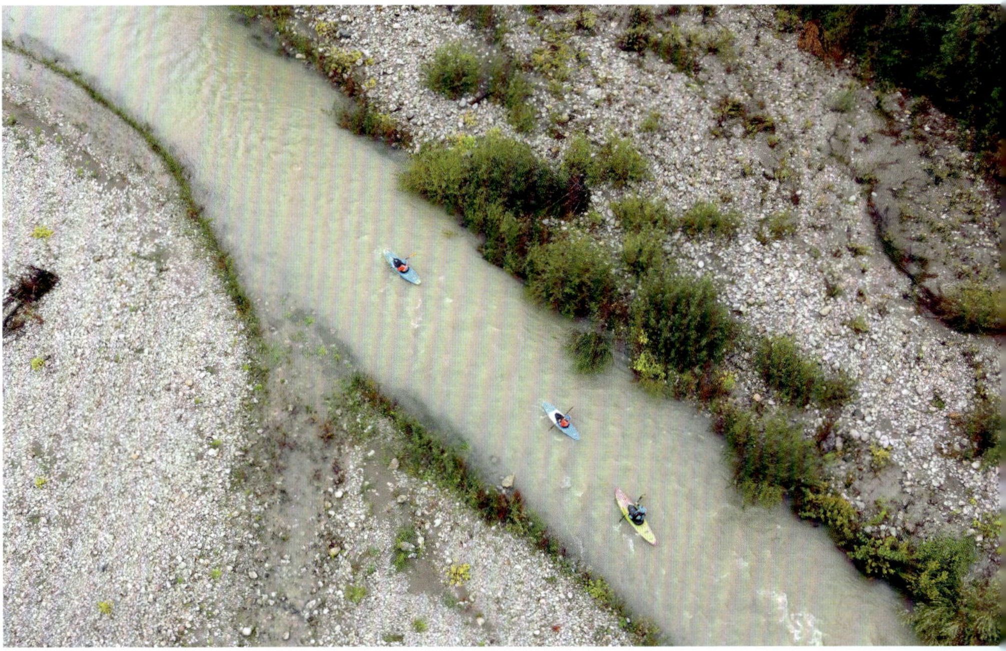

Über offene Kiesbankschwälle geht es flussab.

91 LAO - MITTLERE SCHLUCHT

Einstieg: Brücke bei Grotta del Romito (39.910979, 15.925106) **Ausstieg:** Papasidero (39.869658, 15.901075)

FAHRSTRECKE: 7 KM | TECHNIK | KONDITION | LANDSCHAFT

Der Lao ist wirklich ein Fluss der Extraklasse. Er fließt komplett abgeschieden, weit weg von irgendwelchen Straßen durch eine unglaublich vielseitige Schluchtenlandschaft. Los geht es mit einer offenen Waldschlucht, die sich nach und nach immer weiter verengt, bis es irgendwann durch enge Klammen geht. Von den Seiten stürzen immer wieder kleine Nebenbäche über Schleierfälle in das blau leuchtende Wasser des Laos.

Die wildwassertechnischen Schwierigkeiten liegen meist bei WW II. Es gibt unzählig viele Schwällchen mit mäßiger Verblockung und dem ein oder anderen Stüfchen. Zwischen den Stellen gibt es immer wieder ruhige Abschnitte und große Kehrwässer. Die Kernstelle dieses Abschnitts ist die ehemalige „Zwangspassage", früher – vor einem Erdbeben in der Region – eine Doppelstufe, geht es nun im Zickzack-Kurs aber ohne großes Gefälle hinab. Man erkennt diese Stelle an den Fixseilen, die vorher am linken Ufer auftauchen. Danach wird der Lao immer leichter, bis man den Ausstieg in Papasidero erreicht. Auch wenn es vom Wildwasser her auf dem Wasser nicht so schwierig ist, darf man bei diesem Abschnitt nicht die psychische Herausforderung vernachlässigen. Oft begrenzen hohe, steile Felswände die Ufer und ein Fahrtabbruch ist wegen der Abgeschiedenheit nicht möglich.

Anmerkung: Nur bei NW mit Kindern befahren (Pegel Laino Borgo bis ca. 60 cm)

40-60 cm in Laino Borgo

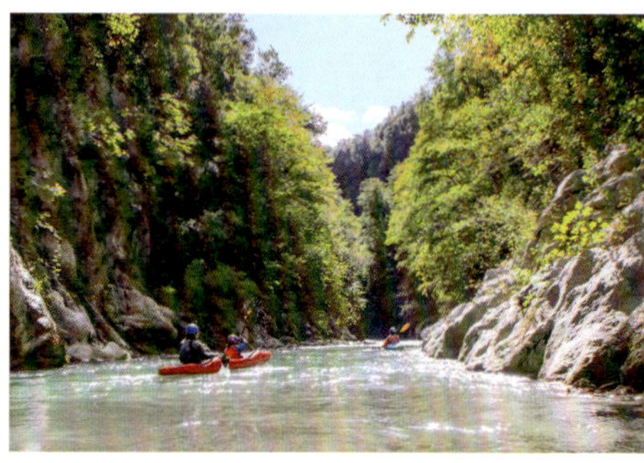

Hier paddelt man weitab von jeglichen Straßen.

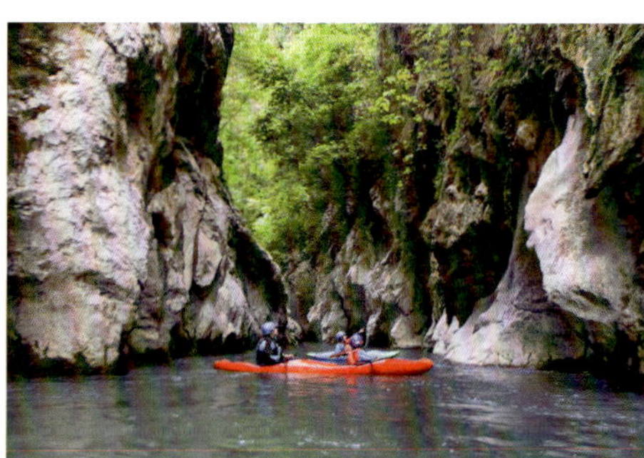

Ein landschaftliches Highlight jagt das nächste.

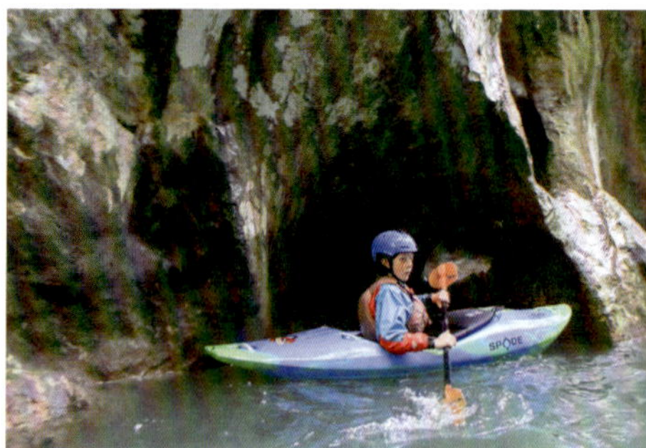

In manchen Ecken kann es ganz schön dunkel werden.

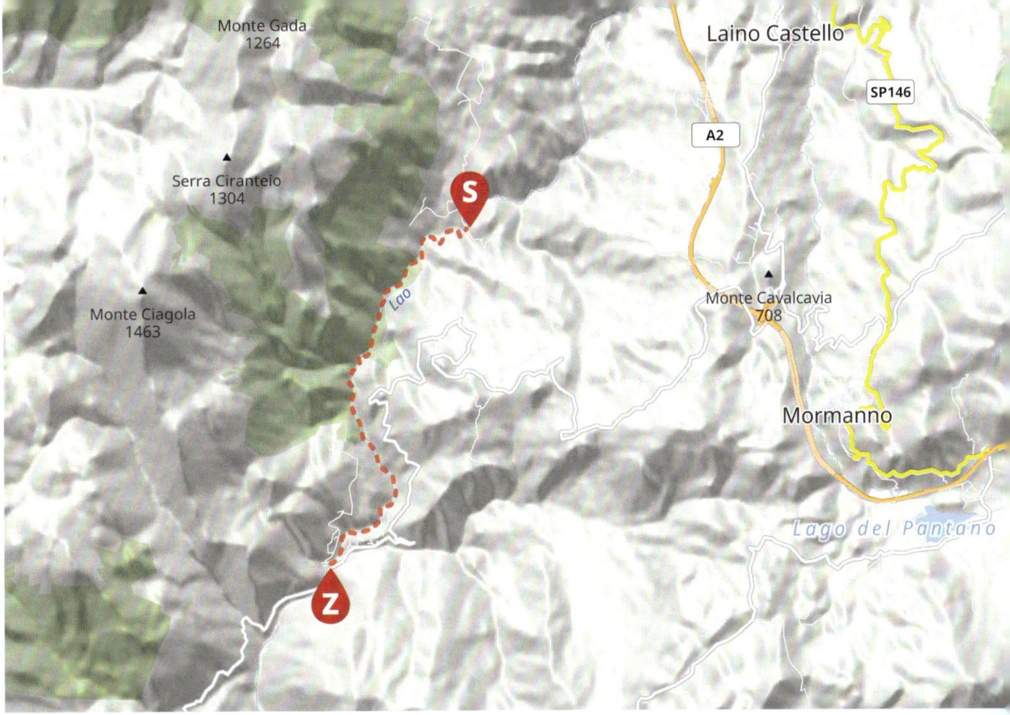

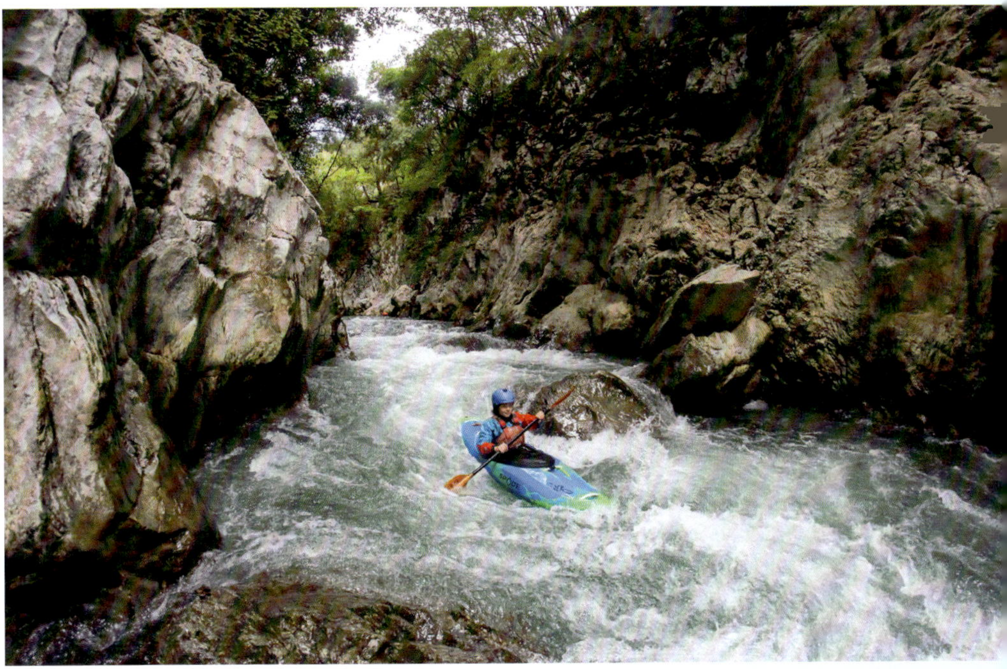

In der ehemaligen Zwangspassage.

92 LAO - WALDSCHLUCHT

Einstieg: Papasidero (39.869658, 15.901075) **Ausstieg:** Brücke SP10 (39.802077, 15.869178) oder ca. 1 km

FAHRSTRECKE: 11 KM | TECHNIK | KONDITION | LANDSCHAFT

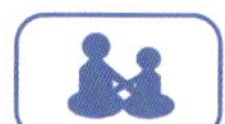

Der untere Abschnitt des Laos ist perfekt für Kinder, die noch nicht so viel Wildwassererfahrung haben. Was aber nicht heißt, dass dieses Teilstück langweilig ist. Es geht durch eine einsame, wunderschöne Waldschlucht mit haufenweise Kiesbankschwälle. Es wird nie schwerer als WW II, dafür hat fast jede Stelle lange Wellenzüge.

Eine Stelle, auf Höhe eines Kraftwerks, ist etwas verblockter mit höherem Gefälle, ansonsten sind alle Stellen sehr übersichtlich, so dass sich auch WW-Neulinge mal als Vorfahrer probieren können.

Vor einer Befahrung sollte man sich die Ausstiegsstelle an der Brücke genau anschauen. Wir haben im Herbst 2020 keinen Weg durch das Schilfdickicht gefunden, aber das kann sich auch ändern. Das Wehr unter der Brücke kann man bei Niedrigwasser im linken Joch über die Wehrkrone mit etwas Kletterei umtragen. Ca. einen Kilometer später gibt es dann einen bequemen Ausstieg an einer Kiesbank ohne Schilfhindernisse.

40 cm in Laino Borgo

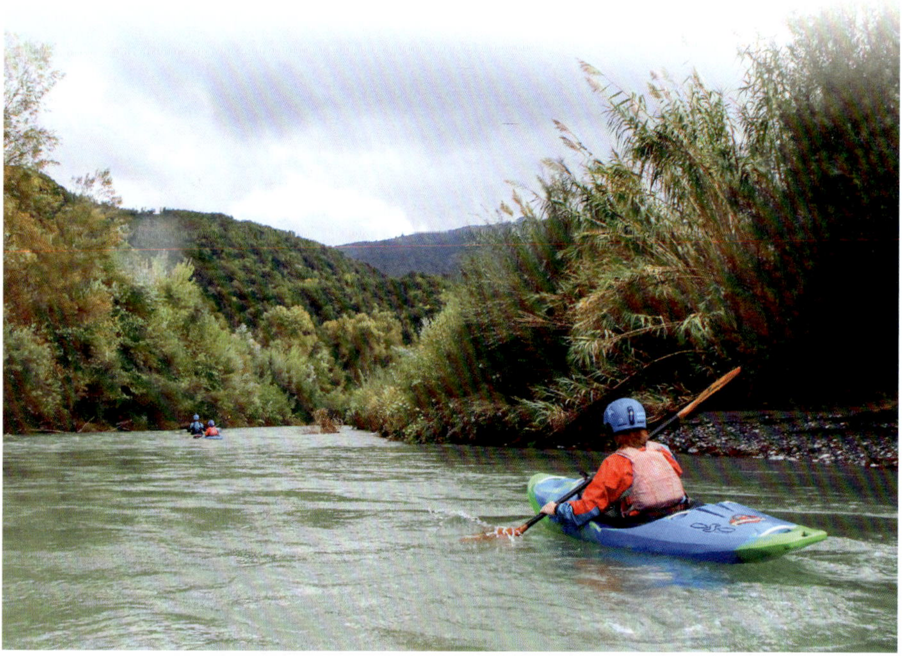

Schilfdickicht begrenzen besonders auf dem unteren Abschnitt die Ufer.

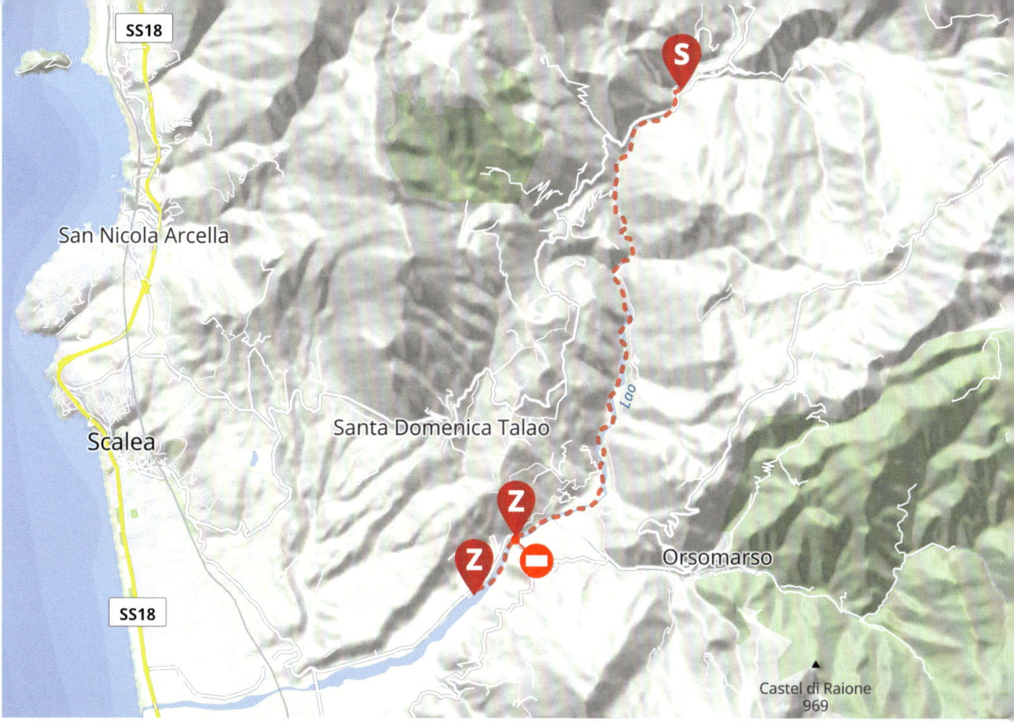

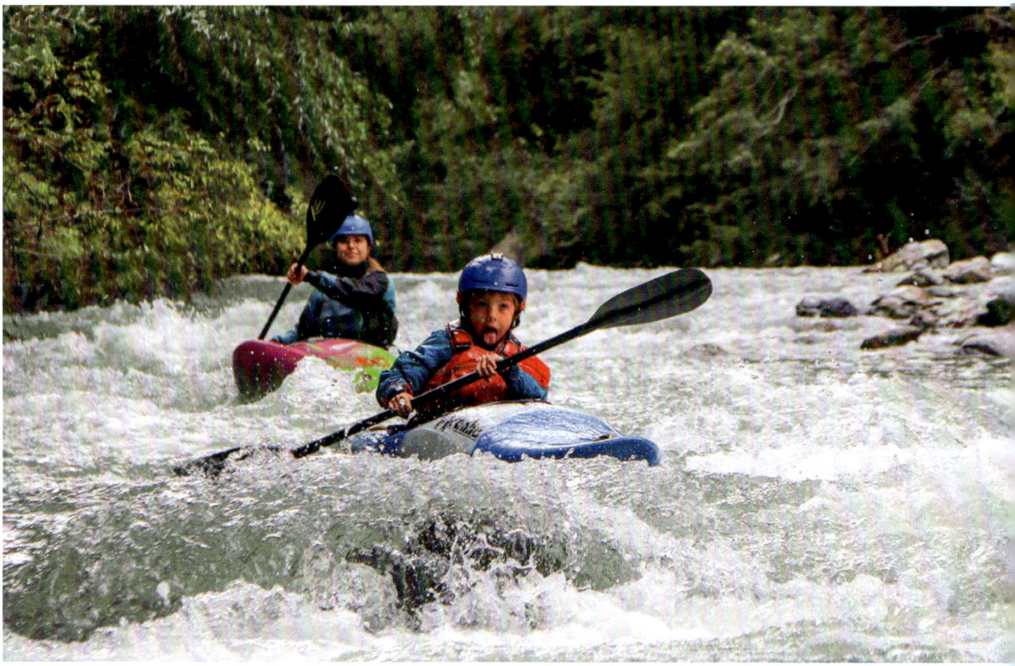

In der Waldschlucht gibt es viele spaßige Stellen.

93 OBERE LAOSCHLUCHT

Einstieg: Ortsende Laino Borgo (39.950231, 15.972984)
Ausstieg: ehemalige Brücke bei der Grotta del Romito (39.910979, 15.925106)

FAHRSTRECKE: 8 KM | TECHNIK ൭൭൭൭൭ | KONDITION ൭൭൭൭ | LANDSCHAFT ൭൭൭൭൭

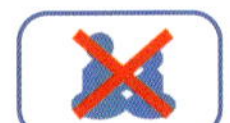

Die obere Laoschlucht ist nur etwas für kleine Wildwasserspezialisten, die schon Klammerfahrung haben und recht sicher auf WW III unterwegs sind. Einmal in die abgelegene Klamm eingefahren, gibt es kein Zurück mehr. Nach etwas ruhiger Einpaddelei, erreicht man nach ca. 2 km den Klammeingang. Hier steigt man am besten rechts aus und besichtigt die folgenden hundert Meter. Dieser verblockte Eingang ist eine der Kernstellen des Abschnitts, WW III+.

Nach dem Eingang nehmen die Schwierigkeiten zunächst ab und man findet sich in einer engen, sehr tiefen Klamm wieder. Später folgen diverse, bis zu ein Meter Hohe Stufen und man muss ein ums andere Mal um dicke Felsblöcke herumkurven. Eine weitere Kernstelle ist erreicht, wenn am linken Ufer Fixseile auftauchen. Diese IVer-Stelle kann man vom linken Ufer aus besichtigen. Für den Nachwuchs empfiehlt es sich, entweder hier links umzutragen oder über den Lieferanteneingang (die ganz linke Durchfahrt) runterzurutschen. Es gibt unzählige spektakuläre Ausblicke in der gesamten Schlucht. Besonders sehenswert ist dabei ein Schleierfall, der von rechts in den Lao fällt. Hier ist, zusammen mit unglaublich verschnörkelten Felsen und dichten Farngewächsen, ein märchenhafter Ort entstanden.

Zum Ende der Tour nehmen die Schwierigkeiten nochmal zu und wenn es irgendwann vor lauter Felsbrocken ganz unübersichtlich wird, hat man die letzte Kernstelle erreicht. Am besten steigt man hier am rechten Ufer einmal kurz aus, damit man sich einen Überblick über die folgenden hundert Meter verschaffen kann. Dort kann man diese IVer-Stelle auch problemlos umtragen. Danach wird der Lao bis zum Ausstieg immer leichter.

Anmerkung: Nur bei NW mit Kindern befahren (Pegel Laino Borgo bis ca. 55 cm), bei höheren Wasserständen dürfte ein Umtragen der ersten IVer-Stelle unmöglich werden, außerdem dürften auch die Schwierigkeiten deutlich ansteigen! Nur mit Kindern paddeln, die schon Erfahrung mit Klammen gemacht haben, ansonsten ist der ‚Psycho-Faktor‘ zu groß.

50-55 cm in Laino Borgo

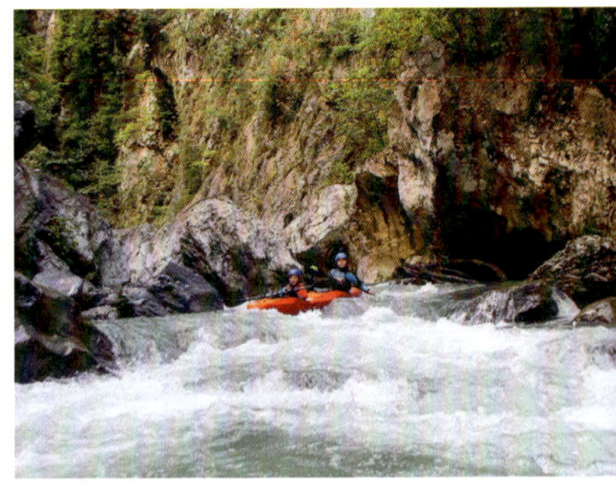

Der obere Lao ist ein echtes Abenteuer.

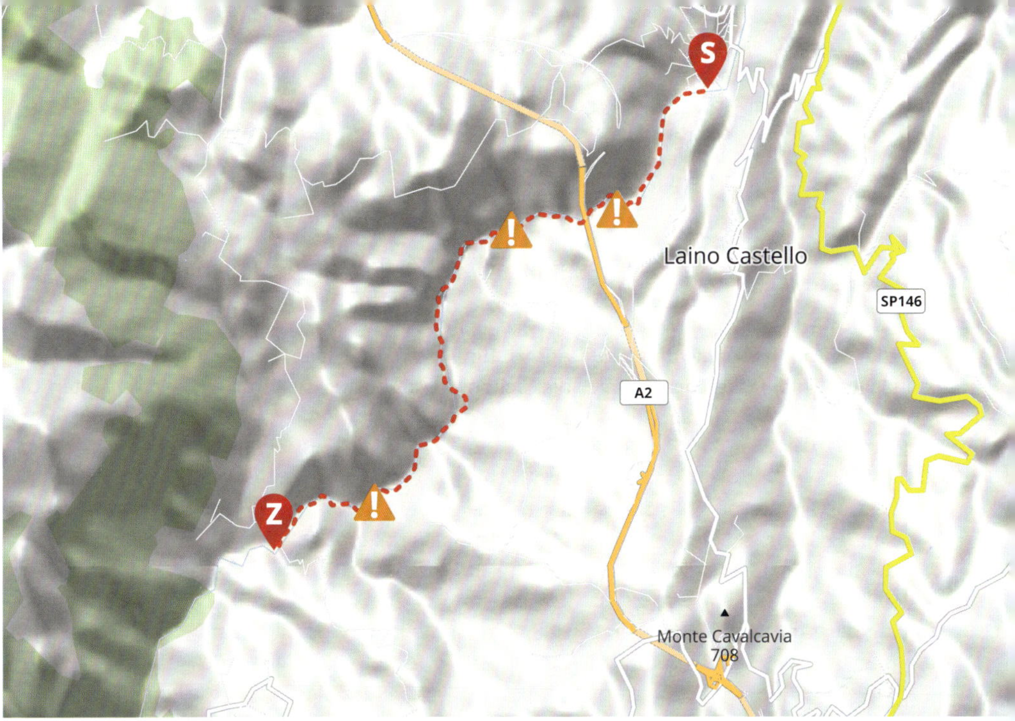

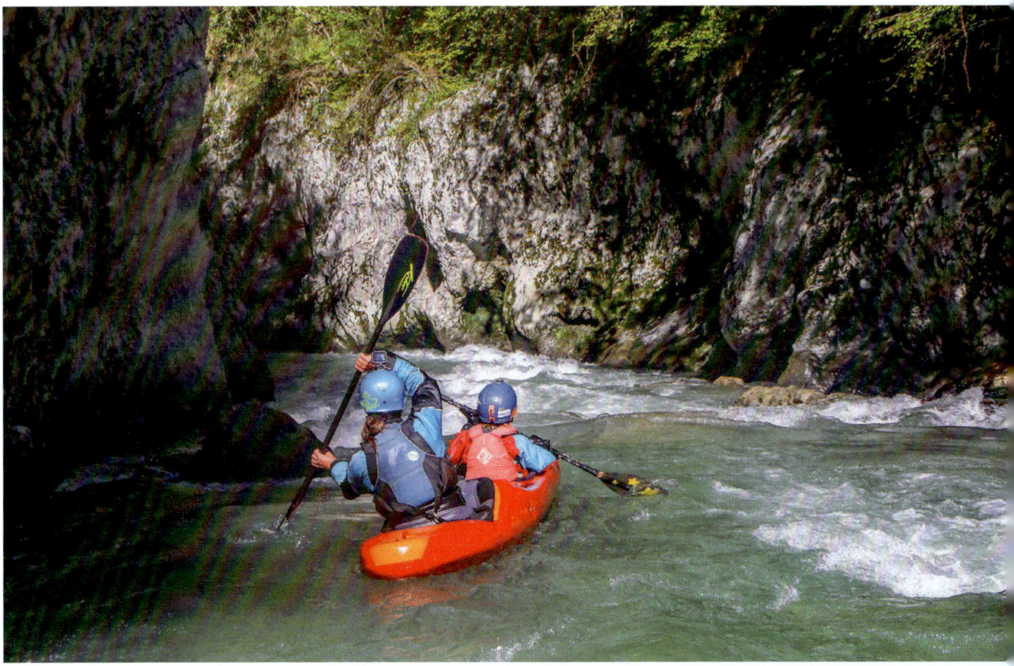

Einmal in die Klamm rein gefahren, kommt man nur paddelnd wieder raus.

94 MITTELMEER-RUNDKURS

Einstieg: Praia a Mare (39.873171, 15.786150) **Ausstieg:** s.o.

FAHRSTRECKE: 6 KM | TECHNIK | KONDITION | LANDSCHAFT

Diese Tour bietet zwar kein Wildwasser, aber wenn man einmal in der Gegend ist, sollte man auf jeden Fall mal an der steilen Felsküste Süditaliens entlangpaddeln.

Vom Startpunkt am Strand von Praia a Mare geht es los in Richtung Isola di Dino. Von hier aus hat man sicher schon den Höhleneingang der Grotta del Leone erspäht. Nach einer ausgiebigen Erkundungstour geht es dann weiter an der Insel entlang (im Uhrzeigersinn) zur Grotta Azzurra. Hier leuchtet das Wasser so unglaublich blau, wie man es wahrscheinlich noch nie zuvor gesehen hat. Von dort aus kann man sich entweder ein ruhiges Stückchen Strand suchen, um die vielen kleinen Felsbrocken der Küste paddeln oder weiter zum Arcomagno fahren, einem Felsbogen mit Höhle am Strand. Die Möglichkeiten sind vielfältig. Am besten packt man auch eine Taucherbrille und einen Schnorchel mit ein um zwischendurch mit den Fischen tauchen zu gehen.

Anmerkung: Diese Tour nur bei gutem Wetter und geringem Wellengang machen!

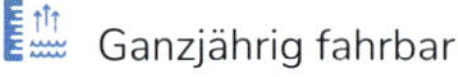

Pack deine Taucherbrille und Schnorchel ein, um zwischendurch mit den Fischen zu schwimmen.

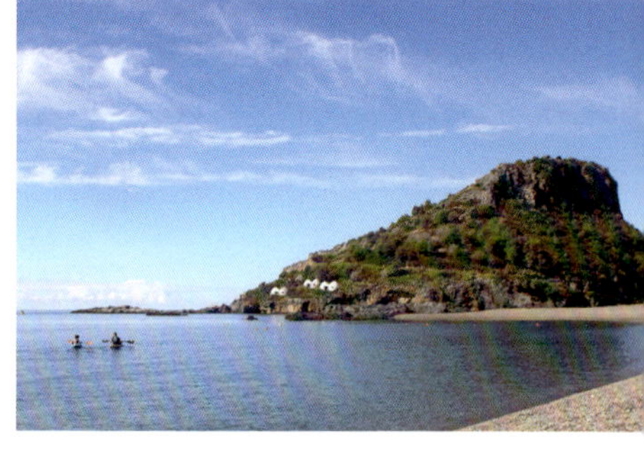

Am Einstieg mit Blick auf die Isola di Dino.

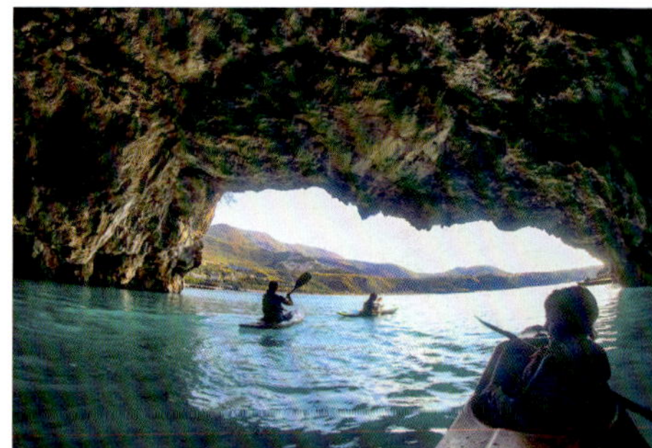

Die Höhlen an der Steilküste bieten wirklich eine spektakuläre Szenerie.

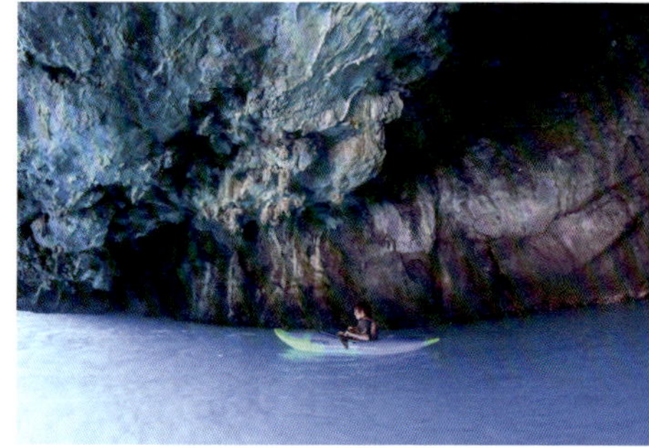

So ein unglaubliches Blau erlebt man nur in der Grotta Azzura.

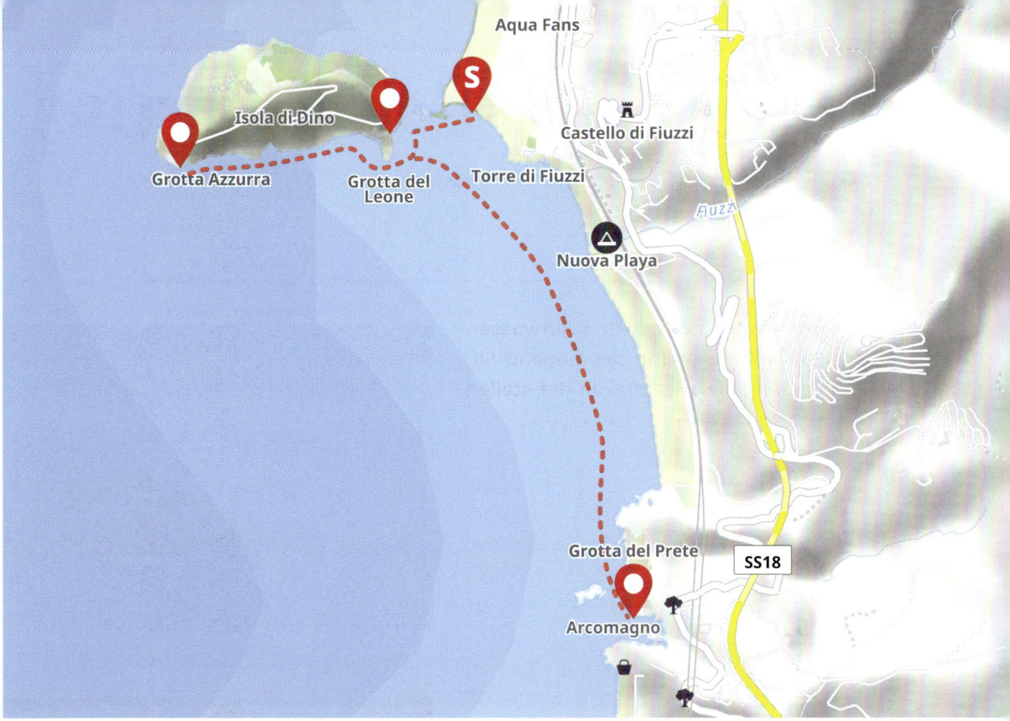

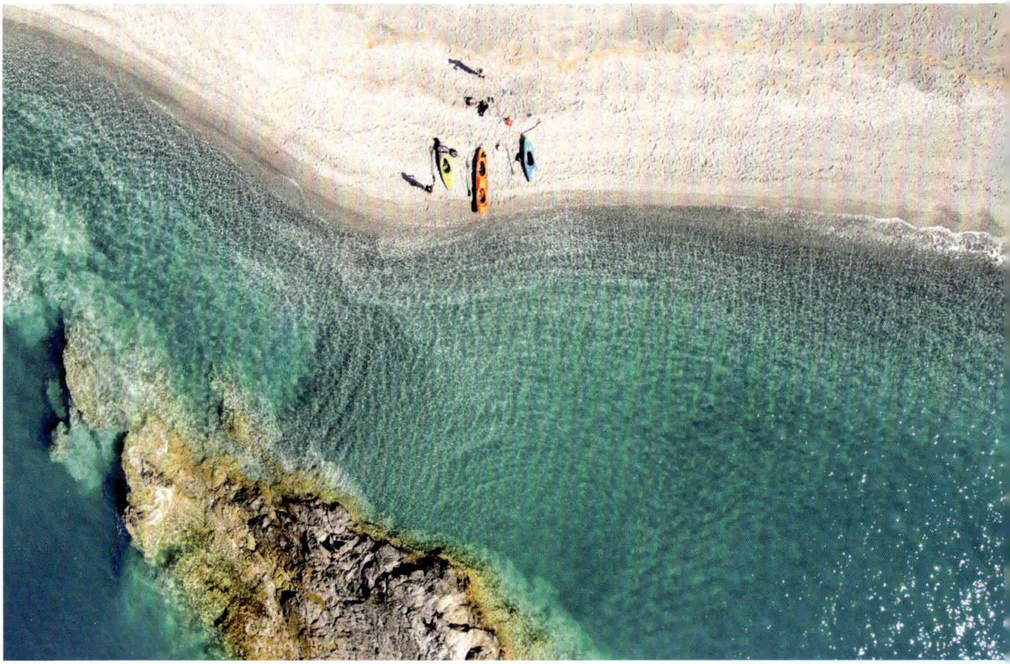

In der Nebensaison hat man meist den ganzen Strand für sich alleine.

SLOWENIEN

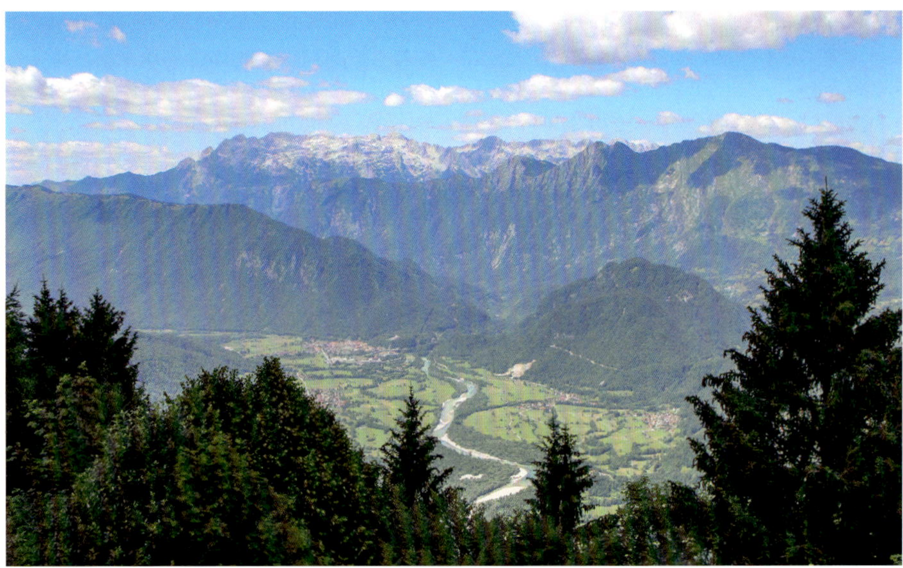

Die Soča ist der Anfängerwildfluss schlechthin mit einer Traumwasserfarbe, warmen Wetter und bezaubernder Landschaft. Da fällt einem das Lernen gleich viel leichter. Ein weiterer Pluspunkt sind die vielen unterschiedlich schweren Abschnitte, auf nur wenigen Kilometern, so dass für jeden Nachwuchspaddler etwas dabei ist und man nie besonders lange im Auto sitzt. Alle folgenden Beschreibungen beziehen sich auf sommerliches Niedrigwasser, da man zu dieser Jahreszeit den Fluss mit den Kindern am besten erkunden kann.

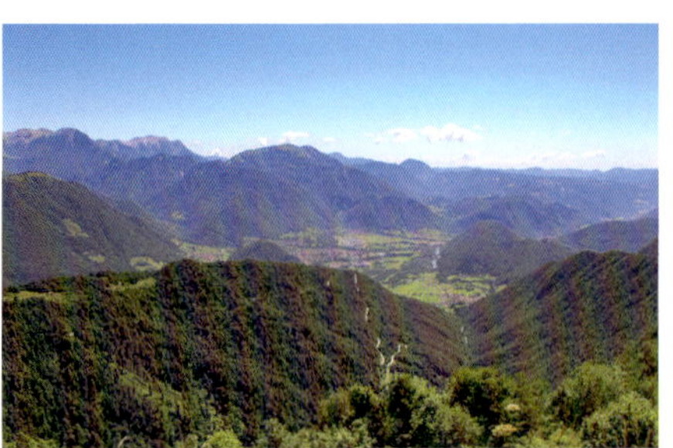

Für einen Urlaub an der Soča sollte man mindestens eine Woche einplanen, vor allem wenn man noch etwas mehr von der Umgebung sehen möchte.

Die Möglichkeiten der Soča sind vielfältig und die folgenden Touren nur Vorschläge. Man kann sich auch gut nach Belieben eine ganz eigene Tour raussuchen (siehe Karte).

Beste Zeit mit Kindern:
Wie schon erwähnt, fährt man mit Kindern am besten im Sommer zur Soča. Passende Pegel hat man zwar oft schon zu Ostern, aber dann ist es auch oft noch recht kalt. Außerdem bietet die Kombination von Niedrigwasser und warmen Temperaturen den perfekten Nährboden für den größten paddeltechnischen Fortschritt.

Besonderheiten:
Um diese wunderbare Flusslandschaft auch für nachfolgende Generationen erlebbar zu

lassen, sollte man dringendst nur die offiziellen Ein- und Ausstiegsstellen nutzen. Zudem muss man ein Permit für die Befahrung von Soča und Koritnica haben, welches man online unter gosoca.si erwerben muss (Achtung: nur Kreditkartenzahlung möglich!).

Standlager:

Sehr viele Campingplätze im Tal, alle sehr paddlerfreundlich, empfehlenswert:

▸ Kamp Kovač in Bovec https://www.sloveniaholidays.com/kamp-kovac-bovec.html – direkt unten am Fluss, nicht geeignet für Wohnwagen oder lange Wohnmobile

▸ Kajak Kamp Toni in Bovec https://kajakkamptoni.com – viele andere Paddler

▸ Kamp Liza in Bovec https://www.camp-liza.com/de – ähnlich wie Kamp Toni, viele andere Paddler

Ausflugsziele & Sehenswürdigkeiten:
Viele Überbleibsel aus dem ersten Weltkrieg bestimmen das Bild des Soča-Tals bis heute. Eine Besichtigung der Festung Kluže, die oberhalb des Koritnica Einstiegs liegt, ist lohnend, wenn man etwas über die bewegte Geschichte der Region erfahren möchte. Danach kann man dann noch zum Fort Hermann hoch wandern. Etwas abenteuerlicher ist die Besichtigung der Bunker am Bunkerschwall. Hierfür unbedingt Taschenlampen mitnehmen.

Weiter unten im Tal liegt das Kolovrat-Museum. Dieses kostenlose Open Air Museum macht die Schützengräben des ersten Weltkriegs erlebbar. Den Besuch kann man gut mit einer Wanderung auf dem Friedensweg ‚Pot Miru' verbinden (gekennzeichnet durch eine Taube) von dort hat man zur einen Seite eine wunderbare Aussicht auf die untere Soča und zur anderen Seite kann man bei schönem Wetter bis zum Mittelmeer blicken. Sehr schön ist auch die kurze Wanderung zur Soča -Quelle. Mit kurzer Klettereinlage und dem Blick in den türkisenen Quelltopf wird sie jedes Kind verzaubern.

Gastrotipp:
Pekarna Bovec (Mala vas 14, 5230 Bovec) – Diese Bäckerei ist super, um sich mit lokalen Spezialitäten für einen langen Tag auf dem Fluss zu versorgen.

Kombiflüsse:
Soča – Slalomstrecke (1 km, WW IV)
Soča – Abseilstrecke (2,5 km, WW III-IV)

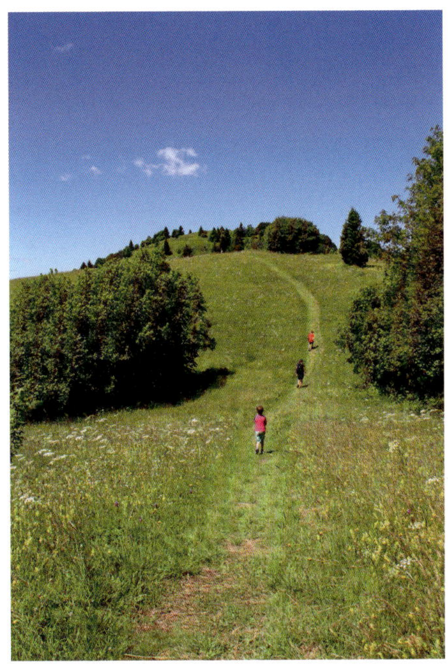

95 OBERE SOČA

Einstieg: Ende 2. Klamm (46.335075, 13.645641) **Ausstieg:** Mündung Koritnica (46.330662, 13.574149)

FAHRSTRECKE: 6,5 KM | TECHNIK | KONDITION | LANDSCHAFT

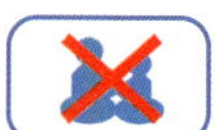

Die obere Soča ist ein ganz besonderer Flussabschnitt. Nicht nur landschaftlich das Highlight der Region, bietet sie sich für Paddler aller Könnensstufen an, so lange man sich nur etwas Zeit lässt. Doch von Anfang an. Der Einstieg befindet sich hinter der unfahrbaren zweiten Klamm. In diese kann man ein Stück von unten hineinpaddeln, was man mit dem Nachwuchs auch unbedingt tun sollte. Belohnt wird man dafür mit unglaublichen Ausblicken.

Flussab ist die Soča zunächst relativ leicht mit nur kleinen Kiesbankschwällen. Taucht dann eine Wanderbrücke auf, ist der Bunkerschwall erreicht. Weniger versierte Paddelkinder sollten hier links vor der Brücke aussteigen und die Stelle umtragen (geht superleicht an der Straße entlang). Fittere Kinder können sich gut an eine Befahrung wagen (vor allem bei NW im Sommer). Der Bunkerschwall ist stark verblockt und es gibt die ein oder andere Stufe. Es kann für den Nachwuchs bisweilen etwas unübersichtlich werden, weswegen sich eine vorherige Besichtigung anbietet. Der Bunkerschwall ist perfekt für Kinder, die schon etwas Erfahrung mit WW III gemacht haben, um an ihren Skills bezüglich der Routenwahl/Routenfindung zu arbeiten (z.B. sich von Kehrwasser zu Kehrwasser vortasten). Nach dem Bunkerschwall liegen immer mal wieder dicke Felsbrocken im Fluss, die aber leicht zu umschiffen sind. Hier können Neulinge präzises Fahren trainieren.

Rücken irgendwann auf der linken Seite die Felswände heran ist eine weitere Schwierigkeit der Tour erreicht. Ein Felssturz, der über eine Doppelstufe abwärts führt, WW III/III+. Er kann rechts gut umtragen und auch besichtigt werden. Kurze Zeit später folgt dann die dritte Sočaklamm. Rechtzeitig rechts aussteigen, um den Eingang (WW III-IV) umzutragen. Mit weniger erfahrenen Kindern trägt man die komplette Klamm durch einen alten Tunnel. Kinder die schon sicherer unterwegs sind, können hinter dem Klammeingang hineinrutschen. In der Klamm gibt es noch eine S-Kurve mit unterspülter Wand. Man sollte hier nur mit Kindern fahren, die wirklich schon gut im Boot sitzen, da schwimmen hier große Konsequenzen hat.

Nach der Klamm gibt es noch viele tolle Trainingsmöglichkeiten, um das Kehrwasserfahren zu üben.

Ca. 7 m³/s in Kršovec ideal (sommerliches NW)

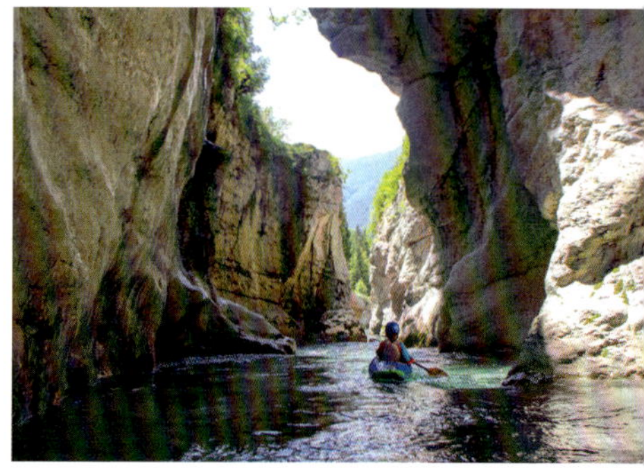

Wenn man von unten in die zweite Klamm hinein paddelt, landet man in einer wahren Zauberwelt.

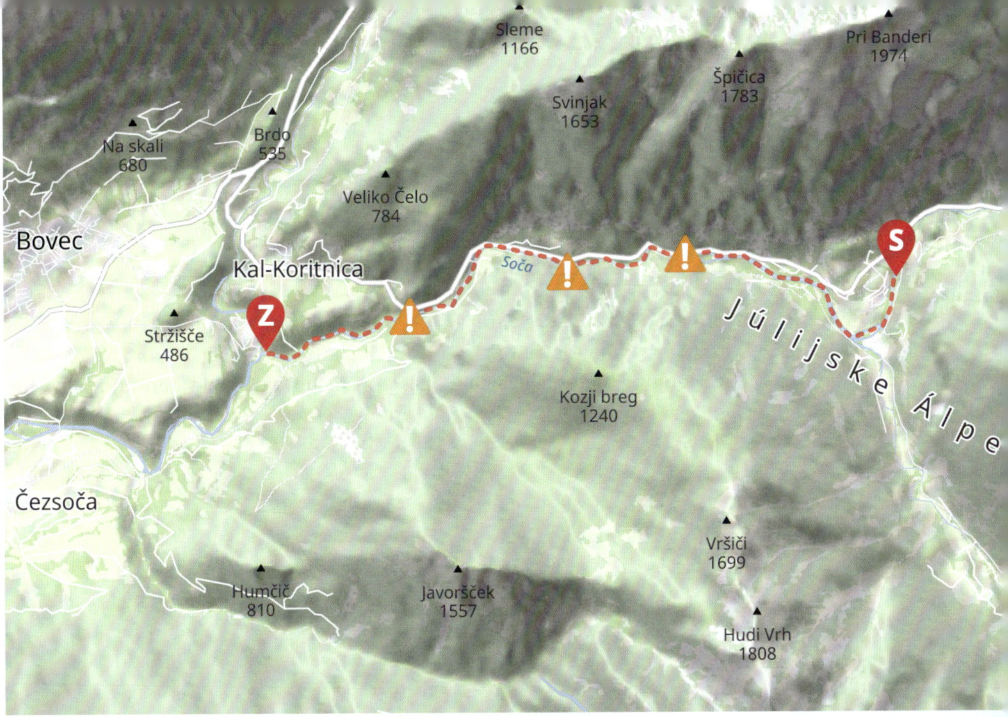

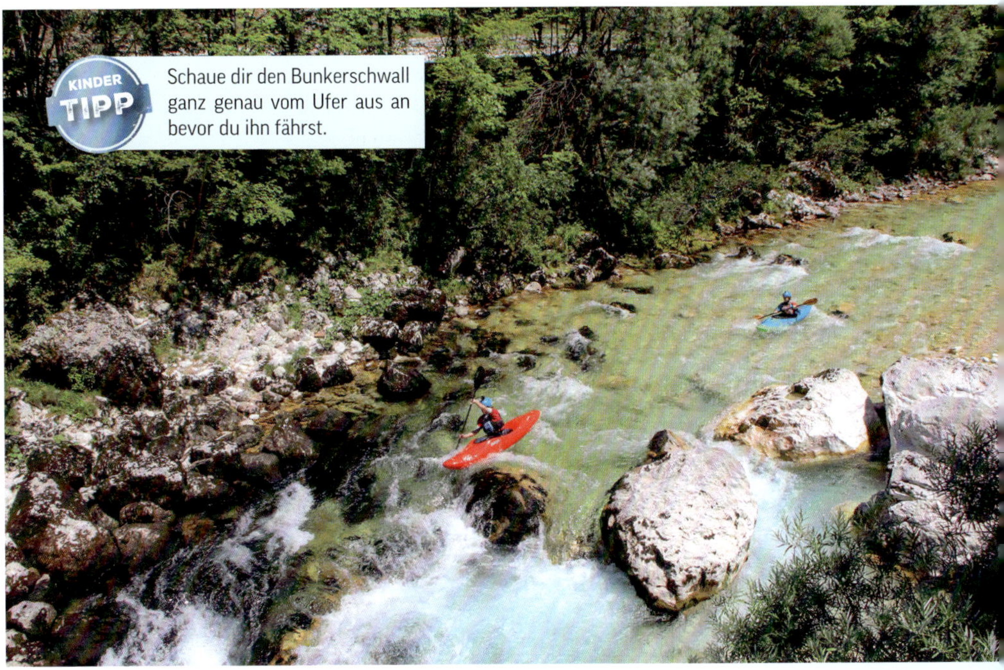

Schaue dir den Bunkerschwall ganz genau vom Ufer aus an bevor du ihn fährst.

Die Einfahrt zum Bunkerschwall.

95 OBERE SOČA

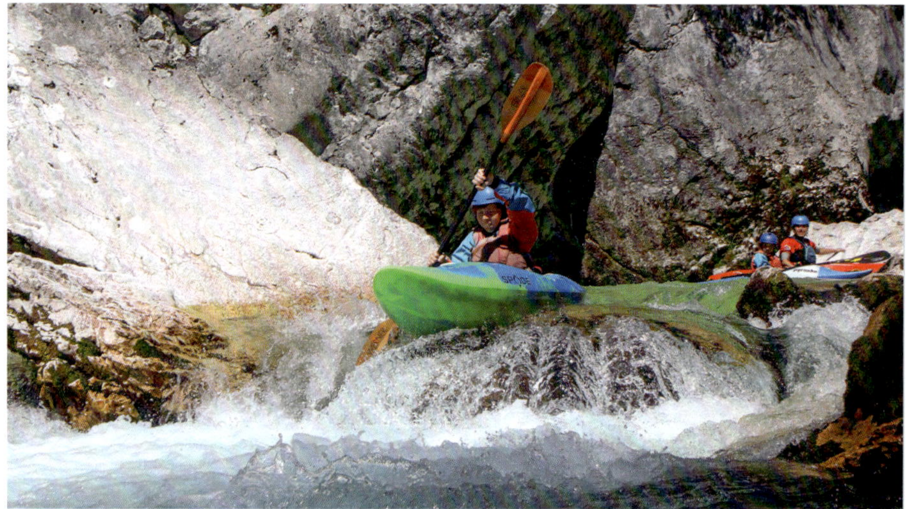

Am Ausgang der dritten Klamm.

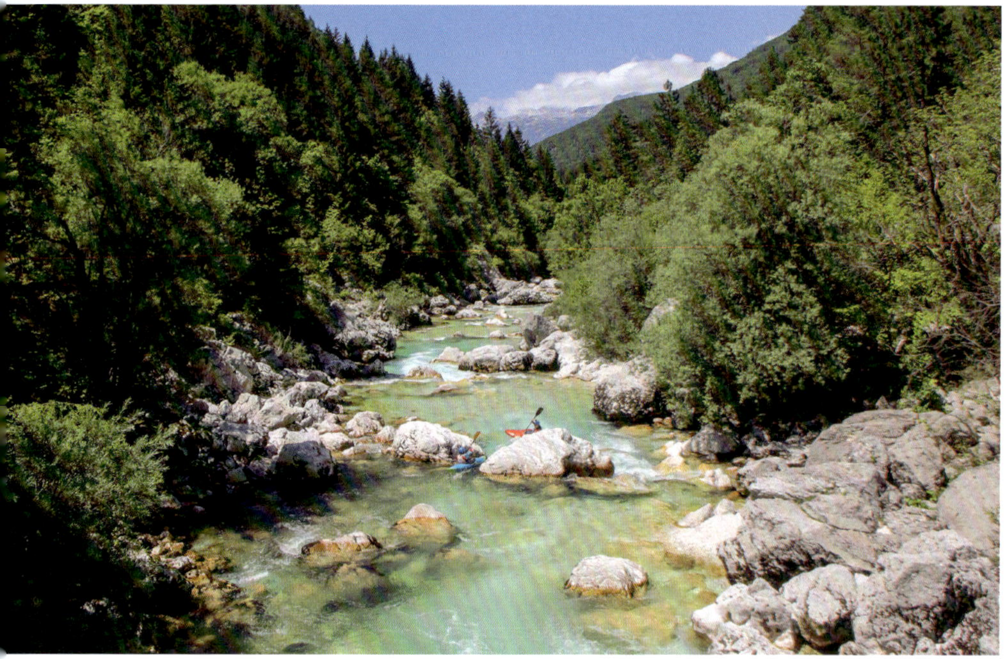

Im Bunkerschwall muss man die Durchfahrten genau treffen.

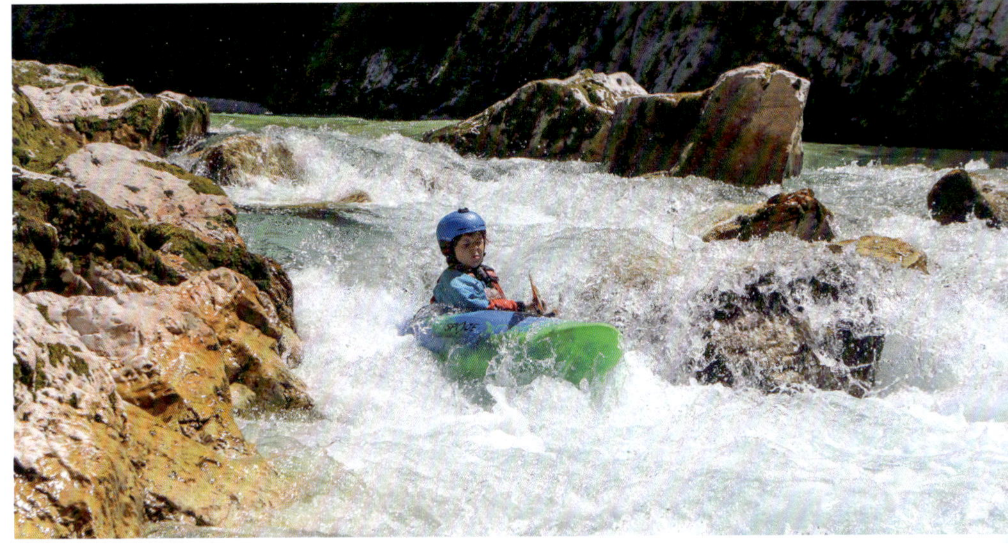

Der Felssturz ist nicht ganz einfach zu fahren.

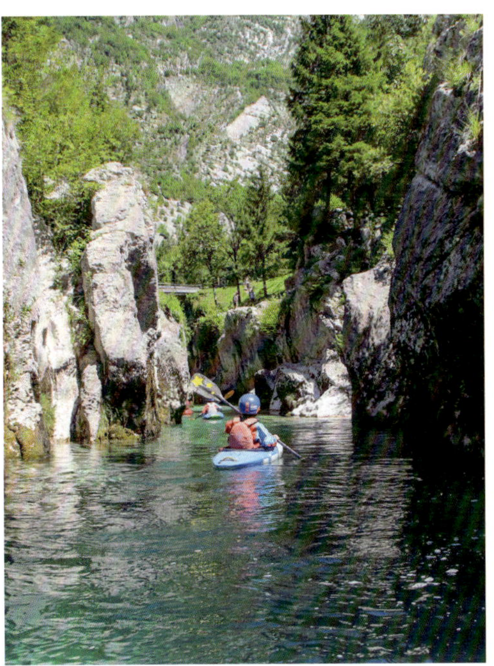

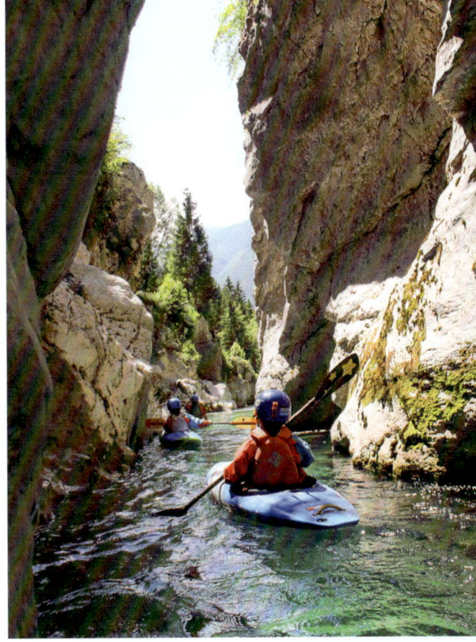

Für die Entfaltung der vollen Schönheit, paddelt man hier am besten bei Sonnenschein.

96 MITTLERE SOČA

Einstieg: Mündung Koritnica (46.330662, 13.574149) **Ausstieg:** Brücke Žaga (46.315664, 13.494627)

FAHRSTRECKE: 8 KM | TECHNIK | KONDITION | LANDSCHAFT

Dieser Abschnitt ist mit das leichteste, was die Soča zu bieten hat und schon unzählige Neulinge haben hier das Paddeln erlernt. Dieser Abschnitt kann auch nochmal aufgeteilt werden, je nachdem, wie gut der Nachwuchs im Boot sitzt oder was man trainieren möchte. Die ersten zweieinhalb Kilometer sind etwas schwerer, mit leichter Verblockung und tollen, lang gezogenen Schwällen. An jeder Ecke kann man trainieren und so viel Zeit auf dem kurzen Abschnitt verbringen.

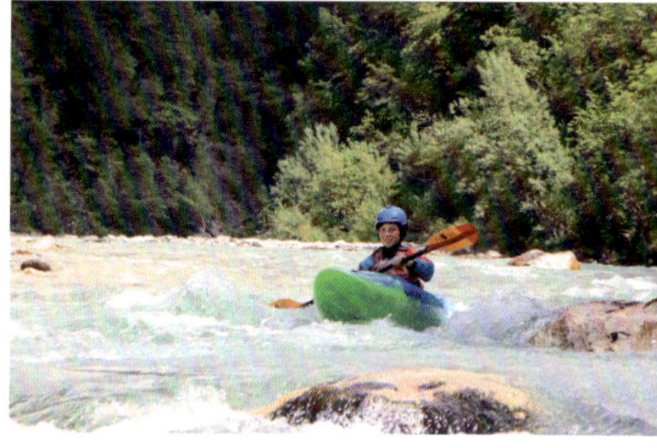

Leichte Verblockung bringt auf den ersten Kilometern schöne Abwechslung.

Ab der Brücke Čezsoča wird der Fluss leichter, hier können dann auch Kinder ohne Paddelerfahrung dazusteigen. Die Soča fließt nun durch ein breites Kiesbett mit nur geringen Schwierigkeiten. Ganz blutige Paddelneulinge müssen aufpassen, nicht zu sehr in die Außenkurven gedrückt zu werden, da kann schon mal Totholz liegen. Ansonsten ist dieser Abschnitt perfekt, um den Nachwuchs für's Wildwasserpaddeln zu begeistern. Außerdem laden die zahlreichen Kiesbänke zum Pause machen ein, so dass man getrost einen ganzen Tag am Fluss verbringen kann.

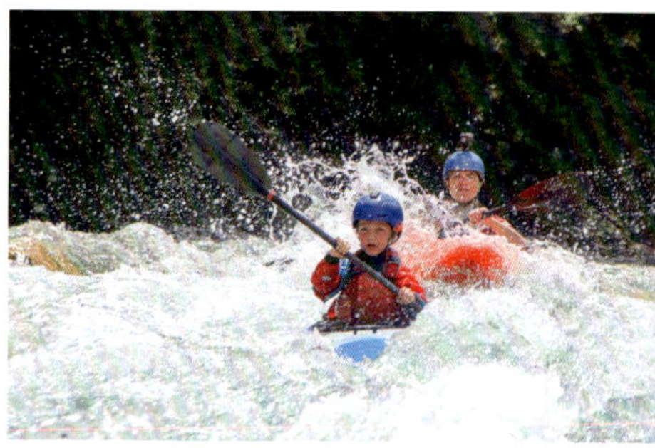

WW-Anfänger müssen an einigen Stellen mit höchster Konzentration ans Werk gehen.

8-30 m³/s in Log Čezsoški

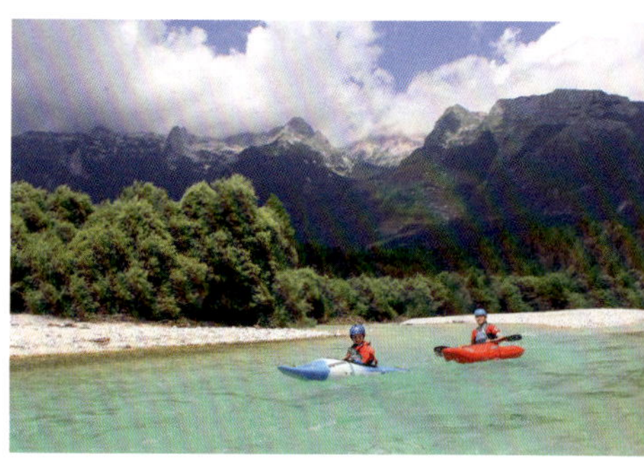

Ab Čezsoča ist die Soča deutlich leichter.

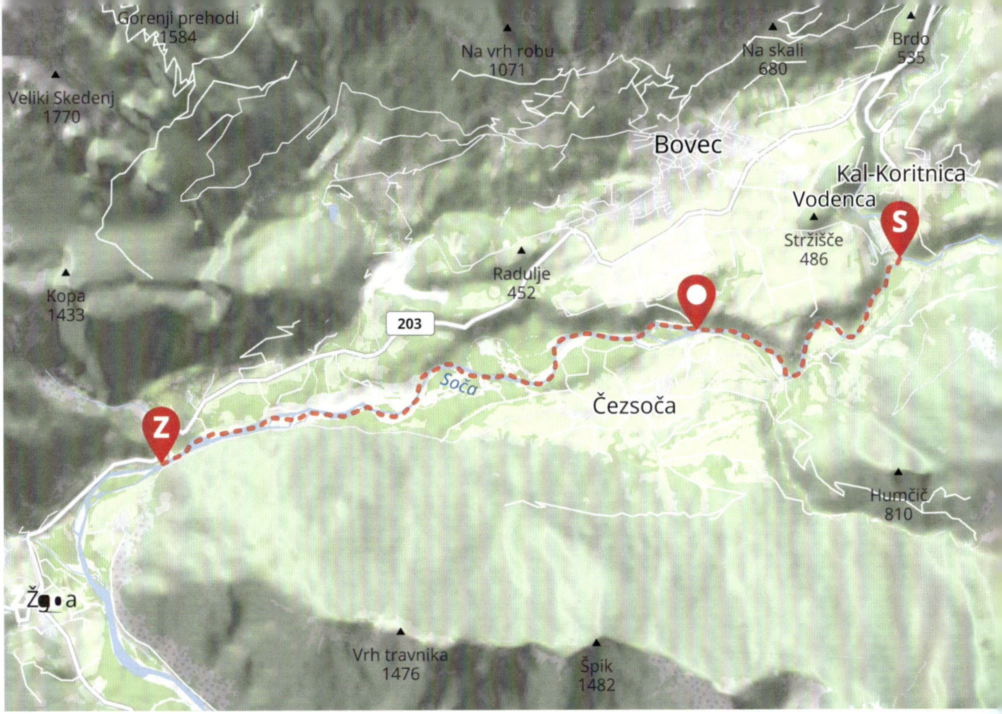

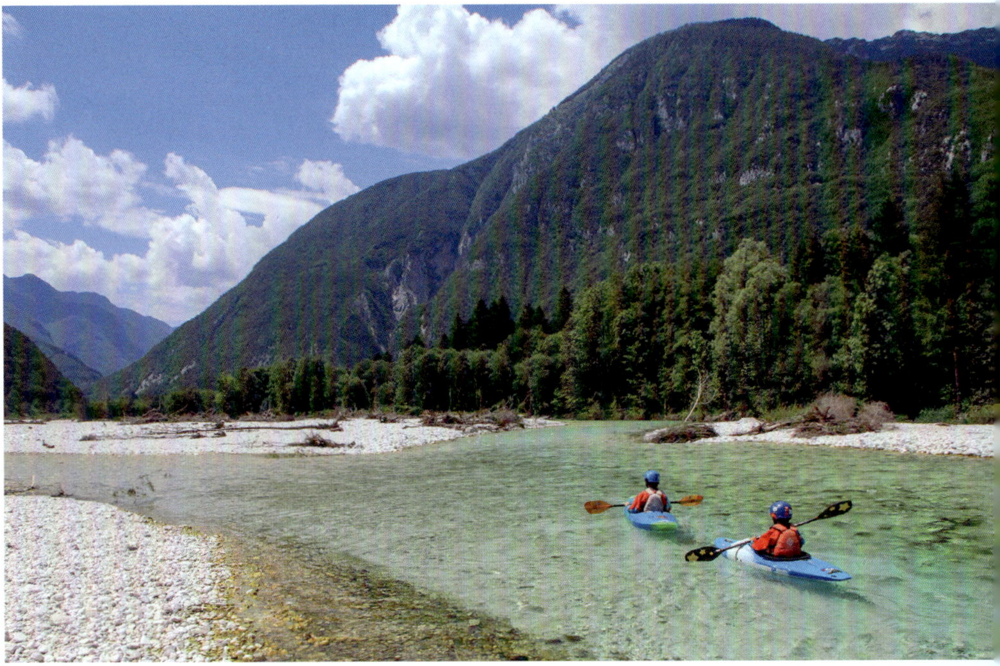

Hier können auch die Kinder mal die Routenwahl vorgeben.

97 SOČA - FRIEDHOFSTRECKE

Einstieg: Brücke Žaga (46.315664, 13.494627) **Ausstieg:** Trnovo 1 (46.284250, 13.548711)

FAHRSTRECKE: 8 KM | TECHNIK | KONDITION | LANDSCHAFT

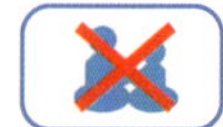

Die Friedhofstrecke ist eine der Königsetappen der Soča und die perfekte Trainingsstrecke für alle Kinder, die anfangen sich auf WW III wohlzufühlen.

Die ersten Kilometer, der hier angegebenen Strecke, dienen dazu sich einzupaddeln. In den offenen Schwällen gibt es immer wieder tolle Wellen und Surfgelegenheiten. Irgendwann nimmt dann nach und nach die Verblockung weiter zu. Ein Testlauf, für das, was noch folgen wird. Sollte der Nachwuchs hier schon Schwierigkeiten haben, sollte er unbedingt am Ausstieg Srpenica 2 aufhören (etwas unscheinbar in einer Außenkurve mit steilem Aufstieg zur Straße, 46.283588, 13.522917). Danach nimmt das Gefälle, die Wasserwucht und die Verblockung noch mal deutlich zu. Jede Stelle bietet neue Trainingsmöglichkeiten und zwischendurch wird es immer mal wieder ruhig. Ob Steine anschneiden, schwierige Kehrwässer ansteuern oder verschiedene Fahrtrouten probieren – die Möglichkeiten sind schier unendlich und haben diesen Abschnitt so bekannt gemacht. Man sollte sich also viel Zeit für die Friedhofstrecke nehmen, dafür wird der Paddelnachwuchs aber auch Riesenfortschritte erzielen.

Achtung: Auf dieser Strecke befinden sich einige Siphone und unterspülte Steine, man sollte diese Tour also nur mit Kindern machen, wenn sie verblocktes WW III einigermaßen sicher beherrschen!

8-20 m³/s in Log Čezsoški

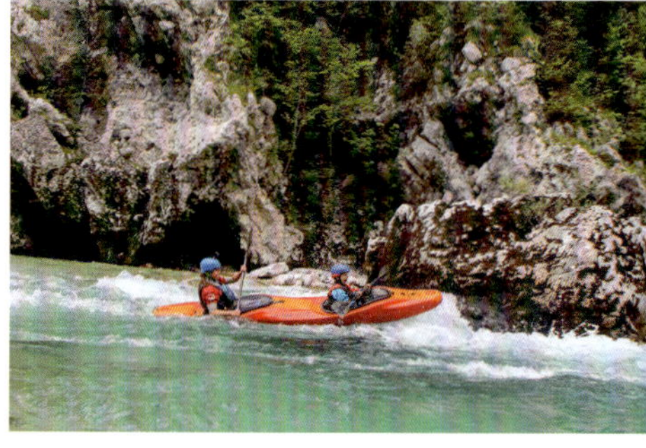

Auch im Zweier ist die Friedhofstrecke ein spaßiges Erlebnis.

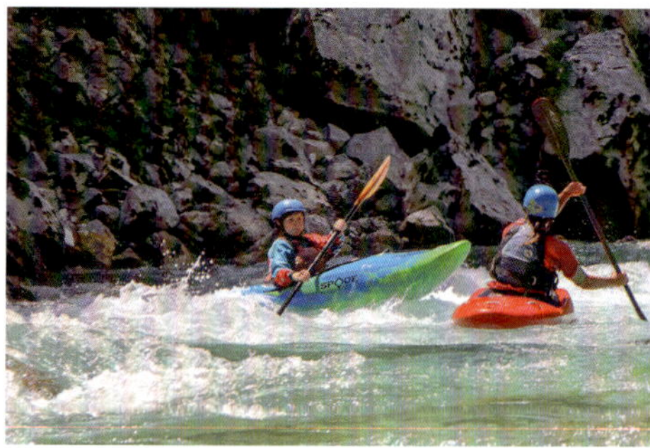

Für Kinder kann es hier auch schon mal wuchtig werden.

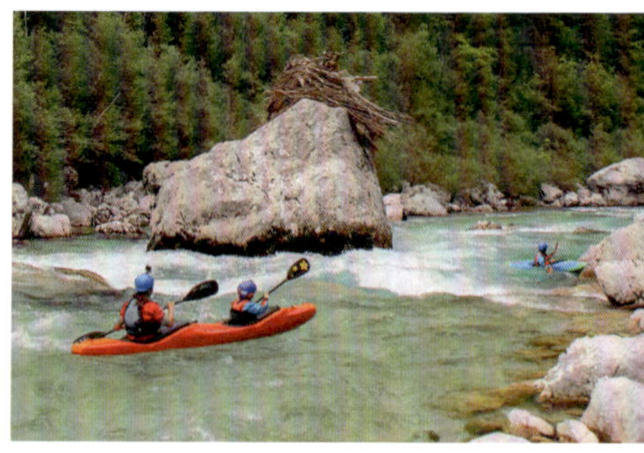

Die Trainingsmöglichkeiten sind schier unendlich.

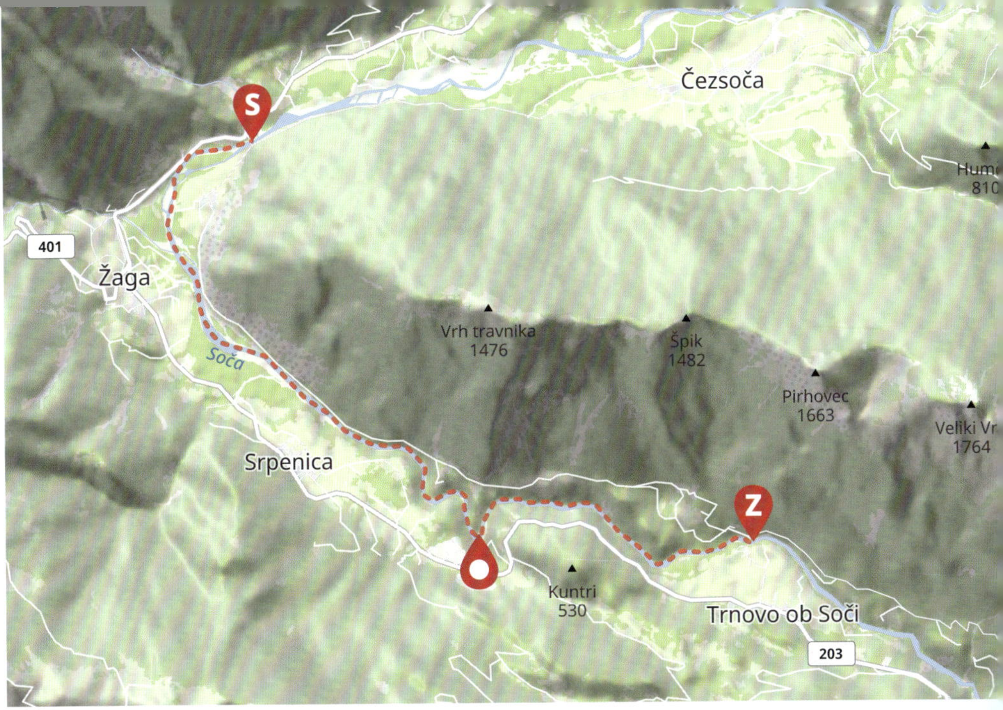

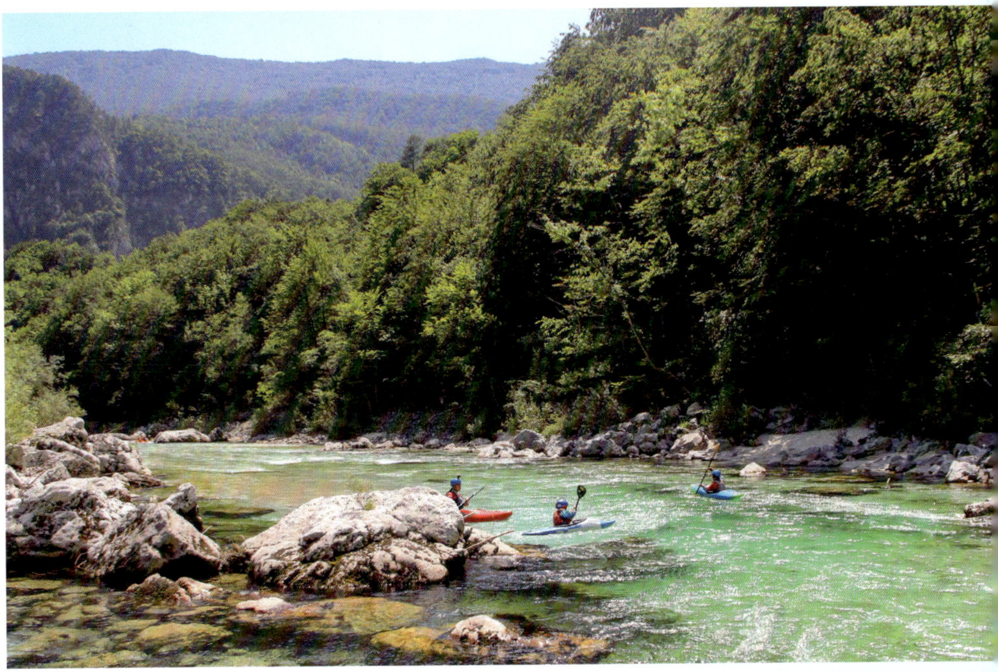

Die ersten Kilometer sollte man zum Einpaddeln nutzen.

98 UNTERE SOČA

Einstieg: Kobarid, Napoleonov Most' (46.243352, 13.591276) **Ausstieg:** Tolmin (46.182817, 13.716066)

FAHRSTRECKE: 13,5 KM | TECHNIK | KONDITION | LANDSCHAFT

Dieser Abschnitt ist das leichteste, was die Soča zu bieten hat. Der türkisblaue Fluss schlängelt sich hier über offene Kiesbankschwälle (größtenteils WW I) und erfreut vor allem Paddelneulinge, die zum ersten Mal auf Wildwasser unterwegs sind. Aber auch Kinder mit etwas mehr Erfahrung kommen auf der unteren Soča auf ihre Kosten. Sie können das Vorpaddeln üben oder diverse Kehrwässer ansteuern.

Nach etwa 10 km gibt es eine Stelle, die mit etwas Verblockung deutlich schwieriger als der Rest ist (WW II+). Paddelneulinge kann man hier ganz einfach im Päckchen mit hinunternehmen.

Man sollte sich mit Kindern nicht von der Länge der Strecke abschrecken lassen (es gibt im unteren Bereich nur diese zwei offiziellen Ein- und Ausstiege). Aber es fließt auf dem gesamten Abschnitt gut und die vielen Kiesbänke bieten zahlreiche Pausenmöglichkeiten, so dass man hier wunderbar einen kompletten Tag verbringen kann.

11 m³/s in Kobarid

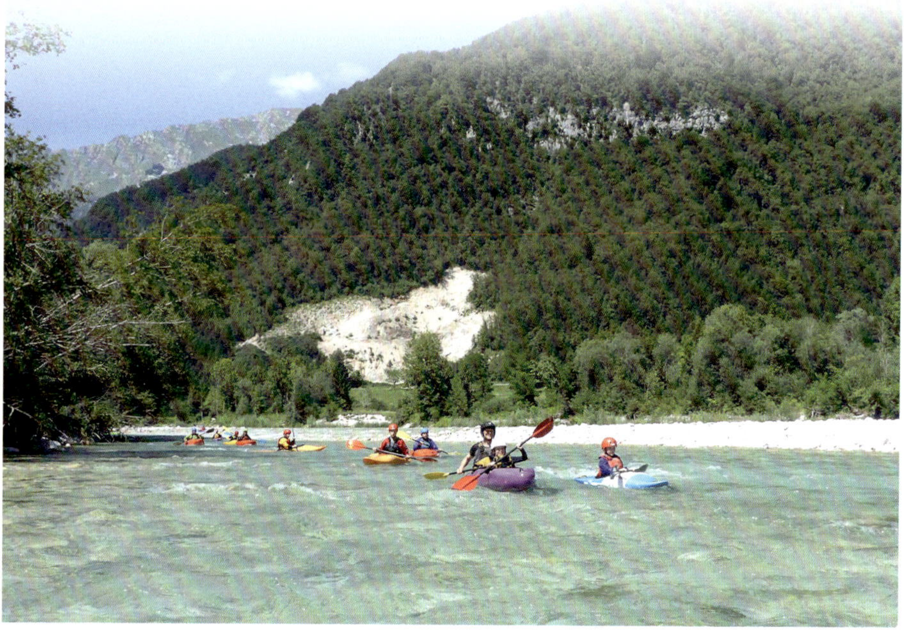

Ein Traumfluss für alle WW-Neulinge.

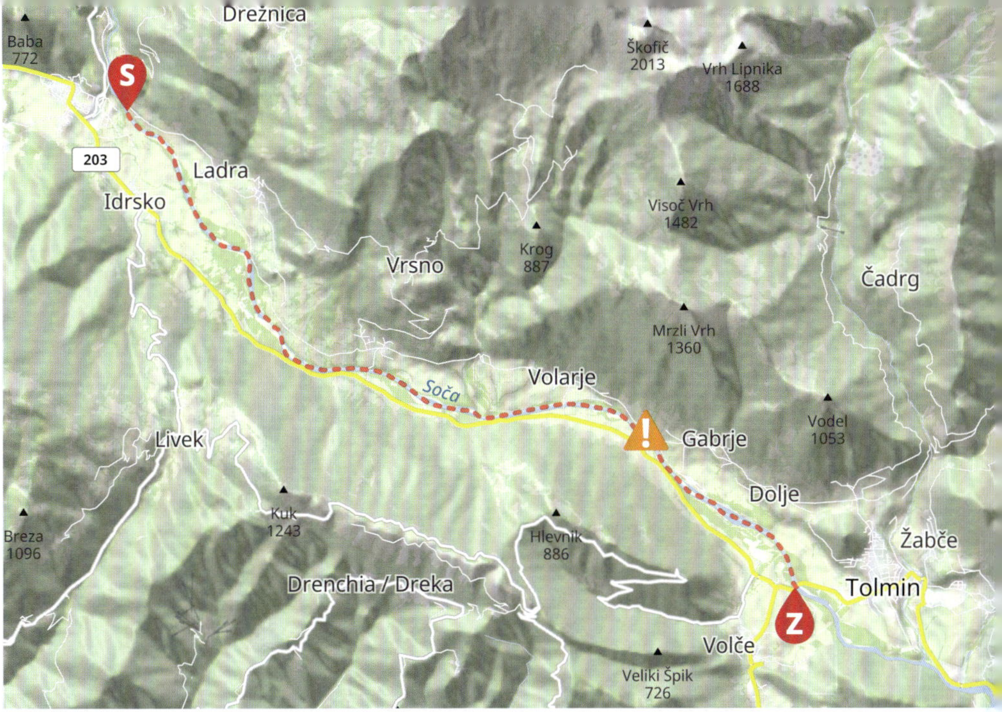

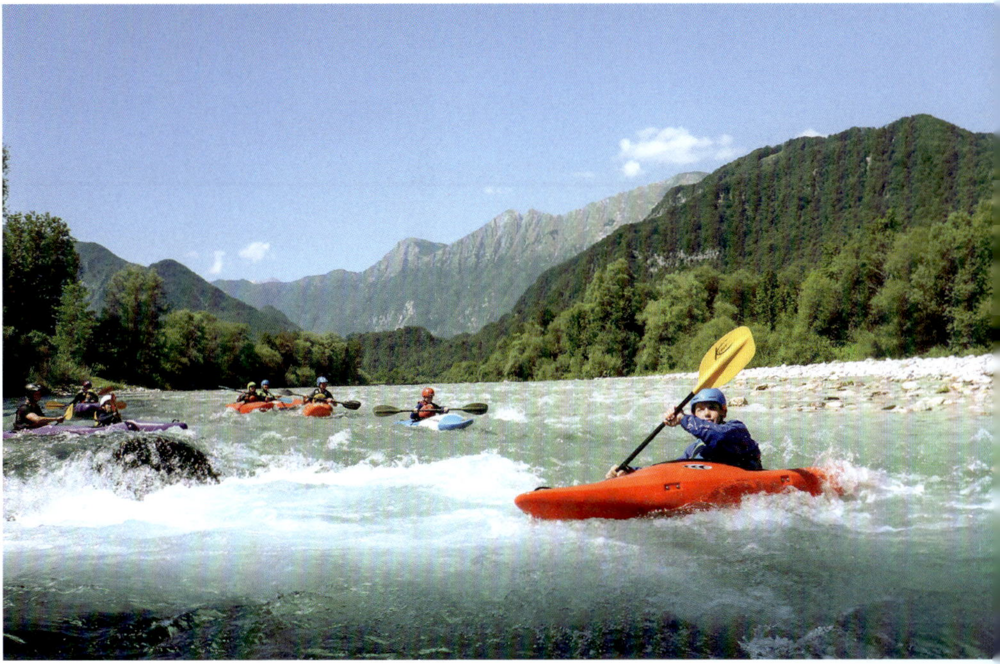

Fitte Paddelkinder finden hier auch ein paar sportliche Kehrwässer.

99 KORITNICA

Einstieg: Kluže (46.359128, 13.589712) **Ausstieg:** Mündung (46.330662, 13.574149)

FAHRSTRECKE: 5KM | TECHNIK | KONDITION | LANDSCHAFT

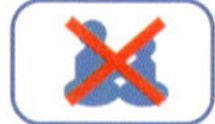

Bei der Koritnica steht die größte Anstrengung der Tour direkt zu Beginn an. Über 80 Höhenmeter muss man sein Boot durch den Wald hinabtragen. Dafür wird man mit einem unglaublich tollen kleinen Fluss belohnt (WW II-III).

Direkt nach dem Start folgt auf der Koritnica die schwierigste Stelle. Über einen Schwall geht es mit viel Gefälle in eine kurze Niederklamm. Diese Stelle kann man, bevor man einsteigt, über einen Pfad vom Ufer aus besichtigen. Nach dieser Iller-Stelle wird die Koritnica in der Klamm ganz ruhig und man erreicht eine spektakuläre Auskolkung in der das Wasser türkisblau schimmert, ein absolut fantastischer Anblick.

Nach dieser Klamm wird es zunächst wieder leichter. Der Flusslauf ist offen und es gibt nur mäßige Verblockung. Hier kann man die Zeit gut mit Kehrwasserfahren verbringen oder der Nachwuchs kann an seinen Vorpaddler-Skills arbeiten. Kommt irgendwann die einzige Straßenbrücke der Tour nehmen die Schwierigkeiten wieder etwas zu und es kann etwas unübersichtlich werden. An dem dicken Felsbrocken, der in der Flussmitte liegt, sollte man die linke Durchfahrt wählen, da diese am leichtesten zu bewältigen ist (bis WW III)

Danach wird es wieder etwas leichter bis man zum Mündungsschwall der Koritnica kommt. Im Zickzack-Kurs schießt der Fluss hier über Stufen und durch Walzen hinab und eine genaue Routenwahl ist gefragt, um am Ende nicht irgendwo quer vorm Stein zu hängen. Geübtere Kinder können hier prima ins Kehrwasser springen üben (besonders der letzte Stein auf der rechten Seite bietet sich dafür an). Nach diesem Schwall ist dann auch der Ausstieg an der Mündung erreicht und man muss mal wieder sein Boot einige Höhenmeter – diesmal hinauf – schleppen.

Beste Zeit mit Kindern:
in den Sommermonaten bei NW

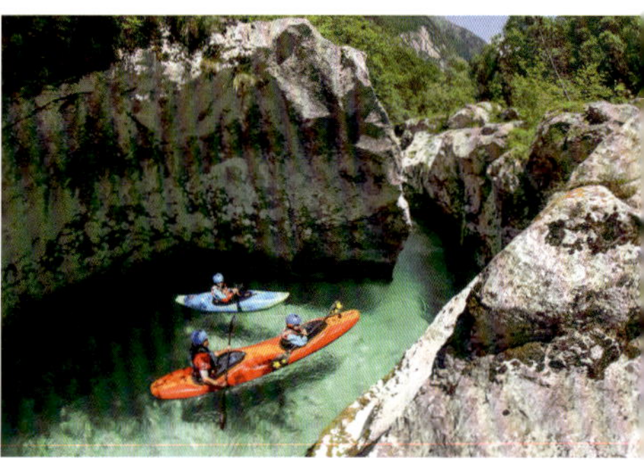

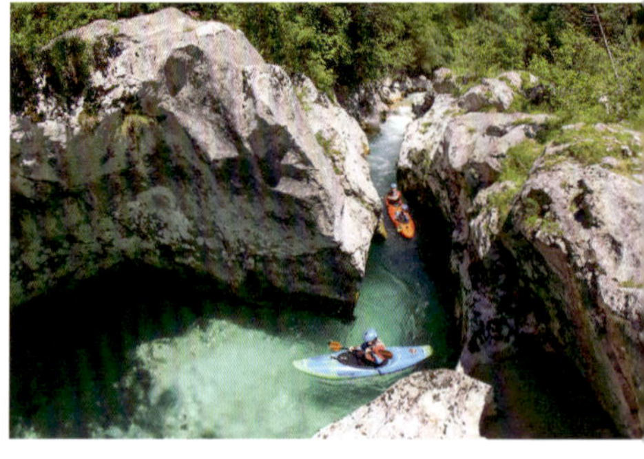

Die riesige Auskolkung schimmert in den unglaublichsten Farbtönen.

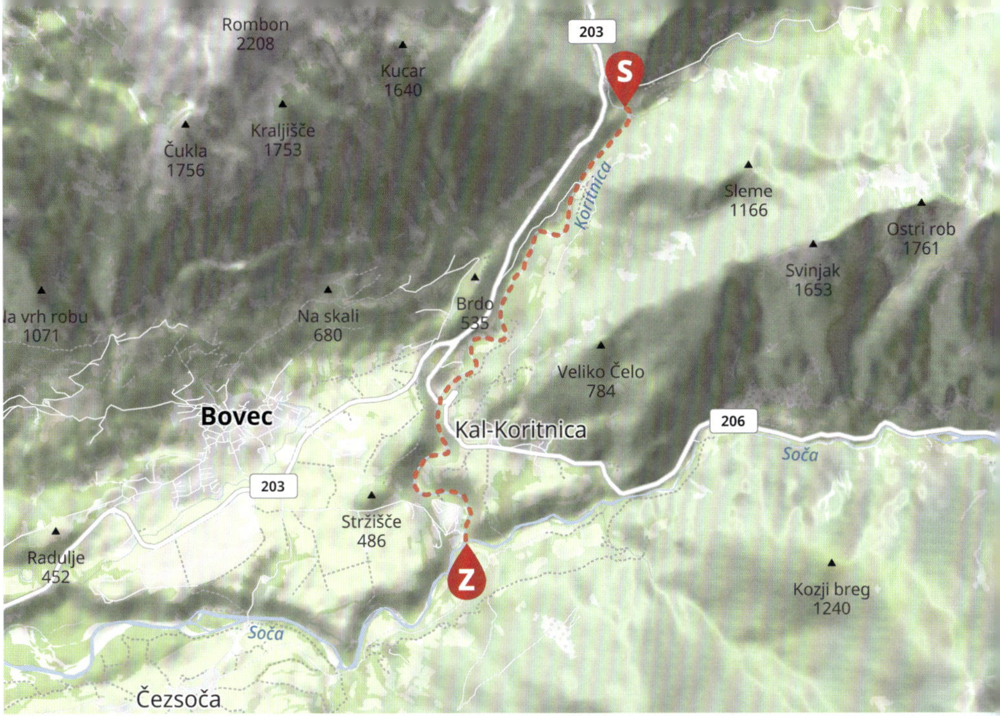

Rombon
2208
Kucar
1640
203
S
Kraljišče
1753
Čukla
1756
Koritnica
Sleme
1166
Ostri rob
1761
Svinjak
1653
Na vrh robu
1071
Na skali
680
Brdo
535
Veliko Čelo
784
Bovec
Kal-Koritnica
206
Soča
203
Stržišče
486
Z
Radulje
452
Kozji breg
1240
Soča
Čezsoča

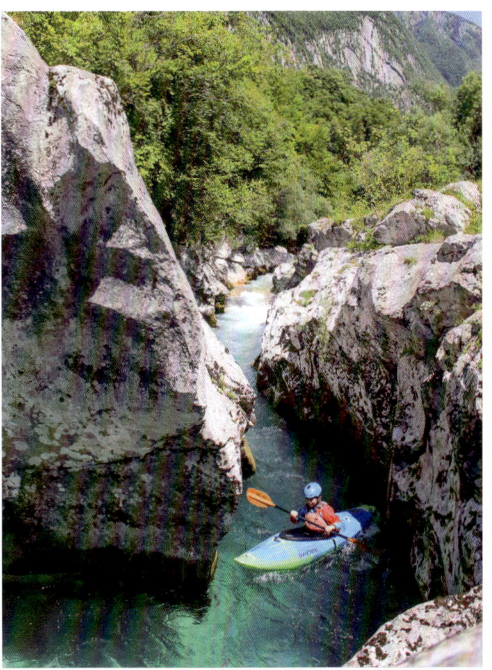

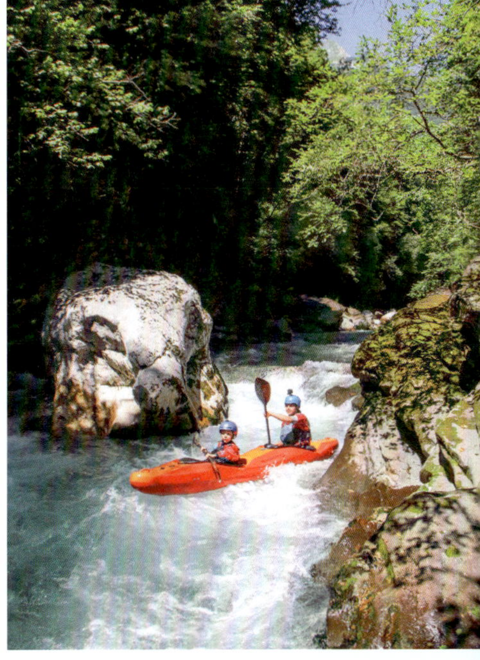

In der Klamm.

BOSNIEN & KROATIEN

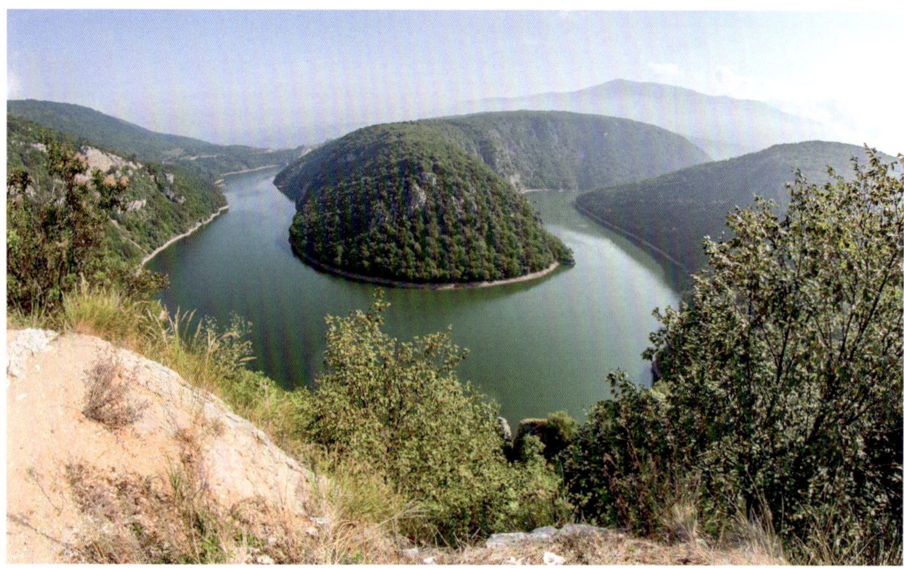

Allgemein:
Der Norden Bosnien-Herzegowinas und das nahegelegene Kustengebiet Kroatiens sind meist immer noch recht unbekannte Paddeldestinationen – meiner Meinung nach völlig zu Unrecht. Gerade für Familien, die sich zwischen einem Strandurlaub und dem Paddeln nicht entscheiden können, dürfte diese Region ideal sein, weil man hier beides ganz einfach miteinander verbinden kann. Die Flüsse bestechen durch ihr kristallklares Wasser und meist unberührter Natur. Das Karstgebiet des Dinarischen Gebirges prägt die Flussläufe und so findet man immer wieder Tuffstufen, die bei Niedrigwasser nicht allzu schwer zu befahren sind. Möchte man das Gebiet erkunden, bietet sich am ehesten eine Art Roadtrip an. So sieht man viel vom Land und kann nebenbei noch diverse Sehenswürdigkeiten der Region sehen. Je nachdem, wie viel man außerhalb des Paddelns noch machen möchte, sollte man ruhig ein bis zwei Wochen für einen Urlaub einplanen.

Beste Zeit mit Kindern:
Die Sommermonate sind für diese Gegend perfekt für den Paddelnachwuchs. Es herrscht Niedrigwasser und die hier beschriebenen Flüsse sind alle gefahrlos befahrbar (im Frühjahr bei HW können die Flüsse deutlich wilder werden). Die Flüsse heizen sich im Sommer auf, so dass man getrost die Paddeljacke weglassen kann. Ein eventueller Schwimmer ist nicht so dramatisch und die Kinder werden sich hier vielleicht sogar mehr trauen und gerne mal ihre Grenzen testen wollen.

Besonderheiten:
Abseits des Meeres sind die Leute auf dem Balkan meist keine Touristen (aus Deutschland) gewohnt, umso mehr freuen sie sich, wenn man das Landesinnere erkundet. Man wird oft besonders freundlich begrüßt und sie wollen fast immer wissen, wie einem das Land als Auswärtiger gefällt.

Etwas unschöner sind die leider teils immer noch vorhandenen Minen. An einigen Stellen kann man nicht so einfach durchs Gebüsch streifen, Gefahrenstellen sind aber stets mit Schildern gekennzeichnet.

Standlager:

- Una Kamp bei Bosanska Krupa https://unakamp.com/de – sehr freundlich, sprechen teilweise deutsch, nach Anmeldung kann man abends lecker im Restaurant essen
- Jajce Auto Camp – liegt fast mitten im Zentrum von Jajce, auch für Zelte geeignet, einfacher Platz, gehört zur Jugendherberge
- Kanjon Kamp in Krupa na Vrbasu – sehr ruhiger Gemeindeplatz, die Sanitären Anlagen stehen offen, zum Kassieren kommt jemand vorbei, ist auch gleichzeitig der Einstieg vom Vrbas
- Camping Muškovci Zrmanja in Obrovac https://tz-obrovac.hr/portfolio-item/camping-muskovci-zrmanja – am Ausstieg der Zrmanja mit sehr gutem Restaurant

Ausflugsziele & Sehenswürdigkeiten:

Ganz oben auf der Liste der Sehenswürdigkeiten steht in dieser Region definitiv der Nationalpark Una. Hier kann man gut und gerne einen ganz Tag in der Natur verbringen. Besonders interessant und ein echter Hingucker (nicht nur für Kinder) ist der große Wasserfall Štrbački buk. Lohnend im Park ist auch ein Abstecher zu den Ruinen von Ostrovica bei Kulen Vakuf. Hier kann man durch das Gemäuer streifen und hat einen wunderbaren Ausblick auf das obere Unatal.

Weiter unterhalb an der Una in Bosanska Krupa liegt eine Festung aus dem 13. Jahrhundert, die noch nicht verfallen ist. Kinder werden die alten Geschütze interessant finden, während sich die Eltern wahrscheinlich eher für einen weiteren Ausblick über die Una begeistern können. Der Eintritt ist kostenlos.

Eine besonders sehenswerte Stadt der Gegend ist die alte Türkenstadt Jajce. Auf kurzen Wegen, die selbst von jüngeren Kindern gut bewältigt werden können, kann man eine weitere Festung, Katakomben und den 30 Meter hohen Plivawasserfall besichtigen. Ganz in der Nähe von Jajce zwischen den Plivsko Seen oder auch bei Krupa na Vrbasu liegen traditionelle bosnische Mühlen. Das Besichtigen ist kostenlos, man kann dort aber teilweise frisch gemahlenes Mehr kaufen, um die Einheimischen zu unterstützen.
Durch die meist doch recht warme Wassertemperatur bietet es sich mit ausgewachsenen Wasserratten an, mindestens einen halben Badetag am Fluss mit Schwimmen und Schnorcheln zu verbringen. Besonders die Una und Zrmanja sind dafür bestens geeignet.

Einen ganz klassischen Strandtag kann man in Jadrija an der Mündung der Zrmanja verbringen.

Gastrotipp:

Essen gehen an den Campingplätzen Kamp Una und Camping Muškovci Zrmanja (bei letzterem ist vor allem der Fisch empfehlenswert). Bei Megi Dea die Bosanski ćevapi, eine Spezialität der Region, probieren (Hrvoja Vukčića Hrvatinića, Jajce 70101).

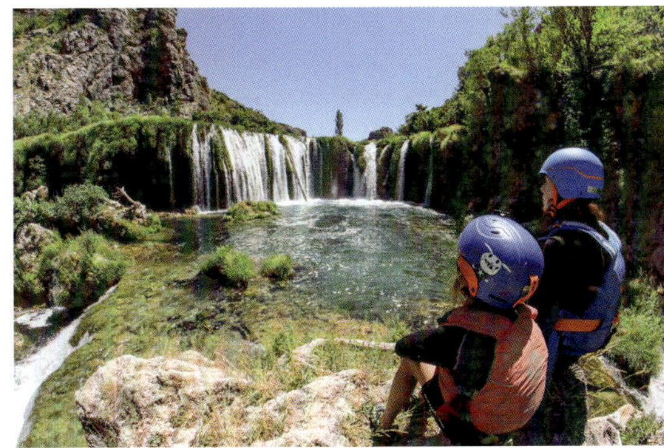

100 UNA

Einstieg: Rafteinstieg (44.896023, 16.045714)
Ausstieg: Una Kamp (44.914811, 16.156519)

FAHRSTRECKE: 17 KM | TECHNIK | KONDITION | LANDSCHAFT

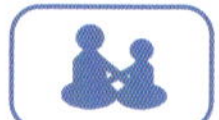

Nicht umsonst heißt Una übersetzt „die Einzigartige", denn dieser Fluss ist wirklich etwas besonderes. Der hier beschriebene Abschnitt, die Grmuša-Schlucht, ist leichtes Wildwasser in einer wunderbaren Landschaft. Die blau leuchtende Wasserfarbe Una sorgt dabei für den besonderen Zauber.

Wildwassertechnisch ist der Fluss nicht besonders schwierig, kleine Felsriegel bilden meist Schwälle mit offenen Durchfahrten. Hier entstehen wunderbare Wellenzüge und auch die ein oder andere Mini-Surfwelle. Sehenswert sind auf der Una die traditionellen Wassermühlen in Bosanska Krupa, die man vom Boot aus eingehend erkunden kann. Kurz vor Schluss, nach dem Ort Bosanska Krupa gibt es zwei schwierigere Stellen. Zunächst ein Felsriegel mit verblockter Durchfahrt. Hier kann man prima rechts von der Hauptströmung die Chickenline über eine kleine Rutsche nehmen. Außerdem eine Stute, die man bei NW nach Besichtigung fahren kann. Sollte man sich die Befahrung nicht zutrauen, kann man diese Stufe über eine Insel in der Mitte auch umtragen, bzw. besichtigen.

Die letzten anderthalb Kilometer sind nur noch ruhig fließendes Gewässer bis man den Campingplatz am rechten Ufer erreicht. Wer also sein Lager nicht dort aufgeschlagen hat, kann also schon getrost an der Brücke Richtung Glavica aufhören.

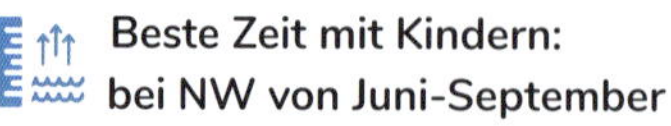

Beste Zeit mit Kindern: bei NW von Juni-September

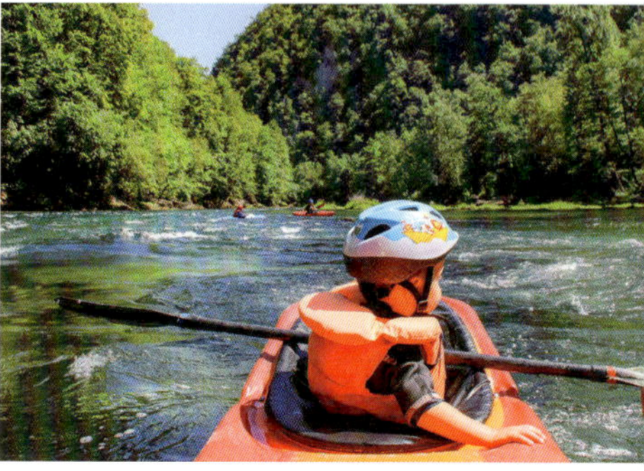

Die Ufer sind einfach so unglaublich grün.

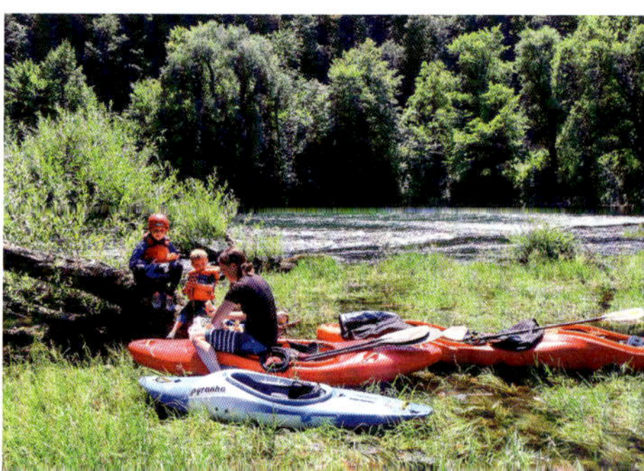

Pause kann man hier auch schon mal halb im Flussbett machen.

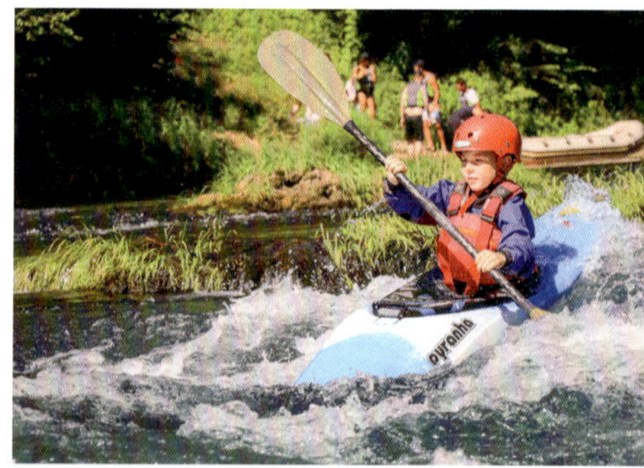

Die erste Stelle nach dem Start bietet bereits wunderbare Wellen.

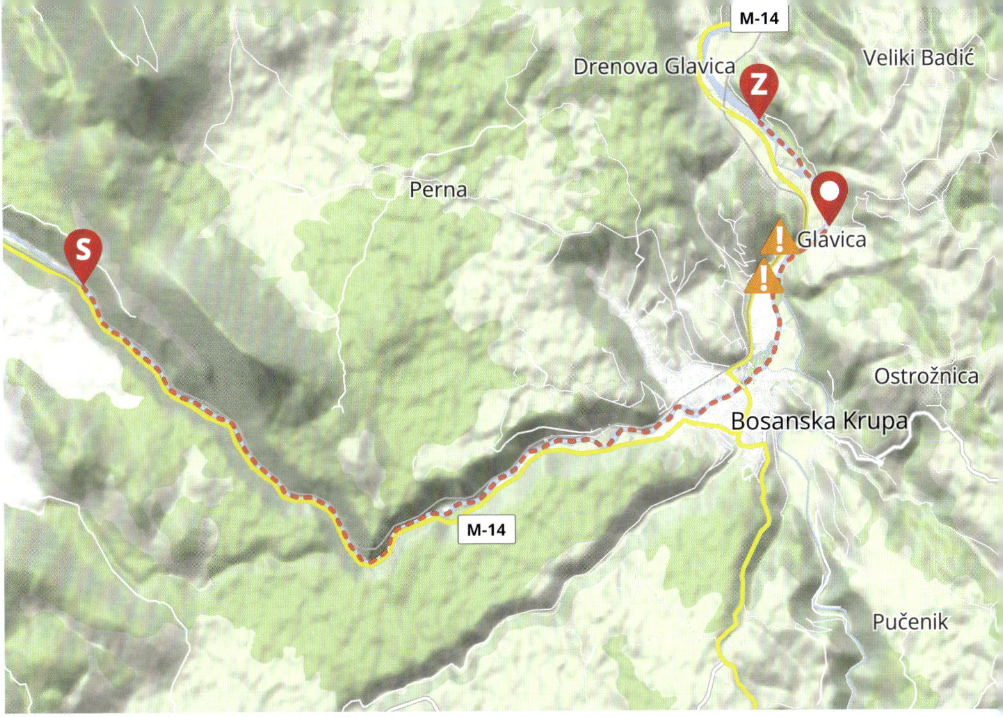

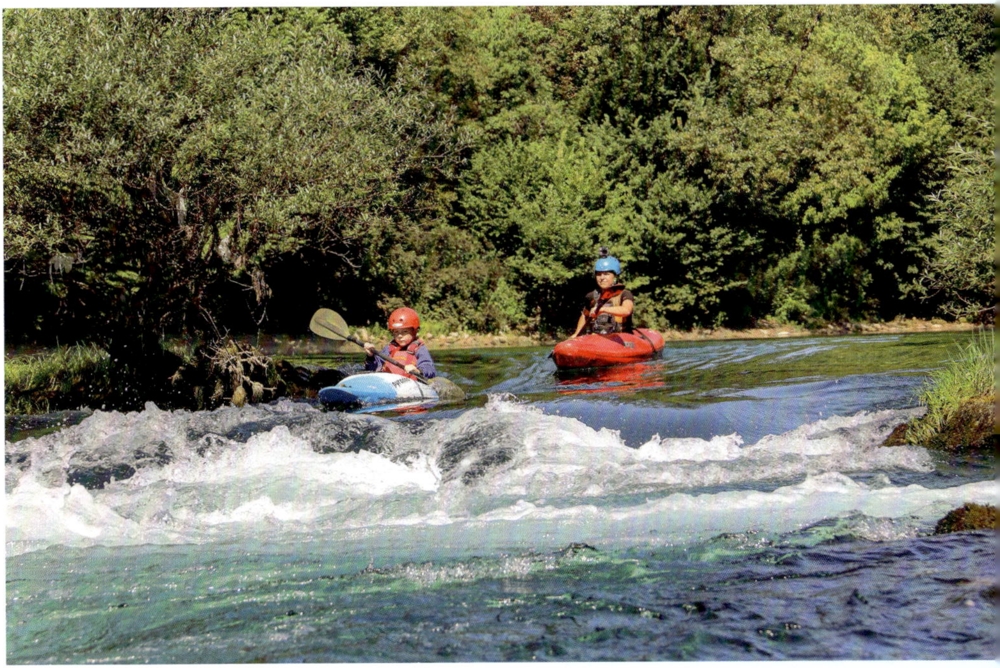

Zwischen Felsriegeln bilden sich immer wieder kleine Schwälle.

101 VRBAS

Einstieg: Krupa na Vrbasu (44.616131, 17.148985) **Ausstieg:** Picknickplatz bei Karanovac (44.697590, 17.198229)

FAHRSTRECKE: 15 KM | TECHNIK | KONDITION | LANDSCHAFT

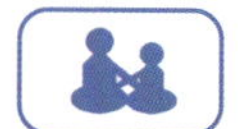

Der Vrbas fließt durch ein landschaftlich herausragendes Tal mit dichten Wäldern und schroffen Felswänden. Die Wasserabgabe ist von einem oberhalb liegenden Kraftwerk reguliert, das dafür sorgt, dass man wohl das ganze Jahr über einen passenden Wasserstand vorfindet.

Die ersten Kilometer paddelt man durch ein offenes Tal mit einigen schönen Schwällchen. Der Fluss ist hier an einigen Stellen ganz schön breit. Nach 12 km erreicht man die Tijesno- Klamm, die sich mit ihren steilen Bergflanken schon von weitem ankündigt. Hier verengt sich das Flussbett, was zu einer Zunahme der Schwierigkeiten führt. Die Wellen werden höher und an einigen Stellen bildet sich Presswasser.

In der dann folgenden Slalomstrecke des Kanu Clubs von Banja Luka steigen die Schwierigkeiten an zwei Stellen bis auf WW III- an. Hauptsächlich schießt man hier durch hohe Wellen. In der zweiten Stelle sollte man links fahren, da rechts erst ein dickes Loch und dann ein dicker Stein wartet. Wenn man sich unsicher ist, kann man den gesamten Abschnitt entweder von der Straße aus oder einem Steg am linken Ufer einsehen.

Danach nehmen die Schwierigkeiten wieder ab und man kann die eindrucksvollen Felsformationen der Schlucht bestaunen, bevor der Vrbas langsam in die Ebene austritt.

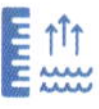

Beste Zeit mit Kindern:
bei NW von Juni-September

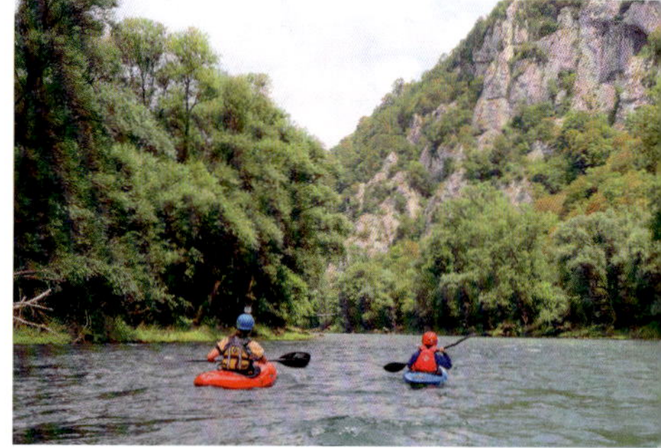

Es geht leicht los.

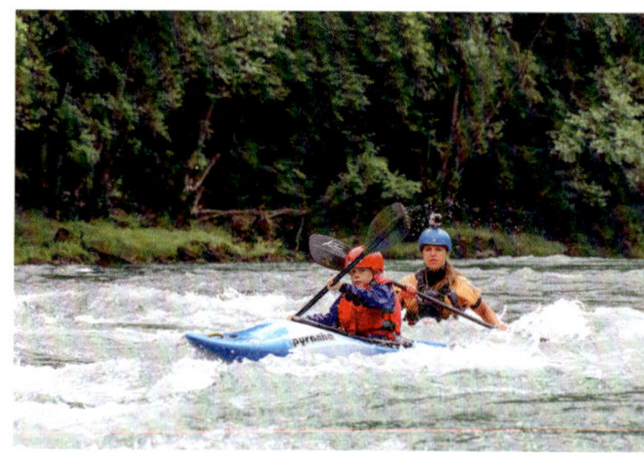

Mit der Zeit wird es wilder.

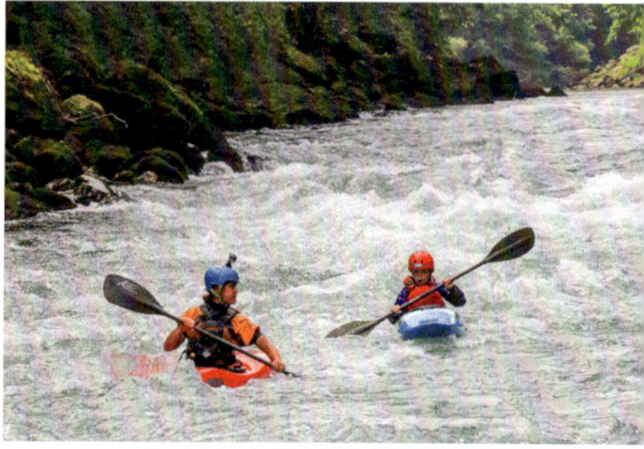

Die Slalomstrecke ist zugleich der schwierigste Abschnitt.

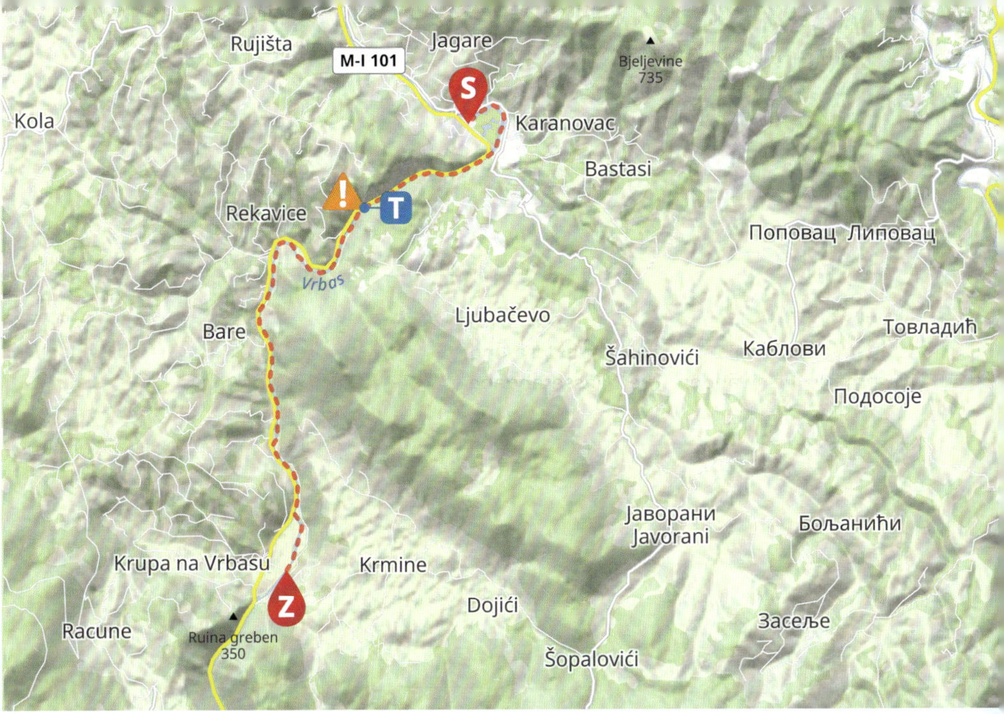

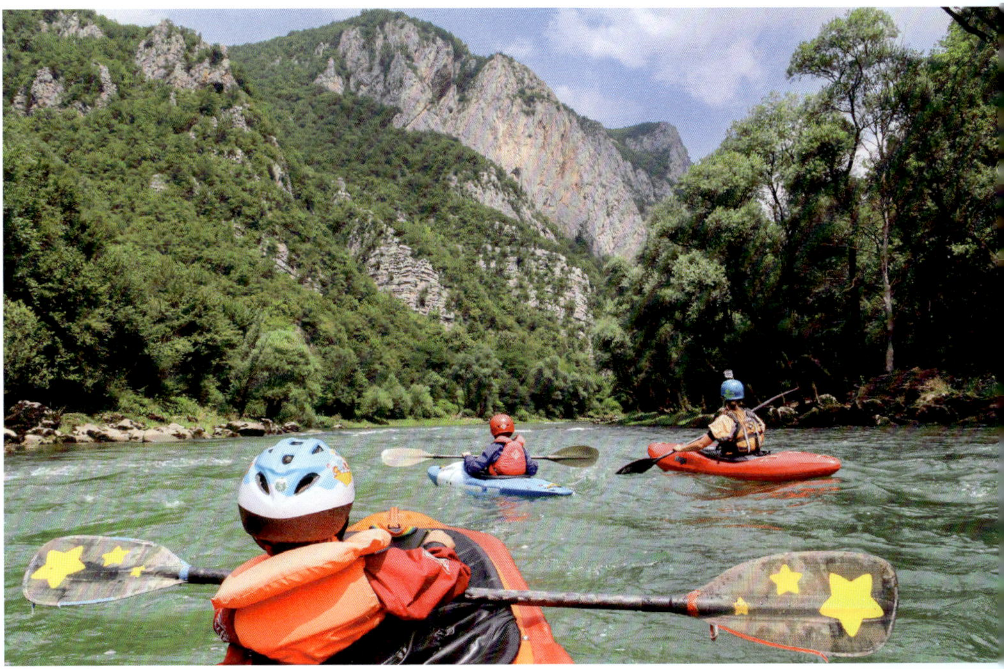

Einfahrt in die Tijesno-Klamm.

102 SANA

Einstieg: Bachmündung von rechts, unterhalb Kljuc (44.570820, 16.833837)

Ausstieg: kurz oberhalb der Brücke Vrhpolje-Tomina (44.686875, 16.742236)

FAHRSTRECKE: 16 KM | TECHNIK | KONDITION | LANDSCHAFT

Die Sana überrascht mit einer wunderbaren Waldschlucht, die die meiste Zeit nur von einer Schotterstraße begleitet wird. Als einzige Zeichen der Zivilisation säumen teils malerische Ferienhäuser die Ufer. In dieser grünen Pracht kann man richtig gut abschalten.

Wildwassertechnisch hat die Sana aber auch etwas zu bieten. Schöne offene Schwälle oder auch mal kleinere Stufen, bei denen man die richtige Durchfahrt treffen muss, sorgen für reichlich Abwechslung und halten vor allem die kleinen WW-Neulinge auf Trab. Dabei erreichen die Schwierigkeiten maximal WW II. Bei sehr hohen Wasserständen verschwinden die kleinen Stufen und es geht mit sehr schneller Strömung und einigen Wellen abwärts.

Kurz vor Schluss, auf Höhe einer Moschee auf der linken Seite, muss man bei NW noch einmal an einigen Stellen aufpassen. Hier lauern Holzpflöcke im Unterwasser, die kleinen Träumern schnell zum Verhängnis werden können.

Da die Schotterstraße den Fluss die ganze Zeit über begleitet, kann man den Ein- und Ausstieg auch frei wählen. Steigt man oberhalb ein, gibt es noch eine Stelle, die WW III ist und je nach Wasserstand Verblockung oder feinstes Wuchtwasser bietet.

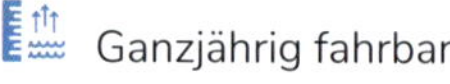

Ganzjährig fahrbar

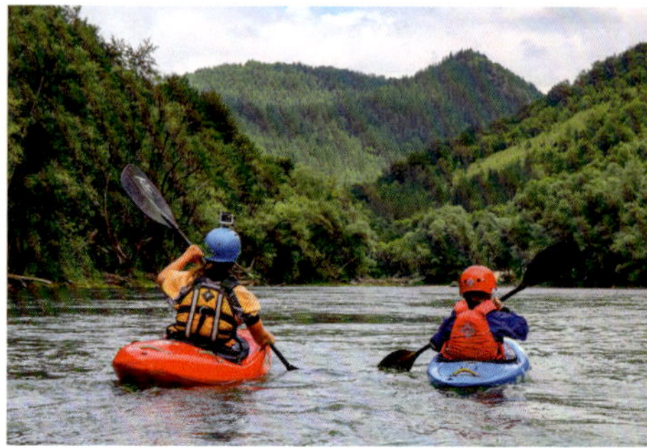

Die Sana durchfließt eine tiefgrüne Waldschlucht.

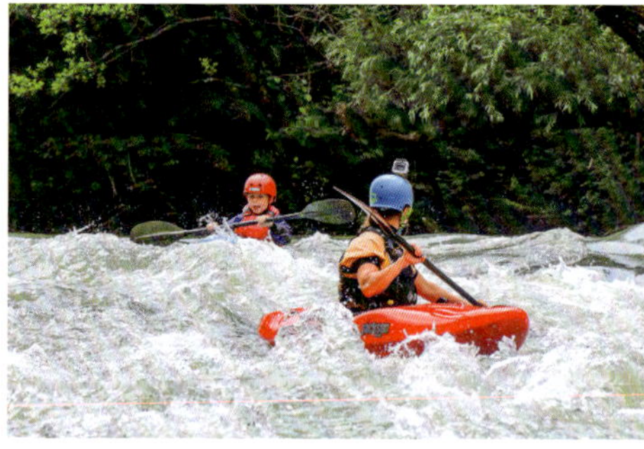

Mal geht es über offene Schwällchen,...

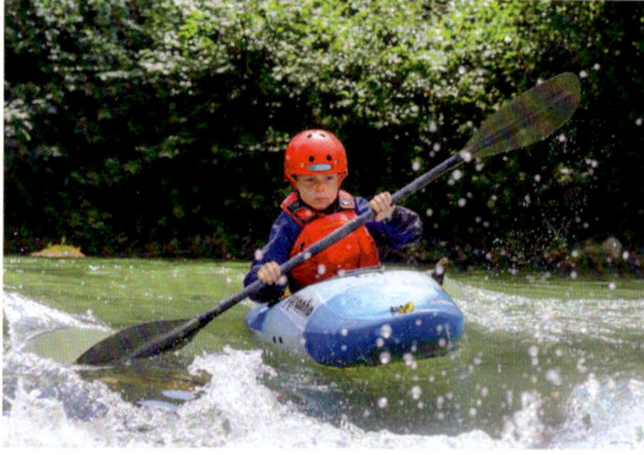

...mal über kleine Stufen abwärts.

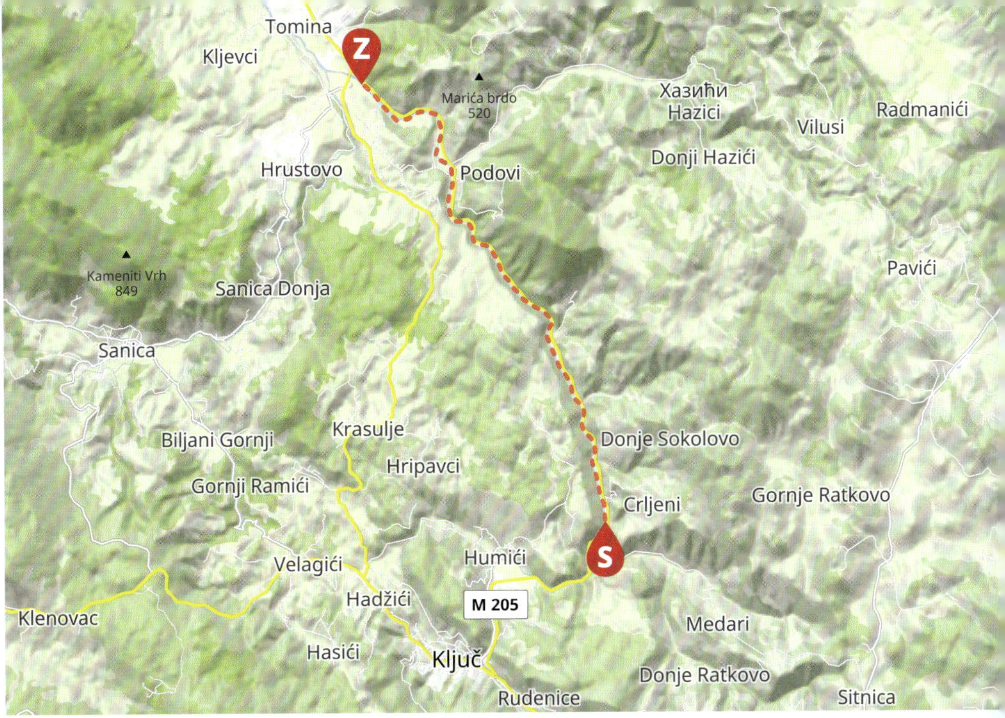

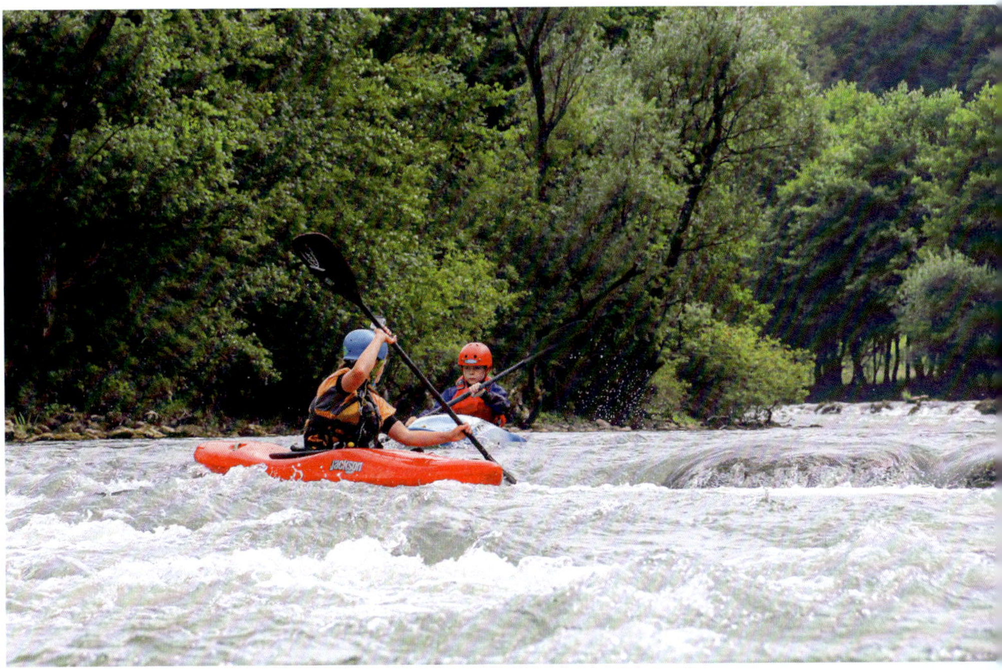

An einigen Stellen muss man auch schon mal die Route des Vorpaddlers treffen.

103 ZRMANJA

Einstieg: Rafteinstieg Kaštel Žegarski (44.161452, 15.849215) **Ausstieg:** Muškovci (44.196984, 15.768883)

FAHRSTRECKE: 10,5 KM | TECHNIK | KONDITION | LANDSCHAFT

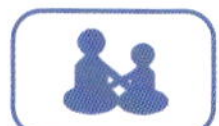

Die Zrmanja ist einer der Paradestufenbäche Kroatiens. Auf dem hier vorgestellten Abschnitt durchfließt sie eine einsame Karstschlucht. Am besten paddelt man sie mit Kindern in den frühen Sommermonaten (bis Juli), dann ist der Wasserstand ideal und Temperaturen so warm, dass die Abkühlung an den Stufen die Paddelkinder erfreut.

Los geht es zunächst mit längeren Flachwasserabschnitten und kleineren Schwällchen, die alle nicht besonders schwierig zu befahren sind. Die Zrmanja gräbt sich immer weiter in eine Schlucht ein und irgendwann erreicht man den Veliki Buk, einen ca. 10 m hohen Wasserfall. Diesen umträgt man am linken Ufer über einen schmalen (und teils rutschigen) Pfad. Fitte Kinder können direkt nach dem Fall wiedereinsteigen und die schwierigste Stufe des Abschnitts fahren (davor sollte man aber unbedingt hinter den Vorhang des 10 m-Wasserfalls paddeln – ein einzigartiges Erlebnis!). Danach folgen diverse Stufen in engeren Abständen zueinander. Zwei von ihnen sind dabei etwas schwieriger zu fahren, sie kommen kurz vorm Ende der Tour. Die eine ist eine Rutsche mit viel Gefälle, bei der man am Ende gut die Kurve kriegen muss, so zackig schießt das Wasser hier um die Ecke, WW III. Umtragen ist an der Stelle etwas umständlich, aber mit weniger sicheren Kindern kann man sie auch gut im Päckchen fahren. Die andere schwerere Stelle ist der Ogarov Buk, eine ca. 3 m hohe Stufe, die man im linken Arm fährt. Besichtigen und ggf. umtragen kann man diese Stelle auf der rechten Seite. Danach paddelt man über Flachwasser aus der Schlucht hinaus zum Ausstieg.

Befahrungsregelung: Für das Paddeln auf der Zrmanja benötigt man ein Permit, dieses kann man an einer der zahllosen Kanuverleihe erstehen. Dabei wechselt jeden Tag, wer gerade für den Verkauf zuständig ist. Einfach am Einstieg jemanden ansprechen, die Mitarbeiter der Verleihe helfen gerne weiter.

45-55 cm in Žegar nizvodni ideal mit Kindern

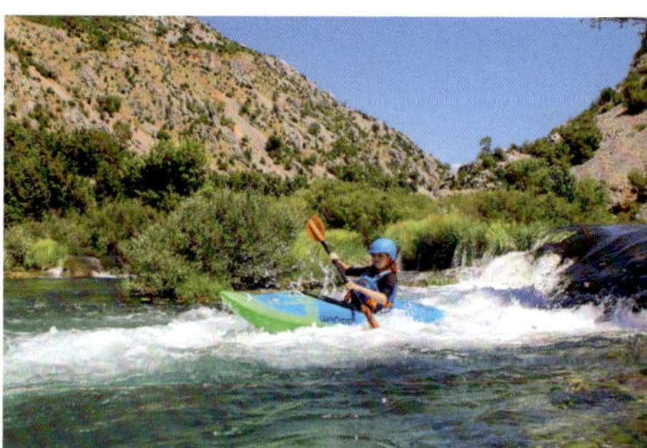

Eine der einfach zu befahrenden Tuffstufen.

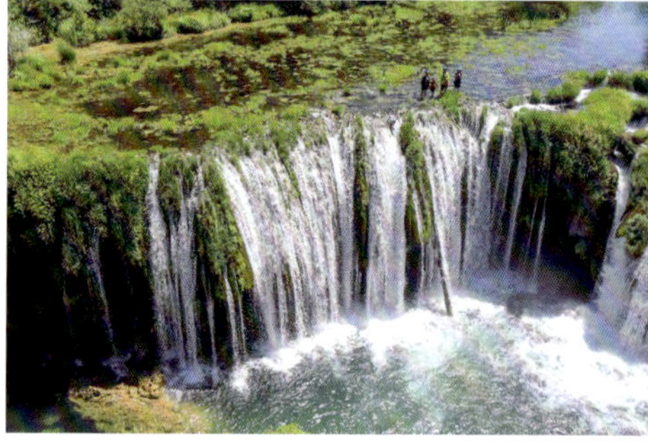

Sightseeing am 10-Meter Wasserfall.

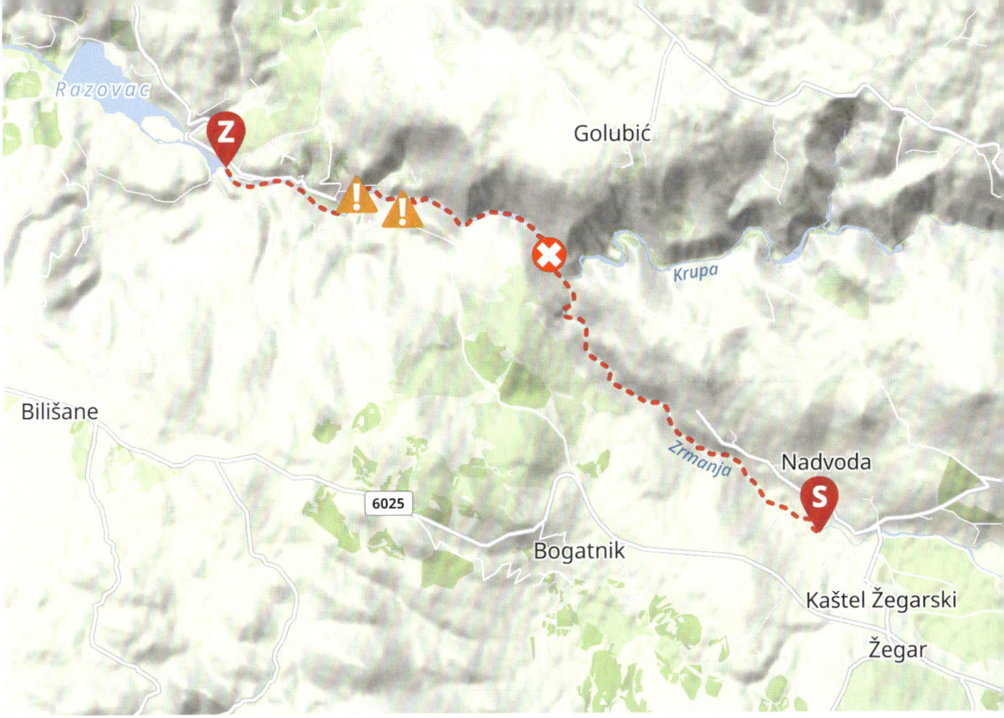

Razovac
Golubić
Krupa
Bilišane
Zrmanja
Nadvoda
6025
Bogatnik
Kaštel Žegarski
Žegar

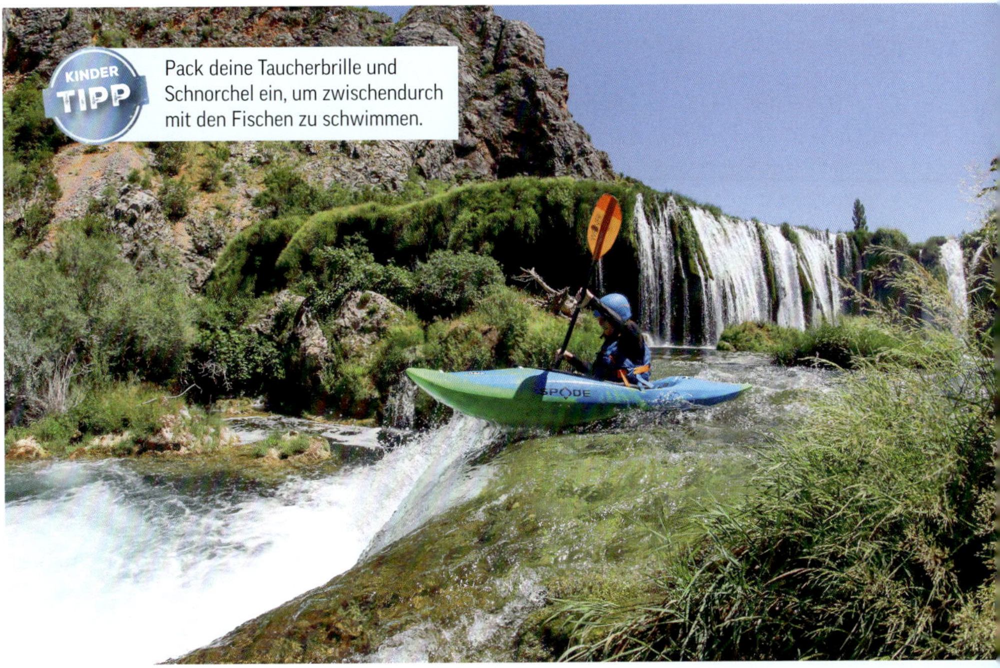

KINDER TIPP

Pack deine Taucherbrille und Schnorchel ein, um zwischendurch mit den Fischen zu schwimmen.

Die Stufe direkt hinter dem hohen Fall ist am schwierigsten zu befahren.

NORDMONTENEGRO & HERZEGOWINA

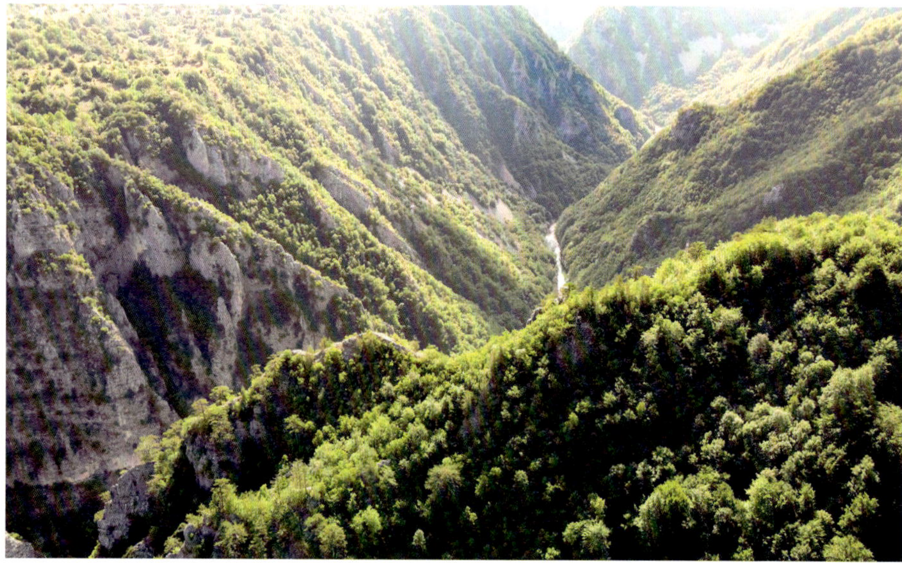

Allgemein:
Wer auf der Suche nach richtigen, aber kindgerechten Abenteuern ist, sollte unbedingt in diese Region fahren. Sie besticht durch Unmengen an unberührter Natur, einzigartigen Karstlandschaften mit viel Grün und spektakulären Schluchten. Die Schwierigkeiten sind in der Regel nicht besonders hoch, so dass die Kinder selbst durch die tiefsten Schluchten mitpaddeln können. Das Gebiet erstreckt sich über die zwei Länder Montenegro und Bosnien-Herzegowina, die sich geologisch sehr ähnlich sind. Allerdings muss man trotz der Ähnlichkeiten immer etwas (mehr) Zeit für die Grenzformalitäten einplanen.

Durch die lange Anfahrt ist die Gegend nicht besonders bekannt unter deutschen Paddler. Macht man sich aber die Mühe, wird man mit den schönsten Flusslandschaften Europas belohnt. Um das alles voll auszukosten, sollte man zeitlich schon ein bis zwei Wochen einplanen. Hat man länger Urlaub, kann man diese Region hervorragend mit der Region Bosnien & Kroatien verbinden.

Beste Zeit mit Kindern:
Mit Kindern fährt man im Sommer in die Region, im Frühjahr, zur Schneeschmelze können die Schwierigkeiten locker eine Stufe höher liegen.

Besonderheiten:
Hier gibt es die wohl höchste Dichte an einsamen und unzugänglichen Schluchten.

Standlager:

- Camp Grab an der Tara https://tara-grab.com – einsam gelegen mit schönem Strand zum Spielen, helfen gerne bei den Formalitäten zur Befahrung der Tara
- Eko selo Boračko jezero an der oberen Neretva https://ekoselo-bih.com – sehr ruhiger Platz, in einem einsamen Tal, direkt an einem See
- Auto Camp Oaza in Konjic – am Stausee gelegen, super zum Baden, nicht für große Wohnwagen oder größere Gruppen geeignet
- Auto Camp Blagaj in Kosor https://www.autocamp-blagaj.com – bester Campingplatz in der Nähe von Mostar, superfreundlich mit idyllischer Flussterrasse und gutem Restaurant

Ausflugsziele & Sehenswürdigkeiten:

Im Norden von Montenegro ist ganz klar die Natur der große Star. Wenn man also abseits des Paddelns etwas unternehmen möchte, kommt man am Nationalpark Durmitor nicht vorbei. Es gibt unzählige Wanderrouten in den unterschiedlichsten Schwierigkeiten. Eine leichte Wanderung mit spektakulärer Aussicht in die Taraschlucht führt zum Gipfel Curevac, diese ist auch gut mit Kindern zu bewältigen (Startpunkt: 43.1938, 19.0896).

Wer etwas mehr Wert auf Kultur legt, kommt in Bosnien-Herzegowina voll auf seine Kosten. Ganz in der Nähe des Ausstiegs des Neretva-Canyons befindet sich der „Tito-Bunker“, der auf Geheiß des gleichnamigen, jugoslawischen Diktators mehr oder weniger heimlich in den Berg gesprengt wurde. Tickets für einen Besuch bekommt man beim Raftcenter in Konjic.

Die schönste und wohl auch bekannteste Stadt der Region ist Mostar. Die Altstadt rund um die Stari Most (alte Brücke) lädt hier zu einem Bummel mit orientalischem Flair ein. Neben der Brücke ist die Karađozbeg-Moschee besonders sehenswert. Mit viel Glück kann man hier auch die berühmten Brückenspringer beobachten.

Unweit von Mostar liegt die Buna-Quelle. Hier tritt eine Menge Wasser aus einer großen Höhle aus, direkt daneben liegt ein Derwischkloster. Leider ist dieser wunderschöne Flecken touristisch sehr erschlossen mit vielen Restaurants/Touribuden. Die Buna an sich kann man übrigens auch paddeln, allerdings eher im Frühjahr bei höheren Wasserständen, der Fluss ist auf seinen neun Kilometern aber eher ein Wanderfluss mit nur wenig wilden Stellen (ein paar Tuffstufen und der Schwall an der Quelle).

Gastrotipp:

- Essen gehen an den Campingplätzen Camp Grab und Auto Camp Blagaj

- Restaurant Zaborje an der Komarnica (43.0246, 18.8613) – Spezialität: Forelle aus der Komarnica

Kombifluss:

Piva – Staumauer bis Zusammenfluss mit der Tara (9 km, WW III-IV); Achtung: Grenzübertritt, wenn man weiter auf der Driva paddelt!

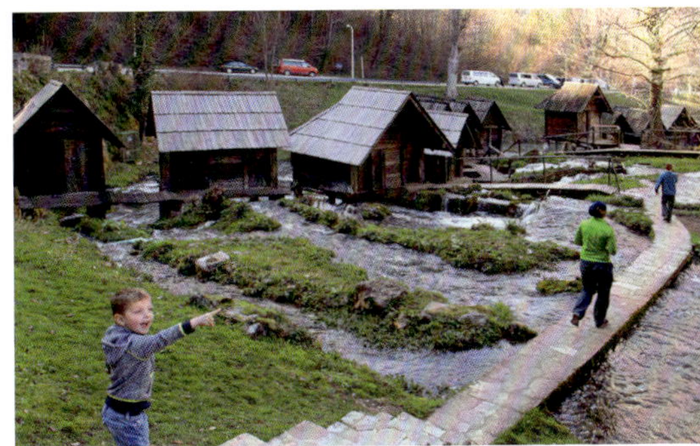

104 MULTIDAY TARA

Einstieg: Sljivansko (43.128414, 19.309726)
Ausstieg: Brstanovica (43.318355, 18.959392) / Zusammenfluss mit der Piva (43.348577, 18.845704)

FAHRSTRECKE: 63/49 KM | TECHNIK ⑥⑥⑥⑥⑥/⑥⑥⑥ | KONDITION ⑥⑥⑥⑥⑥ | LANDSCHAFT ⑥⑥⑥⑥⑥

Die Tara ist wirklich ein ganz besonderer Fluss. Auf über 60 km schlängelt sie sich größtenteils abseits der Zivilisation durch die tiefste Schlucht Europas. Garniert wird diese mit viel grünem Wald, Karstriesenquellen und Schleierfällen – einfach traumhaft. Mit Kindern sollte man diese Strecke nur bei sommerlichen Niedrigwasser fahren, im Frühjahr zur Zeiten der Schneeschmelze kann die Tara sehr wuchtig werden und ist dann auf keinen Fall für Kinder geeignet!

Angesichts der Länge der Strecke bietet es sich an, die Tour auf zwei oder mehr Tage aufzuteilen. Übernachtet werden kann nur an ausgewiesenen Campingplätzen, dort kann man aber sogar in Hütten übernachten und wird auch verpflegt (was das Gepäck im Boot schön minimiert).

Auf einem Großteil der Strecke ist die Tara nicht besonders schwer und vor allem im mittlerem Abschnitt rangieren die Schwierigkeiten zwischen WW I und II. Doch es gibt auch deutlich schwerere Rapids. Kurz nach dem Start, nachdem man die hohe Brücke passiert hat, geht es mit etwas mehr Gefälle und einigen Wellen und Walzen hinab, WW II/II+. Dann kurz vor Ende der Tour, ab dem Rafteinstieg Brstanovica bis zum Camp Grab, wird die Tara nochmal so richtig wuchtig. Weniger erfahrene Kinder beenden hier am besten die Tour.

Diese sieben Kilometer sind durchgehend WW III mit einer Stelle WW III+ und somit nur kleinen „Paddelprofis" vorbehalten. Ab Camp Grab wird die Tara wieder ein wenig leichter, ist mit WW II-III für Kinder aber immer noch ziemlich wuchtig.

Achtung: Der Ausstieg befindet sich an der Eisenbrücke zwischen den Grenzposten, je nachdem woher man vorher gekommen ist und wie man von da aus weiterfährt, kann es Probleme geben. Am besten viel Geduld für die Grenzformalitäten mitbringen (auch wenn man Montenegro nicht verlassen will) und seine Ausweise für diese Paddeltour nicht vergessen.

Befahrungsregelung: Die Befahrung der Tara ist gebührenpflichtig. Die Permits für den oberen Teil der Schlucht kann man an der hohen Brücke in der Nähe des Einstiegs erwerben. Pro Boot und pro Tag zahlt man 53 € (Zweier kostet etwas mehr). Weitere Gebühren werden im unteren Abschnitt fällig, wenn die Tara die Grenze zwischen Montenegro und Bosnien- Herzegowina bildet. Hier kostet ein Boot 13 € pro Tag. Das Permit kauft man direkt vor Ort beim Ranger. Mit etwas Glück, trifft man auf keinen Ranger und die Gebühr wird nicht erhoben (ist nachmittags oft der Fall). [Stand Sommer 2021]

Anmerkung: Das Auto umsetzen an der Tara ist lang und aufwändig. Viele Campingplätze bieten daher einen Shuttleservice an.

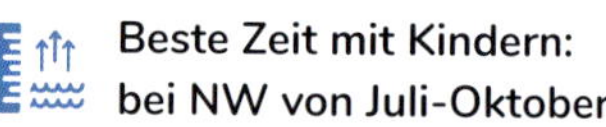

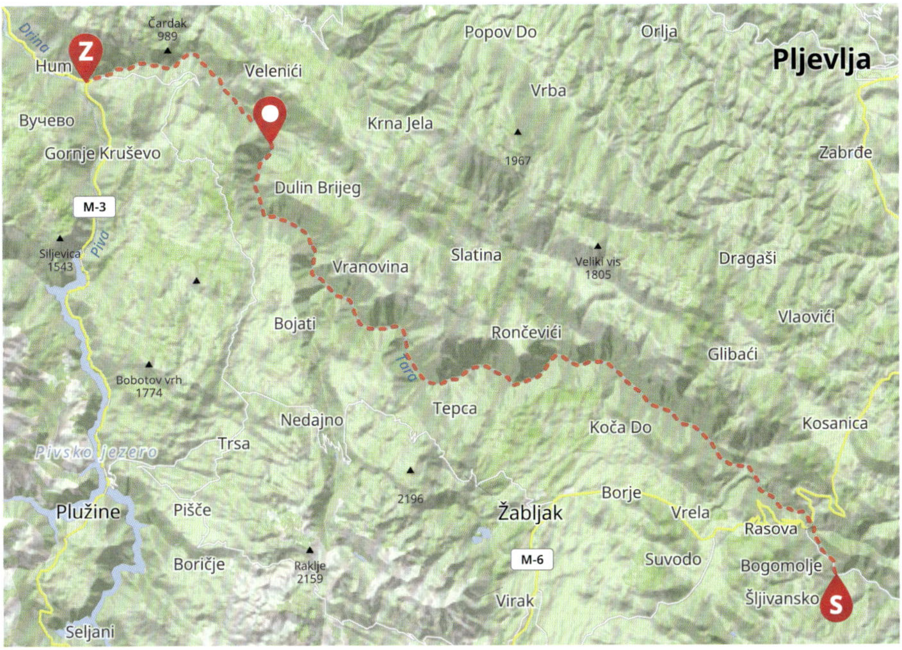

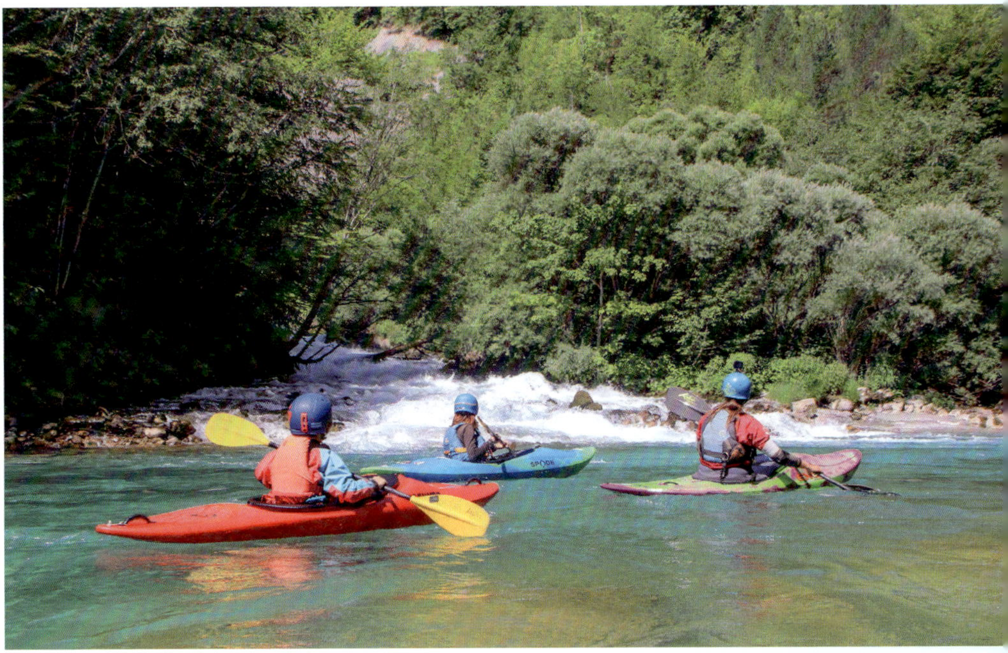

Eine Karstriesenquelle sorgt für ordentlich Zuschusswasser.

104 MULTIDAY TARA

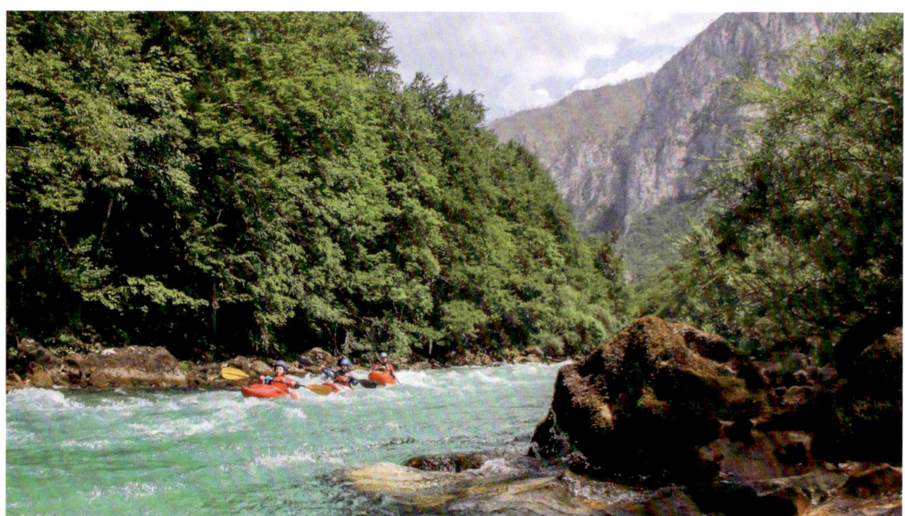

Landschaft und Wildwasser begeistern hier Groß und Klein.

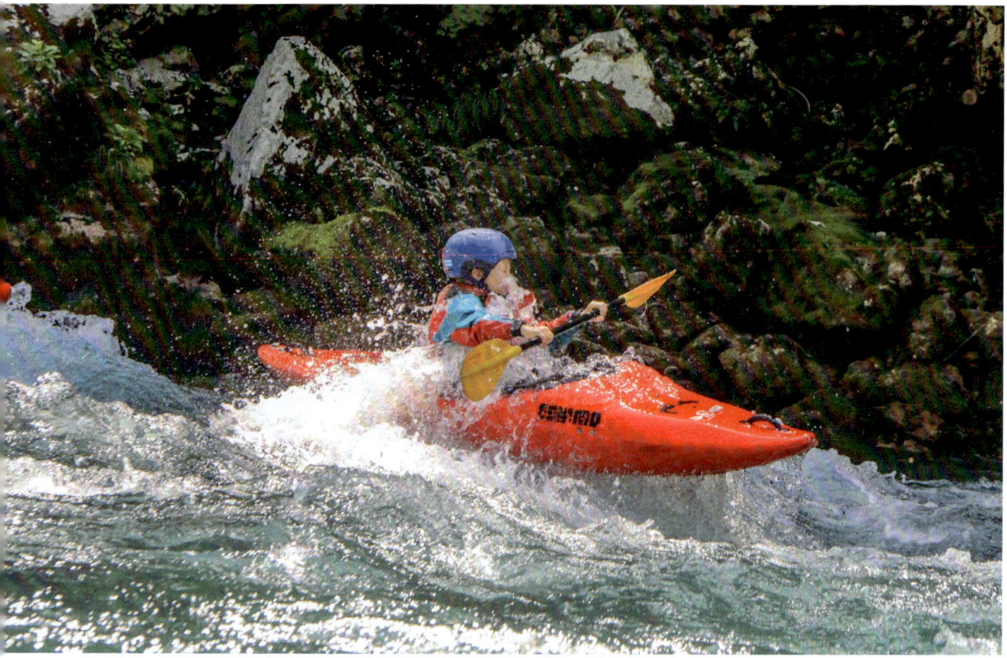

Kurz hinter der hohen Brücke gibt es ein paar spaßige Wellen.

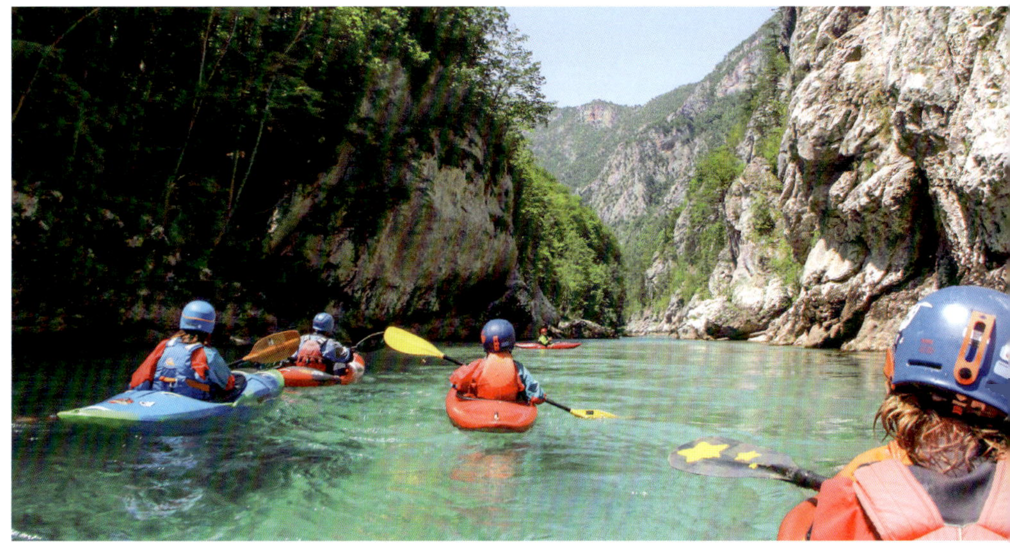

Die Befahrung der Taraschlucht ist ein ganz besonderes Erlebnis.

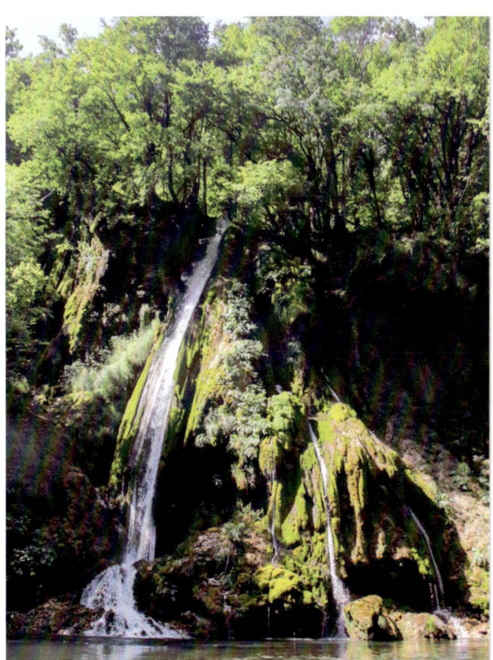

Der Wasserfall Bailovica Sige.

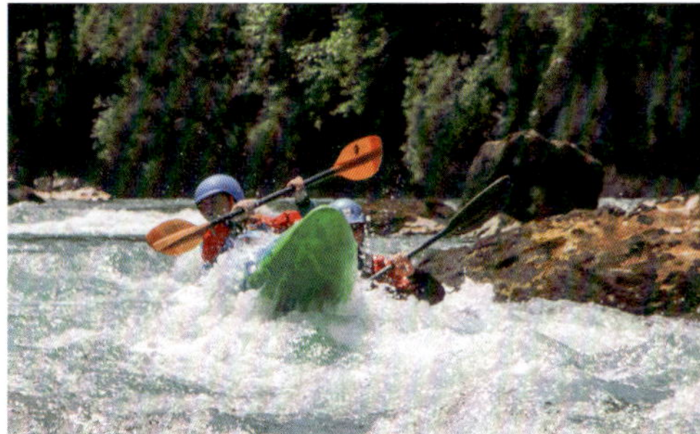

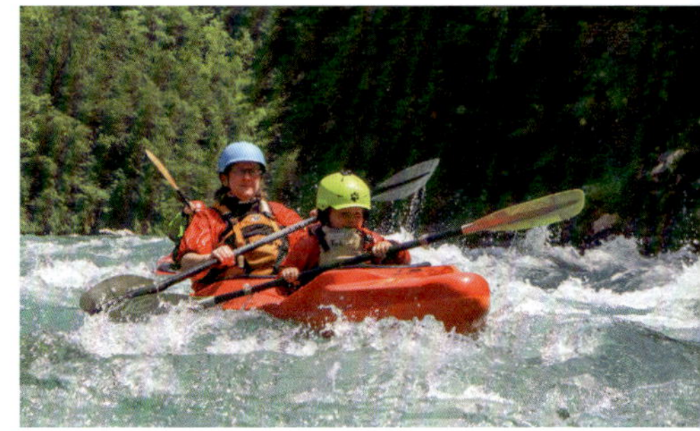

Kurz vor der Mündung wird es nochmal schwieriger.

105 DRINA

Einstieg: Zusammenfluss Tara und Piva (43.349525, 18.840436)
Ausstieg: Brod, Mündung Bistrica (43.491836, 18.742819)

FAHRSTRECKE: 21 KM | TECHNIK | KONDITION | LANDSCHAFT

Die Drina wird durch den Zusammenfluss von Piva und Tara gebildet. Sie untersteht starken Wasserschwankungen durch den Ablass des Pivastausees. Hat man die Möglichkeit, sollte man die Drina fahren, wenn die Piva ablässt. Das Wasser ist dann zwar eiskalt (also sehr warm anziehen), dafür bilden sich viele tolle Wellen, die die Drina so reizvoll machen. Die Schwierigkeiten gehen dabei nie über WW II+ hinaus. Je nach Können der Kinder kann man eine leichte Route einschlagen und um die Hauptschwierigkeiten drum herumpaddeln oder man schlägt die Actionroute ein und nimmt alles mit. Das ist besonders lohnend für Kinder, die sich auf Wuchtwasser wohl fühlen und die lernen wollen, über Plumpsklos zu boofen.

Wegen der schlechten Zugänglichkeiten und trotz Straßen zu beiden Seiten, muss man leider eine so weite Strecke auf sich nehmen, wobei die Drina mit ihrer starken Strömung ordentlich mithilft.

Anmerkung: Am Einstieg herrscht reger Grenzverkehr, am besten, man steigt auf bosnischer Seite ein. Dort gibt es einen Schotterparkplatz kurz vor der Grenze (43.349566, 18.840189), von dem aus man die Boote zum Fluss runtertragen kann.

Wahrscheinlich ganzjährig, starke Schwankungen des Wasserstands durch das Kraftwerk am Piva-Stausee, kein Onlinepegel vorhanden.

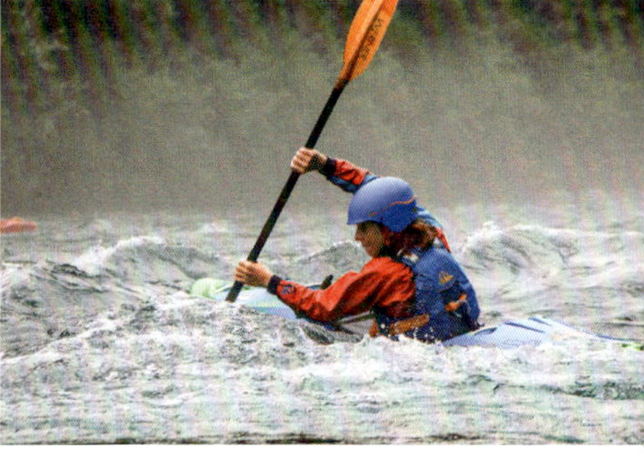

In den vielen Schwällen kann man prima in den Wellen spielen.

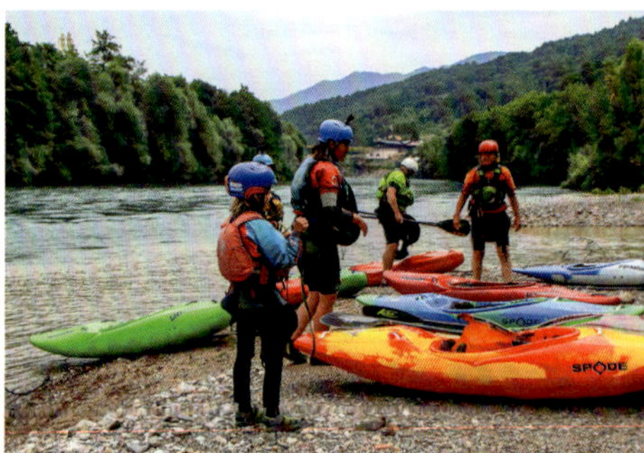

Am Ausstieg an der Mündung der Bistrica.

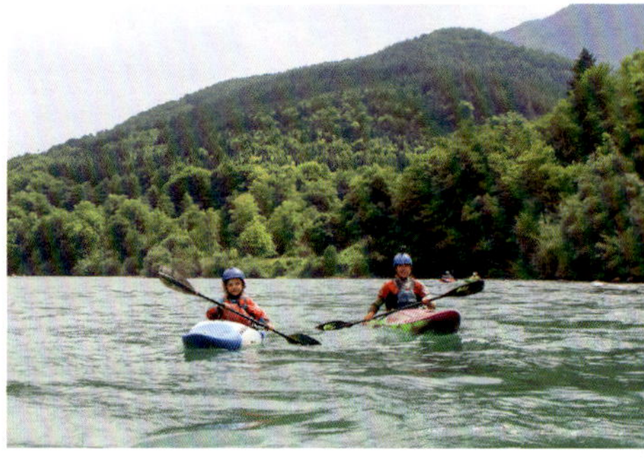

Zum Glück fließt die Drina die ganze Zeit.

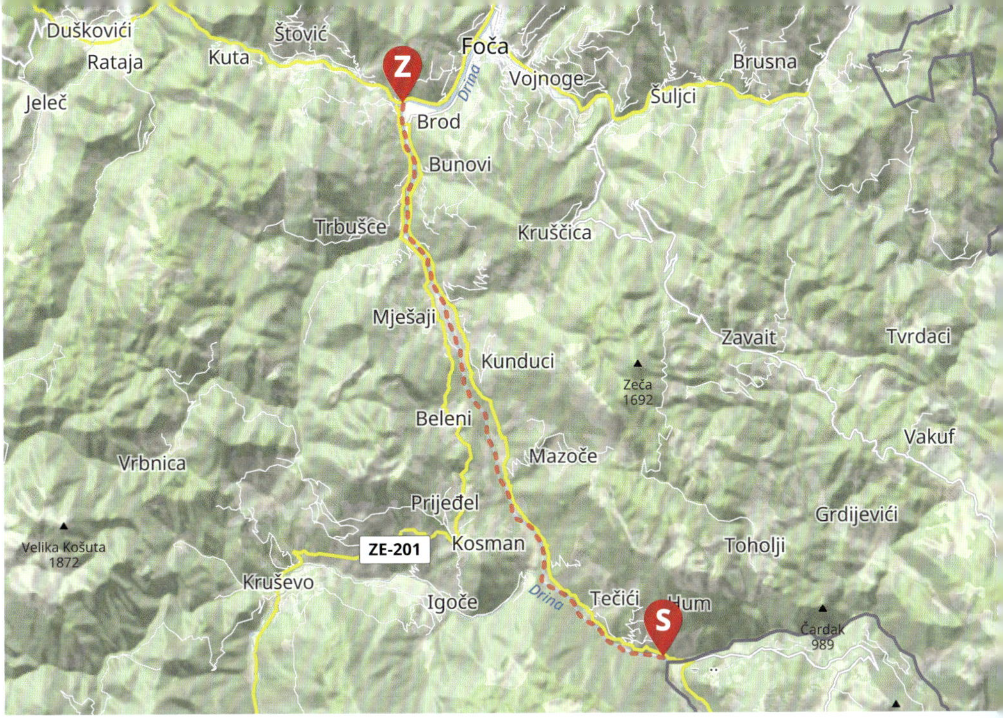

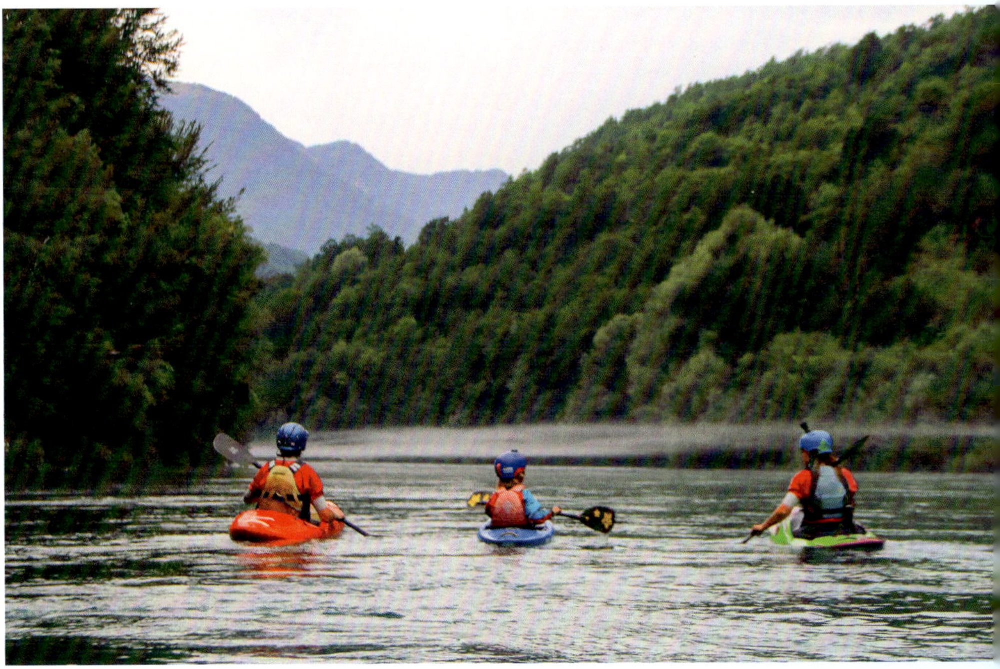

Kommt Nebel auf, entsteht am Fluss eine mystische Atmosphäre.

106 KOMARNICA

Einstieg: Donja Brezna (42.975104, 18.999953) **Ausstieg:** Brücke Pivsko Jezero (43.058625, 18.883548)

FAHRSTRECKE: 20 KM | TECHNIK | KONDITION | LANDSCHAFT

Die Komarnica-Schlucht ist nur etwas für echte Abenteurer. Das beginnt schon mit der Suche nach dem Einstieg. Von der Streusiedlung Donja Brezna aus, fährt man weiter flussauf bis der Weg nicht mehr mit dem Auto befahrbar ist. Dann geht es zu Fuß weiter auf einem steilen Wanderweg. Insgesamt müssen 300 Höhenmeter bewältigt werden, eine sehr schweißtreibende Angelegenheit (hierbei hilft es ungemein, wenn der Nachwuchs schon gut beim Bootstransport mit anpacken kann).

Dafür erwartet einen unten eine der wohl ausgesetztesten Schluchten Europas, die Kinder schon mitpaddeln können. Besonders schwierig ist die Komarnica nämlich nicht. Meistens liegen die Schwierigkeiten bei WW I-II, nur eine Stelle hat etwas mehr Gefälle und schießt zackig um die Kurve, WW II+. Unzählige, teils riesige Karstquellen speisen den Fluss, so dass es nicht schlimm ist, wenn man in den ersten Stellen etwas schrappt.

Die letzten Kilometer der Komarnica sind leider in den Fluten des Piva-Stausees abgesoffen, was dazu führt, dass die außerordentlich landschaftliche Schönheit der steilen Felswände zwar bestehen bleibt, das Wildwasser aber leider verschwindet. 10 Kilometer Flachwasser muss man bis zum nächsten möglichen Ausstieg in Kauf nehmen.

Beste Zeit mit Kindern: Mai- Ende Juli

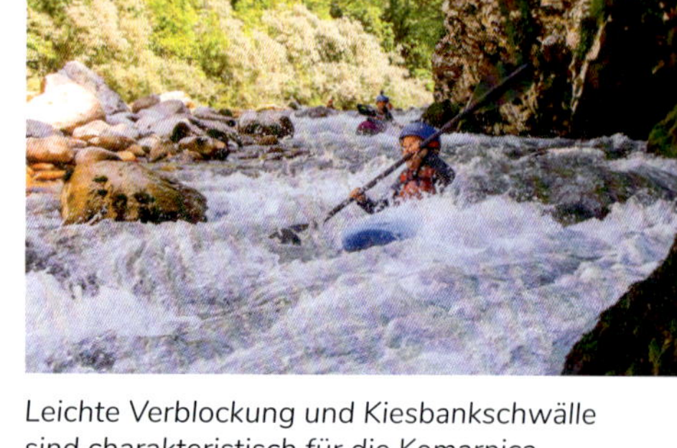

Leichte Verblockung und Kiesbankschwälle sind charakteristisch für die Komarnica.

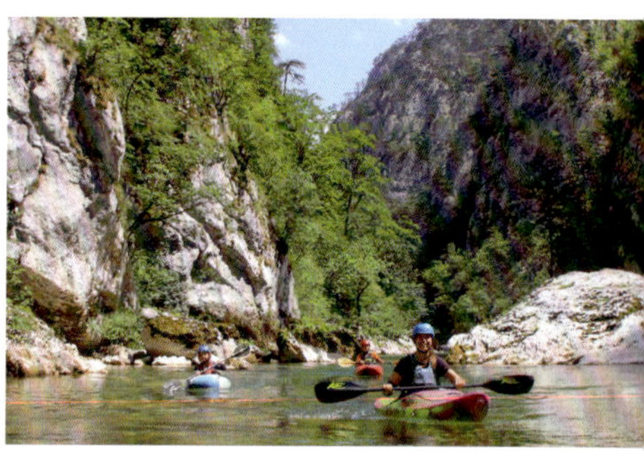

Der Fluss hat sich richtig tief eingegraben.

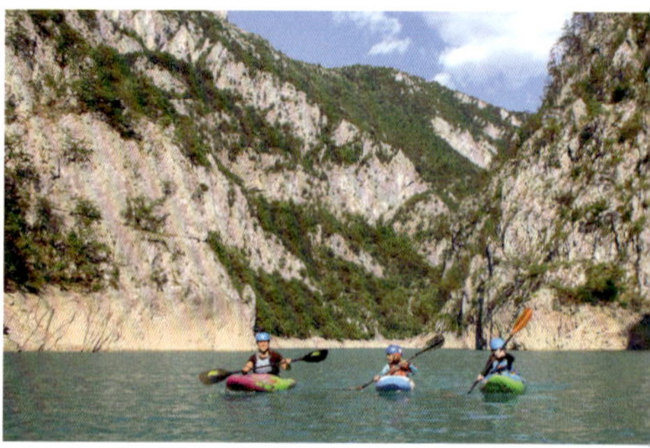

Auspaddeln über den See.

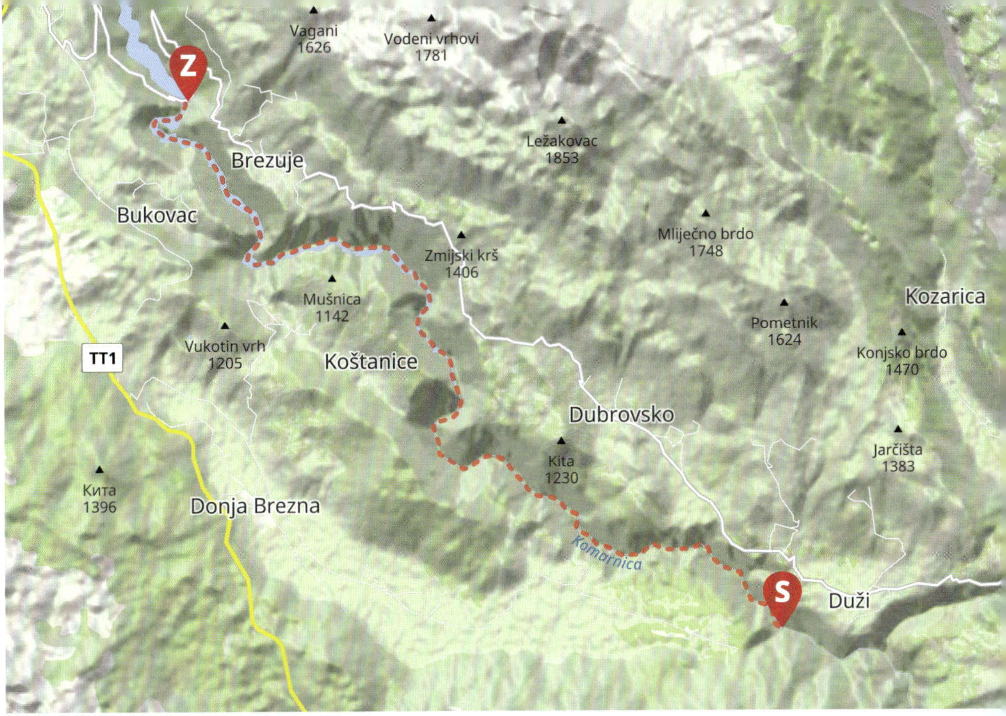

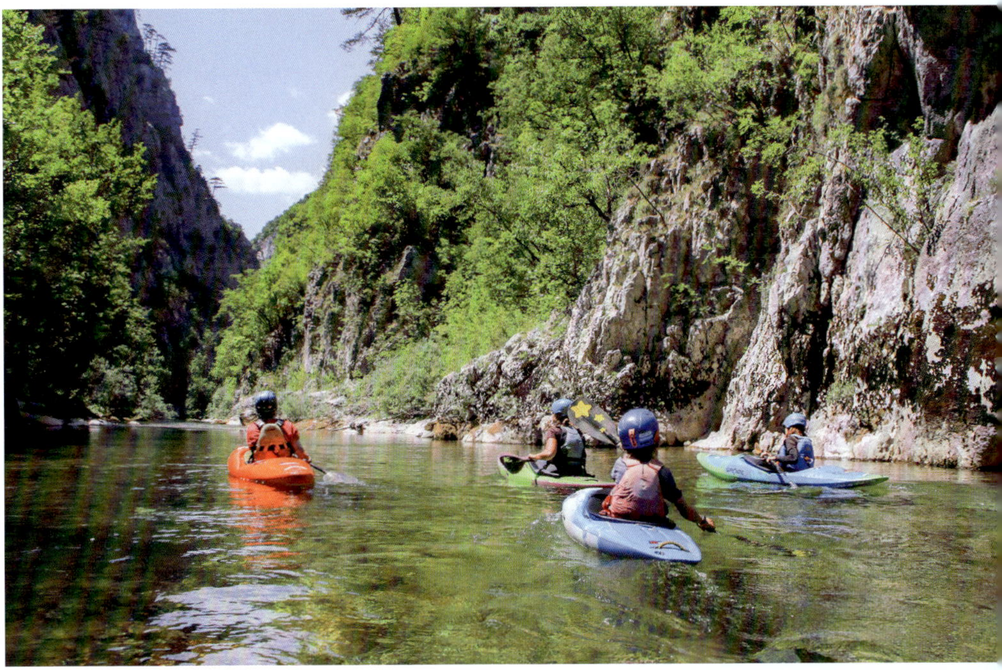

Die Befahrung der Komarnica ist schon eine Mini-Expedition, die einiges an Ausdauer verlangt.

107 NERETVA-CANYON

Einstieg: Brücke bei Kašići (43.533370, 18.072188) **Ausstieg:** Spiljanski Most (43.626186, 18.005217)

FAHRSTRECKE: 14 KM | TECHNIK | KONDITION | LANDSCHAFT

Der Neretva-Canyon ist ein Erlebnis für sich! Mit Kindern sollte man hier nur bei sommerlichem Niedrigwasser paddeln (bei viel Wasser steigen die Schwierigkeiten in dem engen Flussbett schnell um einen Grad).

Die Anfahrt zum Canyon ist über die kurvige Bergstraße etwas aufwändig, dafür wird man mit einer absolut einsamen Schlucht und glasklarem Wasser belohnt. Zwischendurch verengt sich der Canyon zweimal klammartig und Wasserfälle stürzen von der Seite in die Neretva hinab. Die Schwierigkeiten liegen meist bei WW II, allerdings gibt es fünf schwerere Stellen (WW III/III+). Die erste der schweren Stellen ist eine verblockte Stufe mit Walze. Man kann sie rechts besichtigen und dort ggf. auch umtragen.

Wenn von rechts ein Wasserfall in die Neretva stürzt, nimmt die Verblockung zu. Dabei geht es zweimal ordentlich zur Sache. Eine S-Kurve ist etwas unübersichtlich. Sie kann entweder vom linken Ufer aus besichtigt werden oder man nimmt zwischendrin ein Hilfskehrwasser auf der linken Seite. Zur Not kann man diese Stelle auch umtragen.

Kurz darauf kommt eine Stelle mit mehreren Durchfahrten, hier fährt man am besten mittig über die kleine Stufe. Diese Stelle kann am linken Ufer besichtigt und ggf. umtragen werden (mit etwas Kraxelei). Irgendwann öffnet sich die Schlucht dann langsam, aufmerksam sollte man trotzdem bleiben, denn es folgen noch zwei niedrige Felsgassen, die es echt in sich haben. Zum Glück kann man sie aber jeweils gut am linken Ufer besichtigen und dort auch gut umtragen.

Wenn man etwas Mühe (umtragen) nicht scheut, kann man den Neretva-Canyon auch gut mit Kindern paddeln, die noch kein WW III fahren können.

NB – bei sommerlichem NW, kein Onlinepegel vorhanden.

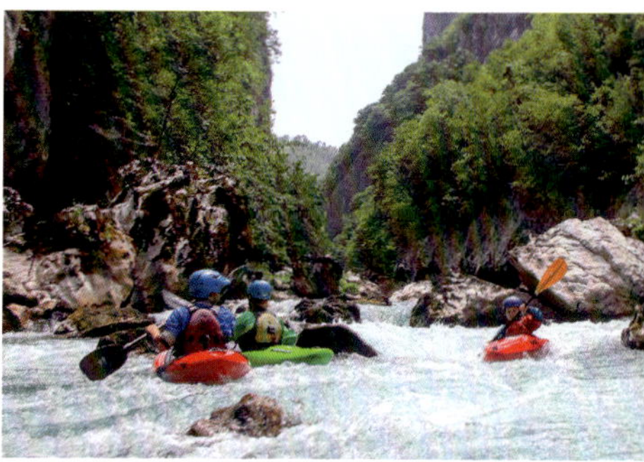

An dieser schwierigen Stelle nimmt man am besten die mittlere Durchfahrt.

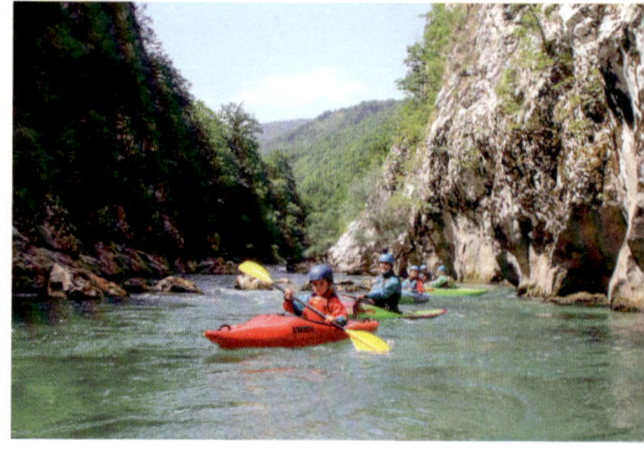

Zwischendurch verengt sich der Canyon auf wenige Meter.

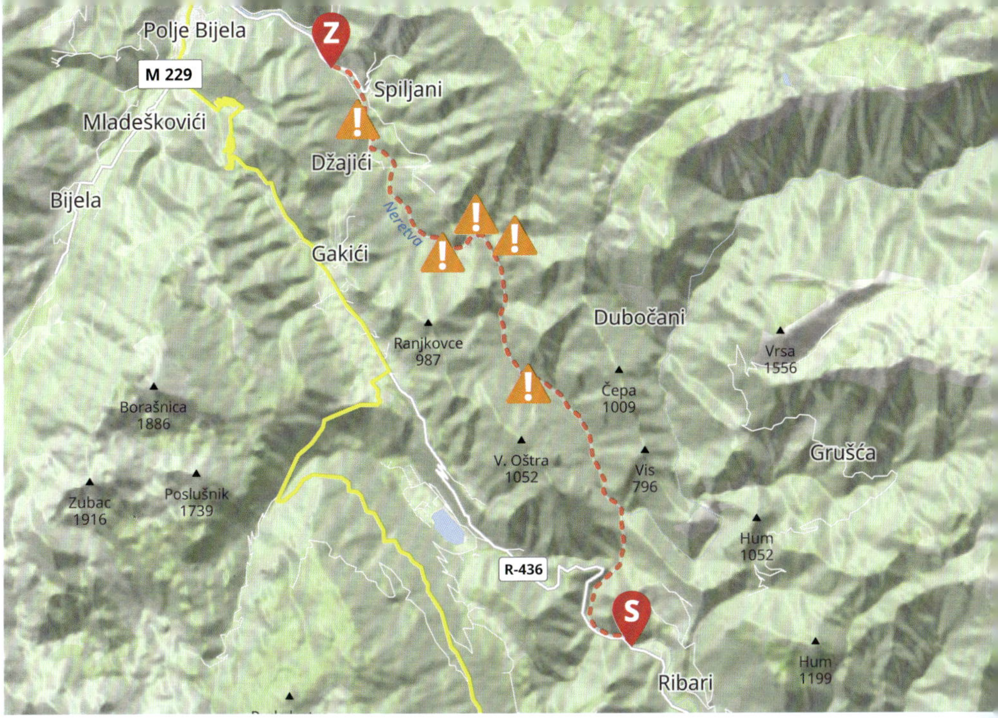

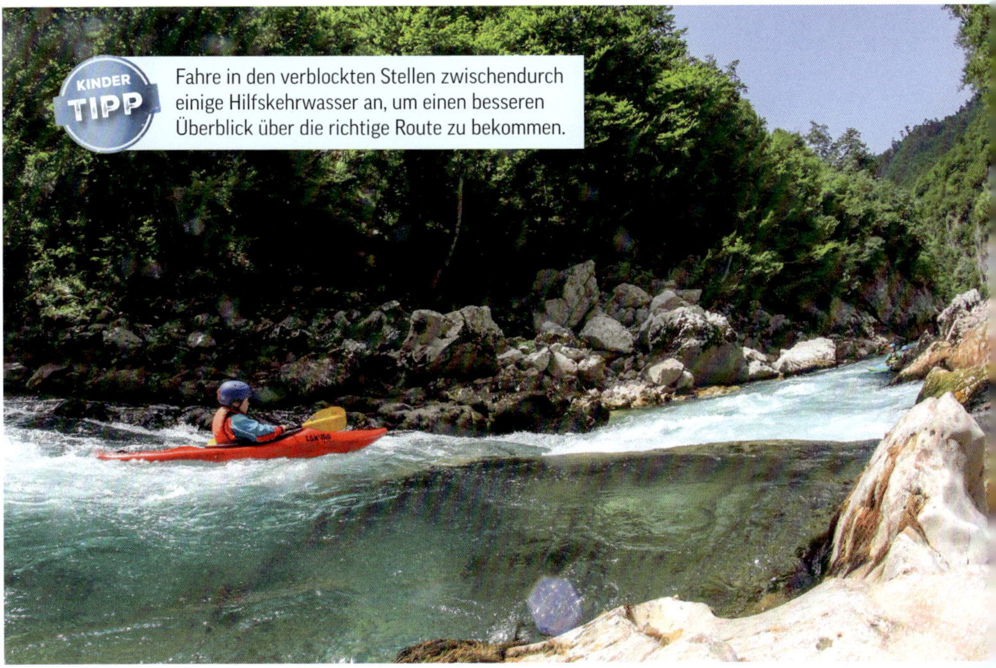

KINDER TIPP Fahre in den verblockten Stellen zwischendurch einige Hilfskehrwasser an, um einen besseren Überblick über die richtige Route zu bekommen.

In der S-Kurve.

108 NERETVA

Einstieg: Ortsanfang Mostar (43.366333, 17.829557) **Ausstieg:** Buna-Enge (43.237834, 17.833434)

FAHRSTRECKE: 16 KM | TECHNIK ◎◎◎ | KONDITION ◎◎◎ | LANDSCHAFT ◎◎◎ | Buna-Enge ◎◎◎◎◎

Die Tour geht los in einem offenem Flussbett. Es gibt viele tolle Wellen und Steilufer mit Konglomeratgestein säumen die Ufer. Wenn die Verblockung dann zunimmt, ist Vorsicht angesagt. Es folgt die so genannte „Skalala", hier verschwindet der Fluss in zwei engen Schlitzen, bei sommerlichem Niedrigwasser absolut unfahrbar! Rechts davor befindet sich ein riesiges Kehrwasser, dort kann man anlanden und ganz bequem umtragen. Danach folgt die Ortsdurchfahrt von Mostar. Hier gibt es immer wieder kleine Schwällchen, bis WW II, mit ruhigen Abschnitten dazwischen. Einer dieser Schwälle ist etwas wuchtiger, WW III, er kann ggf. rechts umtragen werden. Danach geht es unter der berühmten Stari Most drunter her.

Hier ist ganz schön was los, Motorboote bieten kurze Rundtouren an und mit etwas Glück sieht man die Brückenspringer, die sich hier 20 m in die Tiefe stürzen. Am Ortsende von Mostar folgt noch ein verblockter Schwall, WW II+, dann wird die Neretva ruhiger. Auch wenn es auf den nächsten 7 km eher gemütlich zur Sache geht mit kleinen Kiesbankschwällen, die nur selten den zweiten Grad erreichen, ist eine Weiterfahrt unbedingt lohnend. Die Buna-Enge, die das Ende der Tour bildet ist nämlich spektakulär und versetzt selbst Eltern mit viel Paddelerfahrung ins Staunen. Der Eingang zur Enge ist recht breit und verblockt, dann verengt sich der Fluss langsam auf 2 m Breite, während von links die Buna über Wasserfälle in die Neretva stürzt. Diese Niederklamm ist 800 m lang, was man aber kaum bemerkt, so schnell wird man hier – Wellen en masse inklusive – durchgeschoben.

Anmerkung: Mit Kindern paddelt man diesen Abschnitt am besten bei sommerlichem NW. Im Frühjahr wird alles sehr wuchtig mit viel Presswasser in der Stadtdurchfahrt. Zudem verschwindet die Buna-Enge komplett und es entsteht eine riesige Verschneidung!

100 cm in Metković ideal für die Buna- Enge

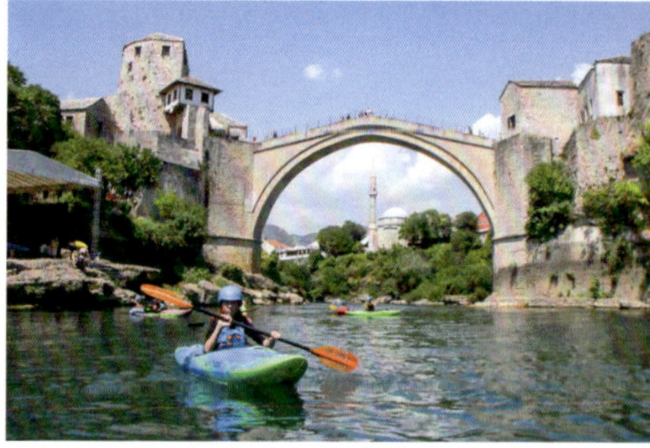

Die berühmte Stari Most.

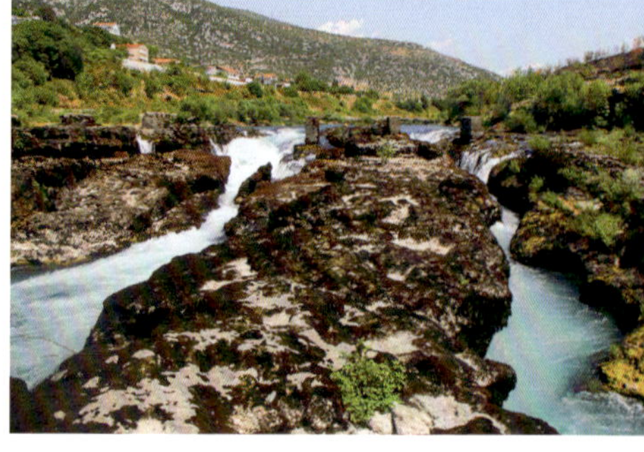

Der Schlitz „Skalala" muss umgetragen werden.

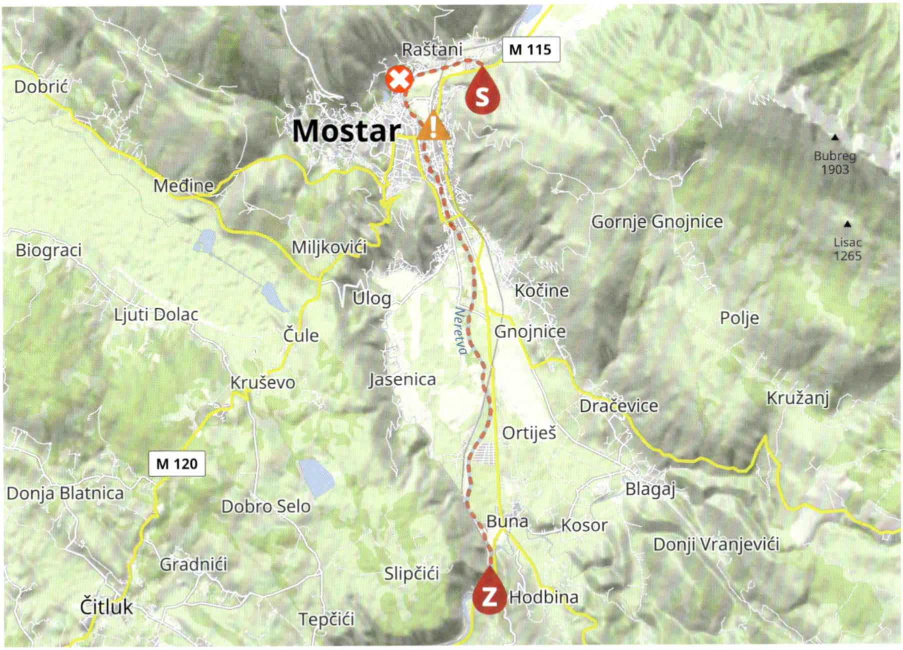

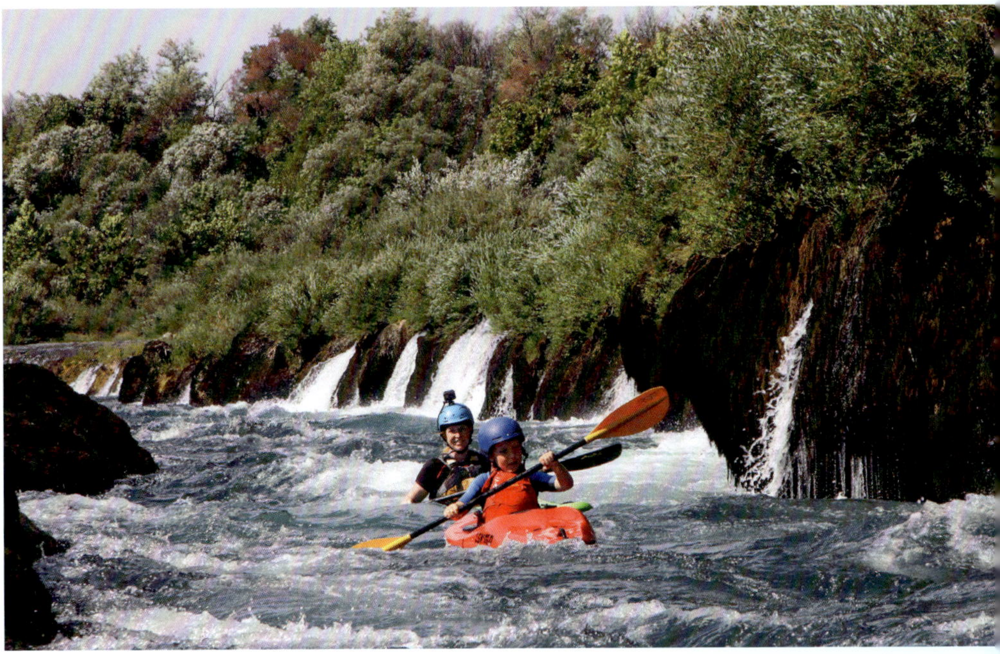

Die Buna-Enge bildet den spektakulären Abschluss der Tour.

WEITERFÜHRENDE LITERATUR:

Um sich selbst als "Trainer*in" zu verbessern/Paddeltheorie:

Gerlach, Jürgen (2021). Der Kajak. Das Lehrbuch für den Kanusport. Bielefeld.

Grau, Olli (2004). Besser Wildwasserfahren. Die neue Schule des modernen Wildwassersports. Riedering.

Smith, Paul; Wilkinson, Dan (2020). Coaching Adventure Sports. Dursley.

Wohlers, Johannes (Hrsg.) (2022). DKV-Handbuch Kanusport. Das Kompendium für Lehrende und Lernende. Duisburg.

Paddel-Spielideen:

Griffin, Laura (2021). My favourite flat water games for kayaking

URL: http://palmequipmenteurope.com/blog/2021/06/01/my-top-five-flat-water-games-for-kayaking/

Singer, Dieter; Mumm, Klaus (2015). KANU Spiele. Hamburg.

Weitere Flussführer der Regionen:

Breuel, Matthias (2021). Kajakparadies Nordalpen. Die 90 schönsten Wildwassertouren zwischen Graubünden und dem Salzkammergut. Duisburg.

Cramer, Benedikt (2021). DKV-Auslandsführer Band 1 Österreich/Schweiz. Duisburg.

Cramer, Benedikt (2021). DKV-Gewässerführer Süd-Bayern. Duisburg.

Cramer, Benedikt (2018). DKV-Auslandsführer Band 3 Südfrankreich/Korsika. Duisburg.

Denis, Henri (2007). Kayak Cévennes. Limoges.

Deutscher Kanu Verband (2022). Deutsches Flusswanderbuch. Duisburg.

Eck, Günther (2021). DKV-Gewässerführer Baden-Württemberg. Duisburg.

Deutscher Kanu Verband (2024). DKV-Gewässerführer Deutschland Mitte-West. Duisburg.

Eck, Günther (2021). DKV-Gewässerführer Ostdeutschland. Duisburg.

Knowles, Peter; Beecroft, Ian (2011). White Water Southalps. Hinckley.

Deutscher Kanu Verband (2024). DKV-Auslandsführer Band 2 Südwesteuropa. Kanuführer für Italien, Spanien, Portugal. Duisburg.

Santal, Patrick (2000). White Water Pyrenees. Hinckley.

Schröer, Frank; Walkowski, Peter (2021). Gewässerführer für Nordrhein-Westfalen. Duisburg.

Deutscher Kanu Verband (2024). DKV-Auslandsführer Band 5 Südosteuropa.

Zum „Unterschied" zwischen Mädchen und Jungen:

Berndt, Christina (2012). Geschlechterklischees – Typisch Mädchen, typisch Junge

URL: https://www.sueddeutsche.de/leben/sz-kinderzeitung-geschlechterklischees-typisch-maedchen-typisch-junge-1.1104307-0

Müller-Lissner, Adelheid (2012). Sportunterricht – Mädchen und Jungen sind gleich stark

URL: https://www.tagesspiegel.de/wissen/sportunterricht-maedchen-und-jungen-sind-gleich-stark/6796404.html

Stein, Miriam (2017). Erziehung – Der Körper als Wunde

URL: https://www.zeit.de/kultur/2017-04/angst-frauen-gesellschaft-erziehung-angst-erkrankung-10nach8/komplettansicht

Angst

Bambach, Steffen (o.J.). Die 5-4-3-2-1-Übung

URL: https://www.traumatherapie.de/users/bambach/hydratext.html

Hutterer, Christine (2016). Extremsport – zwischen Todesangst und totaler Euphorie

URL: https://www.zeitschrift-sportmedizin.de/extremsport-zwischen-todesangst-und-totaler-euphorie/

Opponent Process Theory

Stangl, Werner (2022). Opponent-process theory

URL: https://lexikon.stangl.eu/16890/opponent-process-theoryURL: https://www.tagesspiegel.de/wissen/sportunterricht-maedchen-und-jungen-sind-gleich-stark/6796404.html

ÜBER DIE AUTORIN

Steffi Bank, Jahrgang 1987

Sitzt, seit sie zwei ist, im Boot. Die ersten Jahre noch mit ihren Eltern oder Großeltern im Zweier unterwegs, wurden die Flüsse, die im Einer befahren wurden, schnell immer wilder. In ihrer Jugend fuhr sie zeitweise vermehrt Kajak-Freestyle (Deutsche Meisterin 2005 u. 2007), bevor sie sich wieder mehr und mehr dem Wildwasserpaddeln zuwandte. In ihrem Verein, dem Kanu-Club Wickede, ist Steffi, seit sie 18 ist, in der Jugendarbeit sehr aktiv und hat vielen Kindern und Jugendlichen das Paddeln nähergebracht. Seit der Geburt ihrer zwei Söhne hat sie sich noch mehr mit der Fragestellung beschäftigt, wie man (jüngeren) Kindern das Paddeln vermitteln kann. Beide waren vom ersten Lebensjahr an mit auf dem Wasser und so war sie schnell auf der Suche nach für Kinder geeignetem Wildwasser. Daraus entstand auch die Idee zu diesem Buch. Ihr Mann Paul ist auch immer mit dabei und für die meisten Fotos in diesem Buch verantwortlich.

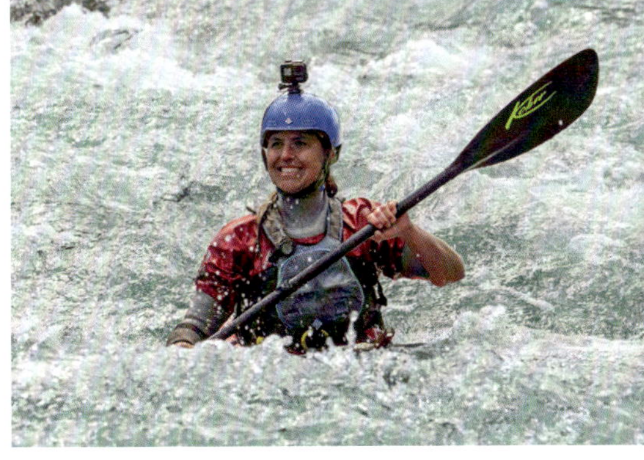

INDEX

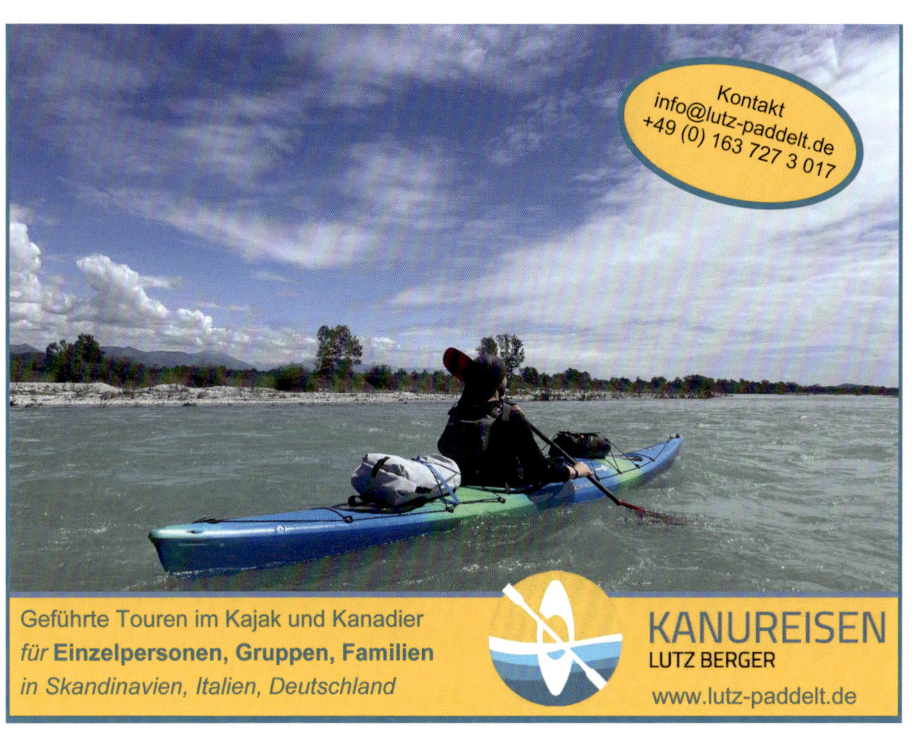